转型背景下中小城市的改革与创新

——以慈溪市为例

胡文杰　黄高峰　陈　迪　江　维　张　冰　著

东南大学出版社
SOUTHEAST UNIVERSITY PRESS
·南京·

图书在版编目(CIP)数据

转型背景下中小城市的改革与创新 ：以慈溪市为例/胡文杰等著. —南京 ：东南大学出版社，2015.9

ISBN 978-7-5641-5950-4

Ⅰ. ①转… Ⅱ. ①胡… Ⅲ. ①城市经济-研究-慈溪市 Ⅳ. ①F299.275.54

中国版本图书馆 CIP 数据核字(2015)第 178415 号

转型背景下中小城市的改革与创新——以慈溪市为例

出版发行	东南大学出版社
社　　址	南京市四牌楼 2 号(邮编:210096)
出 版 人	江建中
策划编辑	刘　菲
经　　销	全国各地新华书店
印　　刷	南京玉河印刷厂
开　　本	787mm×1092mm　1/16
印　　张	29.75
字　　数	705 千字
版　　次	2015 年 9 月第 1 版
印　　次	2015 年 9 月第 1 次印刷
书　　号	ISBN 978-7-5641-5950-4
定　　价	89.00 元

本社图书若有印装质量问题，请直接与营销部联系，电话:025-83791830。

前　言

“十二五”时期的慈溪悲喜交集，工业经济总体稳定，海外市场从2008年金融危机后开始回暖，新兴产业培育不乏亮点，但企业景气指数和企业家信心指数仍然持续下滑，传统行业转型成效甚微，房地产市场景气不再。即将到来的“十三五”，是慈溪深化改革的关键阶段，更重要的是慈溪经济生死攸关的转型窗口期，能否走好未来的五年，将决定我们是否能够重塑新优势，赋予这片神奇的土地新的生命力。当前面临的经济下行风险，给慈溪经济带来极大的不确定性，以传统制造业为主的产业结构正处于转型升级的风口，所以经济下行的宏观背景与转型需求这两股力量将在很长一段时期内对慈溪本地民营经济发展产生更为复杂的影响。

那么，即将过去的五年以及迎面走来的下一个五年，慈溪有哪些悬而未决的经济悬念，又有哪些波澜壮阔的机遇与挑战萦绕在我们心头呢？正值慈溪开展全市重点领域调研之际，为编制下一个五年计划拓展思路，找寻方向，我院专家学者采取深度访谈、问卷调查等方式，聆听来自企业一线，以及各行业领域专家学者的声音，并结合过往三年来我院的相关研究成果，从民营经济、城市建设、新农村建设、社会治理、生态环境、文化事业、人才培育等七个主题，剖析城市发展中的重点问题和改革方向，试图全景呈现一个轰轰烈烈搞改革、顽强奋进谋发展的新慈溪。

全书分为七篇，第一篇我们选择最能代表慈溪特色的民营经济为主题拉开全篇序幕。本部分首先分析了我市民营经济发展的宏观背景、阶段性特征以及各领域对转型的看法和思路，接着对当前转型的内外优势、问题及挑战进行了深入剖析，最后结合实践案例，从创新发展、企业转型、技术转型、行业转型以及环境转型五个方面寻求创新发展的路径支撑。

第二篇我们主要论述城市的品质提升战略，从城市面临的转型发展和品质提升的双重挑战开始，研究了在长三角一体化背景下慈溪发展的区域背景和机遇，并从提高城市品牌竞争力的角度，对城市品质提升指明方向。

第三篇是以慈溪新农村创新发展为主题，剖析慈溪城乡一体化中的农村发展路径。本部分基于大量的田野调研数据，从城市化的关键、城市化的核心以及城市化公共设施的支撑三个角度对慈溪城乡一体化发展进行了深入研究论述。

第四篇论述社会建设、治理与创新发展。本部分从转型与人口结构、完善养老服务体系、基层治理模式创新三个方面论述了社会建设、治理与创新发展。

第五篇从生态环保角度解读慈溪可持续性增长。首先，分析了慈溪农村当前面临的资源环境约束与严峻挑战；其次，通过全市“五水共治”环保大行动的市民认知调研，分析了全市民众对于环保的认识和主动保护环境的意愿与做法。

第六篇围绕文化体制领域的改革与创新展开。首先分析了在新形势与新要求下慈溪文化体制改革面临的机遇与挑战。其次用定量的分析方法，对城市文化资本的开发进行实证研究，并对城市文化资本的发展给出对策建议。紧接着就公共文化服务的发展情况做了论述，并提出保护历史街区延续独特乡土文化的建议。最后从文化创业产业发展的角度，对慈溪文化事业产业化发展路径给出建议。

第七篇以人才发展支撑创新转型为论述主题，从人才的重要性，人才队伍的成长环境、发展现状、各细分类别人才发展需求以及为人才成长营造优良土壤等方面，全方位展现人才作为经济发展第一要素的慈溪战略对策。

本书重心在于探索中小城市在新经济常态下的创新转型路径，我们以慈溪为例，从经济产业、社会人文、人才生态等各个方面试图分析总结出一些可供参考的经验或者教训。本书可以作为相关政府部门、民营企业管理人员、学术研究人员的参考资料。希望此书的出版能抛砖引玉，给致力于推动建设美好城市的同仁们一点启示和借鉴。

由于时间和水平有限，如有疏漏之处，敬请大家不吝赐教。

作者

2015年3月

目　录

第一篇　民营经济转型与创新发展

第二篇 品质城市建设与创新发展

第四篇　社会建设、治理与创新发展

第五篇　生态慈溪建设与创新发展

第六篇　文化创造活力与创新发展

第 一 篇

民营经济转型与创新发展

第一章

迫在眉睫的转型

慈溪在当地也称“三北”。1954 年上级政府将原慈溪、余姚、镇海三县北部适合种棉花的地域合并成为慈溪县。改革开放前，慈溪农业人口高达 90%，土地是围海造出来的盐碱地，连种粮都不宜，只能种棉。20 世纪 60 年代，慈溪县只有拖拉机修配厂、拖拉机维修站、农具厂，以及小化肥、小水泥等为农业生产服务的“五小工业”，1969 年建起第一个国营棉纺厂。慈溪最大的企业——第二棉纺厂，是县办大集体，1982 年首期工程竣工。但这些国营和县办大集体企业尚未走到真正的兴旺期，就遇到许多新的挑战，一个个日趋不景气。

从此“民营经济”成为慈溪的代名词，在波澜壮阔的改革大潮中，慈溪民营经济发展开创了具有鲜明时代特征的发展模式，被经济学界誉为“慈溪模式”。改革开放 30 多年来，中国民营经济以全新的景象出现在世人面前。其中，发展最为迅猛的首推浙江，浙江首推宁波，慈溪在宁波又独具特色。慈溪，以全国 1/8 000 的土地，创造了 1/600 的财政收入、1/500 的生产总值、1/400 的进出口额。慈溪拥有 6 万多家工商企业，占宁波市的三成，中小企业拥有量是慈溪区域经济的活力源泉所在。目前，慈溪——这个面积只占浙江省百分之一的县级市，家电产业当中竟有 40 个中国驰名商标、5 个中国名牌产品，商务部重点培育和发展的名牌出口商品 2 个。中国驰名商标和中国名牌数量在全国县级市中名列前茅，10 多个家电产品市场占有率居全国前列，有的甚至在全球销量第一。作为中国民营经济最发达、市场经济发育最成熟的地区之一，慈溪已形成以民营经济为主体的经济发展格局，平均每五户家庭就有一家在经商办企业。经过多年的发展，慈溪的各类加工配套企业已有数万家，家电、轴承、轻纺、古旧家具等制造业，都有较大的规模。从产品产量而言，该市已经是世界上最大的饮水器、电熨斗、帘子布、微型轴承、塑壳打火机的生产基地，享有“家电之都”、“轴承王国”、“轻纺基地”等美誉。

当前，慈溪经济正面临着技术升级、产品升级和市场“业态”升级的新形势、新任务，要在效率有明显提高的前提下实现持续增长，进入以制造业提质提效、服务业加快发展为特征的新型工业化发展阶段。慈溪经济走新型工业经济道路，是一个较长的历史过程。必须从经济发展指导思想上真正树立和落实科学发展观，建立一个有效支持经济增长方式转变的制度基础，推动企业技术创新和产品升级，大力发展服务业，特别是生产性服务业降低交易成本，运用信息通信技术提升国民经济各部门的效率，实现资源集约节约利用、生态环境良好的可持续发展。

2013 年，一个突发事件把慈溪推向了风口浪尖。浙江相关媒体连续报道了慈溪观海卫一些废旧塑料非法加工点因不规范操作，引发周边空气、水体的持续污染。因为这次事件，慈溪政府的环保公信力被置于风口浪尖，政府迅速做出响应，立下非法废塑料加工2个月内“清零”的军令状。但同时，我们也要思考，面对同样存在巨大环境威胁的小家电、轴承、服装、化纤等传统产业，隐患长期堆积，犹如一座悬空的堰塞湖，一旦溃堤，后果不堪设想。几十年来，慈溪的经济增长主要依靠密集型劳动力投入和小规模低附加值生产，这种粗放式的发展模式，娘胎中就带有环境污染的“原罪”，随着建设生态友好型社会的内外部呼声越来越高，环境对发展的约束会变得越来越紧迫，而环境问题说到底还是产业转型和企业做强的问题。以此事件为契机，督查我们从根本上转变发展思路，政府也需要有堵有疏，立足当下，着眼长远。

第一节　当前发展面临严峻形势

2013年夏天，通过对全市规模以上工业企业的问卷调查以及领军企业的走访，数据显示企业家对市场走势普遍不太乐观。83.5%的问卷选择行业发展稳定、下降或者衰退，仅有16.5%的问卷预测行情上升。同时，根据统计局数据，2014年上半年慈溪有262家规上工业企业出现亏损，亏损企业数比去年同期增加9.2%，占到全市规上企业总量的22.7%。全市规上企业主营业务收入增长距全国平均水平存在较大差距，这些数据都显示出慈溪工业经济正处于持续放缓，亏损面继续扩大的状态。在这样的市场预期下，大部分企业采取收缩战略，对于创新和研发投入保持谨慎态度。访谈到的一家上市企业在2012年利润率降至1%后，今年管理层提出“董事会近两年内要学会生存，开展风险管控，千方百计为了活下来”。

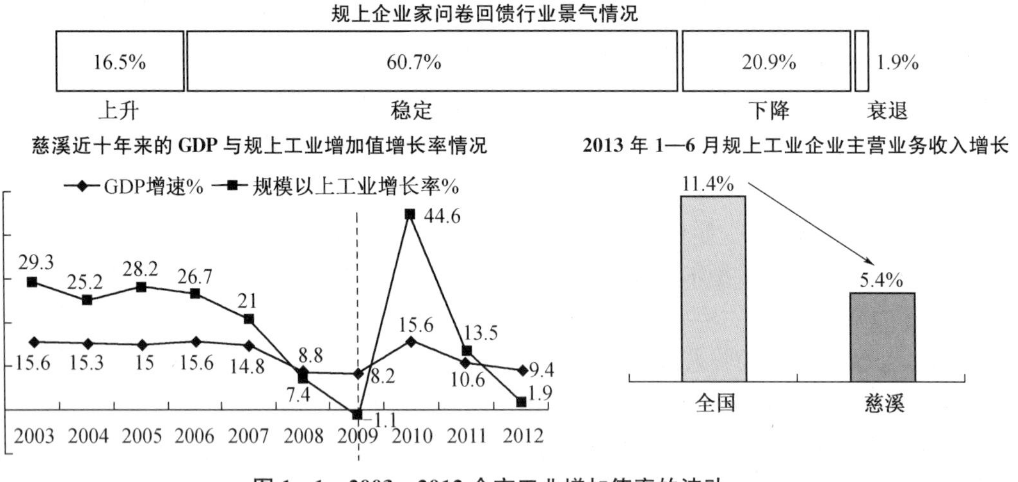

图1-1　2003—2012全市工业增加值率的波动

＊资料来源：慈溪社会科学院调研

一、短期数据显示形势严峻

2014年以来，在市委、市政府的领导下，全市上下认真贯彻“保增长、促转型”的工作方针，工业经济总体上保持了较为健康、平稳的局面，呈现工业下行有所减缓，积极变化逐步显现，运行态势仍然严峻等特点。具体表现为：

（一）工业经济不容乐观

一季度，全市规模以上工业企业实现总产值338.74亿元，下降1.9%，为去年以来首次负增长，比1—2月回落2.7个百分点，工业经济形势不容乐观。从横向比较看，一季度慈溪市工业生产增速低于宁波平均水平3.6个百分点，在宁波市十一个县中位居第九位。与鄞州、余姚存在一定的差距，分别比鄞州、余姚差8.8和10.5个百分点。

（二）积极变化逐步显现

今年以来，慈溪市大力实施腾笼换鸟、机器换人、空间换地和电商换市的"四换工程"，向科技要空间、向创新要效益、向发展要竞争力，帮助企业破解"成长的烦恼"，推动工业经济转型升级。有关数据显示，在"四换工程"的推动下，预计2013年全市完成工业投资221.5亿元，同比增长24.1%。其中，完成技改投资118.6亿元，同比增长44%。

（三）创新能力继续增强

今年8月，省经信局、省统计局联合印发的《浙江省2013年度工业强县(市、区)综合评价报告》中显示，慈溪市自主创新指数得分达86.2分，仅次于杭州滨江区，居全省90个强县(市、区)综合评价第二位，慈溪市创新能力不断提高，表现出良好的发展趋势。

（四）运行态势仍然严峻

目前，企业面临的主要压力为成本压力和市场压力，处于国际市场低迷、国内成本上升、外贸增速下降的严峻形势之下。一季度，慈溪市规上企业出口交货值93.32亿元，同比增长3.3%，虽然增速高于产值增长5.2个百分点，但仍比去年同期回落2.0个百分点，出口市场较为疲软。另一方面，国内市场竞争激烈，全市企业由于缺乏健全的营销网络，出口转内销仍有待时日，国家一系列的刺激消费政策对真正启动消费还有很长的路要走，企业经营面临较多困难。一季度，全市规上工业累计产值同比出现负增长的企业有603家，占全市规上工业企业的47.6%，这603家负增长企业下拉了全市规上工业生产增速16个百分点，10家大的重点企业减产较多，下拉规上工业产值增速7.1个百分点，特别是宁波远景汽车零部件有限公司、宁波慈星股份有限公司、宁波爱思开振邦化有限公司、宁波锦纶股份有限公司等4家重点企业均减少超过2亿，下拉全市规上工业生产增长3.6个百分点，给全市工业增长带来较大的负面影响。此外，部分企业贷款难和社会融资难的问题仍然存在；不确定因素依然较多。从慈溪市现状看，保增促调的任务更为艰巨，增长压力依然较大，企业订单不足，大单、长单、好单数量明显下降，新兴行业发展面临较大压力，外资形势严峻。

二、社会各界直面困境

慈溪市市长施惠芳在今年的政府工作报告中针对2013年慈溪经济的下行状态，指出2014年是慈溪经济发展最为困难的一年。对此，社会各界群策群力：

（一）直面困境，折射信心

世界金融危机之下，以出口导向为主的慈溪经济急需提升转型，遇到困难其实并不一定是坏事，这是调整产业结构、提升产业链的一个契机和必然过程。慈溪市展开新一轮创业创新，正是为了求解经济转型升级与发展方式转变这道既宏观又微观的命题。

(二) 即使没有经济危机，慈溪的经济结构也需调整

慈溪的板块经济特色明显，像横河的轴承、白沙的服装生产、桥头的鞋子生产、福海的家电等。自全市"十一五"实施"工业立市"以来，千方百计拓市场、保增长，坚定不移调结构、促转型，加快改造提升传统产业，大力培育发展新兴产业，严格限制淘汰落后产能，工业经济取得了快速发展，走在了省、宁波市前列，初步形成了以"家用电器、纺织化纤、汽车及零部件、轴承"为传统优势产业和"装备制造、电子信息、新材料、新能源"为新兴产业的"4+4"产业结构体系，2012 年，全市实现工业总产值 2 843.6 亿元，其中规上工业产值 1 565.1 亿元，是浙江省首批年自营出口超 50 亿美元的县(市)之一，2011 年进出口总额突破 100 亿美元，自主创新能力全省领先，并贡献了全社会约 57%的 GDP、60%的社会就业、60%的财政收入。然而，2008 年国际金融危机以来，全市工业发展的内外环境已发生深刻变化，传统优势正在加速弱化，新的优势尚未形成，工业发展速度明显趋缓，发展质量提升缓慢，全市工业现有的增长方式已难以为继，进入必须以转型升级促进工业再次腾飞的新阶段，打造慈溪工业经济"转型升级版"，就是要通过转变工业发展方式，加快实现由传统工业化向新型工业化道路转变；就是要通过全面优化技术结构、组织结构、布局结构和行业结构，促进工业结构整体优化提升。市人大代表孙平范表示劳动密集型的企业面临着不得不转型的阶段。他在谈到企业转型升级时说，技术改造、人才引进、平台建设都是转型升级必不可少的环节。在积极应对经济危机的过程中，政府和企业达成了共识。

(三) 不能坐等危机过去，而是要大力创业创新

将传统产业带出低谷，"没有落后的产业，只有落后的企业"。例如纺织业是一个传统产业，但绝不是夕阳产业，因为衣食住行是人类生活必不可少的内容，它永远不会过时。传统产业不是没有希望，而是需要创新的企业。

每一次世界性的经济危机过后都会有新的产业崛起，把握新的产业发展方向非常关键。难能可贵的是，慈溪企业没有坐等危机过去，而是"倒逼"自己，从政府限制的产业当中走出来，去寻找新的发展领域，从而率先走出困境。

慈溪市发改局的领导说，企业要想真正渡过难关，不能光靠减免税费。税负的减轻只是暂时缓解企业的融资压力，以拥有自主技术和自有品牌产品为目的的自主创新，增加的却是企业的核心竞争力。前者治标，后者治本。自 2011 年以来，慈溪市深入实施企业创新团队建设"530"计划，旨在通过 5 年努力，培育能够支撑和引领产业发展的重点科技创新团队 30 个左右。计划实施 3 年来，采用"一次立项，三年滚动支持"的方式，共认定重点科技创新团队 22 个，集聚高学历(硕士以上学历)、高素质(副高以上职称)科技人才 156 人，形成了覆盖新材料、新能源、电子信息、高端装备制造、节能环保等新兴产业领域和智能家电、精密轴承、蔬菜种植、果蔬加工等传统优势产业领域的高层次人才集群。直至目前，该市已资助创新团队科技项目 30 项，带动企业研发投入 8 600 余万元。

(四) 危机或将成就"慈溪制造"

有经济学专业人士认为，美国市场需求的下滑，更多地体现在汽车、家具、电子等高档商

品或者奢侈品消费上。经济危机导致消费者对未来收入预期的不确定，反而使质优价廉的慈溪产品在美国更有市场，一部分出口企业有可能“因祸得福”。危机净化了出口市场并使竞争减缓，来自大客户的稳定订单使出口稳步增长。今年上半年，全市规上企业实现国内销售产值574.9亿元、出口交货值216.6亿元，同比分别增长8.7%、5.6%，分别比去年同期提高1个、4.5个百分点。

面对目前全球蔓延的金融危机，也是慈溪企业界的全面修整期，慈溪企业关键是要加快创业创新、转型升级，练好“内功”，期待早日“云开日出”。

三、企业承受巨大压力

(一) 面临内外压力冲击时，利润低的企业必将被淘汰

由于传统机械类产品几乎已没有多少利润空间，慈溪市一栋电子有限公司总经理方家立说：“一栋电子研发团队只对带芯片、带电子元器件的产品感兴趣。”目前，慈溪市一栋电子有限公司在持续追求智能型产品的道路上再创新业绩，企业自主研发的RCT智能温控器获得了国家发明专利。至此，一栋电子在创新升级进军智能产业的过程中已获得100多项专利，其中2项为发明专利。凭借企业在智能电子领域的快节奏研发创新，一栋电子成为宁波专利试点企业、浙江省专利示范企业。与此同时，在未来发展过程中，无论是逆势或顺势，一栋电子必将孜孜不倦，咬定智能电子产业不放松，通过在这一高科技领域的持续创新升级发展，实现企业可持续发展目标。

(二) 从问别人“要不要”，到人家来问我们“有没有”

制造业只要做到最专业、产品最好，就不怕没有生意。“我们不缺订单，只要愿意做，订单源源不断。”浙江月立电器有限公司总经理方国洪就有这样的“金刚钻”。他说：“月立每年推出200至300种美容美发产品，去年卖出1 200万台美容美发系列产品，销售额达36亿元，占全球市场份额的10%。今年一季度，销售额同比增长超过20%。”

(三) 练好内功，逆势上扬

华磊是国内生产最早、目前规模最大的塑料工具箱出口企业，其主导产品——塑料工具箱有400多种规格，远销美、英、日、德等20多个国家和地区。国际金融危机爆发后，面对严峻复杂的经济形势，华磊扬长避短、稳中求进，实现了稳健发展，近三年出口额一直稳定在历史高位，均在1.5亿元以上。

(四) 集聚“第一资源”，为企业转型升级助力

要做一流的企业就要引进一流的人才，人力资源是企业发展的第一要素，企业发展最核心、最关键的就是人力资源发展战略。不少企业老总认为，加快集聚高端人才，可让企业从要素制约中突围提高核心竞争力，加快创业创新步伐，人才增加了企业的发展活力。

(五) “政府引导＋企业胆略”，求解企业转型升级

关于创新驱动、转型发展这个话题，政协委员陈越鹏有自己的看法。他认为，要让企业创新发展，既要有政府的支持引导，也离不开企业自身的努力，还需要全社会形成创新的良好氛围。“企业不创新，将来就没有生存的余地了。”陈越鹏说，企业的创新发展首先需要政

府的鼓励和支持，在全社会形成“创新光荣”的良好氛围。为了进一步激励企业向创新驱动、转型升级的方向发展，政府应当对企业的一些创新项目和重大创新成果进行适当的奖励。另一方面，企业家自身也需要培养创新意识，因为慈溪市不少企业的发展最初就是从模仿开始的，这样持续了许多年早已形成一种惯性，要改变固有的思维方式往往很难。“我不反对模仿，但在模仿的同时也要学习去超越，去做得比原来的更好。”他认为要改变“宁做鸡头不做凤尾”的思想，从模仿起步不断进行产品升级和技术改造，最终实现超越，这也是创新。同时，创新也要从教育开始抓，要从小开始培养创新、冒险的意识，早一步树立起创新的思想，并在全社会营造好创新驱动、转型升级的舆论环境。

四、政府积极应对

(一) 出台相关举措

鼓励引进类、改造提升类、限制建设类、逐步转移类、禁止淘汰类及除此之外的允许类……慈溪市出台鼓励企业转型升级的举措，企业则以积极转型及加大创新研发力度来回应政府的高调引导，政策效应逐步显现。2013 年全市工业总产值跨越 3 000 亿大关，比 5 年前净增 1 000 亿元，其中全市规模以上产值突破 1 700 亿元。在全省 14 个规上产值超千亿元的县(市、区)中，综合评价排名第三位，获得 2012 年度全省工业强县(市、区)建设先进单位的称号。同时，全市规上工业实现利润总额 71.6 亿元，同比增长 24%；全年完成工业投资 221.5 亿元，总额居宁波市第二，同比增长 24.2%，其中技改投资 118.6 亿元，同比增长 43.7%。除此之外，“腾笼换鸟”再创佳绩，淘汰落后产能三年行动计划全面完成，顺利关停宁波市重点整治提升 31 个重污染、高耗能集中区域之一的新浦铜熔炼区块。

(二) 企业以加大创新研发力度回应

企业研发创新意识不断增强。上半年，慈溪市规上工业实现新产品产值 286.2 亿元，同比增长 29.4%，新产品产值率 34.8%，比去年同期提高 6 个百分点；完成宁波市级以上品牌产品产值 237 亿元，同比增长 0.4%，占全市规模企业产值的 28.8%。

第二节　对转型概念存在迷思

面对当前严峻的发展现实将政府带到了一个两难境地，一方面企业不能大面积倒下去，另一方面政府推动的主动转型也不能停下来。常规的解决方案是有保有压，但这对于拥有 1.8 万户工商注册企业的慈溪来说，要从众多中小企业中精准定位，又谈何容易。或许我们能够从几年前美国通用汽车和近期底特律城市破产案中汲取美国式“严厉之爱”的经验，这是美国体制相对欧洲体制的巨大优势：愿意放弃没有希望的事业，让更加成功的活动有增长空间。这或许是城市重新选择一次的机会，在资源如此紧张而环境又如此不堪重负的慈溪，以市场机制倒逼结构调整，并辅以政策引导，“破”“立”结合，严厉中伴随着关爱，失败后有重新来过的机会，那么这次危机可能成为我们产业升级的转折点。

“如何转、转到哪?”决定了下一步的发展决策,带着“创新驱动、转型发展”的主题,我们向慈溪企业家广泛请教,一位上市企业高管在座谈时提出:“到底政府怎么定义转型,是像发达国家那样从制造业转向服务业吗?”我们相信有这样疑惑的企业家应该不在少数,当前创新与转型已成为备受政府宠爱的孪生概念,然而空谈创新转型将十分危险。

现在,对于“转型”仍没有确切的定义。在美国著名著作《转型》中,对于“转型”的解释是:“以往取得巨大成功的商业模式——也是甚至是作为该领导人的业绩基础而成长起来的模式——已经不再奏效,转型就是‘面对那些不同于以往所熟知的现实’,重新设计商业模式。”我国十八大报告中的“转型”更多体现在“加快完善社会主义市场经济体制和加快转变经济发展方式”上。具体到某个城市,上海早在2011年初颁布的“十二五”规划中就旗帜鲜明地提出“创新驱动、转型发展”的总体思路,从全方位定义了“转型”:提出把改革开放作为转型发展的强大动力、以结构调整为主攻方向、以改善民生作为出发点和落脚点、以统筹城乡发展为重大任务、以节约资源和保护环境为着力点、以依法治市作为转型发展的重要基础。

我们理解“转型”是发展方式的转变,既包括经济转型又包括社会转型,因为每个城市的发展方式存在差异,注定转型模式不能一刀切,同时也不是一蹴而就的。从当前慈溪的经济结构和社会发展状况来判断,我们面临的转型挑战主要来源于以下三个方面:由以往的劳动密集型传统产业转向知识和技术密集型产业;由资源和环境消耗型的粗放式增长模式转向资源节约和循环经济;由城市主体带动转向城乡发展协调互动。在这三个转型中,尤以产业结构的转型为重中之重,但这个转变不是支柱产业的替换,而是仍然保持以制造业为主导的产业结构内部的优化升级。

讲到概念,这里特别希望就传统产业与新兴产业(或称为行业)的划分标准提出探讨。很多企业家反馈,在一些政府规划和行业发展指导性意见中,对于行业划分过于简单片面,其中产生的引导性政策倾向有时会给企业家带来困惑。以往认为传统产业主要指劳动力密集型、以制造加工为主的产业,但在技术更新如此快速的今天,如若它们加上高新技术之后即刻就能蜕变为未来的明星产业,而所谓的新兴产业,有些也会存在比较低端和劳动力密集型的领域与环节。

比如,我国在“十一五”时期开始大力推动发展的服务外包行业,在其中的业务流程外包领域,就有很多是简单重复性的劳动密集型环节,比如数据的手工录入、客户服务中心的电话应答等。

因此,我们认为没有落后的产业,只有落后的技术,我们不赞成把诸如电子、服装、机械、制造等划归为传统产业,把信息技术(IT)、生物技术、新材料等划归为新兴产业,在动态变化中不是定产业而是定一个判断标准。传统产业有几个基本特点,第一,它已经不是技术密集型,而成为资本密集型的;第二是这个行业已经产生了大量的中小企业围绕传统企业进行配套,也就成为了行业链;第三是青年在该行业的就业成为正常的就业行为,并且科研院校为这个行业开设学科专门培养人才;第四就是其他行业在与这个行业合作时,已经不再讨论该行业是否成熟,而是讨论如何跟这个行业结合上。举个例子,拿这个标准来看我们现在各地都在大力推动的互联网行业,虽然这个行业在20世纪90年代的我国才刚刚兴起,虽然国家和很多地方都把它放在战略性新兴产业目录里面，但实际上它已经步入传统行业，因为想在这个行业里做大的企业其资本投入必须巨大，比如京东商城。全国综合性院校都开设计算机和电子商务课程培养学生，毕业生在这个行业就业非常普遍，同时互联网领域很多中小企业为传统行业的大企业配套，比如开发 ERP 软件，做电子商务平台等。这个时代新兴行业迅速崛起，而后又迅速老化，成为传统行业，而传统行业赋予新的技术和商业模式又会呈现出新的生命力，所以对于行业的观念我们需要及时转变。

要找准慈溪民营经济转型方向，为下一个 30 年的经济繁荣集聚力量，需要先从慈溪民营经济发展繁荣的历史来梳理脉络，探究慈溪模式的优势与内涵。

第二章 澎湃的生命力与严峻的挑战并存

第一节 民营经济优势突出

慈溪市是浙江省宁波市代管县级市，地处东海之滨、杭州湾南岸，东离宁波三江口 60 km、北距上海 148 km、西至杭州 138 km，是长三角地区南翼工商城市和国务院批准的沿海经济开放区之一。至 2013 年末，慈溪市户籍总户数 422 646 户、户籍人口 1 043 609 人，其中非农业人口 194 232 人；全市 2013 年实现生产总值 1 031.09 亿元，增速分别高于全国（7.7%）、全省（8.2%）、宁波市（8.1%）各 1.3、0.8、0.9 个百分点，三次产业产值之比为 4.8∶57.5∶37.7，分别拉动经济增长 0.1、5.7 和 3.2 个百分点。慈溪因民营经济发达而闻名，是全国县域经济最强、家族企业最发达、群众最富裕的地区之一，众多的经济指标多年来始终保持了浙江省的前列。然而，近年来，受国内外复杂经济形势的影响以及自身结构性与素质性矛盾的困扰，慈溪的实体经济增速明显放缓，企业经济转型迫在眉睫。

一、精益求精，赢得市场

慈溪不少民企以老产品的竞争优势为起点，进军关联产品，使企业原有竞争优势得到二次开发，实现转型升级。如果说，心无旁骛的专注路线可以让企业“一骑绝尘”，那么专注的同时另辟蹊径的相关多元化，则在谨慎扩张中能够迅速占据高位。慈溪企业对此有着自己的理解：产业多元化，不是一味“贪大求洋”，“看什么赚钱做什么”，而应该紧紧抓住企业核心竞争力，打通相关的产业领域，向外迈“半步”。近 20 年时间，新海股份成长为中国打火机行业的领军企业，去年销售额突破 6 亿元。模具工程师出身的董事长黄新华告诉我们，做好打火机，每一个零部件的设计、制造、装配都要精密无比。一只小小的打火机，依赖的可是精密塑料制造技术，这也正是新海股份的竞争力所在。

二、殚精竭虑，因企制宜

调研中，很多民企老总普遍反映“做梦都在想着转型”，然而怎么定位，却又常常成为眼前的难事。因此，免不了为此煞费苦心。面对低档产品冲击、用工成本上升等内外部因素的影响，打火机企业加快技改、研发投入，实现设备更新换代，产品升级发展已经势在必行。自 2012 年以来，以掌中发为首的观海卫打火机行业自发地掀起了一股技改热潮，企业与国内各个科研机构合作，开发各类用于提升打火机自动化生产程度的设备。经过近两年的努力，目前在观海卫区域内已有多种自动化设备在打火机企业内使用。在掌中发公司，已实现调火、冲汽、灌装以及焊接等工艺的全自动生产，装棉阀工艺也实现了半自动生产。根据掌中发的总经理沈国良测算，以日产 20 万只打火机为标准，使用上述设备比纯人工操作生产效率提升 6 倍以上。目前，在掌中发已有 5 台自动化设备，虽然受型号款式的限制，企业仍有 40%左右的产品实现了自动化生产，有效提升了企业市场竞争力。

三、迎难而上，积极创新

在工业经济面临较大下行压力的背景下，慈溪制造业企业迎难而上，把盯住“难题”开发新产品作为稳增长、调结构的主要立足点。上半年慈溪规上工业新产品产值 286.2 亿元，同比增长 29.4%，新产品产值率比去年同期提高 6.0 个百分点。如宁波慈星股份有限公司生产的电脑针织机迈进各大纺织企业的大门，但市场逐渐饱和。他们深入调查，独辟蹊径，从“老市场”挖潜力，发掘出厂商毛衣缝合工序人工成本增加的契机，研发了一款毛衫自动缝合机，工作效率提高约 4 倍，一批老顾客纷纷下单，如今，新产品产值占到企业产品总产值的 95%以上。

第二节　慈溪民营企业发展中呈现出来的主要问题

改革开放 30 多年来，慈溪民营企业在数量和质量两个方面都有了相当大的提高。据慈溪市市场监督管理局统计，截止 2014 年 6 月底，全市实有各类内资企业 24 964 户，其中私营企业 23 354 户，占 93.55%；注册资本(金)总额 6 208 132 万元，其中私营企业注册资本(金) 5 143 961 万元，占 82.86%。在民营经济总量持续增长的同时，慈溪民营企业的竞争力也在持续提升。全国工商联公布的 2013 年度民营企业 500 强中，慈溪的徐龙食品集团有限公司、宁波市慈溪进出口股份有限公司分别位列榜上第 420、462 位。2013 年度宁波市制造业百强企业评选中，慈溪市有 13 家企业榜上有名。其中，宁波方太厨具有限公司以营业收入 28.55 亿元位列第 36 名，同时还入选了宁波市综合百强企业。

慈溪小微企业的种类主要以服务行业涉及种养殖业、工业(家电、轴承、建材、轻纺等)和商贸服务业等为主。慈溪市是中国三大家电制造基地之一，是“家电之乡”，拥有家电企业 8 000 多家，都是中小微企业，小家电产品出口总量位居全国第一，同时也是中国最具竞争力城市之一，拥有 30 多个行业门类，涉及 250 多个行业总类和 3 000 多个产品品种。

今年以来，面对复杂多变的外部环境和经济下行压力，慈溪市深入开展“转型升级突破年”活动和“千名干部服务千家企业”专项行动，努力克服市场需求不足、综合成本上升等不利因素，推进工业转型升级向纵深发展，发挥民企的主体作用，同时，还必须正视如下问题：

一、技术与管理能力较为缺乏

慈溪小微企业多，但他们当中很多科技创新能力较强，他们在科技创新中求得生机。例如天生密封件公司的技术十分领先,在别人面临危机的时候崭露头角,持续发展,越做越大。该公司整个厂区占地面积不过10亩,员工不到百人,他们占领了中国核电、航空、航运领域的普通密封件市场,后来又通过长期科研实验,掌握了核电站核心密封件“C型核反应堆密封环”技术,打破了长期由美国和法国垄断的市场,并以价格低廉质量更好的优势,通过项目中标,占领了国内核心密封件市场。这样注重技术开发的企业在慈溪的数量不少,很多企业将前几年赚进来的钱全部投入到技术研发、提高产品质量上。

近几年,慈溪小微企业的内部管理状况虽得到了一定程度的提高,但也存在一些问题,其中主要体现在以下几个方面:

一是经营者素质参差不齐。经营管理能力高低不一,在选择经营范围时跟风意识强,容易导致恶性竞争。在处理个人利益与企业集体利益时态度不同,多人合作经营企业容易因争夺个人利益而产生冲突导致企业难以为继。

二是以家族式经营模式为主。采用现代企业经营管理模式的占少数,内部管理制度不完善,风险意识差,市场适应能力弱。

三是法律意识、诚信意识不强。签订合同随意性较大,严格按合同约定全面履行合同义务的意识不强,贪图小利而忽视劳动法律法规,用工不规范导致劳企纠纷不断。

四是先进的财务管理技术和方法难以得到应用。我们国家的小微企业大部分是家族式企业,程序过于简单,决策权高度集中,无章可循,管理行为边界模糊不清。财务管理人员普遍素质偏低、水平不高,应付日常事务已经焦头烂额,更无暇去学习和应用先进的财务管理技术。

二、财务与效益状况需要继续提升

慈溪民营企业的财务状况普遍存在以下问题:

一是资金短缺,流动性不足。这既有民间资本压制和银企沟通不畅这些外部原因,更有经济环境以及小微企业自身的组织方式和发展状况等内在原因。小微企业缺乏大企业那样直接向社会公众发行股票和债券的实力,更多采用的是内源性融资,融资渠道单一。

二是缺乏投资分析,造成投资失误。由于缺乏投资分析和科学论证,小微企业投资决策失误很多。在激烈的市场竞争之下,其结果不但没有为企业带来发展,反而使企业陷入困境,甚至陷入破产的边缘。小微企业在投资决策前,首先应该进行市场调查,及时捕捉投资机会;其次还要建立科学的投资决策程序,认真进行项目的可行性分析;还需筹集充足的资金,保证项目进行中的资金供应。同时,理智分析风险与收益的关系:一般收益越大,风险也越大。

三是成本费用核算不到位。大多数小微企业由于产品品种少,经济业务较为简单,对本企业成本核算的要求较为宽松,使其内部缺乏科学有效的成本费用控制体系。账册和会计科目设置不全,费用分配标准不适当,成本结转程序不科学的现象普遍存在,造成企业产品定价不准,成本费用过高,不利于市场竞争。

三、资源产出效率低,资源投入强度大

成本费用高挤压企业利润空间。一季度,慈溪市规上工业企业利润总额同比增长14.2%,

但若剔除远景汽车零部件有限公司的政府补贴拉动影响，同比仅增长 1.4%。全市规上工业企业销售费用和管理费用支出分别为 9.01 亿元和 21.22 亿元，同比增长 14.2%和 11.3%，成本费用利润仅为 3.3%。应付职工薪酬同比增长 9.7%，占主营业务收入 8.0%，人均月平均工资同比增长 14.2%。全市劳动生产率低，这意味着在相同的经济增长率水平下，慈溪需要更多的劳动力投入，如果维持高于全国、全省增长速度，而劳动生产率与全国、全省同步提高，则劳动力需求增长也会比全国、全省更快，人口的高速增长也在所难免。原材料、人工等成本的提高，劳动生产率低，大大影响企业的利润，阻碍企业进一步发展。

四、水质、空气质量恶化，严重影响创业投资环境

在家庭工业发展过程中，由于空间规划、产业政策、能耗环保等约束限制较少，许多企业就地生产、就地排放、就地污染，慈溪市在经济快速发展的同时付出了沉重的生态环境代价。尽管在后期发展中市委市政府高度重视生态文明建设，在完善政策法规、严格控制排放、强化环境整治、推进“森林慈溪”建设等方面做了大量工作，但至今全市生态环境状况依然堪忧，地表水总体水质仍为重度污染，河网劣五类水体占比超过 75%，城乡环境“脏乱差”现象突出，人居环境和生活品质提升难度大、压力重。

五、金融环境需要进一步改善

从贷款质量看，慈溪市金融机构不良贷款自去年年底逐渐显露并增加，银行不良贷款额和不良贷款率持续“双升”态势，达近 10 年最高点，且后期仍有不断攀升态势。截至 3 月末，慈溪市金融机构不良贷款余额 34.42 亿元，较年初新增 10.76 亿元，比去年同期增加 7.34 亿元；不良贷款率达到 2.02%，比年初高 0.59 个百分点，比去年同期上升 1.06 个百分点。从机构个体看，慈溪市不良贷款率为零的机构只剩 4 家，单家机构不良贷款率最高时超过了 8%。

第三节　内部瓶颈与外部制约因素

一、转型的内部瓶颈因素

成绩来之不易，困难有目共睹。除了企业的外部诸因素外，慈溪市的不少企业其自身发展到一定规模就难以有新的突破和提升，也即进入了内部“瓶颈”制约时期，这也是中小企业主所困惑的问题。主要涉及企业经营者的素质、发展战略管理体制、技术开发、市场开拓、人力资源、融资难题、企业用地等。从企业自身说尤为关键的是以下五个方面：

（一）企业高层管理者的管理思想、意识、观念与企业战略管理发展不适应

企业战略就是企业的发展方向，当企业遭遇瓶颈的时候，首先该检查自己的方向是否正确。调查发现，不少中小企业根本没有企业发展战略。有的往往都是“头痛医头，脚痛医脚”。至于在哪个方面，在哪个区域取胜，企业到底该向哪个方向，并不清楚，反正想到的就

去做,市场上表现好的产品和行业都想上马。在企业管理过程中主要表现在:头痛医头,脚痛医脚——有的高管只要看到目前的产品比较有市场,就一门心思的大上快上,没有长远而周密的计划性,出现问题再去采取补救措施。一旦市场出现问题,往往造成不可挽回的损失,甚至破产;小富即满,宁愿当鸡头也不愿做凤尾——不少企业主只把公司看作是自己的,而意识不到企业同时又是社会的,不愿与大公司合作的思想普遍存在;管理者管理观念和制度意识不强——靠人管人,相信自己的人,任人唯亲,形成裙带关系。

(二) 人力资源的管理与规划缺乏战略眼光

人才,永远是企业发展的最重要资源。有不少企业在经营过程中欠缺专业的运作方法与手段,懂管理、懂经营、懂市场运作的高层管理人员出现断阶。有些企业到了营销业绩下滑的时候,习惯的做法是偷工减料,越是困难,越是克扣营销资源,销量不好,很多政策就被取消了,或者这个时候,原来承诺的东西就不兑现了。一些企业到了困难的时候,不是想办法或想不出办法提高人员的积极性,而是通过降低待遇来节省资源。但也由此带来队伍的不稳、人员的流失。其实,越是困难越是需要团结员工。对于企业而言,最大的损失不是一时的利润减少,甚至不是一个市场的丢失,而是熟练人员的流失(包括生产、销售、研发、管理)。此外,大材小用,小材大用,知人不善任,任人唯亲的不良后果会导致执行力的下降,会出现自私自利,小集团主义,部门利益,个人私欲膨胀的现象。有的企业更是"一支笔,一言堂"。它给企业管理加大了难度,对企业的健康成长危害性更大。在困难的时候,不乱方寸,才是企业是否能突破的关键。另外,公司管理人员年龄偏高,而接替(储备)人员的高、中层管理干部又缺乏专业的管理知识与先进科学的管理思想;没有受过正规的专业培训和工作实践,也是部分企业存在的问题。这些因素都会给企业的后续发展带来潜在威胁。

(三) 缺乏审计成本意识,绩效管理跟不上

不少中小企业都缺乏审计及成本意识,绩效管理差,企业月度、年度赢利或亏损多少,都很不明了,"迷迷糊糊"过日子,此行为的直接后果就是造成浪费现象严重,账目混乱,企业的发展缺乏内在驱动力。

(四) 企业产品结构不合理,研发跟不上市场需要,产品缺乏竞争力

企业如果没有合适的产品,或者说产品不能适销对路,就谈不上发展。不少企业的产品都是几年前研发生产的。企业的良性发展表现在产品上,应该是生产一代,研发一代,储备一代,如此企业在更新换代的时候就显得游刃有余。没有研发的保障,营销总是捉襟见肘的。虽然说新品研发很多时候也是营销部门的职责所在,但实际上,在企业的方向不是很明朗的时候,营销部门的战略性总是受到限制的,同时,很多企业在这个时候还会受到生产的限制。因此,中小企业的成功在很大程度上首先是产品的成功。不能提供好的产品,销售上的努力往往事倍功半。

(五) 定位不准,四处出击,造成企业"虚空"

不少中小企业,在对自己的品牌及企业定位上,存在误差。明明是小企业,却偏偏"以小充大",看到其他企业打广告,做出了业绩,于是自己也赶快打广告,结果由于产品的铺货率及相应的管理没有跟上,造成广告"空投",白白浪费了资源。此外,不能有效的集中资源,攻

其一点，做大做强，而是四处出击，结果往往是“四处碰壁”，效果出不来，市场平平淡淡，致使企业发展没有后劲，甚至到了倒闭破产边缘。

二、转型的外部制约因素

产业结构的升级变迁对经济转型发展起着十分重要的支撑作用。慈溪市要实现区域工业经济转型升级发展，推动产业结构的升级变迁是当务之急。当前，企业工业经济转型升级所面临的外部制约因素主要有五个方面：

（一）受宏观经济环境的制约

当前，浙江经济发展面临的主要宏观环境是“三叠加”（增长速度换挡期、结构调整阵痛期、前期刺激政策消化期叠加）、“三上升”（原材料价格上升、人民币升值和准备金上调、劳动力成本上升）、“三加剧”（资金供给、土地供给、环境空间紧张状况加剧）。这种形势对当前慈溪市产业结构的转型升级是十分不利的。今年以来，主要受日趋错综复杂的宏观发展环境影响，慈溪市一季度支撑地区生产总值（即 GDP）增长的部分重要经济指标增速出现不同程度的放缓，一季度全市 GDP 增速一改 2013 年逐季“走稳缓升”的发展态势，增速回落明显，增速分别比 2013 年一季度和 2013 年全年回落 2.2 和 2.9 个百分点，从历史数据来看，增速高于 2009 年上半年（5.4%），为 2009 年三季度以来新低。此外，全市又遭遇自然灾害等突发事件的影响，这种宏观经济环境表明，产业内部依托自身的力量实现转型升级的压力十分巨大。

（二）受产业结构的制约

二产的产业结构层次偏低。全市高技术产业增加值占规模以上工业增加值远低于发达城市水平，与上海、江苏、广东等省份城市相比也还有很大差距。从工业内部结构看，对工业增加值贡献最大的仍然是纺织、服装、机械、化工、塑料等传统产业。产业结构制约着慈溪区域经济增长方式的转变。

（三）受资源配置效率的制约

市场资源配置中，始终会有一个最优质最核心最关键的资源在起决定性的作用。过去往往以资本为核心，人才等诸多资源跟着资本走。从最近几年的情况来看，浙江资源再配置效应开始低于全国平均水平，慈溪市情况也不例外。目前，较低的资源再配置效率制约着慈溪产业结构的进一步升级。

（四）受产业发展区域结构的制约

根据慈溪市当前的现实条件，产业的发展不可能脱离工业化发展。在工业化进程中，存在区域发展结构上的不均衡现象，这制约了慈溪在经济发展上的区域结构调整，并最终将影响到慈溪总体经济社会发展的转型升级。

（五）受融资难的制约

慈溪市中小企业面广量大，其自身的自有资金往往较少，而且自身的融资渠道又狭窄。一直以来，企业获取贷款的做法通常是以厂房、土地等固定资产进行抵押。但小微企业往往以机器、设备等流动资产为主，“抵押难、担保难”成了制约小微企业发展的瓶颈。据人民银行统计，中国中小企业融资的98.7％来自银行的间接融资，仅有1.3％来自直接融资；中小企业获得银行信贷支持的比例低，仅占全部中小企业的10％左右。中小企业融资难的问题，既与中国资本市场发展滞后，银行体系尚未健全有关，也与缺乏有效的信用担保体系和完善的中小企业支持体系有关，还与社会信誉体系不够健全，难以有效解决信息不对称内外制约的问题有关。经济学理论和实践都证明，即使是一些发达的国家，比如美国也只有三分之一的中小企业能够得到商业银行的贷款，中小企业融资的问题也是一个难题。中小企业融资难，不仅抑制了中小企业创新的活力，而且大大制约了中小企业的发展。

第三章

以主动创新应对挑战

怎么转？转向哪里？从现实和经验来判断，我们认为不管是过去还是未来，制造业都是慈溪经济繁荣的灵魂，这个观点得到了企业家的印证。笔者近期访谈了有色金属材料、机械制造、电气设备、零部件生产以及食品加工等传统行业的领军企业家，这些企业从20世纪80年代到90年代初成立以来，大都经过了几次变革和转型，又几乎都是在2010年前后完成了新的转变，战略方向瞄准做精做深主营业务，并向产业链上下游的相关业务领域进行延伸。这期间，他们也有徘徊，很多人也曾经试水房地产和资本投资等领域，但最终都修正了方向，坚持做实业。比较有趣的是，这些大企业大都没有在房地产行业捞到什么钱，当然也就没有像很多同行那样，现在还深套其中甚至因此拖垮主业。有个企业家在谈为什么不去炒地皮，做房产时，给出的理由是"怕赚过了快钱，使经营团队变得浮躁，沉不下心来赚慢钱"。

第一节　创新发展——坚定转型的目标方向

一、理清创新发展思路

2014年成为1982年以来世界经济最为困难的一年。当前，世界经济运行仍充满不确定性，有观点认为全年世界经济将呈现出"U"型、"W"型或"L"型的走势，但"L"型的走势可能性较大。当前制造产生的利润低，全球制造也已供过于求，但是研发与营销却产生了较高的附加价值，因此，慈溪区域内的制造企业在转型升级过程中，应向微笑曲线的两端发展。从总体上看，一季度慈溪经济下行趋势在3月份有所放缓，二季度各行业运行趋势有待进一步观察，特别是工业经济的企稳回升将是经济增长能否回升的关键。针对当前慈溪市经济社会运行面临的严峻内外部环境，经济运行下行压力依然存在，下阶段要认真贯彻市委市政府"保增长、促转型、抓统筹、重民生"的工作部署，积极应对面临的诸多困难和压力，重在提振企业转型升级信心，努力实现工业经济平稳较快发展。

（一）对危机的认识保持清醒

要认识到转型升级并不限于经济，危机后的崛起也不仅仅限于经济。宏观经济形势的走向，经济增长速度的降低，既有受到国际金融、经济危机影响的因素，更有慈溪市经济发展模式影响的因素。一是信心比黄金重要，但信心不能是盲目乐观，不能是空喊口号。它要靠实力、及时准确决策和有效应对措施来支撑。我们的转型升级并不限于经济，危机后的崛起也不仅仅限于经济。如何将"保增长"与推进科学发展、社会和谐之间有机统一起来？考验着各级政府。二是各级领导干部要提高对增长方式的必要性与紧迫性的认识。真正转变观念，自觉参与到经济增长方式转变的过程中去，积极引导经济活动主体节约集约利用资源、增加研发设计投入、提高产业层次、升级市场业态，从而走上高效、低耗、少排的可持续发展之路。特别是要从考核指标的调整入手，将总量、速度为主的考核体系改为以效率质量为主的考核体系。

(二) 反思和超越发展主义意识形态

发展主义，首先是指发展中国家在向现代工业社会转变的过程中，以推动经济发展为主要目标、优先目标、首要目标。其次，发展主义还是指政府长期担任经济发展主体和投资主体。再次，发展主义以经济增长为政治合法性的主要来源。各级党政领导和企业老总要认清发展主义意识形态的得与失。它的积极效应：经济发展取得重大成就。它的消极效应：经济发展的环境代价、社会代价巨大；贫富、城乡、区域发展的差距不断拉大；发展主义意识形态必将经历从"确立——巩固——取得积极效应——产生严重后果——反思和超越"的发展历程。发展主义的内核：经济主义和生产主义。它们在促进经济社会发展、缓解贫困问题、改善人民福利的同时，也塑造了"重经济建设、轻社会建设"、"先增长、后分配"的发展模式，造成了经济和社会发展的严重失衡。原市委副书记、政法委书记杨勇指出，要以十八大精神为指引，把科技创新摆在慈溪发展全局的核心位置，大力构建更具竞争力的科技创新体系、人才支撑体系和现代产业体系，真正走出一条创新驱动型的转型发展之路，不断提高发展的质量和效益。

(三) 认清国际分工调整与企业竞争新特点

近来，受国际金融危机和欧债危机的严重冲击，产能大量过剩，效益大幅下滑。慈溪市境外企业越南新世纪化纤有限公司却逆势飞扬，2012 年销售额达 5 500 万美元，同比增长 40%以上，效益也大幅提升。在应对国际金融危机、欧债危机中，慈溪民营企业主动出击，逆势突围，化危为机，掀开了"走出去"境外创业"新一波"。在这"新一波"境外创业的浪潮中，全市企业通过创办制造企业、开拓市场网络、搭建品牌营销平台、建立研发基地，或收购重组等，全市共有境外企业 135 家，遍布亚、欧、非、北美洲、大洋洲 42 个国家和地区，涉及化纤、家电、轴承、打火机、插座、工具等行业。两大危机对境外企业数量和质量规模而言，都是重要"分水岭"，以前每年最多 10 家，此后每年新增 20 家以上；尤其是 2012 年，实际投资可达 4 200 万美元，其中，5 家企业增资 2 318 万美元，500 万美元以上大项目 5 个。

二、激发企业创新转型的内生动力

实现企业转型升级，政府虽是外因，但很重要。企业是内因，更要强化转型升级中的主体作用。中国企业家资源不足，企业家不等于商人。我国从 1978—2020 年，42 年里走了欧洲的 300 年。欧洲 300 年企业发展（五级企业）的路程：手工工场；工厂；现代企业股份公司和有限责任公司；跨国公司；全球公司。慈溪市和全省的绝大多数地方一样，表面看企业处于第三阶段，实际上处于工厂制度和手工工场阶段，与国际上企业发展的差距极大。一是欧美打破家族制花了九十年时间(1945—1855)。如杜邦家族290多个子孙中无人进董事会。二是起码的社会信用水平还不够。三是职业经理人市场没形成。欧美500年现代化进程是“四大创新”螺旋形推进的结果。“四大创新”指：观念创新是先导；技术创新是核心；制度创新是保障；管理创新是效率。在此情况下，慈溪市企业自身更需要苦练内功，尤其在创新上下功夫。

(一) 企业要提升创新思维水平

脑袋决定口袋——成功一定有方法。眼界决定境界——失败一定有原因。思路决定出路。有人说得好：如果不创新，所有窗子都得面壁；如果创新，所有墙壁都是窗子。要重在把握创新思维特点：一是独特性——违背、打破、构建；二是把握联动性——发现、分析、解决；三是把握多维性——多向求索、多种途径。比如，产业转型要求的若干因素有：低附加值到高附加值，高能耗到低能耗，粗放化到精细化。如何确定自身的转型升级？目标在哪？如何突破规律性达到系统性？一要考虑国内外比较优势(参与区域分工和市场竞争)。二要考虑市场潜力(需求收入弹性)。三要考虑需求关联效应(此部门与彼部门的关联度有多大)。四要考虑劳动力结构(产能集聚高、科技进步强得益于高素质人才队伍的培育引进)。五要考虑技术进步的空间(通过生产力上升率和技术密集度体现)。创新思维水平的提高，结合企业主的个人修炼，有助于能人经济向制度经济发展(品牌、研发)。通过职业化管理，信息化运营，使企业不断发展。

(二) 自主创新是企业发展的根本动力

中小企业面广量大，地位很重要，与行业共存亡。它们紧跟潮流，但技改慢半拍；面临培养接班人、管理、转型(欧美的转型是微观术语，我国却是宏观术语，指经济发展方式转变)、生意人(投机)等问题。目前，企业的自主创新虽然不断在进行，但创新程度还不够强烈。

自主创新，一是企业要有新的思维。就如同建桥梁，每一座桥梁的建设，无论其跨径大小，都会有新的技术挑战，而每一座建设成功的桥梁都应有其技术创新的成果。桥梁习惯上以跨度来评比，我们要让创新技术使用的年限更长，要让资金投入更少，能为大批工程建设提供高技术，整项工程还节省了费用，那么就是创新。

二是企业还要有切实可行的自主创新措施。把自主创新摆在全部科技工作的核心位置，把提高自主创新能力作为企业科技发展的战略基点，牢固树立企业在自主创新中的主体意识，大力提升原始创新、集成创新和引进消化吸收再创新能力。通过自主创新，突破、形成一批具有自主知识产权的核心技术。同时，企业科技发展规划，要体现统筹兼顾、合理安排原则。技术创新既要着力于当前急需解决的重点和难点问题，又要着眼未来，做到超前决策、超前投入、超前储备，以保持企业在市场竞争中的主动性、技术引导性，实现企业科技发展延续性与前瞻性的有机统一。具体讲，企业的自主创新包括完善科技创新体系、健全科研管理制度；建立完善的科技投入保障机制；注重科技成果与专利技术申报，增强知识产权保护意识；切实解决技术工作中存在的问题与不足；加速企业信息化建设；优化环境，建立健全一整套有利于人才培养和使用的激励机制；把握世界相关技术的发展动态，充分利用全球科技资源。

三是企业自主创新要从实际出发。每个企业的条件不同，应根据具体情况采取到位的措施。但不论企业的条件如何，在创新意识上都必须坚定，要担当起自主创新的责任。现在很多企业乐于直接引进外国的技术，以求更快地获得经济效益，但最终效果往往并不如意，因为核心技术我们很难拿到。所以，唯有自主创新才是企业的根本动力，才是迈向技术强国的唯一途径，在当前金融危机的特殊形势下，才能更快地走出低谷。

四是企业自主创新要瞄准方向。我们思考做大需要很长时间的积累，在慈溪这个介于乡村和城市之间，体量又相对较小的区域，将小企业做精，发展出类似于欧美小城市多见的“隐形冠军”企业，似乎也是不错的选择。所谓“隐形冠军”，是指隐藏在细分子行业中很多不为人知的低调企业，它们或拥有先进的业务模式，或占据独特的细分市场，或拥有较高的技术壁垒。德国是全球拥有“隐形冠军”数量最多的国家，咨询公司 Simon-Kucher&Partners 的董事长赫尔曼·西蒙(著有畅销书《21 世纪的隐形冠军》)在 2011 年曾估测过全球范围内此类企业的总数量约为 2 500 家，其中 1 200 家来自德国，它们在德国出口中占有四分之一比重。这些中小企业是德国经济的核心，其中最成功的企业规模都很小，但专业化程度高，通常在利基市场上占据绝大多数的份额。比如在国防、制药和手表等行业微型零件加工系统的全球领军企业 KernMicrotechnic，该公司在 2006 年以 120 名员工的规模实现了 1 500 万欧元的销售额。又如，全球隧道设备领军企业海瑞克公司(Herrenknecht)拥有不到 1 500 名雇员，销售额却达到 3.84 亿欧元，其中 92%来自国外。

第二节　企业转型——激发转型的主体活力

经过几十年的积累，慈溪已经有这样一些在专业领域做到国内先进甚至全球领先的中小企业，比如慈星横机、大成新材料、公牛插座、天生密封件等，这些企业都有机会成为各自细分领域的全球冠军。我们要有眼光，知道这些企业不是靠规模取胜，而是依赖非常精准地市场定位，在行业内甚至是某个环节拥有全球话语权，成为全球该行业供应链采购中绕不开的一个节点。如果我们制造业的一些细分行业里，都能够拥有几家这样的企业，那可以说明我们的转型是成功的。接下来谈到的企业转型，将从重振企业家精神以及优化企业组织管理生态两个方面展开。

一、广东的经验和做法

(一) 利用技术改造和电子商务的手段推动传统企业转型升级

这次调研广东，发现我们正在实施的“机器换人、电商换市”等产业转型举措，广东企业也正在以各种形式如火如荼地展开。

在劳动力成本压力下，制造类企业都在考虑通过工艺流程的改造，实现制造的自动化和智能化。我们在东莞参观了美驰图(Maisto)东莞玩具厂，在一个车间里，一台机器正在做着一度需要 60 人手工劳动的工序——为数百台玩具车的底盘喷漆，而如今仅有 2 人在机器旁做监控。自动化生产已经广泛运用到家具生产、服装鞋帽加工、食品加工、电子元件制造等传统行业领域。

得益于电子信息产业的发达，珠三角传统企业的电子商务普及度不断提高。从调研中我们了解到，传统企业"触电"模式主要有两类：一类是仍以传统企业为主导的"实体店＋网络销售"模式，他们不是纯粹的电商，大多没有放弃传统领域，而是利用公共电子商务平台做增量。比如我们这次走访的深圳鹏城网商会，其100多个会员单位几乎全是来自于劳动密集型传统制造领域的中小企业，一家做体育服装的企业老总自豪地告诉我们，电子商务帮助他精准投放广告，在国际平台上吸引客户，企业利润增长到36%。另一类是以纯电商企业为主导的"网络营销＋外包生产"模式，在这个模式中，传统企业成为专为电商做定制的产品供应商，利用电商企业的超强供应链管理能力和传统企业的大规模生产能力，最终达到了1＋1＞2的结果。不管哪种模式，都已经对珠三角的传统制造企业带来了巨大的革新和转变。

二、鼓励"二次创业"，重振企业家精气神

过去，慈溪凭借着著名的"四千"精神，矢志不移抓工业，赢得今天的强县（市）地位；今天，慈溪工业虽受经济大环境影响而面临不少困难，但发展前景仍是十分广阔的。当前，部分企业创业激情衰退、投资欲望不振、过于守成保底，当前激发新形势下的"四千"精神，在宏观经济逐步回暖中重振投资信心，以必胜姿态迎接新一轮改革开放大潮的到来。当今区域之间的竞争，说到底是区域之间企业数量和质量的竞争。如果一个地方企业集聚，而且企业质量也很好，那么这个地方一定是经济高地。据浙江工商局2013年报道，慈溪现有市场主体87 850家，其中个体工商户65 785家，占市场主体的近八成。慈溪虽然企业众多，但个体工商户存在"小而散、多而广"的特点，在市场中缺乏竞争力，发展后劲不足。据统计，2010年与2011年宁波市综合百强企业中均仅有6家慈溪企业，且排名靠后。如想有所突破，人力资源是第一资源，优秀企业家更是一种稀缺资源。俗话说：国以才立，政以才治，业以才兴。现代企业发展离不开企业家这一重要角色的作用，现代企业是在企业家的悉心管理下发展的。企业家的知识和能力影响企业的文化、企业文化影响企业学习力、企业学习力影响企业竞争力，企业竞争力决定着企业的发展。日本学者松下兴之助也认为，对于一个企业的兴衰，企业的经营管理者应该承担70%的责任。有一个卓越非凡的企业家带头人和一批高素质的企业家队伍更为重要。作为一名合格的企业家必须具备良好的素质，以及政治远见、战略头脑、协调艺术、应变能力。慈溪有如此众多的企业，如何提高企业的质量，使其能够持续发展、出类拔萃，企业家就成为关键。在这个意义上，慈溪不仅要成为企业数量和质量的高地，还应成为企业家的高地，企业经营人才的高地。

（一）"小富即安"，企业转型动力何在?

接下来谈谈创新转型的主体——企业家。我们调研下来总的体会是企业创新动力不足，大概"小富即安"是听到频率最高的词了，企业家自己评价这是慈溪人的通病，到达一个阶段就比较容易满足，虚荣心强。在当前的经济背景下来看这个问题，我们理解需要从经营文化上去探究，也理解其体现出的企业家迫于形势而做出的现实选择。

由于经济总体形势不好，很多民营的实业企业基本处于维持运营状态，开工仅仅是为了

生意不黄，给大家解决一份工资，企业缺乏创新和变革的基础。同时由于国家处于转型期，社会发出新的声音，不光要挣钱，还要企业家承担更多的责任和梦想。就从外来务工人员缴纳社会保险来看，最近宁波出台新规定，要求企业按照高保标准（缴费基数额高于本地的社平工资总额）缴纳，而以前一般情况下企业都是选择低保标准，仅这一项，人均每人每月增加支出几百块，上千人的厂每年要多支出几百万，在制造加工行业利润如此微薄的当下，这已经成为企业不可承受之重。出现这种税费性的政策波动，企业就会想，做大了就必须规范，而小企业或许还有空子好钻。再有就是企业的先发创新行为还要承担新知识外溢的风险，在市场没有形成知识产权保护的良性机制之前，容易出现山寨和模仿，领先企业花在研发创新上的巨大投入，很难在市场上得到相应回报。

我们一直在谈论慈溪企业做不大，仅有5%左右的企业达到2 000万以上产值，不大就形不成规模效应，很难承担诸如环境保护等社会责任。但同时，我们也要看到企业创新转型缺乏动力既有现实因素，也有不得不转的迫切需求。面对数量如此众多、规模又普遍偏小的慈溪企业群，到底中小企业转型的有效途径是什么？埃森哲的研究显示，企业在面临环境变化与挑战时采取的转型方向由浅入深主要有四类：复制性扩张、业务组合调整、产业价值链控制和商业模式创新。在慈溪企业当中，可以说门槛较低的做法——复制性扩张和业务组合调整都曾带来不错的“转型红利”，但是勇于尝试价值链控制甚至于可以创造新商业模式的企业却是少之又少。我们调研中的行业领军企业，也大多处于进口替代阶段，即致力于占领国内以往需要进口的产品领域，通过对国外技术的消化吸收和再转换，实现同等产品质量的相对价格优势。企业要转型关键还是企业家的思想观念要更新，更要创新。

（二）提升企业家创新能力

1. 创新能力对于慈溪企业健康发展至关重要

以创新型初创企业数、高新技术企业数等10项指标来度量创新能力，慈溪市在初始创新企业数、财政对科技教育的拨款占财政中的比重较高。但规模以上工业企业中拥有县级以上企业工程（技术）中心企业所占比重、科技孵化器建设水平指数较低（表3－1）。

表3－1　慈溪市各项创新能力指数在宁波市11县（市）区中的排名

指标名称	排名	排名	排名
创新型初创企业（科技型中小企业）数［累计］	2	2	1
高新技术企业数［累计，家］	3	4	4
规模以上工业企业中拥有县级以上企业工程（技术）中心企业所占比重（%）	9	10	10
科技孵化器建设水平指数	8	7	8
限上科技服务业增加值增长率（%）	7	1	3
每万人劳动力从事R&D人员数量（人/万人）	6	5	6
全社会R&D经费支出占GDP比重（%）	5	4	4
地方财政科技教育拨款占地方财政支出的比重（%）	1	1	1
规上工业企业R&D投入占主营业务收入的比重（%）	4	8	7
创业与风险投资额（万元）	5	3	2

严浩仁(2007)对浙江企业的调查表明,与全国相比,浙江企业家授受本科及本科以上学历教育的仅占35.1%,远低于75.0%水平;高中及高中以下浙江占21.9%,全国仅为3.5%。

从上述资料可以间接看出,慈溪企业家的创新意向较高,但创新投入不高,原有文化水平较低。因此,研究提升企业家能力尤其是创新能力对促进慈溪经济的健康发展有着重要的现实意义。

2. 影响企业家创新能力的关键因素

(1) 企业家创新能力的内涵

企业家创新能力是企业家在企业创新活动中表现出来的一种突破原有生产技术、管理与服务模式,实施新工艺或生产新产品的能力,这种能力为社会创造财富,提高企业的经济效益。企业家的创新能力有的来自于先天禀赋,有的受后天环境的影响。企业的外部影响因素有主要政策法规、环境规制、电子商务、行业、顾客和竞争者、合作伙伴;企业内部因素有企业规模、战略、组织构架、企业的类型、冗余资源、文化和环境、社会结构、人们和人力资源管理、技术市场管理。

(2) 影响企业家创新能力的内外部因素

学者们研究发现,影响企业家能力的因素主要有个体特质、家庭背景及教育、工作经验、商业与制度环境、关系网络和资源等。企业家创新能力形成与提高是一个复杂的系统工程,是一个通过学习不断加强的过程。学习途径主要有经验学习、教育培训和通过社会关系网络。

特质及判断能力在处理遇到新的商机时起着关键作用,如人口统计特征(如年龄和性别)、个人背景(如教育和以前工作经验)对企业家的创业意图和努力产生重要影响。

成功的企业家更可能受益于父母、受益于其广泛商业经历和先前创业经历,较少受制于事业。教育可以改善企业家的机会识别能力和综合处理信息的技能,企业家的教育水平与其各种能力存在正相关关系。中国企业家早年的学校教育、教师对企业家素质的影响甚微,"干中学"有助于提高企业家的素质。企业家创新能力的源泉可能来自市场,而不是政府和非营利机构,市场型网络可以提供有关市场机会和创新的信心,并且有利于企业家明确企业战略方向。

经验对于企业家能力的提升具有局限性,经验的积累不能确保企业家主要能力的全面提升,完全依赖经验有可能制约企业家进行创新和改善运营管理,使其难以掌控企业的长远发展。

制度环境和制度环境与个人想成为企业家的特性的相互作用对创业活动有重要影响。稳健的经济状况、资本可得和降低个人所得税与企业家的创新有正效应.

个人网络是创业环境和资源获得的重要桥梁,技术能力、公司大小、行业、公司的市场导向和公司区位是企业家创新能力的决定因素;企业的区位如所处的工业区、行业集群创新、地区创新系统,影响创新能力。

3. 提升慈溪企业家创新能力的措施

(1) 营造有利于企业家创新的制度与文化环境

企业家的创新能力与企业家所处的外部环境密切相关，因此，应注重为企业家创新营造良好的外部环境。一是构建企业沟通、信息交流的平台，为企业家创新提供服务；二是建立企业市场进入、资源享用的公平机制；三是为企业家的创新设立相应的税收和财政补贴政策；四是多渠道宣传企业家创新的先进事迹，为其他企业家创新提供创新的示范作用。

(2) 构建企业家的终身教育体系，促进企业家能力与时俱进

学习可以提高企业家的能力，因此，需要建立培养与企业家需求相适应的有效学习机制，构建终身教育体系，以此促进企业家的能力提高，尤其是企业家的创新能力。这需要从三方面着手，一是由高校、商会等根据企业家现状分级举办各种培训班，让企业家通过培训提高创新能力；二是举办专项能力提高的培训班，把有创新需求的企业家聚集在一起，由创新突出的企业家和相关培训专家共同授课，以此提高创新能力，如 EMBA 创新能力班；三是把国外企业家提高创新能力的案例整理出来，借鉴境外企业家成熟的做法。

(3) 注重激发学生时代企业家的创新潜质

中小学课程中增加创新能力培训的课程，从小培训企业家的创新潜质。在目前的中小学课程中，适当设置创新力的相关课程，激发学生创新的热情，培训创新能力。

(4) 加大研发投入，引入科技孵化器机构和技术研发机构

比照其他发达地区的经验，追加科研投入，引进科技孵化器机构，以培训创新企业。

三、建立战略联盟，提升企业价值

(一) 企业转型升级一般路径

一是产业链攀升。产业链是各个产业部门之间基于一定的技术经济关联，并依据特定的逻辑关系和时空布局关系客观形成的链条式关联关系形态。在经典的微笑曲线(Smiling Curve)模型里(图 3-1)，中间是制造，左边是研发，右边是营销，当前制造产生的附加值低，全球制造也已供过于求，但是，研发与营销的附加价值高，因此，产业未来应朝微笑曲线的两端发展，也就是在左边加强创新研发，在右边加强客户导向的营销与服务。政府需要通过制定相应的政策措施，引导小微企业转变发展方式，在整体上鼓励小微企业由加工制造业向交通运输业、现代物流业、金融服务业、信息服务业和商务服务业等生产性服务业转变；鼓励小微企业向产品设计、市场营销等产业链高端攀升。

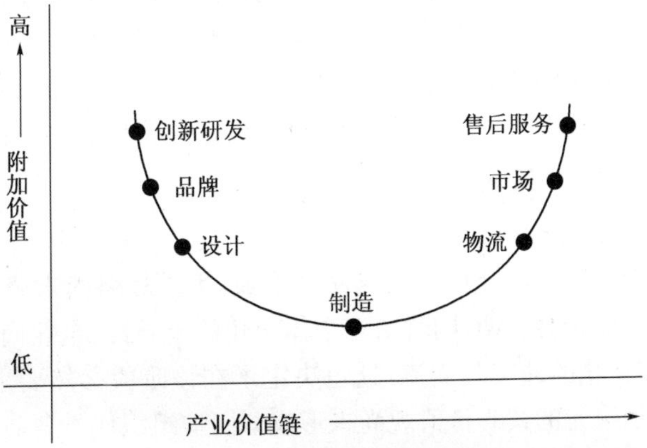

图 3-1　小微企业微笑曲线

二是产业转型。政府和行业协会需要落实具体的政策措施，支持小微企业转变发展方式，调整小微企业产品和服务的内外销结构，帮助并指导小微企业制定基于扩大内需的发展战略；鼓励小微企业通过技术创新和管理创新，逐步完成产业转型。

三是产业区域集聚与产业集群转型。产业区域集聚是指一定数量（包括了不同产业和同一产业）的企业在区域上的相对集中，并产生集聚效益，进而形成具有一定组织意义的企业网络小微企业在规模资金、人才、技术等方面的先天劣势，决定了小微企业只有抱团发展，才能克服其固有的孤立和分散的弱点，降低企业发展风险，获取规模经济优势，这是产业集群最初发展的重要原动力。小微企业自身需要积极转变发展观念，抓住机遇，迎接挑战，实现发展方式转变，小微企业内部通过要素投入的结构调整，加强对资金技术、管理和人力资源的投入，向产业链高端攀升；在特定区域或产业内，通过一定比例的小微企业向产业链高端攀升，形成区域性的产业链条和产业区域集聚，发挥企业规模效应，见表3－2。

表3－2　慈溪小微企业转型升级路径

小微企业面临困难	应对转变发展方式内涵	小微企业转型升级路径
成本上升	调整三次产业结构	产业链攀升
外部冲击	调整内外需求结构	产业转型
内在缺陷	调整要素投入结构	产业区域集聚与产业集群转型

四是组建战略联盟。对于大多数的民营中小企业而言，由于自身有限的资源和竞争力，在市场竞争中会面临更大的挑战。有效利用信息化技术成果，充分享用社会资源，成为企业增强竞争力的关键因素之一。目前，慈溪地区乃至浙江省至今还没有建立一个公共的、支持模具企业区域联盟的运行环境，众多中小企业难以直接利用公共资源。随着企业技术与管理能力的提升以及制造过程计算机管理的逐步普及，加上企业外部互联网的完善，为多个企业组成各种形式的虚拟联盟、成功把握市场机遇提供了很好的基础和环境。针对慈溪市制造业资源的布局特点，依托网络，利用政府力量、企业已有的基础设施，联合高校、科研等各方面的力量，构建区域性行业性企业动态联盟，建造一个可快速反应、协调统一运行的环境，并能充分利用区域资源。

根据面向对象的不同，可将区域联盟体系分成4个层次，分别是联盟战略层、盟员企业层、项目管理层和任务执行层。联盟战略层也成为决策层，为联盟的组建提供公共信息平台，并为战略联盟的组建提供可参考的决策建议。主要包括政府主管部门、地区生产力促进中心、行业协会等。战略层的任务主要包括：制定企业加入区域联盟的规则以及联盟的的运作规则、制定联盟设计制造信息等方面的技术标准、建立监管机制与平台。

（二）企业组织管理优化策略

1. 组织结构与管理模式

在初创阶段，由于组织中整合机制尚未完全形成，主导战略尚未确立、组织知识尚未结构化，组织成员之间尚处于磨合期，同时由于个体文化的差异性，企业尚未确立其主流文化，企业文化的特征是多文化的冲突与交流，这也决定了在该阶段必然要采取人际关系型的管理模式。很显然，由于一元的核心价值观尚未形成，并且，组织成员各具特色，这可以给组织带来多种选择上的优势，此时的企业文化具有极强的可塑性，因而是无刚性可言的，但这种企业文化是无法产生推动企业向前发展的强大的文化力的。所以，在初创阶段，领导者必须具备良好的解决冲突的能力，管理的重心是在尽可能短的时间内选择和确立主流文化，启动文化力以带动组织前进。

在组织成长阶段，企业文化亦处于成长阶段，并在不断地吐故纳新过程中获取养分，不断地演化自己，提升自己的文化力以保证企业的快速成长。因此，成长阶段企业文化建设的重心是培育共同的核心价值观，从而确立起企业的主流文化。需要为组织定义特定的使命和目标；清晰、直观、量化地陈述这些目标；将目标分配至个人或组织的单元；建立量化的绩效测评系统以控制组织向既定目标成长。这一过程可以用 H-O-M-E 模式表示：形成历史感(History)，包含精心编制历史和宣传英雄，并通过英雄与其他人进行文化沟通的过程；创造统一感(Oneness)，包含领导和角色模仿、宣传规范和价值观的过程；促进成员感(Membership)，包含奖励系统、事业管理和工作安全、人事和招聘、新成员社会化、培训和发展等内容；增加成员间交流(Exchange)，包含成员接触、决策制定的参与、群体间协调、人员交换等过程。在 H-O-M-E 的过程中，企业成员必然会改变自己以适应组织主流文化的要求，这样，各具特色的个体带给企业的行为与选择的多样化就会丧失。

处于成熟阶段的企业非常重视对战略目标的控制以及计划的实现，并为此建立高效的反馈系统，以便在目标不能实现时及时地修改工作程序，其最终目的是为了在激烈的竞争环境中获取最大化的产出。由于组织内部已基本实现了程序化操作，因此企业的战略重点已经转向外部，其实质是建立在战略计划、组织活动、后果等为未来活动提供信息的全面评估基础之上的战略控制。战略控制要求不仅监控组织内部状况，更要监控外部环境状况的持续变化。企业员工的知识体系与技能、企业的权力机构和管理系统、企业的组织结构均处于成熟与稳定阶段，企业的各组成要素之间经过长期的磨合，互相启发和补充，产生整体大于个体之和的协同效应。

推动组织变革对进入衰退期或将要进入衰退期的企业十分必要，这个时期若变革得好，企业得以重获第二次生命，进行二次创业，再次迎来企业的成长期；但是如果处理得不好，小微企业就很可能缩短生命周期，提前进入衰退期或者继续衰退直至死亡。任何不适应小微企业发展的机制都要毫不犹豫地摒弃，企业需要能适应其发展状态的机制，使各个部门之间信息通畅、政策上传下达，以保证小微企业的整体运作效率。这样的机制还需要有效的组织架构来维持。复杂、低效的组织框架不能再应用与小微企业，扁平化的组织框架不仅可以降低人工成本，而且可以提高小微企业的政策执行力和工作效率。另外，企业还需精简低效率岗位、引进关键技术人才和高层管理人才，能给小微企业的发展带来新的活力。

2. 财务及融资策略

解决融资问题，首先要建立战略联盟，战略联盟包括以共同利益为导向的信用联盟。建立战略联盟可以缓解投入期小微企业融资难的问题，同时由战略联盟形成的规模优势可以增强小微企业的竞争力。组成战略联盟的小微企业通过相互担保，产生联合信用，增强了其信贷能力，这样有助于提高小微企业的融资能力，从而部分缓解小微企业融资难的问题。建立了战略联盟的小微企业还能形成规模优势，即同行业小微企业的集聚为消费者提供了更多选择和便利性，同时也提高了其整体竞争力。另外，还应充分利用经营杠杆的作用降低企业的固定成本，利用财务杠杆充分负债。但在考虑这两个杠杆的同时，也要清楚地分析他们带来的财务风险。

3. 人力资源策略

一是营造良好的人才环境，吸引人才走进企业，制定能够留住人才的管理方案，给人才创造出一个能让他们大显身手的环境，比如建立合理的具有竞争力的分配制度，建立一个让所有人都觉得公平科学并且有利于人才发展的环境，做到以人为本，让每一位员工尽其所能给公司带来最大的利益。二是建立人力资源开发的保障制度，实行这项制度需要企业专门成立一个人力资源开发部门，专门负责人力资源的开发与管理，把这些开发融入到企业的发展当中去，从根本上保证人力资源的有利开发，增强企业的凝聚力，促进企业长远的发展。三是注重企业的文化建设，一个企业的企业文化是在它长期经营过程中形成，包括企业的工作作风、传统习惯、行为规范以及基本价值观，只有具备良好的企业文化环境才能吸引大量的人才，在很大程度上增强企业的整体竞争力，使得企业向整个社会展示自己良好的管理风格。

4. 营销策略

一是培养和树立正确的营销观念，从企业发展的战略高度来看待企业的营销，树立以消费者需求为出发点的市场营销观念的基础上，根据市场需要，建立现代的营销管理组织构架，制定务实的营销管理政策，构建市场信息管理体系、目标和计划管理体系、销售组织体系等，通过合理的营销组织架构、科学的营销管理政策和完善的营销管理体系，将市场目标和目标市场、营销管理人员和业务员、渠道经销商、市场信息以最佳方式组织起来。二是根据企业实际选择渠道模式，小微企业在进行渠道模式的选择时，要根据企业实力、产品特性、渠道成本等，在采取传统渠道为主的同时，尝试关联渠道、渠道联盟、网络渠道等创新性渠道模式微辅助。三是创新企业营销文化，构建具有凝聚力和忠诚度的营销团队，培养学习型营销团队，以专家现场讲座，观看营销专家视频培训，优秀营销人员经验介绍等形式开展学习；建立科学的营销管理体系，规范对营销人员的管理制度；通过激励措施，提高营销人员工作积极性。四是产品策略要有创新，新产品寻求特色定位，小微企业可以找到那些市场容量不大，产品周期比较短而不被大企业重视，或是大企业出于成本或管理考虑而放弃的但并非没有发展前景或利润的细分市场作为自己的目标市场创新产品，培育产品特色。五是制定品牌建设规划，实施有效的品牌定位策略，在多年的市场运营中，赋予产品时尚和文化的内涵，给品牌注入企业家精神。

5. 各阶段的风险控制策略

在企业初创阶段主要面临信息风险、财务风险、竞争风险与管理失误风险，要注重收集市场信息，找准业务方向，制定符合实际的经营计划，寻找合适的融资方式获得资金，不断提高产品质量和生产技术，以扩大市场占有率为目标，并建立一套合适的管理制度，加强完善管理职能。在企业成长阶段面临的主要风险是决策风险与财务风险，要制定适宜的企业战略，设立与战略匹配的目标，通过债务性筹资活动解决资金不足问题。在企业成熟阶段面临组织风险与竞争风险，要加强组织结构设计，建立、健全各种规章制度，并营造良好的企业文化，积极进取、不断创新，满足顾客需求变化，及时整合企业资源，挖掘潜在市场，制定有效的竞争策略。在企业衰退阶段面临的主要风险是竞争风险与人力资源风险，要进行技术创新、开发新产品、选择新的成长方向，进行必要的变革、制定新战略，并确保核心人才的发展。

6. 长期生存发展战略

一是明晰企业的产权。企业的所有者是谁，在企业中所占的份额都是应该非常清楚的。如果企业的产权不明晰，不但会增加企业所有者之间的矛盾，还会影响企业的寿命，那些认为自己的利益受到影响的所有者就会另起炉灶，阻碍企业的持续发展。二是要充分维护企业经营者的利益，通常情况下小微企业中企业的所有者同时也是企业的经营者，这样就淡薄了维护经营者利益的意识，但是随着企业的不断扩大，会出现专门的经营者，此时若不充分维护经营者的利益，就会为企业的经营管理带来很不利的影响，经营者不尽职尽责，出现寻租的行为等。三是尽量满足所有员工的切身利益，虽然企业的基层员工大多是过剩劳动力，发挥的作用非常小，而且多处于被动的状态，但是企业的经营属于一种集体行为，需要所有员工的共同参与和努力，如果企业不维护员工的切身利益，就会使员工感觉到企业存在优势，从而就会产生不满情绪，对企业的发展造成不利影响。四是不断创新企业的核心竞争力，不断提高企业的研发能力，把顾客的需求放在首位，不断开发出新的产品。五是建立良好的企业文化，树立企业软实力，促进企业的发展，巩固企业的核心竞争力，在员工和客户心中树立起自己良好的信誉和形象，促进企业的可持续发展。

第三节　技术转型——夯实转型的内在基础

广东在依托高校、科研院所和企业建设公共技术平台，为企业提供共性技术服务方面的经验比较成熟。我们专程调研了中科院在顺德和南沙的基地，主要有以下三点体会：

一是科研风险分摊机制成熟。科研团队可以借助中科院科研项目资金、地方政府财政支持、企业委托研发、风投等四条资金渠道分担创新风险。比如，中科院顺德基地的所在地容桂街道，专门出台了《容桂街道支持院地合作实施办法(试行)》，设立院地合作发展专项资金，规定 3 年内每年安排不少于 300 万元的财政扶持。该基地还成立了由容桂政府引导、中科院参与、民营资本为主体的创投基金——国科容桂基金，首期投入达数亿元。南沙基地沈阳自动化研究所分所在广州落户仅是第三个年头，与当地企业签订项目委托合同额累计已超过 2 000 万。

二是人才引进和团队培养是最有价值的财富。顺德和南沙基地都由中科院委派专职人员常驻，负责带团队、带项目。南沙基地的沈阳自动化所分所目前共 82 人，这其中 49 人是硕博士以上学历，而 3 年前仅 10 人还不到。更可贵的是团队实现了本土化，沈阳外派与本地化招聘比例是 1∶5，中科院专家起到了很好的团队培养作用。

三是科研成果注重本土化和产业化。无论是顺德基地主要面向家电等制造业服务，还是南沙基地确立的经济型机器人和节能环保方向，他们的科研方向定位清晰、精准，与当地产业需求的结合度和认可度很高。

一、其他国家和先进地区的发展经验

这里还有必要借鉴一下他国经验，真正强大的国家都必须要有坚实的制造业基础。欧美发达国家里，在金融危机和欧债危机中受影响最小的当数德国，我们看到 2011 年德国的失业率为 5.95%，成为 1992 年以来的最低值，而经济增长达到 3%，远高于美国的 1.7%和日本的−0.7%。德国制造用了 120 余年创造了今日辉煌，德国经验的要义是秉持传统并以制造为核心，即争论已久的制造立国模式。而大家都认为已经高度服务化的美国，实际上仍然是全球最强大的制造业国度，其经济总量的 1/4 是制造实体产品的制造业，如果再加上分销和零售，其制造比重要占到经济总量的 3/4。对于未来发展，美国还提出“制造回流”，它将凭借创新和一众高科技企业，使美国制造卷土重来。那我们再来看看香港。这个“东方之珠”虽然光彩依旧，但是今年在瑞士洛桑国际惯例发展学院连续第 25 年发布的《世界竞争力》报告中显示，香港竞争力连续下滑，尤其是在港口货柜吞吐量、旅游业、基金投资等领域出现颓势的迹象。有分析认为香港的滑坡是必然趋势，主要源自其没有结构性产业，主要支柱来自于旅游、金融和地产业，这些领域在整体经济形势不明朗的情况下，没有什么希望。

二、慈溪民营企业技术创新现状

(一) 科技研发投入情况

技术创新资源的投入多少是技术创新的重要前提，资源投入的数量和质量在一定程度上衡量了一个地区的综合技术创新能力，可以极大地提高企业产品或市场的竞争能力。近年来，慈溪市从提升区域创新能力出发，不断加大企业研发投入的支持力度，慈溪市 R&D 支出占 GDP 比重从 2009 年的 1.25%增加到 2013 年的 2.41%，年均增速为 18.22%，而同期宁波的年均增速为 10.69%。从图 3 - 2 R&D 支出占 GDP 比重的趋势线来看，2009—2011 年慈溪市 R&D 的投入强度明显低于宁波市 R&D 的投入强度，自 2011 年后，慈溪市 R&D 的投入强度开始逐渐加强，增速明显高于宁波同期，2013 年，全市 R&D 投入 24.96 亿，同比增 19.5%，R&D 经费占 GDP 比重达到 2.41%，自 2012 年以来连续两年超过宁波全大市的比重，在宁波大市内遥遥领先。

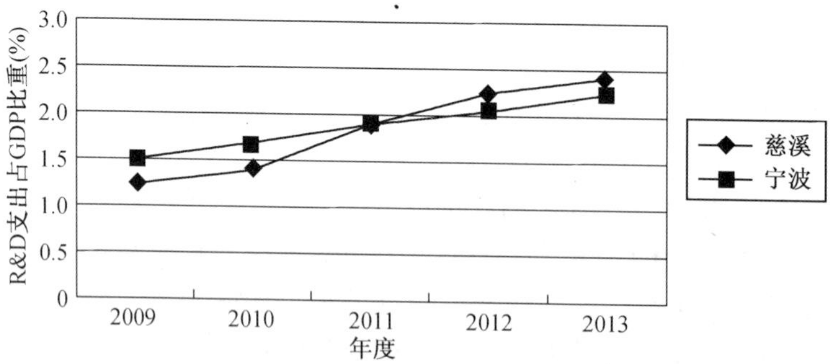

图 3 - 2　2009—2013 年慈溪、宁波 R&D 支出占 GDP 比重变化趋势图

* 数据来源：宁波统计局、慈溪统计局

(二) 技术创新载体培育情况

1. 高新技术企业培育情况

自2008年以来,慈溪市全面启动高新技术企业培育工作,并于2011年深入实施“高新技术企业梯队建设计划”,以宁波、慈溪两级科技型企业为主力梯队,鼓励和推动潜力企业向高新技术企业升级。对列入培育计划的企业,围绕研发投入、成果产出、科技人才等创新要素,提供建立档案、定点联系、重点辅导等个性化服务。同时,积极构建由市级相关部门、镇(街道)、财务审计、科技服务等各方参与的联动培育机制,合力推动高新技术企业梯队建设。截至2013年底,全市已累计培育各类科技型企业400余家,其中高新技术企业108家。

2. 企业研发机构建设情况

近年来,慈溪市科技局围绕提升企业技术创新能力,深入实施“三年三百家企业研发机构建设计划”,着力推动企业成为创新决策、研发投入、科研组织和成果转化中的主体。一方面,在传统优势产业和战略性新兴产业领域中,按照有研发人员、有研发场地、有研发设备、有研发投入、有管理制度、有研发成果的“六有标准”,加快慈溪市级企业研发机构培育。另一方面,联合高校院所,根据各研发机构的行业特点和发展趋势,强化帮扶指导和政策支持,不断提升其建设水平和研发能力。截至2013年年底,全市累计培育宁波市级以上企业研发机构100余家,其中国家级3家、省级35家(含省企业研究院2家)。2013年全市新认定省级高新技术企业研发中心6家,宁波市企业工程技术中心14家,2013年被认定的省企业研究院分别是慈星公司“浙江省慈星纺机自动化研究院”和新海公司“浙江省新海精密塑料和自动化技术研究院”,2家企业研究院的入选,实现了慈溪市高层次企业研究院建设的“零突破”(如表3-3所示)。

表3-3　2013年被认定的宁波市级企业研究院名录

序号	研究院名称	依托企业
1	浙江省慈星纺机自动化研究院	宁波慈星股份有限公司
2	浙江省新海精密塑料和自动化技术研究院	宁波新海电气股份有限公司
3	宁波奇乐电气研究院	宁波奇乐电气集团有限公司
4	宁波汇丽铝合金成形技术研究院	慈溪市汇丽机电有限公司

*资料来源:慈溪科技局网站

(三) 高新技术产业发展情况

2013年,慈溪市高新技术产业保持平稳发展,规模进一步扩大,创新型企业群体培育成效显著,高新技术产业发展在推进经济转型发展中作用明显。全年规上工业企业科技活动经费支出总额34.04亿元,增长9.0%,占主营业务收入的比重达到2.2%,同比提高0.1个百分点。全年规上工业企业实现高新技术产业产值436.8亿元,高新技术产业产值同比增长2%,但增幅比上年下降8.2%,占规上工业产值25.6%,增幅比上年提高4.6%。可见,2013年高新技术产业发展虽有所放缓,但对全市经济发展的引领和贡献仍然比较明显(如表3-4所示)。

表 3-4　2009—2013 年慈溪市高新技术产业产值情况

年份	高新技术产业产值			
	数值(亿元)	增速(%)	占规上工业总产值比重(%)	占全市高新技术产业总产值比重(%)
2009	170.42	72.4	—	12.88
2010	251.77	47.74	—	11.88
2011	321.00	27.5	—	12.22
2012	350.4	10.2	22.4	10.21
2013	436.8	2	25.6	11.16

纵向来看，自 2009 年以来，慈溪市高新技术产业产值总体呈现增长态势，但增速明显放缓，呈现逐年下降的趋势(如图 3-3 所示)。横向来看，2013 年慈溪市高新技术产业产值位列宁波各县(市)区第四名，明显落后于排在第一和第二的北仑区和鄞州区，上述两区该年高新技术产业产值分别为 819.4 亿元、701.7 亿元，慈溪仅为北仑区的 53.3%(如图 3-4 所示)。可见，近年来慈溪市高新技术产业发展整体呈现出增长乏力的迹象。

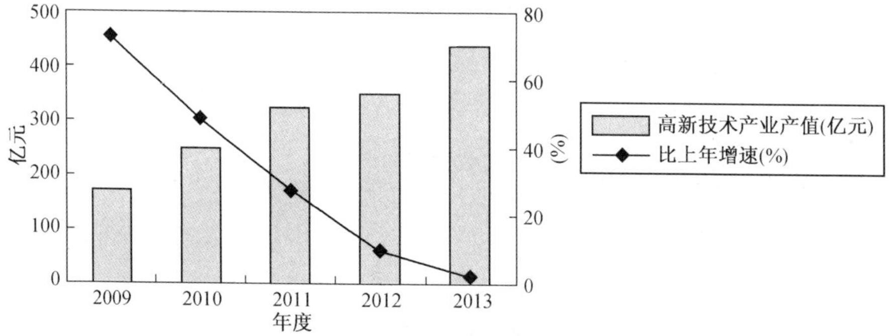

图 3-3　2009—2013 年慈溪市高新技术产业产值变化趋势

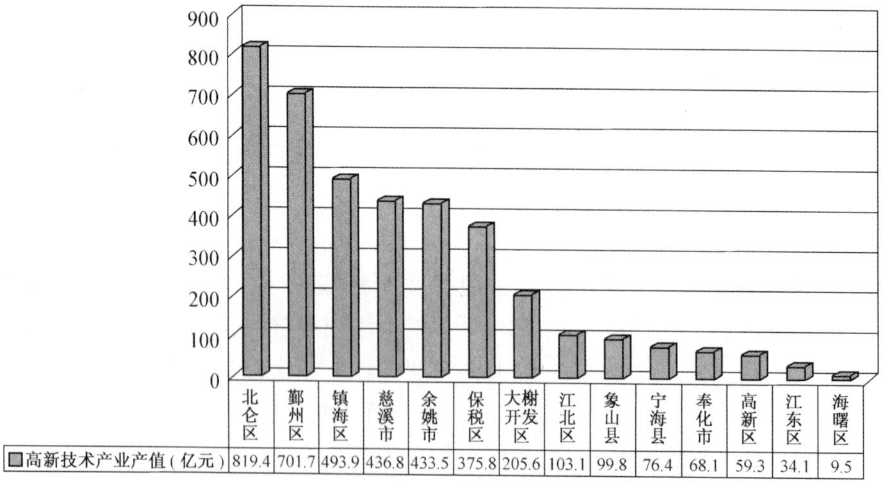

图 3-4　2013 年宁波县市区高新技术产业产值情况

*资料来源：宁波市科技网

(四) 慈溪民营企业知识产权发展

近年来，慈溪市实施“发明专利增量提质服务工程”，着力提升知识产权数量和质量，搭建多层次合作交流平台，为技术专家资源和企业创新资源建立有机对接的窗口。通过对企业进行发明专利申请培训与指导等业务培训，增强企业的专利挖掘能力和布局能力，提高自主申请专利能力。2013 年，慈溪市专利申请量和专利授权量分别达到 15 422 件、11 443 件(如表 3 - 5 所示)，是浙江省人民政府通报表彰的授权专利超万件县(市)区之一。

表 3 - 5　2009—2013 年慈溪市专利申请及授权情况

类别		2009 年	2010 年	2011 年	2012 年	2013 年
专利申请总量(件)		4 525	5 157	9 414	15 469	15 422
其中	发明专利申请量(件)	381	348	563	1 191	1 599
	实用新型专利申请量(件)	2 088	2 453	3 128	5 290	6 300
	外观设计专利申请量(件)	2 056	2 356	5 723	8 988	7 523
发明专利申请占专利申请数的比例(%)		8.4	6.7	6.0	7.7	10.4
专利授权总量(件)		3 274	5 181	8 042	12 348	11 443
其中	发明专利授权量(件)	133	205	238	303	282
	实用新型专利授权量(件)	1 224	2 324	2 672	3 961	5 487
	外观设计专利授权量(件)	1 917	2 652	5 132	8 084	5 674
授权发明专利占专利授权数的比例(%)		4.1	4.0	3.0	2.5	2.5

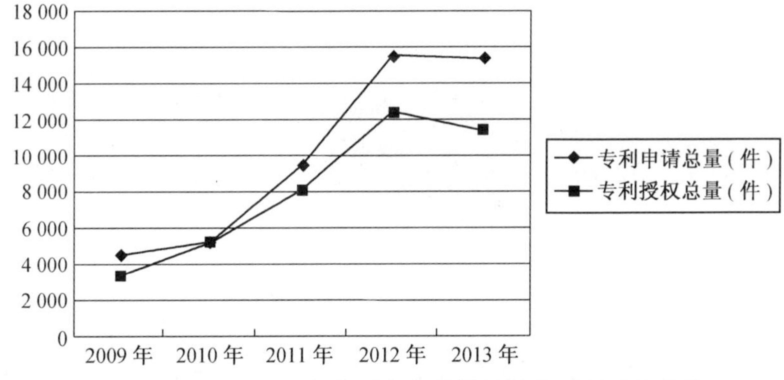

图 3 - 5　2009—2013 年慈溪市专利申请及授权量的变化趋势

由图 3 - 5“2009—2013 年慈溪市专利申请及授权量的变化趋势”可以看出，自 2009 年以来，慈溪市专利申请量和专利授权量除 2013 年略有所下降外，整体呈现一种上升趋势，年均增幅分别达 39.45%、39.92%。2013 年，慈溪市专利申请量和授权量均居宁波市第三位(如图 3 - 6)。

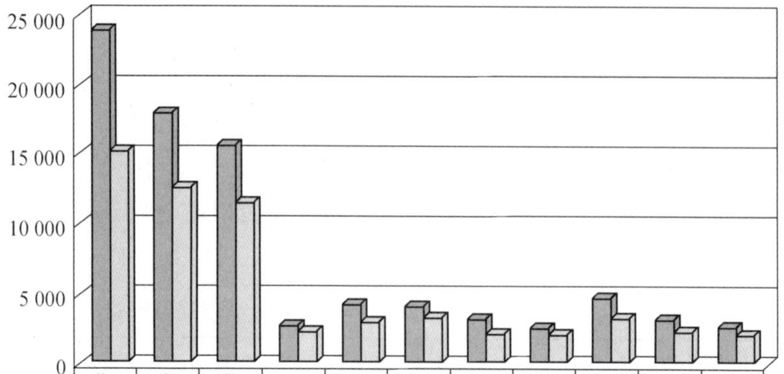

	鄞州区	余姚市	慈溪市	江北区	镇海区	北仑区	江东区	奉化市	海曙区	宁海县	象山县
专利申请量（件）	2 392	1 786	1 542	2 655	4 083	3 999	3 029	2 418	4 498	2 931	2 513
专利授权量（件）	1 513	1 250	1 144	2 100	2 807	3 124	2 041	2 198	3 105	2 096	1 854

图 3-6　2013 年宁波县区专利申请及授权情况

＊数据来源：宁波市科技网

从专利申请和授权的结构来看，2013 年慈溪市专利申请量中发明专利、实用新型和外观专利分别为 10.4%、40.9%、48.7%（如图 3-7 所示），专利授权量中发明专利、实用新型和外观专利分别为 2.5%、48.0%、49.5%（如图 3-8 所示），发明专利申请量和授权量总体仍然偏低，且自 2009 年以来，占比总体没有大幅度变化，2012、2013 年发明专利授权占比还出现下降，仅为 2.5%。但总体来看，2013 年慈溪市发明专利申请量和授权量仍位于前列，分居宁波市第二位、第三位（如图 3-9 所示）。

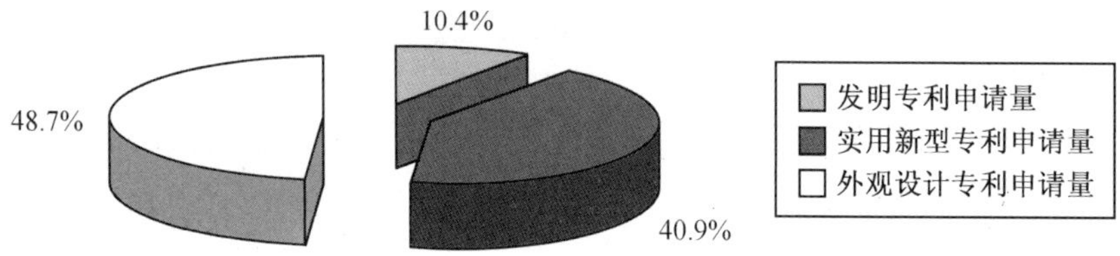

图 3-7　2013 年慈溪市专利申请和授权结构

＊资料来源：宁波市科技网

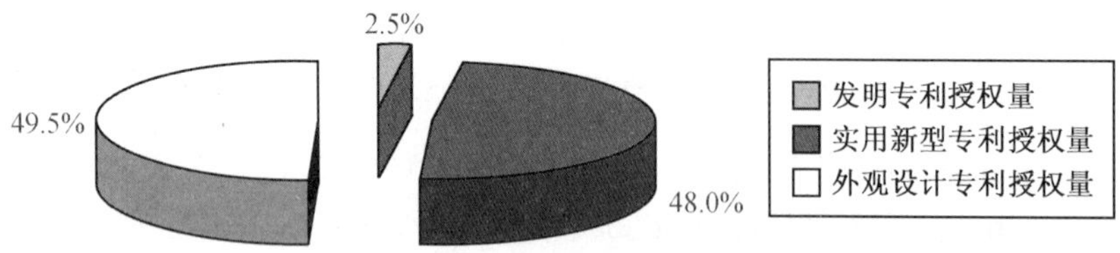

图 3-8　2013 年慈溪市专利授权结构

＊资料来源：宁波市科技网

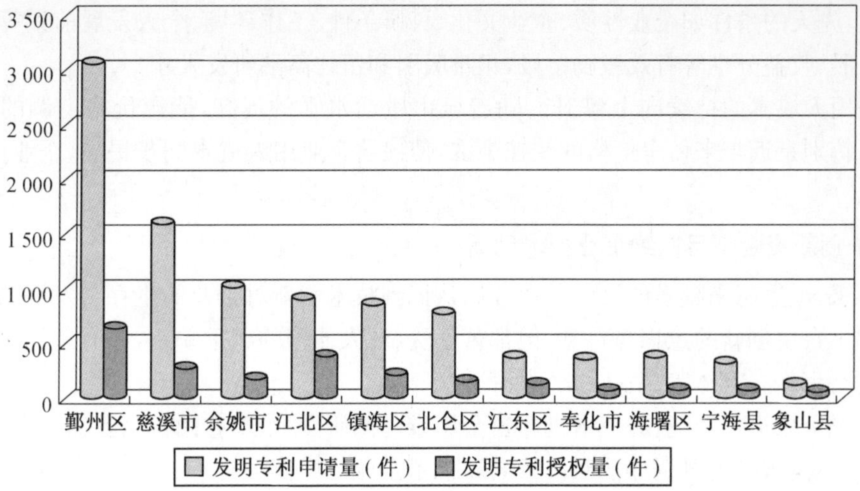

图 3-9　2013 年宁波县市区发明专利申请和授权情况

*资料来源:宁波市科技网

三、科技创新中亟待解决的问题

如前所述,在各级政府的引领和企业自身努力下,近年来慈溪民营企业在技术创新中取得了很大成绩,但总体而言,相对于其在国民经济中的地位与作用,其创新能力还有待进一步提升。课题组在进行调研时发现,慈溪民营企业在技术创新中,除了受制于企业自身规模和实力等因素的影响外,还面临着诸如企业自主创新意识淡薄、高层次研发人员短缺、创新资金不足、知识产权保护不力以及公共服务机构不完善等问题。

(一) 自主创新意识淡薄制约企业技术创新

一是慈溪大多数民营企业属小型、微型企业,大中型企业比例很低,维持生存是企业的第一要义。绝大多数民营企业仅仅是为保证生计而奋斗、尽心,无暇顾及创新,也无意于创新。即使有少数企业进行创新,也主要是在产品特点、服务特色等方面有些创意,基本谈不上在工艺和技术创新上有所作为。

二是企业领导科技创新意识不足。其经营思想往往急功近利,风险规避意识较强,对技术创新顾虑重重,喜欢从事短平快的项目,对一些需要较长时间进行开发的项目兴趣不高。因此,如其他地区民营企业一样,慈溪众多的民营企业也存在着"小富即安"的思想,加上开展技术创新存在着很大的创新风险,民营企业抵御这些风险的能力还较弱,这在很大程度上制约了企业技术创新活动的开展。

(二) 高层次研发人员缺乏制约企业技术创新

一是合适的应用型人才难觅。被调研企业普遍认为他们有研发人员,但不能满足需要。受国家教育体制和传统教育方式的作用和影响,大学培养的人才往往不能很好地适应企业的需要,这需要企业通过再培训来完成。而这既增加了企业的培训成本,又增添了许多不稳定的因素。

二是成熟的高素质人才流动加快。引进人才难,留住人才也难。慈溪多数民营企业为村镇企业，先天的条件如企业性质、企业文化、科研条件、工作环境、个人发展前景等，加上缺乏技术入股、收益分享等有效激励手段，很难吸引和留住高端研发人才。

三是用人成本的持续向上攀升。随着城市生活水平的提高，能源价格上调的影响，医疗、养老，特别是近年来住房价格的快速上涨，使民营企业用人成本同步提高，企业由此负担加重。

（三）创新资金不足制约企业技术创新

近年来，虽然越来越多的民营企业开始认识到技术创新对企业的生存与发展的意义，逐步树立起了自主创新的意识与自觉，但都苦于资金、人才等的严重缺乏，心有余而力不足，没有能力进行创新。具体表现在：

一是融资渠道不够宽畅，技术创新资金困难。调研显示，多数民营企业需要资金放贷的金融服务，可是现行的融资办法对民营高新技术企业的操作都有不小的难度。首先，由于国有商业银行存在某种程度上的"贷款歧视"，对民营企业及中小企业的投资偏好较弱，其严格的审批制度等也不利于推进创新。其次，资本市场发育滞后，限制了创新资金来源。第三，风险投资机制尚未建立健全而制约高技术产业之发展。诸因素共同作用使创新资金源渠道不够宽畅，而且金融机构与企业创新的经济合作关系不畅也导致技术创新规模缩小、创新风险加大。

二是申请创新基金程序复杂。尽管慈溪市政府对企业技术创新安排了专门的科技扶持专项资金，可是不少民营高新技术企业反映，在争取创新扶持政策的过程中，尤其在初始阶段，由于存在"重书面材料、轻实际表现"的情况，往往因手续复杂，不知道如何操作而得不到资助。

（四）知识产权保护不力制约企业技术创新

一是高端人才流失的企业权益维护问题。民营企业高端人才的流动过于频繁，给企业开展自主创新活动带来的负面影响和作用更大。在开展创新活动的初始阶段，企业往往疏于知识产权保护，对一些关键人才的流失对企业造成的危害也准备不足，使得当人才流失事件发生时措手不及，民营企业的权益受到影响。二是知识产权保护制度不到位，处罚力度不够一定程度上打击和抑制了少数具有研发意识和能力企业的创新动力。据一些企业反映，目前因仿冒问题带来的企业技术创新的市场风险在许多方面甚至比过去更大，严重阻碍了企业自主创新的热情和动力。特别是在原始创新和发明专利方面，企业为此投入大量人力、财力与时间，一旦被他人仿冒，要么为侵权纠纷耗尽精力，要么任人仿冒，自己则可能前功尽弃。知识产权保护风险现已成为民营企业专利进步、特别是发明专利进步的一大制约因素。

（五）公共服务机构不完善制约企业技术创新

一是公共技术服务平台建设不足。对于众多的民营企业而言，由于资金不足、技术缺乏，往往面临人才、设备、信息、技术、资金等瓶颈，无力建设独立的技术研发中心。因此，建设更多的带有共性技术的公共服务平台，将有利于减少各行业重复建设投入，降低民营企业研发成本和风险，加速企业产品创新和研发。近年来，慈溪市虽然已经建立一批民营企业技术服务平台，但是这些平台还没有覆盖到所有产业集群，且部分创新平台还没有发挥应有的作用。多数企业认为有必要建立基于行业的公共科技创新服务平台，且平台需具备关键共性技术研发、技术及信息咨询、技术推广应用等多项功能。

二是中介服务机构建设不足。中介服务组织是民营企业技术创新体系的重要组成部分，在提高民营企业技术创新能力和建设创新型国家中发挥着重要作用。通过向民营企业提供咨询、信息和培训等服务，推动民营企业技术创新的发展，是美国、日本、德国等发达国家的成功经验。近年来，随着宁波创新型城市的建设以及民营科技企业的发展，慈溪也出现了不少科技中介服务机构，但无论从数量还是质量上，其服务能力还不能适应当前企业技术创新发展的要求。

四、国内外开展科技创新的先进经验

（一）国内经济发达城市推进企业技术创新的经验

1. 深圳的经验

深圳市企业的技术创新能力快速提升，一批企业在国内外市场上的竞争力明显增强，很重要的原因之一是深圳市政府从政策制定、财税优惠、金融扶持、中介服务等多个方面为其营造了良好的技术创新环境。近几年，深圳市相继出台了一系列鼓励和支持企业技术创新的政策，如《深圳市鼓励科技企业孵化器发展的若干规定》、《深圳市技术转让、技术开发及相关服务性收入免征营业税审批管理办法》、《深圳市技术标准研制资助管理办法》等。2004年，深圳更是以1号文件出台了《中共深圳市委、深圳市人民政府关于完善区域创新体系推动高新技术产业持续快速发展的决定》，加强区域创新体系建设，为企业技术创新营造了良好的环境。同时，深圳市科技行政管理部门特别注意着力解决企业技术创新过程中的难点和关键问题，在财政扶持科技型企业的方式、科技企业孵化器建设和高新技术产权交易等方面积极探索，取得了很好的成效。在财政扶持企业技术创新的方式上，他们特别注意支持具有发展潜力的科技型中小企业，尤其在企业发展初期的关键时刻，政府会给予企业大力的财政投入支持，解决企业成长过程中融资难这一关键问题，保证了企业的快速成长。

2. 北京的经验

技术中介机构的良性发展一个重要的前提就是理顺政府与中介机构的关系。北京市政府在促进技术中介发展过程中采用了卓有成效的措施，值得其他地区借鉴。

一是制定“首都二四八重大创新工程”，为技术中介机构明确发展目标。北京市政府在改进政府经济调节和市场监管模式的同时，更加重视履行政府的社会管理和公共服务职能，尤其是进一步把科技服务作为工作中心，为此制定了“首都二四八重大创新工程”。“二”即建立两大体系，首都创业孵化体系和首都经济创新服务体系；“四”即建设北京软件产业基地等四个基地；“八”即实施数字北京工程高清晰度数字电视产业化工程等八个高新技术产业化示范项目。两大体系是首都区域创新环境建设的重要内容，四个基地的建设是落实国务院关于中关村科技园区批复的重要举措，八个项目代表了新的产业领域。通过制定明确的发展目标，在指明了首都经济发展方向的同时，也为中介机构的运行发展指明了方向。

二是制定相应的公共扶持政策，为技术中介的发展创造良好的供需环境。在政策上，北京市政府明确把发展中介机构作为工作重点。北京技术市场管理办公室提出了要充分调动技术买方、卖方、中介方等的积极性，规范北京技术市场，完善和落实优惠政策，加强技术中介服务机构建设，把北京建设成为全国技术交易中心，并把加强技术中介服务机构建设作为工作重点。同时，北京市财政建立了技术市场发展专项资金为中介机构及其活动与运营提供必要的公共服务和公共产品。从2003年预算起，每年安排700万元，用于组织技术交流、其他部门事业费、交易活动和技术市场的基础设施建设，以及技术市场的宣传、培训、理论研究、法制建设和金桥奖等。并且不断调整资金流动使用重点，促进科技成果转化和新技术产业化，充足资金的注入有利地带动了技术中介机构的发展。

(二) 发达国家推进中小企业技术创新的经验借鉴

在技术创新方面，发达国家主要从四个方面支持中小企业的技术创新：一是用立法手段保障技术创新；二是采用积极的财税优惠政策鼓励中小企业技术创新；三是设立技术创新资金；四是大力扶持中小企业技术创新服务机构发展。

1. 用立法手段保障中小企业技术创新

(1) 美国

1953年，美国国会通过的《小企业法》明确了中小企业在美国经济发展中的重要地位，强调中小企业是自由竞争企业制度的核心，保护、扶持中小企业的政策是处理中小企业问题的基本政策。1980年通过的《大学和小企业专利程序法》和1981年的《技术创新法》，以及《创新与商标修正法》，其“主要目的是挖掘联邦R&D成果的商业化潜力，通过授权各公司获得联邦开发的技术和专利权，提高小企业在创新中的作用。1982年，美国国会通过《小企业技术创新开发法》，以鼓励中小企业提高技术水平、加大创新力度、推进技术创新成果的转化，并确定政府将实施小企业创新研究计划。该法还规定每年研究开发经费超过1亿美元的美国政府部门，要将财政预算的1.25%用于支持中小企业开展技术创新和开发活动。此外，美国制定了中小企业技术创新研究计划(SBIR)、先进技术计划(ATP)和制造技术推广计划(MEP)，设立了“中小企业创业研究基金”，规定国家科学基金会与国家研究发展经费的10%用于支援中小企业的技术创新。所有这些措施都有利地推动了企业的技术创新。

(2) 日本

在世界主要发达国家中，日本中小企业的比例相对较高，是日本整个国民经济的基石。日本中小企业的发展不仅依靠企业自身的努力，也与日本政府积极主动的扶持政策分不开。1963年日本颁布了《中小企业基本法》，随后以此法为基础陆续出台了30多部包括金融、技术创新、税收、公平竞争等在内的中小企业法律。日本政府制定的支持中小企业技术创新的有关法律有《中小企业技术开发促进临时措施法》，该法明确规定，大力推行中小企业研究、开发新技术，提高它们自身的技术水平。在经营革新方面，整理现有法律，形成了《中小企业新事业活动促进法》，对新产品的开发与生产、新服务的开发与提供、商品新生产及销售方式的导入以及服务新提供方式的导入给予扶持。《科学技术基本法》明确提出将“科学技术创造立国”作为基本国策。根据《知识产权基本法》成立了以首相为部长的高规格知识产权战略总部，正式确立了“知识产权立国”的国策，推进成果创新、产权保护、成果转化和人才发展战略。

2. 采用积极的财税优惠政策鼓励技术创新

(1) 美国

在财税政策方面，美国政府也有许多成功的经验值得我们学习借鉴。

一是制定一系列优惠政策鼓励中小企业参与政府采购，在政府采购的报价、信息披露方面，为中小企业降低竞争门槛，扩大信息网络并提供社会化服务；降低政府采购项目的标的，增强中小企业竞争；制定面向中小企业的政府采购目标。上述政府采购政策的制定有利于中小企业参与市场竞争，也大幅提高了中小企业技术创新的能力和水平。

二是设立专项基金。在支持中小企业自主创新方面，美国主要有两类专项基金。一类鼓励中小企业自主创新和吸纳就业，主要包括专项科研成果研究与开发基金、产品采购基金、中小企业创业基金，以及失业人口就业基金等；另一类帮助中小企业降低市场风险，主要包括财政专项基金、风险补偿基金和特殊行业再保险基金等。

三是税收优惠。20 世纪 90 年代，美国政府提出“科技发展新政策”，其内容包括加快技术推广服务，对企业研发投资给予永久性税额减免的优惠，并把中小企业的先进技术长期投资收益税下调 50%。1997 年，美国颁布《纳税人税收减免法》，规定中小企业在此后的 10 年将会得到数十亿美元的税收优惠。奥巴马政府的《经济复苏法》规定，与中小企业密切相关的个人所得税税率下调为 25%，资本利得税税率下调为 20%；对中小企业实行特殊的科技税收优惠，中小企业的科研经费增长额抵免税收，地方政府对新兴的中小科技高科技企业减免地方税。

(2) 日本

一是提供直接融资。日本政府通过设立专门的金融机构、给予财政补助金等方式支持中小企业的发展。日本政府设置了包括中小企业金融公库、国民金融公库和商工组合公库等专门机构向中小企业贷款。另外，日本还专门制定了中小企业设备现代化资金贷款制度和设备租赁制度为中小企业提供长期低息贷款。

二是税收优惠。为了促进自主创业，日本政府对中小企业实行的税收优惠政策有减免应纳税款，如对于中小企业创业所购入的机器设备和已有企业为提高技术能力而购入或租借的机器设备，在第一年或作 30%的特别折旧，或免交 7%的税金。对技术开发投入的费用，可抵免当年多得税额的 15%。对由于创新造成生产额减少，甚至导致亏损的企业，按一定比例返还上一年度税金。

3. 设立技术创新资金

通过设立技术创新基金支持中小企业的技术创新活动，也是各国政府普遍采用的政策。

(1) 美国

一是小企业创新研究(Small Business Innovative Research，SBIR)计划中研究开发预算 1 亿美元以上的联邦机构必须让小企业参与研究，向小企业安排占预算金额 1.25%的研究开发合同。

二是小企业 R&D 促进法。用于 SBIR 的经费比例从 1992 年的 1.25%提高到 1997 年的 2.5%，鼓励小企业参与研究与开发。公司能够申请研究和实验抵免，抵免额为符合条件的研究费用的 20%。

(2) 日本

一是逐步强化“创造性技术研究开发补助金制度”,根据“中小企业创造活动促进法”,增加对创造性中小企业的技术开发费用补助。增设“新技术育成补助框架”,在资金方面支持中小企业对基础和应用阶段的技术进行开发。

二是通产省拨出专门资金,撮合中小企业与各级政府系统的研究机构和高校重点研究机构合作进行研究开发和开展技术交流,并向中小企业介绍研究成果。有些研究由国家出资,委托中小企业或和中小企业进行联合研究,成果由企业和国家共享。

三是拨款20多亿日元,建立知识产权中心,完善专利技术的流通,为专利发明者和中小企业牵线搭桥,促进中小企业引进专利技术。

4. 大力扶持中小企业技术创新服务机构发展

中介组织是服务于中小企业创新发展的重要推动力,是中小企业创新服务体系的重要组成部分。为推动中小企业发展壮大,许多国家都建立相关的中介组织,为中小企业提供咨询、信息提供、人才培训、项目评估等多方面服务。

(1) 美国

美国政府非常重视社会中介组织在促进中小企业技术创新方面的作用,其中介服务极其发达,中介服务机构种类繁多,组织形式多样,专业化程度高。这些机构成立较早,大部分在全国各地都有分支机构,一般由专业素质很高的志愿者组成,向中小企业收费较低或是免费的中介服务。如成立于1953年的美国小企业管理局(SBA),是美国政府负责中小企业管理的专门机构,主要负责支持、帮助、保护和促进美国中小企业的发展,并为中小企业提供技术、融资、政府采购、培训等方面的服务,这些服务大多是免费的。还有为制造业中小企业提供帮助的制造技术推广中心,这是由商务部国家标准和技术研究院同州政府和地方政府合作建立的非赢利性机构;有为高科技企业提供服务的硅谷中介服务组织,包括风险投资中介、技术转移中介、行业联系中介,提供信息咨询、风险投资、技术中介、技术评估、法律、人才等各种社会服务机构,为创新企业提供全方位服务。另外,还有三角科技园、大学技术企业孵化器等。

(2) 日本

日本创新中介服务组织有很多,主要有三种:一是为国立或公立创新中介服务组织,如中小企业综合事业团(JASMEC);二是行业协会;第三层次是民营及私营技术创新服务组织,如东京大学先进科学技术孵化中心(CASTI)。其中高校的研究机构、国立或公立的研究所、中小企业综合事业团等是国家创新中介服务组织的主体。

日本在全国各地建立了200多个国立实验机构,聘用技术上有丰富经验的专家、工程技术人员担任顾问,就提高企业产品的技术水平进行可行性研究和试验,并解决其中存在的问题。中小企业可以免费使用试验设备,并获得技术人员的免费帮助。建立于20世纪80年代初的中小企业综合事业团是一个半官方机构,主要为日本中小企业提供技术支持、融资担保、信息指导、人才培养等。此外,日本政府在全国各地设有中小企业支援中心,该中心拥有经营和技术等各方面的专家,为确保中小企业的顺利经营提供各项支援服务。

五、推进科技创新的路径与对策

民营企业是技术创新的主力军，民营企业在技术创新中具有独特优势和巨大潜力。但如前面所分析，一系列内外因素问题严重制约着慈溪民营企业的技术创新，这些问题成因复杂，相互渗透，解决起来，不可能简单地采取一种对策，而应多策并举，统筹考虑。

(一) 培养强化民营企业家技术创新意识

一是加大民营企业技术创新成功模式宣传。近年来，慈溪涌现出了不少技术创新的标兵企业，如入选浙江省技术创新能力百强企业的宁波远景汽车零部件有限公司、宁波慈星股份有限公司和宁波方太厨具有限公司等，这些企业依靠自主研发、国内外产学研合作，引进高层次创新人才、兼并国内外企业等多种手段，实现了向高新技术产品或者向高新技术产业的转型，积累了丰富的技术创新机制与模式相关经验。建议相关部门定期跟踪这些技术创新标兵企业的创新动向，并加以归纳总结经验，向慈溪其他企业进行广泛宣传，以进一步调动民营企业技术创新的积极性和能动性。

二是在做好当前“创二代”培训的基础上，继续搭建其他形式的培训平台，促进民营企业家素质整体提升。通过培训，一方面帮助民营企业家抛弃陈旧的思维方式和行为准则，不断突破现有观念的束缚，完善自己的创新观念和创新体系，加快企业技术创新的进程。另一方面可以使民营企业家及时了解国内外经济发展形势、各级政府在鼓励民营企业技术创新方面所做的有关举措以及各种法律法规，不断增强其把握机遇、控制风险、合作共事、创新发展的能力和引领企业科学发展、理性发展、和谐发展的能力。

(二) 完善民营企业技术创新人才支撑体系建设

一是进一步完善人才引进政策。强化人才引进的政策保障，提高高层次人才安家补助标准，大力实施人才安居工程，妥善解决引进人才家属就业、子女入学等实际问题，对特殊人才实行一事一议。

二是完善人才留驻机制。人才是技术创新和企业发展的关键，科技创新服务体系的建设开发不仅需要培养一批懂技术、精业务的科技人才，还必须培养一批会管理、懂科技的管理人才。为此，政府要支持企业建立健全鼓励人才创新的内部激励机制，综合运用奖励、晋升、股权激励等多种手段调动企业职工技术创新的积极性。对引进人才成效显著的中介机构和企业，由市政府给予一定的工作经费补贴。

三是完善培训体系，建立以需求为导向、项目为抓手、市场化培训为重点的创新型人才培养机制。制订培养资助办法，组织实施“企业高层次创新型人才培育计划”，培养造就一批具有较强技术创新能力、能够带领企业在科技自主创新和核心竞争力等方面居于省内同行前列的高层次创新型人才。扎实开展“万名创新型人才培养活动”，每年由政府资助实施创新型人才培养项目，通过开展各类培训，全面提升现有人才的科技素质和创新能力。

(三) 完善民营企业技术创新的融资体系，改善民营企业融资环境

民营企业技术创新资金来源通常包括自有资金、风险投资、银行借贷和资本市场融资，其中自有资金所占比重最高。为什么民营企业大多选择自有资金，这和民营企业贷款难、担

保难、上市难密不可分，因此，政府有必要采取各种金融措施给民营企业的发展解决后顾之忧。

一是大力发展服务民营企业的地方性中小金融机构。美欧日等发达国家中小企业融资主要来源于地方性中小金融机构。地方性中小金融机构对本地中小企业经营状况和信用情况比较了解，信息相对对称，拥有为中小企业提供服务的信息优势。慈溪应加快对城市信用社和农村信用社进行现代金融企业制度为核心的公司化改造，使其成为服务地方经济发展的商业性中小银行。

二是完善民营企业融资的信用担保体系。信用担保制度是发达国家中小企业使用率最高、且效果最佳的一种金融支持制度。美国小企业管理局对中小企业最主要的融资支持方式就是贷款担保。借鉴国外经验，可采取如下方式建立信用担保体系：建立以政府为主体的信用担保体系，由各级政府财政出资，设立具有独立法人资格的政策性担保机构，不以营利为主要目的，为符合条件的民营企业进行贷款担保；建立互助性担保机构，互助担保的优势在于信息相对称，由中小企业自愿组成，联合出资，相互监督，对成员企业进行担保，发挥联保互保作用；组建商业性担保公司，以法人、自然人为主出资，按公司法要求组建，实行商业化运作，以营利为主要目的。为适应市场经济深入的发展需要，宜构建以互助性担保机构为主，政策性担保机构和商业担保机构为基础，以地市、省、国家三级再担保机构为支撑的结构体系。支持和引导各类信用担保机构为知识产权交易提供担保服务，探索建立社会化知识产权权益担保机制。三是建立多层次的资本市场拓宽民营企业的融资渠道。市场经济发达国家一般都建有不同级别的资本市场，为不同规模的企业提供融资服务。如在美国，其资本市场包括全国性证交所、地方性证交所、场外交易市场、纳斯达克小市场、OTCBB（小额股票挂牌系统）、粉红单市场等多个层次，后三个层次的市场是专门为中小企业服务的，企业可根据自身的能力选择不同的市场进行资金筹集。为此，针对民营企业融资难问题，可加快发展区域产权交易市场，畅通非上市中小创新型股份制企业产权流通渠道，大力支持高新技术企业和科技型中小企业上市融资或发行企业债券。

（四）推进知识产权战略，提高民营企业知识产权的法律保护力度

一是完善知识产权保护体系。创新是推进高新技术产业发展的核心力量，是经济发展的最终推动力。对知识产权的保护不仅能够激发技术、知识、产品、管理经营模式等创新的积极性，而且能够有效促进市场竞争。为此，政府应尽快完善知识产权保护的管理体系，一方面，要支持企业不断开发技术含量高的新技术、新产品，及时申请知识产权，提高产品的模仿难度。同时引导企业建立起有效地保护防范体系，学会应用法律武器保护自身的专利技术，提高应对国家知识产权纠纷的能力，防止不正当的竞争行为发生。另一方面，要加强对知识产权保护的宣传和重视，针对目前的漏洞和问题，完善知识产权保护体系。通过构建法律援助的平台，帮助民营企业保护知识产权。

二是营造公平有序的法制环境。政府要高度重视保护知识产权的法制环境建设，不断健全与知识产权保护相关的配套法律法规，切切实实地杜绝一些企业依靠行政保护垄断经营，不劳而获，而部分企业在专利申请、创新成果检测过程中备受歧视和排挤，创新收益微薄，使其主动性与积极性备受打击的现象。营造一种提倡创新意识、保护创新成果、鼓励创

新精神的公平、公正、竞争有序的法制环境，不仅能够增强企业的市场竞争力，推进产品、技术的更新换代，更能保护创新者的合法权益，使法律成为技术创新的有效保障。

（五）健全完善社会化服务体系

一是发展服务性中介机构。服务性中介机构是民营企业技术创新服务体系的重要组成部分，在提高民营企业技术创新能力和建设创新型城市中发挥着重要作用。通过提供咨询、信息和培训等服务，推动中小企业技术创新的发展，是发达国家的成功经验。有关政府部门要加大对建设中介组织的支持力度。完善政策法规，为中介服务组织营造良好的政策环境。加强行业协会建设，做好中介服务组织的管理与协调工作。

二是构筑科技创新信息网络，完善科技信息共享机制。在经济社会发展日趋知识化、市场化和信息化的形势下，信息网络平台日益成为企业技术创新的重要条件之一。为此要加快科技信息网络体系建设，为企业技术创新提供国内外科技发展动态、市场技术研发信息、国内外科技政策法规、在线技术咨询、网上技术成果交易等服务。

第四节　行业转型——拓展转型的渠道和路径

一、广东产业转型的做法与经验

近期，我们关注到一份针对珠三角一千多家中小外贸企业的调研报告，其数据显示，2013年以来，有20.09%的被调研企业存在因为汇率波动而推掉订单的现象，企业平均推掉的订单额达到57.8万美元，有单不接的背后，是代工企业不断被压缩的利润。如今大多数制造企业都处在转型升级的阵痛期，具有典型外向型经济特征的广东首先感受到寒冬，同时也最先开始思考如何通过经济转型升级突出重围，他们很多举措和经验值得我们学习借鉴。

（一）保有强大配套能力的完善产业链

广东拥有令全球羡慕的产业集群，比如围绕中山的机电、灯饰、休闲服装和五金制品集群，东莞的电子信息产品、毛织和服装集群，顺德的家具与家电集群，南海的金属加工、纺织印染和内衣集群，惠州的制鞋业集群，江门造纸集群。这些配套完善、市场响应速度极快，动辄几万户甚至十多万户上下游企业的产业集群，是过去30多年来推动广东制造业快速发展的核心力量。

能够培育起这些成熟的供应链，成为世界采购绕不开的配套基地，主要得益于广东成熟的产业链运作模式，核心做法是通过产业链的“整合链接提升”来夯实基础环节、弥补关键缺失环节，促进产业链向深度和广度延伸。当地政府的引导措施也非常务实，比如深圳在打造全球电子信息产业基地的措施中，就明确提出要完善通信产业链、计算机及外设产业链、软件产业链、数字视听产业链等八大细分产业链条。

今天回头来看，不管是“腾笼换鸟”还是产业与劳动力“双转移”，广东都没有丢掉制造业基础，而是通过不断淘汰和转移落后产能，让大量技术要求较高的生产环节能够保留下来，并不断做强做大。这样沉淀下来的优势产业和优化过的产业集群，不是能够轻易迁移的，拥有这些坚实的制造基础也能使广东有效规避产业空心化和中等收入陷阱。

（二）充分利用内部梯度，淘汰落后产业

珠三角寸土寸金，土地瓶颈是制约产业升级的重要障碍。在调研中我们发现诸如东莞、顺德等地的工业用地开发强度已接近50%，无地可用是很多大项目、好项目进不来的重要原因。为了突破这个瓶颈，近年来广东大力推进产业和劳动力“双转移”，其中一个重要举措就是建立产业转移工业园。

从2008年开始，广东先后成立了36个省级产业转移工业园区，这些产业转移园为“转入区”带来了显著经济效益。截至2012年11月，产业转移工业园累计引进项目3 592个，总投资达9 811.75亿元。同时这项政策也为“转出区”盘活了土地，为先进地区吸引高端产业腾出空间。比如佛山是“双转移”中的转出区域，据政府内部数据，截至2011年底，佛山有超过500个企业转移到清远、云浮两个转移园区，保守估计有超千亿元的产业离开了佛山。另一方面，佛山可供开发的存量土地中，就多了20多万亩的旧厂房、旧村居、旧城镇，土地瓶颈的突破让佛山吸引大项目的能力大大提升。

为调动“转出区”政府和企业的积极性，各地积极开展管理创新。比如，深圳为了鼓励总部在深企业将部分生产制造环节转移至深汕特别合作区，规定在合作区内注册的企业可享受深圳企业同等待遇，并规定转出企业今后在合作区产生的产业增加值，按70%的比例计入原转出区的统计总量，此举有效化解了企业和地方政府的后顾之忧。

我们观测了从1980年到2012年以来产业对经济的贡献率，发现第一产业对经济的贡献率持续下降，第二产业的贡献率始终处于较高水平且变动不大，2000年后第二产业的贡献率都在60%上下浮动，第三产业的贡献率总体呈现上升趋势且2000年后贡献率趋向平衡，在35%上下浮动。1980年以来慈溪市的经济增长一直主要依赖于第二产业的发展，对第二产业尤其是工业的依赖度过高。对于慈溪经济转型的探索，不仅是传统产业的提质，也包括新兴产业的提量和培育。从目前的发展形势看，慈溪市新兴产业的发展大有可为。

二、四大新兴产业

2013年，慈溪新材料、新能源、电子信息和先进装备制造等四大新兴产业实现产值460亿元、利润26.2亿元，分别增长29.1%和22.2%，增速高于规上工业10.5个和18.2个百分点，占比分别达到33.7%和53.7%；四大新兴产业中，新材料产业实现产值192.3亿元，同比增长33.7%；新能源产业实现产值20.1亿元，同比增长24.6%；电子信息产业实现产值44亿元，同比增长14.9%；先进装备制造产业实现产值203.5亿元，同比增长28.8%；而在2014年一季度，慈溪四大新兴产业已实现产值137.5亿元，占规上比重达40.7%，比上年同期提高2.5个百分点。目前，慈溪400余家创新型企业已经形成先进装备制造业、新材料、新能源、电子信息等四大新兴产业的发展格局，成为引领慈溪经济转型升级、增强区域竞争力的主力军。

（一）新能源产业

以慈溪风力发电有限公司为主的风能行业、“慈能光伏”为主的太阳能电池行业、“人和

光伏”和“赛特光伏”为主的太阳能组件行业、宁波世捷新能源科技有限公司为主的电动汽车锂电池行业异军突起，引领慈溪新能源产业蓬勃发展；其中慈溪风力发电有限公司已有33台风能发电机组并网发电，总装机容量达4.95万千瓦，年发电量约1亿千瓦时，可满足慈溪1/4居民用电；浙江慈能光伏科技有限公司主要从事晶体硅电池组件和非晶硅太阳能薄膜电池组件及光伏应用系统的研发、生产及销售，目前已建成年产15 MW的非晶硅薄膜电池生产线和年产200 MW的晶体硅组件生产线；“人和光伏”已形成完整的光伏接线盒垂直产业链，目前日生产能力近40万套，产品获得了几十项国内外专利，还在欧美等10多个国家注册了“Renhesolar”公司商标以及“ZJRH”产品商标等，目前品牌知名度排名亚洲第一，光伏接线盒产量占全球市场份额的三分之一左右；浙江中环赛特光伏科技有限公司的“年产1 200万套光伏接线盒”和“80兆瓦太阳能组件”生产线建设项目已经顺利完成，达产后年产值预计达到8亿元；宁波世捷新能源科技有限公司年产12亿AH电动汽车用锂离子电池投资项目分五期五年投资完成，目前第三期工程正在抓紧施工，预计到2014年底，该公司锂电池生产线将增至8条，形成年产1.8亿Ah的锂电池生产规模，达产后年产值将超过10亿元。

(二) 先进装备制造业

宁波慈星股份有限公司近年来发展迅速，产品销量迅速增加，市场占有率不断提高，产品销往国内外21个国家和地区，其中“慈星牌”全电脑横机是中国电脑横机第一品牌，年产销电脑横机位居国内行业首位，位列全球电脑横机前三强，“慈星牌”电脑无缝针织内衣机被评为浙江省首台(套)产品，市场占有率居本土企业第一位、整体市场第二位。2013年，公司实现营业总收入20亿元，实现净利润约2.79亿元，而为其提供配套的谭河沿机械、翔环、佳邦等企业均实现业务高速增长。宁波新泽谷机械有限公司先后研发了立式插件机、LED插件机、异型零件插件机等设备，形成了完整的系列产品，打破了自动插件设备市场被国外大品牌长期垄断的情况，形成与松下、环球三足鼎立的竞争局面。宁波中大力德传动设备有限公司则沿着电机—减速机—控制器的产业链做长做精做强，目前，中大力德高精度伺服行星减速器销售居国内市场首位，关节机器人减速器、自动开门机、工厂用洗地机电机销售均领先国内同行。另外，宁波宏志机器人科技有限公司焊接机器人生产线项目、宁波永博机械制造有限公司年产1万台数控智能化轴承自动车床生产线技术改造项目、宁波市姚江机床制造有限公司年产5 000台数控机床生产线技术改造项目等项目建设工程顺利进行，一批产品、技术在全国乃至全球领先的优势企业相继涌现，为慈溪先进装备制造业的发展注入了强大动力。

(三) 新材料产业

功能化纤、高性能密封材料、纳米材料、新型建材、新型纺织材料等新材料产业逐步驶入了发展快车道，大成新材料、兴业盛泰、宁波福天、大发化纤、洁达纳米、天生密封件等企业，已经成为慈溪新材料产业发展的中坚和龙头。其中，在特种纤维材料领域，宁波大成新材料有限公司数十年专业从事高分子化纤材料新产品的研究开发，现已成功大批量生产高强度聚乙烯纤维，并依此开发新型化纤增强复合材料和纤维广泛应用于防弹、建筑等领域；在电子信息材料领域，宁波兴业盛泰电子金属材料有限公司在电子铜带开发和产业化中已经取得了国内领先地位，成为国内唯一能够批量生产高精度、高性能铜带的企业；在工程塑料领域，宁波福天工程新型塑料有限公司对改性塑料的高新技术产品进行研制和开发，已成功开发“环保型阻燃 ABS 及 PP 专用塑料研究开发”等实用技术几十项；在化纤新材料领域，宁波大发化纤有限公司生产的再生中空短纤维达到了国内先进水平；在纳米复合材料领域，慈溪洁达纳米复合材料有限公司开发成功尼龙 6/黏土复合材料、PBT/PET 复合磨尖丝等纳米复合材料，产品不仅形成了系列，而且填补了多项国内空白，并且冲破技术壁垒，打入了日本、欧盟等国际市场；在密封件新材料领域，宁波天生密封件有限公司是目前国内最大的静密封制造厂商之一，拥有宁波市唯一的特种密封件工程技术中心。

（四）电子信息产业

近年来，慈溪的电子信息产业无论是增长点、内容，还是服务、应用，都在不断提升和扩大，江辰科技、博一格智能、凌宇软件、千景动漫、科帅电器、力创科技、巨龙电气、月立电器等企业快速崛起，宁波东旭成化学有限公司年产 1 万吨 TFT-LCD 光学薄膜生产线技改项目、慈溪市宝顺电器实业有限公司年产 20 万套 SK-Ⅲ智能型自动计量抄表系统生产线项目、宁波慈星股份有限公司年产 3 000 件软件及 20 万套电子软件产品生产线项目等一批新一代电子信息产业项目建设和运营，为慈溪市电子信息产业的持续发展注入了强劲动力。同时，慈溪目前已初步形成以宁波亚联信息技术有限公司、慈溪创福软件有限公司、宁波博太科智能科技有限公司为龙头的软件信息服务业产业群体；基本形成以加乐多、来发货、百捷工贸、多方达、苏美电器等企业为龙头的电子商务贸易产业群体；此外，在电子信息产业发展环境方面，慈溪智慧产业基地、浙大网新慈溪智慧谷、慈星纺织软件园等项目建设已基本完成；在科研机构合作方面，立奇电器有限公司与哈工大共建的节能环保暖风机技术中心，宁波荣溢化纤科技有限公司与哈工大共建的荣溢——哈工大科研中心以及宁波中杭磁材有限公司与中科院宁波材料所共建的永磁材料技术研发中心已经开展了广泛的科研业务合作。

三、海洋经济产业等新领域

（一）慈溪在浙江省、宁波市海洋经济发展中的战略地位

慈溪市地处长江三角洲南部，东南与宁波市区毗邻，西、南与余姚市接壤，东北呈弧形突出于杭州湾；介于东经 121°02′～121°43′和北纬 30°20′～30°34′之间；海域北面与海盐县和平湖县交界，东北至灰鳖洋、王盘洋与岱山县交界，紧连舟山渔场。海岸线东起慈东闸，西至曹娥江九塘闸，全长 78.5 公里。地貌特征由南向北呈丘陵—平原—滩涂—海洋台阶式格局，陆地南缘为东西走向的四明山余脉，北部是广阔的三北浅滩。慈溪海塘外滩涂由于大潮淤涨，小潮冲刷，夏季淤积，冬季冲刷，台风风暴潮期间冲刷，过后淤积，综合结果是淤积大于冲刷，海岸线逐渐外移。全市陆域面积 1 361 平方公里，海域面积约 1 200 平方公里。慈溪海域由滩涂和浅海两部分组成，据 1998 年 3 月浙江省河口海岸研究所测验队实测，滩涂面积为 366.7 平方公里(以吴淞高程零米以上计)，并以每年 20～30 米的淤涨速率向北延伸，是目前我国长江口以南最大的连片滩涂。慈溪市经济实力雄厚，创新发展能力较强，在浙江省、宁波市海洋经济发展中占有十分重要的战略地位。

在《浙江海洋经济发展示范区规划》"一核两翼三圈九区多岛"发展布局中，慈溪将定位于："一核"中的宁波北部海域依托城市之一；"两翼"之一的"北翼"，即环杭州湾产业带及其近岸海域，规划加强与上海国际金融中心和国际航运中心对接，突出新型临港先进制造业发展和长江口及毗邻海域生态环境保护，成为带动长江三角洲地区海洋经济发展的重要平台；"三圈"中宁波沿海都市圈的北部中心；"九区"之一的"宁波杭州湾产业集聚区"。

在《宁波海洋经济发展规划》"一核两带十区十岛"功能布局中，慈溪将定位于：以宁波—舟山港宁波港区及其依托的海域和城市为核心区的北部海域和城市之一；"两带"建设之一，即以环杭州湾产业带及其近岸海域为主的北部海洋经济产业带，加快发展临港先进制造业，改造提升传统优势产业，科学开发深水岸线资源；重点建设十大产业集聚区之二区，即宁波杭州湾产业集聚区、慈东产业集聚区。

（二）慈溪市海洋资源及海洋经济发展概况

1. 滩涂资源与围垦计划

慈溪沿岸滩涂呈凸形伸向杭州湾，是我国长江口以南沿海最大的成片滩涂资源。滩涂分布面宽、平坦，岸滩稳定、淤涨较快，地基承载力较强，具有良好的围垦条件，成本相对较低。据《慈溪滩涂围垦区总体规划》，至 2050 年，全市计划围垦地面积为 60.26 万亩，其中已围垦的 22.7 万亩，在围区域 5.85 万亩，近期围垦工程 6.71 万亩，远期围垦地为 25 万亩。规划形成"一轴、三湖、五区"的结构。

一轴：十塘—十一塘景观轴线。

三湖：自东向西三个人工湖，分别为"东湖"（郑徐水库）、"北湖"（迁建后四灶浦水库）及"西湖"（慈西水库）。

五区：从东到西分别为慈东工业区，空港区，现代农业区，产业拓展区，生态湿地旅游区。

2. 水产养殖业

慈溪地处钱塘江江入海口的咸淡水交界处，水产养殖的自然条件优越，浅海养殖地带基本形成。慈溪水产养殖业逐步形成了以海淡水池塘养殖、海水滩涂养殖以及名特优水产品养殖为主的具有区域特色的规模化百里沿海养殖生产基地。水产养殖业的发展，带动促进了水产加工、出口创汇企业的迅猛发展，为浙江省内的水产养殖"大市"。2011 年全市实现农林牧渔业总产值 63.61 亿元，其中渔业产值 11.07 亿元，比上年下降 3.3%。

3. 滨海旅游资源与开发

慈溪市滨海旅游业起步较晚，旅游资源的开发，景区、景点的布局建设还未形成一定的规模，但开发前景较好。杭州湾跨海大桥的建设，是慈溪市滨海旅游业发展千载难逢的重大契机，达蓬山文化旅游区（徐福东渡遗址）、伏龙山景区和杭州湾滨海休闲旅游区等景点有一定的发展前景。达蓬山徐福东渡遗址已建成并对外开放，吸引了大批海内外学者、旅游者前来考察和观光，成为慈溪旅游新热点。

生态湿地旅游区包括 GEF 湿地、旅游服务用地、游乐用地、现代休闲服务区用地、滨海旅游发展用地、农业用地、"西湖"（慈西水库），规划面积 133.7 平方公里（20 万亩），其中利用围垦地 13.7 万亩。

生态湿地旅游区建设初见成效。湿地公园内生物资源丰富，截至 2011 年，杭州湾湿地调查累计记录鸟类15目43科169种，其中候鸟132种，占总数的78.1%，水鸟8目15科85种，占总数的50.3%。记录列入国家重点保护野生动物名录的鸟类有13种；列入IUCN中国受威胁鸟类名录的鸟类有9种。区域内共记录高等植物86科281种，水域共监测到浮游植物192种，隶属7门76属。底栖动物共鉴定出56种，鱼类42种，隶属9目16科41种。

4. 港口码头

慈溪市海岸滩涂面广、水深较浅、淤涨较快，不适于建造深水港口码头，因而港口和海上运输业规模较小，到目前为止，建有西三码头、龙山码头和杭州湾大桥公务气垫船码头。西三码头建有靠泊500吨级兼靠1 000吨级泊位一个，港区有建塘江内河码头及与329国道沟通的四级公路配套。龙山码头属群众性渔港码头，靠泊等级为100吨级。杭州湾大桥公务气垫船码头按停靠2艘一百客气垫船进行建设，主要供大桥建设与管理的公务气垫船停泊需要。

5. 海水利用

据2008年《慈溪市水资源综合规划》，到2020年慈溪市总需水量将为4.93亿m^3(75%保证率)，其中生活需水1.20亿m^3，工业需水0.90亿m^3，农业及生态环境需水2.83亿m^3。到2030年慈溪市总需水量将为5.61亿m^3(75%保证率)，其中生活需水1.57亿m^3，工业需水1.21亿m^3，农业及生态环境需水2.83亿m^3。逐年增加的需水缺口，通过逐步实施的若干"境外引水"刚性工程解决。2020年左右达到最大引水规模，此后的缺水则需要适当增加境外引水量，进一步采取节水防污措施以及向大海要水解决。

《慈溪市十二五规划纲要》提出，"做好水资源保障长远规划，针对局部区域开发建设需要，研究谋划区域性境外引水工程和海水淡化工程"。

6. 海洋能源开发

可大面积开发利用风能、潮汐能等海洋可利用能源，开发潜力巨大。《慈溪市十二五规划纲要》"推动能源结构多样化。大力调整能源结构，推动能源规模化、产业化发展。规划建设500 MW规模的杭州湾近海风电场，加快推进城市天然气输配管网建设，拓展太阳能多元化利用，综合高效利用生物质能，积极推广可再生能源与天然气相结合的分布式能源示范项目"。

(三) 慈溪海洋经济发展主要特点

综观近几年来慈溪海洋经济的发展态势，主要呈如下几个特点：

1. 海洋经济发展战略初步确立

近几年来，慈溪市各级党委、政府高度重视海洋资源开发工作，把海洋经济作为战略重点来抓。特别是2011年以来，全市紧紧抓住国务院批复浙江建设海洋经济发展示范区的重大历史机遇，认真贯彻落实省、宁波市海洋经济工作会议精神，迅速成立了市海洋经济工作领导小组，着手开展各项工作。先后制订并出台了《慈溪市海洋经济发展规划》、《浙江海洋经济发展示范区规划慈溪市实施方案》、《关于加快开发建设慈东滨海区的决定》等，还印发了《加快发展海洋经济的意见》、《慈溪市2012年度海洋经济工作要点》等，提出构建"两区引领、三带融合、多点联动"的空间功能布局框架和"将慈溪建设成为宁波市海洋经济重点突破区"的发展战略目标。紧接着，慈溪市国家税务局发布了《促进海洋经济发展有关税收政策措施的意见》，慈溪市供电局也积极配合慈溪市委、市政府加大慈东滨海区域电源和电网改造，提高海洋经济发展承载力，为慈溪“蓝色经济”发展吹响了“进军号”。

2. 百里沿海产业带基本形成

一是凭借丰富的滩涂资源，近 20 多年来慈溪掀起了“耕海牧渔”的热潮，形成了以水产养殖业为主的集水产育苗、加工和销售等农工贸一体化的百里沿海养殖产业带，并日趋成熟；二是以杭州湾新区、慈东滨海区、现代农业开发区等重大产业集聚区为依托的沿海特色优势产业带已初步构建。

3. 重大产业平台有所提升，临港工业迅速崛起

杭州湾产业集聚区，已规划提升为省、宁波市海洋经济重点建设产业集聚区。目前，已基本形成了汽车整车及关键零部件制造、新材料、医疗器械及生物医药、重大装备制造、新能源新光源、智能家电和电子信息等六大优势产业。慈东滨海区，已提升为宁波海洋经济海陆联动示范区和慈溪区域经济转型升级的战略大平台。当前，慈东滨海区已选商引资落户了墨西科技、龙湖地产、信远工业、思进机械等项目，并牵手恒威集团合作打造先进装备产业园等。这些项目的引进，对慈东滨海区海洋经济发展具有重要的推动作用。

4. 滨海旅游开发初显成效

慈溪市滨海旅游业虽然起步较晚，但经过近几年的努力，杭州湾休闲旅游度假区（含生态湿地旅游区、大桥、生态农庄等）、达蓬山—伏龙山文化旅游区和鸣鹤—上林湖省级风景名胜区等建设已初见成效，吸引了大批海内外学者、旅游者前来考察和观光，成为慈溪旅游新热点。正在开发建设中的 GEF 湿地、旅游服务用地、游乐用地、现代休闲服务区用地、滨海旅游发展用地、农业用地、“西湖”（慈西水库）等均有较好发展前景。

5. 围涂造地进程不断加快

2000 年后近十年间，慈溪充分利用得天独厚的滩涂资源，加快围涂造地进程，先后已围海涂 26 万亩，目前正在镇龙浦围涂近 5 万亩，为海洋产业经济发展营造了广阔的地域空间。据《慈溪滩涂围垦区总体规划》，至 2050 年，全市计划围垦地面积为 60.26 万亩。

第五节　环境转型——营造转型的支撑点

一、完善金融服务体系，优化创业环境

随着慈溪经济的发展和金融体制改革的深化，金融机构对慈溪经济发展的作用日益凸显。2013 年全市实现生产总值 1 031.09 亿元，按可比价格计算，比上年增长 9.0%，增速分别高于全国(7.7%)、全省(8.2%)、宁波市(8.1%)的 1.3、0.8 和 0.9 个百分点。2013 年年末，全市金融机构本外币存款余额 1 696.07 亿元，增长 6.9%；金融机构本外币贷款余额 1 645.14 亿元，增长 14.1%。本外币口径存贷比为 97.0%，比上年提高 6.1 个百分点。可见，慈溪经济的发展对金融机构的融资需求越来越大，金融机构在促进慈溪企业发展，尤其是融资渠道较少的中小企业的发展发挥的作用越来越强。

(一) 慈溪中小企业融资的现状分析

1. 问卷调研反馈融资现状

为了分析慈溪市中小企业融资现状及其存在的问题,我们设计了中小企业融资状况调查问卷(参见附录),于 2013 年 7、8 月向慈溪地区中小企业共发放问卷 100 份,回收 89 份,其中有效问卷 74 份。

(1) 担保方式

通过对 74 家企业融资时采取的担保方式的分析发现(有多选),有 48 家曾采用不动产抵押,占企业总数的比重为 64.75%;曾采用动产抵押的分别为 29 家,占企业总数的比重为 38.60%。这表明,中小企业主要依靠不动产、动产抵押进行融资。

(2) 与担保公司的业务联系

有 64 家企业回答了"与专业担保公司发生保证关系的次数",其中,发生零次保证关系的有 58 家,占回答企业总数的比重为 90.63%;发生 1 次保证关系的有 3 家,占回答企业总数的比重为 5.2%;发生 1 次以上保证关系的企业有 3 家,占回答企业总数的比重为4.69%。这说明慈溪地区中小企业利用专业担保公司进行融资非常不充分。

(3) 流动资金的融资方式

在 73 家对"当企业流动资金紧张时,采取的融资方式"做出回答的企业进行分析后发现(回答有多选),有 67 家企业选择银行借款筹措流动资金,占企业总数的比重高达 91.64%;说明向银行借款是中小企业筹措短期流动资金的最常用、最普遍的方式。同时,大量中小企业属于家族企业,往往会利用血缘、亲缘、地缘等关系来获得流动资金。调研发现,向其他企业借款也是中小企业获得流动资金的一种重要途径。

(4) 固定资产投资的融资方式

在 72 家对"企业固定资产时,采取的融资方式"做出回答的企业进行分析后发现(回答有多选),有 57 家企业选择银行借款进行固定资产投资,占企业总数的比重高达 78.81%;向亲戚借款的有 14 家,占企业总数的比重为 19.63%;向朋友借款的有 10 家,占企业总数的比重为 13.94%;向其他企业借款的有 4 家,占企业总数的比重为 5.67%。与流动资金紧张时的融资方式相比,中小企业从银行获得固定资产投资所需资金的频度下降,而更多地倾向于利用血缘、亲缘、地缘等关系来融资,比如向亲戚、朋友借款以及利用股东自有资金的频度明显上升。

(5) 影响融资的因素

共有 58 家企业对"影响企业获得贷款的因素"做出回答(有多选),按照企业选择的频数排序的前 3 位分别为:(1) "无抵押物或抵押不足";(2) "无有实力的保证单位";(3) "融资金额太大或成本太高"。这说明,中小企业向银行贷款时,是否有担保以及融资金额的大小及成本高低是决定其能否从银行获得贷款的最重要原因。

2. 融资中呈现出的主要问题

慈溪市中小企业普遍存在着融资困难的现状,具体表现在以下几个方面:

(1) 融资方式单一

中小企业资本金和流动资金中,自有资金占 70%以上,银行贷款占 20%左右,还有一小部分民间借贷、亲戚朋友投资，基本没有政府投资、没有资本市场融资，也没有创业投资等风险性资本；严重依赖自有资金和银行贷款，缺乏外部融资渠道。前者约束了企业成长速度，后者不但将压力与风险集中于银行，而且逐步上升的借款成本也日益成为企业的负担，同时造成企业资本结构不合理的状况。

(2) 融资途径不畅通

从内部融资情况来看，慈溪市中小企业的现状不尽人意。一是中小企业的规模普遍偏小，导致分配中留利不足，自我积累意识差；二是现行税制使中小企业没有税负优势；三是折旧费过低，无法满足企业固定资产更新改造的需要；四是自有资金来源有限，资金难以支持企业的快速发展。从外部融资来看，中小企业虽然可以选择银行贷款、资本市场公开融资、私募融资和民间融资等四种渠道，但目前慈溪市中小企业的外源融资渠道方面并不畅通。

(3) 社会中介服务机构不健全，担保机构作用有限，担保难、抵押难

调查发现，企业要办理一笔财产抵押，需办理财产评估、登记、保险、公证等复杂的手续，涉及许多职能部门并要提供多种相关资料，而且抵押登记和评估费用高、随意性大，银行对企业的贷款抵押率较低，企业通过抵押实际得到的贷款数额相对较小。而目前慈溪市小额担保机构只有 20 家，到 2011 年 6 月底累计为中小企业担保金额 45 亿元，不到中小企业融资的 10%。虽然解决了部分中小企业融资难问题，但其所担保的企业数量和金额远远不能满足慈溪市中小企业发展的要求。

(4) 融资结构不合理

主要表现在：慈溪市的中小企业发展主要依靠自身积累、严重依赖内源融资，外源融资比重小。单一的融资结构极大地制约了企业的快速发展和做强做大。并且在外源性融资中，中小企业一般只能向银行申请贷款，主要表现为银行借款；在以银行借款为主渠道的融资方面，借款的形式一般以抵押或担保贷款为主；在借款期限方面，中小企业一般只能借到短期贷款，若以固定资产投资进行科技开发为目的申请长期贷款，则比例较小。

(5) 融资成本较高

企业的融资成本包括利息支出和相关筹资费用。与大中型企业相比，中小企业在借款方面不仅与优惠利率无缘，而且还要支付比大中型企业借款更多的浮动利息。现阶段由于受宏观调控的影响，当前的银行利率是在基准利率的基础上再上调 20%—30%，这样下来，企业的融资成本就变得很高，有的时候甚至超过了 1 分息。同时，由于银行对中小企业的贷款多采取抵押或担保方式，不仅手续繁杂，而且为寻求担保或抵押等，中小企业还要付出诸如担保费、抵押资产评估等相关费用。正规融资渠道的狭窄和阻塞使许多中小企业为求发展不得不从民间高利借贷。所有这些都使中小企业在市场竞争中处于不利地位。

(二) 慈溪市中小企业获得金融支持影响因素分析

1. 企业规模与担保方式

将企业规模与融资的主要担保方式进行关联分析，不难发现，无论企业规模如何，不动产抵押是其融资时提供的最主要的担保方式。而随着企业规模的扩大，企业将更有能力采用不动产抵押这一方式。选择动产抵押方式的比例同样随着企业规模的扩大出现了显著增

长，这说明，动产抵押的能力与企业的规模正向相关。此外，在担保方式数量上，销售收入在500万元以下的企业的平均选项个数为1个；销售收入在500—3 000万的企业的平均选项个数为1.2个；销售收入在3 000万以上的企业的平均选项个数为1.5个，这表明随着企业规模的扩大，其选择不同担保方式的能力也随之提高了。

2. 企业规模与流动资金融资方式

我们将中小企业的流动资金融资方式与企业规模进行关联分析，可以发现，随着企业规模的扩大，企业向银行贷款获得流动资金的比重提高。这可能是因为年企业规模越小，企业其内部的管理体制往往不完善、提供抵押等担保的能力相对较弱，较难从银行获得贷款。同时，我们也发现，向亲戚、朋友借款的比重随着企业规模的扩大呈减少趋势。可见，随着企业规模的扩大，中小企业将逐渐减少对亲缘、血缘等因素在流动资金融资活动中影响，逐渐提高向银行等正规金融部门获取流动资金。

3. 企业规模与固定资产投资融资方式

对中小企业固定资产投资的融资方式与企业规模进行关联分析时，同样也发现与流动资金融资时类似的现象；即随着企业规模的扩大，企业向银行贷款获得固定资产投资资金的比重提高，而逐渐减少对亲缘、血缘等因素在固定资产投资融资活动中的影响。

4. 企业规模与影响贷款的因素

通过上文分析发现，影响中小企业获得贷款的前3位因素分别为：(1)“无抵押物或抵押不足”；(2)“无有实力的保证单位”；(3)“融资金额太大或成本太高”。通过将影响因素与企业规模进行关联分析后发现，随着企业规模的扩大，“无抵押物或抵押不足”影响企业获得贷款的比重呈明显的下降趋势；“无有实力的保证单位”和“融资金额太大或成本太高”影响企业贷款的比重则呈明显的上升趋势。这说明，企业规模的扩张使其资金需求大量增加，企业不再一味地追求通过抵押方式获得贷款，而是更强调融资手段的多元化，从而“无有实力的保证单位”和“融资金额太大或成本太高”对企业能否获得贷款具有越来越大的影响力。

(三) 慈溪市中小企业融资困境的原因

慈溪市中小企业融资问题的原因，主要来自于企业本身、金融机构与政府三个方面。

1. 中小企业自身弱小，管理不规范

根据有关市场数据显示，中小企业有92%以上为民营企业或者是个体经济。这种企业性质决定了中小企业将采取家长式或者是家族式的管理模式。这种特征决定了企业的发展和兴衰跟一个人的经营能力和经营思路有很大的关系。虽然这种管理的优点在于能够集中决策，统一行动，一旦决定将会立即付出实施。但是弊端也是明显的，即经营管理的随机性比较大，个人意志体现得比较明显。同时，一般来说，中小企业的规模小，抗经济危机冲击的能力差。一旦出现资金链问题，很容易破产，被市场淘汰。因此，中小企业在市场中往往无法与大企业相抗衡，缺乏足够的竞争力和实力，而只能在大企业所主导的行业内寻求夹缝中的生存。相对于在某个行业内或者是多个行业内占有主导权，经营比较稳定的大企业来说，商业银行对中小企业的贷款所面临的风险波动性比较大。同时，中小企业自身在财务管理上缺乏高学历专业财务人员，而且这些企业管理者自身的财务知识和专业能力普遍较低。在这种人员配备下，企业的财务管理混乱，并不专业。兼具财务管理制度不够完善，财务账目不够明细，有些企业处于保护企业自身经营信息的要求，通常要求财务制作两套账目，一套账目用来应付检查，比如银行贷款的信息调查等。

中小企业的这些做法让银行无法准确获知企业自身真实状况。银行发现企业在掩盖自身真实财务信息，企业财务信息不够透明，在企业申请贷款时必然会缩手缩脚，导致企业融资困难。

2. 中小企业信用体系建设滞后

目前来说，慈溪市中小企业自身并没有构建起完善的内部信用评估机制。这些中小企业对市场经营的信用评估体系和评估调查也没有深入进行。以目前我国银行通常采用的信用评估体系来说，银行所获得的信息并不完全真实有效。这对于银行来说没有任何益处。一方面，银行投入了大量的人力物力，另一方面银行并没有获取真实数据和信息。另外，银行自身也存在一定的问题。银行征信手续繁杂，贷款周期长，申请需要调查。这在一定程度上与中小企业经营机制灵活，经营政策需要及时得到贯彻相矛盾。

所以，中小企业自身欠缺完善的企业征信体系，财务数据缺乏真实性和科学性，银行征信体系不完善等因素的存在，共同导致中小企业自身信用体系的建设落后等状况。

3. 金融体系不完善，银企信息不对称

金融市场普遍存在信息问题，对中小企业这一问题尤其严重。另一方面企业面临的是一个复杂多变的市场环境，从事的领域也千差万别，银行在收集和处理相关信息方面缺乏动力和能力，也加重了信息不对称的程度。加上部分中小企业财务管理不规范，财务报告随意性大，真实性差，信息不透明，缺乏审计部门确认的财务报表和良好的经营业绩等因素，难以满足银行所需要的贷款条件的要求。信用担保体系的不完善，中小企业寻求担保困难。而中小企业大多受经营规模所限，固定资产较少，土地房屋等抵押物不足，一般很难提供合乎银行标准的抵押品。由于中小企业对资本和债务需求的规模较小，金融机构为规避自身的经营风险和降低经营成本，只有选择不向中小企业贷款。另外，金融机构缺乏市场化的利率调节机制，损害银行对中小企业的贷款积极性。银行对中小企业贷款平均利率，一般都要高于市场的平均利率水平。

4. 集群产业形态的组织化程度不高

产业集群是指在特定区域中，具有竞争与合作关系，且在地理上集中，有交互关联性的企业、相关产业的厂商及其他机构等组成的群体。不同产业集群的纵深程度和复杂性相异，代表着介于市场和等级制之间的一种新的空间经济组织形式。产业集群超越了一般产业范围，形成特定地理范围内多个产业相互融合、众多类型机构相互联结的共生体，构成这一区域特色的竞争优势。产业集群发展状况已经成为考察一个经济体，或其中某个区域和地区发展水平的重要指标。

就慈溪市企业发展的情况来看，集群产业形势下的中小企业集而不群，许多中小企业内部并没有形成成熟的组织化机制，企业之间在专业化分工和专业协作上并未形成一定合作竞争优势的组织形式。因此，中小企业产业集群内企业间联系程度还不够紧密。

集群内中小企业核心竞争力不强，企业管理者整体素质普遍不高，企业普通员工的文化素养普遍较低、专业技能明显不足，缺乏较强的企业凝聚力；经营管理水平落后，创新能力偏弱;研发平台建设滞后,研发能力和投入严重不足,发展后劲不大。集群内的企业发展意愿减弱,投资非实体经济现象增多。由于实体经济受原材料价格上涨、用工成本和财务成本上升、市场竞争进一步加剧等不利因素的影响,企业的盈利空间被不断挤压,从而出现了全国性的资金流出中小企业实体经济的现象。有的企业已介入房地产、金融和三产服务业,甚至有部分企业涉足高利贷。而这些企业的主业有的已开始萎缩,有的无发展后劲。同时,集群处于无序竞争状态,不能形成相互担保体系,影响产业健康发展。

5. 中小企业信用担保体系建设滞后

中小企业集群区域的信用担保体系建设滞后,集群内同行业企业的协作关系基本表现在原材料加工、配件加工等方面,而对于信贷融资方面的相互担保并没有形成合作关系,履行信用很大程度上是以企业的财务实力为前提的。我国中小企业信用担保基金以政府投资为主,中小企业的互助担保组织和商业担保组织的比例不高,不超过10%。同时,在中小企业进行互助担保时,这些企业自身的互助担保资金有限。

更为严格的是,我国银行对中小企业的担保要求必须具备必要的要素。这个要素是,能够提供一定的抵押、质押,以及第三方担保的反担保。另外,银行还会要求中小企业能够提供关于受保企业在注册资本和营业额等方面的信息。而鉴于慈溪市中小企业自身在企业经营等方面对于经营信息的保密性,银行一般很难掌握这些信息和资料。对于担保机构而言,我国担保机构自身存在的时间并不长,缺乏成熟的运作经验。不仅自身管理不完善,规模小,而且自身信用体系建设滞后,资金实力和杠杆效率低下,风险控制能力差,再加上缺乏必要的担保行业专业人才。这些因素的存在共同导致我国中小企业集群信用担保体系建设的滞后。

6. 政府扶持力度还不够,政策不配套

政府在中小企业融资问题上起着不可忽视的作用。长期以来,政府在资金、税收、市场开发、人才、技术、信息等方面一直给予大中型企业特殊的扶持,造成了中小企业市场竞争环境的不确定和竞争条件的不平等。同时,由于政策原因导致中小企业基本无法进行直接融资。深沪交易所要求上市公司达到一定规模的注册资本,这使处于成长期的效益好但规模较小的企业难以进入证券市场,虽然慈溪市有些企业很想进入证券市场,但往往力不从心。同时债券市场上,受到"规模控制、集中管理、分级审批"的约束,中小企业也很难以发行债券方式筹集资金,因此直接融资渠道基本没有。虽然有《中小企业促进法》以法律条文的形式为广大中小企业的发展、融资提供了保护和支持。但是该法在内容上原则性较强,缺乏具体的优惠政策和措施,也缺少相应的配套法规和制度,最终导致政府对中小企业的扶持很多都没有落到实处。

(四) 地方政府重视金融环境营造

1. 以商业银行为代表的金融机构

(1) 金融机构纷纷入住慈溪,并重视中小企业融资

慈溪市良好的金融生态环境,吸引着一家又一家金融机构安营扎寨。截至2010年10月底,在全市的银行业金融机构已达28家,保险公司(营业部)37家,证券公司(营业部)4家,担保公司11家,小额贷款公司3家,创业投资公司2家,宁波市首家资金互助社——龙

山伏龙资金互助社也已获银监会批准。金融经济良性互动,吸引着越来越多的金融机构抢滩慈溪。仅2010年,已先后有华夏银行、临商银行、温州银行、杭州银行在慈溪市设立支行。国有银行、全国性股份制商业银行均已在慈溪设立分支机构,还有一些区域性商业银行争相排队进驻。2011年,深发展(现平安银行)宁波分行大力开展中小企业金融事业部工作,并在慈溪等县域支行设立中小企业金融服务站。

(2) 担保服务创新"解困"企业资金难题

2011年以来,慈溪市融资性担保公司积极加快担保业务创新步伐,将业务从流动资金担保、票据承兑担保等传统领域,延伸到信用证打包贷款担保、设备按揭贷款担保、押汇担保、保函担保、诉讼保全担保等领域。如"慈星担保"开展的以上下游产业链为主要担保对象的业务,不仅促进了母公司销售增长,而且带动了上下游企业发展。此外,担保公司还增加了专利、名牌、商标、库存物资、已交土地款发票、应收账款质押等反担保模式,有效解决了一些规模较小但发展势头良好的企业融资问题。如该市的蜜雪儿蜂业有限公司的借款就用浙江省知名商标"王凯"作为反担保,进一步降低了企业融资门槛,扩大了融资规模。

(3) 地方政府高度重视地方金融发展

在市委市政府的高度重视下,慈溪市地方金融快速发展,组织体系日益完善。慈溪市先后成立了民生村镇银行、建信村镇银行,创建了"融通"、"金汇"、"裕通"三家小贷公司,宁波市首家资金互助社也已获批,正在筹建,同时还扶持建立了宁波先锋创业投资有限公司、宁波兴诺创业投资有限公司等两家创投公司。这些新型金融机构,掀开了慈溪地方金融新篇章,较好地弥补了国有银行、股份制商业银行的不足,在推动慈溪农村经济发展中功不可没。

2. 加强金融监管与服务

2013年,慈溪市全面加强金融监管,具体工作如下:

(1) 协调处置企业融资性生产经营风险

一是加强对企业资金担保链风险排查。每季度对全市企业融资情况进行风险研判和梳理分类,通过乡镇、银行、担保公司等多种渠道了解掌握企业生产经营、财务及资金链风险状况,对重点帮扶对象及时制定针对性担保链风险化解方案。二是做好困难企业资金协调和帮扶工作。对生产经营正常暂时出现资金周转困难的企业,积极协调贷款银行做到不抽资、不压贷、不上浮利率,重点保障涉及面广、担保链长的企业资金链的安全,确保做到同进同退,防范系统性、连锁性企业资金链断裂情况的发生。全年组织召开企业融资专题协调会30余次,上门赴镇(街道)、银行帮助协调10余次,协调银行向困难企业新发放贷款超1亿元,尽最大努力最大限度地化解企业资金风险。

(2) 组织开展打击逃废债工作

针对在企业帮扶过程中发现的恶意逃废金融债务行为,及时与银行、担保公司进行联系,调查摸底全市逃废债务企业基本情况,并会同政法机关、市人行、银监办等部门积极开展打击逃废债工作,保障金融债权安全维护金融生态环境。一是参照宁波市工作体系,迅速成立了由市委、市政府分管领导为负责人,市级有关部门为成员单位的市保障金融债权安全联席会议,负责组织领导全市的打击逃废债工作。二是积极与有关单位沟通协调,努力促成工作合力。召开了由宣传部、政法委、公安局、检察院、人民银行、银监办、银行等有关单位参加的工作部署和协调会议4次，统一思想认识，明确分工职责，对遇到的问题进行协调，确保打击逃废债工作有序推进。三是锁定打击范围，明确重点打击企业。对已掌握的逃废金融债务企业进行筛选甄别，将证据较为确凿翔实、影响较为恶劣的企业作为重点打击和曝光对象，营造严打氛围，形成对其他逃废债务企业的强大震慑力。目前已向公安机关报案2家重点逃废债企业。

(3) 开展防范和打击非法集资宣传月活动

为进一步提高社会公众对非法集资危害性认识，营造防范和打击非法集资的良好舆论氛围，维护慈溪市经济金融秩序稳定，根据宁波市统一部署，在今年5、6月份组织开展了全市范围内的防范和打击非法集资宣传月活动。通过举办广场宣传日活动、金融机构正面引导、媒体报道宣传、短信集中发送、在村(社区)张贴海报等措施进行广泛宣传，引导广大群众理性投资，自觉抵制非法集资。宣传月期间，以《慈溪日报》随刊投放、广场发放等方式发放宣传资料4万份，在市、镇两级电视台和市广播电台滚动播放宣传教育公益广告60余条，在慈溪电视台、《慈溪日报》报道防范和打击非法集资系列新闻文章5篇，张贴宣传海报3 000余份，深入农村、社区重点面向离退休老年人及村镇的民众开展宣传3次，多层次、广覆盖、有重点地开展了宣传活动，取得了较好的宣传效果。

(4) 诚信体系建设

从打击假冒伪劣到整顿经济秩序，打造信用慈溪、和谐慈溪，慈溪市一直致力在发展中规范，规范中发展，发展中和谐，创造了良好的信用环境、创业环境和金融生态环境。目前，全市已创建信用镇(街道)10个，占50%；创建信用村(社区)307个，比例超过91%，评定信用农户数73 002户。

为构建公共信用、企业信用、个人信用，把慈溪打造成“信用高地”，慈溪市建立了相应的协调机制，通过建立政银、政企、银企等各种形式的联席会议制度，及时交流沟通，共同想方设法克艰攻难，加快信用慈溪建设，银行贷款不良率和案件发生率一直维持在历史较低水平。2010年9月底，银行贷款不良率仅为0.43%，低于宁波市平均水平0.56个百分点，远远低于全国平均水平。

(五) 创新的中小企业融资模式

1. 完善政府职能创新，构建政府主导的中小企业融资模式

(1) 完善制度体系建设，创新中小企业融资制度保障体系

我国关于中小企业信贷融资的法律规定正在走向比较完善成熟的轨道。但是关于中小企业信贷融资的法律法规，基本上散见于其他基本法律和专门法律中，而缺少一部专门针对中小企业信贷融资的法律，尤其是针对融资渠道和融资方式的法律。这种立法现状在一定程度上阻碍了我国政府和其他机构对于中小企业信贷融资权利的保护和工作的开展。因此，为了更加全面有效的开展中小企业信贷融资，在行政法规和其他制度上，必须出台一系列配套措施，比如出台一些地方性的指导性意见和通知。

(2) 完善融资环境建设，创新中小企业发展平台

为进一步优化中小企业融资环境，需要不断强化投资政策，加大在中小企业融资方面的扶持力度，以直接投资或者是财政补贴、税收优惠等方式安排一部分资金重点支持在行业内

处于科技前沿地位的中小企业发展。借鉴发达国家的做法，通过出口退税和分期付款，以及投资折旧年限优惠等措施，重点支持中小企业大力提高自身人员素质，强化技术创新和企业管理创新，减少成本开支，扩大利润来源，形成国家税收补贴和退税等社会援助，为辅助中小企业不断提高自身的盈利能力。

同时，加大在公共政策和公共服务体系建设上对中小企业的政策支持力度，为企业创造、提供硬环境和软环境，强化服务意识，改进服务方式，创新服务手段，加强对产业的统筹规划，为营造良好发展环境创建有效的公共服务平台，通过市场运作、多元投入，为中小企业提供管理创新、市场开拓、产权结构、技术咨询、人才培训等公共服务，进一步提升企业的发展活力和竞争力。

(3) 整合社会资源，推进数字金融建设

随着电子商务市场的飞速发展，在线支付服务正逐步成为企业的必需品，而金融产品的不断信息化与网络化，也大幅提升现金流在金融产业中的流转效率。数字金融应运而生。这一传统行业与信息技术结合的复合新兴产业，自出现开始就飞速发展，包括互联网支付、移动支付、网上银行、金融服务外包及网上贷款、网上保险、网上基金等金融服务。慈溪市政府应整合全社会资源，大力发展数字金融建设，为中小企业融资提供更多的便利条件。

2. 完善制度创新，构建多元化的间接融资模式

(1) 完善和细化中小企业信贷管理制度

针对慈溪市中小企业特点，政府应当积极构建一个发展方向明确，而且发展后续能力强大的中小企业信贷管理发展规划，有效保证中小企业后续发展并为其提供产业发展所需要资金。国外中小企业发展的经验表明，政府必须发挥在中小企业发展中的组织作用，制定并不断完善信用评估、授信以及贷款审批制度等法律法规。依靠政府通过政策引导和科学规划，制定正确的中小企业买方贷款、融资租赁业务、保理业务、定额透支等信贷模式，拓展融资发展空间，鼓励中小企业开展在无形资产如专利抵押贷款、应收账款抵押贷款和存货抵押贷款等信贷业务上的经营。

(2) 加强金融产品和风险控制手段的创新

金融创新和风险控制手段的创新是中小企业信贷融资的新渠道。慈溪银行业要大力推广融资创新型产品，比如供应链金融模式，在与大中企业打交道的时候，银行有机会接触到这些企业产业链上下游的优质中小企业，这些中小企业与大企业有长期稳定的合作关系，可以降低委托代理问题和风险。银行围绕核心企业，管理上下游中小企业的资金流和物流，变对单个企业的不可控风险为供应链企业整体的可控风险，立体获取各类信息，帮助大银行解决了信息不对称问题，将风险控制在最低。

(3) 建立慈溪市中小企业发展基金和融资发展机构

慈溪地区中小企业比较发达。为此，可以按照信用担保、联合担保、互助担保、商业担保等四种担保模式以企业、社会、个人三方出资组建独立法人，以多种担保形式并用的方法，以股份制形式多渠道吸收资金，建立中小企业发展基金。

加快发展地方性银行业金融机构。积极组建金融控股公司，以资本为纽带整合现有金融资源，增强地方金融机构实力，提高地方金融机构的整体竞争力、资金配置效率和风险防

范能力，进一步提高地方银行对当地中小企业的信贷支持能力，进一步深化农村信用社改革，帮助他们减轻历史包袱，壮大资金实力。

探索组建面向中小企业的小额贷款公司。在审慎、稳妥、安全的前提下，大胆探索，用好用足试点政策，探索组建面向中小企业的小额贷款公司，成为中小企业融资的新型金融服务机构。积极推动国有商业银行向小额贷款公司提供批发贷款，有关担保机构为银行提供担保，小额贷款公司再贷给中小企业，把银行的资金优势和小额贷款公司的灵活优势有机结合起来。

3. 完善产业集群创新，构建产业内关系融资模式

(1) 完善产业集群内关系型借贷建设

培养和发展关系型信贷模式是在融资问题上银行与中小企业之间利益博弈的最好形式。银行可以通过企业存贷款、结算和咨询业务，企业股东、债权人以及企业周围环境和合作关系者了解企业财务和经营状况。这些信息的获得有助于金融机构获取透明信息，从而为中小企业提供基于自身需求、符合自身发展特点的贷款融资。在这种背景下，关系型借贷策略就成为地方性民营中小金融机构立足于为中小企业服务的一种比较现实的选择，也具有一定的经济合理性。

(2) 建立健全联合贷款信用担保平台，降低信贷风险

我国中小企业存在着贷款担保体系不够完善的问题，通常银行在进行贷款时因为不符合贷款抵押的条件而无法进行资产抵押。为此，可以在中小企业之间建立一种贷款担保互助体系，即联合贷款信用担保方式，即几个借款人通过缴纳一定保证金的方式组成互助的联合信用担保机构，相互提供贷款保证担保，银行据担保额度发放一定的贷款。这是在资金需求者和供给者之间利用行业、产业集群信用和承诺机制构建出一种新型的融资方式。这种方式使银行资金有了担保者，加大了安全性、资金共享度和利益相关性，起到促进集群融资的作用。

(3) 完善信用管理体系，进一步探索企业集合债融资模式

探索发行中小企业集合债。中小企业集合债以捆绑发行的方式，绕开了中小企业资产规模、融资规模等与企业债发行指标存在的差距问题，使得企业能够分摊信用评级、担保、承销等费用，大大降低了融资成本和融资风险。2012 年 7 月，浙商银行宁波分行承销的慈溪市中小企业集合票据成功发行。本次集合票据发行主体为 3 家慈溪市中小企业，发行总额 2.5 亿元，是迄今为止发行规模最大的一笔中小企业集合票据。这种方式打破了只有大企业才能发债的惯例，使中小企业也能够通过发债向市场直接融资，改变了中小企业贷款融资的单一模式，适合自身信用评级达不到短期融资券及中期票据准入要求的中小企业，为中小企业进一步探索集合融资模式提供了成功经验。

4. 推动金融机构加快业务创新

(1) 健全金融环境，增设物流银行

金融环境是决定供应链金融在慈溪发展的重要因素，这要求法律、政策、行业管理等诸多方面的共同完善。中小企业融资难是影响供应链金融在我国发展的关键性问题，而动产抵押概念的引入是解决该问题的有效举措。但信息不对称等问题严重影响着金融机构的积

极性，使业务实施缓慢，而且对担保人资产抵押的限制更是局限了该项业务的进展。建立“物流银行”。物流银行不是传统意义上的、单纯的金融服务抑或物流服务，而是将两者有机结合的一项综合服务。物流银行以商业银行与物流商两个支点，为商贸公司架起了资金融通的大桥。“物流银行”的设立能以最直接的方式解决中小企业融资难的现状。

(2) 建立中小企业信用评价体系，把控信贷风险

供应链金融是银行围绕核心企业，管理上下游中小企业的资金流和物流，变把握单个企业的不可控风险为供应链企业整体的可控风险，通过获取各类信息，将风险控制在最低的金融服务，构建中小企业信用评级体系是一个非常有意义的举措。基于供应链金融业务参与主体多元化、流动资金封闭化、强调动产担保物等特点，必须改革风险评价体系，评估方式由静态变为动态，评级方法由传统的评级制度转变为“主体＋债项”的新型评级制度。在这种“二合一”的评级制度中，前者针对融资者本身特点，后者针对特定债项内的信用风险。这种新型评级体系不仅在基础信贷管理中发挥决策支持作用，而且是制度组合管理的重要基础。

二、提升园区载体竞争力，打造产业发展新高地

广东经验和做法：

(一) 促增长的组合拳——“三重”建设、“揽月”行动、“三旧”改造

调研中的总体感觉，促增长仍然是珠三角现阶段的核心任务，而投资拉动则是最通行的手段。以东莞为例，长达 30 年平均 18%的经济增速，一直让这个最典型的“三来一补”外向型城市备受全国瞩目。金融危机后经济步入持续低迷，让东莞承受巨大压力，东莞在转型升级中遇到的问题“在全省最具典型意义，对全省具有示范带动作用”(朱小丹省长语)。为了突破加快发展和转型升级这对矛盾，东莞打出“三重”建设、“揽月”行动和“三旧”改造的组合拳，引进大项目、打造大平台、培育大产业，用完善的体制机制确保大项目“引得来、落得下、长得大”。

2012 年初，东莞就提出以“三重”建设(重大项目、重大平台、重大科技专项)作为促增长的重要抓手，先通过“揽月”行动开展全民招商，配合“三旧”改造(旧城镇、旧厂房、旧村庄)，集中土地等宝贵资源扶持一批关系城市未来发展的战略性、创新型重大项目，并将其做大做强，推动产业全面换血。2013 年东莞全市新增建设用地指标 12 978 亩，其中的 70%将用于保障“三重”建设项目。通过这套组合拳，东莞引进重大项目成果丰硕，截至 2013 年 6 月，共引进中粮、华为等 6 亿元以上重大项目 96 宗，投资总额达 2 165 亿元，并且这些项目的本年度投资计划基本可以保证 100%完成。

(二) 重大平台成为广东改革创新的“试验田”

重大平台建设被确定为广东转型升级的新引擎，目前全省共有深圳前海、珠海横琴、广州南沙以及中新广州知识城、佛山中德工业服务区、东莞台湾高科技园等六大重大平台。这六大载体的定位不再是一般的新区建设，不再停留在拓展一块地盘、搞一个开发区的层次，而是从打造广东产业转型升级的平台、城市提质发展的平台、深化改革开放的平台和建设幸

福广东的平台的高度来提振发展活力。

以东莞为例，东莞将重大平台建设融入城市整体发展战略中，借助1个国家级高新区、1个国家保税物流中心、1个省级园区的“多区多园多基地”的重大平台发展格局，在全市谋划打造包括东部粤海高端装备产业园、中部松山湖大学创新城和西部水乡特色经济发展区在内的“东中西”三大经济增长极，完善园镇、港镇、区镇联动机制，积极探索实行“园镇合一”和“港镇合一”运行模式，实现全市区城互动，均衡协调发展。

（三）慈溪园区发展现状

1. *发展历史*

2001年12月正式开始建设，慈溪市各园区按道路、供电、工业供水（生活供水）、排水、排污、电信、供热、燃气及土地平整“九通一平”的标准建设，通过ISO 14001国际环境体系认证。按“九通一平”（道路、供电、工业供水、生活供水、排水、排污、电信、供热、燃气及土地平整）的标准建设，区内总体绿地率达到40%，水域面积达11%，是国内少有的现代化生态型工业园区。先期已开发的20平方公里区块，“五横七纵”高等级路网框架已经形成。新区以引进“三资”企业和高新技术产业的较大项目及大型技改项目为目标，至今已有一百七十余个项目进区，其中外资70多项，外资投资额8.72亿美元。慈溪经济开发区的综合配套优势十分明显，慈溪市拥有8万余家企业、30多个行业、10大支柱产业、3 000多种产品，业已成为国内外重要的工业产品生产基地。目前新区已拥有家电、汽配、五金、模具、化纤纺织五大产业，总计180余家企业，开发区2005年工业产值突破100亿元。浙江慈溪出口加工区是2005年9月经国家批准设立的国家级出口加工区，总面积为2.0平方公里，首期0.7平方公里的区块将在10月封关运作。出口加工区建成后入驻企业将享受国家级出口加工区在税收、海关等方面的优惠政策。

2. *与周边园区的比较分析*

根据我们的实地调研以及二手资料的搜集，我们将慈溪市企业的发展现状与周边地区进行了对比，并运用相关工具进行分析，得出以下结论。根据我们的实地调研结果以及通过网络等渠道收集的问卷，我们普遍发现，慈溪市产业园区创新效应情况良好。为使结果更具可靠性和真实性，我们对慈溪不同类型企业的实地调查和采访，其中以制造业为最多，占73.91%，对其他产业如中介服务类和文化产业也进行了不同程度的调查。发现：

（1）占52.17%的园区功能定位比较明显，只有4.35%的园区定位模糊；园区的集聚动力集中依托于消费市场和技术高地，其中最大的还是依托于消费市场，占所有比重的52.17%；60.87%的人认为园区的发展和慈溪的综合品牌形象存在很大关系。

（2）园区功能比较齐全，但金融和医疗服务等方面还有待加强。

（3）占65.22%的园区极大地促进了当地经济的发展，所以，慈溪园区附近的地方都比较繁华；虽然园区的建设方式由政府规定，但69.57%的企业还是要求入驻后自主开发；由于园区的建设对慈溪经济起了很大作用，所以慈溪当地政府为其打开方便之门，使得园区建设如火如荼。

（4）但同时由于园区由企业自主建设，所以43.48%的园区配套设备不够完善，34.78%的园区资金缺口比较大，使得慈溪园区建设存在很大困难；慈溪政府正在采取大量措施，最重要的还是科学的规划发展和扶持企业做大做强。

(5) 慈溪 60.67%的园区对其文化的发展尤其重视;慈溪近 7 成的人认为园区的管理方式存在问题,有待改进,且需要技术的革新。

(6) 园区和企业联系紧密,大力促进了企业的发展,我们调查的企业有大部分因为园区的存在,取得了大量效益;园区内部企业竞争也十分激烈,但是有竞争才会有进步,虽然企业之间竞争激烈,但大部分企业之间资源共享程度较高;绝大部分园区都十分重视对小企业的培养,且和大学的合作较密切。

(7) 园区对孵化和培育小型企业的重视程度很高,小型企业的发展对推动园区的发展很是重要,在将来,或许小型企业对推动企业发展的贡献更大。

(8) 城市的综合品牌形象对园区发展的影响占据了很重要的地位。

(9) 园区对创新环境的治理体现在:与高品质大学合作占多数,知识产权保护占少数,说明大学生对推动园区发展起着决定性的作用。

针对以上调研结果及数据分析,我们将慈溪市企业园区发展现状与宁波市以及宁波周边城市进行了对比,我们发现慈溪是产业园区发展具有较大优势,但同时也发现了不少缺陷,我们希望能通过此次调研促进慈溪市园区发展。慈溪块状经济使得慈溪工业经济获得快速发展,具有较强的竞争优势,交通便利,具有港口等地理优势,有利于对外贸易,进出口经济频繁,使得慈溪市产业环境良好,注重创意文化,能有效地吸收国外先进文化。从政治上而言,与其他地区相比,《统筹余慈地区发展规划纲要》早在 2006 年就指出"通过技术创新和产业升级,努力使现有重点行业的主要技术通过自主创新和外来技术嫁接改造,成为高技术含量产业和高附加值产业。以新兴产业的导入、扩充为载体,把拓展产业领域、延伸产业链与市场开拓、产品开发、技术创新紧密结合起来,使绝大部分新导入产业成为高技术产业的有效扩充"。可见政府在资金政策上高度支持慈溪市产业园区创新发展。在人才培养上,慈溪市高校较多,科研机构较多,重视创新型人才培养,有利于广泛利用人才促进产业园区的发展。

(四) 产业园区创新发展中存在的问题

慈溪块状经济使得慈溪工业经济获得快速发展,具有较强的竞争优势,但同时也要看到慈溪块状经济发展中仍然存在一些不容忽视的制约因素,特别是国家宏观调控的影响以及全球性金融危机的蔓延,慈溪块状经济的结构性、素质性矛盾日益暴露。

1. 配套设施不完善,建设资金开口较大

园区建设最大的问题就是配套设施不完善,这与产业的发展和集聚的要求相比还有很大差距,生产行配套设施功能不强,生活性配套设施滞后、服务配套水平较低等,一定程度上制约了园区的快速健康有序发展。另一个问题则是建设资金开口较大,这也让大多数企业人员焦急。由于该园区有很多是民营中小型企业,本身财力薄弱,且银行放贷门槛较高,融资不足,经营能力和扩张能力减弱,很多投资项目由于资金不到位而不能顺利进行,进一步遏制了该园区的快速发展。

2. 思想难以统一,企业间资源共享程度有待提高

经问卷分析,慈溪市产业园区所在企业,彼此间有一定联系,但思想难以统一,资源共享

程度有待进一步提高。园区的发展需要每个入驻企业的切实努力，不少企业对园区的发展目标尚不明确，只是一味朝着自己的目的独立前行，又很少与其他企业参与合作，这种狭隘的目光难以实现自身的跨越发展，也不利于园区的统筹发展。此外，产业园区不能仅仅是地理位置上的扎堆，企业间的羁绊除了竞争关系外还有合作关系，如果企业间缺乏甚至不存在产业联系，园区很难实现良好的经济效应。资源共享，合作双赢才是企业乃至整个园区的发展目标。

3. 产业结构存在突出问题，技术及产品附加值低

30年来，宁波产业结构经历了从农业主导到工业主导和现代服务业迅猛发展的演变，产业结构调整成效斐然，但由于第二产业规模化水平低，集聚程度不高，三次产业结构不协调，尤其是第三产业发展相对滞后，因此，在产业结构中仍然存在一些突出的问题。经济增长的效益和质量不高，产业缺乏国际竞争力。主要体现在：产业集群度不高，产业集群内未形成配套的产业链，大多数产业处于低端成长的阶段；企业缺乏对科研的投入，模仿多于创新，自主创新能力不足，缺乏自主的核心技术和品牌，产品附加值偏低，依靠低成本优势参与国际竞争，在国际分工格局中处于"微笑曲线"的低端；高新技术产业的发展没有形成规模；单位GDP的能耗与废弃物排放和发达国家、甚至是发展中国家相比还存在不小差距。产品附加值低是慈溪产业园区另一个亟待解决的问题。慈溪块状经济虽然形成了强大的制造能力，但在附加值相对较高的设计、研发和营销、品牌环节相对缺失。块状经济的市场竞争力主要集中在低成本竞争优势上，尽管有的产业已经成为国内重要的生产基地，但技术水平不高，特别是核心技术与关键技术大多是通过模仿引进的，并且缺少强势品牌的支撑。据统计，慈溪块状经济整体百元销售利润不到3元，基本上是在赚取微薄的加工费用。

4. 宏观政策与企业微观政策不协调

全市缺乏统一的产业集群发展总体规划，各镇以自身利益为导向追求"小而全"的发展模式，相互之间在产业布置、城镇基础设施建设等方面缺乏统筹协调，造成基础设施的重复建设与相对滞后并存，产业同构现象较为严重，从而影响了产业集群潜在的竞争优势的发挥。各级政府在工业园区建设上，不同程度地存在重园区建设数量轻园区建设质量、重硬设施建设轻软环境建设、重投入产出轻生态环境保护现象等。

经营管理粗放：慈溪块状经济内部的企业大多是家族企业，决策权的落实到位为慈溪企业的发展起到了重要的作用。但大部分中小企业管理层文化素质较低，经验管理占据主导地位，一些企业管理者开拓创新动力不足，容易满足现状，风险意识差，决策水平低，重权术应用轻制度建设，企业小的时候尚能应付，企业发展到一定阶段便难以驾驭，不太适应新形势下企业发展的新需要。

5. 生产要素环境不足

高级生产要素和专业性生产要素不足：一个城市要想建立起强大而又持久的产业竞争优势，必须拥有高级生产要素和专业性生产要素。高级生产要素包括：现代化通讯的基础设施、受过高等教育的人才，以及大学和研究所等。专业性生产要素包括具有专业知识的技术人才、专业性基础设施等。高级生产要素和专业性的生产要素通常是需要创造出来的，是靠点点滴滴的投资换来的，而且需要不断投资，以提升质量。宁波大学、宁波理工学院、万里学

院等多所综合性大学，服装学院、机械学院等专业学院，以及一些研究院所，总体上说科技基础都相对薄弱，在规模和结构上都存在不足。可以说，当代专业人才的短缺已经成为宁波市的竞争劣势。例如，宁波服装业是一个具有很强竞争优势的产业，但缺乏高技能、高水准的服装设计师、板型师以及高级机械师、裁剪师、工艺师等。相关产业支持性不足：在很多产业中，一个企业的潜在优势是因为它的相关支持性产业具有竞争优势，由于相关产业的彼此牵动而刺激竞争力。在宁波市的诸多行业中，彼此相关的也不少，例如塑料加工业、注塑机械业、模具业、玩具业、制笔业、金属加工业，甚至再生资源利用产业，都是相关的。纺织、服装、缝纫机械等产业也是相关的，它们可以合作、分享信息，甚至互补。当下游的相关产业的竞争力互相串联后，又会促进其上游产业的发展。然而，目前在宁波市的一些相关产业基本上处于分割的状态，在区域内没有形成紧密的产业链，产业间的相关支持性不足。

6. 产业与园区互动过程松散

慈溪块状经济之间联系密切，但产业组织结构松散的弊端在很大程度上弱化了微观机制上的优势。块状经济内部企业各自为战，竞相压价、假冒伪劣、互相拆台、知识产权得不到有效保护等种种问题亟须规范管理，行业协会的作用有待进一步加强。企业经营管理的不甚规范以及“宁当鸡头、不当凤尾”的地域文化又造成企业联合兼并重组困难，行业资源未能有效整合。

(五) 慈溪市基于区域创新体系产业园区发展的对策建议

面临新的形势，慈溪块状经济应扬长补短，促进块状经济向现代产业集群提升，构筑新时期的新优势，实现慈溪经济的健康、可持续发展。应重点在以下方面取得突破：

1. 优化园区产业发展质量和优化产业系统

大力培育行业龙头：龙头企业是产业技术升级和管理创新的主导力量。结合慈溪实际，综合考虑规模、效益、市场前景、社会责任等方面，制定行业龙头企业标准，对入围企业进行动态调整和重点扶持，专门出台行业龙头企业培育与财政扶持政策，并优先考虑龙头企业的要素保障，推动“丛林经济”向“大榕树经济”发展。制定相关标准，选择有一定规模、发展速度快的“成长型”企业 50 家和科技含量高、市场前景广阔的“苗子型”企业 50 家加以重点培育，不断充实大企业大集团的后备军力量。在中小企业集群过程中，一些地区、一些产业往往注重“数量”的扩张，而不注重“质量”的提高。换句话说，企业在集群的过程中往往从数量规模上入手，而对集群之后如何进一步提高与发展则很少去考虑。通过培养行业龙头，可以提高企业的“质量”和竞争力。

推行现代企业制度：企业做强做大基础在于企业制度创新，推行现代企业制度是其根本。一是引导企业产权制度创新，重点是引导企业建立开放式的股权结构，通过股权扩散来淡化家族经营的色彩。二是引导企业治理制度创新，引导企业在股份制改造的基础上建立和完善董事会，提高决策质量，鼓励企业进行所有权与经营权的适当分离，大力宣传和推广职业经理人制度，充分调动外来优秀人才的积极性。

加快联合兼并重组：在充分尊重市场规律的基础上，鼓励具备条件的企业根据实际情况，采取横向或纵向的方式，兼并、收购重组行业内中小企业，给予土地、税收、固定资产处理、劳资关系等方面的政策支持，培育产业集群的领军企业，促进各种资源要素向优势企业集中。充分发挥规模企业、品牌企业和技术领先企业等骨干龙头企业对产业升级的带动作用，发展外包、协作、配套等多种经营方式，促进龙头企业对中小企业项目合作和兼并重组，实现龙头企业和中小企业的互动发展。

2. 加强创新人才队伍建设

健全人才培养和人才引进机制。规范人才市场流动，从健全激励机制入手，吸引本地和外来的相关领域专业人才。重视人才的层次性和实用性，对制造业所需要的大量技术工人，不仅要发展就业前的职业培训，而且要建立社会化的职业技能考评体系，使得技术工人可以在就业岗位上不断提升自己的专业技能水平，从而为本地积累专业技术知识和人才创造良好的环境。完善人才引进、培养，企业家培训体系。加强当地人才网络建设，建立一套行之有效的人才引入、培养机制。制定高素质人才引进优惠政策，设立投资创业基金、对缺乏基金的高技术人才进行创业扶持；加强与本地大中专院校的合作，针对产业培养专业化人才。定期举办企业家培训班，并解决在企业管理中普遍遇到的问题，促进管理者自身管理水平的提高。在适当的时候，也可以组织企业家集体外出考察。

合理的人才流动有利于地方产业网络内的知识交流和创新。建立人才流动服务体系，规范人才流动市场，需要有效地平衡企业教育培训成本、企业竞业禁止规定和员工个人发展的需要，从而最大限度的激发个人、企业和社会对知识积累和技能培训的投入热情。在这方面，诸暨海亮集团的一些经验值得我们借鉴，作为中国民营企业500强企业，一直以来，海亮集团在引进和培养人才方面始终走在前列。2004年12月，海亮集团聘用两位工程院院士担任高级顾问，开创了诸暨民营企业聘用院士的先河。2005年7月，海亮集团又与中南大学联合开办MBA、项目管理工程硕士班及高升本、专升本工商管理专业、材料专业等4个教学班，开创了民营企业开办MBA的先河。所有这些，都为企业提升核心竞争力、推动企业做大做强提供了强大的保障。

3. 培育慈溪市园区品牌

在政府的引导下，探索实行块状经济区域品牌共建共享机制。注重区域品牌的培育与保护，完善区域品牌使用规则，加大对区域品牌的维护和宣传。支持龙头企业加大品牌经营力度，积极探索品牌经营有效机制，充分利用行业存量资源，加快做强做大步伐，扩大品牌影响力和地区知名度。整合政府部门、行业协会和龙头企业三方资源，围绕龙头企业品牌推进块状经济的区域性品牌建设，形成产品品牌、企业品牌、区域品牌相互促进共同提升的发展格局。构建区域品牌则可以从如下几方面入手：

首先是产品集群化。区域品牌的形成，一定要有自己的优势所在，这里所说的优势，很重要的一方面就表现在产品的丰富化、集群化上，通过产品的集群化，可以满足所在区域各个消费群体不同的需求，能够彰显出自己独特的核心竞争优势，构建强大的产品区隔及防护壁垒，从而使竞品无从下手和无法进行大规模冲击。例如，郑州国华食品有限公司原来是一家区域方便面品牌，其主导产品是零售价在0.5元/包的低档产品，因此市场较为脆弱。近年来，随着市场竞争的进一步加剧，国华食品公司开始调整产品结构，先后推出了国华美食系列、大刀面系列等，建立起自己牢固的中档消费群。2005年国华食品公司又针对湖南、湖北等消费水平较高的区域市场，重磅推出了滋味香桶面和棒骨拉面等中高档产品，从而丰富了高中低产品集群，使各个消费层次的顾客都能挑选到合适自己的产品，有力地满足了这些需求不同的消费群体。通过产品集群化，国华公司构筑了强大的市场防御堡垒，从而更加稳固了自己的市场地位，使自己在竞争中立于不败之地。

第二是成本集约化。它表现在：产品生产成本的集约化、市场运营成本的集约化、管理成本的集约化和配送成本的集约化。通过运作成本的集约化，从而彰显区域品牌，使产品变得更加有竞争力。例如，近年来啤酒行业里跃出的一匹“黑马”——金星啤酒集团，其“独资建厂、小步快跑、自我复制”的发展模式，为同行所津津乐道，而作为从农村市场快速崛起的金星集团，之所以依靠低端产品仍然能够异军突起，与其各项成本的集约化运营战略息息相关。通过产品原材料统一采购，有效地降低了采购成本和消耗；通过市场销量的飞速提升，规模分摊了成本，从而降低了市场运作成本；而企业 OA 办公自动化系统、短信平台等的高效实用，相应地缩减了管理费用和成本；第三方物流的兴起以及物流外包，降低了运输成本。通过以上一系列措施的实施，金星集团达到了集约的最大化。因此，虽然金星集团是中低档产品起家，但仍然有足够的后劲让企业快速扩张，从而横刀立马于行业的前列。

第三是服务多元化。在产品日益同质化的今天，增强自己的服务功能，从决战细节上下功夫，是构建区域品牌的一个必然阶段，这就要求企业的服务要多元化，要把它真正打造成自己的优势和强项。例如，九头崖集团是一家集商业连锁、工业公司为一体的大型食品集团公司，2004 年，九头崖工业公司从大本营转战省会郑州市场，并以瓶装水和桶装水作为开拓郑州市场的敲门砖。瓶装水和桶装水市场门槛较低，产品同质化现象严重，因此，单从产品层面无法进行更大的产品份额争夺。针对于此，九头崖公司决定从强化服务入手，并做出了如下措施：包括在市区设立四个办事处，办事处具有仓储功能，以能够在关键时刻应急。成立配送 110，随时指挥遍布在市区的数十部铺货车辆。并明确规定，市区送货时间不能超过 30 分钟。狠抓渠道建设，对终端业代进行强化培训，制定工作流程，提出“七定”法则：定人，每个核心区域的业务员相对稳定；定域，每个业务员的销售区域相对稳定；定线，每个业务员工作线路相对稳定；定点，每个业务员销售网点相对稳定；定期，每个网点的访问频率相对稳定；定时，每个网点的访问时间相对稳定；定标准，每个网点的巡访作业标准统一。恪守八步骤：出发准备；POP 检查；统计进销存；陈列理货；填制巡访卡；建议销售订单；及时送货；返回订单。后来，九头崖公司还提出了星级服务计划，通过强化服务功能，规范作业流程，九头崖公司实现了掌控终端和消费者的目的，从而从一个地方的区域品牌，成为了一个河南的优势品牌。服务的多元化，可以让企业与竞争对手实现真正的区隔，从而突现自己的优势，并将这种优势最大化。

4. 加强园区的公共服务平台建设

公共服务平台单个企业难以筹建和运作，但对块状经济的提升至关重要。在充分发挥现有公共服务平台的基础上，加快建设一批促进创业创新的服务平台体系。要以产业集聚为平台，以促进经济发展方式转变为切入点，加快构建立以企业为主体、科技与经济一体化的科技创新体系，促进传统块状经济向现代化产业集群转变。推动块状经济建设，解决科技人员从事高新技术的创业空间问题，吸引一批科技成果在慈溪进行孵化。围绕重点产业，积极构建产品检测展示平台、培训平台和产权交易平台等。

第一是完善科技创新公共服务平台建设。科技创新公共服务平台重点针对研发条件保障、产学研协同创新,以及自主创新成果产业化等科技创新过程中的瓶颈问题,提供有效的支持和服务。建成以张江高科技园区为主要区域,以高科技产业和新兴科技产业为主要服务领域,以技术创新支持体系和创业孵化服务体系为主要支撑,以产学研协同创新和共享性充分体现为特征的科技创新公共服务平台。

第二是完善人力资源公共服务平台。人力资源公共服务平台通过整合各种社会资源,促使人才、科技与其他要素的有机结合,形成开放、多元、功能完善的人才事业平台,并向国际范围延伸,以区域化促进国际化,以国际化带动区域化。建立六个子系统:公共信息服务系统、政策咨询服务系统、创业服务支持系统、人才流动服务系统、人才培训支持系统和人才发展保障系统。

第三是完善知识产权公共服务平台。知识产权公共服务平台为企事业单位知识产权创造、管理、实施和保护等提供一系列便捷高效的服务,解决知识产权利用和转化率低,知识产权保护机制以及中介服务体系不完善等"瓶颈"问题,提高高科技产业、支柱产业的核心竞争力。

第四是完善投融资公共服务平台。投融资公共服务平台努力解决浦东新区科技型中小企业融资难的问题,平台建设坚持政府引导与市场运作相结合、全面服务与重点服务相结合、拓宽资金投入渠道与畅通资金退出机制相结合。重点建设支持和功能两个系统。支持系统包括投融资信息服务平台、融资担保系统和科技创业服务中心;功能系统包括政策性资金扶持体系、多元化投融资渠道和资金市场化退出机制。

5. 提升慈溪市产业和园区的互动发展

创新工业产业园区管理体制。协调全市为数众多的工业园区发展,将是一项跨部门、跨行业、长期的系统工程。由于各个工业园区自身的管理机制千差万别,相互之间既有竞争,又有效仿,各个园区管理部门往往会根据自身条件,参照周围其他工业园区的发展模式探寻适合自己的管理模式,因此统一管理的困难会很大,对所有园区采取一刀切的管理方式,肯定会挫伤部分园区的发展积极性。而把园区分成不同等级,给予差别化的待遇,也不符合市场公平竞争的原则。关键是限制各级政府利用行政职权插手园区经营事务,鼓励有明确产业发展导向的工业园区实行企业化运作。园区管理部门自身要淡化行政色彩,提高市场服务意识。而市级领导则需要加强协调力度,通过建立园区之间的协商议事机制,促进园区之间就相关事宜加强沟通与协作,通过一定的议事程序解决相互之间的矛盾。利用行业协会促进工业园区发展。充分发挥协会作用。协会应定期应积极行使行业指导职能,做好服务工作,使企业形成完整的协作分工体系,促进行业发展。如发布关于行业发展态势、市场状况、新发政策等方面的信息;及时向企业介绍国内外先进技术经验;经常组织企业学习交流;促进企业间合作;组织展销会,帮助企业进行产品宣传;积极寻找合资合作机会,帮助企业拓展国内外市场等。

三、加快物流行业发展,提升信息化服务水平

慈溪作为一个富有创新特质的城市,从"两店一场"工程,到市家电服务中心,慈溪无一

不开风气之先。杭州湾跨海大桥给慈溪带来了地理、经济、人文上的大飞跃，它使一个曾经的地理“盲点”，真正意义上地融入长三角两小时经济圈，使慈溪成为宁波、上海、杭州都市圈的地理中心，为现代服务业的发展创造了新的机遇。

现代物流业已成为慈溪生产性服务业发展的亮点与突破口，快速发展的物流业也确立了其支柱产业的地位。一座桥改变着区域交通地位，也改变着区域经济格局，慈溪获得了接轨大上海、融入长三角的战略历史机遇，区域招商条件和开发条件发生历史性变化，开放合作的视野更宽、范围更大、前景更好。慈溪主动融入长三角大流通，打造“连接宁波大港和上海国际航运中心的重要物流节点基地”。同时，还将大力发展新型流通业态和现代营销方式，整合商贸、仓储、运输等行业，努力发展一批符合国际规则、顺应大桥经济的现代物流产业，使慈溪成为长三角物流体系的黄金节点。

（一）物流行业发展现状

物流行业蓬勃发展。在慈溪，与货物运输相关的企业，从工商部门的资料库查询，登记注册为货物运输企业 2 820 家，其中总部在外地的物流企业分公司 30 家，拥有道路运输经营许可证的企业 195 家，稍具规模的物流企业 34 家（主要为配载基地和第三方物流企业），配载、专线类企业数量最多，约 540 家。另一方面，慈溪自从“十五”计划确定打造制造业基地和物流基地以来，一直不遗余力地推动家电产业集群和第三方物流的发展，出台了相关政策，特别是“十一五”期末，更是密集地发布了一系列产业推进政策。慈溪的物流业发展也进入了一个快车道。

第三方物流业是推动慈溪产业化发展的基础。产业集群化发展是浙江省区域经济发展的典型特点。在这种产业集群发展的过程中，慈溪家电产业是具有典型意义的产业集群代表。慈溪家电产业集群尚处于全球产业链、价值链、供应链以及资本链的低水平发展阶段，正面临着向现代产业集群转型升级的关键时期。而要推动慈溪家电产业集群的转型升级，提高竞争力，其中一个重要环节，就是要建设与小家电为主的中小企业的高效便捷的物流体系，特别是发达的第三方物流业的发展。据调查，独立第三方物流模式是慈溪家电制造业企业的普遍选择。

物流企业管理水平极大提升，目前，慈溪已有国家 2A 以上物流企业 17 家，占宁波大市的四分之一。物流服务能力显著提高，全市 2 800 余家物流企业总运能达到 2 000 万吨，拥有货运专线 1 000 余条；标准化托盘、立体货架、GPS、RF 手持终端、电子标签、双重甩挂等物流技术设备运用逐步推开，规模物流企业基本实现了车辆、货物、业主和企业的全流程信息跟踪，物流信息化水平大大提高，已经建成浙江省内首个县市物流公共信息服务平台，项目被列入国家物流专项资金支持项目。

在加快物流业转型升级中，专业物流得到快速发展，以公铁联运、余慈物流、联众物流为代表的第三方物流和以天天发为代表的第四方物流开始成长，仓储物流、医药物流、冷链物流、网上物流等专业物流开始涌现，金融物流试水成功，为物流增值服务打开了新的空间。物流基地建设迈出实质性步伐，杭州湾物流园区、天地物流基地、神化国际物流中心、东部物流中心、西部物流中心、余慈物流中心、英特物流，随着一批大项目落户和建成，慈溪市物流行业进入规模提升型发展新阶段。另外，规划 2 000 多亩的市综合物流园区正在加紧前期准备，将建成集物流信息、仓储配送、采购分销、总部办公和供应链集成服务五大功能于一体的综合服务型物流园区，吸引了中石化区域医药物流基地、华润华东物流中心、传化物流、海尔物流等前来洽谈。

（二）物流信息化发展的趋势与需求

1. 慈溪市物流业及信息化发展趋势

在物流与电子商务行业，鉴于2012年慈溪市社会物流总费用占地区生产总值的比重为18.54%，不仅高于国内平均水平，而且所占比重呈现上升趋势。因而，慈溪当地物流企业与制造企业双业联动发展将不断深化，并呈现出新的发展趋势：

一是电子商务物流双业联动涉及范围将不断扩大。目前，慈溪市双业联动企业中业务涉及领域涵盖装备制造、汽车、化工、家电、轻工等主要制造行业，并将逐步涵盖食品、医药、建材等其他行业。

二是双业联动企业合作将日益密切。慈溪市部分制造企业已开始从战略高度重视物流功能整合，实施流程再造，分离外包物流业务，与物流企业加强深度合作；物流企业也开始嵌入制造企业物流业务全过程，在设施与技术整合、信息共享等方面合作将不断加强。

三是双业联动物流业务形态将呈现多样化的态势。慈溪市部分物流企业如中通物流集团、余慈物流中心等已针对客户需求，设计定制化或一体化的物流解决方案，随着物流企业能力不断升级和制造企业外包需求的不断扩大，外包业务也将从运输、仓储、配送等单一业务环节向流通加工、库存管理、成本控制等供应链管理的各个领域渗透。

四是双业联动将呈现出高端化发展趋势。目前，慈溪双业联动仍然处于低层次的范畴，随着联动发展意识的不断深入以及企业技术创新步伐的加快，全市双业联动形态也将从简单层次向物流系统全外包、物流战略联盟等高端发展，从简单的业务外包向物流金融、电子商务物流、物流合资等多种高端形式发展。

在信息化方面，目前，参差不齐的物流软件开发商各自为政，无法有效整合资源。由于互联网的发展以及物流信息技术运用的成熟，物流信息平台已成为物流行业发展的一大趋势。慈溪当前的物流信息平台种类繁多、功能不一，且开发商各自为政，无法有效整合资源。目前做得较为出色的物流信息平台有四个，即“天天发”、“赛科”、“天下物流通”和“LOGINK（国家交通运输物流公共信息平台）”。但由于多方利益的牵制，各自之间不成体系，难以互联互通和信息共享，使得慈溪制造企业和物流企业不得不同时注册好几个平台，花费了大量时间和精力，也造成了政府管理物流市场的难度。因此，慈溪目前亟须一家具有公信力的国有企业，在政府的大力支持和监管下，推出能最大程度整合慈溪物流市场资源的公共信息平台。

2. 建设慈溪市物流公共信息平台的市场需求

（1）建设物流公共信息平台的政府需求

建设慈溪市物流公共信息平台对于政府部门来说，可以实现规范运输市场、更好地服务运输市场以及提升管理绩效的功能，从而为实现发展慈溪市现代物流，助推慈溪经济社会发展提供动力。

其需求主要体现在以下六个方面：

一是监控运输市场发展的需求。交通运输主管部门负责对运输市场进行宏观调控，通过利用公共信息平台的建设运营，对运输业务数据进行统计、处理和分析，并根据运输业的经济运行规律，运用经济计量模型和计算机等手段，采用运输市场的供求关系、运力结构等指标来描述运输行业发展现状，刻画运输行业运行态势并预测其走向，为对市场进行宏观调控提供信息和数据支持。

二是规范运输市场的需求。规范运输市场是运输行业主管部门主要职能之一，运输行业主管部门依托公共信息平台的建立，一方面可以通过联合监管、行政网上许可等行政手段来强化运输市场管理；另一方面通过信用管理等手段建立市场退出机制，从而通过软约束和市场机制来规范运输市场。

三是服务运输市场的需求。服务在运输管理部门的职能中占有日益重要的地位，服务与管理相结合正成为运输行业主管部门工作的指导思想之一。而公共信息平台则可以成为运管部门和行业协会向各市场主体提供运输价格指南、市场行业分析、行业发展动态、行业资讯、法律和政策咨询等服务的主要渠道之一，从而增强了服务运输市场的能力。

四是提高政府部门工作透明度和效率的需求。运输行业主管和政府部门通过公共信息平台能够方便、快捷、有效地进行政务信息公开，并实施运管业务的网上办理，能够加强行业主管部门和各市场主体的沟通，进而增强政府工作透明度、提高公众满意度，同时提高管理部门工作人员的责任心，改善工作作风，提高工作效率。

五是相关部门政务协同的需求。综合运输管理和服务部门在管理过程中会涉及交通（港口）局、海关、电子口岸、安监、公安（交警）、工商、税务、行业协会等多个部门，非常需要加强各部门之间的沟通和协调，打破管理部门职能分割的局面。而公共信息平台则可以成为加强政府部门工作协调的有效辅助工具。

六是为运输行业发展决策提供支持的需求。作为主要职能之一，交通运输主管部门需要在加工整理市场监控信息和数据的基础之上，制定相应宏观调控政策（如运输基础设施的建设、运输相关税收和投资导向政策的出台、运输业的发展决策等），并通过运输管理机构各种手段的实施，引导市场及运力资源的投入与转换，有效维护运输市场供求关系的基本平衡，保证运输服务质量和国家财政收入，克服单纯市场机制带来的盲目性。

(2) 建设物流公共信息平台的企业需求

建设物流公共信息平台的企业需求主要是指货源企业和运输企业对行业主管部门的需求以及企业间互相之间的业务信息需求。

企业对运输行业主管部门的需求分析：

货源企业和运输企业对行业主管部门的需求主要表现两方面：一是希望行业部门加强对不规范运输行为的管理，构筑良好的综合运输市场运行秩序和环境；二是希望行业主管部门提高工作效率，提升服务运输企业的能力。企业这两方面的需求可以依托公共信息平台，通过政府部门之间的货运联合监管，网上政务管理、网上政府协同等方面的功能得到体现。与此同时，利用平台还可以对运输行业管理信息查询以及运输行业发展信息进行了解。

企业间的需求分析：

货源企业和运输企业之间的业务需求侧重于增加交易机会、保障运输安全性、规避运费结算交易风险、降低交易成本、提升业务运作效率。以解决货源信息不足、运费拖欠、运输交易欺诈、运输出险不能解决、客户信息流失等问题。而依托公共信息平台可以有效增加机会、降低风险。

同时，依托公共信息平台，通过网上货运供求信息的发布、交易撮合，来增加交易机会；通过网上运输交易、网上结算和支付、优秀运输企业推介等功能来降低交易成本；通过网上担保、保险等来规避运费结算交易风险；通过资质认证、信用管理、CA认证等功能来增加交易安全性；通过运输企业资质查询和信用查询、车辆和驾驶员查询、货物和车辆的跟踪等功能来增加运输安全性；通过用户管理、营运管理增加客户信息安全性。

从业务角度，货源和运输企业对公共信息平台的需求主要体现在：货源信息发布与运力信息查找、运输交易洽谈和沟通、车辆及驾驶员查询、运输单证管理、运输货物的跟踪、回程运力配载、网上结算和支付以及运输优化及应用托管等个性化需求。

(三) 电子商务等新兴行业的兴起对物流业发展的影响

1. 慈溪市电子商务与速递行业发展现状

(1) 电子商务发展现状

为了适应市场竞争的需求，慈溪市越来越多的企业开始重视电子商务物流技术的应用，通过信息化技术改造业务流程，将生产、原材料采购、产品销售、配送、运输等多个环节形成一体化运作，有效地降低了成本，提高效率。慈溪市的一些领先企业已经开始尝试线下与线上的互动创新，比如2012年网上销售超过2亿元的方太电器，组建专业的在线销售顾问团队，为顾客提供在线咨询服务，并组织客户参加“方太品质之旅”，参观方太顶级厨电馆、方太总部等，开启了电商体验式营销的先河。再比如网上开得红红火火的慈溪农产品销售网站慈溪易购吧，以及海通公司的时代果蔬农场，都将线上销售和线下配送、服务到旅游开发等进行了有机的结合。

目前，慈溪市电商企业和产业平台正在做线上与线下互动的文章，以线上市场作为面向全国的展示窗口和销售店铺，积累的人气、点击率和知名度进而延伸成为线下生产基地、服务基地的二次推广机会。

(2) 速递物流行业发展现状

慈溪市快递行业的发展繁荣，现代物流业在经济运行、产业规模、设施建设等方面取得了越来越显著的成绩，拥有国家4A级物流企业1家，3A级物流企业16家，2A级物流企业3家，A级物流企业总数占宁波的20%。其中，天天发公司已获得“宁波市创新型先进物流企业”、“宁波市现代物流示范企业”、“国家AA级综合服务型物流企业”等荣誉称号，天天发一网上物流平台被慈溪市人民政府命名为“慈溪市物流公共服务平台”，并已列入2011物流中央投资项目。

浙江省慈溪市物流业发展迅速，从快递行业龙头企业处了解到，目前慈溪1天约有20万票进出货量，其中申通、天天快递与圆通三家公司加总大概占到10万票，平均每票快递价格在10元左右，这样的进出货规模，在全国县级城市都是领先的。

慈溪市已成立专门物流行业协会——慈溪市现代物流与采购协会，协会介于政府与企业之间，作为政府与企业的纽带，要加强企业与政府主管部门之间的沟通联系，完善行业规范与自律机制，充分发挥桥梁纽带作用和服务协调职能。为培育一批在信息化、标准化、品牌化、专业化等方面绩效显著，引领带动作用明显的现代物流示范企业，提升慈溪市现代物流业发展水平。

2. 慈溪市发展电子商务物流的优势与不足

近几年慈溪市电子商务发展迅速，但是慈溪市的物流行业还处于起步成长阶段，面对新时代电子商务对物流企业提出配送速度更快、管理水平更高、服务水平更优的要求，慈溪市电子商务物流发展中主要存了以下几方面问题：

(1) 物流管理信息化程度不够

现在慈溪物流的信息化建设总体上还处在初级阶段，主要有：

大部分物流企业，特别是中小型物流企业仍处于信息技术应用的初级阶段。物流信息化建设的重点还主要集中在基础网络建设及应用软件系统建设的初级阶段，而供应链管理、业务流程和操作优化的很少。很多物流企业的集中采购、集中库存及大型配送中心的计算机管理尚处于起步和摸索阶段，从观念到实施还停留在传统运输和仓储的层面上。

大部分物流企业在走循序渐进、逐步完善的信息化之路，物流服务功能单一，信息化水平亟待提高。由于信息化建设层次比较低，会造成信息不畅、企业上下游之间的信息流没有打通，流通环节成本居高不下等问题。

(2) 物流管理水平比较低下、基础设施配套不足

从慈溪市整个电子商务物流行业来看，物流企业专业化、社会化程度还比较低。第三方物流发展缓慢，配送中心规模相对较小，各环节相互配合协作性较差。很多企业管理者只关注当前利益，没有更长远的考虑，往往忽视了物流信息化的重要性和成效，大部分物流企业只把内部 OA 作为信息化建设的重点，跟不上信息化发展的步伐。由于在中小物流企业构建信息化系统时，会对企业结构、工作流程及管理理念方式等产生重大影响，需要进行大范围的变革，很多企业比较抵制，阻碍了信息化的进程。在管理体制上，也没有运用科学的管理方法和信息化手段，有人员安排不合理、重复建设、配送安排、信息传递不及时等现象存在。

(3) 高素质的复合型人才缺乏，教育培训体系落后

今后的社会竞争是人才的竞争，人才的竞争力直接影响城市的综合竞争力。现在人才的缺乏是大家的共识，特别是电子商务物流方面的人才更是短缺，因为我国物流起步较晚，电子商务物流也是近几年才发展起来的。电子商务物流的从业人员需要具备较高的电子商务和现代物流知识、操作经验，而从业人员素质的高低直接影响到电子商务物流企业的生存与发展。电子商务物流行业涵盖了物流理论、电子商务理论、网络技术以及市场营销学、管理学等多门学科知识，对从业人员的综合素质要求比较高。从慈溪市目前情况看，一方面现有的物流企业大部分是传统物流企业在增加新的管理理念、手段转变而来，其从业人员主要是仓储、运输等劳动密集型人员，相对而言，这些人员的文化水平、整体素质普遍不高。现阶段最紧缺的物流人才是：宏观管理人才、各类企业的物流管理人才、物流企业的管理人才。另一方面，慈溪市专业的物流教育和培训机构发展滞后，因为电子商务物流起步较晚，也就是近两年的事，教育机构及各高校中科研力量相对不足，难以为电子商务物流企业提供高质量专业咨询、培训。

（四）物流产业发展的问题和不足

虽然，慈溪物流信息发展已取得一定的成绩，但对于区域经济如此强劲的发展势头，慈溪物流在信息化方面已滞后于其他沿海港口城市和省内兄弟城市，它已不能满足慈溪经济发展的需要。主要表现为以下几个方面：

1. 慈溪物流业仍存在一些问题

慈溪物流业相对家电产业集群的快速发展而言，还存在着诸多问题，主要表现在：第一，合作的物流公司零散化、层次多样化。承担慈溪家电物流任务的既有较大规模的、较为规范的物流公司，也有外地人在慈溪开办的小型车队、甚至个体司机，对于小家电，有的企业还采用“带货”、快递等方式，还有一些是代理商从省外联系的前来提货的临时车辆；据调查，慈溪本土的物流公司承担的慈溪家电物流的运输量约占地区家电物流总量的1/3，更多的家电企业采用的是自寻物流为主，在一些大停车场发布信息、寻找运输车源。第二，物流信息缺乏共享。诸多家电企业之间，很少尝试将配货信息联合发布，以求降低成本、利益均享，因为没有一个公共的物流信息平台，各个厂家又没有联合协作意识，习惯于单兵作战，因此无法形成物流资讯的共享；这其实是一种社会资源的浪费，一定程度上也提高了产品营销的综合成本。第三，物流的可跟踪性差。由于追求低成本，合作的物流公司综合实力有限，有些物流企业甚至是个体户，这样的车队难以确保物流的及时性，尤其是可跟踪性；由于物流企业与家电企业之间没有建立信息系统的联网，更没有建立公开的信息查询平台。第四，普遍缺乏现代物流意识。选择独立第三方物流虽说是现在的主流，但并不意味着家电企业就根本不再需要现代物流意识，就不再需要物流管理；相反地，更应当以现代物流理念和技术来充分利用运能过剩的物流资源。

2. 慈溪对以信息化为核心的软件环境投入远滞后于物流硬件的发展

慈溪现代物流业，在物流园区建设以及周边道路交通等相关配套方面已有很大的投入，但在物流基础公共信息方面投入不足。

目前的物流信息技术涉及电子数据交换（EDI）、仓库管理软件（WMS）、运输管理软件（TMS）、货代业务系统、港口管理软件、舱位管理软件、电子订货系统（EOS）、供应链管理系统（SCM）、全球卫星定位系统（GPS）等等。而这些信息技术的应用方面，大多数物流企业的技术手段仍然落后。在高新技术企业和流通领域企业中，虽然也有先进物流管理思想和应用先进物流信息技术的大型企业。但总体来说，慈溪企业的物流信息化水平参差不齐，整体水平相对不高。

3. 建立全面开放的实时电子系统共享的物流信息平台

已有的物流信息系统多是小区域性的，各区域系统与垂直执法系统未实现信息共享，没有在大的范围内形成全面开放的实时电子系统共享的物流信息平台。

当前，各个物流企业建立了自己的管理信息系统，但与物流公共信息平台自我封闭，形成了一个个的信息孤岛。一些垂直执法系统与政府机构与物流公共信息平台的接口也并未达成。例如，海关的“中国电子口岸”执法系统是针对于外贸企业实施监管的一种电子底账，而物流其他环节所产生的信息无法涉及。这种现状造成政府、海关及其他行政管理系统之间、各口岸管理机构与企业之间不能进行充分的数据交换，从而使各类执法数据无法实现快速、准确、严密的相互印证，企业进出口行为的真实性与合法性不能得到有效的监督和核查。

4. 物流标准化落后，没有一套完整的标准的体系

随着全球经济一体化进程的加快，物流标准化工作所涉及的领域越来越广泛。目前，我国国家物流标准化体系的建设相当不完善，尽管已建立了物流标识标准体系，并制定了一些重要的国家标准，如《商品条码》、《储运单元条码》、《物流单元条码》等，但这些标准的应用推广存在着严重问题。以《储运单元条码》为例，应用准确率不足15%。物流信息行业的系统标准较为混乱，影响了互联互通和实现信息共享，这种情况严重制约了慈溪市物流信息化的发展。这就要求政府组织整个物流供用链各个环节通力协调和合作，建立起统一的标准。

5. 政府参与、指导、协调的力度不够

实现"大物流"需要政府高度协调与各部门高效互动的，慈溪是市场经济相对发达的城市之一，政府对企业的干预比较少，这就造成各单位、企业为了满足自身需要各起炉灶开发各种系统和网络。所提供的只是企业内部力所能及的信息资源，缺少政务和口岸方面等权威的内容。这些恰恰是用户需求最大的、不可缺少的部分。政府参与少，协调的力度不够，造成口岸整体信息化水平不高，信息割裂状况严重。而各企业之间也为了竞争，对先进信息技术有所保留，使先进信息技术推广难度加大。

（五）加快物流产业发展，提升信息化服务水平

1. 物流公共平台建设应注重使用新技术

加快构筑面向慈溪区域性的物流网络，实现不同物流部门、物流企业的资源共享、数据共用、信息互通，为物流信息交流的畅通和高效创造条件。利用先进的信息技术，包括云计算技术、全面质量管理（TQM）、电子数据交换（EDI）、射频技术（RF）、全球定位系统（GPS）、企业资源计划（ERP）等技术，全面提高物流信息平台管理水平。

建议：由市政府主管部门牵头，组建内外贸合一的、工贸融合的、由交通、航运等相关部门参与的"现代物流信息指导办公室"，采用联席会议的模式，对物流相关的仓储、运输、人力资源等进行有机整合，完善公共信息平台，为物流企业提供快速的物流信息化服务。

2. 建设物流公共信息平台注重物流链流程再造

慈溪作为一个制造业发达的地区，资源利用和交易可作为物流公共信息平台建设的一部分。物流公共信息平台建设立足于制造业物流链流程再造，注重物流信息标准、系统互联接口、物流交易规范管理，真正做到在区域物流流程合理的前提下，再进行系统平台深度化构建，从而将微观物流运行与宏观规划决策支持等系统结合起来，促进区域物流高级化。

建议：在政府主管部门的主导下，形成政府主办的物流资源公共信息平台和企业加盟的物流资源市场交易平台的两级信息服务网络的模式，由此搭建起一个整合货源、运力及中介服务商的资源平台。开展信息发布、交易过程管理、结算与支付、运输过程跟踪、服务评价等专项服务。通过这种背对背的商业模式，实现平台自身的增值运营，实现对物流交易过程的透明、诚信管理，消除传统物流交易过程中的各项瓶颈因素。在区域综合物流信息平台的建设中，可以通过物流企业的参与，为企业综合物流信息系统与区域综合物流信息平台连接与运作进行示范。同时，要注意系统开发商对综合物流信息系统维护、升级等方面的承诺，确保信息平台长期可靠运行。

3. 加强供应链物流共享信息范围、协调及运作机制研究工作

慈溪的物流辐射范围还不够广泛，物流信息的共享和协调运作还不够深入，区域综合物流信息平台的开发是第三方物流运作的重要支持平台，以已有开发系统或外系统提供的共用数据为前提，协调供应链物流各方工作是平台建设成功与否非常重要的因素。而注重共享信息范围是协调的基础，通过协调发挥协同工作效果是保证区域物流信息平台建设和运行成功的关键。

建议：利用物流信息平台，扩展慈溪市物流的辐射范围。在物流资源交易平台功能初步实现的基础上，借鉴有关经验，在“现代物流信息指导办公室”的主导下，进一步加强区域物流中心建设，扩展辐射范围，将区域化的物流中心建设与运输车辆集散基地建设结合起来，加大对集装箱车辆所有者及其单位的资源登记、资源管理、资源整合力度。在两级信息服务平台的参与下，使集装箱卡车回程信息，通过双向通信 GPS 设备，上传到物流资源交易平台，让货运交易的主体——货主单位，可以通过平台及时掌握集卡的载运过程信息，享有更好的信息服务。同时，使整个物流信息服务系统，真正发挥出帮助第三方的物流运输中介和管理企业，对集卡空车资源进行网上配货的作用，提高对集装箱运输过程的管理和监控的效率，从而实现集装箱运输资源及交易过程的社会化、透明化的目标，大大降低集卡回程空载率。

4. 依托公共信息平台，促进慈溪市物流资源交易平台的建设

慈溪物流公共平台的交易平台还未完全建立，电子口岸、海关、质检等单位的联合信息系统办公还未形成统一接口和流程体系，物流业务简单化、透明化、可视化是物流资源交易的重大方向，解决网上交易所面临的资源整合、信用评价和网上结算是众多发展良好的其他省市物流公共信息平台的重要核心功能。

建议：在公共信息平台的基础上，培育一批有资质、有技术、有信誉的信息企业加盟，加快发展省市物流信息平台的两级信息网络。在政府主管部门的主导下，充分依托互联网的公共信息平台，开展网上服务竞价、订单执行与跟踪、费用结算与支付、信用管理等现代物流资源整合业务，帮助资源交易双方实现作业流程的优化配置，全面降低作业、资源交易、运营管理等物流成本，使物流资源交易平台的用户可以把资源检索、服务竞价、服务委托、服务承接等繁琐的业务简单化、透明化、可视化。

5. 物流公共信息平台的数据准确性和安全性

目前，慈溪物流公共信息平台的数据操作还停留在运力发布、车辆管理等基本门户功能上，数据的有效性、准确性对交易安全性提出了重大的要求。应发挥政策优势，确保网络交易安全和诚信体系建设。

建议：在市政府主管部门“现代物流信息指导办公室”的基础上，出台相关的政策和措施，规范物流信息系统用户的信息注册，建立用户的信用评价体系，开展用户的信用评价工作。彻底改变当前实体物流和电子商务结合过程中所遇到的瓶颈问题。用户通过线下注册，信息平台通过公安部门推荐的安全管理工具，将客户的企业情况、个人档案、运输工具、仓储设施等基本信息进行有效整合，消除交易各方对信息平台发布的物流资源交易信息的安全性和可靠性的疑问，彻底改变当前物流资源交易体系中存在的诚信问题，让使用省物流

信息系统的企业能够放心交易。

6. 推动物流标准化建设

物流标准化是资源整合的重要基础工作。针对慈溪市当前物流标准化存在的问题和国际物流标准化的发展方向，提出如下建议。

建议：政府应加强对物流标准化工作的重视，一方面要在物流术语、计量标准、技术标准、数据传输标准、物流运作模式与管理标准等方面做好基础工作。另一方面要加强标准化的组织协调工作。在对各种与物流活动相关的国家标准、行业标准进行深入研究的基础上，全面梳理现行标准，对已经落后于物流发展需要的标准应予淘汰，并代之以新型标准；对部分不符合实际需要的标准进行修订完善；对尚缺的标准应抓紧制订，以使各种相关的技术标准协调一致，与国际标准接轨。

7. 重视物流人才培养

建议：在物流人才培养方面，多层次、多样化物流教育体系是保证物流产业形成合理人才结构、提高物流管理水平的决定性因素。首先，鼓励高等院校开设现代物流专业课程，包括与物流相关的环境科学，开展本科、硕士、博士等多层次学历教育，为现代物流培养高级管理人才和专业人才。其次，加快推进职业资格培训认证工作。通过对在职人员的培训与认证，从根本上提升我国物流从业人员的整体素质与管理水平，满足国内市场对各类物流人才的需求。第三，优化物流教育师资力量，提高物流教育质量。一方面要不断充实物流师资队伍，大力引进海外物流人才，另一方面要加大物流师资培训力度，通过选派优秀教师出国深造，学习国外先进理论与实践经验。

第 二 篇

品质城市建设与创新发展

第四章

城市发展:转型发展与品质提升的双重挑战

中国的传统城市虽然因为自然环境、历史因循、人文特征和经济发展的差异而非常多样,但是所提倡的“秩序中庸”、“天人合一”的理念均强调了人与自然的和谐,人与人的和谐。在全球化背景下,中国的城市特色随着大规模的城市更新和新城建设正在快速地消失。城市承载着越来越多的经济发展、产业培育、热闹的居住与购物的功能,看似高楼林立,实则躁动不安,城市转型发展与城市品质提升给我们带来了双重挑战。

第一节　由海外城市学者的研究引发的系列思考

打造品质城市、共建幸福家园,是慈溪第十三次党代会提出的任务与目标。追求幸福与品质已经成为我们的共识,但肯定这些共识,光有大方向还远远不够,我们对品质城市的认识依然存在表面化、箩筐化与模糊化。正确的理念不仅包括正确的方向还要有深刻与准确的理解,需要有使之具体成形的方法与策略。

为此,2012 年 6 月,慈溪市社会科院和美国纽约州立大学 4C5M 工作室共同主办了“品质之城:小城市发展的挑战”国际学术研讨会,来自美国、英国、加拿大、香港和我国内地的专家学者出席参加。来自海外的学者对小城市的发展提出了诸多思考。

一、小城市发展为何值得关注?

无论是在学术界还是社会上,大城市普遍受到关注。就一般观念而言,城市即意味着大城市。事实上,城市也大都朝着大城市的方向在发展。学者们也多为关注大城市,首先,很多学者很注重全球化的城市,其次在一般的城市研究中,他们更注重中心城市。学者们倾向于从时代性的角度去研究城市,比如现在城市、后现代城市、工业城市、后工业城市,而这些城市是已经发展起来的成熟型城市,比如纽约、伦敦、巴黎、洛杉矶、三藩市等。小城市的发展特征很多不能与已经发展起来的大城市作对比,因此,小城市发展仍缺乏理论支撑。

“小”真的不好吗?小城市真的不太重要吗?英国曼彻斯特大学 MarkJayne 教授坦言:城市研究忽略小城市的做法值得商榷。他认为,小城市的“小”不应单指太微小、太不重要,学者也不应以一些人口数字作为衡量城市的指标。他同时提出,在研究小城市的过程中,需要有一个对话,在这个对话里面,有两点值得注意:一是城市是独立的个体,要关注地理环境与空间在小城市(指定的个体)中是如何被组织起来的;二是要关注小城市在整个国际分工合作的过程里扮演哪一种角色,小城市的文化生活、价值观、目标在哪里?

对小城市的理解,我们有许多值得改进的地方。小城市不能仅仅用人口和数字来衡量,小城市同样具有质性、时空性,城市的形态和功能应该多样性,大小不是问题,问题在于是否适合当地、当时的生活和发展需要,是否匹配。城市不是纵向的高楼,而是横向的人群,强制的空间转换并不见得完美。大小城市,关键在于幸福与安宁。如慈溪,按人口口径分类,在中国已经属于大中城市,但从目前的状况来看,我们徒有大中城市的人口,却没有大中城市的功能,徒有相对的经济实力,却没有大中城市的魅力,无法吸引留住人才。而在国外,一个只有一万人口的小镇也能被称为城市,具备相应的功能,吸引着人口居住停留。小城市之所以称之为小,在于相对大城市而言。在目前大城市泛滥,大城市研究空前旺盛的境况下,小城市的研究就显得非常有必要,正如人们常说的"小的在大的中间是美好的",城市也一样,关键在于用持续的、生态的、匹配的发展思维去发展小城市。

二、城市规划与发展模式能够持续吗?

(一) 城市规划应当如何看待?

谈及规划,人们的心态永远都是那么复杂,一方面说规划是"龙头",但另一方面宣扬规划"无用论"。我们无法为规划定性,但我们可以探讨规划何为? 规划应注重什么? 上海复旦大学于海教授从亲身实践中总结并告诫:城市规划不仅需要社会自发的创造性,更需要有保护创造性的官员。无论这句话是否有争议,但于海教授多年的经验和实践总结似乎透露出规划的艰难境况。他在讲述上海田子坊案例时坦言:田子坊是在受到上级政府不断打压的情况下,下级政府不断坚持,同时结合社会力量创造出来的成果。但如果仅有社会的创造性,没有官员的坚持,没有中国官员在体制内的合法性的保护,田子坊案例一定会失败。香港规划局 Lisa Chang(郑礼森)规划师认为,城市规划的方向就是"三规合一",也就是城市规划一定要与土地利用规划和交通运输规划相结合。她指出,香港发展成功的经验之一在于在城市规划当中,把土地发展规划和交通运输规划结合起来。同时她认为,公众参与城市规划也是影响香港发展的重要趋势。

好的城市规划不仅需要先进理念,还需要长远的科学谋划。城市规划不仅为城市的未来铺好一条光明大道,更为生活在这座城市内的百姓谋取好的福祉。政府要保护和推行有创造性的规划,要倾听老百姓的诉求,同时也要借鉴成功的城市规划案例。其实,规划的本质是控制,现在的人们普遍曲解了规划的真正意义而去过度占用资源,一个好的规划,应该是用最少的资源获取最大的发展,并让后人仍有资源用于发展。

(二) 传统发展模式能走多远?

我们都很清楚传统发展模式是不可持续的,但实际上,我们依然沿着传统的思维去思考我们的发展路径(包括城市),于是产生了传统的改良。但改良毕竟只是改良,依然带有传统的烙印。我们不禁要问,传统发展模式到底能走多远? 美国内华达大学 William Jankowiak 教授认为,中国的城市发展之所以会有如此大的改变,很大一个因素在于户籍制度,但恰恰是户籍制度成为当今中国城市进一步发展的障碍，小城市在户籍方面的影响也已显现出来，各地在户籍方面的做法包括暂住制度、居住制度、积分制度等等仅仅是一种改良，中国户籍制度的未来之路有多远，没人能准确回答。中国社会科学院城市发展与环境研究所李宇军教授在作有关垃圾问题的专题报告时同样指出，中国目前的垃圾处理问题依然是一个末端处理问题，虽然现在注重推进全过程管理，遵循“Reduce、Reuse、Recycle”原则，但我们提出的全过程管理实际上只是注重垃圾层面的管理。

品质城市，不仅是对城市未来的美好憧憬，更是对城市传统发展的彻底反思。反思不仅仅在宏观的目标、任务、思想上，更体现在日常的每一处细节。品质城市不仅仅需要顶层设计，也需要基层设计。作为城市发展的见证者和参与者，每一位市民都有责任和义务为慈溪的未来出谋划策，践行慈溪核心价值观。

三、空间与区位的优势何在?

(一) 公共建筑和空间的作用在哪里?

随着社会的发展，人们开始重视公共建筑和空间的社会功能，街道、步行道和博物馆等对于日常生活与城市经济发展赋予了更为积极的意义。那么，公共建筑和空间的作用到底在哪里呢？同济大学建筑与城市规划学院邵甬教授在作有关遗产保护主题的报告中指出，遗产保护应和老百姓的利益紧密联系在一起，遗产保护的目的不止局限在留下城市记忆，延续城市文脉，它与城市的经济利益并不矛盾，而且还能从一些历史建筑和空间的理念中，促进文化产业发展和社会和谐，滋养出新的有中国特色的建筑和城市。美国 KGM 照明设计事务所上海办公室负责人胡国剑设计师认为，公共建筑和空间不仅仅为人们提供了一个交流的场所，更为人们提供了一个展示的平台，公共建筑不应仅指公园、绿地、广场，更应包括人员流动密集的车站、码头、商场等地。

我们可以看到，公共建筑和空间的保护利用正逐渐成为城市文化再现的一种路径与策略。城市文化的塑造不仅可以提升城市的生活品质与文化活力，增强市民的归属感、参与感以及幸福感，也同样可以带来经济、社会价值。公共空间的灵活利用为文化创意产业的发展提供机会，为发展城市经济、事件旅游提供新途径，为促进人们社区化交往搭建新平台。

(二) 地理区位的影响弱化了吗?

随着信息化的发展，城市的空间影响因素越来越小，人们普遍认为，地理区位对城市发展的重要性将逐渐弱化。果真如此吗？香港规划局 Lisa Chang(郑礼森)规划师认为，地理区位的影响永远也不会消失，更不会减弱。她指出，因为交通、信息、科技等的发展，所有城市都有机会在区域乃至全球的发展中取得发展先机，但事实并非如此，交通、信息、科技的发展只能使得那些具有了一定实力的城市或者说是一些首位城市才具有这种可能，对于一些中小城市而言，地理区位的影响越来越重要。美国纽约州立大学奥尼昂塔学院历史系 WilliamS. Walker 教授认为，中小城市，特别是一些主题型的专业中小城市，如以棒球、历史名人或自然风光为主题的小城的发展，地理位置非常重要，特别是与周边大城市的距离某种程度上决定这一主题城市的兴衰。他同时坦言，对于这类城市，地理位置绝不是全部，但也决不可忽视。新加坡国立大学地理系 T. C. Chang 教授认为，地理区位非常重要，正因为如此，中小城市应跳出地理区位的惯性思维，如果只考虑与周边大城市的关系，往往会成为大城市的附庸而丧失了中小城市应有的特性。

对于慈溪而言，我们是幸运的又是不幸的。根据树荫理论，我们的地理区位显然是优越的，我们是处在上海都市圈、宁波都市圈甚或杭州都市圈的多重辐射下的小城市。但这也给我们带来了困扰，我们似乎又处于这些都市圈的边缘地带。宁波杭州湾新区作为宁波大都市北部综合性新城区，可直接与余慈地区、宁波、杭州及以上海为中心的城市群实现“同城化”发展。余姚接轨高铁，对慈溪的挤压效应可能大于同城效应。地理区位有优势吗？我们好像感觉不到，因为我们有的，周边地区都有，我们没有的，周边地区好像也有，我们是失落了吗？慈溪前三十年的发展，得益于“洼地效应”，得益于土地价格与人力价格的低廉优势，形成了低端产业的高度聚集。未来三十年，慈溪要在产业上高水平崛起，势必一方面要抵消洼地效应的副作用力影响，另一方面还面临着直接与长三角城市群争优势、争高度的竞争压力。慈溪要想异军突起，就必须借助边缘中心理论，通过充分解放生产力要素，激活创新的物力人力和财力，才有望从相对的“边缘”未来崛起为新的“中心”。

四、强势政府与公众参与

（一）强势政府重要吗？

政府，一直是一个重要的话题，我们对政府经常抱有矛盾的心态，寄希望政府是“全能”政府，能够支持经济生活发展，又希望政府是“有限”政府，不会对居民生活过多干涉，因此人们常常表现出对政府失望，但又寄希望于政府；人们常常责备政府干预过多，但一有事情想到的还是政府。但在市场经济下人们常常谈论，政府的角色应是“守夜人”，如何去服务于市场，而不宜对市场进行过多干预。果真如此吗？在现有体制下，一个高瞻远瞩而又强势的政府是否更加重要？复旦大学社会学系于海教授在讲到上海田子坊的案例时指出，上海田子坊是一个下级项目取代上级项目的典型，但如果没有一个高瞻远瞩的政府，能广纳百姓意见的政府，田子坊绝不可能取得如此成功。美国拉斯维加斯内华达大学 William Jankowiak 教授认为，中国出现一个有趣的现象，一般而言，一个省的省会城市往往相对发展要好，但有些例外，厦门与福州、大连与青岛、包头与呼和浩特等。这些比省会城市发展都要好的城市有两点很重要，一是这个地方的政府，二是这个地方领导人的个人领导能力。

政府未来的方向是强势还是弱势？就中国而言，强政府、强社会可能是未来改革的取向。一方面政府不能什么都管，甚至越俎代庖替代社会，另一方面，社会应形成空间和自己的态度。在慈溪 30 多年发展的历程中，放水养鱼阶段是慈溪经济最为活跃的时期，这种特殊的“无为而治”的效果，已经不言自明。就目前而言，社会共识难得，但最为关键的还是政府的共识，是否内部达成了共识，是否愿意与民众一起达成社会共识。打造品质城市，共建幸福家园已然得到政府、民众、学者的广泛认可，这的确很难得。

（二）公众参与非常有必要吗？

公众参与的目的是为了事情更加顺利，公众参与在城市的经济社会生活中越来越普遍，在当前注重效率,视时间为金钱的时代,有人不禁要说,公众参与没什么必要,果真如此吗?香港规划局 Lisa Chang(郑礼森)规划师认为,影响香港发展趋势的其中一个影响因素就是公众参与到规划当中,公众有很多机会提出意见,对规划的全过程进行参与和监督。同济大学建筑与城市规划学院邵甬教授在讲到丽江古城时坦言,如果没有原住民的参与和支持,丽江古城的保护绝对达不到现在的效果,我们也就感受不到独特的世界文化遗产。中国社会科学院城市发展与环境研究所李宇军教授在作有关垃圾问题的专题报告时指出,垃圾问题本身就是一个社会问题,垃圾管理不能仅仅是垃圾产生之后如何去处理,采取全过程的管理方式,建立可循环社会,这不仅仅是一个部门或几个部门的事情,而是需要全社会共同参与的,这样垃圾问题才有可能得到缓解。

公众参与不仅是一种可行途径,更是一种有效方法。但就目前而言,我国的公众参与意识还比较薄弱,基本上处在"事后参与"、"被动参与"、"参与冷漠"的初级状态。尽管如此,我们在公众参与的道路上还是迈出了重要的一步。当前,在品质城市和幸福家园的建设中,我们应该加强公众的参与,让公众可以随时参与到品质城市的规划、建设和管理当中。

第二节　品质城市的历史与现状

什么是品质城市呢?品质城市是经济和社会发展的平衡,是保护自然环境和可持续发展的平衡,是市民安居乐业与游人乐而忘返的平衡,这个平衡是持久有序的,是天然无污染的,这就是品质城市的重点。

一、标准化与城市个性的对决

香港是一个面积只有700平方公里的小岛。可是它从1950年代的"荒漠",发展成了今天人口700万的大都市。在这期间,香港人的生活水准,在各方面,包括健康、安全、生活条件、交通和娱乐设施,都有明显的进步。它进步的脚步之所以能那么快速,主要是因为它的经济,特别是制造业,在70和80年代有强劲的增长。同时,也由于香港政府各种极具野心的措施,如公共居屋、基础建设以及若干社会活动设备所致。而这些都是根据一套规划标准和准则而完成的。

然而,这一标准化的发展方式也常常遭到批评,认为这种取向使得一个都市缺少独特的个性,特别是公共居屋,新城镇的建设,低弱的社区精神,以及人们居地和工作地点的混乱,等等。80年代末期制造业的衰退,90年代贸易业的萎缩,等候分配公共居屋的时间太长,私有房屋的价钱又太高,等等问题,致使规划方向不能不作大规模的调整。但是,由于资源的限制,特别是土地资源的限制,环境的变坏,以及各种世界性问题也影响到香港,使得政府要满足市民的期望必然日形困难。香港是不是一个品质城市呢?这个疑问要从香港发展的历程说起。

(一) 过去60年的时光

香港的中环是最中心的地方,有海有山,发展迅速。今天的香港和昨天的香港其实是60

年的变化过程。回顾香港的历史其实是很短的，1842 年，《南京条约》把香港给了英国，成了英国的殖民地。这个条约中时间的以前和往后的日子，香港都只是一个渔村，一个很小的渔村。香港的人口主要是 50 与 60 年代人们从内地来到香港的，所以，香港的发展主要就是 1950 年到现在，一共 60 年的时光。

1950 年，香港的人口约 200 万，和慈溪现在的人口差不多，但是今天香港已经是拥有 700 万人口的城市。这么多的人口，拥挤到这么小的一块土地上，居住是最大的问题。50 年代初，很多人都住在很简陋的楼房里，居住环境拥挤，也没有什么卫生设施。60 年代政府迅速盖了一些临时性的公共房屋，就是一些很简单的基本房屋。

香港面积 1 100 平方公里，慈溪是 1 350 平方公里，比香港大一点。香港已发展的地方是 1/3，其余 40%的土地是郊野公园，是不开发的。香港的发展主要集中在香港市中心，也就是九龙跟香港，主要位于香港岛北面，其他一般的人主要在新市镇。香港从 1973 年起至今已经发展了 9 个新市镇(在香港政府早期文献中称为卫星城市)，以应付香港人口的增长，并藉以分散挤迫市区内的人口，从而改善香港的居住环境。香港最有优势的地方就是海和山，香港的发展有了这些美丽的自然环境，很大程度上提升了市容质量。

(二) 影响香港发展的力量

影响香港城市发展的力量，第一就是城市土地发展与交通运输的规划。这个政策目标是把居住和办公的场所集中建在公共系统沿线。香港的交通导向是鼓励公共运输系统，不鼓励私家车辆，拥有一辆车付出的成本是昂贵的，因此小汽车的数量控制得很好。这个政策主要的好处是公共交通设施的使用效率很高，地铁的成本能够很快回收。因为居住和工作的地方都在车站附近，所以每天有超过一千万人乘坐地铁。这个发展模式，不好的地方是居住环境密度很高，香港有一段时间盖密度很高的房子，往后规划时建房密度逐渐降下来。在香港，人口一半在市区，一半在新市镇；一半住在公共的房屋，一半住在私人的房屋。香港的绿化与社区的设施都是参照同一个香港规划标准准则，按照这样的规范标准去规划所有的新市镇。这样的优势是经济效益很高，但是也带来了千篇一律新市镇，每一个新市镇没有自己的特性，在新市镇每一个房子都差不多，居民每天都要赶去工作的地方，这样的发展模式影响了所有市民的生活方式，影响了他们上一代的生活模式和下一代的生活模式，这样的城市规划控制了他们的生活。

第二个力量就是工业发展的衰退。产业转型是香港过去 20 年的最大挑战，在 20 世纪 50—70 年代，工业发展得很快，产业结构以工业为主。到了 80 年代、90 年代工业在很短的时间内衰退和转型，由于经营成本高昂，工业转向人工工钱更低的地方，比如深圳和中国内地，香港的工业基本衰退，留下来的原来的产业工人如何转型到另外一个产业模式，是香港过去 20 年的重大挑战。

第三个力量就是公众参与和影响香港发展规划。在 70 年代以后，香港公众有很多机会提供他们的意见，大众需求的整体方向是他们希望更多的绿化，更好的环境，但是开发强度和发展力度就要下降。在开发的时候要考虑文化与艺术，规划者对市民的诉求是不要忘记历史。另外是一些会影响市容但是必不可少的市政公共设施的布局，因为如果这些公共设施放在居民旁边，会很不受欢迎，但是香港如此少的土地，如何规划是一个困难。

未来会有什么力量影响香港的发展?第一是绿化的环境,城市的人出生都是在城市,他们都很向往土地与农业耕种有关的东西,归园田居是每个人的期望,香港现在很流行有机耕作,在市区内借助高新技术发展都市农业。比如在工业大厦的天台,一边是养蜜蜂的地方,另外一边都是工业的厂房,厂房上面专门辟出耕作的地方,在办公室工作的人都可以租用一块地,下班的时候耕作。虽然只是很小很小的一块地,但能够让人放松,回归自然,这是个很好的尝试。

第二方面是艺术、文化与个人诉求的统一。香港努力要做一些文化的发展,要鼓励创意工业和艺术人文,但是因为香港发展得太快,从20世纪50年代开始到现在,天天都是为了经济发展而忽略了文化、个人修养,所以现在正要迎头赶上。香港与很多发展的国家、城市一样,要面对人口老化问题,未来20—30年内,其人口的1/4是老人,在未来,我们城市要怎么改变,如何照顾这些老人呢?这是香港未来的挑战之一,如何为老龄化社会做好发展规划。

香港是一个品质城市吗?估计还有很长一段路要走。过去50年主要应付了人口的增长,要为那么多人提供居住地和工作的地方,这是一个很大的任务,未来仍要在安居乐业上继续前行。另外,需要继续的是城市规划与公共运输系统的发展,这个给居民带来了很大便利,而且城市开发的成本也可以控制得很好,但是香港最需要努力的是改善市民的生活环境,在好的环境中,让心灵得到真正的放松。

二、新加坡:资源抗争与无极限发展

新加坡旅游业一直依赖于它扮演的远超其本身的角色而生存。作为一个有抱负的旅游之都和亚洲文化娱乐中心,这个城市国家一直与其规模和资源禀赋的地理命运相抗争。1993年,前总理吴作栋在该国进入二十一世纪的时候提出了一个雄心勃勃的计划,称为“新加坡无极限”,目标是通过双引擎“把新加坡带给世界”和“把世界带给新加坡”(EBD)建立一个全球性的城市。两年后,推出了21旅游计划,即STB为新千年准备的计划(STB1996),旅游无极限概述为新加坡无极限的一个产业,这一双管齐下的战略支撑下,全球旅游业的思路、投资和技术都开始为新加坡追求成为旅游都市的需求所用。

(一) 把新加坡带给世界

新加坡旅游局探索了外部旅游延伸的培育。新加坡是一个旅游技能、服务和想法(例如旅游顾问和管理)的“出口国”,也是周边国家(如印度尼西亚和马来西亚,甚至更远)在共同休闲和娱乐发展上的合作伙伴。新加坡虽然不具备其他亚洲国家的景点资源和市场规模,但它具有使其能进入该地区的文化和经济资源。通过战略投资和与特定国家的伙伴关系,重新领土扩张的旅游空间的边界被故意“松动”,然而,这种跨国家的努力从来没有挑战。事实上,亚洲“腹地”充满发展机遇,也充满了困扰政府和私营部门的政治经济的限制。

新加坡要成为领先的旅游目的地,商务中心和该地区入口,其中一个策略就是“配置新的旅游空间”,克服其地域局限性,新的空间是在区域发展中配置出来的(如新加坡与邻国的伙伴关系形成一个单一的目标区),及在该地区的出口及投资机会(如旅游投资和服务出口到亚洲国家)。作为“把新加坡带给世界”的一部分,鼓励旅游业成员越过新加坡海岸,摆脱“传统地理界限，大胆拓展旅游活动”。

重新配置旅游空间的其中一个例子便是印度尼西亚、马来西亚、新加坡旅游长三角(IMS-GT)。早在90年代，在第三方经济项目中，新加坡的资金结合了印尼和马来西亚的土地和劳动力，IMS-GT旨在促进跨境区域制造业建设和旅游业的发展。在旅游业上，新加坡缺乏自然资源(如海滩，滨海高尔夫发展空间)，新加坡在IMS-GT上做了大量的旅游投资，特别是在印尼民丹岛。例如，23 000公顷面积的民丹岛海滩度假村(BBIR)，是一个新加坡印尼联合投资的由印尼民丹岛Cakrawala带领的度假村(隶属于Gallant企业有限公司，该公司是2003年成立于新加坡的一个投资控股公司，与印尼三林集团和民丹岛度假村有限公司有着密切联系)。民丹岛度假村公司是一个由新加坡和印尼公司包括新加坡技术及三林集团组成的财团。其旅游业的发展也给人留下了深刻的印象。2008年，旅游投资达8亿美元，旅游人数在2009年达到410 454人，新加坡作为游客的主要市场(占29%)，其次为印度尼西亚(22%)，日本(6%)和韩国(5%)。在2012年，旅游者人数预计将达到100万，酒店房间容纳能力为5 000人。

(二) 将世界带给新加坡

探索新加坡的跨国旅游议程的第二种方式是“将世界带给新加坡”。与之前的“出口国”和“合作伙伴”的比喻不同，在这种方式下，新加坡是一个旅游思路和发展技术的进口国。为了成为一个世界级的旅游目的地，新加坡吸收了其他国际城市提供的最好的经验。正如当时新加坡吴作栋总理声称，要成为一个“世界级城市”，新加坡政府要学习世界上最好的城市的鲜明特色，并使他们适应新加坡的需求。其他世界级城市的标志性建筑和旅游景点，像大型博物馆、滨水区、文化中心和赌场等开始在新加坡出现并具有自己的特色。然而，这种把新加坡弹射到旅游城市群里的做法却引来了质疑。例如，在新加坡模仿其他城市的时候，关注新加坡独特的文化遗产和地方身份的呼声四起。

在1998年城市规划中，前总理吴作栋说过：新加坡在全球城市联盟中需要“研究和配合世界上最好城市的特色，从中寻找适合新加坡需要的发展模式”。他用大阪商城移动通道、纽约的娱乐文化商业区以及伦敦码头区作为基准并超越跟随，吴作栋总理设想的前景是把滨海湾和新加坡滨水区作为规划区，创建成为竞争对手的全景三藩湾和悉尼港。在两年后的2000年一次模型城市会议中，吴作栋总理提出的进一步目标是结合东西方文化，将人、思想、人才和理念以及知识融合成一个丰富多样的新加坡，一个独特的融合了新与旧、东方与西方的新加坡。

城市规划往往涉及观念的转变，知识和人民国界在跨越。纳入最佳做法使市区复兴，从其他地方开发滨水区文化艺术策划是常见的策略。转移如政治家、政府官员、专家、政策专员、从业人员和顾问。定期参加国际会议，并把从新型城市实地旅行带回的经验结合当地的情况加以实践和改良。

寻求成为世界级的城市会掩盖住同样重要的关注保持地方认同的需要。因此，国家规划煞费苦心地指出，城市化必须与当地文化有关，反映其人民的精神。市建局的首席执行官指出，新加坡应该从其他大城市中吸取经验研究出最佳做法和特点……最后，我们需要找出最适合新加坡的方案，找到自己的灵魂(引自金斯伯里，2007)。因此，该地区的艺术和文化中，一些当地的新加坡雕塑确保修建在新加坡河解说中心。作为一个旋律的波特罗、达利和穆尔的现代主义作品，在滨水区将金融机构办公场所的优雅表现出来。由当地艺术家的如常发昌、陈连山和马尔科姆岛的作品表现了地方的特色如“民间苦力”，流动商店，贸易商，渔民和年幼的孩子，增添了新加坡在景观上的特色。

三、如何应对来自城市生活传统的挑战？

（一）以户口为标志的城乡二元结构差异

中国在主推新型城市化，下力气解决城乡二元结构的问题。从改革开放以来，农村与城市的差距就不断拉大。中国的农村与欧洲的农村非常不一样，欧洲传统城市也是农民的城市，与城市人口的生活没有差异，但中国的农村是与城市有着截然不同的文化，即便到城市里工作，退休以后仍是回到老家。中国特色的户口是辨识人身份来源的主要证件，通过身份的差异控制城市与农村居民的生产与生活，这就是几十年来形成的城乡二元结构。

（二）两类不同的城市

简单来说，目前中国有两种不同的城市，一种是沿海城市，一种是内陆城市。沿海城市如青岛、上海、南京、厦门、广州、深圳，内陆城市如呼和浩特、乌鲁木齐，这两类城市有非常不一样的生活，工资水平差别很大。相对来讲，沿海的城市比内地城市的消费与经济发展水平都要高。1981 年，中国是一个典型农民国家，当时有 20％是城市。到了 1993 年，43％是城市；2000 年，47％是城市。再过 20 年之后，70％是城市，也就是 70％的人会居住在城市。中国有 32 个人口超过 1000 万的特大城市，有 42 个大城市，173 个中等城市，375 个小城市。

城市非常重要，因为它影响生活，中国正在从农民（农村）社会变成城市社会。伴随着人口的流动，文化也会互相影响，生活习惯也开始融合，比如成都人爱吃麻辣的，上海人喜欢甜的，广州人喜欢蔬菜，北方人爱饺子，渐渐地大家都能够接受不同的饮食口味。

1987 年的时候，上海、杭州、北京、天津、成都、厦门、青岛、福州、成都、重庆，包头、呼和浩特这些城市的经济水平比较低，基本处于一样的水平。到了 1995 年，很有意思的是，有的城市比别的城市经济水平提高快，例如：厦门比福州提高快，大连比青岛提高快，成都比重庆提高快，包头比呼和浩特提高快。为什么？一是政府思路，二是领导能力。不同地区的政府领导能力有显著不同。

（三）传统中的创新实践

中国古老城市的真实变化已经通过那些引人注目的个案运作而获得了一定的成功，比如北京的 798 工厂改造：一片巨大的工厂区转变为一个文化艺术场所——一个不可思议的想法与实验的熔炉，足以向全世界宣告当代中国思潮的启动。

成都宽窄巷子也是中国古老城市创新的一个很有说服力的例证。成都宽窄巷子历史文化保护区是成都市文殊院、大慈寺、宽窄巷子三片历史文化保护区之一，也是唯一以传统民居为重要特色的保护区。总控制面积约 31.93 公顷，核心保护区范围为 6.66 公顷，规划保护与更新建筑面积约 60 000 平方米，其中完整保护的传统民居类型建筑约 20 000 平方米。在成都市政府的大力支持下，遵循建设部有关城市历史街区的紫线条例，规划设计在严格保护的原则基础上，进行详细的测绘、调研、制定保护、维修、复建、更新方法。

第三节　城市化进程中的慈溪探索

2013 年，慈溪中心建成区面积 43.3 平方公里，比上年扩大 1 平方公里，城市率达到 66%；公共财政用于"三农"资金 47.7 亿元，比上年增长 11.0%；观海卫、龙山和周巷 3 个中心镇的建成区面积接近翻番，新建道路交通等项目总投入近 40 亿元。根据"新三年行动"方案，未来还将投入 250 亿元，加快三个中心镇提档晋级为美丽小城市，从全局视野谋划中心镇跨越发展之路。未来几年，周巷镇将投资上百亿元，着力推进四大产业平台建设，加快培育特色专业市场，打造"一体双核"、新老城区融合发展的城市格局；观海卫镇大力推进智能家电产业集聚区、观海卫工业集聚区建设，并实施十大园区建设项目和十大产业提升项目，计划到 2016 年建成面积达到 16 平方公里，人口达到 15 万，城市化率达到 65%的区域；龙山将投资 49.7 亿元，实施十大配套设施建设，把范市——三北和龙山两个片区建设成为基本公共服务更加完备，人居环境更加优美舒适的生活宜居区，在打造南部生态旅游带的同时，加快与慈东工业区融合发展，到 2016 年实现园内规上企业产值超 100 亿元，再造一个新龙山。

慈溪成立省内首家村级资金互助社——龙山镇西门外村伏龙资金互助社，成立 8 家村级保险互助社，同时成立龙山镇保险互助联社，受益人数超过 2 万人。积极推进"四村"项目建设，新启动建设中心村 8 个、特色村 7 个、组织实施环境改造提升村项目建设 21 个，新增宁波市全面小康村 5 个。积极开展美丽乡村先进(合格)村创建，新增先进(合格)村 88 个，累计达到 161 个。由于慈溪正处在城市化、工业化快速发展时期，建设用地增长较快，占用耕地总量较多，尤其是优质耕地资源的占用较多。虽然，慈溪的耕地资源总量基本保持动态平衡，但许多新增耕地需进行较大的投入改造。小规模经营与农业标准化生产及农产品大市场的矛盾日益突出。同时，农村一家一户分散的农业经营规模过小，导致农产品生产在区域中的集约化能力不强，组织化程度低下，无法适应农业标准化生产和农产品大市场的要求，难以开展统一、集约、规范的生产。同时，许多的农业企业规模过小，自身抗市场风险能力弱，与基地农户关系松散，对引导种植、养殖业组织化生产的作用不强。

一、快速发展中的城市化

改革开放以来，慈溪由一个以粮棉为主的农业小县发展成为以工业为主导、三产联动的经济大市，形成城市化和经济增长相辅相成的发展格局。

(一) 城市化水平：进入加速期

从慈溪城市化率看，慈溪城市化水平进入了全面融合的加速期(表 4－1)。根据统计资料，2013 年慈溪市地区生产总值(GDP)1 031.09 亿元，三次产业之比为 4.8∶57.5∶37.7，城市化率达到 66.0%(表 4－2)。从经济发展、公共服务、人民生活状况和生态环境四大领域分析，慈溪城乡统筹发展水平综合评价，慈溪的城市化处于全面融合阶段，统筹城乡发展水平进一步提升,区域差距不断缩小,实现了"十二五"时期统筹城乡发展的良好开局。随着工业经济的快速发展,对城市的生产要素承载配置功能和支撑服务功能提出了更高的要求,"大工业、小城市"的矛盾日益突出。

表 4-1　慈溪城市化水平基本情况

项目＼年份	2003	2004	2005	2006	2007	2008	2009	2010	2011	2012	2013
城市化率(%)	—	—	59.5	60.5	61.0	61.5	—	64.5	64.8	65.3	66.0
非农村人口比重(%)	15.0	15.4	15.8	16.3	16.8	17.2	17.7	18.0	18.2	18.4	18.6

* 数据来源:2003—2013 年慈溪市国民经济和社会发展统计公报

表 4-2　慈溪 2003—2012 年三次产业结构和城市化率

年份	三次产业增加值(亿元)			第二产业所占比重(%)	城市化率(%)
	第一产业	第二产业	第三产业		
2003	17.72	144.77	82.55	59.1	—
2004	19.67	175.90	100.09	59.5	—
2005	20.84	230.66	124.33	61.3	59.5
2006	22.79	279.78	147.63	62.2	60.5
2007	24.95	329.42	176.54	62.0	61.0
2008	28.15	373.73	199.56	62.1	61.5
2009	31.39	372.14	222.71	59.4	—
2010	38.61	458.20	260.89	60.5	64.5
2011	43.46	527.53	305.17	60.2	64.8
2012	46.54	553.34	348.41	58.4	65.3
2013	49.30	593.56	388.23	57.5	66.0

* 数据来源:2003—2013 年慈溪市国民经济和社会发展统计公报

(二) 城市化动力:新兴产业与新兴市场驱动

从慈溪城市化动力看,主要体现新兴产业发展和新型市场两翼驱动的特点。新型产业包括现代农业、新型工业化和现代第三产业的驱动;新型市场主要是通过慈溪的专业市场、要素市场驱动和吸纳农村要素人、钱、地向工业、城市集聚和配置。从产业发展和城市化水平看,凸显出工业化中后期阶段和城市化快速推进的融合发展的趋势;从产业结构和产业特色看,不同的产业特色形成了不同的城市化特色(如表 4-3 所示)。从市场驱动来看,如表 4-4 所示,慈溪依托培育和发展专业市场,加速了集群周边城镇的工业化进程,实现城市化的快速、收敛发展。重点依托华东轻纺城、中国家电科技城、中华古旧家具城、中国慈溪汽车贸易城等载体吸纳、聚集产品和富余劳动力聚集,促进城市化的发展。

表 4-3 慈溪城镇产业驱动的城市化特色

城市化区域	区域范围	城市化特色	驱动产业
中心城区	中心城区及横河等	现代化中等城市	发展新兴产业和现代服务业，提升城市发展品味和市民生活品质，打造“绿色生态、宜业乐居”幸福家园
观海卫镇	观海卫镇及周边镇	浙东生态休闲文化名胜区、宁波北部综合性工贸城市、慈溪副中心城市	建成集行政服务、商务办公、休闲娱乐、高档社区于一体的城市新区；观海卫智能家电集聚区
周巷镇	周巷镇及周边镇	功能复合性活力新城	建成集旅游休闲、会务度假、健身修养、生活宜居等功能于一体的风景旅游区；周巷镇北现代工业集群区建设
龙山镇	龙山镇及周边镇	区域先进制造业集聚区、旅游生态宜居功能区和城乡统筹综合配套改革实验区	打造集商务商贸、精品购物、休闲娱乐、特色餐饮于一体的高品位商业居住集聚区

表 4-4 慈溪各乡镇及工业园区产业情况

片区	乡镇(工业园)名称	规划面积(亩)	已开发面积(亩)	企业数(家)	资产总额(亿元)	产值(亿元)	最大产业/产业值(亿元)
中心城区	华东轻纺城	2 209	1 407	200	2	11	轻纺/10
	古旧家具城	3 825	305	7	0.8	2	家具/2
	宗汉街道	2 065	1 717	74	21	23	运动器材/4
	坎墩街道	5 188	3 488	118	10.2	11	电器机械/4
	横河镇	1 672	1 100	54	10	15	轴承/9
	匡堰镇	2 355	450	37	5.5	7.2	汽车装饰/5.4
	逍林镇	2 538	722	44	0.4	0.1	不锈钢管/0.1
	胜山镇	2 097	1 500	72	6	12	车业/5
周巷片区	周巷镇	5 202	4 809	102	29	66.5	家电/49.8
	长河镇	5 178	2 800	58	5	8	家电配件/3
观海卫片区	观海卫镇	8 818	5 420	250	80	110	家电/8
	附海镇	2 960	1 500	37	15	30	家电/27
	桥头镇	1 275	658	47	6.5	7.2	塑料/2.5
	掌起镇	4 820	3 550	142	30	33	打火机/6.5
慈东片区	三北镇	3 708	3 408	90	14	20	化纤/12
	龙山镇	3 447	2 574	100	25	30	化纤/12
	范市镇	2 240	1 940	70	10	12	家电/8
	慈东工业区	63 000	33 000	270	48	37.6	金属压延/12

（三）城市化方式：自主推动加政府主导

从推动慈溪城市化主体来看，主要是通过乡村自主方式和政府主导方式推进城市化发展。

乡村自主方式：马家路村是城中村自主改造的典型，即村民作为改造的主体，由村民自主谋划拆迁补偿、土地转制、资金筹措、委托规划、工程建设等城市化改造工作。自主改造以村民为开发的利益主体，以改善居住环境和生活质量为目的，兼顾物质环境改造和社会公平，更多考虑村民的长久利益问题，所以，相对于政府主导和企业推动的城市化模式，更容易为村民所接受。具体特点是：其一是自主成立房产公司，参与城中村的拆迁改造。房产公司通过参与拍卖和招标程序，使其获得的土地转制为国有土地，从而便于交易，增加被拆迁户的财产性收入。其二，村政府实行“政策安置＋分配补充”的安置方案，最大程度上保障被拆迁村民的利益。

政府主导方式：以徐福村为代表，即政府作为城市化改造的主体，通过综合整治或拆旧建新等手段，按照城市社区的建设标准整治或新建城中村的物质环境，使城中村转化为城市社区，村民转化为市民的过程。这种模式中，政府作为主体，进行拆迁补偿、资金筹措等一系列工作行政力度较大，容易获得显著成效并保证建设质量，也便于土地的集约化开发。由于自主开发对于村政府的信誉、领导人素质要求较高，因此，慈溪市大多数城中村改造都属于政府主导模式，这对于市政府财政压力方面有很大的影响，改造资金的筹措往往成为制约城市化改造的“短板”。

（四）城市化制度创新：积极开展土地改革等创新探索

慈溪作为经济发达地区，积极探索城市化制度创新。深入贯彻落实科学发展观，以推进工业化、城市化、农业现代化为目标，以“三个集中三个置换”为重点，以龙山镇等为实点，在产业聚集、宅基地、土地流转、社会保障方面积极探索新型城市化路径，形成了一系列“1＋X”等城市化制度框架体系。在社会保障方面，立足城乡统筹，实施“全民保障”战略，建立了制度全覆盖、保障多层次的城乡一体化社会保障体系。2009 年 1 月，慈溪市打破城乡限制，对土地被征用人员养老保障（简称“土保”）、城镇老年居民养老保障（简称“城保”）和农民基本养老保险（简称“农保”）这三项养老保障制度进行整合，在全省率先实施了“三保”衔接政策。

二、慈溪：建设品质城市的专家共识

（一）关于品质城市的共识

慈溪打造品质城市，需要处理好城市生产与生活关系，城市发展的问题与困境，政府应对之策等问题，考验着执政的智慧。

一是品质内化于城市之中。当前，政府打造品质城市的迫切愿望越来越强烈，但品质之城不仅仅是现代化，城市的品质更多的体现于城市的细节，体现于城市的“内秀”。在城市化进程中，城市的记忆越来越模糊，留住城市的记忆，成为了城市最有特色的元素，而这些元素蕴藏于城市的日常生活之中，内化于城市之间。品质城市的打造最应做的就是去寻找这些记忆，去挖掘这些背后的故事和最有价值的东西，并通过建筑、街道、公园等方式来呈现，把这些记忆和文化与现代化充分结合。

二是品质城市和城市品质是相同的。对于我们来说，提出品质城市还是城市品质都是一样的，主要是习惯用语的不同。关键在于我们怎么做，怎样去达到品质这么一个要求。如果还是用传统的方法只注重经济，那么无论经济发展再好，城市发展也很难达到品质的要求，如果仅仅为了城市的品质打造而打造，品质城市也不会被认同。品质城市要求我们政府、市民都要做一个有心人，站在城市的角度来规范我们的日常行为。

三是慈溪的品质之城建设大有可为，但应准确定位。20 世纪八十年代至九十年代，慈溪先后经历了"由农转工"、"由内转外"两次重大机遇，慈溪两次成功紧抓机遇，乘势崛起。当前，面对全球新一轮产业转移和激烈的区域竞争，能否抓住以创新为特征的新一轮机遇？如果能准确认识慈溪这座城市的前世、今生和未来，一厢情愿继续沿袭原有发展路径，不能加快"由物转人"的转变，就会错过可能超越的最佳时机，就会偏离创新型制造的正确方向。我们可能不缺智商，但缺全球化的视野，对未来发展路径心中无底。但我们要有更大的心胸和魄力，引进有更宽视野的人才，尽可能少走弯路、减少成本。

四是外来移民的生存状况应多关注。慈溪市是一个名副其实的移民城市，本地人口和外来人口差不多一半对一半，在注重改善本地人的生活品质的同时，也要注意改善外地人的生活环境，增强他们的认同感和归属感。研讨会中提到的许多案例，与慈溪的情况都差不多，都在大城市的周边，人口与面积都与慈溪相当，也有许多外来移民，这些城市的一些经验和做法值得慈溪借鉴。

五是慈溪目前应该利用好"水"这个优势，作好"水"这篇文章。慈溪应是一个江南水城，但却没有水的味道。慈溪有这么多的河流，但遗憾的是绝大部分都被污染了，慈溪要打造品质之城，水体环境绝对是一个绕不过的话题。

(二) 慈溪品质提升的方向

慈溪成为生活乐土，创业天堂，需要产业与城市品质齐步提升。看看海外专家给慈溪提出的发展建议。

一是慈溪要注重城市与产业比翼齐飞。今后一个时期，如何以城市升级引领产业升级、特别是迅速布局发展现代服务业，从区域制造中心走向区域服务中心，已成为慈溪转型的重中之重。有"汽车之城"称谓的底特律，在二十世纪中叶，曾经是世界最大的汽车制造中心，人口最高峰达到过 185 万。随着美国经济和社会形势的大变，随后底特律便陷入了痛苦的衰退中。在最低潮时，常住人口不到五十万，城市中大片房屋荒芜，经济水准大面积倒退。又因为原有常住民的大量离开，外来人口的涌入，城市治安环境持续恶化，底特律成了著名的"罪恶之城"。城市从 20 世纪六十年代迅速衰败，至今也远未恢复元气。慈溪因加工制造业而兴，当前存在的问题，主要集中于加工制造业。

二是慈溪应该从有限走向无限。随着国内外经济形势的深刻变化，全市经济传统的竞争优势正在不断弱化。长期以来依靠低成本和牺牲资源环境为代价的传统工业发展道路已经难以为继。如果我们无法有效应对这些挑战，发展就会陷入比较优势的"断档"期，也将面临本地产业向外扩散，形成某些产业的"空洞化"，现在，慈溪的发展还过度留恋土地，对区域体制调整的传闻依然十分敏感。新加坡作为城市国家，一直与其规模和资源禀赋的地理命运相抗争。20世纪90年代中期，新加坡政府提出“无极限”计划，开始以全球化的视野探索“悬置‘地域限制’”的发展道路，将全球投资和技术为满足新加坡需求所用。其实质是重新定义城市空间的边界，将外部自身需求和功能无限延伸由此来获得文化和经济资源。将慈溪的有限资源无限化、网络化，将有形资源无形化，跳出对某些区域资源的过度依赖以有限的资源要素换取更具宽容度的发展空间，将全国乃至全球各个地方的人、投资、信息和理念等连接在一起形成密集的网络，做到“慈溪无界”，是我们需要努力的一个方向。

三是要加强历史遗产的保护。慈溪历史悠久却又是一个新兴的城市，很遗憾一些历史遗产比较分散，很难去挖掘，但幸运的是这一状况反而使得这些遗产保留了下来。在全球化的背景下，中国的城市特色随着大规模的城市更新和新城建设正在快速地消失。地方遗产的认知、保护和延续在当今经济全球化、世界文化趋同的浪潮中显得弥足珍贵。一个城市有没有品质就看这个城市有没有文化内涵，一个城市有没有文化就看这个城市有没有历史，一个城市有没有历史就看这个城市有没有遗产。品质城市尤为要关注历史遗产的保护。

四是要加强城市环境的改善。城市环境主要包括人工环境和自然环境。这两方面慈溪做得都不怎么好，慈溪这个城市给人的感觉就是迫切地想表达一些东西，但这些东西慈溪自己也不知道是什么。慈溪的生态环境其实还是很不错，但可惜遭到了破坏，在生态环境上应注意修复，特别是水体环境的修复，让水流动起来，真正让城有了水而更有韵味而不是城有了水而更有臭味。慈溪的城市建设整体感觉还不错，但在诸多细节上欠考虑，如何在细节上做得更好，是一个很大的挑战。

五是要加强农民工的人文关怀。正确认识农民工对我们这个城市的贡献，他们不仅仅为我们贡献了GDP，也给我们带来了不一样的文化，正因为这些，慈溪才显得更有魅力。当前城市一些问题的出现不在于农民工，而在于城市，在于我们的城市还没有作好融入他们的准备，我们应加强农民工的人文关怀和服务，增强他们的认同感和归属感。

三、慈溪城市化的前行道路

随着以上海为中心的长三角区域城市群崛起，作为城市群主要节点城市之一的宁波，大都市发展战略布局重点也将北移，以杭州湾为中心的北部副中心开发建设加快。杭州湾对慈溪的带动辐射作用业会开始显现。当前，慈溪人均生产总值1万美元左右，综合经济发展水平已处于中等发达国家发展水平的起点、工业化进程的后期，加快农村城市化具有城乡一体化融合发展、城市化需求强劲、民营经济活跃、社会资本潜力巨大等诸多比较优势和现实基础。

（一）总体思路与设想

未来5至10年，是慈溪城市化加速发展的关键期，依托产业结构转型升级，依托区位优势，融入宁波，接轨上海，打通杭州，走新型城市化道路，推动农村人口的聚集和迁移，推进“两型社会”建设，实现富民强市的必然选择。深入贯彻落实科学发展观，立足慈溪现实基础，强化新型工业化的产业支撑作用，更加注重以人为本，更加注重资源节约和环境友好，更加注重统筹协调，更加注重提升综合承载能力和辐射带动能力，更加注重体制机制创新，走经济高效、功能完善、“两型”带动、城乡统筹、社会和谐、城市和小城镇协调发展的新型城市化道路。基本构建城市经济总量大幅提升、综合实力显著增强、基础设施日趋完善、承载功能明显改善、节能减排成效显著、人居环境更加良好、城乡体制障碍基本消除、发展差距逐步缩小的慈溪城市化发展新格局。

慈溪新型城市化主要从以下方面入手：

以中心城区作为区域联动发展的核心和灵魂。围绕打造现代化中等城市目标，集中力量增强中心城区核心功能，增强其对区域经济社会发展的集聚力、辐射力和带动力。

以战略平台和重大产业区块作为主载体。加快建设慈东工业区、新兴产业集群区块、西部新兴工业集群区，突出"高、优、特、新"的产业导向，推动块状经济向产业集群转变，为城市扩张提供空间；加快现代农业园区开发，大力发展效益农业、生态农业、观光农业；加快传统商品市场整合、改造、提升，实施区域性市场物流产业园区建设以及鸣鹤旅游区实质性保护开发，推动中心城区改造提升和现代服务业发展，打造外资密集、内外结合、带动力强的经济增长平台。

以抓好城乡统筹改革和民营经济创新为内生力。总结龙山镇的城乡统筹综合配套改革试点经验，逐步实行工业向园区集中、人口向城镇集中、土地向规模经营集中，宅基地换城镇住房、承包地换社会保障、农民身份换居民身份，为中心城区改造提升、"农房两改"和片区联动发展提供强大动力。同时，着力消除束缚民营经济创新发展的体制性和政策性障碍，在制度创新、要素配置、市场准入、发展环境等四个领域重点突破，先行先试，统筹推进。

（二）城市化发展路径

新时期慈溪进入了新型工业化和新型城市化叠加的快速发展阶段，城市化进入经济、社会、产业、生态融合的复合式、多样化的城市化阶段，通过制度创新，推动慈溪城市化发展。

1. 产业发展推动城市化

推动城镇产业结构升级。根据"存量改造提升，增量创新发展"的原则，促进家电制造传统优势高端化、"两型"化和高新化，大力培育和发展以先进装备制造和新能源产业等战略性新兴产业。在慈溪西部，集中布局新兴产业集群区，重点发展装备业、新能源、新材料和电子信息等四大新兴产业，以新兴产业带动工业化发展，使其成为慈溪工业新的增长极；促进产业整体转型升级，加快传统产业转型步伐，通过镇改城建设，把家电、轴承、化纤等 10 多个块状产业纳入新型工业化发展轨道，加快块状经济向产业集群转变；强化自主创新，抓好生产力促进中心、大学科技园、海外留学人员创新创业园等孵化基地建设，催生一批成长性强的高新技术企业，实现高新技术产业规模的快速扩张；加快发展建筑业，规范发展房地产业，积极推进住宅产业化。以现代物流为重点，配套发展生产性服务业。

重点推进中心城区改造更新，吸引现代服务业集聚，并以商贸委突破口，大力发展第三产业，培育城市经济，增强就业功能，着力发展金融保险、国际贸易、总部经济、楼宇商贸、休闲娱乐、物业管理、社区服务和养老服务等生活性服务业，实现经济发展与城市化发展的良性循环。

优化产业空间布局。坚持走新型城市化与新型工业化相互促进、相互融合之路。加快大企业裂变和扩大战略引资，促进园区和产业集群发展，大力发展以高新技术和现代服务业为主体的"两型"产业。围绕提升品质，加快打造现代工业板块：① 慈东滨海区，联动推进特色产业园和新城开发建设，着力提升服务功能和容量，打造成海洋经济发展战略大平台；② 新兴产业集群区，即具有之资本和创新要素，打造成为杭州湾新兴产业的示范区、慈溪市工业转型升级发展的新高地；③ 观海卫智能家电产业集聚区和周巷镇现代工业集聚区，打造智能家电集聚区。

着力打造商品市场园区、综合物流园区和鸣鹤风景区等服务业板块：① 商品市场园区，通过整合提升现有市场和规划建设新市场，积极打造"八城两区"；② 综合物流园区，全面推进"八大功能区块"建设，将梁园区基本建成开放度高、辐射面广、带动性大、竞争性强的现代服务业板块；③ 鸣鹤风景区，坚持历史文化、自然资源保护与旅游开发相结合，加快打造国际山湖文化休闲度假区。各次中心城市、重点镇和乡集镇都要采取切实措施，发展特色产业和技术知识集型产业。实现产业集聚发展。按照"布局集中、产业集聚、土地集约、生态环保"的原则，引导大企业、大项目及其配套产业向园区集中，中心企业向产业链集聚；有步骤地实施改造、搬迁"社区工业"，推动小微企业向产业园区集聚，形成城区以第三产业为主、产业基地或园区以第二产业为主、城市外围以现代农业为主的新格局。

2. 加强中心城市建设，重点发展小城镇推动城市化

慈溪作为国际级上海城市群的南翼重要片区和长三角发展区枢纽的重要节点，农村城市化要坚持分层次、有重点地发展小城镇，突出抓好龙山等重点中心镇建设，扶持一批基础条件好的建制镇发展为经济强镇和特色小城镇。遵循统筹规划、合理布局、完善功能、以大带小的原则，进一步优化城镇功能布局，以城镇为节点，以交通干道为轴线，逐步建设以慈溪市城区（浒山）为中心，以 329 国道集镇带为主轴，以崇寿等建设特色中心集镇的"一心一带多点"的网络型城镇发展格局，形成产业和人口集中的"核心城镇＋城镇群带＋村镇群落"网络式城镇群落。促进产业在不同类型城镇之间的合理集聚和分工，强化中心城区的综合服务和现代制造功能，强化核心、中心镇的产业集聚功能，加强小城镇的基本公共服务配套和居住功能。除了传统的城市化模式之外，还有顺应城市化高级阶段的产融结合城市化、村落模式等。

（1）城镇群带："组团城镇模式"

对于龙山、三北、范市、掌起、观海卫、桥头、逍林等 329 国道城镇群，按照城镇合理专业分工，跨界治理的原则，合并、重组城镇区划，重构 329 国道的城镇格局和行政区划。同时，参照中心城区"退二进三"政策，以现代产业和城市服务业带动城市化，推进现代产业、人口居住、环境生态的错位和集聚发展。在以产业壮大发展具有自身优势和竞争力的主导产业，形成差位竞争，错位发展，跨界治理、功能配套、产业分工协调的城镇产业带。

（2）核心城镇："产城融合模式"

把握城市化新阶段，探索人居和生产功能融合发展的产融结合的城市化；对周巷、庵东等产业发达集镇，以产业化和城市化融合发展特色，通过存量产业转型升级，将更多的机遇吸纳、承接国际产业和创新资源，大力吸引民营资本、跨国资本，孵化、培育和发展具有国际水平的、以知识创新为引擎的战略性新兴产业，依托现代产业加快发展专业市场、电子商务等现代生产性服务业，依托城镇发展大型超市、商务商贸等现代生活消费服务业。

(3) 特色城镇:“田园村落模式”

休闲宜居山水资源、经济富裕的乡镇顺应逆城市化趋势,探索休闲宜居的村落模式。根据资源禀赋条件,提炼特色要素,创新、打造精品和特色村镇,对于历史文化特色城镇,以历史文化资源为基础,建立浙东文化风情街区等载体的特色城镇;对于休闲宜居山水资源、经济富裕的乡镇顺应逆城市化趋势,以都市休闲旅游、都市农业为主导,探索休闲宜居的村落模式。

(三) 重要领域与关键问题

1. 推动农村人口向城镇有序转移

以人的城市化为核心,推动农村人口的城市化迁移。加大户籍管理改革力度,在不剥离土地经营权和农村宅基地权益基础上,在全市范围内建立户口一元化管理制度,取消附加在户口上的社会管理职能,促进城乡人口自由流动。加快建立城乡统一的就业登记制度和统计制度,取消对农村劳动力转移就业的歧视性政策,促进城乡劳动者平等就业和稳定就业;加强农村劳动力转移技能培训、进城务工农民的就业指导和权益维护。加快建立农民工养老、工伤、医疗等保险制度,将长期在城市就业与生活的农民工居住问题,纳入城市住房建设发展规划,多渠道改善进城务工农民居住条件。保障农民工子女平等接受义务教育。

2. 创新“空心村”改造方式

农村“空心村”改造要统一规划、有序推进,盘活存量、不新增用地指标。按照“一户一宅”、集约用地村民自愿、公开公平、村为主体、自求平衡五个原则为指导,积极探索空心村改造创新模式。

整体原地改造。对拆除“空心村”或者现有旧村后,就地进行按照产业聚集、居住集中原则新建安置。对于具有传统民居或历史文化特色的村落,按照保留、提炼的,历史文化特色、山水风情特色,建设特色村落。

整体异地城市化。按照产业聚集、居住集中,或者产城融合等要求,进行“土地收储”式、“土地置换”式或“退宅还耕”式改造。“土地收储”式是在旧村拆除后,原旧村改造地块由政府通过收购、收储另作工业、商业等他用,在其他地块另行安置;“土地置换”式是在旧村拆除后,土地经过开发等并异地置换公寓住宅、商品房或者产业用房;“退宅还耕”式是在拆除旧村后,对拆除建筑进行货币化补偿或安置,原旧村地块复垦为耕地。

3. 创新宅基地置换方式

通过宅基地置换实现“资产化”,即通过等价、增值、公平交换的原则,把宅基地作为权利资产和财富资产与其他多种形式及其组合进行置换。按照“建新拆旧、购新退宅”的原则,加快出台农村宅基地退出回收办法,逐步向镇核心区和中心社区集聚,促进农民集中居住。突破宅基地换城镇住房的模式,在旧宅基地换房的模式基础上,探索农户宅基地权益异地置换的途径和办法,探索宅基地货币化置换、异地置换、宅基置换住房期权、土地期权等形式置换。当前,慈溪城市化宅基地问题破解主要从以下方面进行:

第一,宅基地置换补偿比例。宅基地的置换,体现了宅基地在市场经济条件下是一种价值形式的转换,本质上是资产的价值流动。为确保宅基地财富的保值增值,体现市场配置效率,在政策认定的人口和住房标准基础上,自然应当以原有价值载体—原住房面积为主要依据进行补偿。此外，宅基地具有社会属性，是实现公民普惠的居住权的社会主义人权的重要组成部分，具有社会主义市场经济条件下的社会保障功能属性，因此，为兼顾社会公平，对于“人口多、住房少”的家庭，在宅基地置换时，设定一个最低的必要的人均住宅面积标准，对于达不到的这个最低标准的，通过低价或无偿的补偿机制，予以保障补偿。因此，在置换补偿比例时，按照1∶X的比例对置换的宅基地进行补偿。其中，X根据原宅基地区位、住宅品质、置换内容等设置级差系数。如按上述比例补偿不到人均最低面积的，通过无偿或低价的方式予以补偿到位。

第二，宅基地置换补偿内容。宅基地使用权是村民集体土地使用权的实现形式，宅基地流转和置换要体现其资本化的过程和属性，实现宅基地的“资产化”，即通过等价、增值、公平交换的原则，把宅基地作为权利资产和财富资产与其他多种形式和权利资产和财富资产及其组合进行置换。具体实践中，创新宅基地置换的形式，农民可自愿选择“宅基地作价货币置换”、“宅基地置换公寓房”、“宅基地置换排屋”、“异地迁建置换”、“宅基地换产业用房”、“旧房屋原地改造租赁经营”、“旧房屋改造托管经营”、“宅基地置换集体经济股权”等形式，也可以是上述形式的组合。此外，建立一个集中的宅基地流转置换平台，是完善宅基地置换和流转的必要保障。

4. 创新农村土地流转模式

农村土地经过征用等过程，必须围绕三方面进行土地制度创新：

第一，土地保障功能。农村土地经营承包权是农民基本生活、社会稳定的不可替代的关键要素。土地经营权流转虽然在一定的时间和空间改变了土地经营形式，原土地经营权力人通过传统家庭经营承包形式被土地集中承包、土地合作社等形式所替代，但是，土地经营权作为农民的基本生活保障的功能，应该通过创新的形式予以保障和替代。

第二，土地生产功能。慈溪作为全国百强县市的前列，进入了工业化后期阶段，面临着新型工业化和新型城市化融合发展的任务，土地投入在传统农业、传统经营模式的边际利润大幅下降；土地必然通过土地的资本化和土地市场体系，从现有的“三农”中分离出来流向集约的、产业报酬较高的现代都市农业、特色农业、现代工业等产业中来。

第三，土地资本功能。在现代市场中，土地资本功能一方面包括了土地所有权、经营权、收益权、抵押权等权能集合，这为探索土地流转和土地权能的实现提高了丰富的基础；另一方面，土地资本功能也包含了土地集中、土地合作、土地交易、土地信托、土地租赁等土地资本化运作的中形式。

按照十八大三中全会精神，推进土地管理制度改革，规范城市土地经营模式。按照“农村土地入市由市场决定”的原则，积极开展集体建设用地土地使用权作价入股、土地股份合作等多种征地模式试点。实行城乡建设用地增减挂钩，以土地开发整理为平台，通过建新拆旧、土地复垦，对建新地块中占用的农用地与拆旧地块中被复耕的原农民住宅建设用地之间等量置换，实现城乡用地布局的调整和优化。促进节约集约用地，强化建设用地定额指标管理，加快建立和完善各类建设用地使用标准。为克服现有的“土地承包经营权换社保”制度实施过程中农民与土地分离后，产生实质上的“结构性失业”问题，按照土地承包经营权换“社保＋财产权利”，即承包经营权流转时以户为单位全部流转土地承包经营权，按照城乡居民社会养老保险中城镇居民的缴费标准和待遇置换社会保障，复合股权性、收益性、资产性、财富性的各种资本化土地承包经营权的实现形式，形成“社会保障补偿+资产化补偿”，加大土地流转对农民利益的保障，以此推动土地尽快流转，盘活农民资产，引导农民带资进城。

5. 推动产业社区改造和迁移

对于大多数小微企业和家庭作坊企业，发展“社区产业”是个值得探索的新路子。城市化的产业发展模式可以采用“工业向产业区块集中”和“家庭作坊业向‘产业社区’周边布局”的双向发展模式。对于零散家庭作坊工业，通过以下两方面进行规范改造：① 建立工业楼宇、特色工业街、工业社区等，归类进行置换和集聚发展；② 通过资产重组、联合、兼并，建立以资产为纽带的现代公司化企业，对于第三产业类产业社区，按照多样化、特色化、品牌化导向；整合提升；以店面置换、加盟连锁、自主创业等模式，建立特色商贸街区、连锁配送店、商务街区等，走集约化、集聚化发展道路；慈溪面广量大的低端工业的合理发展，通过“产业社区”的布局优化，顺利实现产业结构升级，一、二、三产业综合配套发展和城市化有效推进。

6. 创新城市化金融支撑

城市化发展需要得到创新的金融支撑。完善农村信用担保制度，探索农村供应链金融。通过制度安排，财力扶持，借助供应链金融，通过围绕核心企业，催生一批专业性的农村信用担保机构，筹集担保基金，开展信用合作，引导农户发展资金互助组织，通过管理上下游中小企业的资金流和物流，变把握单个企业的不可控风险为供应链企业整体的可控风险，通过立体获取各类信息，将金融风险控制在最低点。加大财政对重点基础性、公益性设施建设的投入力度。进一步放开资本、经营和作业市场，对经营性、准经营性项目，推行市场化建设和经营。建立多元化的建设主体与共建共享机制，出资与建设分离、建设与管理分离的机制。积极争取国家政策性银行、商业性银行和国际金融组织、外国政府贷款，采取发行市政债券、上市融资等形式筹集建设资金，吸引社会资本全面进入城市基础设施建设领域。完善特许经营制度和市政公用事业服务标准，强化政府监管。加快市政公用企事业单位改革步伐，尽快形成企业化经营、市场化运作的城市营运机制。

7. 扎实推进城乡一体化统筹发展

第一，公共服务一体化。以城乡一体化融合、公共服务均等化为原则，提升社会公共服务水平。继续加强教育、卫生、文化、体育等公共服务设施建设和均等化配置，推动社会公共服务资源向基层和社区转移。优化配置、规模化、跨界治理。优化教育结构和布局，推动各类教育全面发展。健全城镇医疗卫生服务体系，加快建设以社区卫生服务为基础的医疗服务网络。加快体育中心提质改造，进一步完善社区文化体育健身设施。强化推动各项设施和服务向农村延伸。加强农村水、电、路等基础设施建设。加快城乡供水一体化设施建设，加快农村居住环境整治。统筹城乡教育资源布局，促进基础教育向农村倾斜，推进“万村千乡市场工程”和“双百市场工程”建设，提升一体化的城乡商贸流通设施水平。推进城乡社会保障向一体化和全覆盖，健全基本养老、基本医疗制度，完善以城乡居民最低生活保障制度和城乡医疗救助制度为重点、慈善事业为补充的城乡社会救助体系。

第二，经济一体化。城乡经济一体化，主要表现在：三大产业在城乡之间进行广泛联合，城乡经济相互渗透、共同繁荣。慈溪城市化必须高度重视实现农村人口城市化与经济同步协调发展，强化中心城市的辐射带动功能，加快农村经济增长集约化进程。

第三，生态一体化。让农村成为调节城市生态的平衡区域，成为慈溪工业化发展现阶段对生态环境提出的必然要求。要根据慈溪城市性质、规模与原有绿地基础、气候、土地、地理等因素，建立城市、乡镇与农田相互协调的生态环境体系，使传统的城乡污染梯度转移向城乡生态环境互动互补性转移。

第五章
域外视野：长三角一体化下的慈溪

全球化背景下，城市群是国家经济发展的主要战略，区域经济一体化已成为一种必然选择。从世界范围来看，欧盟、北美自由贸易区在不断拓展范围，东盟自由贸易区等新的区域一体化组织正在孕育。从一个国家内部来看，以大都市带、城市群为中心的区域经济一体化也非常迅猛。通过推进区域化而增强区域集团和区域组织的成员在全球化进程中的地位和作用，以便得到更多的全球化利益。在我国，大区域合作的势头同样迅猛，长三角、珠三角、京津冀等区域合作对地区协调发展、区域综合竞争力的提升发挥着重要的作用。近年来，长三角地区经济飞速发展，已经成为我国经济、文化、科技最发达的地区，在我国经济建设中具有举足轻重的地位。

第一节　港口竞争背景下的慈溪

在全球化背景下的今天，海港是支持城市乃至区域经济发展的重要基础设施。良好的深水港口对世界城市群来说是重要的发展条件。沿海港口的输运服务能力，在某种程度上是制造业的外资企业选址中的核心区位要素之一。研究显示，依托上海港和宁波港，长三角已经成为出口导向的世界级制造业基地。

从一体化的角度，上海国际航运中心是长三角地区经济发展的重要支撑。坐拥长三角港区条件最好的港口，宁波未来的功能定位与作用发挥将离不开港口的发展和建设。

一、长三角城市的产业重心变化

目前，在上海的中心性不断加强的背景下，南京、杭州、宁波、苏州等二级中心城市的产业结构也不断优化，经济总量持续扩大。在产业结构上，上海、南京和杭州已表现出显著三产比例上升趋势，其中上海表现出明显的服务中心的态势。而宁波和苏州的产业结构相比之下仍以二产占主体。

苏州的产业结构放在空间上就可以理解，苏州已经成为上海都市圈的一部分，各类生产性服务大量地依托上海的支持，所以，第三产业在总的结构中相对比例较低。但是，由于苏州的经济总量远超出南京、杭州和宁波三个城市，所以，在金融、房地产、商务服务、信息传输、计算机服务软件业等领域也是上海以外较为强劲的对手。

从目前南京、杭州和宁波的第三产业产值构成来看,在金融、批发和零售、房地产等服务领域杭州均有较强的优势,而南京和宁波的主要优势在交通运输、物流和批发零售方面。

结合产业结构和第三产业的构成情况,可以看出,上海是整个长三角地区名副其实的龙头城市;杭州和南京分别是环杭州湾城市带和长江以北城市带的服务中心;而苏州以二产为主导成为上海都市圈中的一部分;宁波相对来说,既是长三角南翼城市带的产业中心,同时,其交通运输、物流和批发零售以及金融领域依托现有基础仍有广阔的发展前景。以其特色的生产服务优势,有潜力成为长三角南翼的服务中心。

二、长三角空间格局的变化

长三角一体化,将带来整体空间经济格局的调整。在《国务院关于推进上海加快发展现代服务业和先进制造业建设国际金融中心和国际航运中心的意见》中明确了上海的中心城市定位之后,尽管由于原较大的基数使上海第二产业增加值仍位于长三角的首位,但增长速度远远处于最低,而大幅度的经济增长出现在第三产业,又远远领先于长三角所有城市。

上海第二产业的调整伴随着现有制造业的外迁。如,随着核心城区产业结构调整,上海化工产业基地向南设在杭州湾北岸,其中心为上海化学工业区。规划面积为 29.4 平方公里,是中国改革开放以来第一个以石油和精细化工为主的专业开发区,建成后工业产值可达 1 000 亿元人民币,被誉为"上海工业腾飞的新翅膀"。化工区除建有专用海运码头以外,与洋山深水港(1 000 万标准集装箱)仅 55 公里。

随着上海的产业结构积极调整,南京、杭州、宁波和苏州等二级中心城市必定将根据自身的资源禀赋和现有产业基础及区位特点,调整各自的结构,在强化特色化、专业化的同时,提升自身的竞争力和区域影响力。

目前,根据 2008 年上海、苏州、南京、杭州和宁波 5 个城市制造业产值分行业比较,可以看出,以上 5 个城市制造业同构特征明显。主导产业主要集中在通信设备、计算机及其他电子设备、电气机械及器材、交通运输设备、通用设备、金属制品、有色金属、黑色金属冶炼及压延加工、化学原料及化学制品、石油加工、服装等 11 个行业。其中上海在各个行业目前都占有相当的比例,其次是苏州在其中 6 个行业(通信设备、计算机及其他电子设备、电气机械及器材、通用设备、黑色金属冶炼及压延加工、化学原料及化学制品、纺织)紧随上海,尤其在前三个行业产值突出,远远领先于其他 3 个城市。

在同构状态中,比较来看:宁波产业重心集中在石油、重化工业、机械装备和通信电子产业;而杭州除了石油加工以外基本与宁波相同,即重化工业、机械装备和通信电子产业;南京为重化工业、通信电子,其中通信电子强于宁波和杭州;作为长三角乃至华东地区重要的工业基地,宁波目前已经形成了传统优势产业、临港型工业、高新技术产业三大类特色优势产业。

三、港口与产业驱动下的宁波

宁波经济发展基础突出反映了港口的影响。港口条件既决定了宁波市在长三角群中无可取代的航运地位,同时,也决定了宁波在依托港口的重化工业、机械装备产业中已建立的稳固地位。尤其是当国家将上海的发展定位确定为国际金融中心和国际航运中心之后，原驻上海的重化工业将逐步转移，宁波以其最优的港口条件和已有的产业基础，最有可能成为上海两个中心定位调整之后长三角地区重化工业未来增量的落点，配合上海及整个长三角城市群的产业结构调整，重点发展石化工业和机械装配产业，成为长三角地区的产业中心之一。

在杭州湾大桥开通后，宁波处于长三角末梢的交通区位被彻底改变，区位条件的飞跃性改变将为宁波未来的发展提供巨大的机会。随着基础设施的进一步对接、城市间制度壁垒的逐步解除，各要素在城市间的流动更为迅速、便捷，宁波的中心性将得到强化，有能力成为长三角南翼中心城市。结合港口发展与产业基础，发挥其长三角大宗工业原材料物流基地和重化工业基地的核心作用。

第二节　慈溪成为连接沪甬的黄金通道

1957 年，法国地理学家戈特曼首次提出了大都市圈概念，所谓都市圈是指由一个或多个中心城市与若干个相关的周边城市组成的城市群等级体系。它是城市群发展到成熟阶段的高级空间组织形式，其规模可以是区域级，也可以是国家级的甚至是世界级的。都市圈一般分为核心层、紧密层和辐射层三个层次。核心层是指该区域的中心城市及近郊区。紧密层一般指 50 公里范围内接受中心城市辐射的区域。辐射层指在更大范围内接受中心城市辐射的地区。前两个层次构成大都市区的范畴。大都市和大都市圈在本质上都属于城市群的范畴，是区域经济一体化程度不断加深的产物。

一、融入宁波大都市圈，慈溪凸显自身优势

宁波大都市是指以宁波中心城市为核心，由北翼余慈组团、南翼奉化宁海象山组团所构成的，辐射面广，影响力大，在长三角乃至全国、东北亚发挥重大作用的现代化都市区域。未来几年是宁波全域城市化加速推进的关键时期，也是慈溪现代化中等城市建设的加速推进期。

位于杭州湾南岸的慈溪，原是宁波市域内北部沿海的边缘地带，对于上海来说更是以海湾相隔的遥远城市。但随着杭州湾跨海大桥的通车，以及未来沪甬之间高速公路、高铁、轨道等交通网络的建立，慈溪将从原来的边缘末端位置，转变成沪甬两城之间通道上的中间点，也同时落入两个城市的小时交通圈内。

慈溪处于宁波和上海两个中心城市一小时交通的影响范围内，来自两个城市的作用都有可能对慈溪产生影响。杭州湾大桥的规划设想最初是慈溪提出的，由此可以看出，在宁波与上海之间，慈溪以企业家的判断选择与上海建立更密切的联系。随着大桥的通车，慈溪与上海之间的要素流动是不可避免的。而另一方面，长三角一体化背景下宁波的市域总体规划也将慈溪纳入宁波市总体发展战略要点。

宁波推进全域城市化，是贯彻党的十八大精神、加快建设“一体两翼”空间布局、促进工

业化与城市化融合发展的重大行动。未来几年，宁波都市圈建设正处在由成长期向发育期过渡的关键时期，其突出标志：都市郊区化的趋势日益明显、“一环六射”放射状交通网络日益完善、大都市的集聚与扩散功能日益突出。只有将慈溪更紧密地纳入到宁波都市圈范围，不断强化其城市、产业功能，实施与宁波其他县市区在优势互补、错位发展，才会对于提高宁波中心城市在长三角南翼中的首位度，扩大宁波中心城市规模、拓展发展空间、增强集聚和辐射功能具有重要意义（图 5-1）。

（一）区位优势突出

从都市圈位置分析，慈溪作为宁波都市圈的北翼和重要组成部分，与宁波市中心的距离约 60 多公里，慈东地区处于都市圈核心层，中心城区（浒山）、周巷等处于都市圈紧密层，与宁波具有紧密的共生依存关系。2012 年慈溪市陆域面积为 1 360.63 平方公里，约占全大市面积的 13.86%；慈溪市户籍人口为 104.19 万人，占全大市户籍人口的 18.04%；慈溪市生产总值为 948.29 亿元，占全大市生产总值的 15.53%，与宁波的经济往来、人员往来十分频繁。

图 5-1　宁波都市圈空间图

从宁波融入上海都市圈角度分析，宁波融入上海都市圈，参与上海“两个中心”建设，有利于实现优势互补、错位竞争和科学发展，有助于更好地建设宁波现代化国际港口城市。在这一方面，慈溪可以发挥独特的作用。慈溪市是宁波融入上海都市圈、接轨上海的桥头堡，是长三角地区建设亚太国际门户的重要节点区域，是建设浙江省环杭州湾产业带的重要平台，对于吸纳上海优质产业与优秀人才，打造高端产业增长极，具有独特的区位优势。

(二) 经济实力增强

2000 年慈溪市生产总值为 163.98 亿元，占全大市比重为 14.33%；至 2012 年慈溪市生产总值达到 948.29 亿元，占全大市比重为 15.53%，2012 年与 2000 年相比，慈溪市生产总值占全大市比重提高了 1.2 个百分比。另外，慈溪固定资产投资在全大市比重也有提高的趋势，2000 年慈溪市固定资产投资为 48.90 亿元，占全大市比重为 13.56%；至 2012 年慈溪市固定资产投资达到 443.28 亿元，占全大市比重为 15.28%，2012 年与 2000 年相比，慈溪市固定资产投资占全大市比重提高了 1.72 个百分比。经济实力不断增强，为慈溪融入宁波都市圈提供了坚实基础。详见图 5-2、图 5-3。

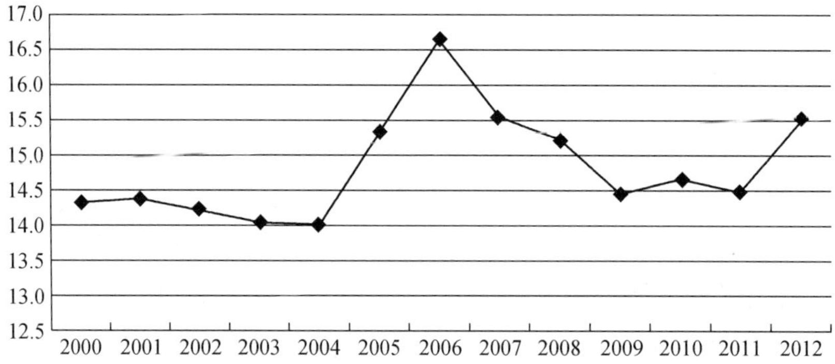

图 5-2　慈溪生产总值在全大市比重(%)

＊资料来源:《宁波市统计年鉴》、《2012 年宁波市国民经济和社会发展统计公报》、《2012 年慈溪市国民经济和社会发展统计公报》

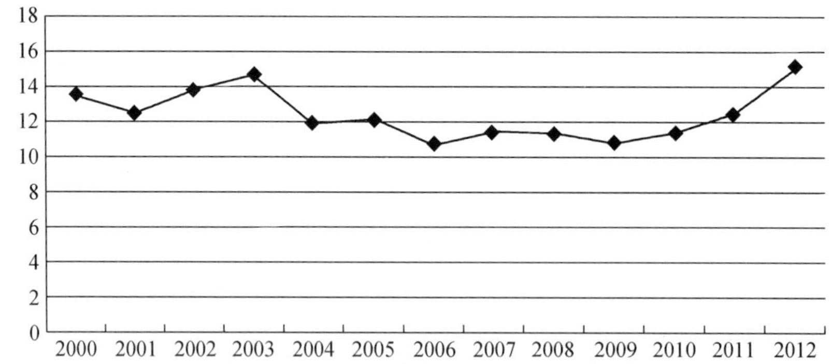

图 5-3　慈溪固定资产投资在全大市比重(%)

＊资料来源:《宁波市统计年鉴》、《2012 年宁波市国民经济和社会发展统计公报》、《2012 年慈溪市国民经济和社会发展统计公报》

(三) 产业平台已初具规模

杭州湾新区、慈东滨海区建设具有相当规模。近几年来宁波杭州湾新区发展迅猛，开发建设取得阶段性成效。2012 年，全区实现工业总产值 654.1 亿元，完成全社会固定资产投资 170.5 亿元，实现财政一般预算收入 30.1 亿元。在 2011 年度全省 14 个产业集聚区综合考评中，宁波杭州湾新区位居第一。2012 年慈东滨海区完成固定资产投资 47.75 亿元，实现工业总产值 200.1 亿元。目前工业布局门类齐全，已形成机械制造、电子信息、新材料、新能源、家电、轻纺化纤等完善的产业链。大产业大平台效应初步显现。

（四）基础设施逐步完善

跨海大桥高速公路连接线已经建成通车，慈溪与宁波距离更加缩短，慈溪已纳入宁波大都市 1 小时交通圈；329 国道扩建（包括收费站撤销）以及中横线建成为慈溪融入宁波都市圈提供了便捷的交通条件。

（五）资源潜力显现

由于具有临近杭州湾，慈溪具有得天独厚的海洋资源条件。滩涂资源极其丰富。按海岸线至理论基准面的滩涂面积为 416.7 平方公里（62.5 万亩），是我国长江口以南沿海最大的成片滩涂资源。风能、潮汐能资源等也十分丰富，开发潜力巨大。

二、提升慈溪城市竞争力

当前，慈溪正处于从县域经济向城区经济转变、加速走向全域都市化的重要时期。慈溪经济社会快速发展的同时，也遇到诸如产业层次不高、城市品质提升缓慢、城市管理不够完善、资源要素制约日益突出等问题。如何有效解决上述瓶颈与制约因素，是当前面临的重要任务。只有将慈溪加速融入宁波都市圈，才能消除城乡二元结构，提高城乡一体化水平；只有将慈溪加速融入宁波都市圈，才能提高城市管理水平，促进社会管理创新，完善社区管理体制；只有将慈溪加速融入宁波都市圈，有利于培育新增长极，才能真正提高慈溪城市竞争力。

（一）城市发展中仍存在的不足

上海、杭州等周边城市虹吸作用不断增强。由于慈溪地理位置上比较靠近上海、杭州，上海、杭州等周边城市以巨大的集聚功能吸收不少慈溪人前往经商居住；上海、杭州两地飞机场以完善、周到服务吸收更多的慈溪人前往搭乘。

基础设施尚存在一定不足。现有公交尚没有改造，慈溪与宁波市中心、宁波飞机场缺乏大容量、便捷交通沟通的联系。公交卡、水电、医保等尚未实施与宁波对接，同城效应没有充分显现。

城市功能滞后。目前慈溪城市化落后于工业化，建成区面积只有 41.5 平方公里，不仅落后于鄞州（53 平方公里）、萧山（77 平方公里），而且还落后于余姚（45.56 平方公里）。建成区面积不大，城市品质不高，城市对产业带动与支撑功能不强。

居民文化素质偏低。2000 年根据慈溪市第五次人口普查资料，每 10 万人具有大学文化程度的有 1 290 人，低于全大市 3 441 人；到 2010 年慈溪市每 10 万人具有大学文化程度达到 5 205 人，但仍低于全大市 10 333 人。居民文化素质偏低直接或者间接影响到慈溪融入宁波都市圈进程。

(二) 与周边城市的对比

在这一方面萧山、鄞州区提供成功范例。2000年萧山、鄞县生产总值分别为227.91亿元、154.87亿元,其中,鄞县生产总值还不如慈溪市生产总值,鄞县生产总值在全大市比重只有13.53%,还不如慈溪14.33%。2001年萧山撤市设区,2002年鄞州撤县设区,从此以后,通过主动融入都市圈、吸收都市产业转移,上述两区经济发展极其迅速。到2012年萧山、鄞州区生产总值分别达到1 611.72亿元、1 038.1亿元,均超过慈溪948.29亿元,在全大市比重也超过慈溪。2012年与2000年相比,萧山、鄞州区经济增长幅度分别达到576%、607%,均超过慈溪478%水平(表5-1)。

表5-1 慈溪市与相关县(市)区生产总值增长比较表

城市	2000年		2012年		2012年与2000年相比增长幅度(%)
	生产总值(亿元)	在全大市中比重(%)	生产总值(亿元)	在全大市中比重(%)	
慈溪	163.98	14.33	948.29	15.53	478
鄞州	154.87	13.53	1 038.1	15.91	576
萧山	227.91	16.48	1 611.72	20.65	607

* 资料来源:《宁波市统计年鉴》、慈溪市国民经济和社会发展统计公报、萧山区国民经济和社会发展统计公报

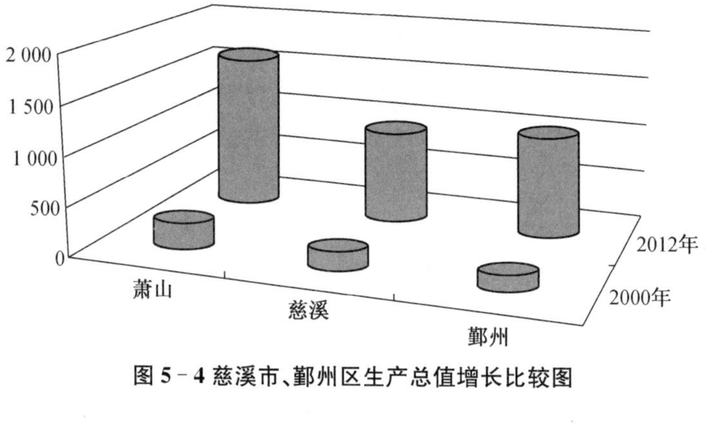

图5-4 慈溪市、鄞州区生产总值增长比较图

三、思考城市发展的多种可能

长三角一体化,会带来上海与宁波两个城市更细的专业分工,使两个城市存在产业功能上的差异,慈溪在两个城市之间有多种发展选择的可能。

(一) "节点化"还是被"通道化"?

长三角一体化,意味着要素流通网络在整个区域的通达与便捷。如果在发展过程中,慈溪没有成功地建立相应的功能高地,那么,相应的产业集聚、中心功能就有可能越过慈溪流向其他地区,即慈溪也面临被通道化的可能。因此,慈溪需要根据自身的资源禀赋、产业优势特点准确定位,及时构筑高地以成为节点。

(二) 产业升级的机遇，代际锁定的危险

长三角一体化将促进长三角产业结构的加速升级，一方面为慈溪产业升级提供了发展机遇，另一方面亦对慈溪本地产业和企业的发展提出了重大挑战。以中小企业和民营企业见长的慈溪，如果一方面不能在现有的企业中培育出中坚企业(即由中小企业发展起来的中等规模、在创新方面拥有独特的优势从而不可被替代的企业)，另一方面又不能通过招商引资有效地培育出新兴产业，可能出现产业结构的代际锁定，阻碍慈溪产业升级的进行。

从更长一点的时间周期来看，长三角一体化特别是核心区与外围地区交通条件的改善，还将推动核心区劳动密集型制造业的向外转移，慈溪如果不能有效地推动本地制造业的升级或培育出新兴产业特别是现代服务业，则可能出现产业空心化的现象。

第三节　高铁时代：带给慈溪的新机会

一、家门口的高铁站

长三角各城市正大踏步进入高铁时代，沪杭、沪宁两条线路已经开通运营，更多的线路将在长三角织就一张“高铁网”。南京正在成为长三角地区与全国各地高铁相连的“枢纽”。杭宁、杭甬、杭长等高铁客运专线正在加紧建设，其中杭宁和杭甬客专开通。沪汉蓉高铁等6条铁路在合肥交汇，合蚌客运专线、合福铁路正在加紧建设，商合杭线以及合宁城际轨道交通前期工程已经启动，长三角及泛长三角地区将进入一个崭新的“高铁时代”，时空距离大大缩短，“同城效应”日益凸显，对于加快打造世界级城市群、促进产业优化升级和融合发展、加强沿线欠发达地区与主要经济圈及中心城市的联系，都具有划时代意义。《浙江省城镇体系规划(2011—2020)》提出未来十年间，浙江人出行将逐渐形成这样一种状态：货物旅行主要靠高速公路，人的旅行靠铁路和城市轻轨、地铁。未来浙江高速铁路网中有8条铁路：杭州到上海、杭州到宁波、杭州到南京、杭州到长沙、杭州到黄山、宁波到福州、湖州经苏州到上海、嘉兴到苏州。

从浙江省看，伴随着杭金衢、杭长、杭黄高铁的动工新建，杭甬、沪宁、宁杭高铁的续建，到2012年浙江人均高铁占有量将一举跃居全国首位。届时，沪杭、沪宁、宁杭等线路将与杭甬、甬台温等线构筑起长三角城际主骨架，形成长三角城市间以及全省范围内的1—2小时高铁交通圈。

杭甬高铁的建设概况。杭甬客运专线西起杭州东站，东至宁波站，沿途经过萧山、绍兴、上虞、慈溪、余姚等地，经庄桥利用既有线引入宁波站，全线长149.89 km。设杭州东站，绍兴柯桥站，上虞北站，余姚北(即余姚慈溪站)，宁波庄桥站，宁波东站。杭甬客专于2009年4月2日开工，2011年底建成通车。“杭甬客专”正式营运后，将与已建成的甬台温、杭宁、沪杭以及正在建设的杭长、京沪等高铁(专线)相连，从杭州到宁波坐高铁只需要26分钟(时速350公里)。预测运量至2015年、2020年及2030年分别为78对/日、103对/日及154对/日。由于余姚北是杭甬高铁的中间站，按照当前往来上海、杭州的列车有一半左右停靠余姚站，所以，预测余姚北至 2015 年会达到 39 对/日，2020 年及 2030 年为 52 对/日及 77 对/日。当前，余姚开往杭州、上海的列车始于早上的 8:53，终于晚上的 23:35，如果以一天 18 个小时计算，到 2015 年会有 78 列高铁停靠于余姚北，每 15 分钟就有一趟高铁列车停靠余姚北，高速列车运行呈现公交化。

杭甬高铁余姚北。余姚北，位于余姚市和慈溪市两市交界处的凤山街道五星村，新建北路以东，城东路以西，余慈公路以南，纬一路以北。余姚北位于规划余慈中心城的核心区西南侧，余姚城区和姚北—周巷片区之间，距余慈中心城的核心区约 4.5 公里，距余姚老城中心约 6 公里，距姚北—周巷片区中心约 8 公里，距慈溪城区中心约 12 公里，距离慈溪市行政边界约 1.5 公里。

余姚北现在的选址是余姚、慈溪两市求同去异的结果。最初，杭甬客专的线位是在余姚南侧的南线和余姚、慈溪之间的北线方案比选，从整体利益最大化的原则考虑，北线方案对余慈两地居民出行以及核心区功能提升、空间集聚都是极为有益的，所以北线方案较容易确定，难在余姚北的具体选址。

第一次方案协调在 2006 年 11 月，铁路设计部门从用地开阔、易于建设的角度推荐西方案，对此余姚市表示支持，而慈溪市则反对，理由是距慈溪较远，对慈溪市辐射带动不足。与之相对的是，慈溪市支持东方案，而余姚市反对，理由是对余姚城市整体布局不利，交通组织也欠顺畅，其实质原因是线路 95% 在余姚境内，而车站周边可开发的土地大部分在慈溪境内。

第二次方案协调在 2007 年 4 月，在东、西方案不可调和的前提下，规划部门提出中间方案，即在两者之间的方案。尽管两市仍坚持原来意见，但也表示对中间方案的基本认可。

第三次方案协调在 2007 年 5 月，具体站位的空间布局要考虑对现有及规划道路、航道的切割，原中方案隔断了余姚的城东路时，余姚提出了反对，因为城东路是余姚近期连接杭州湾大桥的通道，余姚市政府明确要求城东路必须贯通。之后，铁路专业设计单位根据给定的道路条件设计方案，比原方案向西移动了 800 米。

第四次方案协调在 2007 年 6 月，由于慈溪市对站位的空间位置十分敏感，反对移动 800 米的站位，而再次组织两市协调会。铁路设计院提出的高架铁路方案，较好兼顾了道路与站位的问题，最终确定的中偏东站位又向西移 400 米，同时保持余姚城东路的贯通。

从上述可知，由于认识到高铁的重要性，慈溪市在余姚北选址过程中付出了艰辛的努力，因此，在杭甬高铁开通的今天，对高铁与慈溪发展展开深入的分析，显得尤为迫切。

二、助力城市发展

区域可达性提高。慈溪市距离宁波市区 60 公里，北距上海 148 公里，西至杭州 138 公里，杭州湾跨海大桥使慈溪融入长三角两小时交通圈，紧邻上海港和宁波港，离上海虹桥机场、上海浦东机场、杭州萧山机场、宁波栎社机场四大国际航空港的车程都只在一小时至两小时之间，是长江三角洲经济圈南翼环杭州湾地区上海、杭州、宁波三大都市经济金三角的中心，区位和交通优势十分明显。作为长三角城际高速铁路客运网的组成部分，杭甬高铁将与杭宁、杭长、沪杭、京沪等线路相连，届时余慈站到杭州东站的时间为 20 分钟，到上海的时间为一个小时,到南京的时间为一个半小时,迅速拉近了慈溪与杭州、上海、南京等城市的空间距离,形成“同城效应”。根据铁道部《中长期铁路网规划(2008 年调整)》,2020 年以前将建成以“四纵四横”为骨架的快速客运网,连接环渤海、长江三角洲、珠江三角洲、长株潭、成渝以及中原城市群、武汉城市圈、关中城镇群、海峡西岸城镇群等经济发达和人口稠密地区,并将在区域内建设城际客运系统,覆盖区域内主要城镇。随着高铁网络的建成,慈溪和邻近省会城市将形成 1 至 2 小时交通圈、与周边城市形成半小时至 1 小时交通圈,同时,北到北京、南到深圳、香港、西到武汉等大城市也可在 5 小时内到达,与杭州湾跨海大桥相比,中远距离的风雨无阻将更体现出高铁的优势,而毗邻余慈站的慈溪的交通优势地位将更加凸显。

城市功能转型。就价值链微笑曲线而言,慈溪目前工业经济以生产制造为主,处于价值链的低端,在城市形态上,体现为以工业园区为代表的生产制造区。在高铁时代,伴随着慈溪经济转型升级的加快,价值链上的高端要素如研发、设计、检测、售后服务、品牌营销等都将在慈溪集聚形成新的生产空间,如科技研发区、中试生产区、总部商务区等《慈溪市国民经济和社会发展第十二个五年规划纲要》提出以生产性服务业为重点,提升发展优势服务业,培育壮大新兴服务业,努力推动服务业跨越式发展,创建商贸、物流、旅游等现代服务业基地,实现由市域性服务业向区域性服务业转轨,初步建成联结宁波大港和上海国际航运中心的重要物流节点基地、长三角南翼现代商贸服务业集聚区和长三角休闲旅游基地。充分依托高铁的带动作用和慈溪雄厚的民营经济优势,进一步完善基础设施配套,强化科技创新,人才集聚,建设先进制造业与现代服务业融合发展的产业体系,能形成以低碳城市实验基地、新兴战略性产业培育基地、企业创新孵化基地、商务休闲旅游基地为特色的长三角南翼综合性、服务型、现代化中等城市。对接高端科技研发机构,建设产学研一体化发展,自主创新、创业为特征的区域创新系统,以高新技术产业化和新兴战略性产业政策聚焦为契机,推进先进制造业研发创新和产业化开发,提升慈溪产业结构和能级;发展以总部经济、服务外包、研发设计等生产性服务业以及现代商业业态为重点的现代服务业,促进慈溪工业化与城市化联动发展。

城市空间布局优化。《统筹余慈地区发展规划纲要》提出余姚、慈溪两市要相向发展,其中慈溪城区用地发展在促进现状建成区之间连片完善的基础上,引导向西、向南发展,控制向北和向东发展。根据《宁波市市域总体规划》,未来宁波将发展成为“一主、一副、三组团”的空间格局,余慈地区将成为宁波都市区的副中心,至 2030 年,将发展成为一个 180 万人口的特大城市。慈溪未来五年无论是城镇空间发展导向还是中心城区拓展重点都是向东、向北。余慈高铁站位于慈溪市和余姚市中心城区的边缘,相对来讲更靠近余姚市区。慈溪市的整个空间布局仅是把位于余慈高铁站作为一个郊区化城市入口或专业节点,而没有充分利用高铁站的城市功能。余姚市则围绕高铁站建设高铁新城,希望经过 6—8 年的时间形成新的城市副中心。事实上,横河镇距离余慈高铁站仅 5 km,是慈溪接受高铁辐射最为强烈的区域。高铁进一步打破了对信息流通的阻隔,使得横河镇有了更为直接和迅捷的对外开放通道,加快了信息交流的频度和速度,降低了要素流动和产品流动的成本,从而对横河镇区域经济发展产生重大的积极影响,从而有助于扩大区域产品的市场空间,进而有可能形成新的专业化产业区,促进横河崛起成为慈溪南部门户。

人口流动加快。高速铁路在速度、运输能力、安全性与舒适性等方面具有突出优势，在200—1 000公里的距离范围内，与航空、公路相比高速铁路的总旅行时间是较短的，是性价比最高的运输方式，能很好地满足人民对快速、安全、舒适、便捷和准时的出行需要，将极大地改变人们的出行方式，激发潜在的客运市场，增强人们的出行意愿。当前，慈溪的客运市场以公路运输为主，杭甬高铁的开通，将为市民的出行提供另一种选择，特别使慈溪市与沪杭交通对接的方式增加了新的内容。所以，总的看，杭甬高铁的建成，对于沿线站点城市市民的出行，特别是沪杭两地直接往来带来明显的便利，出行格局会有很大的改变。而对于慈溪市市民出行沪杭两地和两地商务人士的人员往来，应该说是增加了一个选择的路径，带来了一定的便利，特别是节省了大量时间，因此对公务、商务人士的吸引力将会很大。

产业结构升级。慈溪工业经济产业能级提升面临着严重制约，主要体现在：第一，高端环节发展不足，产业综合竞争力不强。高新产业增加值较低，专利多在中低端，关键装备自主少；第二，掌握自主核心技术和自有品牌企业不多；第三，重大原创性技术成果不多，科技基础设施不足；第四，科投偏少、多元科投体系不健全。快捷便利的交通条件将给慈溪市带来更多的人流、物流、资金流、信息流，降低了要素流动和产品流动的成本，促进各种生产要素的集聚，进一步带动慈溪市现代服务业和新兴产业的发展，推动全市产业布局的优化调整和产业发展转型升级。高铁建设开通对产业的积极作用将首先表现在对商贸旅游、房地产、科技教育等现代服务业拉动方面。其次，高铁建设将进一步提升全市投资环境，促进人才、资金、信息等各种资源要素集聚，有利于引进培育新兴产业，改造提升传统产业，进一步推动全市产业结构优化调整。在高铁时代，高端要素双向流动加快。杭甬高铁通车后，通过快速干线与公交的接轨，慈溪可以充分利用余慈站的集聚与扩散功能，缩短与杭州、宁波、上海等城市的时间距离，有利于拓展慈溪与各大城市之间的产业协作与联系，有利于增强慈溪对外资、技术、人才的吸引力，为现代服务业的发展创造了基础条件。慈溪市同时位于沪宁沪杭甬沿线发展带、沿湾发展带、沿海发展带，区位优势明显，产业定位高端。上海、杭州等大城市高端生产性服务业企业鉴于租金成本、人力成本、管理成本等因素的考量，可能将后台服务(back-office)乃至区域总部向慈溪转移，从而促进慈溪现代服务业的发展。

第六章

路向何方:高屋建瓴重塑城市定位

第一节　慈溪城市品牌的社会调研

一、城市品牌塑造力度不够

慈溪城市品牌塑造力度不够,在国内尚未形成较高的知名度,体现为文化内涵缺失,文化资源较少。城市品牌是区域营销者借以辨识区域形象,使之与其他区域的形象区分开来的一种名称、术语、标记、符号或设计,或是它们的组合运用,是区域内政治、经济、文化、地理、资源等区域要素长期共同作用的结果,代表整个城市在社会公众中的形象。此课题小组通过问卷对慈溪城市品牌定位进行调查,结果如表 6-1 和图 6-1 所示。

表 6-1　慈溪城市品牌定位调查结果

		频率	百分比
有效	现代服务化品牌城市	10	3.3
	长三角经济圈创造型城市	87	29.0
	环杭州湾生活圈“商公园”城市	87	29.0
	环杭州湾先进制造业品牌城市	10	3.3
	长三角现代化中等城市	59	19.7
	其他	47	15.7
	合计	300	100.0

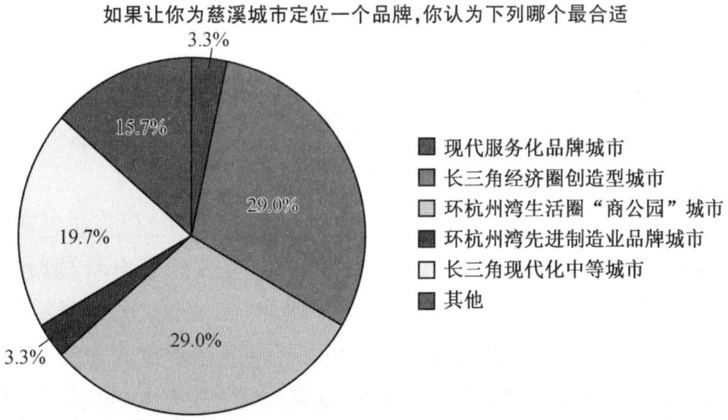

图 6-1　慈溪城市品牌定位调查结果

从该分析图中可以看出，对于慈溪这座城市，人们对其的印象有很大的分歧。有29%的人认为这座城是一座长三角经济圈创造型城市，同样也有29%的人认为这是一座环杭州湾生活圈“商公园”城市。也有19.7%的人认为它是一座长三角现代化中等城市，另外有少部分人认为是现代化品牌城市。由此可见，慈溪城市品牌塑造力度不够，在国内尚未形成较高的知名度。

城市品牌除了需要关注社会公众对其形象的评价外，还需要关注与该区域相关的投资者、旅游者、就业人才以及当地居民对该区域的历史、文化、地理、经济、科技、基础设施等方面的评价。本文通过问卷对慈溪城市品牌印象进行调查，结果如表6-2所示。

表6-2　慈溪城市品牌印象调查结果

		频率	百分比
有效	旅游胜地(湿地公园、达蓬山等)	98	32.7
	经济发达(家电之都、商业繁荣等)	98	40.4
	科技领先(光伏、电子科技等)	79	20.0
	文化方面(青瓷文化、移民文化等)	25	6.9
	合计	300	100.0

经过调查得到的数据显示，在“谈到慈溪您首先想到的是”问题中，其中选“旅游胜地”和“经济发达”分别占32.7%和40.4%，“文化方面”所占比例最少，仅有6.9%，说明在众多人心中，慈溪市的文化还没被熟悉和知道，其贫乏的文化资源，难以提高知名度。

慈溪城市品牌塑造力度不够，体现为文化内涵缺失，文化资源较少。也就是说慈溪在文化产业、公共艺术、文化艺术设施、旅游产业方面做的不是特别完善，没有形成自己的文化发展体系。要想形成较高的知名度首先要形成自己的城市文化，用文化去吸引人。要把城市功能、城市环境与城市文化形象有机地结合起来，大到慈溪城内建筑的总体风格，小到文化设施建设，如城雕、广场、旅游景点、城区绿化以及广告、街名、店名等，都要搞好文化策划，体现人文内涵，使区域经济与区域文化协调发展。慈溪是一座古城，因此并不缺少文化，只是并没有抓住重点区发展。

二、产业集群享有盛誉

慈溪市目前已经形成以轴承、家电和打火机为特色的三大产业品牌，在国内外享有一定的知名度。轴承制造业是慈溪市三大支柱产业之一，从1985年第一家轴承厂慈溪微型轴承厂诞生之日起，轴承制造企业就如星星之火呈区域式扩张之势，仅横河镇相士地村就汇聚了200多家各类轴承制造企业，被外界美誉为“中国微型轴承之乡”。

2012年，慈溪市家电产业拥有整机生产企业2 000多家，配套企业近万家，形成了以完善的产业链为基础的产业集群优势。2013年为止，全国最大的家电科技城在慈溪开工，“中国慈溪家电科技城”建设项目集生产加工、研发设计、产品测试、营销展示等诸多功能于一体，帮助引导境内1 000多家家电企业从分散走向联合、加速形成家电企业的集聚效应和群体优势，为外企提供投资兴业的良好平台。其中家电企业中，方太、沁园、先锋、奇迪、卓力等家电品牌在国内已有一定知名度。

慈溪作为全国最大的打火机产业群集聚区域之一，很多打火机企业开始对企业未来发展之路存有危机感，开始通过技术创新、产业升级、市场调整等措施，引进先进的技术和管理，积极开发新兴市场，破解国际市场的技术壁垒，积极打造多元化的市场结构、齐全的产品品种等产业优势，从而引领打火机产业走向可持续发展之路。慈溪打火机行业没有满足于做 OEM(贴牌)的现状，许多打火机生产企业加强与欧美、东南亚等高端客户合作，共同开发新兴产品，并提供自身品牌形象展示和促销费用，加快自主品牌建设步伐。而品牌建设也为慈溪打火机行业实现可持续发展打开了一扇新的大门。目前，慈溪打火机行业已拥有"新海"、"海路"、"KKK"、"万事发"、"兴达"等一大批上规模的知名品牌企业。本文通过问卷对慈溪产业品牌知名度进行调查，结果如表 6－3 所示。

表 6－3　慈溪产业品牌知名度调查结果

		响应		个案百分比
		样本	百分比	
慈溪哪些产业品牌名度较高	轴承	70	23.3%	53.4%
	花卉	13	4.3%	10.0%
	打火机	70	23.2%	53.3%
	轻纺	9	2.9%	6.7%
	化纤	26	8.7%	20.0%
	家电	82	27.5%	63.3%
	汽配	12	4.3%	10.0%
	装备制造	18	5.8%	13.3%
总计		300	100.0%	230.0%

根据问卷调查获悉，慈溪市轴承、打火机和家电所被认知的比例最大，分别为 53.4%，53.3%，63.3%，其他产业品牌的知名度较低，这三大产业品牌，在国内外都有一定的知名度。

三、四级品牌梯度培育体系初步形成

一个城市拥有知名品牌企业数量的多少已日益成为该城市综合竞争力和影响力的重要标志。当前，慈溪经济正处在一个十分关键的转折期，如何引领慈溪经济和企业实现新一轮又好又快发展，一直是我们政府部门在思考的问题。截至 2013 年，慈溪已有 6.5 万企业，其中 3 万家工业企业，8 701 家公司制企业，633 家外商投资企业，每天在生产和经营着 200 多个门类的几万种商品，这是慈溪推进品牌强市战略的基础条件。走由品牌产品、品牌企业、品牌产业、品牌经济到品牌城市的一条发展之路，不仅会大大提升慈溪的产业层次与水平、促进慈溪家电之都建设，而且更为重要的是有利于加快慈溪融入长三角的发展步伐。

慈溪自从进行名牌产品的申报工作，到公布入选名单，宁波有 30 只产品上榜，在商务部重点培育和发展的出口名牌中，全国共评出 190 个出口名牌，其中宁波市入选品牌占了 20 个。慈溪现拥有中国名牌 10 只、浙江名牌 57 只，宁波名牌 130 只，慈溪名牌 99 只，四级名牌梯度培育体系初步形成，如图 6－2 所示。从国字号品牌分布来看，全国数浙江最为集中，而慈溪成为浙江省内的佼佼者。10 只慈溪“中国名牌”产品包括：方太吸油烟机、先锋家用电风扇、沁园饮水机、奇迪（QIDI）饮水机、浪木饮水机、方太饮水机、妈咪宝、神马婴儿推车、新海打火机、三环电子铜带。

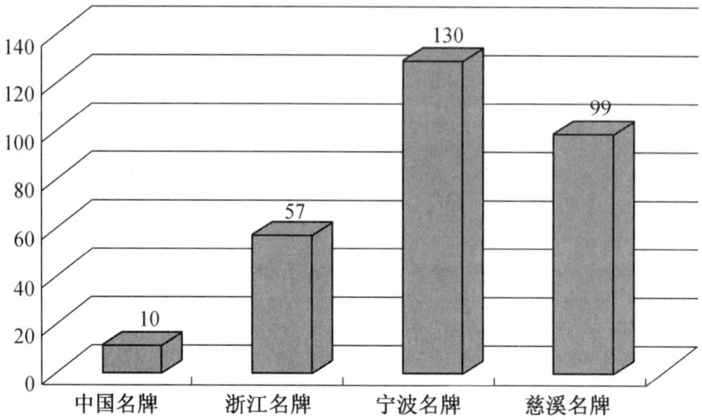

图 6－2　慈溪四级名牌梯度体系

四级名牌体系的打造，有力地推动了“慈溪制造”向“慈溪创造”的转变。一个个响当当的品牌，振兴了一个个产业，支撑了一方经济的繁荣，成为拉动地方工业经济增长的生力军。“先锋”电器凭借较高市场占有率掀起强劲的品牌雄风，取暖器在全球化竞争中引领潮流，已连续 4 年国内销量第一，跨入全球销量前三甲；电风扇成为国内四大品牌之一，去年市场占有率上升到全国第 3 位。在“先锋”、“沁园”、“奇迪”、“卓力”等企业的带领下，慈溪已成为饮水机、电熨斗、欧式插座等 14 个产品的全球生产基地，一年品牌产品的销量在上百亿元。

四、城市、产业、企业品牌联动尚未形成

慈溪城市品牌建设力度不够，尚未形成城市品牌、产业品牌和企业三者联动机制。城市品牌与企业品牌之间是密不可分、相辅相成、相互促进的。城市品牌是城市产业集群内企业品牌集体表现的结果，企业品牌是城市品牌形成和发展的基础。城市品牌很多时候是城市发展到一定阶段的产物，其对城市内企业品牌具有一定的反哺作用。本文通过城市品牌定位和产业品牌的交叉分析，来了解这两者的联动性，结果见表 6－4。

表 6－4　城市品牌定位与产业品牌交叉制表

		产业品牌								
		轴承	花卉	打火机	轻纺	化纤	家电	汽配	装备制造	其他
城市品牌定位	经济型	71	0	83	0	20	92	10	10	10
	旅游型	100	29	110	0	39	129	0	31	50
	产品型	70	10	90	0	20	100	0	31	40
	文化型	78	19	70	9	39	69	20	0	20

续表

		产业品牌								
		轴承	花卉	打火机	轻纺	化纤	家电	汽配	装备制造	其他
城市品牌定位	人居型	90	20	72	11	30	93	20	31	61
	交通型	70	20	42	0	20	51	10	21	30
	其他	80	0	60	0	19	71	20	21	31

从表 6－4 中可以看到人们对慈溪的城市品牌定位为旅游型、文化型及人居型,但是知名行业为轴承、打火机和家电,没有形成品牌与产业的对接。在城市的发展和城市内产业品牌升级的过程中,产业品牌的发展和城市品牌的培育是密不可分、相互促进的。所以,慈溪市应该在保证现有产业链的基础上再发扬工业文化,增强经济型和产品型城市品牌定位的建设。

表 6－5　城市品牌定位与产品品牌交叉制表

		产品品牌										
		方太	神龙	浪木	公牛	东海	特种	新海	洲源	沁园	四海	其他
城市品牌定位	经济型	59	32	29	72	0	31	0	0	30	39	30
	旅游型	98	31	46	151	0	41	20	30	57	66	39
	产品型	87	21	38	100	10	21	11	11	48	48	40
	文化型	56	31	57	79	0	31	9	0	67	57	38
	人居型	90	32	18	114	10	10	11	30	19	57	30
	交通型	49	32	18	83	10	11	11	30	30	68	10
	其他	68	21	27	81	0	20	11	11	28	28	10

同样的情况也反映在慈溪品牌与产品品牌的交叉分析中。慈溪产业集中在家电、轴承和打火机,所以,以它们三者为主的企业品牌也应运而生,由表 6－5 可知,慈溪没有形成城市品牌与产品品牌的对接。

通过对产业品牌与产品品牌的交叉分析,如表 6－6,可以得到两者的联系比较密切,慈溪也在主要产业轴承、打火机、家电中有全国的知名品牌企业,从调查中可以看到,这些品牌的知名度较高。两者有较强的联动性。

表 6－6　产业品牌与产品品牌交叉制表

		产品品牌										
		方太	神龙	浪木	公牛	东海	特种	新海	洲源	沁园	四海	其他
城市品牌定位	轴承	99	42	18	113	0	41	0	9	49	67	29
	花卉	10	10	9	20	0	0	9	10	9	19	9
	打火机	99	32	39	121	0	31	0	0	48	49	40
	轻纺	9	11	0	11	0	0	0	0	9	9	9
	化纤	19	22	28	41	0	21	9	0	29	29	9

续表

		产品品牌										
		方太	神龙	浪木	公牛	东海	特种	新海	洲源	沁园	四海	其他
城市品牌定位	家电	109	42	29	152	0	30	11	20	37	37	40
	汽配	20	0	0	10	0	10	0	0	10	10	10
	装备制造	20	0	0	31	10	10	11	11	0	10	20
	其他	60	0	0	60	10	10	0	10	19	39	20

综述分析，慈溪尚未形成城市品牌、产业品牌和企业三者联动机制，主要是没有形成城市品牌和产业品牌，城市品牌和企业品牌的对接。因此，慈溪在城市品牌、产业品牌和企业品牌建设过程中，应该利用好现有的强大的产业品牌和企业品牌资源，真正实现产业品牌和城市品牌的良性互动，以产业品牌和企业品牌带动城市品牌发展，以城市品牌促进产业品牌和企业品牌的成长，真正实现产业品牌、企业品牌与城市品牌的共生共荣、互动发展。

第二节　城市定位与发展目标

将城市定位理论与慈溪实际相结合，确立慈溪在宁波都市圈中的功能定位，有助于为慈溪今后发展奠定方向与目标。以发展、建设最佳的创业环境与最佳的人居环境为导向，以花园式生态城市为建设目标，以现代化中等城市为重点。到 2020 年慈溪市将建设为长江三角洲南翼工商名城、宁波大都市北部中心城市。以“三种文化（移民文化、围垦文化、青瓷文化）育名城，五大基地（制造加工业基地、都市农业基地、休闲旅游基地、现代物流基地、现代科教基地）托名市”为重点，加快城市性质实施。为建设慈溪市现代化工商名城，加快杭州湾大桥新区建设，推进慈溪市现代化与城市化进程，积极、有序地加快城市建设，以杭州湾大桥建设为契机，立足慈溪产业基础，以提升城市化与城市发展水平为方针，建设一个具有一流创业环境与优越人居环境，工商业高度繁荣，面向新世纪的新慈溪。

一、功能定位与发展目标

（一）功能定位

宁波大都市北部中心、陆海桥联动发展典范区。

所谓宁波大都市北部中心，依据省委省政府打造宁波都市圈的战略部署，以慈溪现有 329 国道城镇带为依托，以杭州湾新区、慈东工业园区以及文化商务区为平台，以跨区域联动项目为载体，整合提升产业园区，统筹基础设施建设，促进工业化与城市化融合发展，发挥对整个大都市北部区域的示范与推动作用。

所谓宁波大都市陆海桥联动发展典范区，是指依托区位优势和资源优势，以陆海桥联动发展为途径，以现代化中等城市为依托，以完善基础设施为保障，以深度对外开放为动力，充分凸现陆海桥联动特色、具有高品质的新型区域。

宁波大都市北部中心、陆海桥联动发展典范区承担以下几个方面功能：

1. 承接功能

利用区位优势、土地资源优势，依托杭州湾新区、慈东滨海区、文化商务区等大平台，承接上海大都市、宁波大都市产业转移功能。以项目为导向，全力做好招商引资工作，力争上海、宁波大企业、大项目落户慈溪，充分发挥区位优势。

2. 创新功能

利用综合优势，拓展陆海桥联动渠道，延伸产业链，探索陆海桥联动新模式；利用人口资源优势，大力发展现代服务业新业态，提升现代服务发展层次，探索城市与产业联动新途径；加强与科研机构、高校的合作，实现产学研结合，探索科技产业化新渠道。

3. 融合功能

依托"和谐促进会"，强化"网格化管理、组团式"服务，促进新老慈溪人融合；完善社会福利与社会保障措施，逐步扩大社会福利和社会保障覆盖范围；加快文化强市建设，加快创新省公共文化服务体系示范区创建；推动教育均衡化发展，畅通融合渠道，形成和谐发展新格局。

4. 生态功能

深入实施生态市建设五年规划，积极打造"美丽慈溪"。把节能减排作为生态建设的首要任务，尤其要做好重点行业、重点企业节能减排工作，大力发展循环经济，积极发展清洁生产。改造和提升城市公园、广场和道路绿化，促进城市、产业、生态协调发展。

（二）发展目标

根据上述功能定位，从实际出发，确立近期目标与远期目标：

1. 近期目标

到2015年，拓展陆海桥联动渠道，力争在产业承接、城市管理完善、生态文明建设、生活品质提升等方面迈出新步伐、实现新突破，城区经济初具有规模；城市功能全面提升，城市品位明显提高，对外交通连接网络通畅，初步建成宁波大都市北部中心、陆海桥联动发展典范区。

2. 中远期目标

到2020年，深化陆海桥联动渠道，全面对接宁波产业发展，形成产业核心竞争力；交通、水利、土地、能源、防灾减灾等基础设施与宁波中心城市互通共建；新型城市化建设加快，实现县域功能向城市功能转型跨越，完成撤县设区工作，实现与宁波同城待遇；生活品质显著改善，城乡公共服务能力明显提高，建成宁波大都市北部中心、陆海桥联动发展典范区，打造国内著名的品质城市、幸福城市。

二、优化空间结构

（一）慈溪空间布局特征

目前，慈溪市域层面"一个中心、四个片区"空间布局形态初步形成，城镇建成区面积扩大到121平方公里，中心城区面积扩大到34平方公里，城市整体框架基本成形，城市化水平提高到60.5%。以慈溪中心城市及毗邻镇为主体，包括城市水源地及保护区构成城市规划区。范围包括中心城市、庵东、崇寿、胜山、横河、逍林、匡堰及滨海四灶浦水库周边等区域，西至庵东、宗汉界，北至海涂线，南至翠屏山麓，东至樟新公路，包括杭州湾新区，总面积 500 平方千米左右。

城市结构：一中心、三条轴、一基地、四片生态绿地和六大片区。

“一中心”由老城商贸金融中心区与新城大道行政文化会展中心区共同构成，沿大塘江、浒山江、三灶江分布的现代化城市中心。

“三条轴”慈甬路、新城大道、浒江路轴线功能。其中慈甬路作为城市的商业轴线，新城大道作为城市的行政、文教、会展轴线，浒江路及其向北延伸绿轴作为城市的管理商业、游憩、生态轴线。

“一基地”即杭州湾新区工业基地。

“四片生态绿地”即在主城的东北、西北各设一处生态农业观光区和生态绿地，西南、东南各设一个山体生态或主题公园。

“六大片区”即中心区片、城东片、城南片、经济开发区片、坎墩片、宗汉片等六大城市综合区。

(二) 优化布局思路

从融入宁波都市圈的角度，将慈溪全域划分为慈东滨海区、杭州湾新区、周巷—中心城区—观海卫城镇带、南部山区等四大区块，明确各大区块发展方向与发展重点，以便更好地集聚资源加快区块轮动发展。详见图 6-3。

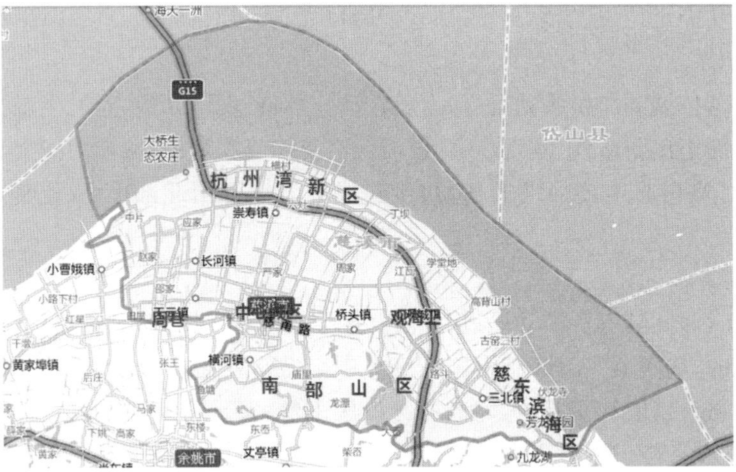

图 6-3　慈溪融入宁波大都市空间图

1. 慈东滨海区

慈东滨海区位于慈溪市东部，东与镇海接壤，南与江北相连，西接慈溪掌起，北临杭州湾，涵盖了龙山镇行政区域和待围垦面积约 27 平方公里的海涂。慈东滨海区总规划面积 168 平方公里(含规划面积 70 平方公里的慈东产业集聚区)，是国务院批复的浙江省海洋经济发展示范区的重要组成部分，处于宁波打造的“一核两带十岛十区”空间布局的海洋经济大平台的核心区位置。

按照融入“桥头堡”定位,紧紧把握海洋经济发展和宁波化工区升级为国家级经济技术开发区的有利时机,积极呼应宁波石化经济技术开发区新一轮开发,主动承接宁波都市产业功能,扩大开放合作,在跨行政区域合作中加快开发进度、提升建设水平;加快慈东工业区建设,对接宁波临港产业,承接宁波都市产业转移,发展海洋经济,建设海洋产业特色板块。积极发展装备制造、电子电气、新能源、新材料等产业,提升金属制品、家电制造、机械制造等传统产业,健全研发、居住等各类配套服务,努力发展成为宁波海洋经济重点突破区、省内一流的生态工业园区、统筹城乡发展先行区、产城融合发展的现代化小城市。

2. 杭州湾新区

宁波杭州湾新区位于浙江省宁波市北部,杭州湾跨海大桥南岸,地处沪杭甬经济圈中心,是长三角乃至中国沿海地区至关重要的战略发展要地,其前身是慈溪经济开发区,是因桥而谋、与桥同兴的发展大平台。

2009 年,根据《加快开发建设宁波杭州湾新区的决定》,宁波杭州湾新区定位为“国家统筹协调发展的先行区、长三角亚太国际门户的重要节点区、浙江省现代产业基地、宁波大都市北部综合性新城区”。2011 年,宁波市委、市政府《“十二五”规划纲要》又进一步提升新区战略定位,明确了打造“宁波北翼国际化新城区”和“产业转型新基地”的发展目标。

按照融入的产业大平台定位,加快招商引资力度,着力承接上海、宁波都市转移,加快杭州新区建设。建立健全对大产业大项目快速决策、集中攻坚、高效服务的招商领导体制,同时,强化“招大引强选优”方针,坚持产业与城市联动发展,实行多元化招商策略,通过“以园引商、以民引外、以外引外”等方式拓宽招商渠道,促进上海、宁波等大产业大项目落户。坚持产业发展与城市发展相融合,统筹城乡发展,依托较强的产业基础和独特的交通区位优势,加快发展先进特色制造业和高端现代服务业,以产业集聚带动人口集中,力争把宁波杭州湾新区建设成为基础设施现代化、产业层次高端、机制体制灵活、都市气息浓郁的宁波北翼国际化新城区和产业转型新基地。

3. 周巷—中心城区—观海卫城镇带

按照融入“发动机”定位要求,坚持走工业化与城市化互动道路,扩大 329 国道沿线各城镇建成区规模,提升城市品质,适时启动撤镇改设立街道办以及乡镇合并工作,完善周巷—浒山城区—观海卫城镇带,为慈溪融入大都市提供动力与支撑。

浒山城区。以高起点规划为导向,实施北延南拓的方针,实现与杭州湾新区、余姚城区对接,扩大城市建设规模。有步骤实施房屋征收拆迁行动计划,推进景观大道、城南一期、北二环东延等重点功能区建设,实施中心城区有机更新;面向上海、杭州、宁波大都市,全力做好文化商务区招商工作,提升中心城市文化品位;推进城市内河整治,美化沿河环境;推进城市雕塑建设,塑造城市新形象,提升城市建设品位,全力打造“绿色生态、宜业乐居”的一流幸福家园,进一步发挥中心城区的核心带动作用。

观海卫镇。观海卫镇位于慈溪东部,全镇地势南北纵向约 20 公里,东西横向约 17 公里,329 国道东西横贯全境,建设中的杭州湾跨海大桥南岸连接线南北纵向穿镇而过,交通便利。要依托现有区位优势、资源优势、产业优势、机制优势,抓紧实施“8350”计划,围绕“建设城市新城,提升中部功能,加快南部开发”的总体思路,实施“东拓、南建、中提升”的城市发展战略，以五十大建设项目为抓手，打造城市新城集聚区、南部风景旅游区、中部商贸核心区三大特色区块；尽早启动撤镇改设街道办工作，实现农村社区化管理，打造成为浙东生态休闲文化名胜区、宁波北部综合性工贸城市和现代服务业发达的市域副中心城市。

周巷镇。周巷镇地处东海之滨，是长三角环杭州湾产业带规划体系中的五级小城市、宁波都市区北部余慈中心城的核心区块。素有中国食品之城、长三角家电之都、杭州湾畔绿色之乡、宁波西北部现代化商贸之地的美誉。全镇区域面积 75.4 平方公里，辖 25 个行政村、6 个社区，总人口 15.6 万。要充分利用浙江省首批小城市试点城市有利时机，以城市建设为重点，围绕区块开发、旧城改造和道路交通的升级改造，实施综合改造工程，引进具有一定影响力的商业卖场或超市，加快构建大中型商圈、消费休闲街区及现代商务区建设；继续开展 329 国道(周巷段)拓宽改造整治工程。启动撤镇改设街道办工作，实现农村社区化管理，打造余慈地区重要的先进制造业基地、生产性服务业基地，不断完善新型城市化谋篇布局，加快推进周巷由“镇”向“城”跨越。

4. 南部山区

南部山区包括横河镇、匡堰镇、桥头镇、掌起镇、范市镇、三北镇等部分山区。按照宁波大都市居民休闲地、绿色产业基地和生态保护地定位，制定和完善主体功能区规划，明确各区块发展方向与目标，挖掘人文与自然资源，指导各区块有序发展。

充分挖掘青瓷文化，建设上林湖越窑青瓷文化体验区，集中彰显历史文化，并努力成为慈溪乃至全省文化产业的大平台；重点做好区内邵岙水库、上林湖、里杜湖、外杜湖、灵湖、窖湖、白洋湖等饮用水源地的保护和利用，发挥生态屏障功能；适度发展绿色农业、有机农业和休闲产业，推进林权制度改革，提高资源利用效率。选择方家河头村、任佳溪村、双湖村、白洋村、梅园村、大山村、岗墩村等村庄，进行重点培育，大力推进美丽乡村建设。

第七章
城市梦想：品质与效益彰显城市荣光

第一节　抓城市品牌——施行城市品牌建设战略

城市品牌形象塑造旨在通过塑造城市特色，将城市形象定位推向市场，吸引更多的外部资源和城市顾客，以促进城市经济发展。慈溪市目前处于经济发展转型升级阶段，社会快速发展，城市现代化建设与农村城市化建设不断完善，城市品牌形象建设相对较弱，新型城市化建设需要城市找准自身定位，突出慈溪城市文化，让城市可以与外界桥梁搭建起来，促进城市经济文化良好发展。

美国杜克大学富奎商学院教授 Kevin Lane Keller 在《战略品牌管理》中指出，像产品和人一样，地理位置或某一空间区域也可以成为品牌。城市品牌并不是单纯的一座城市的名字、一张区域地图或是一个简单的城市标志，如同品牌消费者对产品及产品系列的认知程度一般，城市品牌是一座城在社会公众心中可以区别于其他城市的的综合认知，是独具个性的，是一座城市的内在底蕴和外在特征的综合体现。

近几年我国的很多城市也意识到品牌的价值，纷纷打造起城市品牌形象，“浪漫之都”大连、“花城”广州、“人间天堂”杭州等。这些城市通过挖掘自己的优势资源，通过整合、推广，最后逐一形成自己的城市品牌。城市品牌营销已逐步为政府所重视，品牌营销时代已悄然而至。

一、以城市品牌为龙头，统领产业品牌和企业品牌

在大桥经济的带动下，慈溪经济迅速发展，已经逐渐成为长三角南翼经济重镇，已具备成为名城的实力。慈溪市应以塑造城市品牌为目的，进一步打造产业品牌和企业品牌，三者相得益彰。

(一) 必须提升城市品牌的文化内涵

2013 年，慈溪在全国百强县市评比中排名第七，综合实力排名第五，它作为工商名城已基本得到区域的认可，慈溪也号称历史文化名城，最早有人类活动的记录可上溯到 5 000 年前。但是谈及慈溪城市的文化内涵，我们在实地访谈过程中发现，得不到企业家乃至普通百姓的认可。在走访过程中，大多数受访者认为慈溪作为名城缺乏文化内涵，具体体现在人民群众整体受教育程度不高，企业老板文化素养不高，企业品牌文化内涵缺失，产业整体缺乏

整合和集聚，技术研发水平不高，整体品牌知名度不高。因此，要从整体上提升城市品牌文化内涵，在文化素质上教育和引导普通人民群众，推进城市文明形象工程，提升企业老板素质，提炼品牌文化内涵，引进先进技术和专家，整合产业，扩大产业集群效应。

结合国内外大城市品牌形象塑造的经验，政府在城市品牌形象的设计、定位、塑造、推动的作用不可小视（比如青岛、温州、绍兴、伦敦、纽约等），城市形象建设是一个非常复杂的系统工程，这就需要政府进行包括社会秩序、社会结构、组织机制、政府管理、法律法规和规章制度等等的形象系统建设，而一个城市形象能不能在一个比较长的时段中获得它的优势，在很大程度上就取决于这个系统环境。2012 年，慈溪荣获"2012 年中国最具幸福感城市"的称号，这是全市"打造品质之城、共建幸福家园"取得的阶段性成果。幸福是人类共同追求的目标，慈溪市可以提取"幸福"一词，在整体视觉推广中注意体现城市经济繁荣，人民生活质量好，市民满意度高等元素，通过影视、广告、微电影、吉祥物、主体建筑、旅游宣传、城市宣传片等综合手段营销城市，吸引人才。

（二）促进城市品牌的展示推广

作为慈溪市，要想促进城市品牌的推广，首先必须明确城市定位，用简短易记的内容提炼城市特色，比如宁波的"书藏古今，港通天下"，大连的"浪漫之都"，等等，慈溪是否可以围绕"工业名城，慈孝之乡"等内容来做文章；其次，选用恰当的城市形象，卡通形象或者代表地方特色的标志性物品或者地方名人明星，通过形象化的东西强化城市品牌，增加宣传力度；接着，要善于运用媒体进行传播推广，聘请城市形象推广大使，聘请专业团队，设计城市形象宣传片，在各主要媒体进行播出，提升城市宣传力度；再次，借用宁波会展平台，参加旅游洽谈会，利用展会营销城市旅游资源，进而促进城市品牌的展示推广。

城市形象的成功塑造，常常借助会展的驱动。会展业和城市品牌形象具有较强的互动效应，会展业不仅可以提升城市品牌形象知名度和美誉度，还可以创造良好的城市形象环境，有力推动城市形象传播。如北京利用奥运会、上海利用世博会、杭州利用西博会等来促进城市形象塑造。慈溪可以利用本地特有的地域文化特色，打造中国慈溪家电博览会、慈溪杨梅节等节庆文化品牌，进行跨时空的宣传、组织工作，开展多层次、宽领域的合作，构筑以节庆文化活动为核心的"同心圆"式经济圈和文化圈，使产品、消费、文化等各要素在一定时间内进行持续、高效、有序地流动，形成节庆文化活动惯性拉动经济的活跃状态。

（三）加强城市品牌的使用管理

城市品牌定位确定，城市宣传片拍出来后，就要重视城市品牌的使用管理了。在城市品牌使用管理上，要注意如下几点：首先，所有使用城市品牌的地方使用标准色、标准字和标准图案，避免品牌传播中的混乱何不一致性，提升传播效用；其次，城市品牌宣传分为对内宣传和对外宣传，对内宣传提升城市民众的认同感和自豪感，对外宣传提升城市的知名度；最后，在城市所有对外活动的场所均可使用城市品牌形象和城市形象宣传片，提升城市品牌传播的整合效应。

二、以产业品牌为平台，联结城市品牌和企业品牌

慈溪市的三大支柱产业已经蜚声业界，以三大产业为平台，对内对外推广产业中的知名

企业，推广产业所在的城市，形成联结效应。

（一）做亮产业品牌

城市品牌确立之前，不同产业各打各的牌，城市品牌确定后，要用政策引导产业主动呼应城市品牌，打好组合牌，形成叠加效应。

国内学者夏曾玉在 2003 年提出区域钻石品牌模型，可以说明产业品牌和区域品牌之间的关系，钻石的顶尖部分是区域品牌，产业集群品牌则是钻石的不同侧面，产业集群品牌是城市品牌的重要构成部分，所以首先要做亮产业品牌。慈溪市的轴承、轻纺化纤和家电已经构成慈溪城市品牌钻石的钻面。产业集群品牌最突出的特征是作为集群内所有企业（准）公共品的非排他性和非竞争性，此外，还兼有区域共有产权和区域标识性知识产权等。因此，在做亮慈溪产业品牌的过程中，要充分发挥政府和行业协会的作用，引导企业间合作，制定行业标准，制定技术合作制度，规范质量管理，加强行业内企业教育，增强产业集群发展意识。

（二）做大产业品牌

通过引导企业品牌与产业品牌的互动，使产业内的知名企业品牌、产品品牌围绕产业品牌彼此呼应、相互烘托，打造企业集群品牌，提高产业品牌的国内外公认度，形成产业品牌共打共享机制。

每一个产业都有众多企业品牌组成，如果产业品牌是链条，企业品牌则是链环。要做大产业品牌还得遵循“企业主导、政府引导、行业协会辅导”的原则进行。做强产业品牌要依托龙头企业将强势品牌打造成领头品牌，如慈溪的方太、帅康、沁园已经是业内强势品牌，其他企业逐渐自行创建跟随品牌，慢慢减少产业内的贴牌和无牌行为；只有这样才能打造产业品牌，产业集群品牌强势形成，反过来促进企业品牌的创建和维护，他们二者是相辅相成的关系。

（三）做强产业品牌

产业标准是产业发展的制高点，也是产业品牌的内核。慈溪市的产业要成为国内外的龙头，必须在产业标准的制定上谋得一席之地。

目前，慈溪在全国知名度最高的莫过于家电产业，到 2012 年，慈溪家电产业累计参与制定国家行业标准 20 项左右，基本确立慈溪家电产业在行业发展趋势和主流技术上的影响力。产业标准是企业发展的制高点，优势产业必须抢占制高点，为企业发展赢得先机。慈溪家电产业已经走在前列，轴承和轻纺化纤也需要加油，积极参与行业标准制定，做强产业品牌，带动慈溪城市品牌发展。

三、以企业品牌为基础，打响城市品牌和产业品牌

截至 2012 年，慈溪家电产业中国名牌产品达到 10 个以上，中国驰名商标 50 个，新增一大批省级名牌产品与著名商标。这进一步推进了慈溪家电产业品牌在全国的知名度的提升。企业品牌是最小的元素，多个企业品牌集聚就能打造产业品牌，多个产业品牌，城市品牌之钻就会闪闪发光。

（一）打造名企业

品牌是市场外部检验的结果，但创品牌却是企业内部长期修炼的过程，不可能一蹴而就。

企业创品牌之路是非常艰辛的，慈溪的知名企业大多走过了无牌、贴牌到逐步创牌的道路，许多企业历经多年，终于创立品牌，但大多数企业还在这条路上艰难行走。品牌是市场逐步认可企业质量的过程，也是企业长期修炼内功精益求精的过程。在这个过程中，企业是主导，政府需引领，不可能一蹴而就，方太、帅康都是几十年的积累。轴承行业、轻纺化纤行业也有一些龙头企业，但由于这些东西与人们的日常生活相关度不大，大多数人知道的知名企业并不多，但是在业内宁波特克轴承有限公司、摩根轴承有限公司、慈兴轴承有限公司、恒辉化纤等都是中国名企，但是还远远不够。

（二）打造名产品

名产品是市场的最好通行证，是效益的源泉。名产品是和名品牌联结在一起的。首先，企业应该制定长远的品牌发展规划和战略，做好质量管理，好的质量好的口碑是品牌塑造的开始，要用高标准要求产品质量，做好产品设计，提炼品牌故事，挖掘品牌内涵，搞好品牌传播。这是一个系统工程，是一个漫长的过程，需要企业长期修炼。名品牌制造名产品，名产品带给名品牌长久发展的生命力。

城市品牌与产业品牌、企业品牌之间是唇齿相依、相辅相成、相互促进的关系。在城市品牌塑造、产业品牌集聚升级和企业打造品牌的过程中，城市内的一切元素构成城市品牌的组成部分，自然元素、人文元素、历史元素、企业元素、产业元素等等，因此，城市品牌塑造和城市内的元素密不可分，在商业化的现代，企业品牌和产业品牌是其中重要的因素。城市品牌是城市产业集群内企业品牌集中体现的结果，企业品牌是城市品牌形成和发展的基础。城市品牌很多时候是城市发展到一定阶段的产物，其对城市内企业品牌和产业品牌具有一定的反哺作用。

近些年慈溪存在大企业、好企业留不住人，吸引人才有困难，中小型企业人才匮乏、发展动力不足等问题，这与城市品牌和企业品牌还有产品品牌之间缺乏协同互动、共同发展有密切的关系。在"产业转型升级"和"品牌强市"的双重背景下，慈溪在城市品牌、企业品牌和产业品牌建设过程中，应该利用好目前强大的企业品牌和产品品牌资源，发挥名企业、名产业的作用，真正实现企业品牌和城市品牌的良性互动，以企业品牌和产品品牌带动城市品牌发展，以城市品牌促进企业品牌和产品品牌的成长，真正实现企业品牌、产品品牌与城市品牌的共生共荣、互动发展，从而吸引人才、留住人才，人才是未来企业、产业和城市发展的核心竞争力。

第二节　抓城市设计——注入建筑美学优化导视

城市导视系统作为区域性、政治性、文化性和多层次多群众的标识，是城市文脉和城市意象的体现,具有强烈的文化属性、区域关系属性和文化认同的属性。作为城市形象战略的重要部分,城市导视系统设计要传承当地特有的地域文化特色。城市化最大的表现在于小城镇规模的迅速扩大,这种变化一方面使小型城市原有的空间结构解体,另一方面也使城市空间进行重构,导致了新的城市导视调整。换句话说就是,小型城市正处在城市空间结构调整时期,城市的决策者已经意识到了"以文化论输赢"的城市现代化发展谋略。城市视觉导视系统,作为一个城市向外的主要窗口,其是否能和本城市独有的文化形态相结合,并形成自身的文化个性,成为了现代城市导视系统的关注点。

慈溪位于沪宁和沪杭甬沿线发展带、沿湾发展带和沿海发展带"三带合一"的交通要地,区域交通条件优越。经济竞争力连续多年位列全国百强县第三名。杭州湾跨海大桥的建成,给慈溪带来了千载难逢的历史性机遇。慈溪将一跃成为连接上海、宁波两大都市的"黄金节点",融入沪、杭、甬 2 小时交通圈,这将极大提升慈溪在长三角城市群中的战略地位。目前,慈溪市域层面"一个中心、四个片区"空间布局形态初步形成,城镇建成区面积扩大到 121 平方公里,中心城区面积扩大到 34 平方公里,城市整体框架基本成形,城市化水平提高到 60.5%。慈溪城市化发展速度进一步加快,要求各项基础设施和公共配套设施紧跟城市规划建设发展步伐。这就要求慈溪市在更大的区域范围内统筹考虑城市的导视系统效用。

一、慈溪导视系统效用存在的主要问题

(一) 导视信息问题

1. 系统信息密度偏失

当经过慈溪城区与周边各镇,沿着道路前往某个地点的过程中,会发现在不同场所导视状况有很大差异。比如:城区车站内外基本都有大量的标识。相反,当我们一旦离开中心城区,标识的数量和信息种类陡然减少,一下子又进入了标识的真空。由于慈溪城市中的导视信息没有统一地规划,每个空间的导视系统与外部空间没有延续性和关联性,各自独立实施标识(图 7-1)。

要解决这种问题,必须要保持信息的连续性,在设计之初应该调查周边道路及公共设施系统的现状,注意其信息的种类和特征,这样才能让新加入的导视系统能够完整地融入整个地区的导视大环境,从另一方面来说,也是扩大和保证导视作用。

图 7-1　慈溪街景

2. 导视系统信息之间相互抵触

虽然在空间之中有大量的标识，比如商业广告标识、城市公共交通系统标识、旅游景点标识等等，但是在充斥着标识的空间中，我们依然感觉无法获得渴望得到的信息，尤其是车站和商场等地方装置着大量的广告、装饰物、公共物品。这些视觉元素在非常嘈杂的环境中让导视信息淹没其中，让人们失去视觉的焦点。信息相抵触的问题，不仅是出现在导视标识与导视标识之间，也发生在导视标识与广告等其他空间视觉元素之间。

问题解决方法：事先明确标识的功能和分类是解决问题的基础，然后根据信息的种类和使用者的不同，将标识的安装方法、安装地点按区域规划，能很大程度解决信息相互抵触的问题。这种方法，不会降低设施各自独立的功能，使它们可共存于空间之中。同时，我们还必须考虑路上的行道树、配电箱、长椅等标识以外的设施，哪些必须让人们看见，哪些需要隐藏。标识安装的位置要避开原有的公共设施，将人们不适用的设施安放在标识的背后，减弱这些设施对导示系统效果的影响。

3. 导视系统信息品质低

在适当的地方传达必要信息的标识才是高品质的导视系统，内容的充分和出现的得当并不是由数量决定的。如在慈溪银泰的商业区及上林坊，设置了大量的方向诱导信息，却没有满足理解地理信息的地图或指南信息，也不利于人们对复杂空间的把握。为了保证导向标识信息的品质，多类别的信息平衡与组合是处理此问题的方式之一(图 7－2、图 7－3)。

图 7－2 慈溪街景

问题解决方法：为了提高使用者有计划的行动能力，并快速作出移动计划，各种各样的导视平面地图等服务信息都是非常必要的。单纯地追加标识，不仅可能增加空间的负担，更浪费财力。在原有的标识系统上增添信息，或者复合不同种类的信息内容，都是提高品质的有效方法。

图 7－3 慈溪街景

(二) 导视系统破坏景观

在原有的街区或早已建好的公共空间设置导视系统时，需要对空间进行全面的考察和规划，在原有的公共设施的基础上协调导视系统的设置方式，达到和谐统一。如果没有经过系统设计，必然导致空间景象繁杂和破坏景观的结果。在有些地方，不同时期或部门设置的各种街道设施：路灯、公共宣传栏、导视系统等没有经过整合设计，也会极大地占用了狭窄的人行道路面。这些公共设施的设置和增加，需要城市或社区进行综合的整治，而不是单纯加建，对城市管理者来说，需要有一个统一的、有序的改善道路空间的规划方法。

问题解决方法：在对原有空间的再设计时，可以采用复合形式，在对原有环境和设施全面考察的基础上进行整合设计，新加入的导视系统要注意复合的方式。

(三) 导视系统对视觉障碍者考虑不足

大部分导视标识体系都以视觉信息为主，很少有考虑到视觉障碍者和老年人。在现代社会，视觉障碍人群越来越多，人口老龄化问题也日益突出，在公共环境中的导视系统需要考虑到这些问题。通过加大文字字号与提高对比这样简单的方法，就可以照顾到弱视和老视的使用者，让更多人群便捷地生活(图 7－4)。

对应视觉障碍者方面的考虑有以下几点参考的做法：

1. 光线不足条件下的视认度

有照明的标识系统为人们在阴雨天、夜晚等光线不足时间的出行提供有力保障。在一些地下通道或光线较暗的空间，标识牌或字体还可以采用反光材料，以保障人们能及时发现导示信息、更清晰阅读标识。

2. 针对高龄者等弱视群体的策略

在排版时将适当文字的字号增大、行距加宽，都可以让弱视群体阅读更容易一点。在设计时比例上要注意文字的大小和视认度需要的平衡。

3. 对于全盲者的策略

对于全盲者来说，所有视觉类的导视都不产生作用了，因此，设置指纹类触摸型标识和利用声音类听觉标识传达导示信息越来越普遍。

(四) 导视系统缺少地域性的文化延续

一方水土孕育一方文化，一方文化影响一方经济、一方的经济产生一个区域性城市。在中华大地上，不同社会结构和发展水平的地域，自然地理环境、民俗风情习惯、政治经济情况，孕育了不同特质、各具特色的地域文化，地域文化与导视系统结合是必然起到积极的传承和发挥文化传统的作用。

图 7－4　慈溪街景

慈溪城市导视系统的设计不具备慈溪城市的文化传承。同时，中心城区与周边的导视设计也缺乏统一性，即无统一也无城市的历史文脉。

中国原生态的导视标识系统牌坊，是现代导视系统设计值中最得借鉴的。牌坊的设计除了是导视的一种建筑物，同时也兼具着表彰、纪念、装饰等功能，向人们诉说城市人的各种故事，帮助文化流传，树立城市形象。尤其是慈溪具有浓郁区域文化特色的青瓷和慈孝文化的演化设计，更是能体现慈溪城市文脉。

二、慈溪城市导视系统的规范设计对策

城市导视系统的建设属于整个社会的公益事业工程，具有社会性、系统性、综合性、长期性的特点，其建设和完善需要系统地从以下几个方面整体推进：首先，应加强基础研究工作，从理论上、技术上把掌握其发展变化规律；其次，应加强标准、规范的研究和制订工作，统一、规范各地区的设置要求，达到科学合理的设置标准；第三，应加强法规建设，保障其建设完善工作落到实处；第四，应加强专业人才的培养，为该系统的设计、制作、施工提供人才智力保障，同时应加强导向知识的普及教育，增强人们识读导向设施的能力，提高导视系统使用效率；第五，应拓宽融资渠道，为建设完善城市公共空间静态导视信息系统提供必要的资金支持。

（一）导视系统设计构想

1. 导视要突出地域文化特征

慈溪长达 7 000 年历史，因治南有溪，东汉董黯“母慈子孝”传说而得名。慈溪拥有三大传统的区域特色文化：青瓷文化、围垦文化、移民文化。衍生出“灵秀、外向、兼容、务实”的文化精神，成为经济发展的内在动力，逐渐形成了独特的地域个性。因而，在导视设计时一定要突出多元文化的地域特征。

2. 导视要虚实耦合提取要素

针对慈溪文化的特点，在提取设计要素时，一定要有形与无形的结合，从“精神”层面把握内涵。如：可从青瓷、慈孝等慈溪代表性文化元素的“形”提取要素，更要从能商善贾、吃苦耐劳的围垦文化和多元文化融合角度的“神”提取要素，已达到虚实结合，形神兼具的效果

3. 导视要做到传统与现代有机结合

当代导视标识设计具有较完美的造型语言，丰富的色彩关系和各种制作材料及工艺的展示，能体现时代的风貌。但在内容上，欠缺反映现实生活和老百姓喜闻乐见的生活。而针对这方面的问题，地域文化元素与现代的审美结合才能满足人们的视觉要求。

4. 导视要彰显生态人文自然结合

在可持续发展思想日益深入人心，并深刻影响到越来越多学科领域的前提下，“生态”这个词汇在社会中愈发得到注重，在现代化的城镇中，只有遵循生态发展的规律，顺应可持续发展的要求，才能使人类社会得以传承与发展。因此，生态标识概念的提出迫在眉睫。在设计中应选择当地生态系统中的本土植物作为慈溪生态标识，并从这些植被中提取设计的元素，如慈溪的杨梅图形。

5. 导视要文脉清晰系统整合

在城镇导视设计中，展现清晰的文化脉络，并形成相互关联的整体是设计成功与否的重要标志。按不同功能分区进行既有重点、又有区别的风格设计，能有效把慈溪众多的文化元

素整合在一起，使系统功能与效果达到最优化组合。

（二）加强城市导视系统设施的系统性研究

慈溪导视研究领域存在着整体缺乏系统性，局部缺乏完整性的问题。针对这一问题，应加强整体的系统性研究，加强局部的完备性研究。具体来讲，应建立完整的、具有针对慈溪地域文化建设的城市公共空间导视研究；应针对慈溪整体的导向地图、公交线路图等导向设施的信息编制、设计、设置进行专门的深入研究。

城市导视系统研究有着独有的服务对象、有专门的研究对象，其实质是设置在城市公共空间实体中的空间地理信息系统，其既具有与城市交通地图相类似的反映城市空间地理信息的特征，又具有与城市公共空间密切结合不可分割的城市公共设施特征，其研究体系应具有系统性、独立性的特点。

对慈溪市导视系统的整体性研究应包括基础理论、应用理论和技术等三个层面。基础理论应围绕"慈溪空间环境、慈溪人文、慈溪导向设施"三个相关因素展开，空间环境方面应以研究空间环境认知规律为主要内容，具体分析空间环境认知导向信息、难于识别的空间环境导向认知信息特征等内容；人的方面应以当地人对导视信息感受规律为主要研究内容，具体研究对导视设施的感知效果，包括慈溪当地人的视觉功能感知特征；人的认知心理因素、运动心理因素对视觉的影响，导视信息视觉感受的过程与环节等；导视设施方面应以研究导视信息的传输规律为主要内容，具体研究导视信息的设置者、信息内容、导向设施、交通出行者、导向效率等信息传输过程中各部分之间的相互作用与关系。

应用理论应研究慈溪特色的导视信息及其符号的产生、发展规律，具体研究慈溪导视信息及其符号的构成规律，运用符号学理论、传播学理论探讨其语法规则及语义学、语用学特征等；进行导视设施的美学研究，探讨导视设施自身美学规律及其与环境的协调规律；进行导视系统的认知方法教学规律方面的研究，以培养设计人才和全面提高普通出行者的导向信息认知水平。

技术方法层面需要进行导视信息系统规划、设计、制作等方面的方法研究。应进行导视信息物质载体的美学研究，研究设计形式美、与环境的协调等内容；应进行空间、实体的标注位置研究；应进行物质载体的材料、构造照明方式研究等。

（三）加强城市导视系统设计标准、规范的制订工作

城市导视系统的建设涉及社会生活的方方面面，是一项综合的系统工程，在建设过程中，其设计、设置标准、模式存在着不同。管理部门与管理部门、设计者与实施者之间密切的关联和矛盾，如何统筹各方，协调有效地共同推进导向系统向着科学、合理的方向发展，是一个十分复杂的社会性系统工程，其中最为重要的、最为有效的方法就是制订慈溪地方导视系统技术规范和标准，制订合理有效的标准、使用设计规范，以此来统一、规范慈溪市的导视系统建设。

具体来讲包括以下内容：

1. 应包括对导向信息符号的规范

应对导向信息符号进行规范，即对导向信息的文字、色彩、图形等符号进行规范，包括对

用于导向系统的所有图形符号进行规范；对所有图形标志进行规范；对文字或文字标志的标注信息进行规范。如对双语标志的规范，就是要对英文标志的内容、文字大小、文字形式、使用的场合进行规范。

2. 应包括对导向信息信文的规范

应对导向信息的信文进行规范，包括导向信文构成的规范化；导向信息符号组合规则的规范化，如对图形与图形之间、文字与文字之间的位置关系、图形与文字之间的位置关系等规则进行规范，达到统一、清晰、醒目的认知要求。

3. 应包括对导向设施设置的规范

通过对导向设施的设置方式、位置等进行规范，达到合理、规范、高效的设置要求。应规范设置原则、设置场所、设置高度、设置密度等设置规则。

(四) 加强城市系统系统的法规建设

城市导视信息系统的建设、管理一直以来并未受到地方城市政府的足够重视，常被认为是可有可无、可多可少的实施，尚且没有形成一整套合理有效的管理措施；缺乏统一的、有效的管理办法和管理机构。同时，城市导视信息设施属于道路、房屋等城市设施的附属设施，其附着在城市设施上，遍布于城市公共空间各处，其建设、管理与其他城市设施交织在一起、与交通、通讯、通信等社会活动交织在一起。在建设工程中，又涉及城建、交通、工商、财政、物价、公安、邮政、质量监督、民委、语委等城市建设、管理的各个部门，其建设、管理具有涉及范围广、涉及内容复杂、建设周期长、维护烦琐等特点，因而，城市导视信息系统的建设和改造属于庞大的社会系统工程，难度十分巨大。

正因如此，城市导视信息系统建设和改进需要进行长期性和系统性的努力，尤其是应将城市导视信息系统建设和管理纳入政府公益事业管理的重要项目中，应首先加强其法规建设，同时建立健全相应的管理体系，才能保证城市导视信息系统建设和不断完善的有效实施。

政府应通过建立、健全相对应的法规，在城市规划、市政建设、资金预算、城市养护等领域引入城市导视信息系统建设内容，保证城市导视信息系统的规划、建设、养护项目落到实处。在法规中，需要明确建设的责任主体、明确建设的实施内容、明确建设的实施标准、明确建设的验收标准、明确维护的责任主体和资金等内容。

具体来讲，应通过法规的制订，保障落实城市进行城市导视信息系统规划的研究和制定工作。在规划的制定过程中，规划应注重与城市总体规划相结合；应符合相应规范、标准；应结合城市现有的导向设施；应向国际标准化方向靠拢；应从城市建设法规入手，通过相应的体制、机制保障，将静态导向信息系统的建设纳入城市市政、房屋的建设过程中；应在城市规划、建筑设计、市政道路设计等相关规范中增加相应建设条款，在城市建设的源头纳入城市导向系统项目建设。

如对于新建和改建的市政工程项目，应规定同时将导视系统的设置列入工程项目设计、预算；应规定城市管理部门在进行项目审查时将是否设置了导视系统，是否符合国家标准作为审查内容；应规定建设项目在竣工验收时，城市管理部门将导视系统设置情况作为验收合格的一项要求进行验收。城市静态导视信息系统的建设是一项系统社会的工程，只有加强建立完善的国家、地方各级法规体系，在法规的保障下，才能实现城市静态导向信息系统齐备、完善、合理、有效的目标。

(五) 加强培养专业人才，普及和完善相关知识

城市导视信息系统的建设和完善是一项庞大的系统工程，需要大量专业技术人才、大量的专业管理人才、大量的制作施工人才，只有具备必要的专业人才作为支撑，才能完成逐步实现系统的完善。因此，应加强专业人才的培养，为导视系统的设计、制作、施工提供智力保障，同时，应加强城市导视常识的普及教育，提高人们识读导向设施的能力。

市政府可以通过开办各种专业技能培训班等方式进行从业人员的培养。通过系统化、专业化的教育，系统化、专业化的研究，提高工程技术人员、平面设计人员的设计、规划、施工水平，造就该领域的专门人才。在导视系统的建设过程中，设计环节属于其中的较为关键的核心环节，但该系统的设计目前并未形成专门行业，业内设计人员都来源于其他专业，有标识设计行业人员，有交通规划专业人员，也有建筑设计人员等，其中标识设计行业人员所占比重大一些。事实上，该系统的设计要求设计人员具备较高的素质和系统的知识结构，该系统设计有其独特的规范化、系统化的知识体系，该系统设计是一个实用性很强的专业，是技术和艺术结合紧密的专业，它牵涉的工作范围较广，从结构、材料到加工工艺，从形态、色彩到表面装饰，既要考虑人的识别使用，又要考虑到人的心理感受，等等。同时，加强城市导视系统从业人员专业知识、技能培养，加强从业单位对相关法规、标准的学习，提高行业整体的设计、制作、施工水平。

另外，城市的寻路行为涉及人、城市环境、导视设施三方面相辅相成的因素，寻路人识别、理解导视设施的能力在寻路整个过程中也至关重要，而寻路、识读导视设施是每个人经常会遇到的问题。识读导视设施能力是人们要求掌握的基本技能。强化人们使用静态导视信息设施的能力，是一个不容忽视的问题。加强该方面工作也是十分重要的，因此，应将其纳入相应的日常教育中，尤其可以作为儿童的一项常识教育项目，结合交通法规等常识教育进行，对于提高城市导视系统的使用效率定会取得很好的效果。

三、提升城市建筑美学

城市的发展除了经济的增长之外，更需要城市文化的进步，而城市建筑美学是城市文化的重要组成部分。这也是城市软实力的核心内容之一。因为城市不仅为人们提供了生产、生活的物质空间，也为人们提供了精神活动与艺术活动的空间，同时，还展现了城市的历史文化内涵和地理风貌特征。所以，城市建筑实际上是城市物质与文化双重载体。对慈溪城市建筑美学进行系统的研究与评价，能够更好地促进慈溪城市建设与规划的发展，提升城市的文化品位与美学特质，为进一步完善城市功能，提升城市软实力奠定坚实的基础。

(一) 慈溪城市建筑美学的文化积淀与历史文脉

1. 以浒山为中心向周边辐射的建筑格局

慈溪城市建筑形成了以市政府所在地浒山为核心，向周边辐射的格局。浒山街道位于慈溪市中部偏西区位，原主城区街道由南北东西两个方向延伸约 500 米，城市建筑依历史上

自然形成的原有城市街区和地理形制而建成，随着城市的扩大和城市功能的发展，正在逐渐向周边地区扩展，形成了全新的城市规划格局，与此相适应，城市建筑也在不断地更新，一批新建筑拔地而起，初步显现出新兴的中小城市的格局，为提升城市形象和审美风格增添了新的亮色。浒山自设市镇形成以来，城市格局500多年基本未变，城市主要建筑除保留少量的古代卫所遗存外，主要以民居为主，基本没有成规模的新兴城市建筑群，造成现代城市的诸多功能缺失。浒山是1954年对当时的慈溪县行政区划调整后新建的主城区，是慈溪市政、经济和文化的中心，集中地展示了慈溪城市的文化品位和历史内涵。因此，浒山的城市建筑代表了慈溪市城市建筑美学的总体风貌。

2. 浒山建城历史悠久，文化积淀深厚

浒山镇是一个具有悠久历史的市镇，经历了近千年的城市发展变迁，它的发展轨迹浓缩了慈溪城市建筑美学的历史演变。解放初期，浒山的城区面积仅有0.34平方公里，常住人口不足5 000人。1970年，城区扩建改建街道，形成了东西向的解放大街和南北向的南门大街，城市道路拓宽至10—12米，同时新建了4条环城路，以及水门路、寺山路、青少年宫路，这些城市街道均宽12米以上。1978年，新建二环线，城区主要街道增长至20余公里，原狭小的环城南路，拓宽改造至40米宽。随着城市的扩建，为了提升城市形象，完善城市功能，新建了一批地标性建筑，如三北大楼、广播电视大楼、百货大楼、商业大厦、邮政大楼、电信大楼、供销大楼、市人民医院住院部等一批高层建筑，同时，城东、鸣山、金山、楼家等4个住宅小区，占地面积50余公顷，总建筑面积近60万平方米。城区内已形成以解放街为中心的商业区，以城南、城西北片为主的工业区，以城东北片为主的文教区，为美化城市，将原大会堂广场改建成公园。在城南寺山岙内利用古如意讲寺旧址开辟峙山公园，园西新建烈士纪念塔。至1990年，建成区面积已经扩大到6平方公里，为旧城的18倍。近年来，随着新的城市规划的实施，城区面积大幅度扩张，随之建设了一批新的城市建筑群，初步形成了城市建筑的主体风格与规模。

3. 浒山的城市建筑经历了古往今来近千年的发展历程

浒山镇在地形上以平原为主，始建于明洪武二十年(1387年)，原为海防要塞，早在宋代即在其西南设眉山寨，元改眉山司。明为防倭寇侵扰，在此筑三山所城，并建练兵用教山场，至清末民初，卫所裁撤，迁东北三山司于城内，遂有商贾入城营生，由此初步形成市镇雏形。及至清末道光年间，浒山撤所，市镇的自然经济得到了迅速发展，居民数量迅速增加，加之浒山位处宁波与上海之间，工商业悄然崛起，据史书记载“百业云集，鱼蔬陈列街巷”。民国初期，镇内棉布、百货、南货、油酱等商店已达百余家。民国二十四年，观曹、浒胜公路建成通车后，浒山镇的商贸业发展加快，成为当时姚北地区棉花、土纱布及其他手工业品的主要集散地。工商业的发展，在带动了浒山城市建设的同时，也推动了城市建筑的勃兴，但是，在建国前，浒山建筑缺乏总体规划，没有形成统一有序的审美风格和完整的城市建筑形态。

从上述可见，浒山镇的城市建筑具有一定的历史脉络的传承与延续，由此形成了慈溪市城市建筑的原初形态。因而，在慈溪市城市建筑中，能够发现一些历史形态的元素，这些历史文化元素对于城市建筑文化而言，是不可多得的重要资源。通常一个城市建筑的审美特质和风格，都要从其历史文化的脉络中去挖掘内在的美学根基，因此，对于慈溪城市建筑而言，如何挖掘和利用已有的历史文脉，打造城市建筑的审美风格，是未来需要深入研究的课题。总体而言，由于浒山镇建制的功能最初主要用于军事的目的，故显现出市井和城市生活形态的建筑并不丰富，且存留数量不多，这在城市建筑总体规划过程中，可资利用的现成古建筑资源比较有限，这对慈溪市城市建筑设计中历史文化元素的利用，形成了一定的制约。

（二）慈溪城市建筑美学特征与自然环境

1. 城市建筑应遵循与自然环境和谐统一的原则

城市建筑的美学特征必须依托自然环境，并与自然环境和谐统一，由此形成自然与城市建筑审美形态的相互依存和相互促进。就慈溪市政府所在地浒山镇的自然环境而言，应该说有着许多独特的自然环境优势。慈溪市位于杭州湾南岸，宁绍平原北端，属于亚热带季风气候，自然植被丰富，境内有丘陵、平原、河流、海滩等，以平原为主，是上海、宁波和杭州三大长三角城市的黄金节点。优越的自然地理条件和生态环境，为城市建筑艺术的创造提供了不可多得的条件。

2. 城市建筑应在自然景观基础上因势利导

就浒山镇而言，总体以平原为主，地势平坦，境内也有低山丘陵和河流，构成了平原与山水相依的自然景观形态，为城市视觉空间提供了错落有致、高低不同的天际线。一般而言，城市建筑与天际线的协调统一，是城市空间艺术创造的重要节点，利用城市建筑的形态，构建城市天际线是打造城市建筑美学风格的基础。在国内外一些城市建筑美学设计比较成功的案例中，都突出了城市建筑与天际线的协调。例如，北京的主要街道长安街，早在建国初就规定城市建筑不得兴建摩天大厦，最高高度不得超过北京饭店（12 层楼），其目的是为了保留紫禁城古色古香建筑群的风格与历史厚重感；杭州城市中心是以环西湖而建的，为了保持水天一色的城市风貌，杭州市在制定城市规划时，也严格限制了高层建筑的建造；六朝古都南京市的城市中心是以中山路、玄武湖为核心构建的，并保留着目前世界上最长的古城墙，为了保持古城的风貌，在发展城市交通的过程中，在贯通玄武湖与主城区连接的过程中，避免修建高架路，而采用了湖底隧道，尽管造价很高，但有效地保护了南京古城的整体文化风格和天际线。

3. 城市建筑对自然环境的利用上稍显薄弱

从慈溪浒山的自然地理资源利用情况来看，在进行城市建筑规划时，对此有所考虑，但重视的仍然不够，而且在自然景观与建筑形态的审美风格协调统一上，做得不够细致和全面。整个城区很少见到有规划建设的绿地，植被与建筑的协调基本没有进行系统的规划，凸显出建筑审美与自然环境及植被分割的状况。城市道路街区的树木与草坪一是总体面积不够，二是缺乏与建筑相互映衬的景观带，由此不仅削弱了建筑审美的效果，也影响了城市景观的整体品位与档次。在当今城市建设规划中，建筑美学与自然生态环境的相互协调与衔接，是一个重要的理念和方法，目的是为了营造人与自然和谐的城市生态环境。因为城市建筑作为一种视觉空间，并不是孤立存在的，它必须与周围的整体环境相呼应与配合，其中最核心的空间要素是植被生态系，因此，必须把建筑美学形态与自然生态系统统一纳入城市建设规划中进行考量和安排。在这一方面，杭州、大连和青岛等城市做得都比较好。尤其是杭州，按照城市空间安排了生态植被面积，除了规划了城市绿地、市民广场等专门的生态植被外，还在高架路、部分高层建筑上也种植了花草，形成了立体的绿色植被空间，凸显了生态城市建筑空间的特色和理念。

4. 新建筑已经充分考虑了美学因素

从我们调查考察的情况来看，做得比较好的案例是新建的慈溪市政府建筑群，该建筑群为板块结构造型，白色基调，总体风格一致协调。在该建筑群前面有绿色植被层次丰富的市民广场，视野开阔，构成了面积较为宽阔景观带和市民活动中心，体现了人与自然和谐共生的空间关系，自然生态系统与城市建筑的美学特征得到了较好的统一。2000 年是慈溪市城市建筑美学设计的一个分水岭，如果说在 2000 年之前的慈溪城市建筑美学意识还没有确立的话，整个城市建筑没有鲜明的美学特征，缺少统一的风格定位，与城市的历史文化积淀和自然生态环境也是完全梳理的，那么，从 2000 年之后建造的城市建筑来看，基本都考虑到了建筑形态与自然环境的协调，比如慈溪的中国电信大楼，作为地标性建筑，在建筑完成的同时，也建造了城市广场。因为城市建筑除了其使用功能外，它的文化功能、休闲功能和审美功能在现代城市发展中已经显得越来越重要，且不可只重视建筑的实用功能而忽视其文化概念和审美功能。

从我们对慈溪市城市建筑的总体考察来看，2000 年是一个重要的时间节点。20 世纪 90 年代，随着慈溪经济的快速发展，城市规模迅速扩张，慈溪城市建筑开始注重与生态环境与地理因素的协调，规划设计了影清河（新城河）的环境景观项目，凸显了城市规划的生态理念和自然环境因素，为提升慈溪城市建筑的品位和档次发挥了重要作用，也成了城市建筑空间的一个新亮点。新城河两岸景观设计将 7.4 公里流域的两岸设计为 50—100 宽的绿化景观带空间，形成城市自然生态走廊，在新城大道与世纪大道之间营造了集河流、绿地和建筑三位一体的城市休闲与生活空间，凸显了水乡文化的特色，创造了建筑与自然环境相互依托、融为一体的新型城市空间形态，有效地提升了慈溪市的城市品位，为市民提供了一个优质的居住生活空间。因此，这一项目的规划设计是近年来慈溪市建筑美学理念中可圈可点的大手笔。

（三）城市建设规划与城市建筑美学的和谐统一

城市建设规划是城市建筑美学的灵魂与指针，为城市建筑的设计风格、空间形态和文化品位提供了依据。因此，慈溪市城市建筑美学形态与风格的形成，始终与城市建设规划息息相关。慈溪市在城市发展过程中，几次调整和完善了城市建设规划，使城市建设日趋科学合理，也为城市建筑美学创造提供了重要依据。我们根据慈溪市城市建设规划，考察了城市建设规划与建筑美学的互动关系，以此作为我们研究本课题重要基础。

根据《慈溪市城市总体规划（2002—2020）》的目标，未来慈溪发展的基本思路是：慈溪市将成为长三角中心城市两翼中南翼的工商名城；宁波大都市圈中的核心区块；连接宁波与上海中心城市的主要节点和枢纽；随着长三角中心城市对周边中小城市产业辐射力的进一步增强和转型升级的加速，慈溪的城市建设规划与城市功能向接纳与融入大都市城市圈的方向不断深化与发展。为达成慈溪城市规划与发展战略的总体目标，以现有的慈溪城市规划为基础，对慈溪城市建筑美学评价提出以下设想与建议：

1. 坚持美学风格和基调的总体有序

慈溪目前的城市建筑尚缺乏总体有序的美学风格与基调，在很大程度上影响了城市形象与城市品位的提升。

在原有的城市发展过程中，在城市建筑美学理念与实践的把握中，长期以来，总的来说是缺位的，导致了慈溪城市建筑设计各行其是，缺乏整体的规划，造成了城市建筑美学风格不统一，没有清晰的设计思路与基调，给未来的慈溪城市发展带来了很大的负面影响。虽然进入2000年后，在城市建设中，已经开始注意到了城市建筑美学对城市形象的影响，强化了建筑的美学设计，但各个建筑之间缺乏整体的呼应与风格的内在联系，显现出城市建筑总体规划上的缺位。

目前制定的《慈溪市城市总体规划(2002—2020)》，已经注意到了城市美学对于塑造城市形象、提升城市品位、完善城市功能的作用，在规划中，根据城市功能安排了区块建筑的风格设计及其景观与建筑的协调呼应，将慈溪未来规划的城区划分为九大功能区块，即旧城区、大塘江区、景观大道区、北二环路区、金山路区、乌山路区、园丁路区、峙山区和前应路区，但缺乏对城市建筑风格美学的总体设计。因此，现有的慈溪城市规划在建筑美学的理念与思路上仍然是缺位的，没有将城市建筑美学的总体设计纳入城市规划之中，这不能不说是现有的慈溪城市规划的一大缺憾。

根据这一情况，在完善慈溪城市规划基础上，按照城市规划的总体要求，形成以城市功能为导向，提升城市形象为目的，创造宜居的城市空间为旨归的指导原则，形成具有总体统一设计的城市主体风格特征与区块差异化审美特征，达成既有主体城市建筑基调，又有风格各异、和而不同的城市建筑美学风格。

2. 极致展现自然环境和人文要素

慈溪现有的城市建筑没有有机地融入自然环境因素与历史人文因素，凸显城市丰厚的文化传统与地理生态特色，导致慈溪城市建筑现代化发展缺失了自己的文化传统与美学风格；同时，在城市规划的总体布局上，缺乏以中心城区对周边小城镇的带动与辐射作用。

现代城市的发展与建筑设计，不能忽视城市的历史文化传统。城市的历史文化传统应该映射在城市建筑之中，并形成鲜明的具有文化特征的建筑美学特色。在这一点上，台湾地区、日本都做得比较成功，使传统文化与城市建筑艺术得到了较好的统一，国内城市中，南京、杭州、青岛和大连也做得比较好，值得慈溪借鉴。慈溪中心城区浒山镇具有深厚的历史文化资源，建城历史悠久，形成了以历史建筑、名人故居、历史街区和人文景观为主线的城市历史文化建筑遗产。如何利用这一历史文化资源，使之融合于现代城市发展之中，是慈溪城市规划题中的应有之义，但从目前慈溪城市建筑与城市规划来看，城市历史文化传统与城市建筑基本是疏离的，甚至是完全缺位的，我们只是在慈溪新华书店、慈溪图书馆建筑群中，看到了些许传统文化的元素，但并没有与慈溪本土的历史传统文化的内在联系。因此，在未来的城市建筑规划中，应着力发掘和展现具有悠久历史文化传统与江南地域特色的城市建筑美学风格。

同时，主城区周边的小城镇是城市的有机组成部分，也是中心城区的自然延伸，不同的小城镇应根据自身的经济发展和自然条件，根据省市两级政府提出的“建设美丽乡村”的计划，形成风格各异、形态优美的小城镇建筑风格。

3. 完善城市景观的总体设计

城市建筑空间美学元素是一个复杂有序的整体概念，既包括建筑本身，也包括建筑空间的延伸部分，如雕塑、城市园林和城市景观等。目前，慈溪城市建筑美学元素中缺乏城市雕塑、城市景观、城市园林等配套元素的总体设计，造成了城市建筑艺术的单调与割裂，难以形成整体的建筑美学的气场。

城市雕塑、城市景观和城市园林，不仅是城市建筑艺术的自然延伸，也是现代城市功能的重要组成部分。过去的慈溪城市建筑空间中，基本没有城市雕塑的元素，城市景观和城市园林也是缺位的，城市建筑的发展形成了“混凝土森林”的畸形的城市景观，给城市的生存环境和视觉空间造成了极大的破坏。虽然在新的慈溪城市规划中，已经把城市景观作为重要元素纳入了城市建设的议题，但是没有充分考虑城市景观与城市建筑的统一谐调，更没有把城市雕塑纳入城市建筑美学与城市规划的目标之中，可见，从过去到当下的慈溪城市建筑美学中，对城市建筑的延伸要素和整体把握始终是缺位的，因此，需要在未来的城市建筑的设计中将城市建筑、城市雕塑、城市景观和城市园林作为一个整体进行考量，从而使慈溪城市建筑系统更加合理、规范、有序，为提升城市形象、完善城市功能，创造宜居、美丽、绿色的城市空间做出新的贡献。

第三节　抓城市更新——低冲击开发提升城市能级

一、优化中心城区功能布局

围绕新型城市化“集约高效、功能完善、环境友好、社会和谐”要求，结合慈溪城市“东延、北拓、西连、南调、中提升”发展趋势，形成“一心、双核、三区、五组团”功能结构和“双核统领、井字架构、U 形公建轴、多节点烘托”的形态结构。

(一) 中心城区功能结构

中心城区形成 “一心、双核、三区、五组团”功能结构。

1. “一心”

即以市政府及其周边功能区块(体育中心、文化中心、商业中心)组合形成的城市中心，打造慈溪“主中心、新城东”。

2. “双核”

即老城商业核和文化商务核。

老城商业核——品质提升，功能拓展。品质提升主要是对老城一平方公里内的现有业态进行整合提升，提高品质和内涵。功能拓展主要是强化老城商业核的拓展和补充，强化其核心地位和规模效应。具体为老城商业功能区域向东面的楼家板块延伸[侧重建设低密度、低强度滨水(大塘江)商业休憩区]。

文化商务核——功能拓展，特色塑造。功能拓展主要是在文化商务区已有功能业态基础上进行拓展和补充，强化其核心地位和规模效应。具体在文化商务区南侧的三洞桥板块增设商业购物、娱乐休闲等功能；特色塑造主要是依托新城河景观廊道设置核心特色板块和丰富多彩的滨水核心功能区。

3. “三区”

即三大功能（产业）提升示范区。主要包括商品市场园区、新兴产业集群区、老经济开发区转型提升示范区。以商品市场园区为载体，加快推进现代服务业跨越式发展，进一步提高慈溪市服务业的带动能力、集聚创新能力和产业综合竞争力，实现由市域性服务业向区域性服务业转轨。以新兴产业集群区为载体，实现工业产业结构升级，工业发展模式转型，促进新型工业化发展，初步建成现代工业体系，基本实现工业现代化。以老经济技术开发区转型升级为载体（科研、文化创意产业、服务业），强化产业研发功能、拓展产业发展新平台（文化创意产业），把慈溪市建设成为全国有影响力的科技进步示范市，国家知识产权强市，国家县域经济信息化城市，成为长三角地区重要的高科技创新基地、高新技术产业化基地和高素质人才集聚地，文化软实力在全省和国内同类城市位居前列，文化在城市综合竞争力中的地位和作用更加突出，实现“文化大市”向“文化强市”跨越。

4. “五组团”

即中心组团、白沙组团、城南（横河）组团、宗汉组团、坎墩组团等五大城市组团。以城市主次干道和生态廊道为界，结合板块改造和拓展开发，将城市划分为五个组团，并配置相应的公共服务设施，设置城市组团级中心，服务组团内部，打造特色鲜明的城市组团。

（二）中心城区形态结构

中心城区形成“双核统领、井字架构、U 形公建轴、多节点烘托”的形态结构。

1. 双核统领——“集约高效”

“集约高效”是新型城市化的重要方面。要充分发挥空间聚集、强化规模效益，建设宜业乐居城市。应进一步凸显“双核”作用，引领城市向“一体化”“紧凑型”发展。

2. 井字架构——“环境友好”

“环境友好”是新型城市化的重要方面。因此，在城市结构中重点考虑生态廊道的建设，重点凸显潮塘江、大塘河、新城河、浒山江“井”字架构印象。

3. U 型公建轴——“功能完善”

“功能完善”是新型城市化的重要方面。主要完善城市功能，不断培育城市个性，形成城市特色。公共服务设施布局凸显新城大道、329 国道、西二环路“U”型结构。

U 型公建轴主要体现在两方面，一是继承延续，二是均衡布局。继承延续主要是延续城区倒“Z”型商业景观轴线——完善提升慈甬路城市商业轴线、新城大道城市的行政、文教、商业轴线，浒山江路办公商业轴线；均衡布局主要是在原有倒“Z”型商业景观轴线的基础上，拓展延伸，增加西二环路沿线公建服务功能。

4. 多节点烘托——“社会和谐”

“宜业乐居、社会和谐”是新型城市化的重要方面。通过“多节点烘托”为各组团提供完善的配套设施和宜人的公共开放空间，以改善人居环境，打造公平公正，结构稳定，利益协调，充满活力，安全有序，建设和谐城市。

二、加快旧城改造——稳步推进板块改造和拓展开发[①]

稳步推进城中村改造，逐步将城中村改造为符合现代生活标准的现代化居住社区，改变城市形象，提升民生水平。

（一）加快进度，基本完成已实施板块的改造开发

继续大力推进"134＋X"行动计划实施和城南区块、城西休闲商贸区的综合改造，力争早日建成，早出效益。

（二）统筹安排，稳步推进重点板块改造开发

根据规划和前期工作，积极推进板块改造前期安置工作。新启动推进新潮塘、明月湖、乌山、马家路、万亩畈、白沙、三洞桥等板块综合改造。

三、实施智慧兴产——加快推进城市经济转化升级

加快推进老经济技术开发区转型升级，理顺管理体制，构筑经济增长新平台，力争产业转型升级实现重大突破，城市功能得到大幅提升，城市环境得到明显改善。

（一）老经济技术开发区改造目标

以"生活居住、商业配套、产业研发、文化创意"四大功能为主，突出其活力、时尚、创新的特色，打造成一个"活力城邦、创智新区"。

（二）老经济开发区改造提升策略

以功能提升为目标，以"四进四退"为抓手，促进老经济开发区再开发，从而完善城市功能、提升城市形象。

1. "退低进高"——促进产业升级

原有产业逐渐退出，从制造向研发升级、企业内产业链的延伸，发挥土地最大的经济效益。从而实现从"慈溪制造"向"慈溪创造"的转变。

2. "退二进三"——完善城市功能

退二进三主要是在再开发中为完善城市综合功能，为城市提高较完善的生活服务设施。随着部分企业的搬迁，对老开发区内的旧厂房和落后产能进行搬迁或淘汰，使其退出中心城区，将其退出后的用地用以引进各种类型的第三产业和文化娱乐、体育、教育等公共服务设施，实现城市空间功能的转型和提升。

3. "退二进居"——改善居住质量

退二进居主要是工业用地再开发为居住用地。通过增加老经济开发区居住用地，集聚人气，促进东北部区域协调发展。

4. "退二进绿"——提升人居环境

随着老经济开发区从产业功能向城市功能转型，增加休闲空间提供生活多元化的城市

---

① 板块改造作为中心城区功能布局优化的主要载体之一，在《中心城区功能布局优化及重点区块建设对策研究》中已有论述，本课题不再重述。

环境，就必须提升老开发区的人居环境和增加公共交往空间，部分用地再开发为广场、公共绿地等公共开放空间。

(三) 慈溪老经济技术开发区功能(业态)建议

以营造良好的产业投资环境和舒适的生活环境为主要目的，积极引导城市综合功能建设的同时，重点拓展产业研发、文化创意产业两大新的经济增长点，最终将其建设成宜业宜居的活力新城区。

1. 城市综合功能

搬迁部分企业的，其用地再开发向居住社区、商业金融、公共服务设施(文化体育、娱乐活动)等功能转变。同时要增加公共绿地，增加公共交往空间，提升区域人居环境。

2. 教育科研(产业研发)

老经济开发区改造应立足现有基础，积极引入“创智”产业，鼓励和支持产学研各部门共同组建产业技术创新联盟，共建研发机构，博士后流动站，公共技术服务平台等，形成产学研协同创新的新模式，推动学科链、产业链、技术链联合发展，实现“创新链”各环节有效衔接。

3. 文化创意产业

老经济技术开发区改造不仅承担提升城市品质作用，还承担着慈溪产业转型、功能提升的作用。其转型升级必须抓住国家大力发展文化产业这一历史机遇，抢占先机，打造辐射省内外的文化产业平台。因此，老经济技术开发区的改造除建设公建配套、宜居社区外，应重点发展信息服务业和创意产业，使其充满“活力”的同时突出“创智”特色。

文化创意产业应包含以下三大集群：

一是创意产业集群，主要包括商务花园、创业孵化基地、研发制作中心、交易展示中心、管理服务中心。

二是创新休闲集群，主要包括创意街区、城市公园、特色商业街区、餐饮娱乐。

三是创新生活集群，包括了生态居住社区、医疗保健、文化娱乐、运动健身中心及学校配套。

通过对创新经济、创新生活、创新文化的融合，突出“创新时尚、活力多元”的品牌特色，使之成为慈溪乐居的新城邦，也是慈溪乃至周边地区乐业的新都会。

四、推进功能提升——强化城市承载力，完善城市功能

围绕中心城区形象功能提升，通过提升公共产品供给水平和服务功能，提升基础设施建设水平和承载功能，提升生态景观功能和环境承载水平，提升文化传承功能和文化内涵水平，实现中心城区全面提升。

(一) 努力改善城市交通环境

围绕改善城区交通环境，实施交通畅通工程。着力抓好杭甬高铁、宁波轻轨 3 号线等重大轨道交通工程，加快东三环、杭甬高速连接线(横河段)、329 国道南复线等城市快速通道构建，完善乌山路南延、青少年宫路北延、北三环东延、新城大道南延、西二环北延等城区主干路框架，推进金轮大道北延、新江路北延、明州路东延、新城河东路等城市次干道路建设，

推进城区"三横(329 国道、北二环路、南二环路)三纵(新城大道、孙塘路、青少年宫——乌山路)"主要道路改造提升,加密城市支路。努力构建覆盖全城、贯通内外、衔接顺畅、方便高效的城市交通网络。

(二) 全力优化城市配套设施

围绕优化教育资源供给,实施教育资源提升工程,抓好慈溪中学迁建、西门中学易地改造、市实验小学教育集团界牌校区、城南板块内小学新建等 14 所中小学校建设,高质量完成学前教育规范提升。围绕优化医疗卫生资源供给,实施医疗社保设施提升工程,优化城区医院设施布局,基本完成市第五人民医院、华阳口腔医院、明光眼科医院、白沙路街道和古塘街道社区卫生服务中心等新建和市中医医院扩建等工程全面完成社区卫生服务站一体化规范化建设。围绕优化文体资源供给,完善城市文体设施布局,在老小区改造和新建小区中强化体育设施和体育活动场地建设。围绕优化社区公共服务设施供给,抓好社区服务中心、老年活动室等社区公共服务设施建设,实施市老人公寓迁建等工程,提高社区服务和管理水平。

(三) 致力提升城市文化品质

围绕地域文化特色元素注入和文化产业区块建设,实施文化品质提升工程,全面塑造城市文化特色。积极推进乌山板块、文化商务区等重点文化展示、体验板块开发,结合峙山公园扩建,提升峙山文化广场等重点广场文化内涵,着力打造新城河、大塘江、景观大道、新城大道和三北大街等城市文化景观长廊,在城区入口按不同主题规划建设一批城市雕塑、小品,努力把围垦文化、青瓷文化、移民文化、慈孝文化、海洋息壤文化等地域特色文化凝固在城市建设的各个方面、每个角落。加快完善城区文化设施布局,在文化商务区高标准建成城市展示馆、大剧院、科博文化中心等公共文化建筑,建立地域非物质文化展示区与体验中心,规划建设一批民间收藏博物馆。加快社区文体活动中心建设,完成数字电视平台,努力为市民提供更加丰富的精神文化生活。加快文化产业发展,重点发展创意设计和广告业、文体用品制造业、文化休闲旅游业、节庆会展与文博业、网络和休闲软件游戏等新兴文化产业、职业教育培训业、青瓷文化衍生品业、古旧家具业等八大文化产业。

(四) 倾力建设幸福美丽家园

围绕建设幸福美丽家园,实施绿化生态提升工程。重点加强生态绿化建设,按照"森林慈溪"建设要求,大力推进峙山公园(西扩)、乌山公园、万亩畈、文化商务区中央公园、新城河、大塘江和潮塘横江滨江绿带等公共绿地建设。进一步完善城区环保基础设施高标准建设区域污水管网,同步配建垃圾中转站、公厕等环卫设施,切实提高污水、垃圾处理水平。围绕水环境质量提升,持续推进城区环境综合整治和生态修复,加快实施排污纳管、河道疏浚、生态治理等工程,从根本上改善城区水环境。围绕增添"夜慈溪"韵味,实施夜景美化提升工程,完成城区灯光设施升级改造,完成新城大道、三北大街、329 国道城区段夜景照明工程,设置一批多层次、多侧面、立体化、视觉整体统一、富有美感的都市夜景灯光系统。围绕改善居住环境,实施老小区改善提升工程,完成 23 个老小区改造,完善社区配套设施,改善小区和城区整体形象。

第四节　抓城市管理——城市管理水平

近年来,慈溪市围绕建设现代化中等城市这一宏伟蓝图,在积极推进城市建设的同时,日益重视城市管理。特别是随着慈溪经济、社会的快速发展,人民群众对城市管理的要求进一步提高,如何打造整洁、优美、舒适的城市环境已经成为当前政府工作的重中之重。

一、城市管理的现状

(一) 城市管理机构设置与管理体制

1. 两级管理机构

目前,慈溪市级层面的城市管理机构主要是市城市管理行政执法局和市城市综合管理委员会及其下设办公室。城管执法局和城管办采取合署办公形式,前者履行执法职能,后者履行管理职能。此外,涉及城市管理职能的其他部门和机构还包括:(1) 市级层面:市城管执法局下属的市政道路养护管理所、城市管理信息中心和环境卫生管理处;市建设局下属的市公用事业管理中心、市政工程管理处及市园林管理处;(2) 街道层面:主要在浒山、白沙路、古塘三街道设立城市管理办公室、城管执法中队、环卫所。总体上看,现阶段慈溪城市管理机构的设置较为简单,特别是在街道(镇)层面,还未在全市范围内建立统一的城市管理机构。

2. 三级管理体制

总体上看,近年来慈溪一直致力于推进以重心下移、属地管理为主的城市管理新体制的建设,表现为理清市、街道(镇)、社区的管理职责,逐步构建与新型城市化相适应的"一级政府、两级管理、三级服务"的城市管理格局。目前,慈溪主要在中心城区,即浒山、白沙路、古塘三个街道初步建立了市与街道协调分工的属地化管理体制。首先,市城市综合管理委员会及其办公室、市城市管理执法局作为市级层面的城市管理机构负责全市城市管理的统筹协调和执法职能。其次,在浒山、白沙路、古塘三个街道设立城市管理办公室和城市管理执法中队作为街道层面的城市管理机构,具体负责辖区城市管理各项任务的组织实施,包括环卫保洁、市容综合整治、城管执法、社区管理等工作。另一方面,就社区层面的服务职能而言,慈溪现阶段基本还未发挥社区这一城市管理基层平台的作用。当前,慈溪市仅在古塘街道试点实施了"城管进社区"活动。该活动是慈溪将城市管理向社区延伸的主要举措,以五项联系制度全方位监管社区的市容环境,查处社区内的违法违规行为。可见,慈溪以属地管理为主的城市管理体制尚处于起步阶段,市、街道、社区之间的管理职责还需进一步理清。

(二) 城市管理逐渐成熟

城市管理是一项复杂的系统工程,不同的城市有着不同的管理特点。慈溪市通过不断的改革与探索,已经初步形成了适合自身发展的城市管理体制,取得了一定的成绩。

1. 初步建立"条块结合、以块为主"的属地化城市管理体制

自 2008 年城区街道管理体制调整以来,当前慈溪已经在中心城区——浒山、白沙路、古

塘三个街道初步确立了以属地管理为主的城市管理体制，集中表现在城管执法和环卫管理方面。首先，就城管执法而言，浒山、白沙路、古塘三街道分别组建了街道城市管理综合执法中队（简称“城管执法中队”），挂靠街道城市管理办公室，两块牌子一套班子合署办公。街道城管执法中队作为市城管办的派出机构，受市城管办和街道办事处的双重领导，可以直接行使相关部门委托给市城管办的行政处罚权，打破了街道在城管执法领域缺少法律权威的尴尬境地，减少了城管行政执法的管理层次，提高了执法效率。其次，就环卫管理而言，浒山、白沙路、古塘街道均下设了环卫所，原由市城管办负责的城区道路、河道、公厕等环境卫生专业管理工作，按属地管理原则，现已全部移交上述街道进行自主管理，车队、城区垃圾中转站等环卫装备和设施也一并移交，使环卫管理真正向基层倾斜，推动了城市管理向现场化、精细化转型。此外，非城市规划道路和老小区、背街小巷的改造建设，以及市政道路的日常维修养护等职能也下放到了街道，一定程度上加强了街道的城市管理职能。

2. 横向综合协调机制初步建立

慈溪市城市管理组织结构呈金字塔形，在城市管理实践中较多地运用了各种横向跨部门协调手段，为加强城市管理合力发挥了一定的积极作用。总体上看，慈溪的横向协调手段主要有正式和非正式两种，以非正式为主。首先，就正式的协调机制而言，慈溪设立了各种领导小组和办公室、专业委员会、联席会议制度等，如市城市综合管理委员会，统一领导市容、市政、绿化、卫生、道路、交通、市场、社会秩序等城市管理工作，一旦遇到单个部门无力解决或部门自身无法协调的问题，可以通过该委员会进行协调和解决；再如在行政执法方面建立了市城管执法局和市建设局两部门的联席会议制度，规定每季度一次，共同研究、协调和解决违法案件查处中的有关问题。其次，就非正式的协调来说，部门之间通常以个人接触进行沟通、联系，如通过双方领导的电话联系进行解决，或者说由某一部门牵头，邀请其他相关部门就该问题召开一次临时性的协调会议。由于二者都属于非制度化的协调方式，因此在实践中一般只用于解决较为简单、涉及部门很少的城市管理问题，对于那些复杂的、需要较多部门共同参与协调的问题则没有显著效果，依然需要正式的协调机制才能得以解决。

3. 公众参与机制逐步推进

一直以来，慈溪市政府都在致力于推进城市管理领域的公众参与，在借鉴兄弟城市经验的基础上不断摸索建设适合自身的参与机制。在慈溪，公众参与城市管理的方式可以分为两种：一种是个人参与，一种是组织参与。就前者来说，这几乎是所有城市共有的公民参与渠道，即市民个人通过打电话热线、发电子邮件、关注政府网站、关注政府公示以及出席听证会等方式进行参与。另一方面，组织化的公众参与形式是慈溪城市管理的一大特色。慈溪市在 2010 年 4 月 30 日成立了城管义工协会，并且通过建立城管义工登记册，城管义工激励机制，发放城管义工会员证，设立城市义工日（每年 4 月 18 日）等方式来规范义工的管理，使之制度化。目前，该协会已在浒山、白沙路、古塘三个街道设立了服务店，在 26 个社区设立了联络站，发展了近 2 000 名城管义工，成立以来先后开展了人行道秩序专项整治、中央商务区步行街整治等大型义工活动，共有 1 856 人次参与了服务，各类服务活动共计 10 000 余小时。此外，为了让公众更有效地参与生态环境的建设，慈溪全市还设有 297 个环保自治组织，1.9 万个志愿者，同时以各种制度和办法建立长效管理机制。

4. 市场化运作机制实施

慈溪市在绝大多数公共事业项目上实施了市场化运作，包括城市道路的日常养护、城区公交车站广告权拍租、公共场所保洁、大型公共设施的物业管理、公共服务项目招标、户外广告等，做到了"以费养事、养事不养人"。在这种模式的运作下，慈溪市政府主要负责落实城市管理及维护的资金；确定城市管理维护养护的市场化业务主体；制定城市管理维护养护的规范和标准；对城市维护养护业务运作实施考核监管，逐渐形成了"管干分离"的市场化管理方式，使城市管理部门从园林绿化、市容环卫等具体作业的桎梏中解脱出来，摆脱了城管部门即是裁判员又是运动员的双重身份，大大提高了城市管理的水平。

5. 不断完善数字城管的建设和运行

2009 年 1 月，慈溪市开始在浒山街道虞波社区 2 平方公里试点实施数字城管项目，按照"试点先行、分步推进"的建设原则，目前已实现中心城区 34.5 平方公里全覆盖，分别包括浒山、古塘、白沙及宗汉四个街道。从建设模式看，慈溪市数字城管采取 BOO 模式，即由承建方进行先期投入，政府租赁服务每年支付租金的形式，通过招投标由 2 家物业公司，20 名采集员具体负责中心城区 3 个区域的信息采集工作。从运行效果看，自 2009 年 5 月数字城管终端系统接入各职能部门以来，数字化城市管理的效果日益显著。2010 年度共上报信息 38 207 件(其中信息采集员上报 35 147 件，96 130 城管服务热线受理 2 275 件，巡查发现 605 件)，立案 31 657 件，处理 29 747 件，处理率从 2009 年的 65%提高到了 94%。此外，为了更好地发挥数字城管的作用，慈溪市不断完善部门联系制度、业务通报制度等相关配套制度的建设，建立了以副市长为组长，城管执法局局长为副组长，其他 9 个相关部门负责人为成员的完善城市管理综合执法机制和"数字城管"模式项目工作小组，使数字化城市管理逐步得到落实，不断推进以数字城管为平台的长效城市管理机制的建设。

(三) 城市管理中存在不足和问题

纵观慈溪城市管理的现状，由于慈溪现阶段的改革还只是初步摸索的过程，城市管理领域仍然存在着不少问题。

1. 城市规划、建设与管理相互脱节

当前，我国计划经济条件下所形成的传统城市管理体制还没有根本转变，城市管理在很大程度上依然沿用传统管理方式，城市规划、建设与管理之间的脱节早已成为国内城市的通病。虽然，慈溪近年来开始逐渐重视城市管理，但城市管理依然处于政府管理的末端，只能被动地接受城市规划、建设造成的既成事实，无法主动参与到城市的规划、建设中去，往往导致规划、建设和管理各行其是，造成一系列管理难点。如市容管理中乱停乱放、乱设乱摆、乱贴乱写等"顽症"形成的根本原因就在于市容"硬件"设施的严重不足。

2. 城市管理部门存在职能交叉现象

由于当前慈溪仍处在改革的初步探索阶段，因此城市管理的很多方面还未理顺、理清，很多职能划转的交接工作也未落实到位，部门职能交叉的现象还没有彻底改变。如市城管执法局虽然集中行使 503 项执法职能，但这些职能中的很多都是从相关职能部门的处罚职能中切出一部分划转，往往在职能上存在一定的交叉，不管对市民还是其他市政府部门来说，都很难真正了解职能的归属。以河道管理为例，市城管执法局负责城区三街道(浒山、古塘、白沙路)区域的二、三类河道的违章查处工作,水利局则负责行使相应区域范围内一类河道的处罚权。这就把河道管理这一整体职能人为地割裂了,虽然从表面看去分工明确,但实际造作过程中很难做到“铁路警察——各管一段”,更何况对于广大市民来说,根本就无法分清哪些是一类,哪些是二、三类,大大降低了城市管理的效率。

3. 城市管理和城管执法相分离

慈溪市在2009年成立了城市管理行政执法局,由该局在管理区内统一行使行政处罚权。而与城市管理工作有关的管理职能则分散在各个不同的部门。显然,当前慈溪城市管理走的是一条管理与执法相分离的路子。虽然,管理与执法分离在很大程度上改善了过去多头执法、执法主体不明确的弊端,但也会使一项整体的城市管理工作变为若干个部门机构、多支队伍共同承担,如市政设施和园林绿化管理的建设审批、管理养护和行政处罚分设在不同的部门,缺乏统一的领导和协调机制,一旦出现了矛盾,各部门出于自身部门利益的考虑,往往会导致协调难、代价高、效率低的结果。

4. 街道责权利不匹配,属地管理名不符实

慈溪自2008年创新中心城区街道管理体制以来,随着城市管理重心的不断下移,很多原来由条条管理中的职能部门负责的任务如环卫保洁、市容市貌、城管执法等都被下放到了街道,大大增加了街道的管理负担。但是,与之对应的权力却没有同步下放,即使下放了在实施过程中也大打折扣,不符属地管理之实。以城管执法为例,市政府虽在制度层面确立了以属地管理为主的城管执法体制,使浒山、白沙路、古塘三街道享有城管执法的自主管理权,但是在实际工作中,市城管执法局对街道城管往往越位管理,对街道城市管理工作进行直接管理,过多干预街道的日常工作,如统一规定夜班人数、夜班时间等。此外,由于市城管执法局下派到街道的执法人员的人事编制仍然在市城管执法局,对他们的考核、职务升迁都由市城管执法局组织实施,这就在事实上造成街道无法有效管理在编人员,很大程度上削弱了街道的人事管理权威。如此,街道纵使在法理上享有属地管理之权也难以真正实现。街道在承担众多城市管理任务的同时,却依然受到条条部门的诸多限制,缺乏匹配的人权、事权、财权,可谓“上面千根线,下面一根针”。

5. 城市管理综合协调缺乏长效机制保障

目前,慈溪市在城市管理综合协调方面主要以非正式手段为主,缺乏长效的、专门的高位协调机制保障。即使建立了某些领导小组、联系会议制度,也多落实在理论层面,且这些协调机制的广度和深度也难以达到快速、有效解决问题的程度。根据调研,我们发现,从大的方面看,慈溪市的政府职能流程是一个单向的形式,就是规划→建设→城管,没有实现循环管理,当城市管理中出现的问题就只是城市管理的问题,规划、建设部门无法及时得到相应的反馈意见,更遑论三者之间的协调互动。从小的方面,即城市管理的日常工作看,目前市城管执法局与各相关部门之间也仅仅通过公文往来、信息抄送等形式,形成初步的协作机制。更多的情况是,在出现重大问题时往往通过领导的批示或要求进行临时协调,部门间的协调缺少制度上的保障,从而影响了管理效能。

6. 公众参与缺乏广度和深度

慈溪主要通过告示、开通城管热线、开通政府门户网站、组织评比活动等方式引导公众

参与到城市管理的工作中来，基本处于象征性参与阶段，缺乏广度和深度。一方面，当前大多数市民还抱着多一事不如少一事的观念，很难让其主动牺牲自己的时间去关注公众利益，参与的广度远远不够。另一方面，当前公众最多作为一种辅助力量来协助城管部门进行市容环卫领域的管理，公众参与几乎没有深度可言。虽然慈溪建立了城管义工协会，但该组织当前主要是作为一个媒介起到宣传的作用，协助城管部门进行日常市容环境的维护和整治，无法形成合力真正影响城市管理决策的制定与实施。因此，如何借助公众的力量以提高城市管理水平是当前慈溪市需要深入研究的领域。

7. 城市管理绩效考评机制落后

一方面，从市城管执法局对街道执法中队的绩效考核来说，当前市城管局在街道 100 分的考核指标体系中只占了 2—5 分的分值，如此少量的分值导致街道层面难以重视城市管理工作，很大程度上削弱了市城管执法局对各街道的统一指挥。另一方面，各职能部门之间也缺乏相互考评的制度。城市管理是一项系统的综合工程，管理的好坏取决于各个部门之间的协调配合，绝非城管执法局一家之事。当前，慈溪市还没有将数字城管反映出来的各部门问题纳入政府考核之中，仅限于通过数字城管简报进行通报了事。这样一来，其他部门基本没有任何必须配合市城管执法局搞好城市管理的压力，往往不会有力、快速的解决城市管理中出现的问题。如自 2009 年 5 月数字城管终端系统接入各职能部门以后，按照职能下派给各职能部门共 5 244 件案件，但仅处理完毕 2 161 件，处理率只有 41.21%。可见，缺乏合理有效的绩效考评机制也在一定程度上阻碍了慈溪城市管理水平的提高。

8. 城管执法队伍建设滞后

首先，城管执法力量严重不足。当前，慈溪市城管执法局及各执法中队具有执法资格的总共 38 人，3 个执法中队具备执法资格最多的浒山街道执法中队也只有 6 人，难以应付辖区内的日常执法工作。与此同时，街道执法中队除承担城管执法职责外，还要根据街道工作的需要兼顾开展其他临时性执法任务，这使本来就捉襟见肘的街道执法力量更是不堪重负。其次，城管执法队伍的稳定性较差，特别是协管人员流动性较大。究其原因，主要在于缺乏有效的人员激励机制和执法保障机制，从而导致城管执法队伍人员（主要是临聘人员）流动频繁。第一，就激励机制而言，目前慈溪市还没有任何形式的竞争和激励机制来提高执法人员的积极性，队员之间基本是干多干少、干好干坏一个样。第二，就执法保障机制而言，慈溪市也并不完备。在日常城管工作中，各执法中队往往需要经常性开展各类整治和执法活动，一旦遭遇暴力抗法，由于执法人员缺乏强制力，队员人身安全也就无法得到保障，队员在执法过程中顾虑较多，影响了工作积极性。最后，城管执法人员素质不适应现代化城市管理。一方面，正式执法人员的年龄结构不合理，平均达 44 岁；另一方面，大量的临聘人员文化素质较低，有时甚至出现暴力执法的现象，加剧了公众对城市管理工作的不理解，不利于城市管理的顺利开展。

二、构建城市管理新格局

城市管理是现代文明的重要标志，也是城市政府十分重要的职能。在当前慈溪市从“以建设为主”向“建管并重”转移的大背景下，要提高慈溪城市综合管理水平，需要加强城市管理的综合决策和协调管理，强调城市管理的整体性和相关要素之间的联系性、协调性，即按照“一级政府、两级管理、三级服务”的城市管理格局及城市管理高位组织、高位协调的总思路和总要求，着重在以下几个方面进行改进和完善：

（一）优化管理体制的总体思路

慈溪市城市管理应该按照“一级政府、两级管理、三级服务”的格局，落实“条块结合、以块为主；重心下移、属地管理”的管理原则。具体而言，就是在市级层面构建城市管理的协调机制，加强城市管理部门的职能建设；在街道和镇一级加强平台建设，构建城管基层综合管理平台；在社区和村一级，加强基层组织建设，构建有效的公众参与机制。

（二）构建两级管理、三级服务的综合管理体制

提高慈溪市城市管理水平，首先要建立科学合理、相对统一的城市综合管理体制，遵循“一级政府、两级管理、三级服务”的格局，建立协调有序的管理体制。具体方案包括：

1. 市级层面建立长效综合协调机制

在市级层面，建立城市管理联席会议制度，会议成员包括市府办、法制办、市法院、市财政局、规划局、建设局、公安局、民政局、国土资源局、交通局、水利局、环保局、卫生局、城管执法局、工商分局、供电局、劳动保障局等17个涉及城市管理的部门一把手。联席会议一季度召开一次，主要就城市综合管理的阶段性工作进行规划、决策，对城市长效管理的综合整治工作进行统筹协调。

成立城市管理委员会，由分管副市长任委员会主任，委员包括市府办、法制办、市法院、市规划局、建设局、公安局、民政局、国土资源局、交通局、水利局、环保局、卫生局、城管执法局、工商分局、供电局、劳动保障局等相关职能部门分管领导。该委员会是主持全市城市管理工作的最高组织机构，统筹协调各城市管理和执法相关职能部门及主城区内各街道（镇）开展城市管理与执法工作，并对主城区以外的街道（镇）的城市管理实行业务指导，实现城管的管理权和执行权的统一。市城管委下设办公室（简称“城管办”），城管办以目前的城管执法局为主体，在职能上进一步充实，负责统一履行市容环卫、市政公用、园林绿化、内河管理等方面的管理权和综合执法权。

2. 整合管理内容，集中城市管理职能

“大城管”体制是我国城市综合管理体制努力追求的方向，由专门设置的城市管理部门统一行使城市综合管理权和行政执法权的城市综合管理模式。在这种体制的运作下，当前慈溪市城市管理专门机构（城管行政执法局）需要有选择性地集中管理职能，而非现阶段所拥有的相对集中的执法职能和少量的管理职能。因此，建议将市建设局的市政道路桥梁、排水、路灯等市政基础设施的建设管理职能，城区园林绿化的建设养护功能，供水供气等公用事业的行业管理职能，物业管理职能全部划入城市管理委员会，同时设立相应科室，实现市政、市容、园林、绿化、房产等城市管理职能的进一步整合。

3. 推进城市管理重心下移，夯实街道的基层综合管理平台的作用

街道是城市综合管理的具体实施主体，充分发挥街道在城市管理中的基础性、主力军及主阵地作用是做好城市管理工作的重点所在。因此，应该在街道层面建立城市综合管理办

公室，具体落实辖区内市容环卫、市政设施、绿化美化等部分管理职能及上级所赋予的综合执法职能。为了保证街道切实履行职能，在向街道下放事权的同时必须落实相应的人权、财权，保证街道在开展城市管理各项工作时有足够的人力与财力支撑，真正实现属地管理。需要强调的是城市管理执法职能应该下放到街道，由街道城市综合管理办公室统一调度。

在推进城市管理重心下移的过程中，街道城市管理部门必须受到市一级城市综合管理部门的统一指挥、督查，也就是说街道实施属地管理并不意味着街道可以为所欲为，各街道城市管理职能的履行情况要受上级城市管理部门的监督与考核。这样，一旦街道出现管理不力的情况，市级城市综合管理部门就可根据相关考核标准对其进行惩罚，可以有效避免各街道各行其是的局面，加强市城市综合管理部门的统一指挥能力。

4. 加强社区组织建设，推进公众参与

以社区为依托的城市管理是当前及今后发达国家在城市管理领域的发展趋势，然而根据调研，当前慈溪社区在城市管理中的协同作用远远没有发挥出来。因此，为了形成"一级政府、两级管理、三级服务"的城市管理格局，优化城市管理绩效，应该做到：(1) 在社区建立相应的城管工作站，配备城市管理专职人员和临时人员，将社区治安、养绿护绿、环卫保洁及其他一些社会管理和服务职能下沉到社区，实现各职能部门服务的延伸，做到城市管理向全市区覆盖。(2) 努力培育社区组织的发展，提高公众参与城市管理的积极性。首先，拓宽现有社区组织参与城市管理的强度。如针对当前已初步制度化运作的城管义工协会这一重要社会组织，城市政府应加大对其支持力度，扩展城管义工参与城市管理的工作范围，如城市综合管理社会宣传教育工作和有关市民互动活动，以及城市综合管理行政执法体验活动等。其次，鼓励发展其他社区组织积极参与城市管理，城市政府可以根据社区实际和居民意愿有选择性地创造条件发展一些诸如社区爱心服务站、居民自治管理小组等社区组织来引导社区实行自我管理、自我服务，通过居民的自觉自愿参与来实现小区环境的长效管理。

5. 探索建立城管执法保障机制

当前，城管执法人员与流动摊贩间的矛盾日益凸显，社会上暴力抗法的现象屡见不鲜，使城管执法人员的人身安全受到了威胁，不利于城市管理执法工作的顺利展开，建议探索建立"城管、公安、法院"三位一体的城管执法保障机制，可设立公安城管联络室、法院城管联络室，形成城管行政执法多部门联动机制，提高城管执法的权威性和有效性。一方面，通过公安民警在重大执法过程中的"跟随式"保障可大大减少暴力抗法事件的发生，有效保障执法人员的人身安全；另一方面，通过城管与司法机关之间的联动，可逐步形成城管执法申请强制执行的"绿色通道"，提高城市管理执法效率和执法威信。特别地，针对流动摊贩的管理，不能一味地以堵了事，应该以疏为主。流动摊贩是城市社会的弱势群体，他们进行无照无证经营的根本原因在于生存需要。很多城市管理问题表面上看是城市管理执法不到位，但深层次原因是弱势群体的生存就业问题。从这个角度出发，城市管理人员在开展行政执法的过程中，需要采取疏堵结合的措施，为低收入群体的生存发展提供一定的城市公共空间，即划出一定区域允许流动摊贩合法经营。与此同时，建议和民政局、劳动保障局等建立公务协助机制，对弱势群体开展联合救助、就业帮助等救济救助措施，使城管执法与救助管理齐头并进，从而促进城管与弱势群体之间的良性互动，在保障城管执法人员人身安全的同时根治城管顽疾。

6. 建立监管分离的双轴管理体制

目前，慈溪市的城市管理体制中并没有单独的监管机构，监督在很大程度上依赖于各职能部门的内部监督，因而监督力量极其有限，建议采取监管分离机制。所谓监管分离，依据北京市东城区的运行经验，就是分别建立城市管理监督中心和指挥中心，从而将监督与管理职能分开。因此，按照慈溪市城市管理的实际情况，可以采取以下两个路径：一是设立城市管理委员会作为指挥中心，作为城市政府主管城市市政基础设施、公用事业、城市环境的综合管理部门，由其统一调度分散在各个职能部门和街道（镇）的管理资源和执法力量。同时，在指挥中心之外独立设置监督中心，直接对市长负责。监督中心以数字城管为技术平台支撑，负责收集、整理、分析、反馈城市管理中出现的各种问题，对城市管理状况及各专业部门的城市管理工作进行监督、考核和评价。二是在现有条件不足，无法建立城市管理综合委员会的情况下，可以将城市管理信息中心从城管执法局分离出来，独立成一个系统对市长直接负责。该中心作为城市管理的主要监督轴，具体负责城市管理中出现的问题巡查、上报与立案，对各部门涉及城市管理方面的工作进行评价，将部门的问题解决率纳入该部门的年度绩效考核中，并依据考核情况进行奖惩。

第三篇

新农村建设与创新发展

县域经济是浙江的发展特色，是区域经济增长的重要基础，在浙江经济腾飞和社会进步中功不可没。但随着发展阶段和竞争格局变化，传统县域经济的局限性也越来越明显。因此，慈溪市必须根据发展阶段和发展条件变化实际，着眼于推进城乡发展一体化，推动县域经济向城市（都市区）经济转型，促进产业集聚、要素集约、产城融合、功能集成，加快形成与新型城市化相适应的经济布局和发展方式。

在信息化和互联网发展日新月异的今天，互联网化已经深深地影响了我们的生产和生活。从 80 后开始的一代，他们生活在互联网时代里。在 80 后状态下，区位要素的影响逐渐弱化，每一个人都有机会，无论你是杭州的男孩子还是宁夏、甘肃的男孩子，在同一时间段都可以买到一双耐克限款鞋，一切流行都将城乡一体化。

在这样的时代背景下，贯彻执行中央十八大三中全会的精神，浙江省提出全面深化改革再创体制机制新优势的决定，提出要完善推进新型城市化和新农村建设的体制机制，构建都市区和城市群统筹规划、协调发展体制机制，建立跨行政区域基础设施、公用事业、社会事业共建共享的体制机制；完善中心城市提升发展机制，适时推进县（市）改区行政区划调整等。《决定》还提出了加快建立城乡要素平等交换和公共资源均衡配置体制机制、加快农村产权制度改革、探索城乡公共服务和社会保障制度衔接并轨机制、完善区域协调发展机制等改革举措。全面落实这些举措，必将有力推动我省县域经济向城市（都市区）经济加快转型，率先形成以工促农、以城带乡、工农互惠、城乡一体的新型工农城乡关系。作为沿海发达地区的城市，慈溪在城市化方面是走在县级城市前列的，当前的发展情况和未来的设想和思路值得我们总结和思考。

第八章

城市化的关键:农村土地改革打响焦点之战

2002年9月,诺贝尔经济学奖得主加里·贝克尔在西班牙《世界报》说过:"中国大量农民涌向城市的趋势是不可避免的。城市化是中国发展的一个重要组成部分——中国的城市化将会越来越明显地在中国未来发展中起到巨大作用。"城市化是人类发展的必然趋势,是国家现代化的必由之路。城市化必将成为下一轮经济持续稳定增长的新引擎。城市化表现在越来越多的农民从农村走向城市,享受和市民一样的公共服务。城市化要求农民离开土地,而不是抱着土地不放手。农民无法自主处置土地,土地资源不能通过价格机制流向生产效率更高的部门,阻碍了土地的专业化、规模化经营的形成,必然导致农业的低效率,延缓城市化的进程。城市化的关键是在土地制度上寻求破题。

第一节　新型城市化倒逼土地制度改革

中国经济发展到今天,阶段性的特征概括起来就是工业化、城市化、市场化和国际化。中国经济工业化不断推进,城市化在不断扩张,市场化在不断完善,国际化不断拓展,决定了未来十年中国经济是一个大有作为的战略机遇期。而新型城市化是未来十年中国突破"中等收入增长陷阱"的关键抓手,也是中国经济新的增长动力。新型城市化不能变成"赶农民进城",新型城市化的关键是在土地制度改革上寻求破题。

一、新型城市化推进中的慈溪农村发展

目前,慈溪农村改革发展和城市化正处于关键节点,面临着不少问题和挑战,特别是城乡二元结构造成的矛盾日趋突出,构建城乡一体化体制机制要求紧迫;小规模、粗放型、低效益的产业经济格局尚未改变;农村社会公共服务管理水平较低,民主法制建设、基层组织建设、社会管理任务繁重,富裕起来的农民对城市化提供优质公共服务的要求与期望越来越高。

(一) 产业能级影响城市化发展

随着国际市场萎缩、要素成本上涨等的倒逼,以加工制造业为主的慈溪工业内在缺陷不断显现;城市生产性服务业发展滞后,严重制约了慈溪城市化的发展。特别是一些前店后厂的作坊工业对于城市化的制约更为严重。

1. 高品质产业集群缺乏

城镇产业结构缺乏形成具有可持续发展的链式发展的产业集群，产业集约性不够。一些优势产业，如周巷、观海卫的家电产业集群，横河、胜山的轴承产业集群，发展的集群化、规模化水平不足，企业内部技术研发、销售、物流、后勤服务等样样都有，经营管理混乱，单位面积经济效益不高，企业不能将自己的核心业务做大做强。这直接导致慈溪整体产业分工不能深入，大型规模化企业稀有，特色块状经济的产业链不畅。

2. 现代服务业发展滞后

慈溪正处在新型工业化、新型城市化加速推进的关键时期，由于体制、政策、消费层次、市场培育等多方面的制约，服务业的发展不够充分。从总体情况看，慈溪服务业整体水平相对较低，与国内发达地区和发达国家相比存在一定的差距，在国民经济中占的比重偏低。主要表现为：

首先，在生产性服务业方面，慈溪制造业以资源消耗型为主，以投入拉动为主。环境成本较高，科技投入不足，核心技术掌握不多，以生产车间型居多。而且，众多企业"大而全"、"小而全"的现象较为普遍，企业的生产服务多由企业自身承担，严重制约了生产性服务业的专业化和规模化发展。经济增长方式没有实质性的转变，后工业化时代的信息服务业、商务服务业等知识服务型产业发展较慢。全市服务企业有五万多家，但缺乏龙头企业，企业规模普遍偏小、实力不强、竞争乏力、行业内部集聚度低，亟需做强做大。服务业的发展滞后，一定程度上制约了先进制造业发展的空间。

其次，在高端特色服务市场方面，慈溪市服务业涌现出一些高端品牌、时尚餐饮等业态，但对周边地区的集聚辐射力还不够，高层次服务的规模亟须扩大。此外，个性化的服务方式、定制化的服务产品、优质化的服务质量和高层次化的生活服务的需求日益增长，尤其是与上海乃至整个长三角地区的高端产业互动发展的潜力需大力挖掘，战略性产业如数字家庭服务、电子商务、研发设计、现代物流、电子健康服务等还需大力培育扶持，高层次创新人才特别稀缺，成为制约加快现代服务业发展的瓶颈。

3. 散乱的家庭作坊形成大量"城中村"

慈溪乡镇大量散乱的家庭作坊式企业，形成"城中村"问题。慈溪市中心城区面积 90 平方公里，共有城中村(社区)69 个，占地面积 1 539.7 公顷，总建筑面积 1 165.2 万平方米，而居住的农业人口仅有 15.2 万人，土地容积率很低。这些"城中村"作坊式企业采取的劳动密集、高投入、高能耗、高污染、低产出的生产方式，也制约了人口、土地和产业聚集的城市化发展。最后，城市服务业发展滞后。

(二) 城市化中的土地流转和聚集问题

慈溪城市化过程中的土地问题，主要集中在两个方面：

第一，土地的小规模和分散经营与实现集约化、专业化、规模化和产业化要求之间的矛盾。目前，慈溪土地经营中存在土地流转的规模小，全市承包地中仍有三分之一的土地由农民个体经营。相当一部分流转的土地还处于粗放、分散经营状态，土地和劳动力的配置效率低下，土地经营的收入功能弱化。

第二，农村土地制度与土地资本功能之间的矛盾。不少农民虽然现在没有依靠土地而生活,但始终把土地作为应对未来不确定风险中的最后一层保障,所以,他们宁愿土地抛荒也不愿意一次性转让土地。由于没有合理的土地退出补偿机制,农民缺乏永久性转让土地,土地不仅是一种生产性要素,更是一种资本性要素,因为它涉及农民和土地的关系权、要素资本赋权、发展权等在内的市场化的“三农”赋权制度改革。新一轮土地制度红利,将进一步释放土地和劳动力潜能,通过要素流动与资源配置效率的提高,带动内部的资源、体制、资金、人力、市场和商品自由流动,从而盘活更多的资产加入到城市化之中。

(三) 城市化中的宅基地置换问题

1. 宅基地布局散乱与用地规模持续扩张

慈溪大多数村庄外延建房采取“马路经济”,摊大饼式的向外扩张。很多人建设新宅后,将原有的宅基地废弃,其宅基地上的房屋也并未按要求拆除或退耕,造成只见新屋,不见新村的现象。以崇寿镇的农场村为例,整个村庄只有两条算是宽敞的道路,内部小路、土路纵横交错,全村的住房形成一个包围圈,沿马路的房屋往往比较新大,而处于村子的中部是一些废弃的低矮破旧的老宅,整体布局混乱不堪。由于过多的建新不拆旧,出现了农村人口减少与农村宅基地面积持续增加的逆反现象。

2. 宅基地隐形流转及农民产权意识淡薄

慈溪宅基地政策限制其进行流转,同时,明文规定严格限制城镇居民购置农村宅基地。然而在实际操作过程中,受利益驱动的农民,大多数会将多余的宅基地进行出售或出租,慈溪市的宅基地流转在很大程度上已经突破了法律限制,2012 年暑假调研数据表明慈溪宅基地流转案例占宅基地总数的 7.9%,部分村组更是高达 14%,在 32 户存在宅基地流转的农户中,流转原因各异,其中通过将多余和闲置房屋出租获利占比达到 70%以上。

3. 宅基地大量闲置与空心化

随着慈溪经济水平的提高,单纯的农业耕作收入已经不足以维持日常开支,人们逐渐挣脱土地的捆绑,大量农民涌入城市,其中有相当一部分农民在城镇已有稳定工作和收入,有了自己的住房和各种社会保障,农民的迁移使农村住宅大量闲置,或者子女成家后各自新建住房或进城购房,留守老人投靠自己的子女,过世后遗留的房屋无人居住,形成大量的空心村;另一方面,部分农民在申请获得宅基地后,将其原宅基地闲置,并未建设住房,或者在获得新的宅基地后,原有的宅基地荒废,停止使用,但未曾退耕。

(四) 城市化的保障机制问题

1. 社会保障——首先在资金方面,城市化资金缺口大

城市化中的基础设施建设、安置房建设、拆迁户选择货币补偿对资金需求巨大,随着国家对政府融资平台的清理,严控镇恢复融资平台信贷投放,以政府主导投入、财政垫资拆迁为主的改造开发模式已难以适应新要求。其次,土地供需矛盾突出且利用率太低。城市化每年预计能获得的新增建设用地指标总量约为 4 500 亩,与城市化土地需求相比矛盾突出。慈溪的城市化进程过度依赖工业化的拉动,2010 年慈溪城市工业建设用地面积 8.77 平方公里,占城市建设用地的 22.67%,造成城市化建设盲目扩张,土地利用率低下。随着土地保护和生态建设力度的加大,可作为新增建设用地的土地资源十分有限,各项建设用地的供给面

临前所未有的压力。再次,安置房建设滞后。拆迁过渡安置问题突出,有些区块已经出现开始支付双倍安置费的趋势,且这种趋势在蔓延。最后,养老服务体系建设投资主体单一。随城市化的发展,养老规模不断扩大,土地被征用人员养老保障待遇不断提高,但是社会保障的资金来源还仅仅限制与政府财政补贴,这对于地方财政负担有很大影响,也间接影响社会保障总体待遇水平。

2. 环境保障——环境治理压力大

由于产业结构及产业黏性的限制,慈溪普遍存在着区域性、行业性污染问题,如龙山橡胶,观海卫、桥头废塑料,新浦小熔炼,胜山、天元、崇寿、庵东金属酸洗,白沙路、逍林、匡堰小印花,周巷腌制废水,横河轴承油污染等问题突出;"低、小、散"二三产业的污染和农业面源污染导致慈溪由缺水城市变成"污水城市",河道水质基本为五类甚至劣五类,近半数地表水散失水体基本功能,尤其是城区河道环境污染问题更为严重。

3. 政策保障——统筹协调和执行力不一致

执行拆迁政策的严肃性和统一性不到位。对一些宅旁地安置人口、非农户安置人口、分户与无证房屋认定等问题时,不同实施主体采取不同处理方式,从而引致被拆迁户的"拉横线"抵制,增加了拆迁难度,根本上制约了慈溪城市化的推进。

二、城市化背景下慈溪农村的发展趋势

(一)新型城市化的内涵与要求

1. 新型城市化的内涵

新型城市化不是"新类型"的城市化,也不是城市化的新阶段。本质上指在现阶段城市化基础上的提升和优化。在指导思想上,要从以物为本转向以人为本,从要地不要人的城市化转向促进人的全面发展的城市化;在动力机制上,农业发展给城市化以"推力"的作用是城市化的初始动力,工业化给城市化以"拉力"的作用是城市化的根本动力,第三产业给城市化以"吸引力"是城市化的后续动力。城市化是随着工业化的出现而大力发展的,工业化是城市化的"发动机",是城市化的根本动力。工业化带来的是城市规模的膨胀和城市数目的增多,即主要是城市化在"量"上扩张;第三产业促进的是城市软硬件设施的完善和人民生活水平的提高,即主要是城市化在"质"上的进步。新型城市化要从以工业经济发展为主转向以城市经济发展为主,强调二、三产业的协调发展,提高生产服务业对城市经济发展的作用和贡献;在发展重点上,要从偏重规模扩张转向注重功能提升,不断增强城市化在提升工业化、带动农村发展中的作用;在空间形态上,要加快推进城镇集群与产业集群联动发展,实现新型城市化与新型工业化的互促共进;在城乡关系上,要加快实现由城乡差别发展向城乡融合发展的转变,形成城乡一体化发展的新格局。

2. 新型城市化需农村土地制度加速破题

美银美林的大中华区首席经济学家陆挺认为,中国农村的集体土地制度是城市化的最大障碍,进一步推进城市化的关键即是农村土地改革。以机器生产为代表的大农业取代小农经济是历史的必然。农业也可以跟工业一样采用大规模的集体生产方式,小农经济作为"过了时的生产方式的残余","在不可挽回地走向灭亡"。在城市化背景下,传统农村和农

业已经成为我国现代化建设的关键制约，现实问题和矛盾焦点要求中国传统农村和农业必须转型发展。因此，树立紧凑型发展理念，转变农村土地经营方式，改革农村土地制度，提升农村和农业的现代化程度，是改变这一状况的必然选择。新一轮土地制度红利，将进一步释放土地和劳动力潜能，通过要素流动与资源配置效率的提高，带动中国内部的资源、体制、资金、人力、市场和商品自由流动，从而盘活更多的资产加入到经济增长之中，为农村经济增长提供内部支撑和长久动力。土地确权和使用权资本化是为了增加土地的流动性，这种流动性形成农村和农业的资本积累，就是希望以权证的方式虚拟土地使用权未来收入预期的贴现值，使其可以在交易市场上获得强流动性，产生土地资源配置的帕累托效率。

新型城市化的内涵要求对土地的集约、高效利用，我们至今走过的城市化还需要提升和优化，土地利用尚未达到集约化是其重要标志之一。就土地而言，城市化也是土地的城市化过程。

（二）城市化背景下未来农村的发展趋势

从一个更长远的视角来看，未来中国的农村将会发生以下几个方面的变化趋势：

1. 城市化必定会导致农村和农业空间的逐渐缩小

从1949年到2011年，我国城市数量增长了近7倍，城市人口增长了6.7倍。与此同时，城市作为容纳人口的容器，其空间也不断扩张，1984年我国城市建成区面积为8 842平方公里，2010年城市建成区面积为41 768.4平方公里，增长率为372%。城市的不断膨胀意味着农村的不断萎缩，到2020年，中国还将有1.5亿人口从农村转移到城市，如果按城市建设标准100平方米/人计算，还将有15 000平方公里的非城市地区纳入城市区域。由此可见，随着中国城市化进程的不断深入，农村区域不断缩小是大势所趋。正如威廉·配第在《政治算数》中所说，工业往往比农业、商业往往比工业的利润多得多，因此，劳动力必然由农转工，而后再由工转商。在有限的空间内，以工业和商业为基础的城市化必定会导致农村和农业空间的逐渐缩小。

2. 所谓“农民的终结”，其实是“小农的终结”

随着工业化、城市化和农业现代化的快速发展，一些传统村落逐渐消失，这是历史发展的必然。那么，农村真的会消失吗？法国著名农村社会学家孟德拉斯认为，“如果整个社会全部城市化了，也就没有农民了”。但是即便是孟德拉斯所说的“农民的终结”，也并不是“农业的终结”或“乡村生活的终结”，而是“小农的终结”。现在我们已经进入了农业就业人数绝对量和相对量都下降的阶段，尤其在慈溪。未来农业要进入一个新的发展阶段，不仅需要为土地，而且需要为劳动力寻找替代物。未来农业的就业人数还会大大下降。在崇寿镇傅家路村的调研中，我们发现，除了一些承包大户，小户经营农业的劳动者年龄基本都在55岁以上，农业经营者老龄化、兼业化严重，等这批人老去，小农是否就要退出历史舞台了？今天看来，当今世界发达工业国家的农业从业者，在生产方式和生活方式上都发生了巨大变化，但是无论社会怎样发展，农民也不会无限地减少，尽管农业的衰败是不可避免的事实，农业劳动者仍然是整个社会中一个不可或缺的重要社会群体，发达工业国家的城市化率很长时间一直停留在80%左右就是明证。

3. 大量农村人口向城市迁移,城市化的方向是使农村更像农村,城市更像城市

正如舒尔茨所言:“总而言之,一个受传统农业束缚的人,无论土地多么肥沃,也不能生产出许多食物。节约和勤劳工作并不足以克服这种类型农业的落后性。”传统农民已经不适应农村经济发展的需要,这是不争的事实。大量的农民已经从农业中解放出来从事非农工作。农民“非农化”必然要导致“城市化”,而“城市化”不可能没有“非农化”作先导。“非农化”是农民的主体运动,是农民主动的选择,渗透其中的是农民选择职业自由的增加;而城市化是客观的浪潮,对农民来说是外在的铁律,农民几乎没有什么选择的余地。大量的农村人口走向城市是不可避免的趋势。我国农村有这么多村庄,要在这些村庄建造城市标准的基础设施,经济上低效率,政府财政吃不消,农民更养不起。解决这个问题的办法是让现有农村人口大量走向城市。城市化的实质上是以人为中心,包括硬件和软件两大系统的更替和提升,表现为城市功能的完善与提升,进城农民在养老、医疗、教育等方向享受和城市居民一样的待遇。农民等资源从农村撤离之后,农村回归单一的生产功能——农业,恢复农村的田园风光。

总之,我们城市化的质量需要提高,城市化的目标需要考量,城市化的成果需要分享,未来中国新型城市化以及要素市场化,都要从土地完全确权上做文章,这将是推动更广泛的和更深入制度创新的关键。

(1) 注重在城市化加速发展中对农地的保护

城市化与土地保护并不矛盾,通过适当的土地保护政策,城市化并不意味着耕地面积的减少,日本在城市化高速发展时期,通过提高土地集约利用的水平,改变土地利用结构,减少城市化对土地的影响。城市化与耕地不仅仅是简单的占用与被占用的关系,其中关键在于选择与国土资源条件相适应的城市化发展方式和速度。城市化滞后或超前于工业化对耕地的利用都是不集约的。在保持城市化与工业化同步发展的同时,结合城镇发展及时调整村镇结构,突出中心镇、中心村,加大对土地整理的力度,有效保护和增加耕地面积。

(2) 建立农民享受城市化的成果的利益分享机制

农民收入的增加不能仅仅依靠农业本身,逐步建立城市化进程中利益分享的机制。城市化初期大都通过剥削农业来获得发展资金,而进入城市化快速发展时期。应当实行城市反哺农村,适时提高农民的收入。土地制度是影响经济发展的重要因素,并进一步成为城市化发展的重要影响因素,这要求土地制度的改革,既要适应经济的发展,适应城市化的进程,也要注重对农民利益的保障,加快农地流转,扩大规模经营和提高土地资源配置效率是城市化的必然要求,但前提是保障农民的土地权益。创新发展农民分享城市化成果的利益分享机制。

(3) 实现农民社会保障和城市化的同步协调发展

一方面,城市化直接导致了以土地为急促的农村保障制度的解体,国家首先应该将进入城市的失地农民纳入保障,其次是兼业农民,最后是纯农业生产者纳入社会保障,最终实现社会保障制度的一体化;另一方面,城市化高速发展时期,是城乡社会矛盾高发时期,对社会保障有着强烈的需求。我国处在城市化快速发展时期,城乡发展矛盾突出,更要逐步建立统筹城乡的一体化社会保障制度,实现农民由土地保障向社会保障的转变。我国的农村集体

土地所有制具有一种天然的社会保障机制,这种机制在社保不能覆盖农村的情况下对农村的稳定起到了巨大的作用,但也造成了农民的制度性贫苦,城乡差距的拉大。在我国,必须对不合理的土地制度进行改革,同时还要对社保制度、就业制度和户籍制度同步改革,以促进我国城市化进程。

第二节　新型城市化推进中的慈溪农村土地问题

为了更真实地了解慈溪农民对土地的依赖程度以及农村土地的经营现状,破解慈溪城市化进程的制度性障碍因素,我们组织了两次问卷调查。第一次农村调研在 2012 年 7 月份开始对慈溪 6 个镇/街道抽取了 543 个家庭户作为样本进行研究,在具体实施中,本次调查采用分层的三阶段不等概率抽样:街道(镇)、村(下级自然村)、住户和居民。正式调查之前,在每个被选中的居民户中按一定规则随机选取 1 人作为被访者,由访问员对该被访者进行调查。第二次调研选取慈溪市崇寿镇傅家路村为样本进行研究,访谈员采取问卷调查的方式,敲门入户对 18 周岁以上的傅家路村村民进行调查,共得到有效数据 976 份。两次调查数据相互补充,做到了点面结合,为农村问题的研究工作提供了有力的支撑。

一、典型村庄的土地经营情况问卷调查

(一) 慈溪市土地经营情况

慈溪是浙江省高效生态农业的发祥地之一,境内“二山一水七分田”,素有“中国杨梅之乡”、“中国黄花梨之乡”和“浙江蔬菜之乡”之称。2012 年全市实现农业总产值 68 亿元,农村居民人均纯收入 20 383 元。目前,全市土地流转面积达到 34 万亩,占家庭承包面积的 63.4%;规模经营面积 39.2 万亩,占全市耕地总面积的 61%,委托流转面积 19.1 万亩。近年来,慈溪通过政策引导、资金扶持、技术服务、规范管理等方式,大力培育和发展现代家庭农场,促进分散经营向适度规模经营转变、自然农业向法人农业转变,有效地提升了农业主体的经营能力。目前,全市拥有家庭农场或联户农场 490 家,经营面积 14 万亩,农场亩均产出比普通农户高出 30%以上。

尽管在土地流转和家庭农场培育方面取得了一定进展,慈溪仍面临着土地流转周期性续签压力较大、规模经营质量有待提高、现代农业发展面临农业经营者总体素质偏低、农业基础设施建设仍较薄弱、科技支撑和资金投入仍显不足等问题。需继续深化农村土地使用权制度的改革,逐步建立农村集体土地所有权的确权、登记、颁证工作,形成土地配置的市场化机制,促进城乡土地资源、资本、资产的有序流动。

(二) 傅家村土地经营情况的问卷调查

以问卷访谈的方式对傅家路村的村民进行蹲点调研,用 SPSS 软件对问卷得到的数据进行分析。

1. 被访者基本信息

从性别上来看，男性被访者共 505 人，所占比例为 52.1%，女性被访者 465 人，所占比例为 47.9%。

从年龄上来看，如表 8－1 所示：被访者 45—60 岁这个年龄段人数最多，所占比例为 45.4%。调查的时间多为白天，年轻人白天更多的外出工作，所以造成了这个年龄段的样本数较多。

表 8－1　被访者不同年龄段的样本量

	样本量	所占百分比
70 岁以上	75	7.7%
60—70 岁	167	17.2%
45—60 岁	440	45.4%
35—45 岁	174	17.9%
25—35 岁	93	9.6%
18—25 岁	21	2.2%

从文化程度上来看，被访者以小学和初中文化为主（表 8－2）。

表 8－2　被访者的文化程度

	样本量	所占百分比
研究生	2	0.21%
大学本科	41	4.23%
高职大专	20	2.06%
高中	72	7.42%
初中	313	32.27%
小学	372	38.35%
其他	137	14.12%
缺失	14	1.44%
合计	971	100.00%

2. 被访者务农状况

表 8－3　被访者的务农情况

	样本量	所占百分比
专职务农	107	11.03%
兼职务农	138	14.23%
非农状况	714	73.61%
缺失	11	1.13%
合计	970	100.00%

由表 8－3 可以得知，被访者中处于非农状况的占 73.61%，专职务农的比例为11.03%，

兼职务农的比例为14.23%。专职务农和兼职务农的比例都较低，依靠土地而生活的农民越来越少，大多数农民已经从农业中脱离出来，从事非农工作。

表8-4　专职务农人员的年龄组成

	样本量	所占百分比
70岁以上	22	20.56%
60—70岁	49	45.80%
45—60岁	34	31.78%
35—45岁	1	0.93%
25—35岁	1	0.93%
18—25岁	0	0.00%
合计	107	100.00%

从专职务农人员的年龄看，专职务农的人数共107人，其中60—70岁这个年龄段的人数最多，所占比例最大，45—60岁、60—70岁、70岁以上的这三个年龄段各占的比例分别为31.78%、45.80%、20.56%。45岁以下专职务农的农民基本没有(表8-4)。访谈中遇到的年轻人基本都不会种地，而专职务农的农民老龄化严重。值得我们思考的是这批小农老去之后，谁来种地？务农人员的老龄化和不可持续性是否会倒逼土地制度的改革？

从兼职务农的目的看，兼职务农的人数共有139人，51.80%的人是为了挣钱，43.88%的人是为自己提供优质放心的农产品，2.88%的人为了锻炼身体，1.44%的人为了消磨时间。可见，兼业务农的主要目的是为了挣钱和提供优质放心的农产品(表8-5)。

表8-5　兼职务农的目的分析

	人数	所占百分比
挣钱	72	51.80%
为自己提供优质放心的农产品	61	43.88%
锻炼身体	4	2.88%
消磨时间	2	1.44%
合计	139	100.00%

从务农收入和经营面积来看，每亩地的平均收入为3 075.944元，最低收入为2 364元，最高收入为30 000元，当前务农收入相对较低，亩产出的效益较低。

3. 被访者职业情况

进一步调查被访者的目前状况，如表8-6所示：专职务农和兼职务农的比例总共为14.4%，农业的从业人员所占比例较小，更多的农民脱离了农业转向到民营企业工作和做零工、散工(无固定雇主、自由灵活)，所占比例分别为22.4%和20.0%。经营企业的三种情况：经营企业，无雇工、雇10人以下员工、雇10人以上员工，这三种情况所占的比例共17.8%，其中无雇工的所占比例最大，而雇10人以上员工所占比例最小，农民所经营的企业规模普遍偏小，以家庭作坊为主。农民职业中逐渐分化出个体经营者，成为农民中一支不可或缺的群体。

表 8-6　被访者目前状况

	人数	所占百分比
上学	11	1.1%
专职务农	88	8.8%
兼职务农	56	5.6%
国有企业、事业、机关工作	25	2.5%
民营企业	225	22.4%
零工、散工(无固定雇主、自由灵活)	201	20.0%
在村委会上班	11	1.1%
经营企业,无雇工	85	8.5%
经营企业,雇 10 人以下员工	69	6.9%
经营企业,雇 10 人以上员工	24	2.4%
退休在家	27	2.7%
赋闲	181	18.0%

4. 被访者土地经营情况

(1) 土地经营面积变化情况

自 1999 年农村土地重新确立承包地到现在,由于流转、征用、抛荒、承包地换宅基地等原因,不少家庭实际经营的土地面积已经发生了较大的变化。对每户土地经营面积变化情况的原因作一分析:其中因为征地所占的比例为 44.8%,抛荒所占的比例为 2.8%,无偿流转所占的比例为 38.6%,有偿流转所占的比例为 7.8%,承包地置换宅基地所占的比例为 6.0%。在傅家路村,征地和流转是导致土地经营面积发生改变的主要原因,具体到每个村,实际情况又有所区别。傅家路村主要以无偿流转为主,而龙山主要以有偿流转为主。

(2) 土地流转情况分析

对傅家路村的土地流转的对象作一分析,89.8%的土地是在本村村民之间流转,流转给外村人的比例仅为 6.4%。土地流转的补偿形式中,其中无偿流转的比例是 81.9%。对实际耕种面积小于承包土地的农民,承包地不耕种的原因主要包括:① 被国家征用了;② 缺少劳动力;③ 种地太辛苦;④ 要搬迁到别处;⑤ 想转行做点别的工作;⑥ 收成不好等。调查结果如表 8-7 所示,其中,国家征用比重最大,为 33.3%,主要是由于工业化的推进,建设用地需求的集聚增长而引起的。其次是转行干别的,占了 22.4%,说明已经有四分之一左右的农民已经转移到了比土地收益更高的工作,农民对土地的依赖已经逐渐在减弱。

土地流转的方式中,其中 87.9%的被访者是口头协调,88.1%的被访者是自己联系流转对象的。因为也没有签订土地流转的合同,所以农民的土地流转期限是自由灵活的,如果农民愿意要回自己的土地,可以随时要回土地。这反映了农民对自己赖以生存的土地的预期收入的不确定性,也表明了农民在面对市场不确定风险中依然把土地当作最后一道保障。但这样短期和不定期的土地流转严重制约农业产业资本和高新技术的长期投入。

表 8-7　承包地不耕种的原因

	人数	所占百分比
被国家征用了	201	33.3%
缺少劳动力	92	15.3%
种地太辛苦	45	7.5%
要搬迁到别处	2	0.3%
想转行做点别的工作	135	22.4%
收成不好	48	8.0%
其他	80	13.2%

(3) 农民放弃土地的意愿分析

在调查对象中，同意土地一次性永久转让的比例为 37%，不同意的比例为 34.2%，看价格而定所占的比例为 28.2%。当土地永久性转让时，54.3%的被访者表示会随市场价格而定，4.8%的被访者表示不清楚、不好说，其余被访者给出的价格从 15 000—1 000 000 元/亩不等，平均值在 100 000 元/亩左右。同意一次性永久转让土地和随市场价格而定的比例为 65.2%。当建立了市场化的农村土地退出补偿机制时，更多的农民还是愿意永久性放弃土地。

二、城市化背景下慈溪土地经营存在的问题

随着经济的发展，现代化进程的加快，农村人口不断流向城市，农村人口不断降低，城市人口不断增加，城市化进程不断加快，对农业生产的产业化、集约化、规模化和专业化提出了要求。只有农业实现了“四化”，农村的劳动力才能更彻底地从农业中解放出来从事第二产业和第三产业，加快农村人口向城市集聚。现行的“农民集体所有、家庭承包经营”为主要特征的农村土地制度，特定的历史条件下曾经为调动农民生产的积极性和创造性，促进农业生产迅速发展发挥了重大作用。然而，伴随农业和农村发展的任务和外部环境的变化，农村土地制度本身的不足和缺陷也逐渐显现。就慈溪而言，目前土地经营中存在的矛盾主要有：

(一) 土地的小规模和分散经营与实现农业集约化、专业化、规模化和产业化要求之间的矛盾

目前，慈溪土地经营中的土地流转规模小，全市承包地中仍有三分之一的土地由农民个体经营。相当一部分流转的土地还处于粗放、分散经营状态。调研中的承包户，承包的土地有 30 亩，主要耕种大豆、玉米、蔬菜等作物。由于不了解市场供需信息，跟风种植，造成包心菜变“伤心菜”的悲剧。而人力成本、生产资料的上涨加上粗放式的经营，30 亩地每年的纯收益仅仅 6 万左右。土地流转的期限不统一，长的达 20 年，短的只有 1 年，不能满足农业规模化、产业化的需要，不利于农业的长远规划和发展。农业经营的收入功能未能完全发挥出来，农业科技、农机装备无法全面推广应用，难以达到规模经营状态，土地和劳动力的配置效率低下，不管是将土地流转出来的农民还是从事个体经营的农民，其从土地中获得的收益都

比较低，土地经营的收入功能弱化。在前面所作的分析中，傅家路的土地流转大部分都是无偿流转，即使在慈溪的其他地区，土地流转的费用一般在每亩 400 元左右，上海浦东区土地流转的费用已经在每亩 1 000 元以上。从从事农业的收益来看，每亩地的平均收入为 3 075.944 元，其中，每亩地的最高收入为 30 000 元，最低收入为 2 364 元，亩产出的效益较低，当前务农收入相对较低。提高农民收入，必须要从扩大农业生产组织规模，推动农业集约化、专业化、规模化和产业化发展入手。以天津滨海新区为例，自成立以来大力发展设施农业，利用科技增加土地的“含金量”。新区先后建成茶淀大田设施农业发展区、中塘高效农业发展区、杨家泊水产科技园区等 11 个农业科技园区，现代科技农业实现平均每亩收益达 2.5 万元，相当于传统农业产值的 10 倍。

（二）农业现代化发展与农业从业人员素质跟不上之间的矛盾

在前面的分析中，傅家路村专职务农者的年龄在 60—70 岁之间的最多，务农人员老龄化较为严重。从调研中我们也发现，从事农业生产的农民年龄较大，一般因为没有其他的谋生技能、不愿意去工厂打工，而选择了务农，而且务农人员的文化一般以小学和初中为主。70 后、80 后、90 后的农民虽然还生活在村庄里，但是离农田已经越来越远，并且普遍缺乏从事农业生产的意愿与技能。农业人口老龄化、农业劳动者的素质跟不上等都难以完成实现农业现代化的任务。尽管农业的地位在不断下降，但这只是说明其贡献总量在 GDP 中的份额，农业部门在国民经济中的基础地位永远不会改变，从这个角度看，农村永远不会消失，但以机器生产为代表的大农业取消小农经济是历史的必然，农业要实现专业化、规模化、集约化、产业化仅仅依靠现在的“小农”是不可能的，小农经济作为“过了时的生产方式的残余”，“在不可挽回地走向灭亡”。未来农业发展需要引进有资本、有技术、懂农业经营管理的专业人才。

（三）农村土地制度与土地资本功能缺乏之间的矛盾

对农民不愿意永久性转让土地的原因调查中，不少农民虽然现在没有依靠土地而生活，但始终把土地作为应对未来不确定风险中的最后一层保障，而且由于没有合理的土地退出补偿机制，因此他们宁愿土地抛荒也不愿意一次性转让土地。分田到户的土地政策是为了保证承包地保障功能的发挥，而土地的保障功能阻碍了承包地生产功能的发挥，即效率的提高。未来农业生产规模的扩大要求有一个活跃的土地市场，以利于土地出售或出租。扩大农业生产规模还需要创建活跃的农村信贷市场，就农业而言，这一市场尚未出现。土地不仅是一种生产性要素，更是一种资本性要素，因为它涉及农民和土地的关系权、要素资本赋权、发展权等在内的市场化的“三农”赋权制度改革。新一轮土地制度红利，将进一步释放土地和劳动力潜能，通过要素流动与资源配置效率的提高，带动内部的资源、体制、资金、人力、市场和商品自由流动，从而盘活更多的资产加入到经济增长之中，为农村经济增长提供内部支撑和长久动力。土地确权和使用权资本化是为了增加土地的流动性，这种流动性形成农村和农业的资本积累，就是希望以权证的方式虚拟土地使用权未来收入预期的贴现值，使其可以在交易市场上获得强流动性，产生土地资源配置的帕累托效率。

三、慈溪宅基地的利用情况

(一) 慈溪宅基地利用现状

2012年末,慈溪市域范围总面积1 322.0平方公里,其中陆域面积968.3平方公里。下辖5个街道、14个镇,共有48个社区、25个居委会、274个村委会。中心建成区面积为42.3平方公里,比上年扩大0.8平方公里;城市化率为65.3%,比上年提高0.5个百分点。城市区块改造共完成拆迁482户10.7万平方米,在建安置房共184万平方米。2012年完成老小区改造5个18万平方米,受益居民1 748户,改善背街小巷9条7.5公里。启动329国道、新城大道"一横一纵"道路改造,改造长度9.1公里;"农房两改"全年完成拆迁4 029户,安置7 131户。截止2012年底,全市户籍总户数425 201户,户籍总人口1 041 904人,其中农业人口849 815人,占总人口的81.56%,60周岁以上人口214 273人。2012年末,全市暂住人口登记在册总人数为97.61万人。

2012年计划供应国有建设用地643.25公顷,与去年相比减少11.12%。其中,商服用地占比相对去年减少2.45%,工矿仓储用地增加7.4%,全市住宅用地计划供应量占全市计划总量比例较去年略有上升,保障性安居工程用地和中小套型商品住房用地占住宅供应计划总量的70%,其中保障性安居工程用地计划供应103.29公顷。2012年城镇居民人均居住面积41.81平方米,农村居民人均居住面积69.88平方米。

为了解决慈溪宅基地住房紧张的困境,慈溪早就提出了建设农民公寓的理念,但是延续下来,光靠征地建农民公寓是不够的,土地资源紧张,必须走拆旧建新、增减土地挂钩的路子,进一步推动以集约利用土地的方法来解决新农村建设用地的制约问题,慈溪最早提出了效益型建房方式改革,后来改为农民集中居住区建设,随后宁波市委市政府上升到"农房两改",也即宅基地换房。

慈溪关于宅基地整理所作出的努力取得了巨大的成果,加强了土地的集约节约利用,提高了土地的使用效率,加快推动慈溪城市化步伐。但在慈溪实际调研过程中发现,慈溪宅基地利用现状仍然存在着不少问题。

(二) 慈溪宅基地存在问题

1. 宅基地布局散乱与用地规模持续扩张

慈溪市区的70%以上面积,全部是城中村,里面摊大饼似地散落着大量闲置的宅基地。慈溪以前以滩涂地为主,现在的地貌全部来源于开垦围湖造田,平原地区较少,故其土地利用紧缺相对其他地区更为严重,但在农村地区受特有的传统风俗习惯的影响,孩子长大成人,结婚立业需要分房立户,老人一般仍在旧宅,孩子搬入新房,老宅随着主人的逝去并没有合理回收,而适婚人口的增加,对宅基地的需求又日渐增长,造成慈溪宅基地闲置与短缺并存的现状。慈溪经济较为发达,大量地外来人口集聚,使得慈溪农村小产权房盛行,同时慈溪特有的占比较大的家庭小作坊式经营,使得农民圈地占地严重,人均宅基地约为190 m^2。很多人建设新宅后,将原有的宅基地废弃,其宅基地上的房屋也并未按要求拆除或退耕,造成只见新屋,不见新村的现象。以崇寿镇农场为例,整个村庄只有两条算是宽敞的道路,内部小路、土路纵横交错，农场的住房形成一个包围圈，沿马路的房屋往往比较新大，而处于农场的中部是一些废弃的低矮破旧的老宅，整体布局混乱不堪。由于过多的建新不拆旧，出现了农村人口减少与农村宅基地面积持续增加的逆反现象，仅崇寿镇第三季度新建宅基地面积就高达 2 293 m^2。见表 8－8。

表 8－8　崇寿镇 2012 年第三季度各村宅基地审批情况

村名	户数	生楼面积	原地拆建面积	新建面积	扩建面积	移建面积
健民	7		239	240	76.12	
傅福						
傅家路	12		855.96	95		80
六塘	8		428.3	165		211.9
崇胜	23		630	1 603	105.4	
相公殿	10	44	563.1	86	50.43	
海运	5	44	95	104		95
四灶浦	6		190		50.8	95
合计	71	88	3 001.36	2 293	282.75	481.9

2. *超面积与短缺并存*

虽然《慈溪市农村宅地基管理办法》中明文规定宅基地“一户一宅”、“法定面积”，但在慈溪实际调研过程中发现，农民在实际建房操作过程中，并未严格执行市级关于宅基地面积限额的规定，往往超过划定区域，并且广泛存在占用耕地的现象，仅农场一个村走访的 166 户中就有 25 户存在占用耕地现象，占比 15%，宅基地户均面积超标严重，慈溪市内达到 190 平方米/户（这只是占地面积，并没有算建筑面积），而后期针对傅家路村的调研发现宅基地面积更是高达 230 平方米/户（表 8－9）。与此形成对比的是，每年仍有几家农户申请建房，但由于村里的宅基地建新不拆旧以及超面积严重，造成村里建房用地紧张，新的建房需求得不到满足，一方面，一户多宅、面积超标现象广泛存在，另一方面，急需建房的宅基地又没有指标，以至于土地闲置和需求旺盛的矛盾也日益尖锐。

表 8－9　慈溪市及傅家路村的户均面积数据

		慈溪市的数据	傅家路村的数据	
		住房建筑面积	建房所占面积	院落空地面积
问题设计问卷数量	有效	431	930	631
	缺失	112	46	345
集中趋势和频散	均值	191.92	111.52	122.87
	标准差	111.94	41.582	416.953
	百分位 25	100	90	40
	百分位 50	160	110	65
	百分位 75	250	120	120

3. 宅基地隐形流转及农民产权意识淡薄

慈溪宅基地政策限制其进行流转，同时明文规定严格限制城镇居民购置农村宅基地。然而，在实际操作过程中，受利益驱动的农民，大多数会将多余的宅基地进行出售或出租，慈溪市的宅基地流转在很大程度上已经突破了法律限制，2012 年暑假调研数据表明，慈溪宅基地流转案例占宅基地总数的 7.9%，部分村组更是高达 14%，在 32 户存在宅基地流转的农户中，流转原因各异。其中通过将多余和闲置房屋出租获利占比达到70%以上，可见现实中农民若有多余的房屋空地，对宅基地流转的需求已经很大，现行宅基地政策已经不合时宜。

大多数农民并没有宅基地确权意识，对宅基地产权概念认识模糊，产权保护意识仍然很薄弱。在宅基地假设合法流转的基础上，对农民流转凭证方式也进行了调查统计，发现即使流转合理依法，也仅有 8 户通过签订合同确立自己的宅基地转让取得的合法性。

4. 宅基地大量闲置与空心化

随着慈溪经济水平的提高，单纯的农业耕作收入已经不足以维持日常开支，人们逐渐挣脱土地的捆绑，大量农民涌入城市，其中有相当一部分农民在城镇已有稳定工作和收入，有了自己的住房和各种社会保障，农民在迁移后，使农村住宅大量闲置，或者子女成家后各自新建住房或进城购房，留守老人投靠自己的子女，过世后遗留的房屋无人居住，形成大量的空心村；另一方面，部分农民在申请获得宅基地后，将其原宅基地闲置，并未建设住房，或者说在获得新的宅基地后，原有的宅基地荒废，停止使用，但未曾退耕。

根据对慈溪市部分镇村的调研发现，农村宅基地闲置率为 37%，部分村组更是高达45%以上。以四灶路村为例，受访的 32 户中，5 户房屋闲置无人居住，占总户数的 15.6%；有 7 户农民的房子出租给外地打工者，占总户数的 21.9%；有 9 户由纯老人和留守儿童居住，占总户数 28.1%；有 11 户农民早出晚归，房屋大部分时间空置，只在晚上或某几个小时内居住，占总户数的 34.4%。

（三）慈溪宅基地利用存在问题的原因剖析

1. 农民产权意识淡薄、传统观念束缚是导致慈溪宅基地布局散乱的主观原因

通过实际调研发现，慈溪农民对产权意识淡薄，对房屋所有权和宅基地使用权之间的差异一无所知，在他们的认知里，房屋为自己花钱费力所建，享有所有处置权是毋庸置疑的，建造房屋所倚赖的宅基地理所当然也算作自己的一种私有财产，可以世代相传，有着严重的“祖产”情结，即便自己不使用，任其闲置、废弃，别人也无权过问，这也就导致了其建新不拆旧。另外，慈溪农民建房并不是按照规划选址建设，而是以地理位置和风水宝地的想法来确定房屋的坐落选址和朝向，沿袭着“自建为主、分散为主、独门独户为主”传统三主模式，建房往往不以限定标准为度，盲目攀比跟风，认为只有高、大才能凸显自己的地位和身份。

2. 宅基地取得的无偿性是导致慈溪宅基地粗放低效利用的制度原因

慈溪农村具有两个独特的现实：即家庭作坊式小工厂占绝大比重以及外来人口的大量涌入。一方面，为了方便在家庭周围进行作业，取放方便，必然导致在法定宅基地旁多占空地，建造作坊以便生产资料的堆放。另一方面，由于外来人口的涌入，宅基地潜在的资产功能得以暴露无遗，每家每户在自己的房前屋后违法多占空地，违章搭建小产权房，以期获得

颇丰的出租收益。而现行宅基地制度的一个特征是:无偿取得,长期使用,留置成本为零。这无疑为农户超占宅基地提供了肥沃的生长土壤。对于农户而言,多占宅基地的成本与其面临的风险是较小的,但是占用这样一种稀缺资源的收益却是巨大的,从经济学收益成本的角度来看,村民的边际收益远远大于边际成本,这对于农户而言无疑形成隐形的鞭策激励事实,利益驱使以及取得无门槛让农民产生不占白不占的心理,从而使得村民更倾向于尽可能多地占有宅基地,而非集约高效利用土地。

3. 限制流转是导致慈溪宅基地隐性市场形成的直接原因

如上条目所述,慈溪宅基地无偿取得性及宅基地资产功能的凸显,使得人们违规搭建房屋,以期通过出租出售进行获利。但现行宅基地制度的另一个特征是:政府管制,不准流通,重福利轻产权。尽管产生了日益旺盛的市场需求。然而,农村宅基地由于被贴上了福利保障标签,所以,法律对宅基地的流转主体范围进行了严格的限制,仅仅可以在本集体经济组织内部流转,在现行的尴尬制度困境下,宅基地租赁、买卖就只能搁置在暗箱操作,形成隐形流转市场。特别是禁止城镇居民购买宅基地,使得众多已定居或准备移居城镇或他乡的村民不能通过让渡宅基地使用权实现宅基地财产权益,也使得这些宅基地长期处于空置状态,造成空心村等普遍现象。

4. 退出补偿机制缺失、社会保障不健全是导致慈溪宅基地利用问题的关键因素

现行《慈溪市农村宅基地管理办法》虽然对宅基地使用权收回做了几种原则性的规定,但是,宅基地收回的权利主体、收回程序等都没有明确的界定,关于宅基地收回补偿制度就更是一片空白,现行的收回制度基本失效,成为一纸空谈。目前,慈溪虽然积极探索宅基地退出模式,但并没有形成行之有效的退出补偿机制,关于整个慈溪调研数据显示,已有43.4%的农民愿意放弃宅基地,而部分村组达到60%,但苦于目前的补偿标准过低,社会保障机制不健全等,仍然持有原宅基地。一方面,宅基地作为农民安身立命之所的保障性功能仍在,另一方面,对居民主动退出宅基地缺乏必要的补偿机制和激励机制,使得村民完全丧失了退出宅基地的意愿和动力。

第三节 城市化背景下慈溪土地制度改革的路径探索

根据上述调研结果,结合慈溪农村的实际,城市化进程中慈溪农村土地制度改革:一是为了实现农业产业化、规模化、专业化和集约化生产;二是把农村的劳动力更彻底地从农业中解放出来,减少农民,才能富裕农民,创造公平环境,加快农村人口向城市集聚,加快城市化进程。土地制度改革的目的是为减少农民与发展现代农业并进创设环境和制度保障。

一、慈溪农村土地制度改革的战略方向

人类的历史已经无数次的证明,设计良好的土地制度不但可以激发人们创造财富的欲望,而且可以促使人们合理有效的利用土地资源,整个社会也将因此增加财富,和谐发展;设计糟糕的土地制度(不管其制度设计的出发点良好与否),不但会激发人性中恶的因子,比如

懒惰、贪婪和不负责任，而且会导致土地资源利用中出现铺张浪费、过度开发，以及机会不均等问题，最终有可能将整个社会推向崩溃的边缘。城市化的推进要求破除制度性障碍，在阻碍城市化进程的众多因素中，土地制度尤其是农地制度首当其冲。

（一）土地制度改革是以构建可供市场配置的土地制度为方向

农村土地制度改革新路径的选择，必须以建立和完善我国农村社会主义市场经济体制作为大背景，一是市场在资源配置中起支配性的作用，必须体现制度的经济效益，把经济效益放在重要的位置。尊重市场规律，主要依靠经济杠杆来配置各种生产要素；二是要实现共同富裕，更加关注社会的公平，通过税收、社会福利等"二次分配"的方式实现民众的共同富裕，让国家、集体和个人都从中受益。具体到土地产权和土地管理制度变革层面上，这就要求我们进一步解放思想、深刻、全面而系统地检讨和反思现有的相关制度，将"既没有完全依照市场规律来建立完善的土地市场，也没有在二次分配中注意社会公平"的观念和制度予以剥离。

（二）土地制度改革是以实现农业生产专业化、规模化、集约化、产业化为目标

生产关系的变革是为了适应和解放生产力的要求，土地制度改革的目的是为农业发展创设制度保障。没有农业的现代化就没有国家的现代化。农业"四化"的实现要完成六个转变：一是促进农业增长由主要依靠土地、劳动力投入向依靠科技、投资、提高劳动者素质和管理创新转变；二是农业生产由主要依赖自然条件生产向依靠设施、发展可控、提高物质技术装备水平转变；三是农业经营由分散的家庭经营向专业的适度规模经营转变；四是农产品生产由主要追求数量扩张向注重质量安全、结构优化、品质效益转变；五是农业发展由注重农业的一产向促进农业的一、二、三产协调发展转变；六是农业功能由以农产品生产为主向生产生活生态功能并重转变。只有理顺不合理的土地制度，才能实现农业的现代化。

（三）土地制度改革的是以农民增收、加速城市化进程为导向

中国未来的发展前景是城市化，而城市化的本质是实现城乡经济一体化。土地不仅是一种生产性要素，更是一种资本性要素，因为它涉及包括农民和土地的关系权、要素资本赋权、发展权等在内的市场化的"三农"赋权制度改革。新一轮土地制度红利，将进一步释放土地和劳动力潜能，通过要素流动与资源配置效率的提高，为农民经济增长提供内部支撑和长久动力。城市化的一个特点就是农民向城市迁移，当农民要离开土地的时候，鼓励农民离开农业之后永久性放弃土地，鼓励农民长期流转土地，探索建立农民分享城市化进程、农业现代化成果的机制。

二、慈溪农村土地制度改革的实施路径

（一）以确权登记为基础，以土地流转为核心，以权地分离为突破口

确权登记的基本原则是承包权长期化，弱化土地的所有权，强化农民土地的收益权。土地制度改革不是在争论土地到底是该国有还是私有，提高农业、农村的产出效益才是城乡统筹最大的价值目标。在慈溪市域范围内，统一对农民现有的承包地进行确权登记，颁发土地产权证书，以户为单位，确立好家庭所有的土地面积和类型，按照"权地分离、确权不确地"的

原则,打破原有的一家一户的界线,使耕地和建设用地集中成片,每家每户的土地确定之后,先汇总到村子,然后到镇里、再到市里,形成家庭(户)、村、镇、市四级土地汇总,在村一级,对需要自己耕种土地和自己不需要耕种土地的家庭户数分别统计好。全市范围内的土地统一配置,分为小农经营区块、规模化经营区块。愿意自己耕种土地的农民给他们分好自己的土地,作为一个便于他们进行农业生产的单独区域。传统农业与现代农业必定会有一个并存期,而传统农业的消亡也必然是在现代农业的产出效益达到一定程度时。而自己不需要耕种的农民的那部分土地可以统一规划组织起来,形成全市范围内不同的土地规模经营区,按照"统一规划、土地整理、产权调换、集中连片、用地置换、土地流转、规范运行、严格审批"的办法,建立市域范围内的农村土地承包地管理的计算机信息数据库,将全市的承包土地分布图进行GIS处理,实现"数图结合",逐步把农村承包地经营纳入信息化、规范化、市场化轨道。

(二) 建立市场化的慈溪市级统一协调的土地流转服务平台

积极引导流出方、流入方进平台流转,形成全市范围内土地供求信息共享,实现农地资源优化配置和合理利用,促进现代农业的发展。建立健全土地进入平台流转的补贴机制、委托统一流转的奖励机制。市一级的土地流转服务平台通过公开的招投标,引导有资本、有农业经营管理经验的人进入农业生产,建立土地经营效益的分红机制,农民可以选择效益好的经营者以争取更多的分红,农民流转土地的收益包括固定的土地流转费用和每年的经营分红。在土地规模化经营的前期,固定的土地流转费用成了农民参与流转的动力,每年的分红可以提高农民参与土地流转的积极性。这样既让农民分享了城市化、农业现代化过程中土地要素增值带来的收益,也形成了市场竞争机制,效益不好的农业经营者除了要支付农民土地流转费用,如果一年的土地经营分红不够高的话,农民不会把土地流转给该经营者,逐步建立优胜劣汰的市场化机制,保留高效益的土地经营者,推动了农业生产效率的提高。

(三) 规范农业流入方的准入条件

根据慈溪市各个镇(街道)农业发展特点,设立农业经营者的准入条件,对拟流入土地的经营者进行资格审核把关,为有技术、懂经营、守法规、讲诚信的经营者,特别是参加过培训、获得相关证书的经营者创造公平公正的竞争环境,扩大现代农业经营规模。积极探索建立来慈溪务农人员"上岗证"和培训制度,积极推行本市"专业农民"资格培训和考核合格证书,不断提升农业从业者的生产经营能力。在全市范围探索建立公平公开的出让程序,通过招拍挂等办法,运用市场化运作的方式,将土地优先流转给生产技术高、设施装备全、经济效益好、农产品质量安全有保证的企业和经营者,大力扶持现代农业经营主体。同时,要大力鼓励工商资本投资效益农业,鼓励大学生从事特色农业,强化对农业三个主体的培训,努力提高农业主体的管理水平和综合素质。对于从事农业生产的农民工人,政府要设置专项的补助,用于对产业工人的培训和补助。

(四) 探索建立农民永久性退出土地的补偿机制

现在我们的土地制度为什么阻碍了城市化?就是我们的农地或者宅基地基本上是集体所有,当农民愿意离开农村的时候,愿意放弃农地或宅基地的时候,没有一个合理的补偿机制。农业将来的出路是规模经济，而农业规模化的前提是把大部分农民转移到城市，让农民离开农业，离开土地，离开农村。在傅家路村的调研中，同意土地一次性永久转让的比例为37%，不同意的比例为34.2%，看价格而定所占的比例为28.2%。当土地永久性转让时，54.3%的被访者表示会随市场价格而定，4.8%的被访者表示不清楚、不好说。同意土地一次性永久转让的比例和看价格而定的比例为65.2%。如果有一个合理的、市场化的土地补偿退出机制，会有越来越多的农民愿意彻底放弃土地，从农业和土地中解放出来。没有合理的、市场化的补偿机制的结果就是农地低效率的、粗放式的利用。怎么样为农民离开土地提供合理的补偿机制，是城市化的关键点。

三、农村土地制度改革的政策保障

(一) 建立耕地保护补偿制度

坚持最严格的耕地保护制度，划定永久基本农田，确保面积不减少、用途不改变、质量又提高。建立耕地保护补偿基金。突破耕地无偿保护的体制缺陷，从新增建设用地土地有偿使用费、耕地占用税、土地出让收入中提取耕地保护补偿基金。在全市范围把承包地分为粮食功能区、基本农田和一般农田三个层面，分别给予保护补偿。建立耕地保护补偿机制。坚持"用责任约束、用补偿激励、用规划管控、用整治改善"的原则，坚守耕地"红线"，分层次建立其他永久基本农田和耕地补偿机制，调动各方保护耕地的积极性，促进土地资源的可持续利用和区域协调发展。土地承包经营权的退出不得改变土地的用途。土地是一种不可再生的稀缺资源，再加上慈溪人多地少，人均可耕地相对较少。建立农民永久性退出土地的补偿机制之后，任何主体除非有法律的授权，为了公共利益的需要，通过征收的方式外，不得改变农业用地的农业用途。

(二) 加大对农民的教育和培训

一方面是必须有效解决农村剩余劳动力的转移问题，积极应对"刘易斯拐点"。加大培训力度，尤其是加强对从事非农工作的中青年农民的技能培训，提高农民素质，适应竞争上岗就业要求。日本将教育事业发展作为"农村现代化"的核心，为非农产业培养大量的合格劳动力，这是日本在短短30年时间里走完西方国家近百年的农业现代化和农村城市化道理的重要原因。另一方面是加大对农业产业工人和农业经营主体的培训和培育。以农民专业技术培训和农民职业技能培训为抓手，使一大批新型农民成为农业生产大户、创业带头人和新型农业产业工人，成为现代农业发展和新农村建设的中坚力量和生产主力军。二十世纪五六十年代以来，美国政府制定了各种提升农村劳动力素质技能的计划和立法，并成立了旨在提升农村劳动力素质技能水平的机构，培养、造就了一批高素质的农业企业管理人才。积极引导农户、农业经营组织、工商企业、农业专业技术人员、大中专毕业生等通过土地承包经营权流转，发展适度规模经营的专业大户、家庭农场和农业企业，造就一支职业化的农业生产经营者队伍。

(三) 相关配套改革整体推进

土地制度改革与其他相关制度改革是密切相关的。城乡统筹的土地产权改革，必须与其他相关改革同时进行，如户籍制度、社会保障、公共资源配置、评估机构的规范等方面进行配套改革，以达到综合配套改革的总体效果。土地所承担的福利性兼保障功能的压力在短期内难以得到缓解，成为制约土地规模经营和城市化进程的重要因素。只有随着农村社会保障体系的逐步建立和不断完善，才能逐步弱化土地的社会保障功能，把农民彻底地从土地中解放出来。完善和加强农村社会保障是一项十分复杂的社会系统工程，应当从慈溪市农村的实际社会状况出发，建立农村最低生活保障制度、养老保险和医疗保险制度，在家庭保障的基础上建立不同层次的社会养老保障体制。

四、创新农村宅基地制度改革

(一) 建立农村宅基地无偿取得和有偿使用相结合的制度

1988 年起，山东省德州地区等全国 200 多个县的部分乡村试行宅基地有偿使用制度。1990 年 1 月 3 日，国家土地管理局在《关于加强农村宅基地管理工作的请示》曾提出“严格宅基地审批手续，实行公开办事制度，进行农村宅基地有偿使用试点，强化自我约束机制”，经国务院同意并大加提倡。但由于使用的是“一刀切”的方式，如果收费过高农民负担不起，而如果收费过低则根本起不到实质性的作用，笔者吸取以往教训，采取差额累进收费制度，并与补贴制度相结合。

第一，对于合法取得宅基地使用权且面积、主体资格符合法定标准的农户，不采取收费，并给予一定补贴，以减弱其再申请宅基地的需求，补贴标准为设定基价补贴，并在此基础上给予宅基地面积差额累进补贴。

第二，对于合法取得但不符合宅基地取得主体资格而取得存量农村宅基地的农户，如农转非的城镇居民等，因历史原因或通过合法的住房买卖、赠予、继承等原因实际占用农村宅基地的，不进行补贴，并根据宅基地实际占有面积划分档次进行较高收费，以使其主动退出。

第三，对于那些非法取得或超额占有的宅基地，采取惩罚性质的高额有偿使用标准，迫使其退出非法占用的宅基地。

对每家每户实际收费或补贴标准进行登榜公布，并向镇市进行登记备案，为防止这一制度实施过程中村民的不执行行为出现，村民如需村委盖章或介绍，或向更高部门进行案件处理时，如若不交齐宅基地有偿使用费，便不予办理，类似以前的农村提留制度。对宅基地有偿使用和补贴进行专门账户管理，补贴资金来源于有偿使用收费，剩余费用可用于乡村建设，但要公开透明，防止权力寻租。

(二) 建立宅基地市域范围内有限流转制度

现行农村宅基地限制流转制度，将农民束缚捆绑在农村，不利于城市化进程的推进和宅基地退出，随着中共浙江省委、省政府《关于深入推进统筹城乡综合配套改革，积极开展农村改革试验的若干意见》的出台发布，浙江省内宅基地放开流转已经是大势所趋。推动宅基地的有限流转，能够实现宅基地的财产功能，促进城市化进程，允许符合条件的农村宅地基采取买卖、租赁、抵押等方式，但依然还要考虑到宅地基所承载的社会功能，为了防止滥用农村宅基地流转牟取非法利益，由政府搭建流转管理平台，对宅基地流转的主体、用途和面积等进行审核管理。

第一，通过村庄整治、合并或搬迁，对宅基地使用要作出规划，只有符合政府用地规划的宅基地才能交易。

第二，实行严格用途管制，严禁宅基地获得者擅自改变用途，将宅基地改为商业用地。

第三，在慈溪市域范围内凡是符合条件的农户主体均可进行交易，城镇居民依然不算在内，但不改变集体对土地的所有权。

第四，宅基地不能单独流转，只能随着地上房屋买卖而流转，流转人不得再申请宅基地，防止卖旧宅建新宅。

在上述实行宅基地面积固化下，引入农舍交易市场化运作，对于有建房需求的农户，可自行入市购买。交易中，宅基地使用权收益归集体所有，房屋所有权收益归农户所有，政府管理组织收取交易税费。

（三）建立货币补偿和房屋安置相结合的补偿机制

在探讨退出补偿方式之前，引入全市范围内宅基地权票综合指标体系，即农民面积指标和房屋面积指标。具体实施思路为：首先设置每个成人的标准置换面积，对于未成年人采取年龄级差置换面积，加入宅基地占地面积、实际建筑面积和房屋残值评估相结合的测量指标置换，所有面积指标汇总构成某农户家里置换的权票标准，并发放地区权票证书。在此基础上，全市划定区域范围，对于农民面积指标进行全面统一置换和货币补偿，农民面积指标部分全市设立统一标准，以体现公民身份的平等性，但考虑区域地位和发展水平可能会导致的房价差价，对于房屋面积指标，若货币补偿则参照所在区域房屋货币补偿标准，若置换房屋农户可持有权票在全市范围内进行置换，但要设置区域权票置换比例。

在设置了宅基地权票综合指标体系后，主要建立两种退出安置机制，货币补偿和房屋安置，在安置保障住房多元化上下足功夫，让农民拥有更多选择方式。对于那些已经在城镇就业、生活和居住的宅基地初始取得主体资格为本集体经济组织成员，或因接受赠予、继承等取得宅基地的其他成员，其宅基地完全丧失福利保障性功能，对其尽量进行货币补偿模式，引导其迁入城镇或城市居住，推进城市化进程；不愿意进行货币补偿的就采取房屋安置，鼓励和引导农村居民向集中居住区进行居住，建房体现多元性，高层、多层、联排公寓等多种方式。对于不愿意迁入城区的农户可以允许其在规划区内进行跨村建房等措施。

（四）健全社会保障体系

通过实际访谈得知农民集中居住后，最担心的不过就是就业和生活费用等。为了有效推进宅基地退出，同时合理保障农户的合法利益，使其宅基地退出后生活水平不下降，建立健全社会保障是关键。在集中居住后，居住区内打造四大片区，居住区、服务区、农业区、工业区。

第一，就业。① 考虑到慈溪农民中家庭小作坊或企业占绝对主体的客观实际，而其规模程度达不到进入工业区的标准，不能在集中居住的过程中让其丧失工作场所，所以农户在搬迁时可以以原有权票总面积在居住区和工业孵化区进行自由置换，置换的面积和比例自行分配，原有面积不足时以较低价位买进。但在这一置换过程中要注意，可置换的工业孵化带和农民住房区置换比例不同，工业孵化带可置换的比例偏低。② 对于希望继续从事农业的居民，可以在规划区内，统一规划，置换相同比例的宅基地，允许其自主建房。③ 对于打算放弃耕种的工厂职工，建立宅基地退出与耕地流转联动机制，将土地有偿流转给农业大户进行经营，可以就近选择到居住区内的工业区和服务区企业上班，企业优先选择集中居住的本区域公民。

第二，福利分红。宅基地置换复垦后，节余出来的指标由政府提留出一部分留给村集体自主进行开发，其余的由政府统一“招、拍、挂”出售以平衡前期投入资金。① 对位于城市近郊、非农行业对土地需求强烈的村级预留土地，不能建造商品房进行买卖，但可以招商引资建设服务区或者建造外口公寓出租。② 稍微偏远的欠发达区域，既可以进行农业规模化经营，发展现代农业优势，同时打造绿化生态吸引都市人群，划割出小片土地生态休闲园区，向城市人出租种菜等；又可以借鉴重庆地票模式，进行联建方式改革，通过出卖建设用地指标筹集资金。两种方式都是将设立专门账户管理租金，上缴物业费、管理费等，若有剩余按股分红还之于民。

第九章

城市化的核心：农民生活方式的变迁与城市化

农民向城镇迁移是世界各国现代化发展中的一个必然环节，在未来的10年至25年内，理论估算还会有5亿至6亿农业人口转化为城市人口。人口迁移特别是农村人口向城市迁移本身就是一种城市化过程，农民迁移问题一直伴随于城市化过程左右，农民迁移意愿对城市化进程一直有着深远的影响。城市化的实施主体是农民，城市化道路的选择权在农民，农民在城市化的过程中发挥着主导和能动作用。对于农民来说，他们是否愿意迁移以及希望迁移到什么类型的城市，这是一个值得探讨的问题。慈溪作为沿海发达地区，工业化的快速推进，农民早已从农业中脱离出来进入第二产业，农民非农化是城市化的先导，政府政策的最终目的应当是吸引农民自愿从农村走进城市，从传统的农村生活方式过渡到城市的消费和生活习惯。因此，研究慈溪农民在城市化进程中的迁移意愿，分析影响农民愿意迁移进城的影响因素，对确定慈溪城市发展的道路选择以及推进城市化进程都具有重要的现实意义。本章通过对慈溪不同镇村的农民进行入户访谈，基于问卷调查的方式对慈溪农民迁移意愿和迁移行为进行分析，并提出基于农民迁移意愿的城市化政策建议。

第一节　慈溪农民迁移的真实意愿

为了更真实地了解慈溪农民迁移进城的意愿和行为，我们组织了两次调研，第一次调研在慈溪市域范围内6个镇/街道的15个行政村抽取了543个家庭户作为样本进行研究。在具体实施中，本次调查采用分层的三阶段不等概率抽样：街道(镇)、村(下级自然村)、住户和居民。正式调查之前，在每个被选中的居民户中按一定规则随机选取1人作为被访者，由访问员对该被访者进行调查。最后共得到有效数据543份。第二次调研选取慈溪市崇寿镇傅家路村为样本进行研究，由访谈员采取敲门入户的方式对18周岁以上的村民进行访谈，共得到有效数据976份。两次调研以不同的问卷、不同的侧重点、不同的样本进行研究，得到的数据相互补充，做到了点面结合，用SPSS软件对得到的数据进行分析，为我们研究慈溪城市化道路的探索提供了有力的支撑。

一、慈溪农民迁移意愿的实证分析

(一) 农民总体迁移意愿

在第一次调研中，对农民"你愿意迁居到城镇吗"的调查结果显示，有 525 位受访者做了回答，剔除性别缺失 3 位，得到有效回答 522 份，其中回答"愿意"与"不愿意"的比例分别为 30.9%和 69.1%，从性别来看，其中男性被访者有 280 位，回答"愿意"和"不愿意"的比例分别为 26.1%和 73.9%。女性被访者有 242 位，选择"愿意"和"不愿意"的比例分别为 36.4%和 63.6%。在当前城市化进程中，农民向城镇迁移的总体意愿不强，相比而言，女性向城镇迁移的意愿较为强烈。

进一步，严格按照年龄界定，剔除年龄缺失 12 个样本把 522 个有效数据分成 30 岁以下，31—40 岁，41—50 岁，51—60 岁，60 岁以上五个组，对每个年龄组的被访者进行迁移意愿分析，如表 9－1 所示：

表 9－1　不同年龄组被访者迁移意愿分析

组别	年龄组的人数	所占总人数的比例	愿意迁移的人数和比例	不愿意迁移的人数和比例
30 岁以下	151	29.6%	49 32.5%	102 67.5%
31—40 岁	100	19.6%	40 40.0%	60 60.0%
41—50 岁	155	30.4%	43 27.7%	112 72.3%
51—60 岁	71	13.9%	15 21.1%	56 78.9%
60 岁以上	33	6.5%	8 24.2%	25 75.8%
合计	510	100%		

从年龄上来看，30 岁以下和 31—40 岁以下两个年龄组愿意迁移人数和比例较大，而 40 岁以上的年龄组愿意迁移人数和比例较小。在城市化进程中，随着年龄的增大，农民的迁移倾向越低，这也充分说明了农民迁移的主体是青年人，尤其是那些有劳动能力的中青年，这些人在迁移过程中有比较大的优势。具体表现在年龄越大，迁移意愿越弱。因为年龄越大，迁移的成本越高，而且与中青年相比，老年人适应能力相对较差，迁移后就业和择业的机会相对较少。

调查结果显示，在大学专科及以上的学历中，愿意迁移的人数和比例都相对较高。受教育程度相对较高的农民，在流动、就业、安置等方面有比较强的意愿。由于自身知识和技能素质较高，获取信息的能力较强，得到工作的信息相对比较及时，在非农工作方面有较强的生存能力和竞争能力，同时，高素质的农民对于城市文化具有较强的接受能力，适应力较强。

(二) 农民迁移地区分析

对 146 个愿意迁移的农民调查“最愿意迁移到什么地方”,结果如表 9-2 所示,农民选择城镇的意愿表现出:在对拟迁目的地的选择上,所有愿意迁移的农民中,有 54.1%的农民选择“本市中心城区”作为拟迁目的地,15.8%的农民选择“省级以上大城市”作为拟迁目的地。而选择“本镇上”、“中心镇(卫星城)”、“地级市”的比例分别为 8.9%、11.6%和 9.6%。慈溪市农民在迁移目的地选择上主要还是以本市中心城区为主,现有农村选择的是以中小城市为主的城市化道路。在拟迁入目的地中,“省级以上大城市”、“中心镇(卫星城)”、“地级市”、“本镇上”也各占有一定的比例,在城市化道路的策略上,要充分尊重农民的意愿和选择。

表 9-2　农民迁移地区分析

	人数样本量	所占百分比
本镇上	13	8.9%
中心镇(卫星城)	17	11.6%
本市中心城区	79	54.1%
地级市	14	9.6%
省级以上大城市	23	15.8%

(三) 影响农民迁移的主要因素

调查问卷共设计了 13 条愿意迁移和 20 条不愿意迁移的动因作为测量指标,通过对样本直接询问影响其迁移的各指标的重要程度(分为“很重要”、“重要”、“一般”、“不重要”、“很不重要”5 级)获得原始数据,根据影响农民迁移意愿各指标的重要性评分结果及其相关性大小,采用因子分析法找出影响农民迁移意愿的主要因素。

1. *农民愿意迁移的影响因素*

因子分析结果表明(表 9-3)。可以从影响农民愿意迁移的 13 个测量指标中提取出 3 个公因子,其累计方差贡献率达 62.278%,基本上保留了原始数据中大部分信息。

第一个公因子在“在农村务农收入太低”、“城市工作机会多工作好找收入高”、“迁移进该城镇比较容易、门槛低”、“户籍好获得”等指标上具有较大的载荷和解释能力。这些指标与进城的机会和预期工作收益有关,可以定义该因子为进城机会和预期工作收益。主成分分析结果显示,第一个公因子的方差贡献率为 42.700%,说明当前客观存在的不断拉大的城乡收入差距,使得农民对迁移可能带来的收入增加持乐观期望。

另外,拟迁入地进入的机会、户籍容易获得等成为吸引迁移的主动力。

第二个公因子在“对农村居住条件不满意”、“城镇的竞争还能适应”、“农村没有土地或土地减少”等指标上有较大的载荷和解释能力,定义该因子为城乡预期生活收益。慈溪虽处于沿海经济发达地区,农村的基础设施虽然已有明显改善,但相对城市而言,在环境、居住条件、用水安全、交通等方面仍存在很大差距,再加上农村土地的减少,农民期望迁移到城市居住。

第三个公因子在“为了子女受好教育”、“城市生活方便”等指标上的载荷较大,该因子可命名为城乡教育收益。相对城市而言,农村在教育、购物、娱乐等方面与城市仍存在很大的差距,不少农民为了便利的生活和子女后代有更好的教育而选择迁移到城镇。

表 9-3　农民愿意迁移的影响因素的旋转后因子载荷矩阵、方差贡献率

指标	公因子		
	1	2	3
在农村务农收入太低	.793	.243	.024
城市工作机会多工作好找收入高	.773	.176	.046
迁移进该城镇比较容易,门槛低	.770	.268	.079
迁移进城镇最合算,性价比高	.680	.285	.201
户籍好获得	.780	.108	.227
为了子女受好教育	.145	—.031	.824
城市生活方便	.012	.236	.797
城市有低保	.676	.304	—.056
城乡政府的投入不一样	.182	.621	.332
城镇的风险不是很大,想冒险	.547	.506	—.041
城镇的竞争还能适应	.368	.698	—.097
对农村居住条件不满意	.132	.733	.192
农村没有土地或土地减少	.379	.672	.018
累计方差贡献率(%)	42.700	54.009	62.278

2. 农民不愿意迁移的影响因素

因子分析结果表明(表 9-4),从影响农民不愿意迁移的 20 个测量指标中提取出四个公因子,其累计方差贡献率达 54.684%,基本保留了原始数据中大部分信息。

第一个公因子在“迁移进该城镇比较困难,门槛太高”、“户籍难获得”、“估计城镇工作难找,难获得最大收入”等指标上具有较大的载荷和解释能力,可定义该因子为迁移进城的预期门槛和风险,现有的城乡二元的户籍制度、进城的门槛太高成为限制农民进城的重要因素。再加上大多数农民文化水平较低,担心进城以后无法就业、无法得到满意的收入,在这两方面阻力影响下,农民不愿意迁移进城。

第二个公因子在“不想失去农村集体分红和福利”、“农村计划生育政策比城市宽松”等指标上具有较大的载荷和解释能力,该因子可定义为农村既得权益。这是因为在一些经济比较发达的农村,普遍具有较好的集体福利和分红,只有具备本村“村籍”的农民才享有这一权益,因此,大多数农民担心进城后会失去这些利益。

第三个公因子在“离城镇很近,没必要搬迁”、“住在农村与城镇没有差别”、“满足和习惯农村的生活环境”等指标上有较大的载荷和解释能力,此因子可命名为城乡意识淡薄,慈溪地处沿海经济发达地区,城乡差距较小,一些镇村的农民距离中心城区较近,农民的城乡意识比较淡泊,加上根深蒂固的乡土情结,增强了农民向城市迁移的心理阻力。

第四个公因子在"不想放弃农村住房与宅基地"、"城市住房太贵"等指标上有较大的载荷和解释能力,定义该因子为搬迁成本。在当前我国农村宅基地政策和高房价压力下,农民既担心失去农村住房和宅基地造成较大的利益损失,又怕进城后无力购买城市高价房,因此不愿意迁移进城。

表 9-4　农民不愿意迁移的影响因素旋转后因子载荷矩阵、方差贡献率

指标	公因子			
	1	2	3	4
农村有稳定的工作和收入	.484	.314	−.245	−.209
估计城镇工作难找,难获得最大收入	.693	.174	−.360	−.017
迁移进该城镇比较困难,门槛太高	.791	.027	−.133	.032
迁移进城市不划算,性价比不合理合理	.659	.089	.149	.220
户籍难获得,所以不迁移	.738	.126	.120	.029
子女在农村受教育也不错	.467	.446	.181	−.307
满意和习惯农村的生活环境	.182	−.141	.672	−.039
城镇生活无保障	.607	.228	.183	.207
城乡政府的公共投入差不多	.504	.297	.245	.149
城镇的竞争也很厉害,怕难适应	.674	.186	.069	.357
进城镇的风险还是比较大,不想冒险	.668	.148	.058	.360
城市环境不好	.221	.010	.429	.488
不想放弃土地	.201	.519	.125	.489
离城镇很近,没必要搬迁	−.074	.063	.747	.136
住在农村与城镇没有差别	−.073	.237	.777	.070
不想放弃农村住房与宅基地	.014	.113	−.021	.589
城市住房太贵	.381	.030	.168	.581
离家太远,照顾父母不方便	.289	.361	.284	.227
农村计划生育政策比城市宽松	.251	.770	.036	.017
不想失去农村集体分红和福利	.105	.841	−.056	.207
累计方差贡献率(%)	29.705	41.786	49.002	54.684

农民迁移意愿受到多种因素的影响,但主要影响因素不是恋乡情节、害怕竞争等非经济因素,而是经济因素。还受多重成本因素的共同制约。当前,制约农民迁移意愿的四大因素主要表现为迁移后能够取得收入的可能性(就业预期)、居住成本、迁移门槛、沉没成本(与农民村级福利相联系的农村宅基地及承包地等)。一个地区在不同发展阶段的经济特征、资源

状况等决定着该地区政府对城市化路径、水平的追求并进而决定着城市化的相关政策，就慈溪而言，要想提高城市化率政府除了要提供具备容纳空间的城镇外，主要必须从农民的以上要素上做工作。

3. 分假设情况下的农民城镇迁移意愿

不管被访者在“你愿意迁居到城镇吗”是如何选择的，问卷中设置了 6 个假设情况下农民迁移进城意愿问题调查。调查结果如表 9-5 所示：

表 9-5 分假设情况下的农民城镇迁移意愿

如果确定能在城市找到工作你愿意做市民吗？	愿意：47.9%；不愿意：49%
假如做市民存在失业的可能你愿意做市民吗？	愿意：16.9%；不愿意：79.7%
假如要花一大笔钱，才能让你取得和城里市民一样的待遇你愿意吗？	愿意：14.5%；不愿意：81.6%
假如不需要要花一分钱，就能让你取得和城里市民一样的待遇你愿意吗？	愿意：52.3%；不愿意：43.8%
假如要面临激烈的城市竞争，你还愿意做市民吗？	愿意：28.5%；不愿意：67.0%
假如不需要花钱，但你将失去农村的责任田和宅基地，你愿意做市民吗？	愿意：14.9%；不愿意：80.7%

上述调查结果说明，其一，在就业预期下，如果能实现就业多数农民是愿意向城镇迁移的，但在失业的预期下，绝大多数农民是回避做市民，这意味着城市市民的失业保障远不如农民的土地保障功能；其二，农民在做城镇迁移的决策背后存在着很强的经济方面的思考，比如花钱—成本、收入、农村土地对价等的问题，同时农民对该问题的决策也受风险回避等的影响。入城的成本和风险如激烈的城市竞争、失去农村的责任田和宅基地、城市存在失业的可能等会成为制约农民入城的阻力因素。

(四) 从典型村庄看农民迁移意愿

为了深入分析农民与土地的关系，我们选取慈溪黄杨呑村作为典型村庄进行入户调研。黄杨呑村毗邻龙山镇政府，东临窖湖、达蓬山，南北均是小山，是一个较为隔绝的小山村，共有村民 320 余户、700 多人。村内有社区卫生服务站、小广场、长亭和篮球场等基础设施，但缺少市场、商店等居民生活服务设施，离镇中心商业街尚有 10 公里左右路程。村里只有一条东西向的主干道——湖蓬路可通外界。

该村大多数村民在附近的镇、村企业打工，因靠山，农业以葡萄、杨梅和茶叶种植业为主，总体而言，该村属于经济较不发达村。但是，黄杨呑村具备的三点特征使其拥有了农民城市化调研的价值：第一，该村属于规划控制村，镇政府早已有整村搬迁的政策意向，村里有 7、8 年不再新增宅基地，村民生活用地需求较大，作为倒逼因素提高了农民的迁移意愿；第二，从就业结构而言，多数村民已经脱离农业生产，老年人成为务农的主体，从职业角度而言，农民城市化的条件比较成熟；第三，该村所在的龙山镇作为试点，积极推进“农转非”工作，鼓励农民转为非农户籍，并实施统一的城乡居民医疗和养老保障。可以说，就慈溪范围内而言，户籍这一形成城乡二元鸿沟的关键性因素的影响在不断削弱。那么，抛开户籍及其相关的福利因素，究竟还有哪些影响因素？在这些因素之下，如何从政策层面实施相关的改进，成为本次调研、分析的重点。

1. 调研的基本情况

本次调研结合访谈和问卷调查形式，共发放问卷 64 份，考虑为入户访谈，一份问卷可代表一户人的意见，可以作为 64 户，约占全村总户数的 20%左右。问卷主要涉及被访谈对象的年龄、家庭人数、职业、迁移意愿和影响因素等，以多选题的形式体现各种因素在村民心中的轻重度。

首先，按年龄分为四个段，原则为：25 岁以下，大多数还在上学，无职业和收入来源；26 至 50 岁，有职业和收入来源，多数有独立家庭、配偶、子女；51 至 65 岁，家庭出现第三代，为三代人共同居住或者脱离子女独居，尚有劳动能力，缺乏在企业工作能力而以务农为主；65 岁以上，多数失去劳动能力，处于退休状态。64 户调查对象中，年龄分布如下：

	25 岁及以下	26—50 岁	51—65 岁	65 岁及以上
人数	1	41	20	2

大多数为劳动人口，更能够综合考虑迁移同生活、生产的联系和问题。

其次，经调查，64 户村民中，只有 15 户村民更倾向于迁移到城镇生活，其中 2 户务农，13 户从事非农工作，迁移意愿较强着仅占全村的 23%左右。由此发现，虽然基础设施和相关配套服务相对城镇有一定差距，但大多数村民仍然不愿离开农村。而在这 15 户中，已经脱离农业生产的非农工作者占大多数，可见职业对于迁移意愿的重要影响。在此 15 户村民的基础上，以“喜欢到城镇生活的主要原因”为问题，通过进一步的问卷调查，了解到影响因素如下（表 9－6）：

表 9－6 喜欢到城镇生活的主要原因（多选）

	务农收入低	城市工作机会多、收入高	户籍好获得	子女更好的教育	城市生活方便	城乡政府投入不一样	对农村居住条件不满意	城市有低保	城市环境好
人数	2	10	1	13	12	2	2	1	5

通过表格可见，站在农村往城市看，城镇吸引农民的最大优势在于城市生活方便和子女能够接受更好的教育，也就是说，更优越的生活水平和人的再生产条件是城市对比农村的最大优势。虽然政府在农村建设上投入了大量资源，城乡二元的差距在不断减小，但在教育、就业机会、社会服务等方面，城镇仍然占据着优势，成为吸引农民向城镇集聚的推力因素。但另一方面，在慈溪推出了一系列保障措施之后，户籍的影响力被大大削弱，甚至不再为村民所关注，与之相关的户口和低保也被绝大多数村民所忽视。经过新一轮的农村建设投入，如今农村的生活条件得到较大提高，基本医疗和公共基础设施的普及降低了城镇的吸引力。而就子女教育问题来说，虽然城乡的教育质量和水平存在巨大差距，但这一差距也存在于城镇内部，拥有城镇户籍并不代表就能获得高质量的教育，学区户口、学区房等财富的显性表现形式仍然垄断着优秀的教育资源，正是在这一现实因素影响之下，子女教育虽然成为影响村民迁移意愿的最主要因素，但还不足以让大多数人把意愿转化为行动。

此外，有 49 户的村民则并没有太大的迁移意愿，安于农村的生活，就其“不愿迁移的原因”，主要影响因素体现为(表 9－7)：

表 9－7　不愿迁移的原因(多选)

	农村有稳定的工作和收入	城镇工作难找	进城门槛高，不划算	满意和习惯农村生活	城镇竞争激烈，风险大	不放弃土地和宅基地	城镇近，没必要搬迁	城镇和农村无差别	城市住房贵	不想失去农村集体分红
人数	20	7	5	17	5	18	5	3	9	4

对于不愿迁徙的村民而言，最大的原因在于中国人根深蒂固的乡土情结和小农心理，“稳定”、“低风险”是大多数村民的关注重点，集中体现为工作收入、生活习惯以及未来有可能大幅增值的宅基地和承包地。笔者调查发现，一般务农者的收入可以达到 3 万元左右，虽然略低于在企业工作的收入，但拥有更多的自由。相比之下，移居城镇、到企业工作并不代表一定会获得更高的收入，反而可能要面对更高的生活成本。而黄杨呑村毗邻镇中心，周边企业多，村民的外出工作半径仅为数公里，使村民形成了工作在城镇、生活在农村的生产生活模式，一定程度上优于完全的城市化生产生活状态。除此之外，城市住房贵、工作难找等因素也削弱了城市对农民的吸引力。以慈溪为例，一万八千多元的农民年平均收入只能在市区买到一平方米的住房，在镇中心也不过是两三平方米，完全超出了一般农民的可承受能力，让大多数村民“望城却步”。

在另一张面对 64 户村民的“在条件设置下的入城意愿表”中，设置了工作、失业、市民待遇和集体土地等预期就业风险和搬迁成本指标①。村民的选择也较为集中(表 9－8)：

表 9－8　条件设置下的入城意愿：如果满足下列条件，你愿意做市民吗？(单选)

	确定在城市找到工作	加入作市民存在失业可能	要花一大笔钱取得市民待遇	不需花钱取得市民待遇	假如要面临激烈的城市竞争	不花钱但是要失去承包地和宅基地
人数	29	4		30		1

可以发现，作为追求自身最大利益的理性经济人，利益问题即工作机会和入城待遇仍然是影响村民入城的主要因素，并试图规避风险，避免竞争和失业。随着户籍所附带利益的均等化，在医疗和社会保障方面的城乡二元机制被打破，村民不再愿意为户口而损失利益。但另一方面，农业户口所附带的承包地、宅基地反而作为农民的一项特殊利益，凸显出越来越大的影响力。所以当面对花钱买户籍、保障，城市竞争以及失去承包地和宅基地等权益的时候，村民的入城意愿则偏于摇摆不定甚至拒绝交换，并没有体现出迁入城市的强烈意愿。

2. 问卷反映的问题

第一，总体而言，村民的迁移意愿不强。从本次抽样调查来看，64 户被访村民，只有 15

① 王华.广州城市化进程中郊区农民迁移意愿分析[J].地理与地理信息科学，2009，25(2).

户有迁移意愿，49户不愿迁移，甚至有8、9户村民无视工作、待遇等优惠条件。这个现象背后，反映了安土重迁的传统意识仍然影响着绝大多数人的思维，血缘与地域形成的纽带还在维系着农村的传统社会。保持生活稳定、尽量避免激烈的城市竞争的思维正在阻碍着农民向城市的转移。失业危机作为农民无法承受之重，其影响甚至超过了城市更加优越的生产生活条件。在激烈的城市竞争面前，农村的稳定往往更加吸引农民。

第二，慈溪城市化发展的一大成果。尤其是乡镇的发展，民营经济的高度发达，工厂企业多，就业容易。在受访的64户村民中，真正从事农业生产的只有8户，另有2户自办企业、54户受雇于周边乡镇各种工厂企业，而且绝大多数人的工作半径在10公里之内，无需入城就业，这造成了村民的城乡意识淡薄，降低了村民的入城意愿。

第三，从问卷结果可见，影响村民迁移的最大因素是子女的教育和城市生活方便，而吸引村民入城的一大因素是各类市民待遇的获得。这是城乡基本公共服务、社会保障待遇差距的体现，突出表现为教育、医疗、社会保障等方面的资源分配不均。优质的教育和医疗资源主要集中在城镇中心，而这一趋势只会不断加强。如黄杨岙村，村里只有一个小型卫生所，唯一的医生还兼职村里的会计。笔者经过访谈，得知卫生所实际上仅具备药房和注射室的功能，而且只有依靠政府的财政补贴才能维持。资源分配不均本身是一个合理的现象，正是这一差距驱动了人的流动，带来大量的内需提升。另一方面，这给农民生活带来的不便也是显而易见的。此外，镇级医疗资源能否满足未来可能出现的大规模增加的医疗需求，也值得探讨。

最后，户籍制度是一项优惠政策，但还不足以让村民为此放弃农村各项权益。新中国成立后，随着人民公社化的建立，城市居民和农村农民之间产生了巨大的鸿沟，城市户籍及其所带来的医保社保等优厚待遇曾经是一代又一代农民魂牵梦绕的权利。但是，随着国家大力投入农村、农民，以及城乡一体的居民医疗保障制度和城乡居民社会养老保险等制度的推出，这条鸿沟正在不断缩小。甚至相反的，随着土地日益稀缺和价值的不断提升，越来越多的城市居民开始羡慕起农民的承包地和宅基地权利。此次调查显示，大多数村民希望能够不花钱地取得市民的待遇，但不会为此而放弃承包地及宅基地权利。户籍与农村土地权利已经不是天平两端的等价物，甚至在一定程度上，农业户口优于城市户口。这大大降低了农民的迁移意愿。

当前，不少专家和舆论认为户籍二元体制亟须打破。但这一破除是否能极大推动农民进城，仍然值得商榷。蒋乃华等对江苏省农民的实证分析表明，处在不同经济发展阶段和地区的农民的进城意愿不同，且影响其进城意愿的主要因素也存在差别。在二元经济特征基本消失的经济发达地区，农民的城乡意识已经淡泊，其收入状况、受教育状况和年龄状况都与进城意愿无关①。慈溪就是一个例子，剥离各项福利政策的城市户籍的价值被极大削弱，反而凸显出农业户籍的优势，对农民城市化带来一定的阻碍作用。

二、发达国家城市化进程中农民城镇迁移意愿

在城市化进程中，农民是微观基础，是城市化进程的最终决定者与进入主体，农民成为

① 蒋乃华，封进.农村城市化进程中的农民意愿考察——对江苏的实证分析[J].管理世界，2002.

市民的积极性与主动性将直接决定城市化的速度和质量。研究掌握城市化进程中农民的真实意愿，才能采取适当的有针对性的政策措施来吸引农民自愿从农村走进城市，从农村传统的生活方式、价值观转变为城市的生活方式和价值观，从而真正促进城市化发展。意愿研究也是行为研究的出发点。研究实证表明，无论是国内外或者处于不同时期，大多数农民是向往城市生活的，但基于实际可能，只有其中的一部分有移民城市的条件。欧美发达国家城市化一直是我国城市化研究的主要模板，其中美国和法国农民的城镇迁移意愿可以提供我们充分的发展路径依据。

(一) 美国城市化进程中的农民城镇迁移意愿

美国农民向城市转移的过程大约经历了150年，从19世纪20年代开始到20世纪60年代基本稳定下来。

真正使美国的城市化得到大发展的是从第二次工业革命开始。大量的欧洲冒险家来到美国，带来了欧洲的工业技术和工厂管理技术，而黑人农奴制的废除也为早期的工厂提供了充足的廉价劳动力。大量的资金、技术、管理和闲置劳动力结合，使美国的工厂在19世纪70年代后如雨后春笋般地蓬勃发展起来。众多工厂的聚集也使美洲大陆的城市纷纷诞生，据统计，19世纪60年代末美国仅有城市663个，而70年代美国新产生的城市有276个，80年代又新产生城市409个，90年代则再增加了389个新城市。随着欧洲在20世纪一战的爆发，大量欧洲人为了生存躲避战火来到美国，进一步带动了美国工业的崛起以及城市规模的扩大。到1920年，美国城市人口比例首次突破50%，初步实现了城市化。

一战后，为了接纳不断增加的新移民和美国新增人口，必须开垦出新的农业用地。美国的农民市民化和一般国家的市民化有很大区别，美国是一边接纳移民，一边形成新的城市或者城市在一边扩展。有统计表明，美国现在的农场主的农地87%是来自于祖辈的遗产。也就是说他们的祖先来美国时做农民的其后代基本还是农民，变化不大，只有很少一部分放弃了祖辈的农场进城市去做市民了。现在，美国城市的市民则基本来自于本来就没有农村土地的移民后裔或新移民以及农奴的后代。

(二) 法国城市化进程中的农民城镇迁移意愿

法国第一次工业革命的后果是1789年爆发了轰轰烈烈的法国大革命，法国大革命确实对摧毁封建生产关系起到了积极作用，封建土地私有制被彻底根除，土地成为了自由的私有财产，农民摆脱了封建义务获得了自由以及适合小农生产的家庭土地。英国的结果是加速了小农经济的灭亡，法国的结果却是让小农经济得到了法律保护。

这种在大革命后建立起来的欣欣向荣的小农经济使农民与土地紧紧结合在一起，其直接后果就是农民怎么也割舍不下自己家乡的土地，从而无法产生英国那样的大批农民脱离土地进入城市成为产业工人的现象。真正使法国农民市民化行为产生转折点的是第二次世界大战。二战的失败与被占领让农村的土地关系得到了较大的冲击，年轻人进入军队参战客观上拓宽了法国人的视野。在人口统计上，一般认为1938年前后法国城市人口超过农村人口，初步实现城市化。二战结束后，由于法国农业对其他资本主义国家的相对落后也迫使大量的农民放弃生产效率相对低下的农业进入城市，加入城市工业体系。但毕竟法国农业的先天性的制度缺陷并没有被根本纠正,小农经济下农户不断地斗争让法国政府无法不屈服,其代价就是必然性地用工业效率来贴补农业效率的缺失,这也是目前法国农业无法面对开放经济下自由竞争的原因。

(三) 发达国家城市化进程中的农民城镇迁移意愿归结

欧美发达国家城市化进程中的农民市民化意愿变迁研究告诉我们:农民是风险回避者,如果他们的农业生产资料得到保障,无论是英国还是美国农民他们都不愿意进城市做市民接受竞争。发达国家的高城市化率要么建立在对农民血淋淋地驱赶上面,要么建立在解放后的农奴或者新移民没有农地却要生存下去的无奈上面,至于农民主动选择市民化的意愿一直很低。由于农民普遍对于放弃传统的生活方式、进城做产业工人意愿不足,所以,欧美发达国家最快的初步实现城市化历经了 60 年,最慢的花了 160 多年,平均也花了一百年的时间(如表 9-9),从农民代际上看,用了 3—5 代人的时间。基本上是用时间慢慢消耗掉传统的小户农民,培养起了新的城市市民群体的。

表 9-9　主要发达国家实现城市化的时间表

	开始(年份)	初步完成(年份)	历时(年)
英国	1 770	1 851	80
德国	1 810	1 910	100
法国	1 770	1 938	168
美国	1 860	1 920	60

三、结论及建议

(一) 加快产业发展与人员培训

1. 发展现代农业,为农村人口迁移和城市化推进奠定基础

在城市化推进的过程中,大量的农村人口向城市迁移,城市对粮食和其他农副产品的需求也随之增加,要确保粮食的供应量足以满足原有的城市人口和迁移的农村人口的消费,农业是实现城市化的坚实基础,因此必须在农业发展的基础上推动农村人口的迁移,同时通过人口的迁移促进农业的现代化。农业现代化的实现,意味着农业生产率的改进和效益的提高,意味着农业生产所需的劳动力将大大减少,而随着农业对劳动力相对需求的下降而劳动力将由农村迁移到城市。加强对农地的保护,从土地制度上为农业发展奠定基础,当前和今后的一个时期,建设现代农业要重点抓好 6 个方面的工作,即:切实加大对现代农业建设的投入力度;高度重视并切实抓好粮食生产;加快构筑现代农业的产业体系;着力提高现代农业的设施装备水平;不断强化现代农业的科技和人才支撑;大力加强现代农业的市场体系建设。

2. 完善中心城区特别是具备城镇服务功能的新城建设

亚里士多德说过,人们为了生存而来到城市,为了生活得更加美好而居留于城市。城市化的主体是农民的城市化,而农民迁移进城是为了生活更美好。新加坡的国土面积和慈溪的面积差不多，新加坡整个城市以中心城区为主体，呈星座式结构，他们用城市地铁线把主要商业中心串联起来。按照“中心城区——区域性中心——副中心——小型中心——社区”的布局，把整个城市分为55个小区进行规划和建设，区域性中心距中心城区13公里，副中心距区域性中心6公里，小型中心距副中心2.5公里，居民的日常事务则不出社区。新加坡十分重视城市发展规划的编制，早在立国之初，他们就聘请联合国专家，历时四年完成了整个新加坡的概念性发展规划，并以此为总纲制定城市总体规划、分区规划和控制性详规。借鉴新加坡，为迎接农村进城，政府要做好长远的规划。中心城区作为本市农民的主要拟迁往地，提升中心城区的功能是必须的。

在距离中心城区交通便利的地方建立农民的集中居住区(新城)，把新农村建设中公共服务配套齐全的、对农民具有吸引力的集中居住区(新城)上升到城市化发展战略的重要部分。有限、紧张的资源要向集中居住区投入，不能搞全面撒网式的无效或者低效投入。集中居住区不仅可以改善农民的居住条件，也定然是方便于工作，可以提升农民生活品质的新城，农民将在新城中实现从农民到市民的凤凰涅槃。集中居住区的功能定位相当于城市的副中心城区，首先，集中居住区的交通设施必须是发达而便捷的，以便迁移人群在中心城区与副中心城区之间往返。其次，集中居住区的房地产应该是完全产权的，和中心城区的房地产一样，以便迁移人群购买、交易或租赁。最后，集中居住区的公共服务和现代商业网络齐备而完善，能满足迁移人群教育、医疗、文化、娱乐等方面的需求。

3. 农民迁移与产业发展密不可分，必须加大对农民的培训

城市对农民的吸引在于城市能够为人们提供较多的就业机会、较高的收入。要实现农民的城市化，最主要的是以产业为依托，为农民创造出更多的就业机会。从这次调研的结果来看，农民是否向城镇迁移也是农民在迁移进城的机会、风险、成本和收益之间的博弈。因此，对于城市产业的发展不能只盲目追求资本密集型和技术密集型产业的发展，在产业的选择上要重视就业机会的创造。从我们的调研来看，慈溪农民的就业主要是以第二产业为主，从事第三产业的较少。现代社会中，劳动者的素质是劳动力就业竞争中最主要最关键最核心的因素。农民要想在城市中获得满意的工作，实现最大收益就必须要有一定的文化素质和综合能力。综合素质低下就意味着无法在城市找到工作，较高的“预期收益”难以产生，迁移进城的驱动力不足，阻碍了城市化的发展。城市化的实质是人的城市化，农民作为城市化的主体，如何实现农民生产方式的市民化也是推进城市化的关键。政府或市场化组织必须对从农业中脱离出来的进入二产、三产的农民加强教育培训，提高农民的市场竞争力。如果农民有了一定的知识和技能，在就业市场中具有优势，自然可实现农村与城市、城市与城市间的自由迁移。

(二) 建立完善的保障体制机制

1. 探索建立农村永久性退出承包地与宅基地的补偿机制

影响农民不愿意迁移的因素有“不想失去农村集体分红和福利”、“不想放弃农村住房与宅基地”等。由于城乡二元社会制度的存在，作为有“村籍”的农民依然拥有着最根本的福利——承包土地以及建立在土地上的就业、收益、宅基地等。城乡二元社会制度对农民实际上起着保护作用，反而是把农民往农村“拉”。村级较好的福利无疑阻碍着村民的流动，把农

民紧紧地束缚在村级的行政区域内。村级的福利如宅基地、承包土地等既是农民的生产生活保障，也是农民的枷锁。

为什么我们现在的土地制度阻碍了城市化？我们的农地与宅基地是集体所有，当农民愿意离开农村的时候，想要放弃承包地与宅基地的时候，没有一个合理的补偿机制。农业将来的出路是规模经营，而农业规模化的前提是把大部分农民转移到城市，让农民离开农业，离开土地，离开农村。没有合理的、市场化补偿机制的结果就是承包地的低效率、粗放式的利用。以宅基地为例，存在着诸如人均宅基地面积超标，闲置宅基地日趋增多，一户多宅的现象等问题，当农民想要离开城市时，村里的承包地与宅基地如何合理的退出？这要求农村的承包地与宅基地必须由农民的"生活保障物"逐步转变为"市场交换物"。当农民想要离开农村时，建立一个承包地与宅基地退出的合理的、市场化的补偿机制。

2. 走政府推动和市场机制相结合的城市化道路

城市化的推进必须以市场为主导，充分发挥市场在城市化进程中的基础调节作用，但是政府的作用不可忽视，否则城市化的发展将可能会偏离正常的轨道。政府的功能主要是进行宏观调控。一方面，政府要对整个地区的城市布局进行合理规划，适时引导人口迁移的流量和流向；另一方面，政府可以通过制度创新和政策调整妥善处理迁移人口的各种问题，如通过户籍制度和土地制度的改革，城市就业政策的调整，迁移人口的各种社会权益的保障等。

推动城市化的动力机制应该是多元的，既有自下而上的政府行政的推动力量，也有自下而上的、个人的能动力量；既有工业化的力量，也有市场化的力量。在传统的计划经济体制下，主导城市化的是行政的力量和工业化的力量，城市的发展是工业发展的结果，但是由于基础设施、住房连同城市土地供给的非商品化，加上在国家大量财政补贴基础上所构建的城市居民福利制度，使得国家用于城市建设的投资越多，背的包袱就越大。同时，城市功能也日益向单一的工业生产基地方向退化。单纯依靠政府的力量和非市场化的工业化，并不能导致城市化的顺利发展。市场机制是推进城市化的基本机制，不仅要借助工业化推进城市化，更要以市场化推进城市化。城市化的过程同样也是市场化演进的过程，在城市化过程中，农民如何进城，社会资源如何流动及如何向城市聚集等各个方面，基本上由市场机制来决定。政府要做的，是对不合理的法律制度进行清理，让现有的法律制度安排更加完善，以保证市场为基础的资源配置方式更有效率。政府与市场"两个轮子"协调运转，合理分工，政府"掌舵"，市场"划桨"。

3. 建立城乡一体化的社会保障制度

影响农民不愿意迁移的因素最主要基于农村有土地保障，其次是害怕进城的竞争与风险。受传统二元体制等原因的影响，农民迁移后几乎处于没有任何社会保障的境地，享受不到社会保障的农民工在面临失业、生病和年老时，只能返回农村，这势必给农民的最终迁移带来长期消极的影响。为进城农民提供包括最低生活保障、医疗保障、养老保障等方面的社会保障，不仅能够为城市化稳定健康地发展构筑最后的防线，而且降低农民城镇迁移的生存风险，增强农民的城镇迁移意愿。在城市中建立一个有效的融资机制。为迁移人口提供基本的社会保障和相应的居住、子女教育服务，从而使后者能够在自愿基础上放弃农村土地，而被释放土地将能够用于应对农村内部人口变动的需要，使土地承包权稳定成为可能。更重要的是，考虑到土地在由农到非农用途转换过程中所发生的增值在相当程度上可归结于具有“外部性”的城市基础设施建设和城市经济发展，在征地市场化的基础上，地方政府可以抽取一定比例的土地增值税，并构成迁移人口建立基本社会保障、住房、子女教育安排的财政基础。

第二节　新型城市化背景下慈溪农民多彩的闲暇生活方式

萧伯纳曾经说过：“劳作是我们必须做的事，休闲是做我们喜欢做的事，”一直以来，做我们喜欢做的事都是人类共同的追求。社会的发展和科技的进步大大缩短了整个人类的劳动时间，使人们有更多的闲暇时间安排自己的生活，同样，沿海发达地区的慈溪农民也逐渐摆脱了“日出而作、日落而息”的传统生活模式，开始在休闲中探索人生的价值和意义。为进一步深入了解慈溪农村社会现状，利用 2012 年慈溪农村综合社会调查问卷，对不同村镇村民的休闲内容和范围进行探索，期望在慈溪农民的休闲特征方面得出一些初步结论。

一、数据来源及样本特征

本节分析的抽样数据来源于 2012 年慈溪农村社会综合调查问卷，该问卷在慈溪 5 个镇/街道抽取了 543 个家庭户作为样本进行研究。在具体实施中，本次调查采用分层的三阶段不等概率抽样：街道(镇)、村(下级自然村)、住户和居民。正式调查之前，在每个被选中的居民户中按一定规则随机选取 1 人作为被访者，由访问员对该被访者进行调查。

调查的样本量为 543，利用 SPSS 软件进行初步分析，样本的基本特征如下：

(一) 从性别上看

在样本中，剔除性别缺失样本 3 份，男性人数为 289 人，占 53.2%，女性人数为 251 人，占 46.2%，男性人数比重稍高。

(二) 从受教育程度来看

样本中没有受过任何教育占 1.5%，扫盲班占 0.9%，小学文化程度的占 19.3%，中学(包括初中、职业高中、普通高中、中专、技校等)的占 46.4%，大学(包括专科、本科)的占 30.4%，研究生及以上占 0.4%，缺失 1.1%。可见，中学文化程度所占比例较高。

(三) 从主观认定的社会经济地位上看

本次问卷剔除性别、年龄等缺失，对剩余样本进行有效性分析，得样本数 428 份，将阶层划分为“下层”、“中下层”、“中层”、“中上层”和“上层”5 个层次，由被访问者自己认定自己所处的阶层位置。在样本上，上述各阶层所对应的人数依次为 51(9.4%)、95(17.5%)、174(32%)、14(2.6%)、4(0.7%)；其中认为自己属于中层的人数最多，占 32%，而认为自己属于上层的人数最少，仅占 0.7%，另外，还有 90 人没有回答该问题，占 16.6%。

二、数据分析

在具体分析时,首先在问卷中选取与休闲活动相关的若干指标,对这些数据进行探索性的因子分析,确定公因子。在此基础上利用参数检验方法,对具有不同特征的人群的休闲特征进行对比和分析。

(一) 指标的选取

本次调查选择了相关的 14 个问题来测量慈溪农民的休闲方式。这 14 个问题测量的是农民在闲暇时间内所从事活动的频繁程度,这 14 个问题综合起来形成 14 个测量指标:看电视;阅读报刊;浏览互联网;读文学、社会科学或科技类的书;听音乐、看歌剧;健身或参加体育锻炼;上网聊天、打游戏;外出郊游;打牌、打麻将;去咖啡馆或酒吧;坐茶馆;外出就餐;做家务;处理工作上的事。这些问题基本上包括了农民在闲暇时间所从事的所有活动,覆盖范围比较广,具有代表性。针对每个问题,问卷中可供选择的答案都是 7 个,即"从不","一年几次","一月一次","一月几次","一周一次","一周几次","差不多每天"。由于这些问题的答案是定序的,为了便于统计分析,按顺序分别为每个答案赋值:7,6,5,4,3,2,1。无回答样本被排除在分析范围之外。

(二) 因子分析结果

利用 SPSS19.0 统计分析软件对所选取的这 14 个指标进行因子分析,因子提取的方法采用主成分法。

表 9-10 KMO 和 Bartlett's 检验

KMO 统计量		0.655
Bartlett's 检验	近似的卡方	6 192.788
	自由度	91
	显著性水平	.000

首先,对分析的数据进行 KMO 和 Bartlett 检验,结果如表 9-10。KMO 是用于比较相关系数值与偏相关系数值的指标,其值越接近于 1,表明进行因子分析的效果越好,一般地,KMO>0.9 时做因子分析效果最理想,KMO 越小(如小于 0.5 时),不宜做因子分析。Bartlett's 的显著水平为 0.000,表明各指标之间是不独立的。由此,可以利用这 14 个指标进行因子分析。

其次,确定公因子。这里采用方差最大化正交旋转,求得因子载荷矩阵,经过旋转后,因子载荷、方差贡献率等结果如表 9-11 所示。在分析结果中,根据特征值大于 1 这一标准来选择公因子,共选取了 4 个公因子,其中第一个公因子的方差贡献率为 46.015,第二个公因子的方差贡献率为 11.262%,第三个公因子的方差贡献率为 7.368%,第四个公因子的方差贡献率为 7.175%。这四个公因子的总的方差贡献率为 71.820%。

从表 9-11 可以看出,第一个公因子在"读文学、社会科学或科技类的书","听音乐、歌剧","健身或参加体育锻炼","处理工作上的事"这些指标上的载荷比较大,主要是反映了人们精神方面的受教育活动和身心的放松，这类休闲有利于提高自身的修养，有助于人力资本的形成，因此，可以称为学习型休闲。第二个公因子在“看电视”，“阅读报刊”，“打牌、打麻将”这些指标上的载荷比较大，反映了人们在家里的一些活动，因此，命名为居家型休闲。第三个公因子在“外出郊游”，“坐茶馆”，“去咖啡馆或酒吧”，“外出就餐”，“做家务”这些指标上的载荷比较大，主要反映了人们对商品和劳务的直接消费，这些休闲可以拉动休闲产业的发展，因此，命名为消费型休闲。第四个公因子主要与“浏览互联网”有关，这与近年来农村互联网迅速发展密不可分，农民实际上把休闲时间放在互联网上，因此，命名为互联网型休闲。

表 9－11　旋转后的因子载荷矩阵、特征值及方差贡献率

指标	公因子			
	1	2	3	4
看电视	.331	.711	.141	—.074
阅读报刊	.391	.590	—.051	.164
浏览互联网	—.039	—.013	.030	.969
读文学、社会科学或科技类的书	.877	.265	.087	—.060
听音乐、歌剧	.818	.377	.008	.026
健身或参加体育锻炼	.780	.202	.177	.766
上网聊天、打游戏	.183	.095	.033	.026
外出郊游	.237	.418	.645	.027
打牌、打麻将	.289	.677	.270	—.144
去咖啡馆或酒吧	.623	.275	.634	.008
坐茶馆	.627	.270	.647	—.060
外出就餐	.129	.432	.646	—.040
做家务	—.061	—.206	.780	.047
处理工作上的事	.735	.285	.140	—.093
累计方差贡献率(%)	46.015	11.262	7.368	7.175

(三) 农民休闲活动的范围分析

调查问卷有关于农民在闲暇时间中休闲方式活动地点的选择，经 SPSS 分析如下：

表 9－12　农民闲暇活动范围

活动范围	人数	所占百分比
本村	336	51.0%
本镇中心	91	13.8%
附近中心镇(10 公里以内)	66	10.0%
中心城区	134	20.3%
地级市	18	2.7%
省会城市	14	2.1%

从表 9－12 中我们可以分析得出，农民的闲暇活动一般在本村的选项有 336 个，占 51.0%，一般选择在中心城区的有 134 个，占 20.3%，而选择去地级市和省会城市的较少，比例仅为 2.7%和 2.1%。

三、结论及建议

通过上述分析可以得出以下两点：

(一) 慈溪市农民的休闲方式日益多样化

通过对休闲方式的探索性因子分析，可以提取出学习型休闲、居家型休闲、消费型休闲、互联网型休闲等四个公因子，说明随着城市化进程的推进，农民在闲暇时间内既选择学习和消费等现代中产阶层以上的休闲方式，也有可能选择看电视等居家型休闲，第四个公因子虽然只有一个指标，但不可省略，说明浏览互联网也成为农民休闲方式的一种选择。从方差贡献率上来看，第一个公因子学习型休闲的方差贡献率为 46.015%，相对于其他三个公因子较高，说明随着城市化的推进，城乡差距的缩小，农民更加注重提升自我，消费、学习和工作的热情都较高。农民休闲方式逐渐多样化，休闲趋势也逐渐科学化、理性化，而且科技和文化的内涵增多，农民的闲暇生活正在向现代化的方向变迁。

(二) 农民休闲以近距离范围为主

农民的休闲范围更倾向于选择本村和中心城区，地级市和省会城市选择较少。选择较多的休闲场所范围在地理特征上以家庭为圆心向外扩展，覆盖范围基本上在本市范围内。慈溪虽然地处上海、杭州、宁波等大都市圈内，交通便利，但是，农民的休闲范围依然趋向于就近原则，城乡公共设施投入的差距，农民公共休闲活动场所和设施还远远落后于城市，在一定程度上也制约和限制农民的休闲方式和选择，场所和设施是农民进行休闲活动的载体，那么未来，如何布局公共休闲活动场所和休闲设施以便于农民选择和丰富休闲方式值得我们思考。

第三节　新型城市化背景下慈溪农民就业分化与选择分析

我国沿海发达地区已进入工业化中后期和城市化加速期，是工业化、信息化和城市化并存的一个时期，也是矛盾激化、社会问题多发的敏感期。随着农村改革的深化和农村非农产业的发展，农民就业模式的分化出现了全面加速和推进的局面。以慈溪为例，沿海发达地区民营个私经济发达，本地农民可以比较自由地选择适合自己的职业、就业地点和单位，而不是一条路挤向城市成为产业工人，而是向工业、社会服务业、商贸饮食业、建筑业和交通运输业等非农领域多元化转移就业，农民逐渐分化为私营企业主和经营者、企业管理者、个体工商户、工商业员工、兼业劳动者、农村管理者、农业生产劳动者等，在本项研究中，我们基于对浙江省慈溪市 543 家农户的问卷调查，根据农村发展和农民分化的实际，将农民就业模式分为 4 种类型，即：(1) 纯农民。这一类农民完全从事农业的生产经营，不同时从事非农产业。(2) 一兼农民。这类农民的收入来源以农业为主，非农产业为辅。(3) 二兼农民。这类农民的收入主要来自非农产业，但又辅之以农业的生产经营。(4) 纯非农民。这类农民已完全脱离农业的生产经营，并专门从事非农产业。

一、模型选择及数据来源

(一) 数据来源

慈溪为浙江省宁波市所辖的县级市。从经济改革和发展的情况来看，慈溪属于沿海发达地区，又是浙江省改革和发展的先行地区，省内也属于经济发展的佼佼者。以慈溪市为例，进行农民就业模式分化和选择研究，对本省同类地区具有一定的典型意义，对全国其他同类地区具有超前性的指导意义。

本节分析的抽样数据来源于 2012 年慈溪农村社会综合调查问卷，该问卷在慈溪 5 个镇(街道)抽取了 543 个家庭户作为样本进行研究。在具体实施中，本次调查采用分层的三阶段不等概率抽样：街道(镇)、村(下级自然村)、住户和居民。正式调查之前，在每个被选中的居民户中按一定规则随机选取 1 人作为被访者，由访问员登门入户对该被访者进行问卷访问。调查的样本量为 543 个，利用 SPSS 软件进行初步分析，发现样本的基本特征如下：(1) 从性别上看，在样本中男性人数为 289 人，占 53.2%，女性人数为 251 人，占 46.2%，男性人数比重稍高。(2) 从受教育程度来看，样本中没有受过任何教育占 1.5%，扫盲班占 0.9%，小学文化程度的占 19.3%，初中文化程度的占 54.8%，职业高中、普通高中、中专、技校等的占 7.4%，大学及其以上的占 2.1%。被访者以小学和初中文化为主。(3) 从主观认定的社会经济地位上看，本次问卷将阶层划分为"下层"、"中下层"、"中层"、"中上层"和"上层"5 个层次，由被访问者自己认定自己所处的阶层位置。在样本上，上述各阶层所对应的人数依次为 51(9.4%)、95(17.5%)、174(32%)、14(2.6%)、4(0.7%)；其中认为自己属于中层的人数最多，占 32%，而认为自己属于上层的人数最少，仅占 0.7%，另外，还有 90 人没有回答该问题，占 16.6%。

(二) 模型选择

在分析微观因素对农民就业模式分化和选择的影响时，农民就业模式的类型是个因变量。鉴于农民就业模式的类型是定性而非定量的，为此，我们可以构造一个 0—1 型虚拟变量(设为 FFK)，表示一种农民就业模式的类型。该变量只可能取 0 或 1 两个值。当某农民属于该种就业模式类型时，FFK=1；当某农民不属于该种就业模式的类型时，FFK=0。把某种农民就业模式的类型作为因变量，且定义为 0—1 型虚拟变量后，可以用一系列反映可能会影响农民就业模式分化和选择的微观因素的变量作为解释变量，选用合适的模型，将因变量对解释变量进行回归，藉此判断哪些因素对农民属于该种就业模式产生显著的影响，进而判断决定农民就业模式分化和选择的重要因素。

通常有 3 种可以选择利用的模型。即：线性概率模型、概率单位模型(简称 Probit 模型)、对数成败比率模型(简称 Logit 模型)。鉴于线性概率模型的缺点①，人们通常采用概率

① [美]彼德·肯尼迪. 经济计量学[M]. 毛蕴诗，译. 贵州：贵州人民出版社，1986：172.

单位模型或对数成败比率模型。下文为叙述简便起见,分别采用其简称 Probit 模型和 Lofit 模型。利用由美国明尼苏达大学的 ThomasA. Doan 和 RobertB. Litterman 等人设计的 RATS 经济计量学软件包,不仅可以方便地估计 Probit 模型和 Logit 模型,而且可以容易地进行模型的显著性检验。对于 Probit 模型和 Logit 模型,参数估计值的显著性检验可由 T 统计量来进行;而对于 Probit 模型和 Logit 模型的总体显著性检验,则应由 X^2 统计量(而不是 F 统计量)来进行。鉴于 Probit 模型和 Logit 模型的估计结果比较相似,本节在分析对农民就业模型分化和选择的影响因素时,采用 Logit 模型。其基本形式为:

$$Y=1/(1+e^{-z})\qquad 其中:Z=\alpha+\beta_1X_1+\beta_2X_2+\cdots+\beta_qX_q+U$$

$$Y=\begin{cases}0 & 不采取某抉择\\1 & 采取某种抉择\end{cases}$$

$X_1,X_2,\cdots,X_q$ 分别为解释变量或影响因素　　U 为误差项

二、因素选择与结果分析

本节在模型估计过程中所用数据,除了农民就业模型的类型外,主要包括以下一些影响农民就业模型分化的微观因素,即:家庭的耕地面积、不在业人口数、男性劳力数、女性劳力数、农民本人否当过村干部、在业人口平均年龄、在业人口平均文化程度、婚否、性别、年龄、文化程度、工作地点等。其中,前 7 个因素反映的是农民所在家庭因素,后 6 个因素反映的是农民的自身因素。需要说明的是,文化程度是以接受普通、正规教育的年数来衡量的;而农民所在家庭是否有人当过村干部、农民婚否、是否女性、是否当过村干部、农民的工作地点,均分别用一个 0—1 型虚拟变量来表示。利用上述数据,运用 RATS 经济计量学软件包,得到如表 9 - 13 的三个 Logit 模型。

从表 9 - 13 所列的三个 Logit 模型可见:

1. 对于农民就业模型的选择和分化,农民自身因素具有决定性的影响。相对而言,农民所在家庭因素的影响,总体上却并不是那样强。

2. 农民性别对于农民成为一兼农民、二兼农民、纯非农民均有显著的负向影响。这意味着男性农民相对于女性农民,实现就业模式的分化所受的约束较小,容易成为一兼农民,二兼农民和纯非农民,从而容易实现就业模式由纯农民向其他模式的分化和重新选择。导致女性农民实现就业模式分化所受约束较大的原因,主要在于农民家庭男女之间的劳动分工格局。

3. 农民的工作地点对于农民能否成为一兼农民具有显著的负向影响,但对农民成为二兼农民特别是纯非农民却具有显著的正向影响。这种结果是不难理解的。因为农民的工作地点越是在本镇以外,就越难有较多的时间从事农业经营并以农业为主要收入来源,因而也就越难成为一兼农民,而容易成为二兼农民和纯非农民。

4. 农民的文化程度对于农民成为二兼农民,特别是一兼农民,具有较为显著的正向影响;但是,对于农民成为纯非农民的影响却是不显著的。这种结果出乎我们在模型估计之前的预料。我们曾经预期,由纯农民——一兼农民—二兼农民—纯非农民,随着农民向非农产业转移程度的提高,对农民文化程度的要求也呈提高趋势。然而,上述结果却显示了相反的趋

势。仔细分析可以发现,它恰恰印证了这样的事实:当前,以个体身份,特别是完全转入非农产业的农民(如纯非农民),主要从事的不是经营性劳动,而是一般就业性劳动。较之于经营性劳动而言,就业型劳动对文化的要求一般不高。即使是一些需要简单技术的就业性劳动,劳动者只需具有小学毕业、甚至识字水平,就不会太多地影响对其进行技术培训。在一兼农民和二兼农民中的大部分,要么属于家庭经营性就业,要么是在镇企业工作。农民文化素质的提高有利于其家庭经营业就业;镇企业(工业园区的企业)也往往以劳动力具备一定文化程度为招工条件,由此会促成文化素质对于农民成为兼业农民的正向影响。

表 9-13　农民就业模式分化影响的三个 Logit 模型

模型		模型 1	模型 2	模型 3
因变量		FF2	FF3	FF4
解释变量	常数项	−0.541 9 (−0.519 6)	−2.512 8 (−1.936 9)	−3.152 7 (−1.881 4)
	家庭耕地总面积	−0.049 0 (−1.023 8)	−0.024 7 (−0.585 8)	−0.120 5 (−1.547 5)
	家庭不在业人口	−0.177 5 (−1.630 6)	0.232 5** (2.101 0)	−0.167 9 (−1.027 5)
	家庭男性劳力数	−0.465 4** (−2.013 1)	0.031 0 (0.129 5)	0.589 1** (2.105 3)
	家庭女性劳力数	0.321 5 (1.512 8)	0.248 9 (1.100 2)	1.021 1**** (3.487 5)
	家庭是否有人当过村干部	0.035 9 (0.086 4)	0.561 4 (1.266 6)	0.092 8 (0.151 7)
	在业人口平均年龄	0.011 9 (0.696 2)	−0.020 0 (−0.926 2)	0.014 7 (0.513 8)
	在业人口平均文化程度	−0.159 8 (−1.535 6)	0.031 1 (0.262 6)	−0.089 0 (−0.562 5)
	婚否	−0.544 9 (−1.202 1)	−0.572 9 (−1.134 3)	0.083 6 (0.151 4)*
	是否女性	−1.157 7*** (−2.807 2)	−0.848 3* (−1.742 5)	−1.047 1* (−1.718 9)
	年龄	0.001 3 (0.080 2)	0.002 9 (0.148 7)	−0.063 2** (−2.140 5)
	文化程度	0.202 2*** (2.583 3)	0.151 5* (1.645 7)	0.078 5 (0.687 6)
	本人是否当过村干部	0.155 8 (2.384 6)	1.092 7** (−0.158 7)	0.701 3** (0.722 6)
	工作地点	−2.935 9*** (−2.784 7)	0.819 3* (1.747 2)	2.723 2**** (5.408 8)
附	对数似然值	−180.378 8	−143.586 7	−78.815 5
	X^2 统计量值	121.146 8	154.903 3	109.914 3

注:在本表中,(1) FF2 和 FF3、FF4 均为 0−1 型虚拟变量,FF2、FF3、FF4 等于 1,分别表示农民属于一兼

农民、二兼农民、纯非农民；FF2、FF3、FF4 等于 0，分别表示农民不属于一兼农民、二兼农民、纯非农民。(2) *、**、*** 和 **** 分别表示在 10%、5%、1%、0.1%的显著性水平下，相应的参数估计值显著不为 0。括弧中的数据为相应的 T 统计量值。(3) 在 0.5%的显著性水平下，$X^2(14)$的临界值为 31.3，因此，本表中三个 Logit 模型在总体上都是显著的。

5. 农民的年龄不会对农民成为一兼农民和二兼农民产生任何显著的影响，但却对农民成为纯非农民产生显著的负向影响。这表明，农民的年龄较大，虽不至于影响其在非农产业的兼业经营，但是，这样的农民想完全转入非农产业，却由于体力、经验、素质诸方面的不适应性而难以实现。

6. 农民是否当过村干部，对农民成为一兼农民无显著的正向影响，但对农民成为二兼农民和纯非农民有显著的影响。这表明，农民有过当村干部的经验和阅历，会有利于其由完全从事农业经营的农民向非农产业的转变。

7. 农民婚否不对农民成为一兼农民、二兼农民、纯非农民带来显著的影响。这意味着农民的婚姻状况不是影响农民就业模式分化和选择的重要因素。

三、结论及建议

总体而言，农民就业模式的分化和选择主要取决于农民自身因素，农民所在家庭因素的影响仅处于次要地位。为了更好地促进农民就业模式的分化，应该主要根据农民自身因素的不同，采取不同而有效的调控政策。为了鼓励农民向非农产业的彻底转移，促进向二兼农民和纯非农民的分化，现有农村政策应该实现由鼓励离土不离乡到鼓励离土也离乡的转变。实现这种转变，除可促进农民就业模式分化的深化外，还将有利于工业园区布局的集中和优化，推动城市化和农民市民化的发展。

（一）纯农民不能满足实现农业现代化的要求

我们在调查中发现，散户种田、中小型承包者基本上年纪偏大，以 55 岁以上为主。这部分人相对在农村较为弱势，年龄比较大，一般也没有其他的谋生技能，缺乏从事非农产业的经验、素质和意愿。这部分人选择了务农，文化程度也较低，一般以小学和初中为主。不能胜任实现农业现代化的需要。80 后、90 后的农民虽然还生活在村庄里，但是离农田已经越来越远，并且普遍缺乏从事农业生产的意愿与技能。农业人口老龄化、农业劳动者的素质跟不上等都难以完成实现农业现代化的任务。农业要实现专业化、规模化、集约化、产业化仅仅依靠现在的“小农”是不可能的，小农经济作为“过了时的生产方式的残余”，“在不可挽回地走向灭亡”。未来农业发展需要引进有资本、有技术、懂农业经营管理的专业人才。城市化和二三产业的发展与农业争空间、争环境、争资源的矛盾将更加突出，现代农业与传统农业处在并存期，农业现代化发展与农业从业人员整体素质跟不上之间的矛盾将更加突出。有资本、懂技术和管理的新型农民在传统农业逐渐消失之后也将完全取代现有的小农。此外，对于农民，特别是中年农民，由于体力、经验、素质诸方面的不适应性转向非农产业比较困难。因此，尤其需要注意通过技术、市场经济知识培训等形式，帮助其解决对完全从事非农产业的不适应性问题。

（二）农民的职业分化，农民也不再是传统意义上的“农民”

从我们的调查数据来看，纯农民的比例仅仅为 7.89%，一兼农民和二兼农民的比例为

10.45%，纯非农民的比例为81.66%。专职务农和兼职务农的比例都很低，依靠土地而生活的农民越来越少，大多数农民已经从农业中脱离出来，从事非农工作。真正靠务农为生计的农民已经非常少了，农民主要以从事工业生产为主，从传统农民中分离出企业经营者、管理者、个体经营者、专职务农、兼职务农、工厂工人等，农民内部之间的贫富差距出现，少数农民开工厂的、做生意的较为富裕，在城市中购买商品房，在农民拥有较大的宅基地、别墅，而工厂工人和务农人员的生活则勉强过得去，家里如有重症病人的生活则较为凄苦。农民这个群体内部由于职业的分化，贫富差距也较大。所以，农民也不再是传统意义上的“农民”，大部分农民已经不以“农”为生，农民对他们来说仅仅是一种称呼。

（三）农民综合素质尚待提高

沿海发达地区农民在向非农产业的转移进程中面临着重重障碍，难以进入较高层次的产业，只能在低层次产业中。以慈溪市为例，相对而言，农民的综合素质高于全国农民劳动力的平均水平。但是，与就业岗位的技能需求相比，农村劳动力的素质仍然偏低，从而出现农民就业难与企业招工难同时存在的结构性矛盾。首先，农民的文化程度较低，从我们的调查问卷看，被访者以小学和初中文化为主，被调查农民中74.1%的是初中或小学文化，高中及高中以上文化的不足10%。其次，有相当数量的剩余劳动力没有任何技能或特长。根据我们的抽样调查，52%的被调查者不具有一定的技能或特长。再次，农民就业观念陈旧，就业期望脱离实际。据抽样调查，大部分转移农民就业观念陈旧，对严峻的就业形势认识不足，参加培训学技能的积极性不高。据我们的调查结果显示，只有46%的农民认为今后就业难，54%的农民则满足于生活水平的改善，小富即安，不思进取，对自身就业能力和今后比较严峻的就业形势缺乏足够的认识。同时，有18%的人认为目前的培训没有作用，65%的人觉得没有合适的培训可以选择，即使参加培训可能作用也不大。因此，为有效地解决农村剩余劳动力的转移问题，积极应对“刘易斯拐点”。需加大培训力度，尤其是加强对从事非农工作的中青年农民的技能培训，提高农民素质，适应竞争上岗就业要求。日本将教育事业发展作为“农村现代化”的核心，为非农产业培养大量的合格劳动力，这是日本在短短30年时间里走完西方国家近百年的农业现代化和农村城市化道理的重要原因。另一方面是加大对农业产业工人和农业经营主体的培训和培育。以农民专业技术培训和农民职业技能培训为抓手，使一大批新型农民成为农业生产大户、创业带头人和新型农业产业工人，成为现代农业发展和新农村建设的中坚力量和生产主力军。20世纪五六十年代以来，美国政府制定了各种提升农村劳动力素质技能的计划和立法，并成立了旨在提升农村劳动力素质技能水平的机构，培养、造就了一批高素质的农业企业管理人才。积极引导农户、农业经营组织、工商企业、农业专业技术人员、大中专毕业生等通过土地承包经营权流转，发展适度规模经营的专业大户、家庭农场和农业企业，造就一支职业化的农业生产经营者队伍。

第十章

城市化的支撑:农村公共基础设施配套建设

第一节　慈溪农村公共产品供给现状

城乡一体化和社会主义新农村建设是构建和谐社会的关键,而社会主义新农村的建设关键还在于改变目前的城乡二元经济结构,改善农村公共产品供给的现状。慈溪地处东海之滨,杭州湾南岸,是长三角地区大上海经济圈南翼重要的工商名城,也是国务院批准的沿海经济开放区之一。2012 年末全市行政区域面积 1 361 平方公里,户籍人口为 104.19 万人,现辖 15 个镇、5 个街道,共 297 个行政村、27 个居委会、58 个社区。目前城市化水平为 65.3%,中心城区建成区面积达到 42.3 平方公里。在城乡一体化背景下,分析慈溪农村公共产品供给问题,并提出深化农村公共产品供给机制改革的对策建议,改善慈溪农村公共产品供给的结构,提高供给质量,促进城乡统筹发展,建立良性发展的社会主义和谐社会,对浙江乃至全国新农村建设,和谐社会的构建都具有非常深远的影响。

一、深入农村的公共产品一手调查

(一) 调查设计与结果统计

1. 调查设计

为了更好地了解慈溪市的公共产品供给现状和居民的满意度,2012 年的 8 月至 12 月为期五个月的时间,课题组对慈溪市的行政村进行了分层抽样调查,调查内容包括慈溪市农村主要公共产品供给现状和慈溪市农村公共产品供给现状满意度两部分,经由小范围试调查后再反复修改,最后定稿。公共产品供给现状的调查包括五部分内容:村级道路、居民饮水、农村义务教育、农村医疗和公共卫生、科技信息和服务,共计 32 个问题。公共产品供给满意度的调查包括三部分内容:基本生产类、基本生活类和社会保障类,共计 21 个问题。本次调查对象为当地的村民,因为农民是农村公共产品的直接需求者和使用者,对公共产品的供给总量、结构和质量最有发言权,且为了保证本次抽样调查的样本对总体的代表性,本次调查进行分段抽样,先针对慈溪市的 297 个行政村进行随机抽样,抽取 15 个行政村,在入村调查时再次进行随机抽样,每个村选取 40 户家庭作为样本,对户主进行访问调查,共计发放问卷 600 份,回收 452 份,问卷回收率为 75.3%,其中有效问卷 398 份,有效率为 88.1%。采用 SPSS17.0 对调查的结果进行统计分析。

2. 调查结果统计分析

受访者的基本资料包括性别、年龄和文化程度。现将相关分析统计结果整理成表，从统计数据可以看出，年龄和文化程度均呈正态分布，而在性别比例上，男性多于女性。

表 10-1 基本资料分析

背景项	年龄段	总数	人数	所占比例
年龄	25—29 岁	398	47	11.81%
	30—39 岁	398	91	22.86%
	40—49 岁	398	216	54.27%
	50—59 岁	398	24	6.03%
	60 岁以上	398	20	5.03%
文化程度	小学	398	75	18.84%
	初中	398	143	35.93%
	高中	398	155	38.95%
	大学及以上	398	25	6.28%
性别	男	398	241	60.55%
	女	398	157	39.45%

(二) 公共产品供给现状的数据汇总与分析

针对慈溪市公共产品的供给现状的调查内容，包括村级道路、居民饮水、农村义务教育、农村医疗和公共卫生、科技信息和服务五个部分，共计 32 个问题。

1. 村级道路及居民饮水的数据统计分析

为了了解慈溪市基础设施建设情况，本节主要调查了有关村级道路及居民饮水的问题，统计结果如表 10-2 和表 10-3。对农村道路调查统计结果显示 90.7%为水泥路，村村想通公路已经全面实现道路硬化，村子里极少部分道路仍为砂石路和土路，村民希望能够村子里的道路也能够实现硬化。对于农村附近的公路建设情况 81.16%的被调查者基本认可，18.84%的被调查村民认为公路建设情况较差。对于农村道路的整齐程度，建成后的质量大部分被调查者所认可，90%以上的道路都有路灯。对道路建成后的破坏和后期保养情况调查结果显示，45.98%的被调查者认为破坏严重，一半以上的被调查者认为农村道路破坏后村民以及村组织没有对道路进行很好的后期维护和抢修，道路长年失修，无人管的现象普遍存在。从统计结果可以看出，慈溪市农村道路建设力度较大，也比较受村民认可，但是道路建成后，在使用中未进行很好的维护和保养，以致道路失修。在调查中了解到慈溪市农村村级组织的财务普遍是收不抵支，因此，分摊到基础设施的建设和维修费用也是严重不足，导致道路失修，无人管的现象突出。

表 10－2　村级道路调查结果统计表

题目	选项	频数(人)	比例(%)
在农村附近的交通道路情况	水泥路	361	90.70
	土路	14	3.52
	砂石路	23	5.78
	砌砖路	0	0
在农村附近的公路建设情况	好	127	31.91
	一般	196	49.25
	较差	75	18.84
	非常差	0	0
在农村的街道是否整齐	整齐	67	16.83
	一般整齐	212	53.27
	不整齐	119	29.9
村街道是否有路灯	有	366	91.96
	没有	32	8.04
道路建成后的质量怎么样	很好	97	24.37
	较好	201	50.50
	较差	68	17.09
	很差	32	8.04
道路破坏现象是否严重	严重	183	45.98
	不严重	215	54.02
村民对道路是否进行后期维护	是	155	38.94
	否	243	61.06
道路长年失修,无人管的现象是否存在	是	253	63.57
	否	145	36.43
村委会是否会及时组织群众进行道路的抢修	是	164	41.21
	否	234	58.79

对慈溪市农村居民饮用水的调查结果显示,94.97%的被调查者已经使用自来水为饮用水源,对自来水的供水稳定性和管道设施的维护三分之二以上的被调查者均表示认可,但是46.48%的被调查者认为水质存在污染,84.92%的被调查者认为没有人定期进行水质检测,因此需要加强饮水安全工作。另外,虽然90.45%的被调查者认为水价与城市相比一样或偏低,但是在调查中村民都反映,慈溪市的水价相比宁波市其他地区偏高,例如余姚市的水价就比慈溪市的低。

表 10-3 居民饮水调查结果统计表

问题	选项	频数(人)	比例(%)
村民饮用水是否安全卫生	是	262	65.83
	否	136	34.17
居民饮用水来源	自来水	378	94.97
	自备的井水等	20	5.03
每吨水费的价格与城市用水价格相比	偏高	38	9.55
	一样	335	84.17
	偏低	25	6.28
是否会经常出现停水现象	是	57	14.32
	否	341	85.68
用水管道设施出现问题，是否会有人及时进行维修	是	309	77.64
	否	89	22.36
自来水供应的水质是否存在污染现象	是	185	46.48
	否	213	53.52
是否有人定期检测水质问题	是	60	15.08
	否	338	84.92

2. 农村义务教育的数据统计分析

此次调查设计了 6 个关于农村义务教育的问题，如表 10-4 所示，调查结果表明，61.56%的被调查者认可农村公办学校校舍建设。65.07%的被调查者认可农村公办学校桌椅的配备。66.83%的被调查者认为农村义务教育经费国家投入不足。33.67%的被调查者认为公办义务小学师资配备一般，42.96%的被调查者认为较差。对体音美是否有专业老师任教的回答中，63.07%的人选择了否。76.13%的被调查者认为村里有去城里求学的孩子。从数据统计结果来看，农村公办义务小学在校舍、桌椅等硬件设施上配套较好，但是在师资、教育投入和教育质量上较为欠缺，越来越多的农村孩子转而去城里求学。

表 10-4 农村义务教育的调查结果统计表

问题	选项	频数(人)	比例(%)
公办义务小学的师资配备情况	好	12	3.02
	较好	81	20.35
	一般	134	33.67
	较差	171	42.96

续表

问题	选项	频数(人)	比例(%)
校舍在公办教育小学的建设情况	好	59	14.83
	较好	186	46.73
	一般	138	34.67
	较差	15	3.77
桌椅在公办义务小学的配备情况	很强	67	16.83
	较强	192	48.24
	较差	124	31.16
	很差	15	3.77
教育经费国家投入状况	充裕	132	33.17
	不足	266	66.83
体音美是否有专业老师任教	是	147	36.93
	否	251	63.07
村里有没有去城里求学的孩子	有	303	76.13
	没有	95	23.87

3. 农村医疗和公共卫生数据统计分析

慈溪市在市政府组织和支持下,建立了由政府、集体和个人多方筹资,以住院统筹为主体、门诊补偿为辅助、大病救助为补充、社区卫生服务相配套的城乡居民合作医疗保障制度。2012年各镇(街道)总体参合率均达到96%以上,全市总参合人数772 354人,参合率97.25%,其中农业人口712 344人,参合率97.35%。2012年参合人员人均筹资标准为500元,其中:个人150元,镇财政130元,市财政175元,宁波财政(含中央财政)45元,个人缴费两年不变。截止到2012年,城乡合作医疗的定点社区卫生服务中心(即卫生院)有43家。

为了了解农村医疗的建设和医疗水平,此次调查设计了三个问题。如表10-5所示,在对乡镇卫生院或本村诊所的医疗设施回答中,56.53%的人表示认可,43.47%的人认为设施差。在对乡镇卫生院或本村诊所医务人员的医疗水平的回答中,83.42%的人选择了医疗水平低。在对乡镇卫生院或本村诊所的药价的回答中,51.76%的人认为合适,44.97%的人认为药价高。通过调查结果可以发现,在城乡合作医疗普及率高的情况下,大病报销且可以去医院就诊,生小病时大多数人还是就近去卫生院或者诊所,但是,其医疗水平以及药价都不尽如人意,所以,还需要提高乡镇卫生院和诊所的医疗质量以及降低村民的医药成本。

如表10-5所示,在针对农村公共卫生的调查中,72.36%的人选择了有专门人士打理街道,73.62%的人选择了生活垃圾有专门处理地点,78.14%的人选择了有专门人士或专门机构处理生活垃圾。从调查结果可以看出,大部分村民对公共卫生还是比较满意的。

表 10－5　农村医疗和公共卫生调查结果统计表

问题	选项	频数(人)	比例(%)
乡镇卫生院或本村诊所的医疗设施	很好	10	2.51
	较好	215	54.02
	较差	106	26.63
	很差	67	16.84
乡镇卫生院或本村诊所医务人员的医疗水平	很高	11	2.76
	较高	55	13.82
	较低	297	74.62
	很低	35	8.80
乡镇卫生院或本村诊所的药价	很高	35	8.79
	较高	144	36.18
	合适	206	51.76
	较低	13	3.27
是否有专门人士打理街道	有	288	72.36
	没有	110	27.64
生活垃圾是否有专门处理地点	有	293	73.62
	目前没有	105	26.38
是否有专门人士或者说专门机构处理这些生活垃圾	有	311	78.14
	没有	87	21.86

4. 科技信息和服务的数据统计分析

在针对农村科技信息和服务的调查中，调研组共设计了 4 道问题。如表 10－6 所示，在对第一道问题的回答中，81.16%的人认为农业生产经营中科技和信息服务重要。在农业生产技术和农业发展信息该由谁提供的回答中，34.42%的人认为应该由政府部门提供，30.4%的人认为应该由相关政府和个人提供，29.65%的人认为应该由农业新闻和技术部门提供，只有 5.53%的人选择了应该由农民自己提供。在对乡镇是否建立了农业生产技术和农业信息服务站的回答中，69.1%的人选择了“是”。而在是否经常有公派的技术人员下乡提供技术指导的回答中，70.85%的人选择了“否”。从调查中看出，大多数农民认识到信息科技和服务对农业生产经营的重要性，同时，认为应该由相关政府部门提供农业生产技术和农业发展信息，慈溪市多数乡镇也已建立农业生产技术和农业信息服务站，但是，公派的技术人员下乡提供技术指导的频率不高，而且高技能高素质的农业科技人员欠缺，因此，完善服务站的功能，提高利用率，加大职业教育的力度，培养技能成熟素质高的农业技术人员，再对农民采取集中授课和技术人员下乡指导相结合的方式，指导农民进行农业生产和经营。

表 10－6　科技信息和服务的调查统计表

问题	选项	频数(人)	比例(%)
农业生产经营中科技和信息服务是否重要	是	323	81.16
	否	75	18.84
农业生产技术和农业发展信息该由谁提供	政府部门	137	34.42
	农民自己	22	5.53
	相关政府和个人	121	30.40
	农业新闻和技术部门	118	29.65
乡镇是否建立了农业生产技术和农业信息服务站	是	275	69.10
	否	123	30.90
是否经常有公派的技术人员下乡提供技术指导	是	116	29.15
	否	282	70.85

(三) 公共产品供给现状满意度的数据汇总与分析

村民是农村公共产品的直接需求者和消费者，因此，公共产品供给的结构、数量和质量是否真正满足了村民的需求，才是对公共产品供给效用和价值的最大衡量标准，契合村民真正需求的公共产品供给才会让村民满意。因此，为了更进一步了解慈溪市的农村公共产品供给的效用，调研组在进行慈溪市农村公共产品供给现状调查的同时，也进行了农村公共产品供给满意度的调查。

1. 问卷的信度效度分析

运用 SPSS17.0 对问卷三个部分(基本生产类、基本生活类和社会保障类)进行信度和效度分析。测出各个维度的 Cronbach'sα 值如表 10－7 所示，均在 0.6 以上，信度较好，属于可以接受的范围(当 Cronbach'sα 值在 0.7 至 0.8 之间可称为高信度，而当 α 值在 0.35 至 0.7 之间可称为中信度，是属于可以接受范围，若低于 0.35 以下时，则是低信度，应当拒绝)。

表 10－7　问卷的信度分析表

维度	题项	Cronbach'sα
基本生产类	6	0.753
基本生活类	4	0.766
社会保障类	11	0.695

问卷的效度分析是通过进行 KMO 取样适当性(Kaiser-Meyer-Olkin measure of sampling adequacy)，确定各变量观察值之间是否具有共同维度存在，当 KMO 值越大时，表示变量间的共同维度越多，问卷效度越好。若 KMO 的值小于 0.5 时，则表示变量间共同维度少，问卷效度较差。经由统计分析，问卷各个维度的 KMO 值如表 10－8 所示，本研究问卷各个维度的效度检测均在所要求的 0.5 水平上，表示问卷效度较好，具有可靠性。

表 10-8 问卷建构效度分析表

维度	题项	KMO 值
基本生产类	6	0.685
基本生活类	4	0.653
社会保障类	11	0.549

2. 公共产品供给满意度分析

对慈溪市农村公共产品满意度的调查内容分为基本生产、基本生活和社会保障三类，共计 21 个问题，剔除无效维度，共得到 15 个问题。调查结果统计数据如表 10-9：

表 10-9 慈溪市农村公共产品供给满意度调查统计表

类别	问卷题目	很满意	比较满意	一般	不满意	很不满意
基本生产类	农业灾害防治	20.31	32.45	29.5	11.73	6.01
	农业基础设施	22.97	35.66	28.74	7.5	5.13
	农业技术推广	18.59	29.57	25.86	15.55	10.43
	农业市场信息与技术服务	19.94	28.5	26.49	17.8	7.27
	江河治理	20.48	43.51	20.3	10.91	4.8
基本生活类	农村生活用水	15.47	25.75	36.83	17.74	4.21
	农村用电	24.06	43.72	25.84	4.86	1.52
	农村道路建设	23.72	36.94	24.89	13.89	0.56
社会保障类	农村公共卫生和医疗	17.83	33.35	34.09	10.15	4.58
	农村公共治安	18.49	39.67	31.14	6.49	4.21
	农村娱乐文化生活	17.72	25.44	39.62	12.83	4.39
	农村文化教育	13.19	28.92	33.28	19.74	4.87
	农业保险	16.51	29.77	32.59	14.85	6.28
	社会保障	15.79	28.36	35.42	15.28	5.15
	生态环境保护与建设	20.49	34.42	27.19	13.15	4.75
总体满意率		19.04	33.07	30.12	12.83	4.94

由以上统计表可以看出，慈溪市农村公共产品供给总体满意率为 52.11%，选择“一般”的为 30.12%，表示慈溪市农民对公共产品供给的总体满意度不太理想，还有待提高。满意度排名前五位依次为：农村用电(67.78%)、江河治理(63.99%)、农村道路建设(60.66%)、农业基础设施(58.63%)、农村公共治安(58.16%)。排名后五位为：农业保险(46.28%)、社会保障(44.15%)、农村娱乐文化生活(43.16%)、农村文化教育(42.11%)、农村生活用水(41.22%)。

根据对慈溪市农村公共产品供给满意度的调查结果分析显示，作为一个经济较为发达的沿海城市，与慈溪市政府每年对公共产品的投入比较，只有农村用电、江河治理和农村道路建设满意率达到 60%以上。而农业市场信息与服务、农业技术推广、农业保险、社会保障、农村娱乐文化生活、农村文化教育、农村生活用水项目总体满意率均处于 50%以下，尤以农村生活用水最低，满意度结果不太理想，且农业市场信息与服务、农业技术推广、农业保险、社会保障、农村文化教育、农村生活用水项目的不满意率均在20%以上，其中尤以农业技术推广最高(25.98%)。究其原因，农村用电和农村道路建设满意度较好，与慈溪市政府的持续大力投入有关，而且居民对基本生活类的公共产品较为容易满足；对于满意度低的农业市场技术与服务、农业技术推广项目，虽然政府对农业重视和供给总量的绝对值在增加，但其相对值在政府财政支出中的比重仍然偏低，因此供给仍然不足，而且在实际使用过程中，资源并未充分利用，效率不高。对于满意度低的农业保险、社会保障和农村文化教育项目，虽然政府每年在持续地追加投入，但由于相对值并未增加，加之村民需求较大且呈逐年升高趋势，因此，仍然无法满足相对需求。农村娱乐文化生活项目满意度低与农村文体设施和队伍建设相对滞后有关，且存在资源不足与浪费并存的矛盾相关，因此也难以满足群众需求。对于满意度最低的农村生活用水项目，在调查中了解到居民不满意的主要原因为慈溪市的水价相比较宁波市的其他城市相对较高。15个调查项目中只有农村公共治安的投入与满意度相关性不高，政府投入不高，但是村民满意度较好，其他项目满意度的高低均与公共产品的供给总量、结构和质量密切相关。

(四) 存在问题分析

1. 供给总量不足

慈溪市作为经济发达的沿海城市，2012年的GDP为948.29亿元，同比增长9.4%，增速居宁波各县(市、区)首位，在省内17个经济强县(市、区)中排名第4位。

尽管如此，农村公共产品的供给仍然是经济和社会发展中的薄弱环节，无论是慈溪市生产经营类的公共产品供给，还是农村公共医疗和义务教育等社会保障类的公共产品供给，均满足不了居民的需求。加之现行体制下的农村公共产品和公共服务供给，本该由上级政府投资的，有的却通过转移事权交由下级政府提供，甚至村级组织承担了大量的本该由政府承担的公共服务管理和基础设施建设，虽然政府财政进行了转移支付，但各村开支压力仍逐年增加，村级组织集体经济收支亏空日益增大，加之市镇两级财力有限.无力保证农村公共产品的供给，导致农村公共产品供给严重不足。

2. 供给结构失调

调查显示，慈溪市农村公共产品供给中存在结构失调的问题，比如农民急需的农业生产经营类的公共产品如农业基础设施、农业市场信息与技术推广，以及社会保障类的如农村义务教务、养老保险等都严重不足，市镇两级财政又无法及时提供有效的供给，导致农民的切实需求无法得到有效满足。相比之下，对于短期效益明显有助于树地方政绩工程的农村道路建设、通信电力建设等公共产品的投资建设，地方政府较为热衷，如慈溪市从2003年开始开展的康庄工程建设，累计完成农村公路建设项目320个，完成里程520.3.72公里，累计补助资金7.8亿元，因此，调查显示居民对于道路建设的满意度较高。

3. 供给质量欠佳

通过调查发现，慈溪市农村公共产品的供给除了总量不足，结构失调之外，还存在质量欠佳的问题。例如，对于慈溪市的农村公共医疗而言，优质的医疗资源集中在城区，二级三级医院都在慈溪市区，乡镇和村里的社区卫生院不仅条件简陋和设备老化，而且也留不住优秀的医护人员，农民大病只能去市区医院或者宁波、上海等城市的医院就医，无形中增加了患者家庭的经济负担。农村义务教育也面临着同样的困境,一方面是财政投入远远不够,农村教师福利待遇较低,影响在岗教师积极性的发挥,难以建设高效优质的师资队伍;另一方面,由于教学质量低,越来越多的农村小孩转而去城里求学,一些家庭因此迁出,办学规模越来越小,难以形成良好的教学教研氛围,优秀教师人才留不住,都影响了农村整体教育教学质量的提高。此外,农村文化娱乐设施短缺,农民业余生活单调,容易滋长赌博等不良风气。

(五) 原因分析

1. 现行的农村公共产品供给决策机制导致供给偏离实际需求

我国农村公共产品的供给基本上实行"自上而下"供给决策机制,"自下而上"的公民参与影响公共决策的很少,导致农村公共产品有效供给不足。因为农民对公共产品供给决策影响有限,主要以政府决策为主,农民的真实需求没有合理有效的渠道进行表达,加之受文化水平和传统观念等的影响,并非所有的农民都能从自身利益出发对农村公共产品有科学合理的认识,导致一方面农民真正需求的公共产品供给不足,另一方面,财政投入高的政绩工程、面子工程比比皆是。

此外,现行的行政制度中,由于公务员和领导干部的考核机制,行政人员的政绩考核掌握在上级手中,导致各级政府和行政人员对上不对下,热衷于短期效益突出的政绩工程和面子工程,对于农民迫切需要的真正惠农,但是短期效益不明显、见效慢的农业生产经营,农村公共医疗和义务教育等公共产品投入不积极,供给严重不足。

2. 现行的农村公共产品供给融资机制导致供给不足

农村公共产品的资金来源主要依赖基层财政,慈溪市的资金来源主要靠市、镇、村三级共同负担。虽然作为沿海经济较为发达的城市,慈溪市的财政支付能力较强,但是光靠县级财政无法完全负担农村公共产品供给的资金;自从 2001 年农村税费改革启动,农业税全面取消后,更加恶化了原本就以农业税作为基础的乡镇财政状况,在分税制体制下,乡镇财政只能征收一些小而散且征收难度极大的税种,导致地方财政往往入不敷出;而村级组织资金本就紧张,慈溪市一个行政村仅仅开门费一年就需要 40 万,常常出现收不抵支的情况,更无力保障公共产品的供给。虽然,中央为了解决基层经济和社会建设的资金问题,弥补农业税取消后的财政缺口,也实施了大规模的转移支付,但是,一是转移支付的制度没有建立起来,资金缺乏有效的监督,基础乡镇政府获得的转移支付很少,二是农村公共产品需求庞大,所以,仍然难以得到有效满足。

3. 现行的农村公共产品供给主体单一、供给责任不清

实际上,农村纯公共产品在现实中非常少见,大部分是混合公共产品,例如,农村公共医疗、道路建设和环境卫生等。但是我国处于转型期,市场机制发展并不完善,虽然慈溪市民营经济较为发达,但是,政府在提供农村公共产品时并没有很好引入市场机制,政府成为农村公共产品供给的单一主体,是公共产品的决策者,也是生产者,其他的社会团体、企业及个人也无法参与到公共产品的供给中来,作为公共产品消费者的农民也处于被动地位,垄断必然导致低调率。缺乏有效竞争机制的公共产品供给市场,再加上在管理中各级政府之间职责划分不明,以及政府内部各部门之间职责模糊,互相推诿等现象,无法避免公共产品供给和使用中的低效率。

二、城中村案例的深度调查

(一) 周塘东村概况

周塘东村系慈溪市中心城区之城中村,具有一般小城市城中村的特征。周塘东村于2000年10月由原东周塘、探家桥两个自然村合并而成。至2012年年底,有本地农业人口2 559人、1 038户;非农业人口165人、112户;外来人员3 537余人、2 000余户,外来人员已大大超过本地居民。村党总支下设四个党支部,共有党员92人;设12个村民小组,共有村民代表43人;设31个和谐促进组,共有和谐促进员59人,其中本地居民和谐促进员31人,外来人员和谐促进员28人。

周塘东村东部与古塘街道接壤,居民实际居住区域面积约0.314平方公里(470亩)。耕地尚剩潮塘江北沿85.3亩,已有近1 700亩耕地在1998年至2003年间被市、街道征用或收储。被用作兴园路工业园区、曙光小区、星光家园、浒山中学、杨贤江中学、行知职高、早教中心、协和医院等项目的开发建设。

周塘东村地理位置优越,交通便利:宗兴路、明州路横贯东西;新江路、东小路纵穿南北;赵家河江、三灶江贯流本村。

周塘东村集体经济薄弱,发展后劲不足。村庄由于开发较早,当时村级组织与上级部门对村庄的未来发展和经济建设不够重视,没有在土地征用时同步发展村三产用房或预留村庄发展用地,致使村庄几乎无三产收入。集体经济极端困难,集体收入增加依靠上级拨款,收支勉强平衡(表10-10)。

村庄集体经济水平在与周边兄弟村相比属于"贫困边缘"村。村集体总资产1 234万元,2009年完成合作社股份制改造。

村民以从事二三产业为主,只有少数村民仍然在市、街道预征地上进行农业生产。村民人均年收入1.4万元,村民经济水平在当地属中等。村民出租房屋为重要的收入补充来源,全村有出租屋近2 000间,村民年房租总收入大约在350万左右,部分村民事实上已经成为"食利族"。

表10-10　周塘东村2010年—2012年村集体经济主要项目收支情况　　单位:万元

时间			2010年	2011年	2012年
总收入	分项		155.2	161.93	184.83
	上级补助		61.5	74.77	96.84
	其中:	农业	0.3	0.3	2.68
		城建	1.5	2	
		社会事业	9.6	10.4	11.4
		治安	4.55	4.72	10.55
		宣传	3.5	1	0.5
		环境整治	11	23.13	14.42
		党群	18	24.17	29.49

续表

时间			2010年	2011年	2012年
		经济发展	0.2	0.16	1.33
		服务大厅	8	8	8
		社区医院		10	
		组织建设专项			20
	其他收入		12.61	7.05	9.99
	其中：	利息	0.64	0.78	0.84
		治安费	4.2	3.68	4.9
		市场摊位	2.1	1.68	1.4
		卫生管理费	3.7	2.27	2.29
	出租		6.6	6.6	6.8
	借款利息		45.1	46.8	43.2
	土地补偿		15	15	15
	村企结对		10	10	13
总支出			161.14	166.14	182.11
	管理费用		40.2	51.27	48.19
	其中：	干部报酬	21.66	23.18	26.3
	福利费支出		85.77	91.29	114.31
	其中：	老年福利	11.8	13.48	15.02
		文化教育	8.3	6.08	14.55
		环境卫生	27.	36.71	38.82
		治安消防	10.8	11.16	12.36
		公益设施	9.8	7.7	10.49
		医疗卫生	7.8	7.7	15.02
		公共水电	2.22	2.99	3.95
	固定资产		2.8	2.51	3.29
	公厕改造		28	17.73	

（二）周塘东村村级公共产品供给机制现状

周塘东村特殊的城中村地理位置和社会环境，决定了村级公共产品供给机制区别于一般农村的特点。就村庄提供的公共产品而言，农村公共事务管理服务、社会综合治理、村庄基础设施建设、农村环境保护已经超越农业生产服务，成为主要公共产品。

1. 农村社会事务管理完成向社区化服务转型

周塘东村2010年建立村社区服务中心，建成服务大厅开展一站式服务。共配备村工作人员16人（其中6人专门从事外来人员管理），承担村庄社会事务管理服务工作。

服务大厅设置民政福利服务窗口，主要办理城乡最低生活保障，办理弱势群体帮扶助学、助医、助房、民政临时救助事务，办理残疾证、老年办证，组织居家养老养残活动，年服务量大约在150件左右。

设置妇女计生服务窗口,办理独生子女父母光荣证、一胎生殖健康服务证、再生育审批等事务,年服务量大约在100件左右。

设置土管建房水电管理窗口,开展农村私有房屋建房土地管理登记,农村宅基地调剂土地登记,分户土地登记,遗失补办土地登记代办服务,年服务量在80件左右。

设置水电管理服务窗口,开展水(电)表分户和联系相应维修人员进行自来水表内管道漏水、电表内线路损坏、日常照明等基本维修业务。水电已有相应职能部门收归权限,除台风、暴雪等自然灾害期间和村公共用水电外,业务办理量极少。

设置劳动保障管理服务窗口,开展失业登记、就业推荐、职业介绍。办理土保、社保,接受农保政策咨询,开展"三保"衔接管理。随着国家对社会保障的重视和政策的调整,业务量逐年增大,已由街道统一配置劳动保障协管员。

设置合作医疗服务窗口,办理合作医疗系统日常管理查询、费用收缴、参保人员名单录入、合作医疗卡补办等业务,具有年终季节性的特点。

设置安全环保志愿服务窗口服务内容,开展对辖区内企业、个体工商户安全管理、消防、环保检查和服务。组织志愿者队伍开展义务活动,扩展、吸收新成员参加志愿者队伍。

设置党团员服务窗口,开展党团员组织关系转接、党团员活动组织、党员关爱基金申报等。

设立村社区服务中心村邮所和信用合作银行方便取款网点,开展了邮件收发的小额存款提取服务。信用合作银行方便取款窗口的开设,极大地方便了村民社会保障取款。

2. 村庄基础设施建设基本完善

农业基础设施建设方面。由于工业开发、教学医疗园区兴建和居住小区开发、市政道路建设、河道拓宽,周塘东村耕地基本已被市、街道征用和收储,目前仅剩余潮塘江北沿85亩。近期,由于潮塘江排水拓宽工程需征用土地35亩,因此,农业基础设施建设已不再作为工作重点。

农村道路、饮水方面。近年来,周塘东村涉及市政道路新江路建设基本完成,周塘东村地段总拆迁189户。道路建成后,村庄构成了市级道路横向明州路、宗兴路,纵向新江路相对完整的市级道路路网。村级道路已全部硬化,户间道路95%以上已经硬化。村集体经济在道路建设上投入逐年减少。农村饮水全部使用自来水,井水作为洗涤补充。

周塘东村在2010年进行了电器化村电网改造,村民用电电压稳定,电力供应相对充足,除夏季用电高峰时偶有停电外,能较好满足村民日常生活所需。全村设立路灯130余只,村年开支电费3万余元。村95%以上的农户至少拥有一部移动电话或固定电话,40%的家庭开通互联网宽带,全村完成有线电视数字化改造。

文化娱乐基础设施建设方面。村落文化宫与街道老年活动中心进行共建共用、篮球场与学校共用。在两个自然村各自建立一个150平方米左右的老年活动中心,目前一项500平方米左右的健身场工程正在兴建。村建有以太极拳队为代表的体育健身队伍和以戏曲队为代表的文艺表演队伍,各有骨干分子30余人。

公共商业服务场所健全。作为城中村,村庄傍依街道商业中心新华街和中心城区大型超市、购物等生活服务条件相对便利。村庄已相继开办了一些小型连锁超市，经营日常生活用品。村庄中心地带周塘路建有小型农贸交易市场，满足村民基本“菜篮子”需求。

3. 村庄环境保护机制基本形成

村设立专职环卫专管员，负责全村环境日常保洁和突击清理工作。全村全面开展垃圾袋装化，村庄道路、公厕、河道等日常保洁由物业公司承包，村庄绿化、庭院整治由村根据需要临时雇人护理和清理，垃圾实行集中处理。

村建立环保志愿者队伍，引导和发动村民参与“人人守望、呵护绿色家园”的环保专项行动，积极参与生态文明建设。村庄 2008 年创建成省卫生村、2011 年创建成宁波市生态村。

4. 构建成网格式管理社会综合治理体系

村成立综合治理工作委员会，负责村庄治安与外来人员管理工作。设置社会综治服务室，承担和谐促进会日常工作，开展纠纷调解、治安管理、治安排查、信访接待等工作。开展暂住人口登记管理、办理暂住证，开展流动妇女计划生育管理，开展外来人员培训。

为更好地协调本地村民与外来人员和外来人员之间的关系，2006 年起周塘东村建立村级和谐促进会。和谐促进会以促进人际和谐为目标，以村为单位、由村党总支领导、村民委员会管理协调的民间团体、群众组织，是促进本地村民与外来人员相互交融、和谐共处的民间协调团体。和谐促进会致力于通过本地村民与外来人员的自我组织、自我教育、自我服务、自我管理，开展平安建设，谋求人际和谐，实现社会安定。

村和谐促进会会员主要由村干部、优秀外来务工人员、社区保安、村民代表、出租私房房东、企业主等组成，本地村民和外来人员人数各占一半。由村党总支书记、村干部担任会长、片组长，由外来务工人员中的优秀分子担任副会长、副片组长等职务。

从 2008 年起，村开展网格式管理，互助式服务试点。网格式管理打破原来以传统的生产队、村民小组为单元的管理模式，以左邻右舍作为组团，重新对本村区域内的住户、企业按地域进行划片分组。以 30 户左右住户或一家村级企业为一个促进组，每组配备 1 名本地和谐促进员和 1 名外来务工人员和谐促进员，共同配合开展和谐促进工作。村党组织对总支下属的三个支部按地域进行重新调整，形成以片区为单位的四个片区支部，领导和协调各片区和谐促进组开展工作。

5. 农村社会保障基本健全

周塘东村“农村新型合作医疗”和“农村最低生活保障”等社会保障政策得到了较好的落实，取得了良好成效。

社会救济方面。周塘东村成立了村级慈善分会，共募集资金 92 万元，年支出 5 万元左右；成立党员关爱基金，募集资金 8.5 万元，年支出 1.5 万元左右；建立和谐促进会帮扶基金，募集资金 1 万元。随着上级政府土保、社保扩面政策的实施，全村 92.2%的村民参加居民养老保险，15 户符合低保条件的农户享受低保待遇。

农村新型合作医疗方面。全村参加城乡医保率为 95%，上级规定 2012 年、2013 年医保个人自负 150 元。为了减轻村民负担，村对不同年龄对象作出投保补助，60 周岁以下人员村每人补助 50 元，60 周岁至 90 周岁之间人员村每人补助 100 元，90 周岁及以上人员和低保户由村全额负担。

农村医疗卫生方面。村建立 150 平方米的社区医疗服务中心，可同时容纳 40 人就医，医疗过程实行药品零差价，为村民小病不出社区提供了便捷通道。由于管理规范，村民普遍选择到社区医疗服务中心就医，反映良好。

农村养老养残方面。村开展居家养老养残活动，由村聘请一名居家养老养残服务员，为生活自理相对困难的老年人和残疾人提供日常生活的上门服务。

村庄重视老年福利，每年为 60 周岁以上老年村民提供 50 元中秋月饼费和 200 元春节过节费。

（三）村级公共产品供给的问题及原因

当前，城中村在村级公共产品供给机制上存在的问题主要有三个方面：一是在机制运作上，村级组织自身转型滞后于经济社会的发展要求，影响供给效益。二是在产品来源上，上级政府资源分配不匀、村级集体经济供给能力不足、产品来源渠道狭窄。三是在享用产品人群上，对大量外来人员入住村庄局面应对不足，提供的配套产品严重匮乏，引起特定产品供应紧张。

1. 村级组织自身转型滞后于经济社会的发展，影响供给效益

在城乡统筹及城市化推进的大背景下，周塘东村与其他许多城中村一样，在一定程度上存在着村级组织不能很好地适应当前经济社会转型发展要求，在公共产品供给上效益不高的现象，表现在上级部门的相关政策不能用足用好，对村民需求不能及时回应，公共产品自给自足能力薄弱等方面。

村级组织自身转型的滞后，主要原因是村干部个体素质能力的欠缺，工作方式陈旧。

周塘东村四套班子成员，平均年龄在 50 周岁左右，学历以初中居多。社区工作人员中，除大学生村官外，绝大部分为连续担任村干部的继承型干部。他们知识结构单一，法律法规、市场经济、新科技、现代化办公知识贫乏，往往习惯沿用传统的村级组织的工作模式而不能随时代转型。同时，由于缺乏更好的服务群众的能力，缺乏网络沟通等手段开展工作的能力，引发畏难逃避情绪，工作往往要上级和群众来“推动”，工作效果不佳。

村级组织自身转型的滞后，重要原因是村干部工作精力投入严重不足。

部分村干部无法满足仅有的干部正常工资收入作为唯一经济来源。除承担村工作外，还要经营大量的个人事务。由于缺乏硬性制度规定，工作往往随时、分散，产生群众“有事难找人”的现象。如原村委会主任在 2011 年当选为第九届村委会主任后，因个人从事经济活动陷入困境，基本上是忙于个人事务，难得到村里上班，有事通过电话等遥控指挥，严重影响工作的开展和为村民服务的质量。

村干部后继乏人也是村级组织自身转型滞后、制约村级组织自身更新的重要因素。在城市化快速推进和高等教育大发展的背景下，优秀人才大量流向城市，村干部队伍存在着后继乏人、青黄不接的现象。

由于村干部、村社区工作人员，不能较好担当产品供应者、管理服务者的角色，致使公共产品供给效益低下。

2. 供给总量不足，供给渠道狭窄，供求结构失衡

城乡统筹发展的重点内容应该是为城乡居民提供均等的公共产品和公共服务，以满足

人民的生活和发展的需求。十六届三中全会明确把“统筹城乡关系”作为“五个统筹”的第一位加以提出，并且强调“建立有利于逐步改变城乡二元经济结构的体制”，要求在农村基础教育、公共卫生、环境保护、村路建设等项目制度内筹资比重逐年加大，为农村公共产品供给提供重要的资金保障。但在城乡分割的二元经济政治体制结构长期影响下，当前公共产品供给仍然表现出严重地向城市倾斜的趋势。如创建省文明城市，市政府对公共设施的投入，社区区域内由政府全额“买单”，与之对应的城中村则需要自我“消化”或仅获得小额补助；对城中村负担最重的环境卫生保洁经费，社区由市财政全额承包，城中村则需要自己承担，两者相比差距极大。

在资源分配上，乡镇级政府部门出于对“经济利益”的追求，往往把有限的公共资源重点用在发展地方经济上，对农村急需的农村公共产品的供给并不特别热心。领导们更关注的是项目引进、城市化开发，对农村公共产品的供给经常忽视。在提供的产品上，也往往集中在看得见、摸得着的，如乡村道路建设、公厕改造等“硬”公共产品上；而对一些如失地农民培训再就业、外来人员教育等“软件”公共产品上，则口号较多，实际投入不足。

村庄经济水平是影响农村公共产品供给的决定性因素。村庄经济发展水平决定了村庄公共产品供给的数量和质量，甚至决定着公共产品供给的模式和机制。周塘东村缺少启动公共产品项目供给的资源。在耕地被征用、三产用地无法落实的情况下，农业经济的比较优势已经丧失，集体经济收入大为衰减。由于村庄土地资源已经耗费殆尽，村集体经济造血功能基本丧失。以资金为例，原有土地提留款无明确合理的投资方向，不断贬值。村庄建设综合楼等三产用房没有可资利用的土地，计划只能停留在纸面上。村庄对村民的各类补贴也只能勉强向周边兄弟村看齐。由于缺少经济收入，村庄不能合格地担负起公共产品供给者的角色。另一方面，村庄由于基础较差，在获得上级政府的投入上，周塘东村与周边经济发达的村庄相比，创建难度大，争取到的上级部门的项目、资金自然相对较少，带来的村庄公共产品自然也少于周边经济条件相对较好的村庄。

作为直接受益人的村民，在公共产品供给中主动性大小与公共产品的有效供给关系重大。周塘东村村庄经济能人较少，村庄商会等农村合作组织建立困难，经济能人在公共产品的供给中参与实力不足，不能较好承担起自己的社会责任。普通村民对公共产品供给的参与也不热心，产品供给渠道狭窄。

3. 对外来人员缺少有效应对

随着城市化、工业化的推进，城中村成了民营企业、城镇商业的后勤基地。大量的外来人员虽然聚集到企业、商铺打工或自行创业，但他们中的绝大多数还是散居在农村，对村庄环境卫生、社会治安、计划生育等工作带来巨大压力，而且同时对村庄的政治、经济、文化带来了深层次的影响。

周塘东村现有村属小企业 20 余家，散落于村庄内村民居住区；有街道所属工业企业 22 家，集中在紧邻村庄的兴园路工业区；中心城区和新华街商业区与村庄精密交接。居住在村庄内的外来人员常年保持在 3 500—4 000 人之间，其中劳动力占四分之三以上。

超过本村村民的外来人员入住，首当其冲的是村庄生活环境，环境卫生成为了村庄的首要问题。周塘东村经过 2000 年至 2005 年间的消灭露天粪缸、改造户厕的运动，每户居民都配置了卫生间。但供外来人员租住的违章小屋，90%以上没有独立卫生间，这致使村庄公厕设施极度紧张。周塘东村的10只公共厕所，虽然近年进行了改造和维修，但依然不能满足外来人员的正常需求。随地大小便现象随处可见，严重影响村庄环境卫生，并不时引发与周边村民的矛盾。

村庄环境整治中遇到的头痛问题还有外来人员乱倒垃圾和缺乏基本生活设施问题。如缺少晾晒设施，外来人员就经常在绿化带、树干上晾晒衣被，损坏绿化、影响村庄形象。

其他还有诸如因外来人员入住所产生的公共治安、子女教育、计划生育、生产事故、交通事故、维权事件等，这些事件同样成为村庄必须关注解决的重点。外来人员无论是要解决低层次的需求，还是要获得高层次的发展，都要求村庄必须把外来人员纳入到村庄共同体，履行好公共管理和公共服务的职责，但事实上这是勉为其难的。

由于村集体经济在外来人员管理和服务方面只有支出，没有收入，村级组织提供的公共产品自然捉襟见肘。

第二节　改善慈溪市农村公共产品供给

村级公共产品是指由不同层级和性质的主体提供的为农村居民公共消费、享用的，具有“非竞争性”和“非排他性”的各类物质或服务产品的总和。它具有一般公共产品非排他性、非竞争性和不可分割性的基本特点。

农村公共产品的种类繁多，从物质与形态的角度区分，大体可分为硬公共产品和软公共产品。硬公共产品是指直接促进农村经济社会发展的产品，如基础工程设施等；软公共产品是指间接促进农村经济社会发展的产品，如农村公共管理等。

从消费过程的性质划分，可分为农村纯公共产品与农村准公共产品。典型的农村纯公共产品，向农村全体社会成员提供且在消费上不具竞争性、受益上不具排他性的物品或服务，如农村公共管理服务等。农村准公共产品是指既非纯粹的公共产品，又非纯粹的私人物品或劳务；它既具有公共产品的特性，又具有私人物品或劳务的特性，如农村公共卫生、农村社会保障等。现实中的农村纯公共产品是屈指可数的，绝大多数农村公共产品是以准公共产品的形式存在。

从农村公共产品的供给主体来看，主要由国家供给、村庄自我供给和市场机制供给三大部分组成。村庄自我供给可分为村庄集体供给、村民个人供给和其他如属地企业等渠道供给。

一、创新财政支持机制

（一）建立城乡一体的公共产品供给体系

要改善农村公共产品的供给，根本在于统筹城乡发展，促进公共产品供给城乡一体化。城乡一体化的公共产品供给是解决农村公共产品供给困境的最终模式。城乡一体化的公共产品供给不仅包括城镇道路与农村接轨，供水供电通信网络，公共交通的衔接，更重要的是城乡均衡的教育水平、城乡一体的公共医疗和养老保险，最低生活保障和救助制度等。慈溪市经济较为发达，在农村道路建设、供水供电通信网络建设等方面也已实现了城乡一体化，还建立了全面的城乡居民合作医疗保障。在促进城乡统筹发展中，应当重点关注城乡一体化的就业，公共医疗卫生和文化教育等。例如，应当推进医疗卫生事业的城乡协调发展，大力发展农村公共医疗和卫生事业，加强农村社区卫生中心建设，提高农村卫生服务和医疗保障的能力。在教育方面，扶持农村教育发展，加大对农村义务教育的投入，实现农村和城市的优质教育资源共建共享，让农村子女有公平的教育机会。加大农村社会保障的投入，完善最低生活保障和救助制度。

(二) 创新公共产品供给体制

1. 完善公共产品需求表达机制

农村是公共产品的消费者，政府在提供公共产品时应当首先明确农村的真实需求，因此，必须建立有效的需求表达机制。提高农民的公民意识，加强基层民主建设，构建农村公民社会，完善村民自治制度，引导农民表达自己的真实意愿和需求，鼓励农民参与公共产品供给的决策。完善现有的“一事一议”制度，在乡镇人民代表大会和村民自治委员会的基础上，由全部农民或部分农民代表对本辖区内的公共产品供给决策进行投票表决，使农民的意见能够得到合理的表达。对大型公共产品供给，可以适当的实行专家听证制度，在专家意见的基础上，通过村民大会进行投票表决。

2. 建立“自上而下”和“自下而上”相结合的双向公共产品供给决策机制

长期以来的“自上而下”的公共产品供给决策机制是公共产品供给不足和低效的重要原因之一，应当建立起政府主导的，“自上而下”和“自下而上”相结合的公共产品供给决策机制。对于全国性的纯公共产品如义务教育、公共安全等公共产品，可以实行“自上而下”的决策机制，对于因地制宜的具有地方特色的一些较小的农村公共产品，如农业基础设施建设、农村娱乐文化生活等，可以采取“自下而上”的决策机制，对于一些较大地方性公共产品，如道路建设、农村用电通信等，可以采取“自上而下”和“自下而上”相结合的决策机制。

3. 创新农村公共产品多渠道的筹资机制

农村公共产品的供给，除了依赖财政资金外，可以拓宽资金来源渠道，运用市场机制解决资金问题。对于自然垄断性强的公共产品，如道路建设、电力设施、医疗等项目，可以采取政府投资，法人团体运作的方式。也可以借鉴国际上通行的 BOT 方式，或成立某项公共产品建设的专项基金，或向经济组织融资，通过以一定期的特许专营权、税收减免或者信贷优惠等政策，调动社会经济组织参与公共产品的生产积极性。对于县域经济较为发达的慈溪而言，政府应当因地制宜充分利用有利资源，引导那些依托农村求发展，与农村农业联系密切的企业与村级组织建立合作，企业出资，村里出土地、劳动力等资源，共同推进农村公共产品事业建设。

4. 建立农村公共产品监督评价机制

要保障公共产品的有效供给和合理利用，必须建立强大、有效的监督评价机制，并且将评价结果与地方政府及公务员的政绩挂钩，作为其绩效考核的标准之一。落实村务公开、政务公开、财务公开并规范公开的地点、时间和内容，接受广大村民的监督，增加公共资金使用的透明度。乡镇政府的收支应当建立在法治的基础上,各项公共支出应当提请乡镇人民代表大会审议,发挥乡镇人大的监督作用,并保障村民对公共事务有充分的知情权、监督权与建议权。建立农村公共产品供给绩效评价机制,将农村公共产品和服务的数量与质量、农民对公共产品的满意度纳入干部政绩考核体系中。

(三) 促进地方经济发展

首先,大力发展县域经济,提高地方政府供给公共产品的能力。理顺政府、企业和市场的关系,以市场为导向,优化资源配置。构建良好的投资营商环境,完善信息服务,加强人才教育培训,因地制宜的引导和发展主导产业、优势产业及传统产业。

其次,大力发展农村经济,调整农村产业结构,提高农民收入,促进农村发展。农村经济的发展,农产品附加值的提高,不仅能增加农民收入,提高农民公共产品自我供给的能力,而且能实现经济效益和社会效益相统一,促进传统农业向现代农业转型。因此,慈溪市政府应当增加对农业的支持力度,加大对农业科技和农业基础设施建设的力度,给农业发展提供稳定的动力和良好的环境。

当前,城中村公共产品供给机制中存在的一些矛盾已相当明显,对村庄小康建设及和谐建设构成了巨大的挑战。要实现村庄公共产品的充足供给,除上级政府的投入外,主要是依靠村庄的自我发展来实现。因此,为实现城中村公共产品的有效供给,应当从村庄管理服务团队建设、增加产品供给和完善的外来人员管理机制等方面进行创新。

二、加强村级组织机构建设和人口管理

(一) 加强村级组织建设,提高供给效率

要提高农村公共产品的供给效率,首先要有一支适应时代要求的村级组织团队。

“选好配强”村级班子是提高村级组织团队素质的前提。可根据村庄实际,策划详细的组织岗位任职“职务说明书”,对干部的岗位要求及工作内容进行详细的说明,在政策上明确体现对专业化的正确导向,让符合时代发展要求的人才充实到村干部队伍。

同时,建立干部选聘分离、职员相对稳定的村级领导、服务组织。在村级组织管理体制上,开展村级“四套班子”加一套“干事班子”的“3+1”管理模式,提高管理效益,并减少“三年一选”对村级管理服务的冲击。改变“当选”村干部即为村专职干部的传统任用模式,减少村专职干部职数。实行“决策、执行、监督”相对分离的机制,建立类似于公司董事会领导下的董事长与总经理日常负责制的村级管理模式。党组织书记发挥类似于公司董事长的作用,村委会主任发挥类似于公司总经理的作用,三套班子成员发挥类似于董事的作用,村监会成员发挥监事的作用。书记与主任实行全天上班制,其他干部根据需要选聘,未聘任干部平时不需上班,只需根据规定参与村级重大事项的讨论决策和对村班子工作的监督。

大力推进村专业办事人员(职员)队伍的建设,建立稳定的“干事班子”。实行严格的职员聘用制度,通过培训,提高他们的综合素质;建立健全的岗位责任制和年度考核制度,实施奖励提拔、诫勉试用、换岗辞退等激励机制。

要提高农村公共产品的供给效率,其次要提升村庄服务网络。

开展党员、村民代表、村民素养提升工程，发挥党员、代表的中坚骨干作用。依托“三级联创”、“三亮一诺”、“星级支部”建设和“党员积分制”建设，激发村级组织活力。高度重视和规范村民代表的换届选举工作，着力选拔一支素质好、能力强、乐于为群众服务的村民小组长、村民代表队伍，为农村公共服务提供坚强有力的保障。

要提高农村公共产品的供给效率，第三是必须激发全体村民参与的激情。

除传统手段外，根据网络时代的特征，可充分发挥网络优势，形成全村交互方便的网络平台，提高供给效率。通过建设村级“社区服务网站”，加强信息沟通、方便村民办事、提高社会公信。通过增加村民“实名”网络博客群、建立村民网络讲堂、开展网络“面对面”互动直播。通过开辟思想政治教育工作专栏、开展网络心理健康教育等栏目和功能，切实增强思想政治工作实效，形成村庄大家建的氛围。

（二）发展村级集体经济，拓展供给渠道

完善供给机制，拓展供给渠道，构建多元化的农村公共产品供给模式。建立完善以政府供给为主导、村庄自我供给为主线、社会资源广泛参与的供给机制。在以政府为主导的框架内，发展壮大集体经济；充分发挥市场、社会力量的作用，根据服务职能与服务范围，形成公共产品供给主体多元化的格局。

首先，政府应加大城乡统筹力度，增加对重大基础设施、社会保障、公共安全、生态保护和公共卫生服务等公共产品的供给，减轻城中村的社会、经济负担。特别是对公共安全、环境卫生等设施的新建和维修，提供足够的资金保证。

其次是发展村级集体经济，为村级组织对村级公共产品的自足自给、提供村级范围内的公共服务提供财力保证。

周塘东村要进一步发展壮大集体经济，唯有走“城中村改造”之路。紧抓“三改一拆”的机遇，根据街道把宗汉建设成为“余慈中心区、高尚住宅区、高端商贸区、休闲旅游区、都市工业区”的区域定位，结合周塘东村地处浒山城区与宗汉中心区之间的区位特点，把周塘东村建设成为“舒适住宅区、特色商贸区”。通过整体规划、分期实施，全面完成城中村改造；与此同时，与相邻村联合开发环新江路特色商贸街和建设宗兴路商业街。

第三是支持各种民间资本进入公共产品服务领域。对一些产权归属明确、收益界限清晰、能够市场化运作的公共产品，如环境清洁、幼儿园等，支持民间资本举办，保障农村公共产品足额、及时、有效提供。

（三）建立完善的外来暂住人口管理机制，推进公共产品供给均等化

均等化原则是构建和谐社会的要求，是社会公平正义、持续发展的要求。目前，针对外来人员，应根据我国社会经济的发展情况，制订农村基本公共产品的最低供给标准，建立以实现最低公平为基础的农村公共服务内容体系，健全农村外来人员的最低生活保障制度。

村庄在硬件建设方面，应筹措资金，选择场地，建设“外口公寓”，改善外来人员居住条件。在村庄内部，增建、补建环境卫生基础设施，向外来人员提供方便的公共生活卫生设施。针对外来人员就学难现状，鼓励开办民办幼儿园，为孩子入学提供方便。

在软件方面，进一步完善和谐促进“网格式管理、互助式服务”体制。搭建志愿服务平

台，组织有相应能力或特长的人员，开展志愿者活动，实现本地村民与外来人员的双向互助、双向服务。搭建信息沟通平台，依托和谐促进会广泛覆盖的会员网络，及时准确掌握各方面动态，妥善化解矛盾纠纷，促进村级社会治安形势的全面好转。搭建文体活动平台，积极组织本地村民与外来人员运动会、文艺汇演等活动，活跃村庄文化，促进人际关系、社会关系的和谐。搭建思想政治工作平台，发挥好桥梁纽带作用，村党总支建立外来人员流动党支部，对流动党员进行教育管理，形成外来人员的政治领导核心。搭建关爱平台，开展面向对外来人员的助困、助学等公益帮扶活动和送温暖工程，切实使外来人员感受到村庄大家庭的温暖。

完善村级公共产品供给机制，必须集中政府、村级组织、村民、外来人员的资源，从思想、设施到服务全方位推进。

三、探索建立"一事一议"村级公共产品供给机制

(一) 建立"多事一议"的议事规则体系

现行"一事一议"议事规则过于简单，难以平衡村民之间不同的利益诉求，陷入"事难议"的困境。为此，可以建立"多事一议"规则作为补充和完善，对于受益范围为全体村民①的项目仍采用"一事一议"，对于受益范围相对较小的项目，则采取"多事一议"，通过组合不同受益范围的多个项目构建涵盖全体村民的项目组合，以此平衡村民之间利益诉求的差异。在此规则下，"一事一议"可能导致的少数人利益被无视乃至损害的问题，可以通过与大项目相搭配的小项目得到弥补；同时，决策范围错位问题可以迎刃而解。但是，"多事一议"存在多个项目可能难以同时实施的问题，这就需要编制一个多年度的村级公共产品供给计划。理想的做法是，建立村级公共产品项目库，制定中长期规划，在此基础上确定当前一段时间需要攻击的项目或项目组合备选项，最后通过"一事一议"或"多事一议"进行决策。这种模式需要把握两个关键点，一个是保证项目组合的受益面涵盖群体村民，二是要保证中长期规划具备足够的约束力，只有保证了这两个关键点，"多事一议"议事规则体系才能发挥预期的理想效果。

(二) 探索与收益挂钩的成本分割方式

"多事一议"规则使村级公共产品项目的议事范围和受益范围达成了一致，为建立与受益大小相匹配的成本分割方式奠定了基础。但受益大小的测算仍是必须解决的难题，大多数情况下，村级公共产品的受益大小是无法精确计算的。尽管如此，按人或按户均摊的"统一税制"也并非是没有最优选择情况下的次优选择，可以采用的优化方案是：构建一个村级公共产品的村民受益函数，将影响村民受益大小的因素（包括村级公共产品特征以及距离、人口、土地面积等禀赋条件）中易于度量的变量及其影响方式纳入这一函数，借以模拟村级公共产品收益在村民之间的分配情况，进而在"统一税制"基础上进行合理的调整，使成本分摊与受益情况尽可能相互匹配。这种成本分割方式的关键在于受益函数的构建以及保证其

① 为保证议事效率，这里的"全体村民"并不要求涵盖所有村民，其判断标准可以为涵盖所有村民小组等。

合理性，特别是后者，需要从制度上作出安排，应纳入议事范围进行单独投票，并对赞成票比例最低要求作出限制性规定。

（三）完善村民自治制度与村级公共产品项目管理

对于村民与村民委员会之间委托代理关系存在的问题，需要进一步完善村民自治制度，进一步加强村级公共产品项目管理。村民自治方面，一是要减少乡镇行政意志对村级公共产品决策的干预，维护"一事一议"议事规则的权威性和独立性，保证村民自治权利。二是改革投票方式，全面推行无记名投票方式并以规章制度形式加以明确，保证村民真实意愿能够自由表达。项目管理方面，一是要加强财务管理，一方面可以采取由乡镇财政统一管理，一方面要实行项目独立核算并推行财务公开制度，接受村民监督。二是质量管理，要明确村民委员会在村级公共产品项目质量监督方面的责任，推进村民代表监督机制，项目竣工验收必须得到村民代表认可方可生效。这些措施有助于增强村民对于议事制度和村民委员会的信任，有助于扭转一直以来存在的默会性知识问题，同时，也是当前完善"一事一议"村级公共产品供给机制落实难度最小的一个方面，从慈溪市来看也正处于重点推进时期。

（四）改进财政奖补项目选择机制

建立一套最大程度保证政府决策部门与项目申请村之间博弈的结果与最优奖补额度相一致的项目选择机制是当前最大化财政奖补资金杠杆效应的努力方向，在财政奖补资金相对于村级公共产品资金需求非常有限的情况下显得尤为迫切。其思路是通过建立项目之间的竞争机制，扩大竞争，进而提高奖补资金效率。具体做法是，建立并完善村级公共产品供给项目的评价指标体系和评分标准，对项目的投资规模、预期成效、收益范围、社会效益、资金缺口等等各方面因素进行综合评价，通过成本收益指标、财政奖补效率指标等关键性指标进行筛选，最后以综合评分高低为选择依据。评价指标和打分标准以及年度财政奖补资金预算、奖补项目数及奖补比例控制范围等信息要提前足够时间向社会公布，评价指标要容易准确度量，便于各项目申请村对所申请项目及竞争难度作出较为客观准确的自我评价，在提交申请前尽量完善项目方案。项目申请、审核、评价及选择全过程要公开、透明，接受社会监督，减少非正式规则的介入空间，保证竞争机制的正常运行。为保证指标体系和评分标准的公平、合理，在制定时要根据现有的项目库进行反复测算，并在使用过程中根据实践效果逐年完善，逐步建立一套稳定的指标体系和评分标准。这种模式的不足在于相对传统审批模式来说，程序复杂得多，所需要的时间多得多，其可行性和实际效果还有待实践检验，但从推进行政决策公开透明、公平合理及提高财政奖补资金杠杆效应来说，仍然不失为改进"一事一议"的重要政策选项。

第四篇

社会建设、治理与创新发展

党的十八届三中全会明确提出，实现发展成果更多更公平惠及全体人民，必须加快社会事业改革，解决好人民最关心、最直接、最现实的利益问题，努力为社会提供多样化的服务，更好地满足人民需求。民生进步是社会和谐发展的基础，社会事业改革创新，必须与政府职能转变同步推进，政府一方面要在社会事业中起主导作用，确保公平，另一方面还要激发市场和社会的活力，为群众提供多元化服务。

第十一章

转型与人口结构:以人口素质提升实现高质量就业

人口素质是一个影响国家或地区经济发展水平的重要因素,而经济的发展又反作用于人口素质,二者相互影响,关系密切,因此,人口素质对于经济发展十分重要。

慈溪市是宁波市代管的县级市,是长三角地区大上海经济圈南翼工商城市,也是中国国务院批准的沿海经济开放区之一。特别是杭州湾跨海大桥竣工后,慈溪的地理位置日益优化,经济地位日益凸显。慈溪市第六次人口数据普查相较于第五次人口素质普查有了大幅度的提高,表明了慈溪市人口素质有了大幅度的提升。在我国总体"人口红利"向"人才红利"转变的背景下,提高人口素质,创造高质量的就业对地区发展至关重要。

第一节　慈溪人口素质水平的数据事实

一、人口素质与就业战略

(一) 人口素质的内涵

迄今为止,国内外学者对人口素质的涵义并没有统一定论,极具代表性的解释是 20 世纪 90 年代张纯元提出的"人口素质是人本身具有的认识和改造世界的条件和能力"。

传统认为,身体素质、文化素质和道德素质是构成人口素质的基本要素,但是,我们认为劳动技能素质应从文化素质分离出来。其原因是文化素质只能反映人口掌握知识的多少,而很难反映这些知识的具体运用和实现。在实际生活中,存在不少拥有高学历文化素质但实践能力却很差的人,不能把科学知识转化为劳动技能;当然也存在不具有高学历,但是具备一定劳动技能的人。经济发展的经验证明,拥有劳动技能、技术上能取得突破的人口成为经济发展的一股重要力量,因此,劳动技能素质应从文化素质分离出来,成为主要的人口素质要素之一。因而,人口素质由身体素质、文化素质、劳动技能素质和道德素质四要素组成。

虽然,道德素质是人口素质的基本要素之一,但是道德素质作为与人的品德有关,是一个无形的因素,而且道德指标很难分类和量化,所以在测度人口素质时,我们把道德素质排除在外。因此在本章节中,为了方便研究人口素质变动趋势的预测以及其与经济发展的关联,我们只考虑身体素质、文化素质以及劳动技能素质三个方面。

(二) 人口素质综合指标的构建

如前所述的人口素质基本内涵，人口素质是由身体素质、文化素质、劳动技能素质与道德素质构成。由于道德素质的难以量化的特点，我们遵循科学性、有效性、代表性和简洁性等原则选择可操作性指标，从三个方面确定人口素质的评价指标体系，如表 11－1 所示。

1. 人口的身体素质

人口的身体素质是人口素质发展的基础，是指人口群体平均的身体健康状况，它是人们认识和改造世界的一种自然条件。衡量人口身体素质的指标较多，主要有：平均预期寿命、婴儿死亡率、青少年的平均身高体重等等。某个国家或地区的婴儿死亡率在一定程度上反映了该国或地区的医疗水平和妇幼保健状况；人口的平均预期寿命，则综合反映了各个年龄死亡率的变动情况。因此，婴儿死亡率和人口平均预期寿命这两个指标结合起来，能较为全面地反映人口身体素质的变化情况。

2. 人口的文化素质

人口的文化素质是人口素质的核心内容，是指人口的受教育程度和掌握科学知识的多少。衡量人口文化素质的指标有很多，主要有：文盲率、人口平均受教育年限、大学入学率、每 10 万人口中各种文化程度地人口数等等。文盲率是体现人口文化素质最基本的指标，大学入学率则是反映适龄人口中大学的普及程度，两者都是测度文化素质水平最有用的指标。但是两个指标未考虑整个社会群体，为了反映出整体文化水平，可以选择人口平均受教育年限作为前两个指标的有力补充。因此，通过文盲率、大学入学率以及人口平均受教育年限这三个指标来衡量人口文化素质。

3. 劳动技能素质

人口的劳动技术素质在经济发展中发挥重要作用，该素质的提高可对增强竞争活力提供保证，成为经济发展新的推动力。在测定劳动技能素质时，应侧重人口实践能力，进而选取每千人从事研究与发展的科学家和工程师数、每万人授权专利数以及每百万人拥有技术人员数指标来衡量劳动技能素质。

表 11－1　可衡量的人口素质指标体系

总指标	一级指标	二级指标
可衡量的人口素质综合水平 A	身体素质 B1	婴儿死亡率 C1
		人口平均预期寿命 C2
	文化素质 B2	文盲率 C3
		大学入学率 C4
		人口平均受教育年限 C5
	劳动技能素质 B3	每千人从事研究与发展的科学家和工程师数 C6
		每万人授权专利数 C7
		每百万人拥有技术人员数 C8

(三) 人口素质与人才发展战略的关系

1. 人口素质反映了区域经济中的就业人员结构

不同的技术水平和生产组织方式创造着不同的就业，不同的就业对人口素质的要求是不同的。在经济发展水平处于较低的阶段，就业对劳动者素质要求较低，对劳动力数量需求较大。当经济发展水平上升到较高阶段，就业对劳动者素质的要求就会越来越高，对劳动力数量需求减少。这种变化是因为新技术、新设备在生产中的应用，使得就业岗位对人的需求不断发生变化，这种不断变化的就业要求，对劳动者又提出了新的素质要求。

2. 人口素质反映了区域经济中的产业结构动向

人口素质对产业结构的影响主要是指劳动者分别在第一、二、三产业的就业比重。诺贝尔经济学奖获得者美国经济学家库兹涅茨在分析长期经济发展趋势时，发现了这种产业结构带来的劳动者素质的变动。促使就业的产业结构变动的原因正如前面所叙述的，随着国民经济的发展，对劳动力需求的增加主要出现在工业和服务行业之中，这是生产发展压迫人口素质的体现。技术进步使农业部门需要的劳动力在绝对量和相对量上都迅速减少，农业劳动生产率的提高使相当一部分劳动力剩余。在理论状态下，这些过剩劳动力被迫提高自身素质，重新就业，向更高产业层过渡，经济实现更高水平发展。

3. 人口素质决定了人才发展战略的方向

经济结构是否优化是衡量现代经济体发展健康与否的重要因素之一。在分析一个国家或地区经济结构是否优化时，我们注意到，经济结构的优化不只取决于本地的自然资源、物质资本和劳动力数量，更取决于当地人口素质的结构和水平。

一个国家人口素质的水平和历史积累，决定了这个国家的前途和命运；一个社会经济部门人口素质的水平和历史积累，决定了这个部门的未来发展前景。人口素质的不平衡会导致国家与国家，地区与地区经济发展的不平衡。畸形的人口素质结构形成畸形的经济结构，若无有效的措施加以调整，畸形的人口素质结构必将影响经济的协调发展，经济结构的优化调整一般需要从人口素质的调整和提升开始。因此，一个地区人口素质状况决定了一个地区人才发展战略的方向。

二、慈溪人口素质调查

(一) 慈溪市人口素质的发展现状

根据慈溪市第六次全国人口普查主要数据公报，全市常住人口为 1 462 383 人，同第五次全国人口普查 2000 年 11 月 1 日零时的 1 214 542 人相比，十年共增加了 247 841 人，增长 20.41%，年平均增加 24 784 人，增长 1.87%。全市常住人口中市外流入人口为 494 584 人，占全部常住人口的 33.82%。全市常住人口中共有家庭户 589 126 户，家庭户人口为 1 391 908 人，平均每个家庭户的人口为 2.36 人，比 2000 年第五次全国人口普查的 2.91 人减少了 0.55 人。全市常住人口中，男性人口为 746733 人，占 51.06%；女性人口为 715650 人，占 48.94%。总人口性别比(以女性为 100，男性对女性的比例)为 104.34，比 2000 年第五次全国人口普查的 102.68 略有提高。

全市常住人口中,0—14 岁人口为 161 243 人,占 11.03%;15—59 岁人口为 1 107 904 人,占 75.76%;60 岁及以上人口为 193 236 人,占 13.21%,其中 65 岁及以上人口为125 938 人,占 8.61%。同 2000 年第五次全国人口普查相比,0—14 岁人口的比重下降 5.24 个百分点,15—64 岁人口的比重上升 5.01 个百分点,65 岁及以上人口的比重上升 0.23 个百分点。

全市常住人口中,具有大学(指大专及以上)程度的人口为 76 118 人;具有高中(含中专)程度的人口为 171 267 人;具有初中程度的人口为 609 552 人;具有小学程度的人口为 481 426 人(以上各种受教育程度的人包括各类学校的毕业生、肄业生和在校生)。同 2000 年第五次全国人口普查相比,每 10 万人中具有大学程度的由 1 290 人上升为 5 205 人;具有高中程度的人口由 8 563 人上升为 11 712 人;具有初中程度的人口由 35 893 人上升为 41 682 人;具有小学程度的人口由 41 186 人下降为 32 921 人。全市常住人口中,文盲人口(15 岁及以上不识字的人)为 56 661 人,同 2000 年第五次全国人口普查相比,文盲人口减少 4 017 人,文盲率由 5.00%下降为 3.87%,下降 1.13 个百分点。

(二)慈溪市人口身体素质的发展现状及变动趋势

人口身体素质可以通过以下指标来反映:总死亡率、婴儿死亡率、期望寿命。

1. 总死亡率

一个国家或地区一定时期里(通常为一年)死亡人口数和同期平均人口数之比,通常用千分比表示(又称死亡率或粗死亡率)(表 11-2)。

表 11-2　慈溪市 2007—2012 年人口死亡率统计表

年份	2007 年	2008 年	2009 年	2010 年	2011 年	2012 年
人口死亡率‰	6.51	6.24	6.45	6.76	6.54	7.09

* 数据来源:慈溪市统计年鉴 2008—2013

利用 GM(1,1)灰色模型进行预测得知,模型参数:$a=-0.040\ 357$,$b=0.126\ 655$ 预测模型为 $x(t+1)=-3.029\ 658e^{-0.040\ 357t}+3.138\ 345$,评价参数 $c=0.302\ 3$,$p=1.0$。说明当前预测模型较好。未来三年(2013—2015 年)的预测值分别为(表 11-3):

表 11-3　慈溪市 2013—2015 年人口死亡率预测表

年份	2013 年	2014 年	2015 年
人口死亡率‰	6.932 46	7.148 72	7.405 92

2. 婴儿死亡率

婴儿死亡率是反映社会经济及文化发展水平,评价人群健康状况的一项敏感指标,婴儿死亡原因及变化情况可用来衡量一个国家或地区的卫生状况、妇幼保健工作质量及医疗卫生服务水平(表 11-4)。

表 11-4　慈溪市 2009—2012 年婴儿死亡率统计表

年份	2009 年	2010 年	2011 年	2012 年
婴儿死亡率‰	2.80	2.14	2.17	3.6

* 数据来源:慈溪市统计年鉴 2010—2013

利用GM(1,1)灰色模型进行预测得知,模型参数:$a=0.639\,250$,$b=0.424\,481$预测模型为$x(t+1)=-0.604\,552e^{-0.639\,250t}+0.664\,030$,参数$c=0.198\,5$,$p=1.0$,说明当前预测模型较好。未来三年(2013—2015年)的预测值分别为(表11-5):

表11-5　慈溪市2013—2015年婴儿死亡率预测表

年份	2013年	2014年	2015年
婴儿死亡率‰	4.567 01	6.157 25	8.322 30

3. 期望寿命

表11-6　慈溪市2007—2012年人口期望寿命统计表

年份	2007年	2008年	2009年	2010年	2011年	2012年
期望寿命(岁)	75.78	76.25	80.59	79.52	80.71	79.9

* 数据来源:慈溪市统计年鉴2008—2013

利用GM(1,1)灰色模型进行预测得知(表11-6),模型参数:$a=-0.178\,581$,$b=0.768\,794$,预测模型为$x(t+1)=5.986\,366e^{0.178\,581t}-4.305\,014$,参数$a$介于$(-0.285\,7,0.285\,7)$之间,参数$c=0.367\,4$,精度$p=1.0$,说明预测模型较好。未来三年(2013—2015年)的预测值分别为(表11-7):

表11-7　慈溪市2013—2015年人口期望寿命预测表

年份	2013年	2014年	2015年
期望寿命	82.798 16	84.115 69	85.549 54

(三)慈溪市人口文化素质的发展现状及变动趋势

人口文化素质是人口素质的重要体现,文化素质是国际上常用来度量人口素质的一个重要指标。人口文化素质是人的智力水平、知识水平以及用科学的方法判断和处理问题的能力,常用人口受教育程度来表征,主要指标有:人口的教育程度构成、在校大学生占总人口的比重、中小学入学率、文盲班文盲率、平均受教育年限等等。

1. 高等教育毛入学率

表11-8　慈溪市2007—2012年高等教育毛入学率统计表

年份	2007年	2008年	2009年	2010年	2011年	2012年
高等教育毛入学率	0.411	0.426	0.429	0.455	0.459	0.47

* 数据来源:慈溪市统计年鉴2008—2013

利用GM(1,1)灰色模型进行预测得知(表11-8),模型参数:$a=-0.026\,308$,$b=0.408\,156$,预测模型为$x(t+1)=15.925\,352e^{0.026\,308t}-15.514\,352$,参数$a$介于$(-0.285\,7,0.285\,7)$之间,参数$c=0.222\,8$,精度$p=1.0$,说明预测模型较好。未来三年(2013—2015年)的预测值分别为(表11-9):

表 11-9　慈溪市 2013—2015 年高等教育入学率预测表

年份	2013 年	2014 年	2015 年
高等教育毛入学率	0.484 21	0.497 12	0.510 37

2. 新增劳动力平均受教育年限

新增劳动力平均受教育年限表明一个地区劳动力素质的持续增长和更新状况，新增劳动力平均受教育年限越高，反映出当地劳动力文化素质越高，越有利于在新经济形势下发挥人才的作用。依据慈溪市统计年鉴 2012、2013，慈溪市新增劳动力平均受教育年限 2011 年为 14 年，2012 年为 14.97 年，增长速度较快。由于收集到的数据较少不能做预测分析。

3. 文盲率

文盲率也是人口素质的一个体现方面，文盲率是指人口中文盲人数占总人口数的比例。文盲率在我国制定义务教育制度以来不断下降，慈溪市文盲率在人口普查数据中可以找到，第五次人口普查慈溪市文盲率 5%，第六次人口普查文盲率 3.87%。

（四）慈溪市人口劳动技能素质的发展现状及变动趋势

人口劳动技能素质的发展情况可以用以下指标来反映：人口资源总量、每万人授权专利数、每百万人拥有技术人员数。由于数据较难采集，我们去掉了每百万人拥有技术人员数。

1. 人才资源总量

人才资源总量反映出慈溪市在人口劳动技能素质方面的总体提升程度。依据文献收集，2007 年慈溪市人才总量为 10.6 万人，2010 年增长到 14.5 万人，增长了 36.8%。

2. 每万人授权专利数

专利授权情况反映了该地区人口劳动技能素质，每万人授权专利数更显示了一个地区的劳动技能素质的发展趋势。慈溪市专利授权总数和每万人授权专利数情况如下表 11-10 所示：

表 11-10　慈溪市 2007—2011 年每万人授权专利数统计表

年份	2007 年	2008 年	2009 年	2010 年	2011 年	2012 年
总授权专利数	2 396	2 502	3 274	5 181	8 042	12 348
每万人授权专利数	23	24	32	50	77	119

* 数据来源：慈溪市统计年鉴 2008—2013

利用 GM(1,1) 灰色模型进行预测得知，模型参数：$a=-0.419\ 548$，$b=740.807\ 318$，预测模型为 $x(t+1)=4\ 161.727\ 555e^{0.419\ 548t}-1\ 765.727\ 555$，评价参数 $c=0.072\ 2$，$p=1.0$，说明预测模型较为理想。未来三年（2013—2015 年）的预测值分别为（表 11-11）：

表 11-11　慈溪市 2013—2015 年总授权专利数预测表

年份	2013 年	2014 年	2015 年
总授权专利数	17 675	26 889	40 906

利用 GM(1,1) 灰色模型进行预测得知，模型参数：$a=-0.418\ 560$，$b=7.242\ 870$，评价参

数 $c=0.0705$，$p=1.0$，说明预测模型较为理想。预测模型为 $x(t+1)=40.304255e^{0.418560t}-17.304255$，未来三年（2013—2015 年）的预测值分别为（表 11－12）：

表 11－12　慈溪市 2013—2015 年总授权专利数预测表

年份	2013 年	2014 年	2015 年
每万人授权专利数	169	258	392

第二节　提升人口素质促进经济增长的战略路径

一、慈溪市人口素质和经济发展现状分析

通过慈溪市人口素质发展状况的预测以及慈溪市人口素质和经济发展的关系研究，慈溪市人口素质和经济发展现状目前主要表现在以下几个方面：

1. 慈溪市人口身体素质处于较高水平

通过预测，2013 年以后慈溪市人口期望寿命总体保持在 80 岁以上，通过模型预测 2013 年为 82.8 岁，2014 年为 84.1 岁，2015 年为 85.5 岁。但同时，我们也看到慈溪市人口死亡率在稳步上升，2015 年将达到 7.4‰，同时婴儿死亡率据模型预测 2015 年将比 2012 年上升一倍多达到 8.32‰。但从总体来说，慈溪市人口身体素质还处于较高水平。

2. 慈溪市人口文化素质处于上升阶段

通过数据分析，预计 2015 年慈溪市高等教育毛入学率将达到 51.04%，表明慈溪市人口文化素质进一步提升，慈溪市人口接受高等教育进入大众教育时代。同时，我们看到新增劳动力平均受教育年限在不断提升，文盲率在不断下降，总体反映出慈溪人口文化素质水平处于上升阶段。

3. 慈溪市人口劳动技能素质亟待加强

从数据统计预测，我们可以发现慈溪市人才资源总量在不断增加，2010 年已经达到了 14.5 万人。根据数据预测，每万人授权专利数预计 2015 年将达到 392 件，专利总数将在 2015 年达到 40 906 件。从数据上我们发现，人口劳动技能上升是一个增长趋势，但从绝对值上也都亟待提高。

4. 慈溪市人口文化素质对经济发展影响程度最大

从慈溪市人口素质和经济发展关联度分析来看，各个因素对经济发展的影响都有显著影响，其中人口劳动素质因素影响偏小关联度在 0.6 左右，人口身体素质次之关联度能在 0.75—0.78 之间，影响最大的是人口文化素质因素，其关联度达到 0.794 7。总体来说，人口文化素质因素影响经济发展的程度最大。

二、提升人口素质实现高质量就业的战略途径

慈溪市社会经济发展需要人才的聚集，社会经济发展和人才发展战略都与人口素质的

方方面面有很大关系，从本章节调研数据发现，要提升慈溪市人才发展战略需要从以下几个方面提升慈溪市人口素质。

（一）改善医疗卫生水平，加强妇幼保健工作，提升慈溪市人口身体素质

从本章节收集整理的数据中，我们发现慈溪市人口素质中婴儿死亡率偏高，模型预计到2015年将达到8.32‰。从人口战略总体提升来看，我们必须重视人口身体素质中的婴儿死亡率、人口死亡率等指标，为人口素质整体提升奠定良好、扎实的基础。

（二）注重人口文化素质提升，确保慈溪市人口素质重点指标提升

从本章节所做的人口素质与经济发展相关因素关联分析，我们发现慈溪市经济发展受人口文化素质的影响最大关联度达到0.794 7。要做好人口战略必须要突出重点，因此，在慈溪市人口素质发展中我们建议要注重人口文化素质的提升，在人口教育程度提升、平均受教育年限、文盲率、中小学入学率、高等级教育入学率等指标上重点给予关注。

（三）营造良好的城市软环境，吸引更多高层次人才，提升慈溪市人口劳动技能素质

从调研数据看，慈溪市人才资源总量在2010年已增长到14.5万人，虽然比2007年增长了36.8%，但是总量仍偏低。要提升慈溪市人口劳动技能素质主要是要有高层次高技能的人才。因此，慈溪市需要营造良好的城市软环境，让高层次人才能来慈溪且能留在慈溪，成为慈溪社会经济发展的动力。

（四）制定相关知识产权成果转化政策，不断提升慈溪市人口劳动技能素质成效

从数据模型预测分析来看，预计到2015年慈溪市总授权专利数和每万人专利数都将达到2012年的3倍以上。要提升人才发展战略，需要注重人才发展的成效，要制定相关知识产权成果转化政策，推进慈溪市人口劳动素质提升，促进慈溪市经济社会发展。

第十二章

社会建设:完善慈溪养老服务体系

慈溪市在经济社会快速发展的同时,已经从"快速老龄化"社会进入"加速老龄化"社会,并将于2025年前后进入"重度老龄化"阶段,"银发浪潮"正席卷而来,慈溪正面临日益严峻的人口老龄化压力。

近年来,慈溪市养老事业有较快发展,老年福利机构建设不断加强,为老服务设施进一步健全,城乡居家养老服务稳步推进,养老服务网络体系进一步健全。慈溪市实施了居家养老服务工程、"华龄乐学"工程、"慈孝文化工程"、"夕阳红"基础工程,老年人物质和精神文化生活明显改善。在有较快发展的同时,慈溪市老龄事业发展总体上仍滞后于全市社会和经济发展水平,仍然面临老年人口规模不断增大与社会保障能力滞后的矛盾,养老需求快速增长与社会有效供给不足的矛盾,统筹城乡发展与农村老龄工作薄弱的矛盾,老年活动设施等老龄事业"欠账"较多与群众要求越来越高的矛盾,以及老龄事业发展机制和老龄产业化发展等问题。

第一节 慈溪养老服务面临严峻的挑战

一、老年人数量持续增长

(一) 老龄化成为慈溪人口发展的长期趋势

1. 老龄化是全国的普遍趋势

我国已经进入并将长期处于老龄化社会,这是二十一世纪我国的一个重要国情。联合国教科文组织规定,一个国家或地区60岁以上人口占该国家或地区人口总数的10%或以上,或一个国家或地区65岁以上人口占这个国家或地区人口总数的7%或以上,那么,该国家或地区就进入了老龄化社会。我国老龄工作委员会发布的研究报告指出,我国已于1999年进入了老龄社会,且人口老龄化程度不断加深。截至2012年年底,我国老年人口已达1.93亿,占人口总数的14.3%,而且每年以3%以上的速度增长。据预测,到2020年,我国老年人口将达到2.45亿人,老龄化程度将达到16.61%;到2050年,我国老年人口将超过4亿人,老龄化程度将达到近30%,其中80岁以上的老人近1亿人(图12-1)。

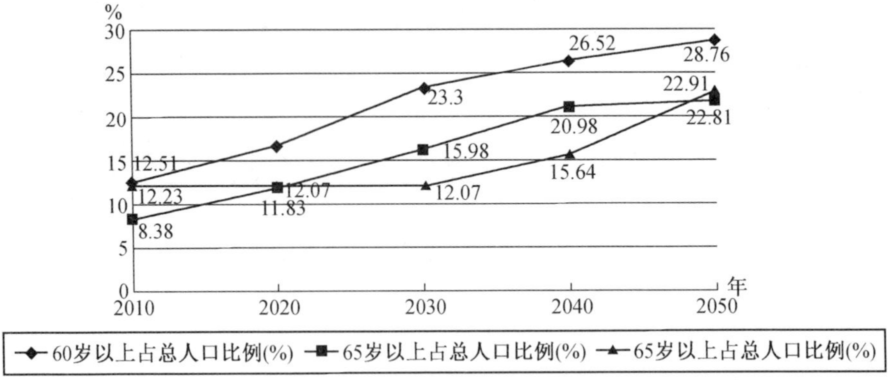

图 12-1　中国人口老龄化趋势图

＊资料来源:根据中国人口信息中心中国人口老龄化趋势相关数据进行整理

世界人口老龄化发展的历史表明,人口老龄化对人类生活的所有方面都会产生重大的影响。在经济领域,人口老龄化将对经济增长、储蓄、投资与消费、劳动力市场、养老金、税收等产生冲击。在社会方面,人口老龄化将影响社会福利、医疗制度、家庭构成以及生活安排、住房和迁移。在政治和文化方面,人口老龄化也会有不同程度的影响。因此,人口老龄化也会给我国的经济、社会、政治、文化等方面的发展带来了深刻影响,庞大的老年群体的养老、医疗、社会服务等方面需求的压力也越来越大。

我国人口年龄结构从成年型进入老年型,前后仅用了 18 年左右的时间,而法国用了 115 年,瑞士用了 85 年,美国经历了 60 年,英国为 45 年,就连发达国家中老龄化速度最快的日本也用了将近 25 年。这无疑是对我国现行养老保障制度和老龄服务状况的严峻考验,我国的养老服务面临着更多和更大的压力。人口老龄化问题已经成为我国改革发展中不容忽视的全局性、战略性问题。

2. 慈溪提早步入老龄化社会

慈溪市自 1987 年末就正式步入老龄化社会,比全国足足提前了 13 年。截至 2012 年年底,慈溪市老年人口基数进一步扩大,高龄化速度快于老龄化速度。全市 60 周岁以上的老年人口达到 21.25 万人,占户籍人口总数的 20.39%,高于宁波 1 个百分点。其中,80 岁以上的老人人数已经达到 33 131 人,占老年人口总数的 15.59%(图 12-2)。

根据慈溪现有人口年龄结构测算,今后一个时期,慈溪老年人口将持续增长,在经历一个加速增长阶段后,将会变得较为平稳。预测至 2015 年年末,全市老年人口将突破 24 万,约占总人口比例的 23%;预估至 2025 年,全市老年人口将冲破 35 万,占总人口的近 1/3。

具体来说有三个特点:

一是数量多。截至 2012 年年底,慈溪市老年人口基数进一步扩大,高龄化速度快于老龄化速度。全市 60 周岁以上的老年人口达到 21.25 万人,占户籍人口总数的 20.39%,高于宁波 1 个百分点。纯老年人家庭(单独居住)的老年人 93 624 人,失能及半失能老年人 11 815 人,分别占老年人口总数的 44.06%和 5.56%,社会养老压力不断增大。

二是增长速度快。老年人口年净增已突破 9 000 人,而且近几年还将以 3%的速度递增。

三是高龄化。截至2012年底,慈溪市80岁以上的老人人数已经达到33 131人,占老年人口总数的15.59%。

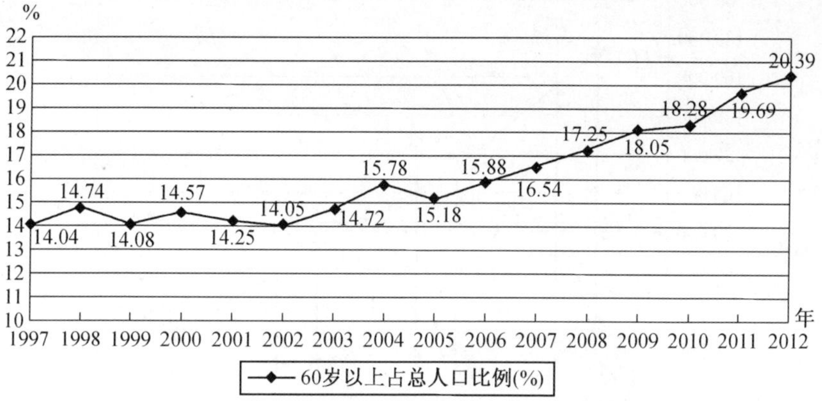

图12－2　慈溪市人口老龄化情况(1997—2012)

(二) 慈溪人口老龄化特征及发展趋势

根据国际标准,浙江慈溪市自1987年末就正式步入老龄化社会,比全国足足提前了13年。随着经济建设快速发展和人民生活水平不断提高,慈溪市老龄化、高龄化趋势日益严峻。

1. 老龄化的发展阶段

根据慈溪老龄办的研究,慈溪人口老龄化大致可以划分为三个发展阶段:一是快速老龄化阶段(1986—2005年)。老年人口平稳增长,年净增从1 500人渐至5 000人,年均增长率近2.5%,少、中、老的人口年龄结构从塔形向楔形发展。据统计,1986年底,慈溪市老年人口9.93万,占户籍总人口的10.72%;至2005年年末达15.41万,占总人的15.18%。二是加速老龄化阶段(2006—2025年)。伴随着建国初期两次生育高峰人群陆续进入老年期,慈溪市老年人口将呈加速增长,年净增8 000至15 000人,年均增长率近5%,低出生率、低死亡率和总人口低增长率,老年人口开始超过未成年人数量,人口年龄结构趋倒塔形发展。据统计,"十一五"期间,老年人口净增4万,至2010年,全市老年人口达19.52万,占总人口的18.82%;18周岁以下未成年人16.12万。预测至2015年年末,全市老年人口将突破24万,约占总人口比例的23%;预估至2025年,全市老年人口将冲破35万,占总人口的近1/3。三是重度老龄化阶段(2026—2050年)。老年人口增长速度开始回落,预期于2030年后进入老年人口峰值,人口年龄组结构趋柱状型发展,老年人口数量渐趋稳定。

2. 慈溪城乡老龄化人口情况

慈溪城乡老龄人口存在较大差别。从老龄化程度上看,城市和乡村人口老龄化程度分别是3.08%和17.32%,乡村人口老龄化程度比城市高出14个百分点以上,现实中养老资源配置的不均衡加剧了城乡养老服务的差异。乡村面临更严峻的养老问题。从高龄化趋势上,城市曲线相比农村曲线更加平缓,说明城市人口的高龄化相比乡村要突出。

农村人口老龄化问题比城市更加严重,与大量年轻劳动力流向城市有关。劳动力由农村流向城市,增加了城市福利,却导致农村福利的流失,养老中需要考虑如何建立城市反哺农村，城乡融通的机制。2012年慈溪城乡人口老龄化情况如图12-3所示。

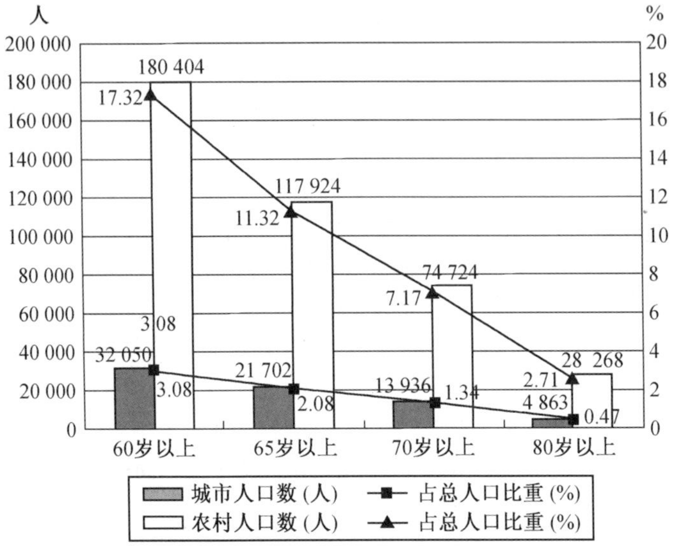

图12-3　2012年慈溪城乡人口老龄化程度

3. 慈溪市区人口老龄化比较

慈溪市行政区划上包括15个镇和5个街道，由于区划调整因素，崇寿镇部分村和庵东镇由杭州湾新区管辖，目前实际管辖的是14个镇和5个街道。截至2012年年底，19个镇(街道)的人口老龄化程度有8个镇(街道)人口老龄化程度超过20%，最高的是天元镇，为23.2%，最低的为古塘街道，为13.2%(图12-4)。

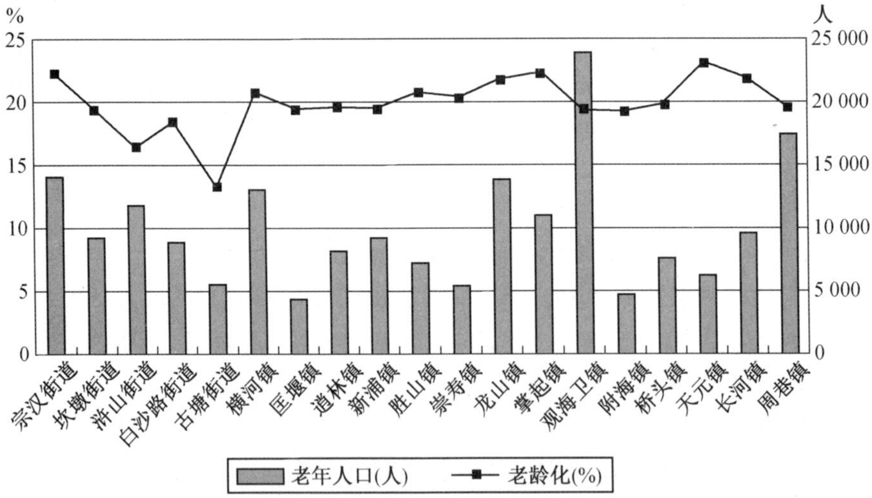

图12-4　慈溪市镇(街道)人口老龄化情况图(2012年)

为了更准确地反映慈溪养老服务的现状，同时考虑到慈溪市的地区差别，根据慈溪市"一中心四片区"的发展格局，重点对慈东片区、观海卫片区、周巷片区、主城区四大区域进行对比分析(表12-1)。

表 12－1　四大区域范围划分表

区域	范围
主城区	浒山街道、古塘街道、白沙路街道、宗汉街道、坎墩街道、逍林镇、胜山镇、匡堰镇、横河镇、新浦镇、崇寿镇
慈东片区	慈东滨海区(原龙山镇)
观海卫片区	观海卫镇、掌起镇、桥头镇、附海镇
周巷片区	现周巷镇(周巷镇、天元镇)、长河镇

备注:杭州湾新区体制调整因素,本研究中不包括庵东镇,其中新浦镇、崇寿镇划入主城区范畴。

表 12－2　四大区域人口老龄化情况表(2012 年度)

区域	总人口(人)	60 岁以上老年人口(人)	老龄化(%)
主城片区	509 858	109 470	21.5
慈东片区	63 641	13 847	21.8
观海卫片区	236 225	47 389	20.1
周巷片区	161 156	23 414	14.5

从表中四大片区的老龄化情况可以看出,慈溪市东部的老龄化情况远甚于西部老龄化的情况,东部三大片区的老龄化情况都超过了 20%,而西部老龄化的情况仅为 14.5%,二者之间的相差超过 6 个百分点(表 12－2)。

二、养老服务需求持续增长

(一) 养老服务需求将快速增加

1. 观念的转变带来养老服务需求的快速增长

未来一段时间内,慈溪市养老服务需求将会快速增加,有如下原因:

需求数量变化。到 2020 年,慈溪老年人口将处于一个加速增长阶段,60 岁以上的老年人平均每年要增加 1 万 5 000 人左右。老年人口数量的快速增加,必然带来养老服务需求的快速增加。

观念变化。当前的老年人多是在 1949 年前后出生的,他们大多接受教育较少,思想观念上强调勤俭节约。随着出生时间的后移,老年人经济生活得到改善,教育水平提高,生活、消费、养老等观念得到更新,养老服务的需求也会越来越大。

家庭结构变化。随着计划生育政策影响的不断深入,“421”结构家庭不断增加,“空巢”老人越来越多,老年人接受家庭的服务会越来越少,必然要求相应的社会化养老服务进行代替,导致养老服务需求的不断增加。

经济生活水平提高。在过去的 30 年里,慈溪经济保持了快速增长,人民生活水平有了显著的提高。伴随着经济生活水平的提高,老年人对养老服务的需求会越来越大,要求也会越来越高。

2. 区域之间存在较大的差异性

慈溪养老服务需求区域之间的差异，表现在以下两个方面：

四大片区之间存在差异。在主城片区、慈东片区、观海卫片区、周巷片区四大区域中，慈东片区人口老龄化程度最为严重，高出周巷片区7.3个百分点，慈溪东部的养老压力要明显高于西部。

城乡之间存在较大差异。乡村人口老龄化程度比城市要高出14个百分点，各种服务基础设施较薄弱，农村经济较落后，思想观念较城市更为保守，这必然会产生城乡养老服务需求的差异。

慈溪市的养老服务需求最显著的特点是需求规模非常巨大。此外，通过对养老机构和乡镇部门的调研发现，慈溪市的农村养老与城市养老存在明显的不同。一是全市的农村养老在很大程度上是一种实物养老，利用的是农村丰富而低廉的农产品资源。虽然保障水平较低，但是能够为广大农户接受。二是由于没有发达的商业和健全的服务业等条件进行自我帮助和照料，农村失能、半失能、“空巢家庭”老年人的生活照顾和精神慰藉也就无所依靠，在老龄化的冲击下农村对养老服务资源的需求迅速增长。

3. 养老需求成本整体偏高

根据有关学者所做的研究表明，居家养老的老人总成本—效用是每76.74元获得一个生命质量评分，而机构养老的老人则是每117.70元获得一个生命质量评分。不同养老方式的养老成本也有着明显的差异(如表12-3)。

表12-3 不同养老模式的成本—效用分析表

养老模式		养老成本/元·年·人	生命质量评分	成本—效用
居家养老	60—69岁	4 787.06	76.36	62.70
	70—79岁	5 800.30	67.80	85.55
	80岁以上	6 225.61	58.96	105.59
	总计	5 421.90	70.65	76.74
机构养老	60—69岁	5 721.70	65.38	87.51
	70—79岁	6 943.50	59.97	115.78
	80岁以上	7 258.00	56.07	129.45
	总计	6 914.78	58.75	117.70

这一差异分析是基于全国基础之上，实际上慈溪市的情形要高许多。根据调研结果显示，全市的城市养老成本基本上每月仅吃饭一项就需要600多元，平均每年需要7 200多元，加上医疗、出行等基本开销，平均的年养老成本在1.5万元左右。这是生活能自理老人的基本开销，对于半自理和失能老人而言，在当前的慈溪市消费水平下，成本要大许多。对于农村老人，一来养老保障体系不完善，大多数老人并没有像城里人那样的生活保障来源。二来失地严重，许多农村的土地经占用、流转，农民手中并没有多少土地，一些日常蔬菜粮食同样需要市场购买，无法进行土地依赖，所以情况要糟糕许多。目前，慈溪市农村老人的养老成

本许多被忽略和隐藏，实际养老成本与城区相差无几，但养老经济来源相对要薄弱许多。整体上，全市的养老成本相比全国要高许多。

（二）慈溪市养老服务供给与缺口分析

1. 居家养老服务供给现状分析

（1）居家养老服务较快发展

居家养老服务在慈溪起步比较晚，但是发展很快。从 2007 年试点至今，全市已先后在 49 个社区、224 个行政村、6 个居委和 1 个农垦场建立了养老服务站，其中社区和村的开展比例分别达到 98%和 81.7%。浒山街道、宗汉街道、逍林镇、天元镇、长河镇、匡堰镇、崇寿镇、龙山镇等已经实现村（社区）全覆盖（图 12－5）。

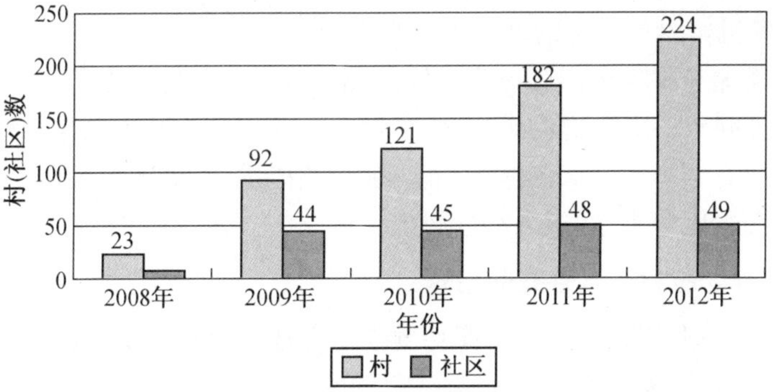

图 12－5　村（社区）养老服务站发展情况统计（2008—2012）

（2）居家养老服务对象较窄

从居家养老服务的对象看，慈溪市居家养老服务对象范围较窄，多数社区养老服务限于贫困、高龄、失能、空巢等特殊老年人。

（3）服务内容简单

从居家养老服务的内容来看，慈溪市居家养老服务内容都比较简单，提供的主要是一些简单的基本生活服务，高层次的养老服务非常少。主要服务内容侧重于帮助打扫卫生、料理家务，缺乏为老年人助餐、助医、助困、助急、助乐等服务内容，与满足全体老年人日益增长的物质、文化需求还有一定的距离。

（4）养老服务质量有待提高

慈溪市的居家养老服务发展迅速，几年时间已经有了较大的规模。这有需求的原因，但更多的是政策推动、政绩考核的原因。居家养老服务的快速发展需要相应的资源匹配，包括资金、人力和知识经验等，否则难以保证养老服务的质量。调查中也发现，乡村之间，城乡之间，中心城区与郊区之间的养老服务质量存在着巨大的差异。

（5）服务单位较少

目前，针对村（社区）提供服务的专门的养老服务机构主要有居家养老服务中心和居家养老服务站，这两类服务单位的服务内容简单，而且布点较少，在一些村（社区）还处在刚刚开始规划阶段。针对居家老人提供的服务的社会相关机构分支机构也非常少。

2. 机构养老服务供给分析

(1) 机构养老服务单位

目前,提供机构养老服务的单位主要有如下几种:老年社会福利院、养老院、老年公寓、敬老院等。

(2) 机构养老床位数不足

按照我国和浙江省养老服务体系十二五规划的标准和要求,3%的老年人入住养老机构。2012 年慈溪市的老年人口为 21.25 万,按照有 3%入住养老机构的标准计算,慈溪市总共需要 6 375 张床位。按照宁波市养老服务体系十二五规划的标准和要求,3.5%的老年人入住养老机构,全市总共需要 7 438 张床位。而 2012 年全市的养老服务床位数约为 2 654 张,全市机构养老床位数至少差 3 700 多张。

(3) 养老服务机构以提供生活基本服务为主

对慈溪市各类养老服务机构调查分析显示,福利院、敬老院主要是为"三无"和"五保"的老人及社会上安度晚年的老人提供服务,其提供的服务主要是基本的生活照料服务,档次相对较低。全市目前有一半以上床位是福利院、敬老院提供的,说明目前的全市机构养老服务主要以基本生活照料服务为主,服务档次较低。

(三) 慈溪市养老服务体系存在的问题

根据慈溪市养老服务现状的分析,全市养老服务体系存在以下问题:

1. 养老服务体系有待完善

(1) 居家养老服务体系有待完善

经济社会的发展要求养老服务社会化,以减轻劳动者的养老负担。国际经验表明,居家养老是最佳的养老方式,发达地区和国家都建立了完善的居家养老服务体系来帮助老年人进行居家养老。慈溪市居家养老服务体系建设处于起步阶段,存在着养老服务单位少、服务对象窄、服务内容简单、服务质量差等众多问题。为了很好地解决养老问题,促进社会的不断发展,需要全市不断地完善居家养老服务体系,构建完善的养老服务网络,使老年人在家中能享受到良好的服务。

(2) 机构养老服务体系有待完善

机构养老是居家养老的有效补充,但目前机构养老在机构建设、布局、运营管理等方面都存在着较大问题,政府大包大揽情况严重、市场化运作缺乏、床位数供给严重不足、服务内容有待丰富、服务质量有待提高等等,都是机构养老服务体系建设需要解决的问题。

2. 养老投资不足

(1) 老龄产业发展缓慢

老龄产业是养老服务体系运行的内在动力,缺少老龄产业的支持,养老服务体系就缺少了持续发展的动力,会导致政府养老服务的包袱日益增大。目前,慈溪市老龄产业的发展非常缓慢,养老服务市场还处于初级阶段,服务供给和需求不能有效对接。老龄产业发展缓慢,社会组织在养老服务中的投资少,导致许多养老服务的职能需要政府来承担,而政府财力又十分有限,进一步导致养老服务发展的缓慢。

(2) 专业人才缺乏

首先,从养老服务的研究上看,目前进行养老服务研究的专业人才很少,国内关于老年服务的研究还处于初级阶段。其次,从专业人才的培养上看,国内开设老年服务相关专业的高校非常少,专业人才非常缺乏。再次,从服务队伍看,慈溪市养老服务队伍的规模、素质都显得不足。2012 年年底,全市 16 家机构共有工作人员 204 人,其中管理人员 53 人、医生 1 人、护工 107 人、工勤人员 41 人,工作人员与入住老人比例为 1∶7;工作人员中,专业技能具有中级职称仅 2 人,初级职称 4 人。

(3) 养老保障体系不完善

养老必须有经济上的保障,这需要有良好的社会养老保障体系。目前,慈溪市养老保障体系不健全,特别是在农村,老年人经济保障水平低或者缺乏保障,对于这部分老年人,由于经济状况差,难以承担养老服务的费用,无法享受良好的养老服务。

3. 缺少有效的宣传和教育

通过有效的宣传和教育,可以更新老年人的养老观念、使更多的社会人士参与养老服务提供、使更多的企业机构进行养老捐助和投资、也有利于培养专业人才等。目前,慈溪市养老服务没有形成良好的社会氛围,以至于社会、家庭、老人自身对社区、机构养老并不十分清楚和了解,不利于养老工作的顺利开展。

一方面,缺乏良好的舆论氛围,一定程度上导致社会力量对此项工作的认知度不高,难以吸引社会资源投资养老工作,不利于养老服务的多元化、市场化,进而也降低了养老事业对于社会剩余劳动力的吸引力,不利于服务队伍的专业化、职业化建设。

另一方面,就家庭而言,很多人对社区、机构的养老服务方式存在着误解,不清楚原有的机构养老、家庭养老与社区养老之间的联系与区别,不清楚依托老年人所在家庭、社区基础上的上门服务和日托服务的优势所在。

最后,老年人自身对养老服务也存在着误区。在服务对象上,有的老人认为养老只是政府针对家庭困难的特殊老年群体提供的救助式服务,与普通的大众养老没有关系。在责任划分上,存在着对低偿、无偿服务的误解,有的老人认为养老服务完全由政府买单,造成了社会力量购买养老服务的比例和数量很少,不利于老年人享受到全面的养老服务也不利于社区养老事业的健康、稳定发展。

4. 缺乏有效的监管和运行机制

社区养老服务已经在慈溪市开展了多年,推动了全市养老服务事业的进一步发展,但目前存在管理体制的不健全、评估体系的不到位,养老服务资源的闲置情况比较严重,关于养老方面的政策法规体系不够完善,面临缺少对养老服务市场有效的监管,缺少有效的促进养老服务业发展的政策措施等缺陷。主要表现在:

一是民政部门外的协调管理。养老服务工作以民政部门牵头,联合妇联、老龄委、残联、人力资源和社会保障部门、养老机构、企业等多部门,由于各部门的条块划分、分别管理,很难协调各方面的力量,优化配置各种资源,提高城乡养老服务工作的综合力。

二是民政系统内的管理。在民政系统之间,关于养老服务工作的职责划分不是很明确,权限配合不是很协调,有些镇是文卫副镇长负责,而有些镇是妇联在管理。

三是关于志愿者的管理。目前,没有关于志愿者的法律法规和制度约束,难以吸引大量业务素质高、综合能力强的专业人员加入志愿者队伍,而对现有的志愿者管理也较为混乱,难以保证志愿者的服务质量,也难以保护和积极引导志愿者的积极性。另一方面,社区养老工作缺乏科学合理的评估体系,难以对社区养老服务的规划进行科学测评、对服务质量进行准确评估。

虽然,慈溪市在2008年的《关于实施居家养老(残)服务工作的意见》中规定了监督管理部分的内容,而各老年(残)服务机构区也制定了规章制度、经费配置、补贴发放等规定,但由于缺少第三方的介入和测评监督办法本身的不完善,很难起到有效、科学的评估、监督作用。

第二节　慈溪养老体系构建设想

一、慈溪周边的特色养老经验

(一)宁波江东区"家院互融"养老服务体系建设

近年来,宁波江东区作为已达中度老龄化程度的区域,政府高度重视老龄工作,成功创建成为浙江省老龄工作先进区和省社会化养老示范区。除了养老服务政策保障力度较强、养老设施建设大力推进、居家养老服务水平不断提升之外,"家院互融"养老服务体系深入拓展,很有特色。2010年5月,江东区"家院互融"中心正式启动运营,为探索建立覆盖全区的专业养老服务体系迈出了坚实的一步。一是建立"家院互融"服务网络。设立区级"家院互融"服务中心及各街道的"家院互融"服务站,实行规范化管理,提供"365必到"、老人日托、医疗保健、人文关怀、先锋365及应急救助等11大类83项服务。二是构建"一库一线一系统"的信息化服务模式。通过完善老年人需求信息库,设立助老服务热线,建立"家院互融"管理服务信息系统,实现全区为老服务的快速响应,并可通过跟踪反馈,确保提供高效、优质、贴心的服务。三是推出"家院互融"服务品牌、《江东区家院互融服务指南》、编发《家院互融简报》,开发了"家院互融"网站,推出"家院互融"形象标识。"家院互融"中心及服务站自运行以来,已为4万余人次的老人提供了各类服务,被业内专家评价为社会化养老服务的"破题之作"。

(二)企业参与养老服务体系建设的杭州"援通"模式

"援通"是由浙江杭佳科技发展有限公司,以"援通系统"作为信息平台和资源整合者,联合政府、服务商、社区、公众等共同构建的公共养老服务供给的协作网络。2005年7月,援通系统首先在杭州市天水街道试点,在援通系统中,老人求救求助不用记任何电话号码,不用报名、报姓、报地址,老人只需按红(求救)、绿(求助)键即可,援通社区信息服务中心的信息员会立刻打电话过去提供服务。社区信息服务中心24小时守候式服务,并备有自己的应急小分队,解决了用户呼叫遇忙问题,紧急事件电话、短信、网络与110、120、119和亲属、邻居、社区等做到联动联网,社区、街道能即时看到呼叫信息又能看到处理过程。

到目前为止,全国(包括台湾地区)共计约24万老人加入"援通"系统,其中杭州约5万名。这些老人都由政府向“援通”购买服务,老人月平均养老服务支出约200元/人。全国共计加盟商250余家,商户3万多家,其中杭州2 000家。“援通”系统服务内容包含衣食住行等老人基本的日常服务需求,还包括陪老人聊天等心理服务,使得养老服务质量得到了明显改善。同时,还增加了加盟商家的就业岗位。

政府在这一案例中的首要职能是为居家养老服务提供资金支持,政府统一购买“援通”的服务券,然后依靠结算系统,与服务商进行结算。结算平台公开,政府相关部门可以登录平台查看服务券使用情况的报表。在其中,政府将整体服务转移给“援通”,“援通”还负责对助老员、服务商户等开展考评工作。“援通”在整个居家养老服务体系中发挥着信息平台和纽带的作用,在信息传递、服务资金结算、上门服务人员管理等方面提供支撑作用并将这些服务过程数字化,通过各种渠道传播出去。从老人表达需求工具开始,将老人的需求信息化,然后对接到庞大的为老服务团队中,依据标准服务内容进行提供,基于标准服务要求进行考核。例如,政府为居家养老服务下发的服务券,可以通过“援通系统”进行有效管理。基于虚拟币的模式,“援通系统”为每位老人开设一个资金账户,将服务券费用充值到该账户,所有为老服务的服务商及上门服务人员都将在平台中登记,通过平台将老人的需求分配到服务商及服务人员手上,服务人员每次上门服务完毕后,按下呼叫器汇报工作内容及收费情况,系统将在用户账户上扣费,同时,将以短信形式告知用户的子女该次服务的内容及价格。最后,“援通”或政府在每个季度依据系统的结算报表与服务商进行结算。

目前,“援通”整合和提供的服务类别包括:安全防范类、公共服务类、生活必须类、品质生活类、综合服务类、商务便利类等。借助现代信息技术整合多方、形成合力的“援通”模式,展现了企业参与社会管理和服务的路径。“援通”通过信息技术将政府、社区、企业等整合进养老服务供给网络中,打破了服务时间和空间的限制,特别是它采用了现代化信息技术,利用云计算整合地理上离散的数据中心和终端等基础设施,整合地理上离散的加盟运营商和商户来为离散的公民提供服务,从而实现了低成本和服务覆盖范围的有效扩大。

(三)宁波海曙区政府向非营利组织——星光敬老协会购买居家养老服务

为了减轻养老压力,宁波市海曙区人民政府于2004年起通过与非公共部门合作,试行为高龄、独居的困难老人购买居家养老服务。主要内容是由海曙区政府出资,向非营利组织——星光敬老协会购买居家养老服务,社区落实居家养老服务员,每天上门为辖区内600余名老人服务。

服务对象分三个层次,一是80岁以上的困难老人,社区聘请服务员,由政府出资支付劳务费提供上门服务;二是70岁以上有困难的老人,敬老协会物色培训了义工,通过“义工银行”储蓄劳务的方式,组织对口服务;三是60岁以上的其他老年人群,以非营利与有偿服务相结合,采用适当收取劳务成本的办法来满足需要。服务员的主要来源是社区中的就业困难人员,服务内容包括生活照料、医疗康复、精神慰藉等。本项目实行“政府扶持、非营利组织运作、社会参与”的运作机制。区政府将购买服务的开支列入年度财政预算;星光敬老协会负责项目运作,承担审定服务对象,确定服务内容,培训服务人员,检查和监督服务质量等工作。“社会参与”指整合和利用社会资源,积极推行个人购买服务、企业认购服务以及社会认养服务等。每个社区建立带有日托服务功能的“居家养老服务中心”,采用“走进来”和“走出去”的“两走”服务模式。通过这项制度创新，丰富了养老服务的形式，改善了养老服务的质量。目前，常年享受服务的高龄、独居困难老人约六百人，平均服务成本为每人每年 3 285 元。在这里，政府虽然是政策的倡导者和出资者，但政府没有单独运行项目，而是通过将服务提供环节转交给社会组织，充分利用社会组织的优势以弥补“政府失灵”。星光敬老协会的产生和经营尽管具有强烈的“官办色彩”，但其运行具有相当的独立性。社会组织在其中扮演着收集资源、链接资源、共享资源的重要角色。

二、慈溪市养老服务体系构建及其运行机制

(一) 慈溪市养老服务体系建设的目标

“老有所养、老有所医、老有所教、老有所学、老有所为、老有所乐”是中国老龄事业的发展目标。慈溪市养老服务体系建设的最终目标也应该是围绕着该发展目标进行制定，使得慈溪老年人能够在该养老服务体系下真正享受到“老有所养、老有所医、老有所教、老有所学、老有所为、老有所乐”。但要实现这样的目标需要一个相当长的过程，因为该目标本身就是动态的，是会随着社会的发展而不断充实和完善的。可能我们很难说什么时候能实现这样的目标，但我们可以不断地努力，在无限接近目标的过程中，最大限度地满足慈溪老年人的服务需求，这也是构建科学完善的慈溪养老服务体系的最根本的意义。

当前，我国的养老服务体系包括两部分：城市养老服务体系和农村养老服务体系。作为沿海发达地区，慈溪市的老龄化远比全国要来得早，全市的养老服务体系构建不应只局限于城市和农村，应立足于这两部分，正视两大体系的现实基础上，构建城乡一体化的养老服务体系，真正惠及全体老年群体。在构建慈溪养老服务体系的过程中，我们可将最终目标分解到不同阶段，分步实施。就近阶段而言，要建设一个完善合理的养老服务体系，在保证慈溪所有老年人享受基本养老服务的基础上，发展个性化、多样化的服务，满足不同层次老年人的服务需求。同时，要使该服务体系尽早实现服务全覆盖、体系可持续发展、全社会参与等功能。

(二) 慈溪市养老服务体系建设的原则

确定了目标，就知道养老服务体系建设应该朝一个怎样的方向发展。但是，为了使养老服务体系的建设能够更快、更好地接近这个目标，我们需要确定一些原则，并且在建设过程中坚持这些原则。

普惠性原则。养老服务体系的建设要以保证慈溪市所有老年人能够享受到基本养老服务、安心地度过晚年为目标。全市经济在全国是名列前茅的，有能力去确保全市所有老年人能够享受到最基本的养老服务，同时，使所有老年人享受到基本的养老服务，对于促进全市经济、社会发展也具有重要意义。

以需求定供给的原则。全市现有的养老服务存在城市与城市、城市与农村的差别。构建科学完善的养老服务体系，必须要承认差别。只有准确把握现实状况，才能放眼未来，并根据各地的实际需求情况，采取科学方法和措施，供给相应的服务。同时，要对未来养老服务需求进行准确预测，完善的养老服务体系构建需要具有准确的前瞻性。

多元化原则。根据慈溪市目前状况、未来社会发展趋势，结合发达国家及地区养老经验，全市养老体系应该向多元化发展。我国的经济基础及其目前的发展水平，注定了不能走纯粹的福利制，政府不可能也没能力大包大揽；同样，也不能完全走市场化道路。应调动一切可能的社会力量，多元化、分层次地建立起一个能满足各年龄层次、各身体状况、各消费需求的、完善的、科学合理的养老服务体系。

（三）慈溪市养老服务体系的构建

根据慈溪市建设城乡一体化养老服务体系的目标，当前，慈溪市养老服务体系的构建最主要的是要打通城乡养老服务的通道。参照相关研究成果和国内外经验借鉴，结合全市的实际情况。全市的养老服务体系构建可以采取"社区＋机构"的模式，发挥社会参与的力量，创新社会养老服务新模式，建立多层次的社会化养老服务体系。

1. 城乡一体化的"无偿＋低偿＋有偿"养老服务体系

社会化养老服务体系应该是多层次、多样化的，因为即使在同一个社区里，不同家庭背景、经济能力的老人，他们对养老服务的需求也是不同的。因此，要从全方位的角度考虑城乡养老服务工作，真正满足城乡养老服务的整体与个体需求，最大限度地实现养老服务的社会全覆盖（见图 12－6）。

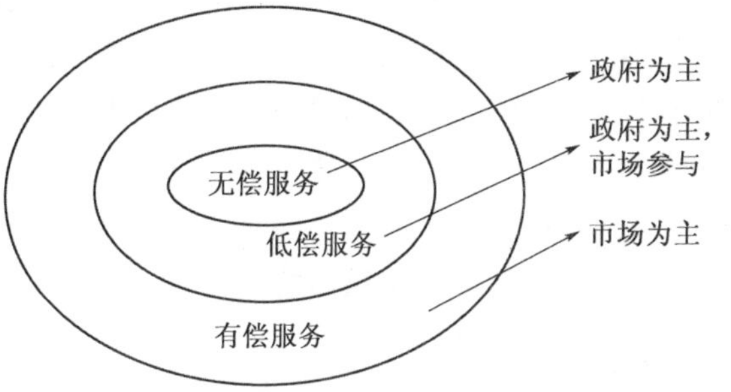

图 12－6　建立多层次的社会化城乡养老服务体系

（1）第一层次：无偿为主的服务

无偿为主的养老服务主要针对的是孤寡、经济困难、残疾这三类老人，他们中的大多数人没有经济上的来源，生活比较艰难。对这三类老人，就需要建立市、街道（镇）、社区（村）三级救助网络，首先要保证他们能有房屋居住、吃饱穿暖，其次对生活不能自理或者经常需要帮助的老人，政府雇用和组织服务人员向他们提供生活照料和医疗服务。这一层次需要政府积极承担起责任，提供无偿的服务，属于福利化的服务。

（2）第二层次：低偿为主的服务

低偿为主的服务，其面向的对象是空巢、失独、高龄（如 80 岁以上的老人）这三类老人。这三类老人生活上需要特殊的照顾，特别是高龄老人的生活自理能力较差，急需别人的日常照顾。政府应对他们提供相应的服务，原则上实行低偿为主，政府补贴一部分，老年人自己也掏一部分。这一层次的服务，也可以通过市场经济的方式来购买，政府向市场主体购买服务，由诸如养老服务公司等来提供服务。但是，需要明确的一点，这一层次市场的参与程度不会非常高，因为这一部分服务的公共性特征还是比较明显的。

(3) 第三层次:有偿为主的服务

有偿为主的服务主要是为了满足那些经济实力较强的老人更多样化的需求,他们经济实力较强,愿意并且有能力承担付费性质的养老服务。对于这种养老服务需求,需要实行社会化和市场化相结合的方式,个人直接向市场购买服务,市场所提供的多样化的养老服务更能满足个性化的需要。因此,这就需要积极培育和发展以养老服务盈利为主的服务性机构,促使他们向专业化、集中化的方向发展。

2. 城乡一体化的"社区+机构"养老服务规划布局模式

"社区+机构"模式的核心就是社会化,就是要解决如何在社会有效资源下,将社会服务模式合理而有效地利用起来,以社区信息家政服务支撑养老服务,以机构专业化服务提升养老服务。具体地讲,作为服务主体(服务机构、服务设施等)来说,并没有实现资源的有效利用,村(社区)有相当一部分资源闲置;其次,由于老人的观念和助老服务人员专业素质等因素而导致的助老服务质量不高,导致相当一部分老人群体被动接受甚至不愿意接受服务的两难。

"社区+机构"的模式基本可以解决两大问题。社区解决平台,整合资源利用;机构实现专业化运作,提升服务质量。社区不应是传统意义上的社区,还应包括了农村村一级基层组织,机构不仅仅指养老机构,还包括为老年人提供专业化服务的服务机构。

在养老服务设施布局上,一是养老机构的布局,对慈溪市目前的公办 15 家养老机构实现资源的统筹和整合利用,如成立市五保集中供养中心,对全市城镇"三无"和农村"五保"实行统一集中供养。

市五保集中供养的可行性

目前,我市农村五保和城市三无对象总人数为 723 人并趋平稳下降态势(总人数从 2009 年底的 981 人逐年下降至目前的 723 人,年均降幅近 10%)。而慈溪市养老机构的床位数已有 2 654 张,最大的公办养老院的床位数也将达到 816 张,完全能满足集中供养需要。同时,是五保集中供养一方面有利于城镇"三无"和农村"五保"对象集中管理、规范服务;另一方面有利于整体提升镇级养老机构面貌,扩大服务对象吸收面和床位利用率,促进各镇养老机构统一转型升级成为区域性养老服务中心(同时市社会福利院也可籍此向儿童福利专业机构发展)。

对各公办养老机构的职能和服务对象进行划分和明确,逐步形成网络和规模效应,开展一些专业性养老服务。二是村(社区)居家养老服务中心和服务站的优化,设立市居家养老服务指导中心,统一指导全市城乡居家养老服务的基础设施布局、服务内容安排、服务方式的合作引进等。在社区逐步推行社区养老服务用房强制性配套措施,解决最基本"有房办事"的难题。在片区中心镇设立市居家养老服务分中心,在村一级行政单位设置村卫生服务站和村老年服务站,片区中心镇居家养老服务中心在养老方面对片区村卫生服务站和村老年服务站进行领导。

在养老服务内容和方式上,目前的社区和机构都采取大包大揽的方式,如配餐,社区的老年人就餐都是各社区自己配餐,成本非常高,养老机构(公办)的食堂也是如此。当然这里面有风险考虑的因素。鄞州区、海曙区、江东区等养老服务先进地区的经验表明:专业的事情应交由专业的机构去做。因此,应大力引进专业化的大型服务机构和公司,依托居家养老服务中心、服务站和敬老院、福利院等养老机构,在养老服务上实行服务外包,政府负责监测和评估,也就是"养老机构公建民营,养老服务专业外包,政府部门监测评估",逐步形成竞争、有序、活力的养老服务格局。

3. 城乡一体化的"公建+民营"养老服务建设和运营模式

"公建+民营"也就是说,养老机构或养老服务场所由政府无偿或低价提供,其机构或场地管理和服务则引入市场机制,由企业来运营。"公建+民营"的核心理念可以说是在现有的养老服务环境下,充分发挥政府和市场的作用,推进养老服务业的发展,改善老年人的生活品质。当前的养老服务行业,还是一项微利行业,投资大,周期长,风险高,企业一般不愿意投资,而政府的投资目前主要侧重于关注老年中的弱势群体,如孤寡老人,五保三无老人等,对于一般的老年人或"夹心层"的老年人,一方面政府在现有的考核体制下,没时间去考虑这一部分老年群体的养老问题,另一方面也没能力去全盘"托底",为这部分的老年人服务;而企业恰恰相反,虽有投资老年人的养老服务意愿和能力,但由于投资太大等原因而不得不作罢。

"公建+民营"可以说为养老服务事业的发展提供了一个很好的建设路径。在一些养老服务事业发展较好的地区,在中端乃至低端市场上,都采取"公建+民营"的方式,如鄞州区、江东区、余姚等地。这一方式符合现实情形,同时,也符合慈溪市建立多层次的社会化城乡一体化养老服务体系要求和目标,根据调研,全市的养老服务市场需求目前主要以无偿服务和低偿服务为主,有偿服务市场还没发育,这一现实情况决定了全市的养老服务发展目前还处于初级阶段,应以政府为主导。随着市场经济体制的发展,政府与市场的界限日趋明显,政府与市场的职责划分也日益明确。在养老服务问题上,政府固然要主导,但市场的作用同样不可或缺,目前在养老服务问题上存在着政府有力建设无力经营而企业有力经营而无力投资的矛盾局面。可以说,"公建+民营"的方式为解决这一矛盾局面提供了可行的途径。

在政府和企业的合作上,必然面临着诸多的问题,政府一方面应有包容的心态,要让企业盈利,如果不让企业有任何盈利空间,企业必定不会进入,但要注意的是让企业合理的盈利,承担更多的社会责任,而不能仍由企业唯利是图,政府应做好监督工作。另一方面,政府要充分利用市场的作用,引入竞争机制,如鄞州区在购买养老服务中,引入多家大型的知名专业化养老服务机构,这一做法激活了本地市场,也让这些企业坚定了信心,乐意进行本土化服务。

4. 城乡一体化的"社工+义工"养老服务市场培育和运作模式

养老服务体系的构建,在布局上,"社区+机构"的模式融通了目前的城市和乡村,融合了居家养老和机构养老的优势特点;在具体建设和运营上,"公建+民营"的方式发挥了政府和市场的各自优势,可以较好发挥政府和企业各自的职责;在养老服务市场的引导培育和运行上,"社工+义工"的方式对于养老服务本土化的探索同样具有重要的意义。"社工+义工"方式的提出,主要基于以下几方面因素:

(1) 资金投入初步预测

养老服务,当前面临的最主要难题一是资金,二是场地,归根到底是资金。2008 年以来，慈溪市先后制定出台了一系列政策文件，对养老服务工作进行了规范和指导，取得了一定的成果。2012 年，全市养老服务财政共计投入 3 585.877 5 万元，其中市级 2 786.030 5 万元，镇(街道)配套 799.847 万元。但以宁波市的标准和要求来看(见表 12－4)，还存在较大差距，投入力度还需进一步加大。

表 12－4　慈溪市养老服务政府投入预测表

养老机构投入(万元)	政府购买服务投入(万元)	运行基数(万元)	增长系数	2015 年预测(万元)	2017 年预测(万元)	2020 年预测(万元)
8 765	17 722.5	18 492.8	4	22 400.8	24 098.2	25 308.7

备注：1. 运行基数＝政府购买＋机构投入－新建补助。
2. 2015、2017 年预测由运行基数、运行基数增加值和新建补助年均摊额组成。
3. 2020 年预测值由运行基数和运行基数增加值组成。

注：表中数据测算详见《慈溪市养老服务政府投入预测数据测算详表》。

根据宁波市标准，如果要实现全面达标，率先实现城乡一体化的普惠式养老服务，初期一次性补助投入需近 2 亿元(不包括基础设施新建费用)，按现有的运行基数，2015 年需 2.24 亿元，2020 年需 2.5 亿元。这么大的投入，如果仅靠政府，压力非常大，所以应发挥社会的力量，参与到养老服务的事业中来。

(2)“社工＋义工”服务机制

可以说，社会发展至今，养老不仅仅是个人的事情，更是政府的职责所在。但养老是一笔很大的投入，政府很难进行全部包揽，个人养老现实中又存在很大的困难，如何对个人、市场和政府进行有机结合，是当前各地思考的一个主要方向。市场和政府的研究比较深入，而对于个人的作用，目前主要局限于已进入老年的老年人群体，如老年人的经济状况、消费观念、能力素质等。而对于个人和社会在养老服务方面的作用还未有实质性突破。

“社工＋义工”的核心理念在于充分发挥专业人士和志愿者各自的优势，以“社工”带“义工”，以“义工”促服务提升的基本思路。在广东等沿海发达地区，“社工”遍及各社区基层，在慈溪市，“社工”还是一个新鲜词。“社工”与“义工”有着本质的区别在于，“社工”是有偿的，“义工”是无偿的。“义工”从个体角度而言具有不稳定性，毕竟是一种自愿行为，受个人的日常时间、工作、精神状态等影响较大，而老年人服务需求的稳定性、长期性等，“义工”无法满足，而“社工”完全可以把养老服务当作是工作的一部分，很专业地完成。

当前，“义工”还有很大的拓展空间，在养老服务问题上，每个人都会有老去的那一天，在人的一生当中，少年时期别人为自己考虑，中年时期为别人考虑，老年时期为自己考虑。但当到了为自己考虑的时候，却由于种种原因需要别人的帮助，需要用一定的经济付出换取别人的帮助。社会的分化致使许多老年人的经济能力存有显著的差异，这种差异的原因涉及机会、学历、关系、能力等等，在中年时期逐渐形成，但帮助别人跟机会、学历、关系、能力等等无关。如果在人生的中年时期，在养老机构进行为老服务，这些为老服务转化为一定的工作量进行储存，当到老年时期，需要别人照料的时候，用中年时期的为老服务工作量换取自己的养老服务。这应是养老服务社会化的一种有效途径，当然这正是一种美好的设想，要实现它还有很长的路要走。

表 12-5　慈溪市养老服务政府投入预测数据测算详表

慈溪市养老机构政府补助资金预测表(一)

	老年人口(万人)	宁波市标准(张/百人)	应有床位数(张)	现有床位数(张)	缺口(张)	新建补助资金				运行补助资金			初步预测(万元)		
						补助标准(万元)			初步测算(万元)	运行补助(万元)		初步测算(万元)	综合测算(万元)	误差率(+10%)	预测区间(万元)
						2	1	0.5		0.03	0.015				
序号	(1)	(2)	(3)	(4)	(5)	(6)	(7)	(8)	(9)	(10)	(11)	(12)	(13)	(14)	(15)
机构养老	21.25	4	8 500	2 654	5 846	11 692	5 846	2 923	7 794.7	255	127.5	212.5	8 007.2		[7 206,8 808]
备注			=(1)*(2)		=(3)−(4)	=2*(5)	=1*(5)	=0.5*(5)	=(6)*1/3+(7)*2/3	=0.03*(3)	=0.015*(3)	=(10)*2/3+(11)*1/3	=(12)+(9)		=(13)*(14)

注:表中涉及的基础数据以 2012 年度为准。

慈溪市养老机构政府补助资金预测表(二)

		应覆盖数量(个)	实际覆盖数量(个)	缺口(个)	新建/开办补助资金				运行补助资金				初步预测(万元)			
					补助标准(万元)			初步测算(万元)	运行补助(万元)			初步测算(万元)	综合测算(万元)	误差率(+10%)	预测区间(万元)	
					3	5	10		1	2	4					
	序号	(1)	(2)	(3)	(4)	(5)	(6)	(7)	(8)	(9)	(10)	(11)	(12)	(13)	(14)	(15)
居家养老	村	274	224	50	150	250		200	274	548		411	611		[550,672]	[683,833]
	社区	49	49	0					49	98	196	147	147		[133,161]	
备注					=3*(3)	=5*(3)		=[(4)+(5)]/2	=1*(1)	=2*(1)	=4*(1)	=[(8)+(9)+(10)]/2	=(7)+(11)		=(12)*(13)	

注:表中涉及的基础数据以 2012 年度为准。

慈溪市养老服务政府补助资金预测表(三)

	就餐人员补助						配套服务人员补助				初步预测		
	总人数(万人)	就餐标准系数	应补助人数(万人)	补助金额(元/餐)	年餐补数	年小计(万元)	配套标准系数	需配套人员(万人)	补助工资标准(元)	小计(万元)	综合测算(万元)	误差率(+10%)	预测区间(万元)
序号	(1)	(2)	(3)	(4)	(5)	(6)	(7)	(8)	(9)	(10)	(11)	(12)	(13)
就餐补助	21.25	0.37	7.86	5	365	14 344.5	0.1	0.786	1 310	1 030	15 374.5		[13 837,16 912]
备注			=(1)*(2)			=(3)*(4)*(5)		=(3)*(7)		=(8)*(9)	=(6)+(10)		=(11)*(12)

注:表中涉及的基础数据以2012年度为准。

慈溪市养老服务政府补助资金预测表(四)

	半失能老人			失能老人			高龄/空巢老人			初步预测			
	半失能老人数(人)	服务标准(元/月)	小计(万元)	失能老人数量(人)	服务标准(元/月)	小计(万元)	高龄/空巢老人(人)	服务标准(元/月)	小计(万元)	合计(万元)	年综合测算(万元)	误差率(+10%)	预测区间(万元)
序号	(1)	(2)	(3)	(4)	(5)	(6)	(7)	(8)	(9)	(10)	(11)	(12)	(13)
政府购买服务补助	7 455	80	59.64	4 360	160	69.76	33 131	20	66.262	195.7	2 348.4		[2 113,2 583]
备注			=(1)*(2)			=(4)*(5)			=(7)*(8)	=(3)+(6)+(9)	=(10)*12		=(11)*(12)

注:表中涉及的基础数据以2012年度为准。

"义工"的另一种拓展也许具有一定的现实性，那就是对于子女不在身边的空巢老人家庭，可以尝试试用异地"远距离护理模式"的办法，即子女通过在异地的养老机构等社会福利机构参与养老服务，而同时赢得父母在本地机构养老的机会，这种模式在我国尚没有实践，但随着独生子女出外务工、空巢家庭的日益增多，这种异地模式值得探讨。以上就是一种养老社会储蓄的另一种探索，随着子女外出工作而面临的家庭老人无人照顾的情况，子女在异地可以利用节假日时间到异地的养老机构照顾当地的老人，从而获得一定的积分，通过各个养老机构的联网查询，这样就可以免费或相对优惠的为子女的老人提供服务，子女也可以迅速地了解到老人的被抚养情况。

(四) 慈溪市养老服务体系的运行机制分析

养老服务体系的运行机制就是指养老服务工作系统运行过程中各组成部分之间相互作用的过程和方式。养老服务体系要想正常运转就必须要有相应的运行机制，包括市场开放机制、政策扶持机制、组织创新机制、监测评估认证机制等。

1. 市场开放机制

在绝大多数情况下，市场是最有效的资源配置手段，为了使养老服务体系内的资源配置更有效率，应该坚持引入市场价格机制、供求机制、竞争机制和风险机制等。养老服务是福利性、公益性的，在其主体采用市场机制进行配置的同时，更要政策机制的辅助作用。建设养老服务体系，需要政府和市场两种资源的共同投入。

在养老服务体系建设中，通过市场机制的引入，可以有效地提高资源的利用效率；通过市场的快速反应，可以实现供给需求的有效对接；通过市场的竞争，可以促进服务质量的提高；通过市场的运作，可以有效减轻政府在养老服务中的负担。

在引入市场机制的同时，政府必须明确自己的责任。政府在养老服务体系中，首先是应该保证老年人的基本养老服务，保证老年人"老有所养"的基本权利。其次，政府应该创造一个良好的政策环境，吸引社会机构进入到养老服务事业中，为老年人提供各种服务，而不是政府投资、政府兴办设施、政府提供服务。最后，由于养老服务事业是一种福利性和公益性事业，也是一个微利行业，为了吸引社会资本参与，需要政府在某些方面进行投资引导、进行补贴、提供政策和税费的优惠等。

2. 政策扶持机制

养老服务体系的运作实行"政府补贴服务，准市场"相结合的运行机制，并不意味着政府在养老责任上的完全退位。相反，政府应该承担好政策制定的责任。政策法规是推动养老服务体系进一步完善的动力，是促进养老服务走向规范和成熟的最重要因素。尤其是目前，慈溪市养老服务体系的建设还处于摸索期，促进其完善，政府的政策引导和扶持是必不可少的。

围绕养老服务体系的建设，制定包括鼓励、优惠、服务标准及法律责任等在内的相关政策与规定，加强对市场行为的激励、规范与引导。具体可从以下几方面入手：一是制定操作性强的养老服务业发展的税收优惠等配套优惠政策，吸引社会资金投入养老服务业。二是制定系列规范性法规文件，对养老服务企业（机构）的设置、管理、服务和退出机制做出明确规定。三是制定行业技术标准和服务标准，依法保障企业员工和服务对象双方的合法权益，形成社会监督和市场竞争，建立示范企业。四是完善奖励制度，对取得良好社会效益的企业管理者实行嘉奖，吸引企业家开办居家养老服务公司和集团，使从事为老年人服务的打工者转变为职业者，从个体转为集团化。五是确定合理的养老服务的价格管理制度和办法，兼顾服务对象的支付能力和投资者的经济利益，实现社会效益和经济效益的同步增长。

3．组织创新机制

任何组织经过合理的设计并实施后，都不是一成不变的。它们必须随着外部环境和内部条件的变化而不断地进行调整和变革。原来的养老服务组织是根据当时的状况设计出来的，是适应当时发展的要求的。

但是，随着经济社会的发展和老年人养老服务需求的变化，旧的养老服务组织不能适应当前养老服务现状的要求，要求进行组织的创新。政府应根据当前养老服务的特点和养老服务发展的趋势，明确政府在养老服务体系中的角色，进行组织的调整和变革，以适应养老服务发展的需要。

养老服务单位组织应该改变政府组织性质，建立一种以市场为导向的组织，根据养老服务市场的需求调整相应的职能。应改变当前养老服务组织体系中政府投资较大，政府行为对整个养老服务组织体系影响过大的现状。通过鼓励和支持不同所有制性质的单位和个人以独资、合作、联营、参股等方式，增大养老服务组织体系中市场的成分，降低政府的成分。

4．监测评估机制

监测评估机制主要是指对养老服务机构、养老服务人员进行监测和评估认证。对养老服务机构的评估认证是指建立一套评估标准，对养老服务机构的资质等级进行评定，规范养老服务机构的行为，促进养老服务质量的提高。对养老服务人员的评估认证，是指对从事养老服务的从业人员进行资格的认证和评定，规范养老服务人员的行为，提升人员的专业性，保证养老服务质量。

养老服务评估体系在当前的重点，应考察老人的生活自理能力、认知能力、家庭结构和经济状况等，依据标准进行综合评估。对评估结果按照照护需求的紧急程度、照护等级的高低进行排序。根据目前政府的养老服务供给能力，优先解决排序前列的老人长期照护问题，其他人员如果经济条件允许，可以选择市场化的养老服务方式。同时，对于生活自理能力差、经济条件拮据的老人，政府给予必要的补助，以维持养老服务支出。

三、加快慈溪市养老服务体系建设的措施与建议

（一）加快养老服务网络建设

实践证明，通过养老服务网络建设，实现养老服务资源共享，是提高养老服务资源利用效率的有效途径。养老服务体系的网络建设主要包括以下几方面：

1．建立老年人数据库

建立一个全市老年人数据库，对全市的老年人进行个人信息和养老服务需求的调查和统计，如老人的收入情况、身体健康状况、是否需要居家养老服务、需要哪些居家养老服务等，然后将这些重要信息输入到数据库中。同时，村（社区）要定期对居家老人进行体检和走访以便及时更新数据。为了更准确地掌握老人的健康状况，村（社区）医疗卫生服务机构还

要与各大医院实行联网，建立老人健康电子档案，并将其录入数据库，实现信息共享。老年人数据库一方面可以方便市养老服务部门准确地掌握老年人的个人状况和养老服务需求，为日后确定养老服务的补贴范围和进行科学研究提供依据；另一方面也可以在老人离开原社区或城市后为其他社区或城市的养老机构提供必要的信息，提高办公效率。

2. 建立养老服务网络系统

首先，需要在那些养老服务需求迫切的老人家中安装"81890一键通"紧急救助呼叫器。这些呼叫器的另一端同时与医疗卫生服务机构相连，当老人在家中突感身体不适时可以通过呼叫器向医疗卫生服务机构求援。医疗卫生服务机构接到呼救后会按照系统的显示到老人家中进行紧急救助。第二，医疗卫生服务机构还要与附近大医院实行联网，建立电子病历和开展网上远程诊断服务，当行动不便的老人在医疗卫生服务机构无法得到确诊的情况下，可以由大医院的医生通过网络为老人提供远程诊断，以便老人在不离开社区的情况下就能得到准确的诊断和及时的治疗。第三，村(社区)可以开设养老服务热线，公开服务热线号码。老人如果需要一些一般性的养老服务，可以足不出户便能了解到村(社区)的各项养老服务的情况。

3. 建立老年人自理能力等级评价标准

由于老人的收入状况、健康状况存在差异，所以，这就使得老人的自理能力也存在着较大的差异，进而导致了他们对居家养老服务的需求各不相同。为了使有急切需求的老人优先获得服务，合理配置居家养老服务的资源，建立老年人自理能力等级评价标准就显得尤为必要。民政局或老龄委将老年人电子信息数据库中的全部老人的数据信息，交由专家组制定出老年人自理能力等级评价标准，以此作为确定养老服务需求量和为单个老人提供养老服务的依据。建立老年人自理能力等级评价标准，要以老人的收入状况和健康状况为主要参数。该标准的建立对建立公正、客观的老人养老服务需求评估机制、确保公共福利资源向身体健康状况较差的经济困难老人倾斜、实现资源的优化配置具有重要的意义。

养老服务的养护等级可以根据老年人自理能力分为几个等级。如把老年人具备生活自理能力但一些重的体力活动无法独立承担，需要帮助的划分为一级护理；把老年人具备基本日常生活活动能力，如进食、穿脱衣、洗澡、行走、大小便控制等，但不具备工具性日常活动能力或仅具备个别的工具性日常活动能力，需要部分生活照料服务的划分为二级护理；把老年人仅具备个别的基本生活活动能力或者基本不具备基本日常生活活动能力，需要提供大部分的居家养老上门服务的划分为三级护理等。

4. 建立养老服务的质量评估体系

我国养老服务业的发展还处于起步阶段，养老服务机构对社会服务事业缺乏正确认识。所以，为了维护好老人的合法权益，确保老人能够享受到高质量的养老服务，养老工作主管部门就要加强对养老服务机构进行监督约束和管理，制定相应的管理法规，建立养老服务机构效益和效率评估制度，严格核算成本效益。养老工作主管部门与质量监督局、老龄专家、养老服务机构的管理人员联合建立养老服务质量评估体系小组，对养老服务机构进行评估，并将评估结果向社会公布，允许达标机构办理从业注册登记手续。定期进行养老服务的满意度调查，并在此基础上依据养老服务质量评估指标对养老服务质量进行评估，制定出提高服务质量的措施，对于服务质量不达标的养老服务机构要限期整改，严重的要撤销其从业资质。

(二) 整合社会养老服务资源

养老资源是指能够满足养老需求从而对老年人具有保障效用的所有资源。养老服务是一项需要多方资源共同参与的事业，其中包括对大量的物力、财力和人力的需要。因此，政府、非政府组织、社区和居民都应积极参与，推动养老服务向社会化方向发展。养老资源的整合包括以下几方面内容：

1. 土地资源的整合

养老服务需要一定量的土地资源来创造发展空间。除了政府需要对土地资源的利用进行规划外，镇(街道)、村(社区)还要对辖区内的土地资源进行整合，镇(街道)、村(社区)应充分利用辖区内的各种已有设施，如企业闲置的厂房和闲置的土地、养老院、老年公寓、效益不好的宾馆等，这样可以提高这些服务设施的利用效率，为开展养老服务提供足够的空间。

2. 资金的多渠道筹集

由于经济发展水平的限制，居家养老服务体系的构建仅依靠政府的财政支出是远远不够的。因此，政府还要不断拓宽居家养老服务的资金来源，以此作为政府财政支出的补充。第一，政府可以通过发行福利彩票来筹集资金，并明确规定专门用于发展居家养老服务事业的资金比例。第二，养老服务机构可以通过提高自身的服务品质来努力达到标准，以此吸引外部资金的投入，进一步拓宽融资渠道。第三，鼓励企事业单位、社会慈善团体以及个人对居家养老服务业的捐赠，通过减免税收、简化手续等措施来吸引资金的投入，通过加强监管、公开资金利用情况的办法确保资金利用的科学、合理、透明。

3. 服务队伍的建设

(1) 培养专业的居家养老从业队伍

居家养老服务专业性强，涉及医疗、康复、护理、心理、临终关怀以及经营管理等学科，是一项内涵丰富的工作。因此，在完善居家养老服务体系中，必须走专业化的道路。目前，慈溪市居家养老从业队伍的人员构成相对比较复杂，既有具有丰富经验和专业水平的从业人员，也有以前从事其他行业的下岗职工、缺乏专业技能的农民工等。所以，居家养老服务行业应实行从业资格认证制度。

(2) 提高从业人员的待遇

由于居家养老服务从业人员提供的多是一些低偿服务，收费较为低廉，这不但会影响养老服务机构的利润，而且还在很大程度上影响了从业人员的工资，因为工资是由机构从其营业收入中支付的，低利润就导致了从业人员工资水平也较低，而且从业人员还要缴纳一定的社会保险费用，这就使得一部分从业人员在找到待遇更好的工作后就会离开，造成了从业队伍人员更替频繁、不够稳定的局面，制约了养老服务业的发展。

(3) 发展志愿者队伍

由于慈溪市养老服务人员紧缺，所以，村(社区)应当积极组织志愿者来提供服务。为了激励志愿者，尤其是一些有帮助他人愿望的健康的低龄老人参与居家养老服务，村(社区)可以对这部分老年志愿者实行“时间储蓄”。经过必要的培训后，村(社区)安排这些老年志愿者帮助那些有居家养老服务需求的生活困难的老人,每周工作一定的时间,然后将这些时间进行积累,等到这些志愿者年老以后有居家养老服务需求时,村(社区)就会将他们的工作时间按照一定比例核算成应该享受居家养老服务的时间,再由其他志愿者为他们提供所需要的服务。低龄的老年志愿者参与提供社区居家养老服务,一方面可以使一部分老人能够满足继续参与社会活动的愿望,在社会活动中实现自我价值;另一方面还可以在一定程度上缓解居家养老服务人员短缺的局面,使老人的居家养老服务需求得到满足。社区应在政府的帮助下对"时间储蓄"记录进行保存,保证在老年志愿者住址改变后其记录也能随之转移,在有服务需求时能够获得及时的给付。

(三) 完善养老相关政策法规

1. 养老服务优惠措施现状分析

为了做好老年人养老服务工作,2012 年宁波市颁布了《宁波市人民政府关于深化完善社会养老服务体系建设的意见》[甬政发(2012)85 号],规定了宁波市养老服务体系建设的一些优惠政策措施。慈溪市养老服务最新的优惠政策虽未出台,但已有的一些优惠政策和措施整体上与宁波市保持一致。

(1) 建立困难老年人养老服务补贴制度

对城乡最低生活保障家庭中的失能、失智老人,政府给予养老服务补贴,标准参照当年度重度残疾人托(安)养费用补助标准执行。老年人入住养老服务机构的,养老服务补贴由当地民政部门支付给相应的养老服务机构;居家接受服务的,养老服务补贴由当地民政部门支付给为其提供服务的居家养老服务机构。

(2) 提高对养老服务设施的建设补助

对新增床位 20 张以上、符合有关部门规定资质条件的非营利性民办养老服务机构,用房新建的,按新增核定床位数给予每张床位 20 000 元补助,分四年按比例到位;改造或租用用房且租期五年以上的,按新增核定床位数给予每张床位 10 000 元补助,分五年按比例到位。对新增床位 20 张以上、经工商登记的民办养老服务机构,用房新建的,按新增核定床位数给予每张床位 10 000 元补助,分四年按比例到位;改造或租用用房且租期五年以上的,按新增核定床位数给予每张床位 5 000 元补助,分五年按比例到位。根据居家养老服务机构的规模、设施、功能、投入等实际情况,市级财政对市辖六区新(改、扩)建的城市居家养老服务中心(站)给予每个 5～10 万元的一次性补助,农村居家养老服务中心(站)给予每个 3～5 万元的一次性补助。各区应按不低于 1∶1 的比例配套,其他县(市)自行制定补助标准。

(3) 对非营利性民办养老服务机构给予运营补贴

经各级民政部门批准设立、社会力量投资兴办的非营利性养老服务机构,收住本市户籍的失能、半失能老年人,按实际收住人数给予日常运营补贴,补贴标准不低于每人每月 100 元,补助资金由市和县(市)区财政承担。根据居家养老服务机构的规模、等级、功能和服务水平、运营管理以及作用发挥等情况,市级财政对市辖六区的城市居家养老服务中心(站)给予每个每年 2～4 万元的运营补贴,农村居家养老服务中心(站)给予每个每年 1～2 万元的运营补贴。各区应按不低于 1:1 的比例配套,其他县(市)自行制定标准。

(4) 实行养老护理员特殊岗位津贴

对公办和非营利性民办养老服务机构中取得职业资格证书的护理人员，按照初级、中级、高级、技师不同等级，分别给予每人每月 100 元、150 元、200 元、250 元的特殊岗位津贴，有条件的地区可适当提高标准，所需资金按现行财政体制和属地管理原则，由市和县(市)区承担。

(5) 落实税费优惠政策

对养老服务机构提供的育养服务免征营业税；对符合条件的非营利性养老服务机构的收入，免征企业所得税；对企事业单位、社会团体和个人等社会力量，通过公益性社会团体或者县级以上人民政府及其部门，向福利性、非营利性的老年服务机构的公益性捐赠支出，按规定予以税前扣除；对福利性、非营利性的养老服务机构自用的房产、土地免征房产税和城镇土地使用税；对养老服务机构占用耕地免征耕地占用税；社会福利院、敬老院、养老院、老年公寓等养老服务机构，缴纳水利建设专项资金确有困难的，报经税务部门批准，可予以减免照顾。金融机构要支持老年社会福利事业发展，在符合市场原则的前提下，对养老服务机构及其建设项目积极提供融资便利，并提供优惠利率。对经论证前景好、规模大、市场急需的养老服务机构建设项目，财政部门要给予必要的贷款贴息。政府主办和特许经营的供水、供电、供气、通信、有线(数字)电视等经营单位，应为养老服务机构提供优质服务和优惠收费。其中，用水、用电、用气等价格与居民用户实行同价；免收养老服务机构电话、有线(数字)电视、宽带互联网一次性接入费，养老机构有线(数字)电视基本维护费标准按不高于当地居民用户主终端基本维护费标准的 50%收取。

虽然，当前慈溪市已经有一些相关的政策法规文件，但是，这些政策法规还没有形成一个完善的体系，许多内容都没有涉及，还有许多方面做得不够细致。因此，需要对相关政策法规进行完善，主要包括政策支持和财政政策。

2. 政策支持

(1) 加大土地政策支持力度

在编制土地利用总体规划和每年的计划时，应充分考虑到养老服务发展的需要，统筹安排养老服务设施和活动场所用地。对于民政部门已经批准兴建的养老服务机构、设施的用地应予以优先考虑。在有关法律法规允许的条件下，可以采用划拨方式供地的，要优先划拨供地；需要采用有偿方式供地的，适当减免土地出让金和土地使用税。土地行政主管部门应简化审批手续，优先为养老服务机构办理土地使用证。

(2) 加大税收政策优惠力度

在已有优惠政策的基础上，增加税收优惠幅度。对经审定合格并颁发经营许可证的养老服务机构，可以免征其养老服务项目的营业税；对经民政部门批准兴办的养老服务机构安置城镇下岗待业人员比例符合有关规定的，可以享受再就业工程有关税收优惠；对进口用于养老服务机构和设施建设的设备、专业医疗康复器材及其他专用品的，按照国家有关规定给予税收优惠。另外，为了加强社会各界对居家养老服务事业的关注，鼓励社会捐助，政府可以对捐助者给予税收方面的优惠，以便于拓宽资金的筹集渠道。

(3) 加大养老政策保障力度

扩大养老保障的覆盖面，将城镇灵活就业、个体工商户等人员纳入养老保障中来；改革企业养老保险制度，努力缩小机关事业单位的养老金与企业的差距，促进分配公平；根据慈溪市的实际情况，建立最低社会保障制度以保证高龄人员和低收入人员的基本生活；提高城乡统筹层次，进一步完善养老金制度，使养老保障政策惠及更多的老人。

(4) 加大医疗政策保障力度

进一步完善老年人医疗卫生政策，全力执行新医改方案，加快实现全民参保基本医疗保险的步伐，提高医疗保险的优惠标准；将符合条件的社区卫生服务机构纳入城镇职工基本医疗保险定点机构的范围，将其服务项目纳入基本医疗保险支出范围，有助于吸引更多的老年人在村(社区)就医，同时，对村(社区)医疗保健服务机构应实行收支两条线的经营模式，真正实现“老有所医”。

(5) 建立老年长期护理保险制度

由于人口老龄化速度的加快，家庭护理功能的弱化，许多自理能力较差的老人转而求助于专业的护理机构。然而，高昂的专业护理费用和医疗费用给老人带来了巨大的经济负担。因此，建立并推行老年长期护理保险政策已成为广大老年人及其家人的迫切要求。

3. 财政扶持

(1) 加大对养老服务机构的补贴

根据养老服务事业的发展规划，加大对新建成的养老服务机构及设施给予必要的补贴，以便帮助这些服务机构降低先期投入成本。在财政扶持下，服务机构应按照服务内容由易到难、服务顺序由急到缓、服务项目由少到多的原则逐步完善养老服务项目。另外，政府还可以从这些服务机构直接购买养老服务来为它们提供市场，为他们的健康发展创造有力条件。

(2) 加大对居家老人的补贴

对生活困难的居家老人给予直接的货币补贴，以便帮助他们摆脱现在的生活困境；对那些健康状况较差、有迫切的居家养老服务需求的生活困难老人和为社会做出过突出贡献的老人，通过发放“居家养老服务券”的方式进行经济补贴，使老人能够享受到由专业人员提供的服务，满足自己的需要，同时，还要不断拓展政府购买居家养老服务项目的种类以及扩大受益人群。

(3) 加大对服务人员的补贴

村(社区)财力非常有限，如果单独依靠村(社区)来承担培训费用会给村(社区)建设增加极大的负担，如果单独依靠服务机构来承担这部分费用会给其经营造成沉重的包袱，如果完全由服务人员来承担又会极大地挫伤他们的工作热情。因此，培训费用的承担应遵循由村(社区)、服务机构和服务人员来共同承担一部分、政府财政承担另一部分的原则，这样既可以为村(社区)、服务机构减轻压力，提高服务人员的工作热情，还可以避免加重政府的财政负担。另外，为了加快服务队伍专业化建设的步伐，服务人员在接受培训期间就可以享受政府的补贴，这样一方面可以鼓励服务人员接受专业的培训，提高自身素质；另一方面可以吸纳更多的高素质人才从事养老服务事业，增强服务队伍整体的工作积极性。

(4) 加大对养老服务信息化建立的投入

为了构建完整的养老服务体系，给老人提供更为方便快捷的居家养老服务，政府推动养老服务的信息化建设是非常必要的。由于老人个人数据库、社区与大学、医院等机构相联的网络、养老服务热线、老人紧急呼叫系统的建设具有较强的外部性，政府应对此给予财政支持以便更合理地分配居家养老服务资源，有效地降低服务成本，提高服务质量，满足老人的各种养老服务需求。

（四）进一步思考与总结

构建养老服务体系的目标是为老年人提供服务保障，在他们需要照护服务的时候能够通过各种途径得到相应的帮助，从而使他们能够过上安心，体面的晚年生活。本章节在现状深入分析的基础上，借鉴国内外先进的经验，构建符合慈溪市实情的养老服务模式，提出“社区＋机构”、“公建＋民营”、“社工＋义工”的总体服务体系。由于时间紧迫，一些内容还有待进一步深化。如在资源整合方面、义工志愿者方面、服务规范和标准化方面等等。

1. 资源整合方面

如何在对养老服务设施和养老服务供给信息进行统计的基础上，分析当前各种硬件资源在养老服务供给中是否进行了充分有效利用，包括各硬件资辞相关服务职能是否重设、是否可以删减，以及是否可以进行综合。通过对养老服务硬件资源的整合，提高资源的利用效率，使其能够发挥最大的养老服务效能。

2. 义工志愿者方面

如何充分挖掘养老服务的志愿者，加强养老服务的宣传和教育，使更多的学生和社会人士加入到养老服务中。如何挖掘老年人群自己的人力资源，使部分有能力照顾其他老年人的老年人能够参与养老服务的提供。如何提高养老服务人力资源的服务质量，把养老服务中的专业人员和非专业人员进行整合，使他们的服务能够相互配合。

3. 服务规范和标准化方面

如何科学、合理地制定出慈溪市老年人健康评估标准，老年人入住养老服务机构的标准，老年人服务设施建设的标准，政府对老年人个人补助补贴的标准，政府对服务机构政策优惠的标准，政府购买养老服务的标准，养老服务机构资质评定的标准，养老服务从业人员资格认证的标准，以及各项服务的质量标准，等等，这些问题还需进一步分析和研究。

总之，养老服务体系的构建并不是在短时间内就能够完成的，它需要长时间的实践探索，需要以政府为主导、以社区为依托、以家庭为基础、以机构为补充，需要社会各部门共同努力，相互协调，为老人创造一个幸福美满的生活环境。构建养老服务体系是我国社会主义和谐社会建设的需要，也是广大人民群众的需要，因此，我们还应在理论上进行更为全面、细致的研究。

第十三章

社会治理:关注基层治理模式创新

当下的中国正处于工业化和城市化推进速度最快、社会结构变迁最为剧烈的转型时期。现阶段社会问题、社会矛盾的凸显,社会管理模式创新压力的迅速放大,具有社会结构历史性转型的阶段性属性,是转型期社会阵痛的客观反映。社团组织的培育及社会治理格局创新的现实意义,应当放在转型期社会秩序的生成规律及现代治理模式的演进趋势中来认识。

第一节 “县域善治”视角下的社团组织发展

一、社会管理模式转型:从社会控制到社会治理

(一) 我国社会治理形态的演变

中国社会的大转型,有着同西方国家完全不同的社会历史背景。中国是一个超大规模的国家,如何实现资源匮乏的巨型社会的有效治理始终是困扰执政者的一个难题。

受治理技术的限制,古代中国在农耕社会的基础上锻造出了一个强大的行政帝国,形成了政治、经济、社会、文化高度整合的大一统治理模式。在文明发展处于领先水平的时代,中国传统的大一统治理模式始终没有遇到真正的挑战,反而在制度变迁的路径依赖效应的作用下,形成了与这一治理模式相匹配的一整套社会组织形式及思想观念体系。但是,一旦遭遇西方强势文明全方位的挑战,随着帝国秩序的崩溃,中国迎来的便是社会治理的“总体性危机”,是社会秩序的全面解体。所以,如何克服社会的“总体性危机”就成为近现代政治革命与国家建设的核心问题。“由于传统社会是在帝国体系下被整合为一个整体的,社会没有强大的力量和机制来推动自身的整体整合,所以,这个社会的组织与运行对国家权力的依赖是这个社会的内在属性。这种依赖决定了帝国体系解体之后的国家建构,首先要建构的是国家权力核心,并通过这个核心建构基本的秩序”。[①] 重建以国家权力为核心的治理结构的任务在新中国建立之后宣告基本完成。然而,恰恰是新政权以强有力的政治动员克服“总体性危机”及旧中国“一盘散沙”局面的成功经验,加之实施计划经济体制的需要,使我们有意

---

① 林尚立.有效政治与大国成长——对中国三十年政治发展的反思[J].公共行政评论,2008(1).

无意地重新建构起了一种高度集权的政治体制与垄断性的社会资源配置体制相匹配的全能主义政治体系和“总体性社会”结构。

(二) 管制型社会管理模式的演变与进化

1. 全能主义政治的出现

全能主义政治和“总体性社会”最大限度地满足了国家集中权力，整合社会资源以实现社会全盘改造的愿望。这种政治和社会结构建立起了一种绝对一元化的领导体制。“在改革开放前的中国社会和中国政治形态中，党、国家与社会的关系是：党领导国家，国家主导社会，党通过国家或自身组织主导社会。在这样的关系格局下，只要党加强控制，党就能迅速积聚权力，从而拥有绝对的权力”①。借助于自上而下的政治控制，以及对社会资源的垄断性配置，国家权力全面渗透到社会生活的各个方面，从而将社会全面网罗到国家政权的控制体系之中，形成了国家权力无限扩张，社会权力极度萎缩，乃至社会为国家所吞噬的局面。这种国家体制及治理模式的最大“优势”，是国家(执政党)具有无与伦比的自主性，一旦国家最高决策层对经济社会及政治形势作出了准确的判断，作出了正确的选择，国家通过其特殊的资源整合机制和社会动员机制，往往能够在短期内取得显著的治理成效。无论是汶川救灾还是举全国之力主办“无与伦比”的奥运会，都再次证明了这一体制的政治动员“优势”。但是，一旦决策中心作出的判断和决策存在重大失误，其产生的结果，正如“大跃进”和“文化大革命”的十年浩劫一样，必然是全局性、灾难性的。更重要的是，全能主义政治体制下的国家自主性，是建立在对社会组织和社会个体自主性的全面压制基础上的，其致命性的缺陷是造成了社会发展活力的严重窒息。

2. 管制型社会治理模式的形成

在全能主义政治和总体性社会的背景下，建国以后我国逐步建立起一种管制型社会管理模式。这种社会管理模式以政府为包揽社会事务的单一管理主体，以社会资源的国家垄断性配置为体制支撑，以行政化的单位组织为运作载体，以自上而下的行政控制为主要手段。实践证明，虽然这种社会管理模式的形成有一定的历史合理性，但从总体上讲，这种片面追求全社会“统一思想、统一意志、统一行动、统一步调”的整齐划一式的社会控制模式，已经很难适应市场经济、民主政治、多元文化和开放社会条件下社会管理的内在要求，不符合“以人为本”的发展导向，其本身也因为失去了原有体制的支撑而变得难以为继。从某种意义上讲，30 多年的体制改革本身就是对传统管控型社会管理模式的重大突破，同时，改革与发展所引发的社会结构和社会生活运行机制的深刻变化，也使这种管理模式暴露出了日益严重的体制失灵现象。

3. 管制型社会治理模式凸显出的治理失灵

首先，社会资源配置方式的重大变革，从根本上改变了国家与社会成员的关系，传统的社会管理模式因此丧失了最重要的体制支撑。从微观机制来讲，市场化改革及其带动的社会变革最深刻的意义，莫过于社会个体行为逻辑的重塑。一方面，当社会个体从没有任何意义上的自主选择权利，不得不完全依附于国家机器的“零件”，蜕变成为具有独立利益和自主

---

① 林尚立.当代中国政治形态研究[M].天津：天津人民出版社，2000：322.

意志的社会行为主体时,他们就不再是由国家任意动员、驱使的对象,国家同他们的关系就不再是单纯的命令服从关系,而是注入了越来越多的平等契约的关系属性,嵌入了丰富的理性博弈的内容。这就意味着国家再也无法将社会成员单纯地作为实现自己意志的工具,直接通过发号施令,驱动社会组织和社会个体去实现国家的意志。大量民告官事件和"钉子户"事件的出现,以及民众对自身合法权益的执着捍卫表明,法律意识、平等意识、民主意识日益增强的社会个体,将会以各种方式拒斥公权力的放纵,自上而下的强制行为将面临越来越大的社会阻力。另一方面,当社会个体拥有自己独立的经济利益,确立了不依附于单位组织和国家的生存根基之后,他们就会基于自己的利益诉求或对公共利益的关切,表现出参与公共事务管理的强烈愿望。以往那种国家借助于对社会资源的垄断性分配而直接控制社会成员的管理模式的有效性,由此受到了根本性的挑战。

其次,社会结构和社会组织形式的深刻变化,使单位组织承载的行政和政治功能逐步弱化,传统的以单位组织为基本载体的社会管理模式的运行机制逐渐失灵。单位是新中国各种社会组织普遍采取的一种特殊的组织形式,它集专业功能与政治控制及社会整合功能于一体,集政治统治与资源分配于一身,将所有社会成员特别是城市社会成员完全纳入了行政化的组织体系,使分散的社会个体成为唯国家意志是从的同质化的"单位人"①。在此,国家通过单位机构的设置、资源的配给,进而将单位纳入行政化的组织体系而实现了对所有单位组织的有效控制,进而又通过授权单位组织控制住了所有社会成员。单位组织不仅有专业功能,而且具有经济、政治、社会等多方面的功能。就此而言,所有单位组织都是社会管理的主体,既承担着管理单位成员的责任,也承担着参与国家发动的所有政治动员实践的义务。"单位组织作为一种统治的'组织化'形式或工具,是中国社会的统治制度、统治结构的产物。单位组织凭借其至高无上的命令权力和独一无二的控制与分配资源的权力,迫使个人服从或依附单位组织,使得个人依赖于单位组织,从而实现对社会的统治"②。改革开放以后,随着社会资源配置方式和社会组织形式的深刻变迁,传统单位体制的社会管理功能逐步趋于弱化。在农村,人民公社体制的解体使亿万农民获得了生产经营和社会流动的自主权,使他们摆脱了旧的社会组织体系的控制。在城市,随着住房自有化、就业市场化、社会保障社会化的深刻变革,体制内的单位组织对单位成员的控制能力大大弱化。与此同时,体制外的"新经济组织"和"新社会组织"的大量涌现,也使越来越多的社会成员逸出了单位体制的控制。事实上,规模不断扩大的新市民阶层,如进城农民工、个体工商户、第三产业从业人员、自由职业者,以及形形色色的"社会人",如失业下岗人员、未就业的大学毕业生和退役军人、新经济组织和新社会组织的从业人员等等,在某种程度上已经成为没有组织归属的原子式个体。这些都使传统的国家借助单位组织控制其成员的管理模式失去了原有的成效。

再次,随着社会结构的开放性和流动性日益增强,以及社会价值观念的多元化和信息传播的扁平化、立体化,传统的建立在严格限制社会流动和严密的意识形态控制基础上的封闭式社会管理模式变得难以为继。市场化进程中社会大流动的开放性格局,导致国家(政府)

① 路风.单位:一种特殊的社会组织形式[J].中国社会科学,1989(1).

② 李路路,李汉林.中国的单位组织:资源、权力与交换[M].杭州:浙江人民出版社,2000:50.

无法借助以往的城乡分割以及严格的户籍管理体制，对社会秩序进行静态的网格化管理。市场秩序的扩展，社会多层次、全方位的开放，必然带来各种社会资源与生产要素在越来越大的范围内的自由流动和合理配置，带来社会成员日益频繁的机械流动和有机流动。目前，我国流动人口的规模已经达到2.6亿之巨。这意味着有近六分之一的人已经在很大程度上逸出了现有的社会管理体制，成为没有组织归属的人群。这无疑对社会秩序的稳定性构成了极大的挑战。

有效的社会管理体制和管理模式总是与特定的经济、社会、政治及文化运行机制相匹配的。在改革开放已经经历了30多年的今天，不仅社会资源的配置方式、社会的利益结构和组织形式发生了翻天覆地的变化，而且社会问题和社会矛盾的产生根源、表现形式也发生了深刻变化，简单地沿用传统的社会管理模式已经无法有效地应对复杂社会局势的挑战。严格地讲，在今天的新形势下，只有创新社会管理，才能切实加强社会管理，才能有效提高社会管理的科学化水平。为此，在社会管理的指导思想上，必须坚决避免将加强社会管理简单地等同于强化社会管控，进而片面依赖行政干预和政治控制来维系社会稳定，以管、卡、压、罚的行政手段来管理社会成员的思想误区。必须着眼于实现社会的长治久安和建立健全社会和谐和长效机制，把加强社会管理的工作重心切实转向创新管理理念、管理格局、管理方式和管理体制，逐步探索和完善市场经济、民主政治、开放社会和多元文化条件下的有中国特色的社会主义社会管理体系。

4. 创新社会组织形式迫在眉睫

创新社会组织形式，建构形成新的社会整合机制，缓解社会解组进程伴生的社会失范现象，避免异质性社会的价值和利益冲突瓦解社会秩序，是现代社会管理的核心问题。建立健全市场经济条件下的社会整合机制，在很大意义上是一个社会的再组织化过程。社会再组织化不是要重建单位体制，把社会成员重新纳入行政化的组织体系，而是创新社会的组织形式，将原子式个体重新纳入具有现代公民社会属性的社会组织网络，充分发挥社会组织联结国家与公民的纽带作用及其作为社会管理主体的角色功能，在充分保障公民自由权利的同时实现社会的有效整合。一方面，社会组织的发育，不仅可以为社会成员提供新的共同体归属，满足个体作为社会成员的社会性需求，而且可以通过利益表达、利益协商的组织化，更有效地维护社会成员的正当权利，抵御资本力量和行政权力对个体权利的侵害。另一方面，社会组织也为国家协调社会各方的利益提供了有效的组织载体，国家因此得以借助社会组织来凝聚和过滤社会各群体的利益诉求，避免群体性事件作为“弱者的武器”被普遍地使用。

创新社会整合机制和社会治理格局的关键，是各级政府要摆脱“包打天下”的惯性思维，树立依靠社会力量解决社会问题的理念，在有效发挥政府主导作用的同时，充分发挥社会多元主体的自律自治、协同合作作用，形成各种社会力量共同推动社会和谐发展的合力。在此，一个重大的现实课题，就是大力扶持和发展服务性、公益性的社会组织，支持它们在社会管理中发挥重要的主体作用。社会组织以非营利性、民间性、公益性、自愿性为特征，在社会管理和社会服务方面具有政府不可替代的独特优势。在社会利益结构和公共服务需求结构多元化的社会背景下，群体性或专业性的民间组织能够比较客观地反映不同群体的利益要求；能够在社会矛盾尚未转化为政治矛盾的前提下，通过利益的表达和协调来化解组织成员之间以及不同组织之间的利益矛盾；能够根据公共服务的多样化需求，提供差异性的公共服务，满足特殊群体的服务需求。

出于创新社会管理格局考虑，近些年来，中央已经一再强调要扶植、培育各种类型的社会组织。十六届三中全会着眼于完善社会主义市场经济体制，提出要“按照市场化的原则，规范和发展行业协会、商会等自律组织”。十六届四中全会立足加强党的执政能力建设，要求“发挥社团、行业组织和社会中介组织提供服务、反映诉求、规范行为的作用，形成社会管理和社会服务的合力”。十七大更是提出要“发挥社会组织在扩大群众参与、反映群众诉求方面的积极作用，增强社会自治功能”。可以说，目前社会组织发展的政治合法性问题已经解决，各级党委政府应当进一步转变思想观念，摒弃将社会组织视为异己力量，戒备防范心理过重的思维定势，树立主动引导、合理规范的积极态度，按照有序敞开“大门”，规范准入“门槛”的原则，深化社会组织管理体制的改革，逐步改变社会组织登记注册限制过多、双重管理体制控制过严等问题，积极扶持民间组织的健康成长，进而通过建立健全财税调节机制和合理授权机制，引导民间组织在法律框架内配合政府提供更多的社会服务，参与社会事务的管理。

二、“县域善治”与社团组织的成长

(一) 创新县域治理结构至关重要

创新县域治理结构，健全政府与社会组织和公民合作治理的机制，无论对于促进经济社会的协调发展，还是创新社会管理格局，实现社会长治久安都具有至关重要的意义。自秦朝正式确定郡县制以来，县制的治理模式已延续 2 000 多年，县级政府已成为中国最为稳定的行政单位和政治实体，其治域始终相对稳定，形成了同山川地理、文化习俗相对应的治理格局。中国历代行政区划建制变更很大，但基本都能保持社会稳定，其中一个很重要的原因就是因为“县”作为基层政区能够始终保持相对稳定①。在当代中国，县域涵盖城镇与乡村，现代工业经济与传统农业经济、现代都市文明与传统乡村文明，是承上启下、沟通条块的枢纽。县域的治理水平直接决定着国家的治理水平，如何创新县域治理模式，在传播现代文明，让城乡居民共同分享现代文明成果的同时，切实维护地方公共秩序的稳定，直接关系到整个国家的长治久安。

(二) 县域治理的特殊性

1. 县级政府承担重要的行政管理任务

在我国的行政管理体系中，县级政府拥有相对完整的职能、权限和组织机构，组织功能集管理、服务、协调、监督于一体，同时，又具有较大的行为自主性。可以说，县级政府既是党和国家方针、政策的执行机关，又是一个特定区域的政治、经济、文化和社会事务的领导机关，具有较强的自主性，在促进区域经济发展和保持社会秩序的和谐稳定方面，发挥着特殊的作用。与此同时，县级政府还是“条”“块”资源整合者和矛盾协调者的角色，既具有“块”的

---

① 刘君德，靳润成，周克瑜．中国政区地理[M]．北京：科学出版社，1999：184.

相对独立性，又是“条条”事务的最终落实者、“条条”资源的最终配置者。垂直管理的各个专业化的职能部门都必须依赖县级政府去落实其行政目标，同时，也将它们所掌握的资源下达到县级政府来配置。条块体制的行政环境既给县级政府的职能履行提出了极大的挑战，使县级政府处在条块体制内在矛盾的焦点上，同时，它也给县级政府实现其相对独立的行政目标提供了极大的自主性空间。因此，就地方和基层政府在公共事务治理面临的挑战的直接性、复杂性、尖锐性而言，县域治理模式的创新乃是整个国家治理模式创新的重要突破口。

问题恰恰在于，县级政府所承担繁重的政策执行职责，调节国家与社会关系的巨大压力，使得县域在公共事务治理上过度依赖政府这一单一治理主体，依赖政府的行政手段的现象，表现得比更高层级的政府更为突出。一方面，县域内县(市)级政府和乡镇(街道)政府作为国家政策的具体执行者、公共事务治理的具体实施者的角色，决定了它们不得不通过大量使用行政手段来保证政策执行和公共事务治理的当下绩效；另一方面，相比于更高层级的政府，以及城区政府、县域政府更缺乏体制外的公共事务治理资源，缺乏相对成熟的能够参与到地方公共事务治理过程中来的多元主体。因此，县域治理模式创新面临更加迫切的培育社会多元治理主体的任务。

2. 国家治理模式的深刻变革从县域治理开始

当代中国正处于国家治理模式的深刻变革之中，这种变革的主题是适应市场经济、民主政治、多元文化、开放社会的发展趋势，在推进市场经济发展、法治国家建设和公民社会成长良性互动的过程中，不断健全政府与社会组织和公民的合作治理机制，实现最大限度地激发社会发展活力、最大限度地保障公民的权利和自由，与保持社会秩序的动态稳定的有机统一。这必然是一个走向“善治”的过程。“善治”的本质特征，是政府与公民对公共生活的合作管理，是政治国家与公民社会的一种新型关系，是两者结合的最佳状态①。善治是国家权力向社会回归，还政于民的过程，一个统治成分日益减少，治理的成分日益增多的过程。

传统的治理模式或者说统治的基本特征，是单一的权力主体(通常以政府为代表)在一个特定的边界范围(通常是国家的疆域范围)中，通过制定政策和实施政策，借助自上而下的权力运作，实行对社会公共事务的单一向度的管理。由此带来的必然结果，是社会成员主体性地位的压制和社会治理资源的浪费。而善治视域下的现代“治理”(governance)是一个有别于“统治”(government)的概念。从治理的行为主体角度来看，多中心治理将打破传统的以政府或公共机构为唯一权威主体的模式，参与公共事务治理的既可以是公共机构，也可以是私人机构，或公共机构和私人机构的合作。“各国政府并不完全垄断一切合法的权力，政府而外，社会上还有一些其他机构和单位负责维持秩序，参加经济和社会调节”②。确切地说，“治理是政治国家与公民社会的合作、政府与非政府的合作、公共机构与私人机构的合作、强制与自愿的合作”③。多元的治理主体通过相互沟通、相互合作，共同形成一种多中心、互动式、开放型的治理结构。

---

① 俞可平. 中国公民社会研究的若干问题[M]. 中共中央党校学报，2007(6).

② [法]皮埃尔·德·塞纳克伦斯. 治理与国际调节机制的危机[J]. 俞可平. 治理与善治. 北京：社会科学文献出版社，2000：241.

③ 俞可平. 全球治理引论[J]. 马克思主义与现实，2002(1).

从权力运作向度和方式来看，治理将改变传统的单向度的自上而下的权力运作模式，建立起一种上下互动、权力双向运行的管理机制，通过合作、协商、伙伴关系等方式实施对公共事务的有效管理。“治理的概念是，它所要创造的结构或秩序不能由外部强加；它发挥作用，是要依靠多种进行统治的以及互相发生影响的行为者的互动”①。权力运作方式的这种改革，意味着等级政治向复合政治的转变。参与治理的行为主体在此不再形成一种等级隶属关系，而是结成一种平等的合作关系或伙伴关系，它们通过多元互动，找到共同的利益和目标。

从权威的来源来看，治理过程的公共权威建立在参与者的共识、共同利益和共同目标确认上，而不是源自法规或政府的行政命令。因此，治理在很大意义上是一种自愿性的合作过程。“更明确地说，治理是只有被多数人接受（或者至少被它所影响的那些最有权势的人接受）才会生效的规则体系；然而，政府的政策即使受到普遍的反对，仍然能够付诸实施……因此，没有政府的治理是可能的，即我们可以设想这样一种规章机制：尽管它们未被赋予正式的权力，但在其活动领域内也能够有效地发挥功能”②。

在中国现有的体制框架内，“县域善治”建设的现实路径必然是通过健全公民参与地方公共事务治理的渠道，完善政府与社会组织的合作机制，使政府能够从更多的管理领域退出来，让民间组织和公民自己去管理，在最大限度地扩大社会的自主治理的基础上，建立政府与社会组织和公民的合作治理格局。而无论是社会的自主治理还是政府与社会组织的合作治理，先决条件都是县域多样化的社团组织的迅速成长，形成政府职能转变与社团组织参与公共事务治理，以及赋权社团组织与社团组织承接和担当社会治理责任的良性互动。

慈溪市是我国经济最发达的县级市之一。富有活力的民营经济、不断扩大的流动人口规模、快速积累的民间财富，以及迅速崛起的城市生活空间，即使地方传统的治理模式长期面临严峻挑战，也给县域治理模式创新积累了丰富的资源。“先成长先烦恼”的现实压力已促使慈溪市在地方治理模式创新方面进行了大量探索，取得了丰富的实践经验，为研究中国县域治理模式创新提供了一个极具典型意义的样本。从总体上讲，慈溪市的社团组织近年来进入了快速发展期，并在地方经济社会发展过程中显示出了越来越重要的作用，但相对快速发展的地方经济，特别是区域经济面临的紧迫的转型升级压力和慈溪市确定的建设现代化的中等城市的发展目标，社团组织的发展及其自主治理能力的提升依然是滞后的，亟待健全和完善相关的政策扶持体系，以缓解社团组织发展过程中普遍遇到的体制、渠道、资金、人才等瓶颈制约。

三、慈溪市社团组织公共事务治理功能的发挥

慈溪市社团组织的快速发展及其对公共事务治理的广泛参与，已经给地方经济社会发展带来了一系列重要而积极的影响，并显示出了社团组织在参与经济管理、公共服务提供及社会管理创新方面的巨大潜能。

---

① ［美］格里·斯托克.作为理论的治理：五个论点［J］.国际社会科学杂志（中文版），1999(1).

② ［美］罗西瑙.没有政府的治理［M］.南昌：江西人民出版社，2001:5.

(一) 社团组织的发展有力地促进了政府职能的转变和管理方式的优化

加快政府职能转变,促进传统经济建设型政府向公共服务政府的转型,是现阶段中国行政体制改革的根本任务。政府职能转变与社团组织的发育及其自主管理水平的提升是互相制约、互为因果、互相促进的。没有发达的民间社团组织,政府就无法将大量微观经济和社会管理事务转移出来,就无法改变单一治理主体的格局。从某种意义上说,目前县域公共事务治理中,大部分地方政府还没有从一个两难困境中摆脱出来:一方面,受思想观念及资源的限制,县域社团组织发展严重滞后,即使政府有强烈转变角色职能的愿望,也缺乏合格的社会主体来承接政府转移的职能,使得政府最终仍然不得不承担起各种琐碎的社会事务管理职责,无法打破政府包揽公共事务,以及对微观经济过程介入过深的局面;另一方面,政府对经济社会管理事务的包揽,恰恰又挤压了社团组织的发展空间和用武之地,使得社团组织即使组织起来也缺乏提升管理能力的锻炼机会。慈溪的实践证明,打破这一两难困境的根本突破口,只能是地方政府创新管理理念,立足地方经济建设和社会管理的现实需要,积极主动地致力于社团组织的培育,循序渐进地引导社团组织参与公共事务的管理,并在这一参与过程中不断提升社团组织自主管理及参与公共事务管理的能力,进而形成政府职能转变与社团组织成长的良性循环。

慈溪市社团组织的培育,政府主导的色彩相当浓厚,社团组织的成长既反映了相关社会主体的愿望,也体现了政府创新管理方式的期望。在政府的积极引导下,同地方经济联系密切的行业协会,成为发展最为成熟、运作最为规范的社团组织。借助于与职能部门的密切联系,积极开展会员企业与政府部门的经济性对话,行业协会很好地发挥了政府与企业之间的桥梁作用,不仅有效地承接了政府转移出来的大量管理和服务职能,而且充分地发挥出了自身与企业联系密切的优势,为会员企业提供了许多政府无法提供的个性化服务。

1. 通过加强行业自律,维护会员权益

慈溪的诸多行业协会间接发挥了政府对企业的管理功能。协调行业内部的企业关系,规范同业竞争,协调行业的各种外部关系,是促进企业及整个行业发展的重要保障,但此类事务往往恰恰是政府很难管,也管不好的事情。从实际情况来看,慈溪的许多行业协会已经相当成功地承接了政府原先承担诸如规范行业发展秩序,制订行业质量标准等方面职能。据统计,2010 年全市有 22 家企业参与了 28 个项目的国家标准和行业标准制定或修订,充分显示了慈溪团队在标准制定上的实力。

由慈溪市饮水机骨干企业发起成立的浙江省饮水机行业协会,以服务、协调、代表、自律为协会宗旨,积极引导会员企业就行业自律达成共识,主动遵守行业道德和行业规范,按照行业制订的最低限价进行公平竞争,并形成相互监督机制,有效地规范了行业发展的秩序,对于促进慈溪市饮水机行业的发展起到了重要作用。经过多年发展,慈溪市饮水机的年产量已由协会成立初的 10 余万台发展到目前的 2 000 余万台,产品远销美、欧等国,涌现出了“奇迪”“浪木”等浙江省名牌,沁园、奇迪、浪木、华裕、蓝宝等饮水机在全国大型商场销售排名进入前十名。

几年前,慈溪市的装饰装修行业无序竞争现象相当突出,消费者投诉呈不断上升态势。2008 年 5 月,慈溪市家居家装行业协会制定了《装饰装修行业信用管理办法》,引入了企业信用评级机制,评级结果在《慈溪日报》上公布,对强化企业的自律意识产生了积极的影响。2008年共有67家企业参与评级活动,2009年和2010年参评企业均超100家,三年累计参评企业290家,评出了信用等级最高的3A级企业24家(次)。

2. 发挥信息和资源优势,替代政府发挥服务企业的功能

企业在发展过程中难免会经常遇到单个企业想办而又难以办成的事情,因而在区域经济竞争中许多地方政府都把为企业服务,为企业排忧解难作为推动地方经济发展的重要途径。但这些服务的提供,政府部门由于受信息等方面的限制,并没有太多的优势,反而是行业协会更有用武之地。通过为会员之间的沟通和交流提供平台,举办或组织会员参加各种贸易活动,组织开展本行业的技术培训,为企业提供各类信息服务等,慈溪的许多行业协会为企业提供了比政府部门更有实效的服务。

为提高整个行业的发展水平,慈溪的行业协会普遍加强了行业内部的培训。慈溪建筑行业协会2010年组织的三类人员、企业经营管理人员、土建市政五大员的岗位培训及继续教育、资格考试,参训人员就达3 533人。建筑行业协会还协助建设局在建筑工地建立民工学校,加强一线员工培训,共有38家企业成立了民工学校总校,在中心城区、杭州湾经济开发区、慈东工业园区建设工地建立民工学校140个,14 208位民工接受了各类培训。

行业协会通过与高校和科研单位的对接,帮助企业架起了与科研创新单位联系的桥梁。成立于2008年8月的慈溪市物流行业协会拥有会员单位70余家,占全市物流企业总数的35%。近年来物流协会大力实施"化、台、桥"三大工程,全面推进物流的标准化、信息化和普及化,大力构建物流发展的智力平台,努力争取物流行业的政策支持,成为企业与政府之间的桥梁。为推动物流行业与高校之间的"产学研"全面合作,物流行业协会主动与浙江科技学院合作,在慈溪设立物流专业学生实习基地,一方面为学生提供实习场所,另一方面也对该校物流专业的学生进行对口招聘。几家会员单位还与浙江科技学院签订了"物流企业与高校产学研合作对接"协议。

作为民营经济率先崛起之地,慈溪是全国家族制企业最集中、最发达的地区之一。慈溪市工商联对全市1 807家企业的调查发现,90%以上的二代企业家年龄在20至40岁,未来5至10年将是慈溪民企代际传承的高峰期。为了激发第二代企业家的创业热情,提升其创业能力,慈溪市提出了"创二代"的理念,明确以"创业创新创未来"为"创二代"定位。2010年4个镇成立了"创二代"联谊会,2011年6月全市"创二代"联谊会正式成立。联谊会由企业创新创未来的年轻企业家组成,成员包括传承家业的年轻工商经营者、年轻的在慈自主创业人员、高层次专业人员、在外慈籍专业人士。联谊会以帮助、引导会员增进联系合作、提升自身素质、拓展创业平台,争做有理想、有抱负、有责任的创二代为宗旨,创造性地开展全社会合力培育"创二代"的探索,在全国产生了很大影响。

3. 参与行业发展规划制订,为政府决策当好参谋

随着现代社会专业化分工的日益细密化,政府在制订行业发展规划和扶持政策时经常会受到知识和信息的局限。在这方面,行业协会已经显示出了越来越强的独特优势。通过积极组织会员企业参展,实施品牌推进战略,慈溪的相关行业协会在推动慈溪跨入品牌大市行列上发挥了重要的作用。经过宁波打火机协会的不懈努力,慈溪获得"中国打火机之都"

称号；成立于2008年11月的毛绒协会也为慈溪获得全国唯一“中国毛线名城”称号，确立行业在全国领军地位立下了汗马功劳。目前，慈溪已拥有10个中国名牌产品、82件中国驰名商标，国字号品牌拥有量名列全省各县(市区)第一。2010年底全市累计获得国家专利1.2万件，成为浙江省首个专利总量突破万件的县(市区)。

在行业发展的战略规划上，行业协会已经成为政府决策的重要参谋，行业协会提出的有关行业发展的政策性建议，普遍受到政府的重视。如建筑协会针对工程建设招投标过程中存在的问题进行专题调研，并根据会员企业普遍反映的问题提出了规范建设工程招标的对策建议。2010年初，市里准备出台关于加快建筑业转型升级的若干意见，建筑协会不仅邀请专家举办建筑业发展讲座，而且通过调研提出了加大建筑业发展扶持力度的政策建议，均得到了市政府和有关部门的采纳。行业协会参与行业发展的重大决策，既减轻了政府部门的工作压力，促进了“大政府小社会”向“小政府大社会”的转型，又通过及时反映会员企业的利益诉求，争取政府对行业发展支持而优化了企业发展的政策环境，促进了企业做强做大。

慈溪是“中国家电出口共建基地”、“中国家电采购基地”、“中国家电基地”。经过20多年的发展，慈溪市现已有家电整机生产企业2 000余家、配套企业超万家，产品涉及饮水机、取暖器、电风扇、洗衣机、油烟机等20余个系列。全市家电产值已达700多亿元，占宁波市家电总产值的60%—70%，整机出口超过20亿美元，是全国三大家电生产基地之一。目前，慈溪市家电产业正进一步加强集聚发展和转型升级，朝着“中国家电之都”的战略目标奋进。面对这样的新形势，在市委、市政府的高度重视下，慈溪于2010年1月8日组建了市家电企业联合会，将之前的一些纯民间的饮水机协会、冰洗协会等都整合在一起，成为一个拥有174家会员企业的大行业协会。协会以“精简效能、服务会员、和衷共济、同谋发展”为宗旨，为成员单位搭建经验交流、资源整合、信息共享的沟通平台，在法律许可的范围内，组织开展专业培训、技术咨询、信息交流及产品推广活动，参与有关发展、改革及与行业利益相关的决策论证，代表企业进行反倾销、反垄断、反补贴等调查，组织起草和贯彻行规行约、质量规范、服务标准、产品标准及相关产品质量交流等，为全市家电企业提供与生产经营有关的业务指导、标准制定、专业管理、国际交流、人才培训等管理服务。协会在企业和政府部门都有通讯员，通讯员定期召开会议，促进企业和政府的沟通。家电企业联合会这种角色定位，其所发挥在政府主管部门与企业之间搭建沟通、对话、协商的合作平台的特殊功能，正是成长中的慈溪行业协会角色功能的一个缩影。

(二) 社团组织的成长有力地促进了慈溪农村各项事业的发展

1. 农村专业经济协会为农业发展添动力

农业经营的组织化和规模化，是实现农业产业化、品牌化发展的必由之路，也是分散的个体经营者规避市场风险，提高经营效益的有效途径。慈溪市一直十分重视农村专业经济协会的培育与发展，早在2004年就出台了《关于进一步加强农村专业经济协会培育发展和登记管理的实施意见》，针对农村专业经济协会发展初期规模小、实力弱、没有合法身份等问题，放宽了登记条件，降低了准入门槛，简化了登记程序，促进了全市农村专业经济协会稳步发展。目前，慈溪市农村共组建了种植养殖专业合作社和行业协会等农村合作组织220余个，其中经民政部门登记或备案的农村专业经济协会就有30多家，涉及种植、养殖、流通、技术信息服务等多种行业,共覆盖基地面积16万亩,联系农户12万余户。这些合作社有效地解决了传统的村级集体经济组织“统不了”、政府经济技术部门“包不了”、单家独户“办不了”的事情,促进了农业和农村经济结构调整,推进了农业产业化经营,提高了农产品的竞争力,也促进了农民的持续增收。

周巷镇三江口村的慈溪市宝绿蔬菜合作社自成立以来,围绕解决农民蔬菜产销问题,着力打造销售品牌、拓展营销网络。自主品牌“草超绿”经过通过合作社统一包装、统一品牌,提高了产品的知名度,并打进了三江、大润发等大型超市。

杨梅是慈溪的传统特产水果,现有栽培面积7.3万亩。成立于2003年5月的杨梅产销协会通过加强技术推广、专业培训、衔接产销,组织杨梅评比活动,加强包装改进,有效地提高了梅评的品质,提高了慈溪杨梅销售的品牌效应,烛湖牌荸荠种杨梅获浙江十大精品称号。2008年协会收购精品杨梅1 200吨,销售额4 000万,分别占全市杨梅产量和销售额的5%、22.2%。协会也因此连续三年评为十佳专业合作组织,2007年被评为宁波市级林业行业(专业)协会,2008年被评为宁波市农业示范性合作组织。

2. 全国率先推进村级商会建设

在培育与农村经济相关的社团组织方面,慈溪市还有一个重要创新,那就是在全国率先推进村级商会建设。慈溪作为一个民营经济大市,中小企业“面广量大”,全市个体工商户和私营企业达5.7万家(户),大多以块状经济形态分布在镇村,呈现“一村一品,一村一业”的特点。尽管全市的镇、街道商会实现了全覆盖,但市工商联(总商会)会员企业大多是规模以上企业,会员数在3 700家左右,其会员企业的数量与非公经济的总量极不相称。为此,工商联(总商会)积极推动在企业相对集中的行政村组建商会,以延伸工商联触角,更好地服务中小企业。目前,慈溪市胜山大湾村、新浦上舍村等18个村组建了村级商会,吸纳了820家中小非公企业加入商会组织,村级商会已成为服务中小企业一个新型平台。胜山镇大湾村集中了60多家服装加工企业,虽然早就形成了一定规模的块状特色经济,但是产业层次较低、环保节能等压力较大。受原材料价格波动剧烈,用工矛盾突出等影响,企业发展遇到严峻挑战。2009年6月该村商会成立,形成了提升产业、抱团取暖、共同应对危机的共识,商会坚持每月15日上午为会长接待日,了解会员企业所需,协助企业解决难题,共同处理解决重大问题。村商会还组织会员企业资金联户担保,累计获得贷款5 000余万元。此外,慈溪的村级商会在矛盾纠纷调处方面也发挥着积极的作用,许多商会有专门的调解人员,帮助党委政府协调企业与企业、企业与员工之间的矛盾。有的商会还开通了短信服务平台,遇到重要事宜,一条短信就可以得到所有会员的积极响应。与此同时,村级商会还积极参与农村公益事业的发展。上蔡村商会2010年就筹集资金100余万元,帮助村里筑桥修路。

3. 创新服务形式,提供公益服务

慈溪市的其他民间社团组织也结合自身特点,创新服务形式,为新农村建设提供了诸多政府无法替代的公益服务。如慈溪青年农业促进会实施“青年农民创业扶持计划”,推出10个示范扶持项目,帮助青年农民创业;慈溪市文学艺术联合会、慈溪市摄影家协会配合新农村建设宣传活动和文化体育服务新农村活动,举办了“走进新农村”摄影比赛;慈溪协和医院为19家农村专业经济协会的农业农村带头人免费体检,并建立健康档案,还主动与市社会福利院、街道敬老院结对,提供免费医疗服务;慈溪市民营企业协会开展“真情送服务、建设新农村”为主题的系列活动,开展帮助困难群众,阳光助学等活动。

(三) 社团组织的成长有力地弥补了政府公共服务的不足

慈溪市社团组织参与各项社会事业发展,已经成为社会建设的一支重要的生力军。目前,慈溪市的民办非企业单位,以及众多社区社团组织参与的社会事业,已广泛涉及教育培训、卫生医疗、文化艺术、体育娱乐、法律服务、公益服务、社会慈善、志愿者服务、环境保护等诸多领域,其中成效较大的有以下几个方面:

1. 养老服务

慈溪已经进入老龄化阶段,全市 103 万户籍人口,老年人达 18.73 万,占总人口的 18.09%。据该市退离休教育工作者协会的调查,城区青少年宫社区、浒西社区老年人占社区总人口的 32%和 30%,独居和空巢人数分别达到 204、155 人。面对日益繁重的养老服务的压力,慈溪市政府近年来一方面积极培育养老服务市场主体,动员有实力的企业兴建老年城等养老服务机构,鼓励和引导全市 500 余家企业参与为老年人发放养老费、开展爱心免费服务、低偿优惠服务等;另一方面以政府救助、社会帮扶的方式,建立起覆盖城乡的弱势群体帮扶信息平台和各级“爱心超市”,实现五保集中供养率 98%,低保应保尽保,大力开展困难老人助医、助房、助养,临时困难人群“送温暖”等。在此基础上,广泛建立村(社区)居家养老服务站,招聘村级养老生活护理员上门生活起居照料、卫生保洁。各地还整合养老机构、老年食堂、老年活动室、社区卫生站、水电服务站等,开展日托、餐饮、文化娱乐、健康体检、水电维修等养老服务。到 2010 年年底,全市 121 个行政村、45 个社区、1 个居委会先后建立养老服务站,通过扶持养老服务设施、设立公益岗位、建立评估奖励制度等,累计财政补助 1300 多万元。全市组建起了 600 余名的专职服务员队伍和 1 300 多名的志愿者队伍及 300 多支银龄互助组织,推出了老年餐饮、生活照料、家政服务、医疗保健、文化娱乐、精神慰藉等服务项目,使 2 759 名困难老年人得到有效照料,1 514 户高龄空巢家庭得到帮扶服务,城乡近六万名老年人感受生活便利。2011 年该市又在城区试点建立养老呼叫服务系统,并为首期 200 户高龄空巢家庭免费安装“81890”服务话机,提供应急救助和日常服务。

在建设养老服务体系方面,社区的社团组织也发挥了重要的作用。浒山街道浒西社区有 1 000 名老年人,其中 80 岁以上的老年人就达 130 人。该社区的老年人协会成立老年互助会,设立助老济困救助服务站,以老助老,让健康老人组成志愿者服务队。互助会申报了宁波福彩公益基金资助项目,获得 2 万元资助作为启动资金。同时,积极争取社区共建资源和社会捐赠,确定了十大服务项目,平时结对提供家政服务和精神慰藉,重大节日上门走访,给社区老人提供了许多温暖的个性化服务。

2. 教育培训

慈溪 566 家民办非企业单位中,从事教育培训的机构占了八成以上,它们已经成为慈溪教育事业发展的重要组成部分。其中 230 多家幼儿园承担了全市 95%以上儿童的学前教育,23 所流动人口子女学校承担着 1.9 万余名流动人口子女的义务教育,25 家职业教育培训机构承担了慈溪城乡劳动力职业技能培训任务,通过开展计算机、经营管理、劳动技能等多方面培训,每年为社会输送了大量急需的实用人才。

3. 志愿者服务

志愿者服务作为现代文明社会不可缺少的公益服务,具有志愿性、无偿性、公益性、组织性四大特征,是最能体现人际友爱、奉献精神和人性尊严的服务形式。我国开展这一服务严格地讲还是近几年的事情,且大部分集中于大城市。作为一个县级市,慈溪市的志愿者服务,应当说远远走在了各地的前面。2011 年 2 月 23 日慈溪市委办公室和市政府办公室制订了《关于扎实推进志愿服务事业发展的意见》,市级专门成立了志愿服务工作委员会,全面负责志愿者服务工作的规划、部署、指导、协调,办公室设在团市委,镇、村(社区)积极响应,也普遍加强了志愿者服务的组织网络建设。这方面,浒山街道环保志愿者联合会是一个很好的典型。

自全市开展"人人守望、呵护绿色家园"环保专项行动以来。浒山街道 2007 年成立了环保绿色志愿者行动指导小组,着手组建浒山街道环保志愿者联合会。2008 年市委办市府办颁布《关于开展群众性环保自治组织建设的指导意见》(慈党办〔2008〕4 号)之后,浒山街道在原先自发组织的志愿者队的基础上扩大队伍,组建了 16 个社区环保志愿者协会,2009 年实现了辖区 26 个社区的全覆盖。协会由社区干部、党员代表、人大代表、政协委员、村居代表、妇女代表、团员代表、教师代表、暂住人口代表等组成,由党支部书记任会长,会员一般为 30—60 人。到 2010 年底,浒山各社区(村)环保志愿者协会筹集基金超过 89 万,发动 22 000 余人开展志愿者活动 5 900 次,累计发展团体会员 16 个,成立小区环保志愿者分会 8 个,全街道环保自治组织会员发展到 1 242 人。在浒山街道,志愿者已经成为社区环保宣传的主要力量,他们利用世界水日、世界清洁地球日、世界环境日、植树节等具有特殊意义的日子,广泛开展环保宣传,使现代生态环保理念在社区深入人心。志愿者还积极组织和实施各种生态建设项目,因地制宜地实施环保宣传一条街、环保主题公园、节能减排示范小区、民间建筑节能示范点等生态建设项目 52 个。通过加强日常监督,志愿者成为街道环保的特殊巡逻兵,有效弥补了职能部门监管不到位的局限。

(四) 社团组织的发展加快了基层社会管理格局的创新

社会多元主体在政府的引导下形成合作治理的格局,既是创新社会管理,形成开放、多元社会的动态和谐和秩序的迫切任务,也是实现县域善政的必由之路。慈溪社团组织的快速发展,及其对地方和社区公共事务治理的广泛参与,预示着传统的政府包揽社会管理的局面在慈溪已经有了很大的改变,一种政府领导下的社会多元主体协同治理的雏形已经形成。

1. 加强行业自律

各种类型的社团组织都直接或间接将维护社会和谐和秩序作为自己的宗旨之一,其加强行业或群体的自律,提升成员的社会责任感和团体内部的自我管理水平的努力,客观上使各个社团组织事实上已经成为地方或社区社会管理的重要主体。在农村人民公社体制解体,城市单位体制社会管理功能式微,绝大部分社会成员已经从单位人演变为社会人的背景下,按照公民社会建设的远景,实现社会的再组织化,是中国社会管理体制创新面临的重大现实课题。加强各种类型的社团组织建设,有利于摆脱社会成员原子式的生存境地,形成社会各群体的组织化、制度化的利益表达机制,以及各群体之间的利益协商机制。从慈溪的实践来看,各种社团组织通过行业从业人员的职业技能、职业道德及社会责任感的培训,健全行业及利益群体内部的自律机制，推进社会信用体系建设，以及组织成员参与公共服务和公益活动，等等，已经在相当大程度上把游离于体制和组织之外的社会成员重新纳入了一种新的社会组织网络之中，有效地发挥出了其作为社会管理主体的重要功能。

2. 缓解社会冲突

各种类型的社团组织所发挥的利益表达、利益整合和利益协商功能，有效地缓解了社会利益冲突，促进了社会的和谐稳定。众所周知，劳动者的合法权益得不到有效保证，劳资冲突缺乏有效的调节机制，是许多经济发达地区共同存在的社会不稳定因素。从慈溪的实践来看，行业协会完全可以从中发挥政府无法替代的重要作用。近年来，慈溪建筑行业协会在保障民工合法权益方面采取了很多积极有效的措施，协会制定了《建筑业农民工劳动合同》文本、《慈溪市建筑行业争议处理规则》，举办了多期《劳动合同法》法规学习班，规范了会员企业民工考勤卡制度，推广了民工学校的建设以及"维权告示"等活动，并对拖欠民工工资、劳资纠纷比较严重的会员企业或个别项目经理、班组长进行通报批评并依法进行惩处，事实上在很大程度上分担了原先政府部门的工作。由于协会具有的介入政府和企业之间的第三方身份，能够综合考虑政府、企业和民工三方权益，其相关的利益协调行为比政府行为更容易为企业和民民所接受，协会也因此成为调整利益纠纷、化解社会矛盾的润滑剂和缓冲器。正是基于协会所显示出来的调节利益关系的特殊功能，2008年初，慈溪市建设局将全市民工建筑信访工作委托给建筑业协会来承担，建筑业协会在建设局的支持下建立民工信访工作室，落实专职工作人员，设立工作程序。大量比较简单的、涉案金额不大的民工欠薪投诉及相关的其他劳资纠纷，民工信访室通过及时与企业沟通，当场或短时间就能解决；比较复杂的民工投诉案件，协会则在调查研究后提出处理意见或方案，如果协会无力执行，则提请市建设、信访和劳动保障等市级职能部门协同解决；对重大劳资纠纷尤其是包工头或承建商欠薪逃跑的事件，协会信访室通过调查确认以后即时报告市政府，同时提请启动劳动仲裁或司法干预程序解决问题。除了接待民工信访，民工信访室同时接待会员单位的信访，维护会员企业的正当权益，调节会员单位之间的矛盾，从而也赢得了会员企业的信任。

3. 有效整合资源

以村级和谐和促进会为代表的社区社团组织，通过有效整合资源，健全公众参与机制，创造性地探索出了一种多元社会群体共建共享的和谐秩序的建构模式，为探索新老居民的和谐共处提供了有益的启示。如何增强流动人口对居住地的归属感和认同感，消除新老居民之间存在的心理隔阂，淡化族群意识，促进新居民的和谐融入，是外来人口比重较大的沿海发达地区创新基层社会管理模式面临的重大现实课题。广州增城事件和湖州织里事件都预示了这挑战的紧迫性。客观地讲，由于经济利益、社会地位、文化习俗、价值观念等方面的差异，流动人口的流入地对外来建设者"经济吸纳、社会拒入"的背离现象，以及外来建设者社会地位边缘化、弱势化等问题在慈溪同样存在。在以往，外来人口与当地村民之间普遍缺少沟通、互动渠道，不少地方事实上形成了长住村民与外来人口相互排斥的新型"二元"社会结构。按照现行的户籍制度，目前基层组织对外来暂住人口的管理仅限于登记、做证，客观上使这部分人游离于社会管理体制之外，正常的党团活动、子女就学、扶贫帮困、文娱活动和权益维护等也难以得到保障，单纯依靠村两委的力量，农村社区组织事实上很难承担规模庞大的外来人口的管理职责。慈溪市首创的村级和谐促进会,着眼于健全新老居民的互动机制,将外来人口的权益维护、人文关怀同基层社会秩序的管理有机地结合起来,在一定意义上突破了长期困扰基层组织的困局。

实践证明,村级和谐促进会在促进新老居民利益和情感的融合,健全社区管理的组织载体等方面功能是显著的。村级和谐促进会的诞生地五塘新村,一度也是和谐隐患较多的社区。该村外来务工人员 3 000 多人,是本村人口的 5 倍,仅 2004 年就发生了 50 多起偷窃事件和多起打架斗殴事件。频繁发生的外地人和本地人的纠纷,不断强化着双方的心理隔阂,村两委的调节也往往很难得到外地人的信任。2006 年 4 月 20 日,五塘新村成和谐促进会,首批入会的 78 名会员包括优秀房东、房客、企业主等,其中外来务工者占 80%以上。和谐促进会在成立的当晚就组织了新老居民共同参加的大型卡拉 OK 比赛,随后又接连在村头放了 5 天电影。不到一个星期,全村的外地人和本地人都已经相互认识了。通过组织外地人和本地人一起外出参观,一起参加周末举行的舞会,一起参加迎“五一”晚会,一起参加中秋赏月活动,等等,新老居民不断增强了相互理解;通过走访、座谈、帮扶,公正合理地调处民间纠纷,新老居民的关系大为改善,社区的和谐也因此走了良性循环。2008 年至今,该村未发生一起刑事案件。

第二节　和谐促进会——外来人口社会融合的机制创新

外来人口服务管理在社会建设与管理中的重要性日益凸显,各地在管理实践方面也进行了诸多探索,但都较少触及新老市民的社会融合问题。浙江省慈溪市以社会融合为目标进行探索,在全市每个村(社区)组建和谐促进会,通过充分发挥这一群众性民间团体在农村基层社会管理中的作用,大大拓展了农村基层社会管理的内容。同时通过广泛吸收外来务工人员参加社会管理,以民主参与方式促进社会和谐,有效形成了“遇事共商、情感共育、困难共帮、文化共享、文明共倡、平安共保、和谐共促”的社会融合机制和组织模式。新老市民共建共享和谐社会的慈溪模式,为通过社会管理体制机制创新,发挥社会融合组织作用寻求外来人口社会融合积累了宝贵经验。

在流动人口的规模不断扩大,社区成员的社会阅历、经济条件、教育背景和价值观念日趋多元化的情况下,社区公共事务管理的复杂性必将进一步放大。面对多元人群客观存在的价值碰撞、行为差异及利益冲突,将本地居民封闭起来,对外来人口进行防范性控制,势必只能不断加剧不同社会群体相互之间的排斥心理、戒备心理,导致多元社区陷入无休止的族群冲突。显然,封闭、隔离是和谐社会建设的死胡同,唯一的出路只能是融合。就此而言,慈溪村级和谐促进会建设,代表了中国社区和谐建设和基层社会管理创新的大方向。

一、外来务工人员的娘家人

(一)“和谐促进会”的由来

改革开放后,慈溪市依靠东南沿海地域优势,经济得到快速发展。工业特别是传统制造业是慈溪经济的支柱，且以民营中小企业居多。由于当地劳动力资源紧缺，全市 3.5 万家工业企业吸纳了大量外来劳务人员。2004 年，全市暂住人口总量 50 万，目前登记在册的暂住人口已经达到 98 万，年增加量 10 万人左右。大量流动人口的涌入，为慈溪市经济社会发展作出了巨大贡献，同时也对慈溪社会管理带来了严峻挑战。慈溪市政府尽管开展了一系列平安创建活动，但“打不胜打、防不胜防、管不胜管”。在打击处理的犯罪分子中有 80%是流动人口，80%侵财型案件的受害者为流动人口。而造成这一后果的一个重要原因就是，部分本地群众对外来建设者缺乏肯定、包容、善待，经常产生误会；部分外来建设者由于观念差异、习俗差异，未能入乡随俗，处于边缘状态，难以融入当地主流社会，进而产生妒忌心理、矛盾冲突，个别人甚至违法犯罪。

最初，慈溪市的一些村尝试吸收优秀外来务工人员加入保安队伍，参与治安防范和矛盾纠纷调处，由于他们具有“地位相同、语言相通、感情相融”的优势，取得了良好效果。2006 年年初，慈溪市开展了一个题为“民间组织与平安建设”的课题研究，在进行调研、广泛听取各方面意见时，感受到了外来务工人员希望得到肯定、受到尊重、融入主流社会的强烈意愿。在广泛听取各方面意见的基础上，慈溪市决定建立一个旨在促进新老市民融合的社会组织，并最终提出了“和谐促进会”的建设框架。

2006 年 4 月，第一个村级和谐促进会在慈溪市坎墩街道五塘新村诞生。同年 5 月，第二个村级和谐促进会在掌起镇陈家村成立。根据他们的探索经验，市委市政府召集市委政策研究室、市委组织部、市暂口办、市民政局等部门领导进行充分研讨，进而在市级现代化示范村先期推开。在此基础上，2006 年 10 月市委市政府召开全市村级和谐促进会建设工作会议，印发了《市委市政府关于加强村级和谐促进会管理指导工作的若干意见》，动员各地借鉴成功经验，全面建设村级和谐促进会。目前，全市 345 个村（社区）已全部组建和谐促进会，共有会员单位 3 026 家，会员 2.8 万人（其中暂住人口 1.3 万人），理事 5 287 人（其中暂住人口 1 310 人），还有 1 000 多名优秀暂住人口担任了片组长。和谐促进会建在村里，作用在村里。为了发挥其横向协作的潜能，便于镇际交流和协助，还成立了百名新慈溪人组成的和谐促进会联谊员队伍。

（二）“和谐促进会”的结构和功能

和谐促进会符合国家社团建设有关规定要求，它是以人际和谐为目的，以村（社区）为单位组建的民间团体、群众组织。其宗旨是遵守宪法、法律、法规及政策，遵守社会道德风尚，进行自我组织、自我教育、自我服务、自我管理，开展平安建设，谋求经济繁荣，实现社会和谐。其性质是在镇（街道）党（工）委指导下，由村党支部（总支）、村民委员会、经济合作社管理和协调的，具有民间性、共建性、互助性、服务性特点的群众组织；它是联系党和人民群众的桥梁和纽带，基层组织开展社会管理工作的有力助手；它是探索社会融洽机制，协调社会机体，延伸外来人口服务管理领域，缩小二元差别，实现平等互惠，造就融洽和谐的民间协调团体。

1. 运作模式

在运作模式上，它通过制定《村级和谐会章程》，各镇（街道）按照“自愿入会、自选领导、自聘人员、自筹经费、自理会务”的办会原则，指导村和谐促进会建立健全民主选举制度、民主决策制度、财务管理制度和重大事项报告制度,督促其落实规范管理。其中村和谐促进会会费按照“以会养会”的原则收取,采取由镇里出一部分、有条件的村补一部分,辖区企业按团体会员资助一部分的形式进行筹集。在工作方式上,通过经常性组织开展志愿者行动、文化体育活动等,推进村务共管、文明共倡、困难共帮、平安共创,积极营造和谐友爱型的邻里关系、承租关系、劳资关系和人际关系,促进和谐村居与和谐社区建设。

2. 和谐促进会的组织形式

主要由三级组织构成:

(1) 和谐促进会会员主要由村干部、优秀外来务工人员、社区保安、村民代表、出租私房房东、私营企业主等组成,村民和外来务工人员人数各占一半。由全体会员大会(或者会员代表大会)选举产生理事会,理事会设会长,常务副会长,副会长,秘书长。一般由村党支部(总支)书记担任会长,副书记担任常务副会长,责任区民警、村治调干部、保安队员、优秀暂住人口、企业保卫科长,分别担任副会长,村治调干部兼任秘书长。

(2) 和谐促进会理事会内设七个专门工作委员会。其中,会员组织工作委员会——组织动员会员树立地位平等、相处和谐的理念,不断发展会员,壮大队伍;维护劳工者权益工作委员会——代表会员,维护会员的合法权益,调处劳资纠纷;社会矛盾调处工作委员会——了解社情民意,反映会员诉求,调处民间矛盾;文化体育工作委员会——组织会员开展文化体育活动,丰富业余文化生活;党团组织工作委员会——组织会员中的党团员,保持组织联系,开展组织生活;计划生育工作委员会——宣传计划生育政策,倡导优生优育;公益服务工作委员会——带领会员参与社会公益活动,动员会员增强治安防范意识,积极参与群防群治,共同创建“平安慈溪”。上述各专门工作委员会主任,分别由副会长或理事担任。

(3) 和谐促进会理事会下设小组。以社区保安责任区为单位分组,各小组分别以数序排列。小组长一般由优秀暂住人口担任,副组长一般由有责任心的房东、优秀外来人口担任。

3. 五大工作平台

(1) 志愿者活动平台组织有相应能力和特长的会员,开展专题志愿者活动,实现新老村民双向互助、双向服务。(2) 村企共建平台。调动企业参与和谐促进会的积极性,把一些较大的企业划分为单独的片区,加强对企业主的社会责任意识教育,帮助企业算平安帐,使企业主认识到善待外来员工,营造和谐的社会关系最终对企业有益。(3) 信息沟通平台。依托和谐促进会广泛覆盖的会员网络,及时准确掌握各方面动态,妥善化解矛盾纠纷,促进农村基层社会治安形势的好转。(4) 文体活动平台。通过组织新老村民共同参与文体活动,丰富文化精神生活,加强双方沟通,消除隔阂,增进互信。(5) 思想政治工作平台。主要是发挥好桥梁纽带作用,推动村(企业)党团工作向暂住人口覆盖,党团活动向暂住人口延伸,吸收暂住人口中的先进分子加入党团组织,外来优秀党员进入村党组织班子。

4. 和谐促进会的职责

(1) 履行和谐促进会章程确立的职权,充分发挥各专门工作委员会的职能作用,组织会员、动员会员树立地位平等、相处和谐的理念,不断发展会员、壮大队伍,为人民群众参与和谐共建活动提供环境条件。(2) 代表会员,维护会员的合法权益,了解社情民意,反映会员的意见、要求和建议。当外来务工者遇到困难、发生矛盾时，尽可能予以帮助解决。(3) 组织会员中的党团员，保持组织联系，开展组织生活。(4) 组织会员开展法律、法规、政策、乡土文化的培训和劳动技能培训，提高劳动者素质。(5) 组织会员开展文化体育活动，丰富业余文化生活。(6) 带领会员参与社会公益活动，动员会员增强治安防范意识，积极参与群防群治，共同创建“平安慈溪”。

二、治理机构的主要做法和经验

(一) “和谐促进会”的基本做法

和谐促进会依托村、社区组织优势，立足新老市民共建共促共享，坚持以活动促交流、以服务促融合、以参与促管理、以凝心聚力促和谐建设，其基本做法包括以下几点：

1. 搭建民主参与平台

当前，外来务工人员的思想活动和社会需求的独立性、选择性、多变性、差异性明显增强，和谐促进会的建立为他们的利益诉求表达提供了公平机会和有效平台，广大外来务工人员可通过参与各种社会管理和公共服务，增进沟通了解，促进求同存异，推动社会和谐稳定。

2. 缓解调处社会矛盾

和谐促进会扎根于基层群众之中，依托覆盖广泛的会员网络，及时准确掌握各类动态信息，畅通社情民意反映渠道，妥善化解矛盾纠纷，引导广大外来务工人员以理性合法的形式表达利益要求，解决利益矛盾，自觉维护安定团结。

3. 协调保障社会利益

和谐促进会通过开展助困、助医、助学、助残以及赈灾、慈善、维权等活动，在社会保障体系中起到了拾遗补缺的重要作用。有些和谐促进会还通过吸纳社会资金，拓展就业渠道，帮助外来务工人员寻找工作。“有困难找和谐促进会”已成为新老市民的广泛共识。

4. 提供社会公共服务

和谐促进会积极为广大新老市民提供教育培训、文化体育、卫生保健、扶贫济困、环境保护、法律援助、社区服务和志愿促进等服务项目。尤其是和谐促进会能够为新老市民提供政府和市场不愿、不便或不能提供的一些中介服务和直接服务。

(二) 和谐促进会的作用和意义

1. 充分发挥社会组织在基层社会管理中的作用

和谐促进会发挥民间组织结构自主灵活的优势，搭建专门工作委员会和片组等平台，吸引和组织新老村民共同参与丰富多样的社会活动，通过经常接触、思想沟通、感情培养、文化交流，使新老村民之间减少误会，增进感情，互相了解、理解、谅解、善解，进而产生肯定、包容、认可、尊重，逐步熟悉、逐步融合，互相关心、互相照顾，减少摩擦、促进磨合。

2. 寓服务于管理之中，大大拓展了农村基层社会管理的内容

和谐促进会具有最贴近受益群体的先天优势，它致力于关注和满足新老村民的社会需求。通过主动热情的服务，使外来人口自愿接受管理，有效地拓展和加强了基层社会管理，为社会和谐提供了有力保障。

3. 广泛吸收外来人口参加社会管理,以公众参与促进社会和谐

由于经济地位、地域文化、思想观念等方面的差异,人口流入地社会对外来流动人口客观上存在着“经济吸纳、社会拒入”的现象,加之现有管理制度的缺陷,外来人口的边缘化、弱势化特征较为明显。和谐促进会不再人为分割本地居民与外来流动人口,而是通过构建不同社会群体共同参与、平等交流的平台,提高相互认同度,广大外来务工人员在参与社会管理中也不断增强了对于工作地的归属感和主人意识,许多社会矛盾和利益冲突因此消弭。

目前,和谐促进会已经形成“遇事共商、情感共育、困难共帮、文化共享、文明共倡、平安共保、和谐共促”的良好机制和组织模式,成为慈溪市社会建设与管理的一个重要制度平台。

(三)“和谐促进会”的改革成效

和谐促进会自成立以来,坚持以办小事、办实事、办好事来供民需、助民难、聚民心,目前已经延伸出 504 个需求服务站,为近万名外来人口提供帮助,发放各类宣传资料 27 万余份,免费提供计生药具 1.8 万余盒,发布房屋租赁信息 1.5 万条,满足就业、就学、就医、维权、租房等多方面的需求。据统计,2007 年来全市和谐促进会共开展各类教育培训 3 612 场次,参加人数达 55 万人次;组织各类文体活动 6 600 场次,参加者达 200 万人次;开展各类志愿者活动近 3 万人次,服务群众 10 万余人;有 2.6 万人参加常年性夜巡活动,排摸并化解各类矛盾纠纷 1.3 万起,先后为 15 万外来务工人员解决就业、就学、租房等方面遇到的困难;募集帮扶资金近千万元、帮扶困难人员 2.5 万名。

贵州籍务工人员墙兴贵担任掌起镇陈家村和谐促进会副秘书长,他开设了“小墙热线”,至今咨询服务上万人次,涉及劳资纠纷、交通工伤事故处理、就业及子女就学等问题,帮助近万名新村民找到了工作。横河镇各村级和谐促进会通过建立“暂口巾帼服务驿站”,开展手拉手结对活动,发放外来妇女服务联络卡、爱心卡,为外来妇女提供力所能及的帮扶服务活动。通过主动热情的服务,使外来人口自愿接受管理,有效地拓展和加强了基层社会管理,为社会和谐提供了有力保障。

宗汉街道周塘西村按照“扩大功能、延伸网络、划片设点、强化职能”的原则,将全村分为 5 个片区,每个片区按 30—50 户(包括新村民)为一组,每组设立一个“和谐促进会联系点”,全村共设 49 个联系点,实施村域新老村民网格式管理、互助式服务,使和谐促进会组织网络延伸到新老村民家中,成为新老村民感情的联系点、民情反映的倾诉点、社会矛盾的调节点。

坎墩街道五塘新村有外来务工人员 3 100 人,是本村居民的 5 倍,刑事治安案件多发,社会环境较差。自 2006 年 4 月率先成立了慈溪市首家本地人与外来人口共同参与的村级“和谐促进会”,通过其调处民间纠纷,为外来人口提供多种内容的服务管理,在新老村民之间有效地化解了隔阂,增进了感情,社会环境趋向转好,从 2008 年至今该村未发生一起刑事案件。

和谐促进会还组织“乡音讲师团”,聘请素质高、口才好的优秀外来务工人员开展“语言通俗易懂、群众喜闻乐见”的宣讲,实现暂住人口自我教育。目前全市共有 372 名优秀外来务工人员加入“乡音讲师团”,使 10 余万新老村民受到教育。宗汉街道、龙山镇等地和谐促进会通过聘请具有广泛性代表性且调解能力强的新村民为特聘人民调解员,参与调解新老村民间的各类矛盾纠纷,消除了新村民担心得不到公正处理的顾虑,把各类矛盾纠纷妥善有

效地解决在初始阶段,解决在基层。自 2008 年以来,通过特聘人民调解员排摸的各类社会矛盾 2 000 余起,调处成功率达到 98%。

可以看出,和谐促进会已经在组织教育培训、改善公共服务、开展志愿活动、协调利益矛盾以及扩大民主参与等方面取得了可喜成绩。

(四) 新老居民多元融合的慈溪经验及其限度

1. 经验探索

慈溪市和谐促进会这一基层社会融合组织的成功经验在于:(1) 利益协调。和谐促进会首先提供了一个外来流动人口和本地居民交流沟通、协调利益的良好平台,在方式上通过聘请具有广泛代表性的流动人口参与调解,消除了新村民担心得不到公正处理的顾虑。(2) 认同建构。有了和谐促进会这个平台,外来务工人员既是经济建设者,也是文化传播者,既是平安建设者,也是社会工作者。对工作地有了归属感,可以尽情地施展才华,各个层次的需求也得到满足,从而成为促进社会和谐的重要力量。(3) 协同管理。发挥社会组织的作用,是创新社会管理体制机制及应对社会发展趋势的需要。借助和谐促进会的力量,政府减轻了社会管理的部分压力。(4) 自主治理。由于产业发展、人口流动频繁,临时居住人口规模扩张,社会本来的自然秩序遭到破坏,社会矛盾逐渐凸显,而社会管理不可急攻只能缓治,只有通过构建社会融合机制,发挥社会力量的自治作用,才能使社会要素中和、管理制衡。(5) 促进融合。如前所述,推动流动人口自我管理、自主治理,比政府大包大揽更为有效。和谐促进会更胜一筹,从理念上不再区别流动人口与本地居民,从根本上通过体制机制的安排致力于不同群体之间实现融合共通。

2. 进一步发展的思路

当然,加强和创新社会管理,首先需要构建社会管理的新格局。基于当前我国社会组织相对薄弱的现实,党委和政府需要积极培育社会融合组织并发挥其在基层社会管理中的作用。社会建设应该以社会自主性为取向,因而需要探索社会组织多元化渠道,大力发展社会组织,激发社会组织活力,督促和引导社会组织加强自身建设。当前,我们需要加强党的领导,切实强化政府社会管理职能,而随着社会组织日益发展成熟,它们在社会建设与管理中的作用和功能不断凸显和扩大,通过社会组织与政府的协同治理,将更有利于提高社会建设与管理的绩效。就和谐促进会而言,政府在搭建这个平台后,要进一步转变职能,将应由社会组织承担的社会管理职能转移出去,采取政府向社会组织购买服务等方式,为社会组织的发展拓宽空间。

其次,党委和政府需要适时适当改革传统的社会管理方式,比如户籍制度和控制式管理等。从源头上看,外来流动人口管理的困难,来自于外来流动人口享受社会福利与公共服务的资格缺失。外来流动人口的边缘化、弱势化并缺乏对流入地的社会认同感,严重影响人口流入地社会的和谐与稳定。因此,长远来看,创新流动人口社会融合的体制机制,高层政府直至中央政府的制度供给仍然不可或缺。

第三节　少数民族社会组织建设与民族团结共融

慈溪市现有28个少数民族约11 000人,约占全市总人口的1.1%。这些人大多数于20世纪九十年代涌入慈溪打工,在安家落户后,又亲帮亲、邻带邻,吸引更多的老乡前来,逐渐在慈溪形成了一个庞大的群体。近年来,慈溪市一直坚持把民族工作摆上市委、市政府的重要议事日程,建立和健全了市、镇(街道)、村三级民族工作网络组织。2003年,成立了慈溪市少数民族联谊会,使民族工作又迈上了一个新台阶。在全方位做好民族工作的同时,着力采取措施解决少数民族群众的生活困难,使他们的生活水平有了不同程度的提高。公众作为城市少数民族社会组织的主要参与者、服务对象等,他们对于城市少数民族社会组织有什么样的发展、作用和希望,将直接影响到城市少数民族社会组织的良性持续发展。因此,为了了解公众对于城市少数民族社会组织的看法,更好地促进城市少数民族社会组织的健康发展,我们特开展此次调查。

一、公众对少数民族社会组织认识的一手调研

本次调查主要采用实地调研法、问卷调查法、个案访谈法等多种调研方法,力求使所得的资料相互补充,相得益彰,保证本研究以点面结合的方式获得大量第一手资料,从而保证所得结论的科学性和有效性。

调查组与慈溪市民政局、民宗局对相关工作负责人进行访谈,并深入少数民族社会组织进行实地调查,与公众进行面对面交流。本次调查共发放问卷100份,回收有效问卷100份,有效回收率100%。调查对象为慈溪市公众,调查对象的选择采取随机方式;问卷采用无记名形式。问卷回收之后,我们对问卷进行了编码,然后录入计算机进行统计分析。此次调查分析所采用的是SPSS19.0统计分析软件。为制定科学的应对政策和进一步研究提供了较为翔实的第一手资料。

(一) 被调查对象的基本情况

1. 性别、年龄情况

被调查对象中,男性占样本总量的32.0%;女性占样本总量的68.0%。年龄分布情况如下:年龄在20岁以下的所占比例为30.0%;年龄在20—40岁的所占比例为31.0%;年龄在40—60岁的所占比例为28.0%;年龄在60岁以上的所占比例为11.0%。年龄分布均衡。

2. 民族

被调查对象中,所属民族为“汉族”的所占比例为79.0%;被调查对象中,所属民族为“汉族以外的民族”的所占比例为21.0%。

3. 文化程度

被调查对象中，公众的文化程度，以初中文化水平的最多占9.0%；大专以上的占28.0%；高中/中专/技校水平的占43.0%；小学及以下水平的占20.0%。可见，公众文化程度高中及以上者占多数，受教育水平较高。

4. 家庭年收入

调查发现，公众家庭年收入水平在2—4万元的所在比例为最多，为31.0%；家庭年收入在5—7万元的居第二位，占28.0%；家庭年收入在10万元以上的居第三位，占25.0%；家庭年收入在7—9万元之间的占14.0%；家庭为1万元以下的所占比例最少，仅为2.0%。可见，公众的家庭年收入相对较高，家庭生活比较富裕。

(二) 对城市少数民族社会组织了解情况

1. 汉族公众对城市少数民族社会组织了解不多，汉族以外民族公众了解较多

调查发现(见图13-1)，公众对城市少数民族社会组织了解的占5.0%；基本了解的占20.0%；了解不多的人所占比例为52.0%；没听说过的占23.0%。从数据可见，相当部分的公众对于城市少数民族社会组织了解不多，甚至一无所知。通过交叉分析(见图13-2)，我们也发现，选择没听说过少数民族社会组织的主要为汉族公众，而汉族以外民族的公众对于少数民族社会组织了解较多。这与慈溪市搭建“市—镇—村”三级少数民族联谊会架构网络，全面覆盖少数民族公众的实际情况吻合。

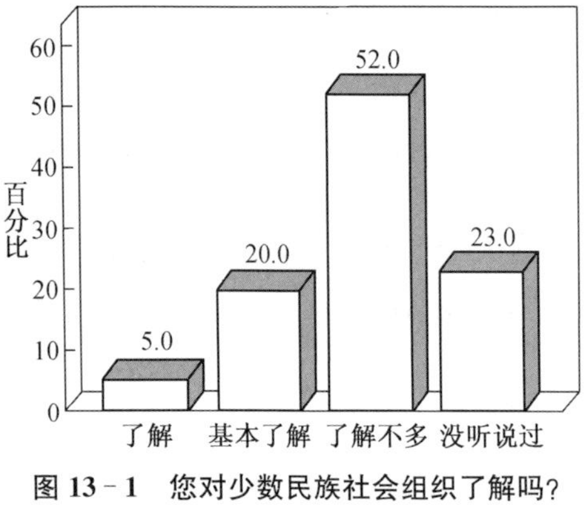

图13-1 您对少数民族社会组织了解吗?

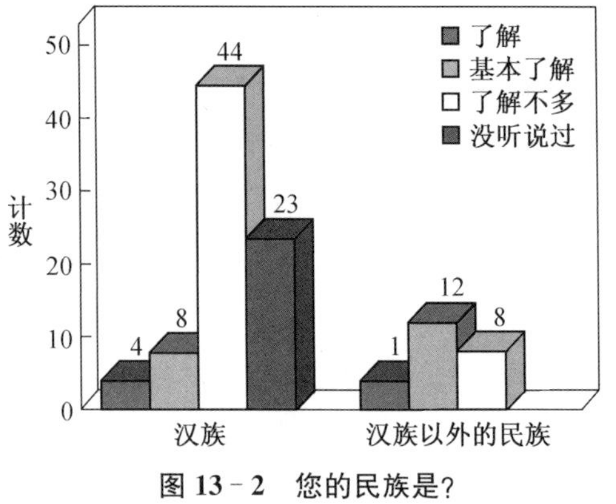

图13-2 您的民族是?

2. 汉族公众大多不知道当地少数民族社会组织数量，汉族以外民族公众知道者多

调查中(见图13-3)，在问及“你知道慈溪有几个少数民族社会组织”时，选择有“2个”的所占比例为3.0%；选择有“1个”的所占比例为26.0%；选择有“一个也没有”的所占比例为7.0%；选择有“不知道”的所占比例为64.0%。通过交叉分析(见图13-4)，我们发现汉族以外民族的公众都选择1个，主要原因为慈溪少数民族公众一般都会加入当地的少数民族联谊会。汉族公众则绝大多数不知道有少数民族社会组织。

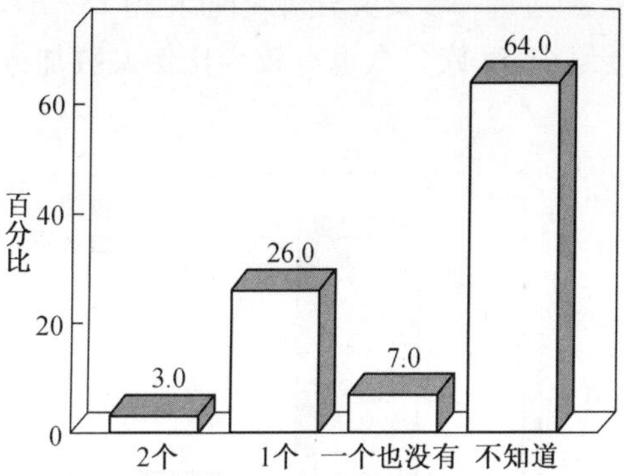

图 13－3 您知道当地有几个民族社会组织?

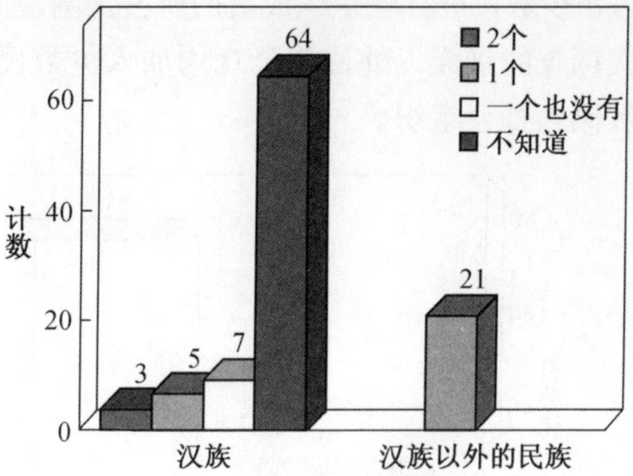

图 13－4 您的民族是?

3. 少数民族社会组织成立的目的主要是宣传民族文化,促进民族融合

调查发现,公众认为城市少数民族社会组织成立的目的是丰富人们的生活,增加生活的乐趣的占 50.0%,是了解更多的外界知识,增加对日常生活中一些事物的了解的占 25.0%,是帮助人们解决日常生活普遍遇到的烦恼的占 22.0%,是宣传少数民族文化的占 73.0%,是促进少数民族人员城市融合的所占比例为 71.0%。可见公众认为少数民族社会组织的成立目的主要还是宣传少数民族文化,促进民族融合。

(三) 少数民族社会组织发展现状

1. 城市少数民族社会组织主要由政府倡导成立

调查发现,城市少数民族社会组织多为自发成立,占 2.0%,是由于政府倡导才成立的占 23.0%,是汉族可以不用回答的所占比例为 75.0%。整体看来,少数民族社会组织是由于政府倡导才成立的。

2. 发展规模

从社会组织的人数来看,有几百人的组织占 2.0%,几十人的组织占 23.0%。是汉族可以不用回答的所占比例为 75.0%。总体来说规模不是很大,这与慈溪市少数民族公众居住分散情况相吻合。

3. 城市少数民族社会组织的经费来源渠道多

调查发现,组织的经费来源主要是:靠社区居委会(农村村委会)资助,占 23.0%;依靠政府拨款补贴,占 22.0%;由组织成员平摊承担,占 11.0%;社会赞助(包括企业和公民个人的捐助)32.0%,服务性收入占 11.0%,其他来源占 1.0%。经费来源渠道来源渠道多。主要是以社区居委会(农村村委会)资助和政府拨款补贴。

4. 活动场所

调查发现:从活动场所情况来看城市少数民族社会组织有活动场所,但不固定的占 24.0%;没有固定的场所的占 1.0%;是汉族可以不用回答的所占比例为 74.0%。

(四) 社会组织参与情况

1. 公众加入城市少数民族社会组织的情况

调查发现(见图 13－5),公众加入城市少数民族社会组织的,所占比例为 25.0%;不是城市少数民族社会组织成员的所占比例占75.0%。通过进一步交叉分析发现(见图13-6),本次调查的汉族以外民族公众均加入少数民族社会组织,汉族公众也有较少比例人数加入少数民族社会组织。

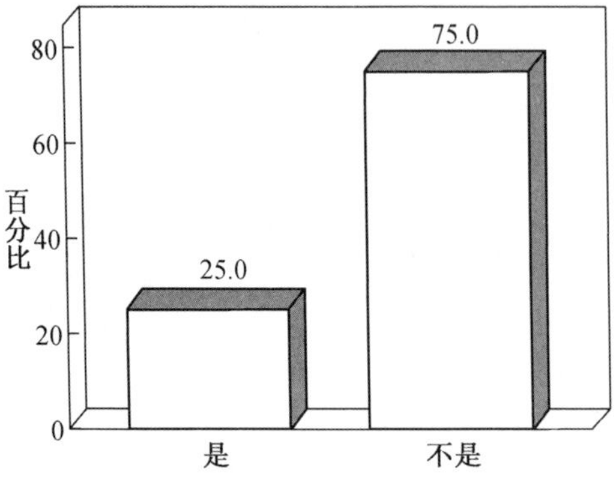

图13-5 您是少数民族社会组织中的一员吗?

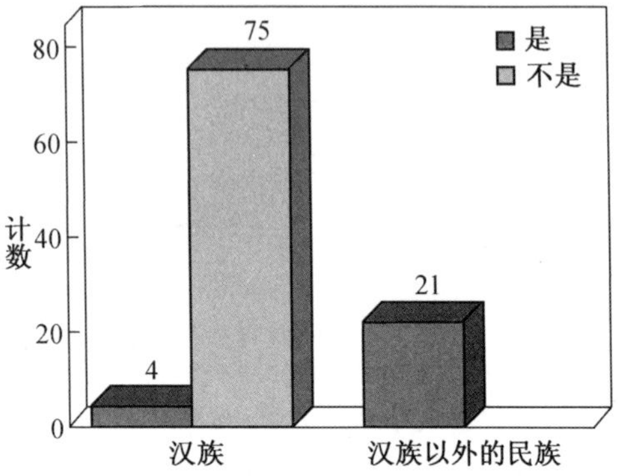

图13-6 您的民族是?

2. 活动参加情况

在问及参加城市少数民族社会组织发起的活动情况时(见图13-7),有69.0%的公众没有参加过活动;有14.0%的公众参加过一两次;不经常参加的占16.0%;有,且经常参加的仅占1.0%。通过交叉分析发现(见图13-8),选择没有参加过活动的均为汉族公众;汉族以外公众经常参加活动的所占比例较少,绝大多数为不经常参加或仅参加一两次活动。

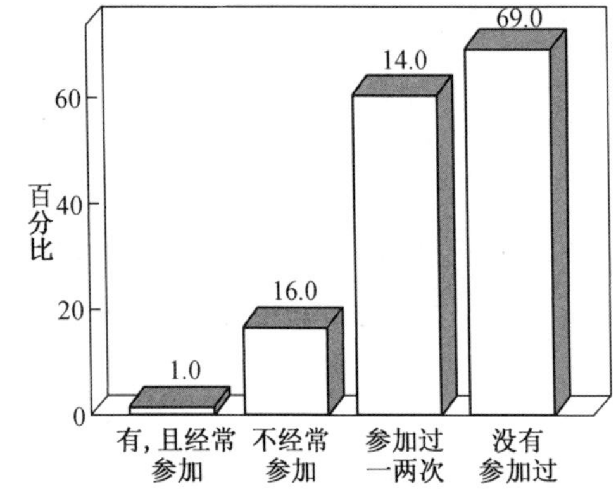

图13-7 您参加少数民族社会组织发起的活动吗?

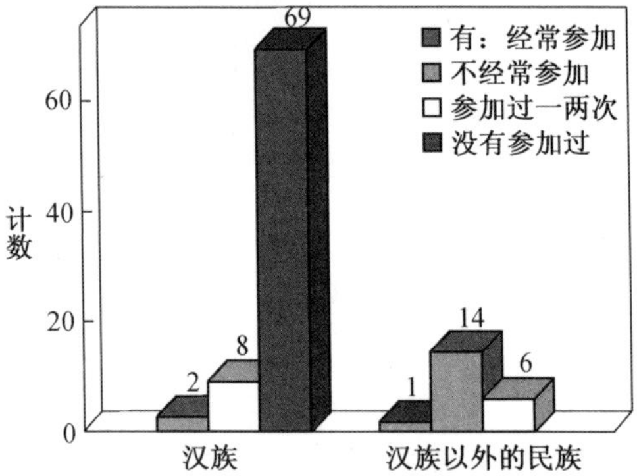

图13-8 您的民族是?

3. 活动丰富程度程度

调查发现(见图13-9),公众认为城市少数民族社会组织的活动很丰富的占2.0%;较丰富的占30.0%;一般的占34.0%;对活动没感觉的占34.0%。通过交叉分析发现(见图13-10),选择对活动没感觉的均为汉族公众,同时汉族公众认为活动一般的也相对较高;汉族以外公众则认为活动较为丰富。汉族公众因为对少数民族社会组织不知道、不了解,所以对其开展的活动关注度不高,同时这也在另一个方面反映出,慈溪少数民族社会化组织宣传工作需加强。

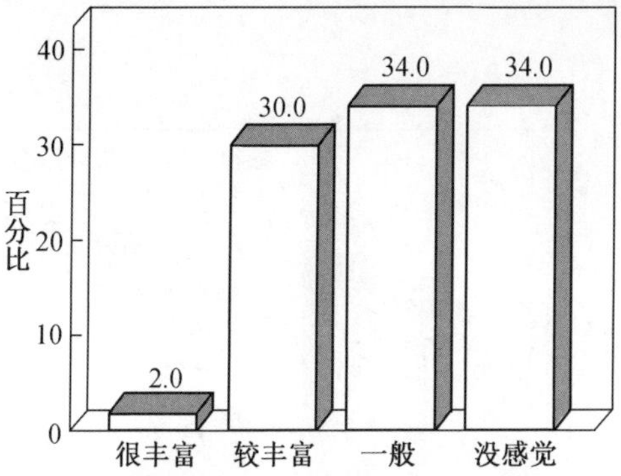

图 13-9　您认为少数民族社会组织活动丰富吗？

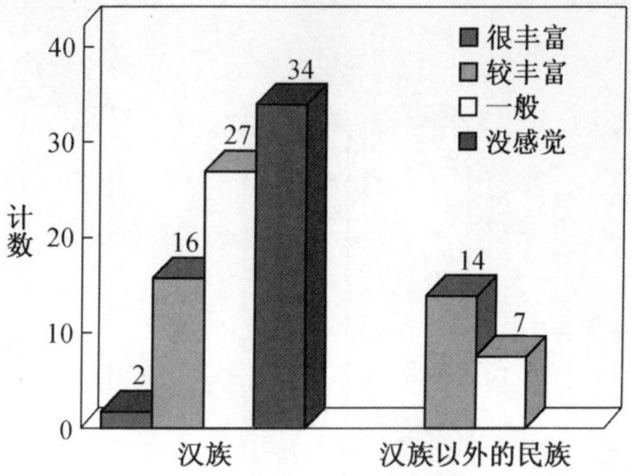

图 13-10　您的民族是？

4. 活动的帮助效果

调查中(见图 13-11)，在问及“您认为少数民族社会组织发起的活动对于您来说，帮助大吗”时，选择“很大”的所占比例为 3.0%；选择“较大”的所占比例为 21.0%；选择“不大”的所占比例为 36.0%；选择“没有作用”的所占比例为 40.0%。通过交叉分析发现(见图 13-12)，认为没有作用的均为汉族公众；汉族以外公众认为少数民族社会组织发起的活动对于他们作用较大。

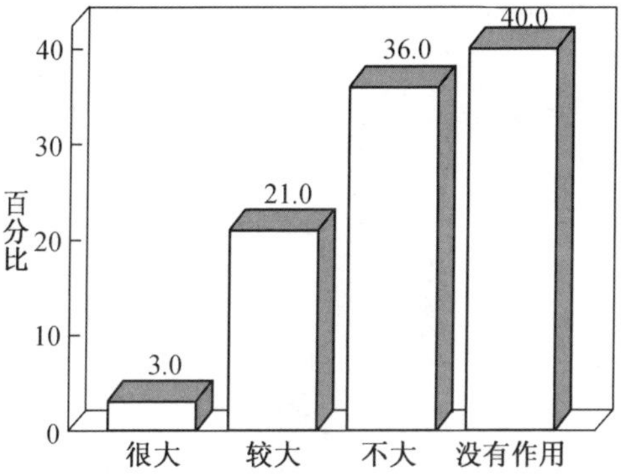

图 13-11　您认为少数民族社会组织发起的活动对您来说帮助大吗？

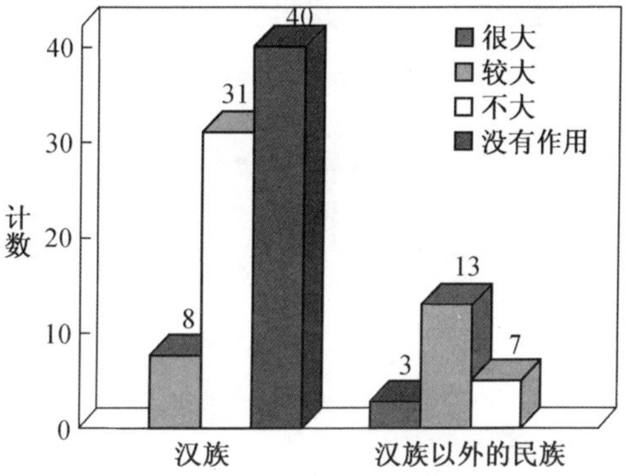

图 13-12　您的民族是？

(五) 对城市少数民族社会组织的评价和发展期望

1. 公众对城市少数民族社会组织态度

从图 13-13 来看，公众对于城市少数民族社会组织发展的看法很认可，希望以后会有更多组织成立的占 32.0%；持不是很认可，有的组织很好，但有些组织形同虚设观点的占 32.0%；持不认可观点的为 2.0%；有 34.0%的公众对城市少数民族社会组织不知道、不了解。通过交叉分析发现(见图 13-14)，选择“不知道、不了解”的全为汉族公众；汉族以外民族公众多数对城市少数民族社会组织发展的看法很认可，希望以后会有更多组织成立。

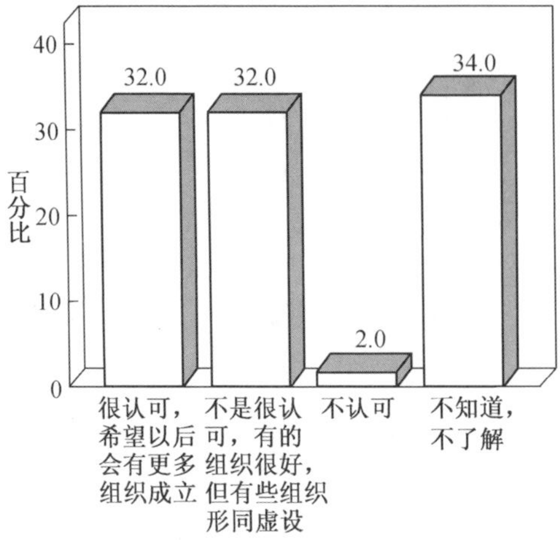

图 13-13　您对少数民族社会组织的看法？

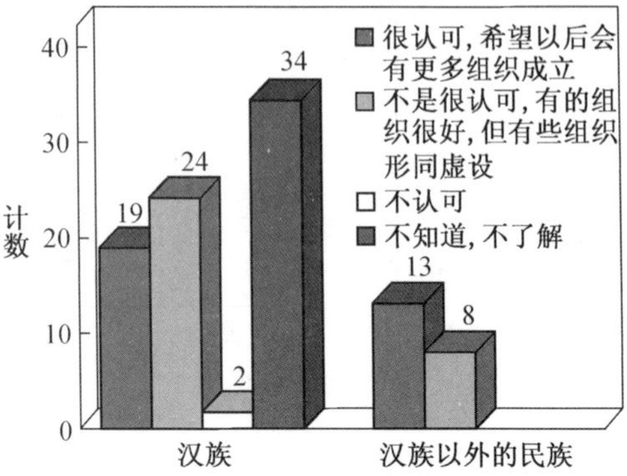

图 13-14　您的民族是？

2. 少数民族社会组织的成立对于城市的影响

从图 13-15 可以看出，公众认为城市少数民族社会组织的成立对于城市影响很大的占 6.0%；影响较大的占 42.0%；影响不大的占 41.0%；没有影响的占 11.0%。通过交叉分析发现(见图 13-16)，认为少数民族社会组织的成立对于城市没有影响的全为汉族公众；汉族以外民族公众认为少数民族社会组织成立对于城市的影响较大。

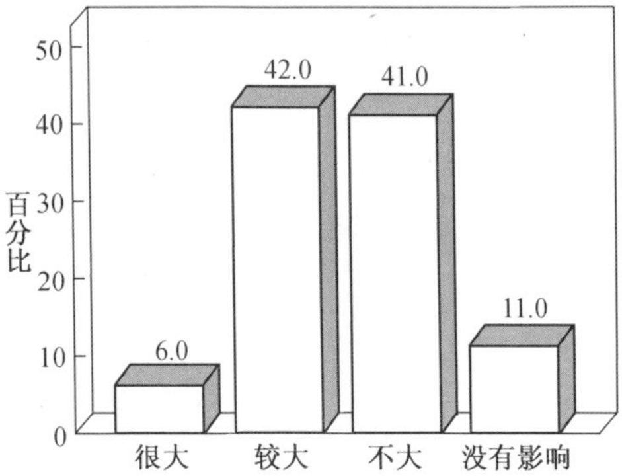

图 13-15　您认为少数民族社会组织的成立对于城市的影响？

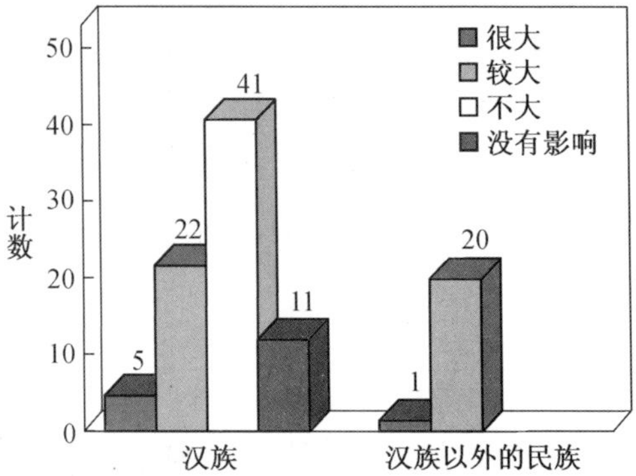

图 13-16　您的民族是？

3. 公众认为制约社会组织发展的主要原因

在问及制约社会组织发展的主要原因时，公众的选择依次是：资助不足，没有办法组织一些活动，占 69.0%；组员和社区人员缺乏积极性，占 63.0%；政府支持不大，占 59.0%；管理不规范，占 33.0%；没有抓住成立组织的目的，使活动缺乏意义，占 23.0%；行政化倾向严重，占 17.0%；没有根据社区的需要成立组织，组织成立没有任何意义，占 12.0%；可见，城市少数民族社会组织应广开财源，开展好的活动，并进行广泛宣传来吸取人员参与，同时，政府应该加大扶持力度。

4. 促进城市少数民族社会组织壮大发展的途径

调查发现,公众认为促进城市少数民族社会组织发展壮大的途径依次是:出台相应的政策,促进社区组织的发展,占 81.0%;政府提供资金支持,使组织无资金方面的担忧 67.0%;加强组织负责人培训,提供管理服务能力,占 55.0%;培养优秀的组织,表彰优秀的组织,占 48.0%。可见,公众希望政府和城市少数民族社会组织提高组织的服务能力和管理能力来为自己服务,也希望政府从政策和资金等方面给予社会组织支持,让其更好的发展。

二、促进慈溪市少数民族社会组织的发展策略

(一) 政府层面

1. 转换观念,加大宣传,制定少数民族社会组织发展规划

随着经济社会发展,城市民族工作日益复杂,政府部门及社会各界必须积极转换观念,从构建城市和谐社会的高度充分认识少数民族社会组织的重要地位和积极作用。同时要加大宣传力度,将少数民族组织的培育发展作为城市民族工作的重要组成部分,制定少数民族社会组织发展规划,加大指导、协调、服务工作的力度,促进少数民族社会组织的健康发展。

2. 转变职能,政策支持,优化少数民族社会组织发展环境

在实际调查中发现,基层政府对于少数民族社会组织的发展关注较少。基层政府要积极转变职能,着力解决少数民族社会组织在运作发展中的难点和重点问题的政府,从组织上为社会组织发展提供保障。政府应加大政策扶持力度,因地制宜制定与实施能促进少数民族社会组织发展的政策,营造少数民族社会组织健康发展的良好环境。

3. 优化结构,盘活资源,提高少数民族社会组织服务能力

引导少数民族社会组织完善内部治理结构,建立健全民主参与、民主管理、民主监督制度体系,形成平等协商、诚信自律的运行机制。做好负责人培养工作,加强从业人员培训,加强少数民族社会组织组织化建设,着力提高少数民族社会组织在发展规划、资源筹集等方面的能力建设,帮助社会组织寻找资源、激活资源、组合资源、拉长资源链,提升少数民族社会组织的服务能力和水平同时不断向外传递,并准确传递少数民族社会组织信息,让外界知晓、并了解少数民族社会组织。

4. 拓展渠道,满足参与,发挥少数民族社会组织桥梁作用

随着公民社会的发展,公众的社会参与需求逐渐增强,组织化的参与往往能有效解决原子化个体的参与需求,当然"参与"不是"参加",政府应拓展渠道,通过发挥桥梁作用,一方面实现少数民族公众通过少数民族社会组织参与、干预、介入到国家政治生活、经济生活、社会生活、文化生活和社区的公共事务,从而影响社会发展。另一方面也满足少数民族社会组织的参与需求,以点撬面,培育良好的社会生态。

5. 明确作用,理顺关系,建立与少数民族社会组织伙伴关系

政府要明确自己在少数民族社会组织组织化建设中的作用,理顺少数民族社会组织与政府、社会的关系,即构筑新型的、和谐的合作伙伴关系。政府职能部门要以项目化推进方式,把政府无暇做、不便做的工作或者原来由政府承担的一些民族工作交给少数民族社会组织来承担,实现少数民族社会组织的身份由"伙计"变"伙伴"。

(二) 少数民族社会组织方面

1. 围绕中心，服务大局，着力促进社会和谐稳定

自觉把慈溪市的民族工作放到大局中去谋划、去落实，围绕党和政府的中心任务和大局来开展工作。要顺应形势的变化、中心工作的要求以及少数民族群众的期盼，拓展新领域、探索新举措、创新社会管理，努力做好维护和谐稳定工作。要充分发挥民族联谊组织、联络员、少数民族代表人士的作用，配合政府及有关部门进一步做好民族政策的宣传教育，引导少数民族群众正确地看待发展中存在的社会问题，加强对少数民族外来务工人员进行城市法规教育，积极探索民族工作社会化管理的方法和途径，着力化解各种矛盾纠纷，切实维护慈溪市民族团结和社会和谐稳定。

2. 加强宣传，营造氛围，开展民族团结进步活动

深入开展民族团结进步创建活动。开展"民族团结进步宣传月"活动。指导镇(街道)、村(社区)积极开展创建工作，使镇(街道)层面做到组织建设网络化；台账资料规范化；宣传教育多样化；服务举措人性化；社会稳定常态化。使村(社区)关爱民生，做到生活融合；加强沟通，做到思想融通；发挥作用，做到组织融入；丰富活动，做到文化融汇；走访慰问，做到感情融洽。积极在学校广泛开展民族团结宣传教育活动，在全市推行小学生普及民族知识、中学生普及民族政策教育，努力使"汉族离不开少数民族、少数民族离不开汉族、各少数民族之间也相互离不开"的思想深入人心。

3. 突出特色，创建品牌，加大对少数民族帮扶力度

不断加大对少数民族的帮扶力度。各级民族联谊组织要深入调查研究，动态掌握辖区内少数民族贫困家庭基本情况，建立和完善工作台账。认真研究制定切合实际的少数民族扶贫帮困工作计划，落实扶贫工作责任，使少数民族帮扶工作落到实处。采取困难救济、结对帮扶等多种方式，增加少数民族贫困户经济收入。大力宣传少数民族扶贫帮困工作的重要意义，形成良好的社会氛围，使全社会来共同关心困难少数民族同胞。以少数民族项目脱贫工作为突破口，以地区行业为抓手，精心培养若干各行各业能手，促进和带动本地区本行业少数民族经济发展。在现有民族联组织特色品牌的基础上，开展一地一品的创建活动，进一步激发少数民族群众创业创新精神。

4. 多方筹资，吸引人才，采用现代管理方法

少数民族组织要积极主动通过开展有偿服务，加强与政府、企业、城市社会组织、国外社会组织、国际社会间组织合作，接受社会捐赠等途径不断积累发展资金。同时，应积极发展和开拓专门管理人才，要不断探索吸引人才、发展人才、留住人才的途径、方式和方法。例如，吸引政府、企业、城市社会组织、高校毕业生中的优秀人才、专业人才到少数民族社会组织长期工作、提供指导、担当志愿者；加强对少数民族社会组织领导者和成员的教育和培训，不断提高科学文化知识和专业技能；改善工作人员的工资、福利等。因此采纳现代管理方法，加强管理，提高管理手段。

5. 完善制度，提升素质，加强少数民族社会组织自身建设

进一步完善会议制度、工作制度、财务制度，确保民族联高效运作、规范有序。进一步完善调研制度，深入基层，深入到少数民族同胞中，加强对新时期慈溪市少数民族发展中新情

况新问题的调查研究。进一步认真做好少数民族同胞的来信来访工作，多渠道反映少数民族同胞的呼声和要求。进一强化社团组织自我管理、服务社会的功能，真正使市少数民族联谊会成为让领导放心，让群众满意，能促进社会和谐发展的社团组织。

第五篇

生态慈溪建设与创新发展

第十四章
资源约束:经济发展中的农村资源环境代价

第一节　慈溪农村资源环境利用的现状分析

一、资源保护与城市化水平的关系

(一) 对城市化过程中资源环境的消耗研究仍不足

城市化是指人口向城市地区集中和农村地区转变为城市地区的过程,其至少包括两方面的内涵,一是人口迁移;二是生态资源环境变化。目前,我国乃至人类社会正在经历着有史以来最快的城市化进程。但城市化是一把双刃剑,它一方面促进了城镇经济发展,提高了人们的生活水平,使得生态资源有机会能高度集聚高效利用,另一方面,又由于人口过度聚集、工业粗放发展等,带来了诸如环境污染、生态恶化、资源利用效率低下等问题。

自 1992 年以来,在世界环境与发展大会的推动下,我国城市化及资源环境方面的研究成果显著,因此尽管研究起步晚,但进展快。目前,研究总体上已从资源环境与经济发展各自的研究领域,转向两者相互作用关系上,具体表现在城市化引起的城市环境问题(邓劲松等,2008;李佐军、盛三化,2011;吕昌河等,2010),城市社会经济与环境协调发展的评价、预测及调控(荣宏庆,2013;陈晓红等,2011),以及城市生态环境可持续发展研究上(张陆红,2011;方创琳、方嘉雯;2013)。现有文献研究如汗牛充栋,研究视角多元化,呈现百花齐放的局面,但仍然存在一些不足,首先,由于研究人员所涉及领域不同,对城市化理解把握不同,资源环境的立足点不一,很多研究侧重于经验分析,没有做到对理论的深层次把握;其次,受市场经济下经济利益的驱使,重视城市全局规划,轻基础调研研究,获取第一手调研基础数据观测实验的研究比较少;最后,关于城市化全国性或者省域性研究较为广泛,但不同城市推进城市化过程中实际情况不一,目前针对慈溪市城市化过程中资源环境代价的研究文献较少。基于此,本章节首先从理论上给出城市化发展进程与资源环境水平互动演化规律,在对慈溪城市化过程中资源环境现状梳理的基础上,剖析其深层原因,最后,给出慈溪在资源环境友好条件下推进城市化建设的对策建议。

(二) 城市化进程与资源环境水平互动演化规律

1. 城市化与资源消耗的阶段性特征

在城市化与人类资源环境关系问题上,长期以来占主导地位的思想基本上是持否定态度的，认为城市化造成资源浪费、环境污染等问题。但笔者认为，城市化对资源环境的影响具有双向性，就两者关系而言，资源环境问题的存在并不在于城市化本身，而在于城市化如何进行。开放性的城市化系统，人类可以有目的地利用改造所依赖的自然资源和生态环境，而一定区段的资源环境系统也不断与人类活动系统进行着物质、能量和信息的交换。(城市化与生态环境耦合模式及判别)从动态视角看，城市化进程与资源环境水平演化关系就是区域人口聚集、经济快速发展与土地、水资源开发利用和生态环境水平相互作用的过程。

如图 14－1 所示，资源环境对城市化开发产生巨大的反馈作用与约束效应，当城市化推进速度使得资源环境恶化程度达到拐点时，理论上城市化与资源环境水平演化互动将出现三种可能的情景：在不采取应对措施情况下，随着城市化进程的加速推进，将导致资源环境持续恶化，并超过极限承载临界值(曲线Ⅰ)，资源环境系统演化将走向无序发展、不可持续的道路；通过采取相应的补救措施，使得城市化推进程度对资源环境的破坏保持相对稳定状态(曲线Ⅱ)，但始终维持在较高水平，资源环境承载压力仍然较大；为实现资源环境可持续发展，采取强有力的措施促进城镇开发模式转变及资源环境利用优化，使得城市化开发对资源环境演化水平的胁迫程度逐渐减弱，资源环境的恶化程度有所下降，并在其承载能力范围之内(A_2 点)。当城市化持续推进能够带来资源集聚环境优化，城市化与资源环境水平演化能够实现良性互动，并迎来新的发展周期，在理论上就将形成类似于环境库茨涅茨倒“U”型曲线的演化轨迹(曲线Ⅲ)。

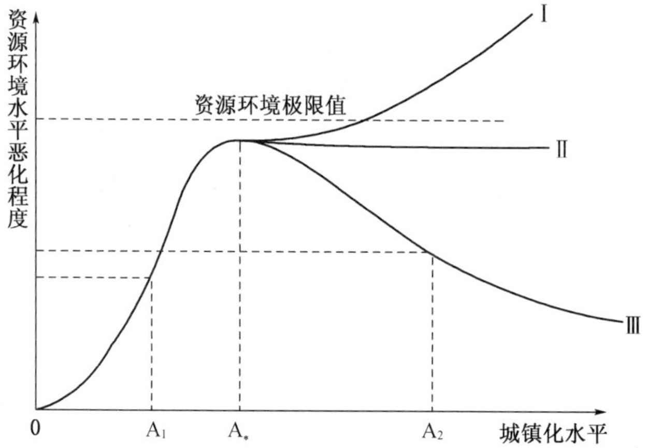

图 14－1　城市化与资源环境演变轨迹图

2. 城市化与资源消耗的相互影响

总体来看，城市化对资源环境既有负面影响，又有积极作用。

一方面，城市化进程的加速，造成城镇用地规模扩张、人口聚集、经济高速发展等，必然加速对资源环境的掠夺，环境中排放的废物增多，胁迫环境容量，出现各种资源环境问题。

另一方面，城市化又能对资源环境起着良好的促进作用，体现在资源集约循环利用、人口集散有机结合提高资源环境利用效率、推广环境教育效果显著、污染集中治理成本低效益高等方面。因此，做城市化进程中的农村资源环境代价分析，实质上是通过分析现状，剖析根源，找到适宜城镇发展的路径，以此努力扩大其正面效应，抑制其负面影响。当前，慈溪正处于工业化快速推进以及城市化加速发展阶段，从发展趋势上判断，慈溪城市化过程对资源环境的掠夺与破坏仍将持续存在，因此，分析慈溪在城市化过程中农村资源环境的利用现状，剖析其出现的根本原因，并最终提出在资源环境友好条件下慈溪城市化发展路径。

二、慈溪城市化进程中资源环境利用现状

(一) 土地资源浪费严重，承载压力加大

城市化在空间上表现为城镇建设用地规模不断扩大，农村耕地面积不断减少，从而导致农村土地资源承载压力加大。慈溪历史上多为滩涂，土地资源并不丰富，人均耕地仅为1.14亩。在慈溪乃至全国城市化建设过程中，地方政府往往只重视城市化发展速度及经济增长速度，将全部资源倾斜入城镇，但却忽略了对土地资源的长远规划，盲目追求规模和速度，道路频繁拆迁，导致土地资源的严重浪费。

在慈溪农村调研走访过程中发现，首先，城市化建设并未完全按照政府区域规划进行，建设随意性大，居民区、商业区、工业区分布混乱，滥用、占用土地的现象十分严重；其次，大多数村庄外延建房采取“马路经济”，摊大饼式向外扩张，为追求风水、面子经济等实行建高建大的攀比，慈溪宅基地面积超标严重，慈溪市内达到190平方米/户(这只是占地面积，并没有算建筑面积)，而后期针对傅家路村的调研发现，宅基地面积更是高达230平方米/户(表14-1)；很多人建设新宅后，将原有的宅基地废弃，其宅基地上的房屋也并未按要求拆除或退耕，而新立户家庭申请房屋建筑困难，只能占用耕地，以此导致农村人口减少与用地规模扩大的逆反现象。

表14-1　慈溪市及傅家路村的户均面积数据

		慈溪市的数据	傅家路村的数据	
		住房建筑面积	建房所占面积	院落空地面积
问题设计问卷数量	有效	431	930	631
	缺失	112	46	345
集中趋势和频散	均值	191.92	111.52	122.87
	标准差	111.94	41.582	416.953
	百分位25	100	90	40
	百分位50	160	110	65
	百分位75	250	120	120

(二) 水资源短缺与浪费现象并存

慈溪由于所处地理位置降雨量充足但时空分布不均匀、地表水拦蓄能力弱，在20世纪90年代之前供需并无多大矛盾，但随着城市化进程的推进，随着城市人口增加、经济高速发展，对城市用水的需求不断加大，慈溪虽不断开辟滩涂，但水资源开发利用仍然已逼近极限，而有限的水资源受到严重污染，水资源匮乏的威胁不断加剧。2012年慈溪水库年末为23座，总库容量为13 070万平方米，可开采地下淡水资源仅为782万立方米/年，年人均水资源

占有量仅为578立方米，全国的五分之一，浙江省的四分之一。2013年慈溪水资源总量下降，但用水总量却呈现持续增长的趋势。

一方面，由于高强度的人类活动和对资源的不合理开发利用，导致水资源从源头上可利用量大幅减少；同时产业发展粗放增长，仍然沿袭过去高能耗高排放低产出的发展方式，在慈溪实地调研活动中，目之所及的河流之上随处可见垃圾、绿藻等漂浮物，污染重漂浮物多，散发出腐臭，尤其是农场前街的河流，受工厂排污的影响，整体颜色已经发生变化，河水灌溉庄稼甚至都存活不了，因此致癌的达几十人，水资源受到严重污染，地表水环境容量十分有限，导致可用水资源急剧减少。

另一方面，存在着水资源大量浪费的现象。首先民众观念落后，普遍没有水资源短缺这一概念，认为其取之不竭，用之不尽，尤其是农业灌溉中大面积喷洒或任其流淌；其次水资源统一调度、优化配置管理体系不完善，导致水资源利用效率不高，最后水资源价格过低，尤其是工业用水，节水防污的成本远远高于用水价格，节水惜水积极性不高，没有充分发挥经济价值杠杆的作用。

（三）工业粗放发展方式带来严重环境污染，城市负荷加大

工业化发展带来了城市化，城市化促进人口、资源、环境等向城镇聚集，使其失去了原有的较低水平的动态平衡，使生态环境受到污染。目前，慈溪由于历史原因农村大量存在乡镇企业，大多以家庭作坊式存在，即前屋后厂的作业方式，规模以上的工业企业仅为1 155个，虽然保留甚至吸纳了一定的富余劳动力促进了城市化发展，但慈溪乡镇企业普遍是初级制造工业，存在生产规模小、技术含量低、高耗能、高排放等问题，且其分布广泛，数量众多，粗放经营，没有动力也没有能力购买先进的生产设备，缺乏相应的环保设施和配套的污染处理设备，产生大量的废水、废气、废渣，据悉2012年慈溪工业废水排放量1 915万吨，工业二氧化硫排放量9 179吨，工业粉尘排放量3 900吨。

工业发展带来了人口集聚，但产业的发展空间及速度难以维持或跟上城市化带来的就业规模。慈溪2012年人口密度为766人/平方公里，远超宁波市人均密度588人/平方公里，人口过度集聚导致自然资源过度开发与消耗，超过环境容纳量和承载力，基础设施超负荷操作运转，基层人员就业不稳定，本身作为城市化过程中日益恶化生态环境的受害群体，在经济效益无法有效保障的前提下，更无力关心生态环境，而其带来的生活方式则会加剧城市生态环境的恶化。

（四）农业生态环境遭受破坏

农村城市化改变了农民的土地占有预期，加之农村土地征用没有形成完善合理的补偿制度，这从根本上动摇了农民对土地财产的收益权，强化了农民的短期利益心理。农民普遍存在着种一季算一季的心理，改良土壤的有机肥投入量大量减少，而为了保持地力和产出率使土地收益短期最大化，农民对土地实行掠夺式经营，在有机物投入减少的情况下，不得不依靠无机化肥的施用，化肥中的有害成分在土壤富集使得土壤污染，地力衰退。与此同时，农村城市化促进了人口聚集，产生的大量有机排泄物和其他废弃物量大集中，但又无法有效进入农田系统，割裂了人类有机排放物与农田生态系统的必然联系，导致农田生态系统内部

能量代谢平衡关系被打破，农田生态环境遭受破坏。

而在城市化推进过程中，基层政府为了尽快推进当地工业发展，增加财税来源，实现政绩凸显，只重视乡镇工业发展对农村城市化率的提高和当地眼前经济增长的贡献，无视其设备简陋、技术落后、粗放经营等带来的环境污染、资源浪费，因而在引进工业企业发展过程中，放松对企业土地占用、资源开采等方面的管理，常常开后门乱放政策，在没有进行资源环境污染评测情况下，无规划地任意建立工业开发园区，造成土地特别是基本农田和自然资源被大量占用、滥用，所带来的环境污染严重破坏了农田原有生态系统。

第二节　农村资源环境的保护与可持续发展

一、造成资源环境问题的原因分析

（一）政府体制、法律层面不完善

1. 片面的政绩观，生态机制不完善

在市场经济条件下，基层乡镇政府承担着处理好经济发展与资源环境保护关系的职能，但由于缺乏科学发展观及干部考核制度和乡镇财政体制上的缺陷，导致基层政府和干部在经济管理活动中的职能错位，没能建立起正确的政绩观。首先，在地方政府官员考核体系中，GDP 增长一直是主要考核指标，而“临时父母”的三四年官员任期制，使得政府官员为了在任期内取得政绩，往往置资源环境于不顾，而将精力都放在了“争项目、抢资金、促 GDP 增长”上，在农村工业发展与资源环境保护两方目标冲突的情况下，为了实现增速和产值目标，满足政府运转需要，必然会舍环境而取经济，资源浪费和环境恶化势所必然。

其次，城镇规划缺乏稳定的体制保障。城镇政府拥有制定规划、调整规划的权力，这使得城镇政府对规划过于随意，没有长远目光，往往换届政府就换条思路，城镇长远稳定发展成为空谈。

第三，缺乏问责制度。现有村庄城镇仍然存在一人决策制，在城镇建设中管理者决策不进行专家问谈可行性论证，一意孤行，为了发展地方经济，往往引进一些高能耗、污染重的重工型工业企业，决策失误后缺乏相应的制度问责，造成资源的极大浪费和环境污染的加剧。

2. 环保法律法规不完善，环境法治运行失衡

目前，慈溪专门针对农村环境保护与治理部分的法律与条款几乎为空白，而对农村资源环境保护有所涉及的各类规定未充分考虑农村城市化进程的具体适用，如取证困难、农民上诉渠道缺失等，导致农村弱势群体利益得不到保护，生态环境整治无法有效推进。而乡镇农村环境保护机构效力低，资金支持力度较小，加上一些存在于行政机关中的普遍问题，如执法人员业务素质乃至综合素质低下等，使得农村环境监管乏力。

在城市化问题上，地方政府环保机构往往陷入促进经济发展与保护资源环境的两难境地，政府官员在政绩考量与法律条文规定前常常存在矛盾，而农村乡镇政府受制于地方利益保护、经济扩张和政绩考核，往往取经济效益而舍法律规定，在农村环境保护管理上规划不力，行动迟滞，在环境治理上执法不严，有法不依，最终导致监管缺失，污染加剧。同时在我

国长期以来社会发展中，重管理轻参与，重行政轻市场等问题突出，公众一方面不信任政府，一方面又依赖政府，参与资源环境保护的动力机制缺乏，因此，导致政府无力应付与社会参与管理机制缺失等问题，使得资源环境监管不力。

3. 政府能源价格管制

目前，我国多数能源产品价格受到政府严格管制，慈溪也不例外，这种行政主导价格机制既不反映市场供求，也不能有效体现资源稀缺程度。政府对能源价格管制会造成两方面的不利影响，一是能源价格具有普适性，通常定价较低，对于工业企业而言，低价位的能源价格成本要远远小于污染处理成本，资源环境破坏所需要付出的代价较小，从而诱使高耗能高污染产业的迅速扩张，能源浪费严重，利用效率低下；二是能源行业技术进步缺乏动力，能源价格管制扭曲了资源的实际市场相对价格，无法反映资源的相对稀缺程度，从而使得企业丧失了进行技术创新的动机，为企业技术创新施加了障碍。

（二）农村经济发展

1. 政府、公众环保意识淡薄

目前，慈溪关于城市化与资源环境协调发展还处在探索阶段，基层政府人员对城市化进程中资源环境规律认识不足。一种观念过分强调眼前经济效益，片面理解“发展是硬道理”，一味追逐经济利益的最大化，使得环境保护在经济效益面前一文不值，环境被置于牺牲品地位。另一种观点依托发达国家城市化进程“U”形经验，主张先发展后治理，借鉴发达国家工业化进程中，环境污染严重，待经济发展到一定程度，科学技术改进与提升，就会使得资源得以替代，环境污染得以治理，所有的资源环境生态问题就可以依赖技术得以解决，由此导致的结果就是以资源环境为代价换取城市化率的虚高。而民众则持有事不关己高高挂起的心态。一是普遍认为环境属于民生问题，是政府应该予以保障的，对于整个村庄的环境及河道并不关心，只关心自己居住周围，有点“只扫自家门前雪”的意味，同时自己属于社会弱势群体，人单力薄，加之对基层政府治理的失望，难以负担起环境保护维权的责任。二是在农村“笑贫不笑娼”观念约定俗成，民众过分追求自我生活水平的提高，只关注高薪企业所带来的个人经济收益和福利保障，而忽略其所带来的资源环境问题。

2. 企业粗放经营方式

随着城市化进程的逐步加快，城镇土地因其稀缺性价格飙升，一大批企业为降低生产成本向农村迁移，成为当地农村的主要经济支柱，因排污收费低、污染受害人司法维权难、农村环保不受重视等原因，污染企业迁移到农村后排放的“三废”更胜以前；而村级管理人员受限于目前的政绩考核制，只注重短期 GDP 增长等经济利益，未将环境保护因素考虑在内，工业企业充分利用地方政府急于出经济成果而不顾环境危害的心理，将城市污染转移到农村，这些工业污染物在农村分散，由于治理不周或不及时，产生了大量融汇，其排放量超过了环境承载能力，加剧了环境污染和资源浪费，从而造成以环境污染为代价的经济粗放增长。

3. 农村科技环保技术不足

现有的农村环境污染，多是套用解决城市污染和规模以上工业企业污染的末端治理，但由于农村的生活污染、企业工业污染以及集约化畜禽养殖场污染等污染源分散、点多量广，受限于最小规模限制、污染物收集困难、成本高等原因而难以推广。而乡镇环保资金不足，市政建设技术水平落后，难以建立起一套完整的污水处理系统，垃圾收集分类处理尚不完善，生活污水、垃圾均处于直接露天排放状态，乡镇企业小规模经营没有能力也没有动力引进污染处理设备和环保创新技术，导致大量污染物的排放。

（三）城乡二元结构加剧了环境恶化与资源消耗

长期以来国家和地方政府投资几乎全部投到工业和大城市，农村从财政渠道得不到污染治理和环境管理能力建设资金，也难以申请用于专项治理的排污费，导致农村环保部门缺乏相应的管理经费，即使有未存在有效监管也可能挪作他用，没有有效的经济手段对环境外部性进行整治，致使城镇没有能力进行环境保护。而现有的环境管理体系，是建立在城镇和农村点源污染防治上的，城乡社会采取和实行了不同的生态环境保护政策，生态环境保护工作从一开始就把投入重点放在大城市、投入结构放在大工业和大工程上，对农村污染及其特点重视不够，加之农村环境治理体系发展滞后于农村现代化进程，导致其在解决农村环境问题上不仅力量薄弱，而且适用性不强。

由来已久的城乡二元结构不仅加剧了城乡经济分化，同时也形成了城乡分立的环境监管体系，使资源环境的整体性因行政区划而被人为割裂，导致资源环境管理不畅。城乡资源环境监督管理系统在内容、方式等方面都存在很大不同，使得治理工业污染的策略在农村不能取得较好成效，进行农村环境整治的措施又无法应对工业污染的转移，城乡之间的不均衡发展，使得城市与农村资源环境保护之间差距大、标准不一、体制不顺等，造成城市化在加速推进过程中容易对原本脆弱的农村资源环境系统形成巨大冲击。

二、保护资源环境的可持续发展

（一）制定符合生态经济的城市规划

历史经验和发展规律表明，城市建设必须规划先行，从城镇的功能定位、区域布局、产业支撑和文化品位等方面，做到因地制宜，突出特色。严格按照北扩、东延、南调、西控和中更新的发展方向去拓展慈溪城市形态，构建一中心、三条轴、一基地、四片生态绿地和六片区的中心城市结构。要把资源环境保护和建设规划纳入政府长远工作计划之中，使资源环境保护走上规范化、制度化轨道，按照区域资源环境承载力确认城市化的发展规模及速度。在慈溪长期发展规划中，不但要考核城市化的增长率，更重要的是要引入城市化进程的资源环境约束指标，建立和完善各级政府对资源环境的责任制，把单位城市化水平的能耗、水耗、地耗、污染物排放量等作为约束性指标，同单位 GDP 能耗、单位 GDP 水耗、单位 GDP 污染物排放量等一样纳入地方政府政绩考核指标中去，提出明确可操作的消减比例，制定和实行严格的考核、奖惩制度。

（二）推行适速适度的城市化发展模式

为防止在城市化推进过程中的"冒进"和"轻质重度"，应根据环境资源容量来推进城市化，正确处理好新型城市化速度与质量的辩证关系，把提升城市化质量作为重点，科学核算与慈溪资源环境承载能力相适应的城市化水平，严防各地脱离慈溪实际资源环境承载力，过分追求城市化发展速度，或是以剥夺其他地区的资源环境为代价换取当前的城市化率，使新型城市化速度与资源环境承载力相适应，推行适速适度紧凑型城市化发展模式，科学控制城镇建设用地的规模，严格执行慈溪市政府城镇规划和有关城镇建设用地的条令法规，严防城镇用地过度扩张侵占耕地等现象，平衡城镇建设用地、耕地及绿化森林的分配比，保证慈溪走资源环境友好的生态城镇之路。

（三）优化城镇布局，转变经济增长方式，构建合理优化的城镇产业链条

优化城镇布局，按照工业区、商业区和住宅区等不同功能区环境保护要求进行区划布局，新建的工业企业集中于工业园区，对其所排放的污染物进行集中处理；根据环境容量和资源环境承载力要求，优化产业结构，政府加强引导和补贴发展第三产业，鼓励与支持发展污染少或无污染的高新技术产业，进一步淘汰高耗能、低产出的污染工业企业，如我国东北老工业基地城市的衰退，主要是因为资源枯竭、产业结构未能及时优化升级造成的结构性衰退；在工业布局中，必须摒弃传统经济"资源—产品—污染排放"的单向流动线性模式，而采用"资源—产品—污染排放—废物利用"的循环经济组织形式，借鉴丹麦的"卡伦堡模式"，鼓励形成第二产业循环经济，城市中的企业组成一个网络结构，在生产过程中，彼此交换"废料"，变废料为原料，大大提高资源使用效率；实行最严格的土地和水资源等管理制度，大力倡导绿色循环等先进模式和技术，保障城市化进程中三次产业的可持续性。

（四）提高污染排放标准，形成市场调节机制

一是提高不同行业污染物排放的限定标准和排污收费标准，促使企业污染治理达到国家和地方的高要求；二是将环境成本内部化、城市环境产权化，运用市场经济杠杆，建立治污的奖惩机制，将资源环境成本纳入到各项经济分析和决策过程，改变过去无偿使用环境并将成本转嫁给社会的做法；三是应打破政府对能源价格的严格控制，建立合理的能源价格形成机制，尽快与国际能源市场接轨，确立市场经济机制在能源资源配置中的主导作用；四是加大环境整治力度，对违规排放的企业给予严厉的经济处罚和必要的行政问责，将环境质量纳入到地方官员的政绩考核中，严格落实环境质量领导负责制，改变以 GDP 作为导向的考核机制，加强地方经济可持续发展能力的考核，切实做到措施到位，权责相等。

（五）加强立法，推动环境法治建设

慈溪农村资源环境问题的解决有赖于法制体系的建构与完善，只有权益明细，权责对等，才能构造出有法可依、有法必依的良好氛围。但由于农村环境保护覆盖范围广，国家或者省级层面的法律对涉及慈溪农村环保事项所作出的原则性规定并不能涵盖现实问题的解决路径，因此，慈溪可充分发挥地方先行先试的立法优势，结合地方资源环境特点，抓紧制定与之相适应的操作性较强的专项资源环境保护立法，从而明确权责，做到有法可依，将生态理念融入发展之中，建立健全资源环境监管长效机制，严格执行资源环境质量检测监控。

建立生态环保投入的长效机制，在城市化发展过程中，对污染重、能耗高的项目坚决不予审批，对已经造成污染的企业，按照污染种类、污染程度等的不同，制定阶梯式的补偿标准，对污染严重行业限期整改甚至关闭，加大对各类环境破坏资源浪费行为的惩处力度；而对产生环境正外部性的企业建立专项资金奖励机制，设定专项基金增加对农村资源环境保护的投入，并出台相应的扶持政策如优惠信贷等，给予高效环保行业财政、资源等倾斜性支持，力争以最小的资源环境代价推动城市化健康有序发展。

第十五章

认知与行动:“五水共治”的市民认知度调查

五水共治是指治污水、防洪水、排涝水、保供水、抓节水这五项。这是一个大目标、大思路。这是浙江省政府近期推出的大政方针,是推进浙江新一轮改革发展的关键之策。浙江是著名水乡,水是生产之基,生态之要,生命之源。五水共治是一石多鸟的举措,既扩投资又促转型,既优环境更惠民生。水文化的价值在于它让人们懂得热爱水、珍惜水、节约水;进行五水共治,是平安浙江建设的题中之意,直接关系平安稳定、关乎人水和谐。可治理自来水、江水、河水等水流的污染问题。

为深入了解慈溪城乡居民对“五水共治”工作认知度,进行了民意调查,本次民意调查结果表明,城乡居民对全市水资源和水环境现状总体呈现“两低一高一多”即,对“五水共治”的认知较低、对水环境满意度较低、对参与治理的意愿较高、居民参与方式多元的特征,居民的生态意识较强,认为“五水共治”对慈溪今后发展具有积极意义,建议将减少工业污染排放、加大监管力度等作为今后治水的工作重点。

第一节　民众对于“五水共治”的认知

一、调查方法与背景

本调查主要针对慈溪地区城乡居民,采用分层随机抽样,共发放和收回 300 份问卷,根据问卷答题情况(有的问卷没有答完整)完成有效问卷 208 份,有效率达 69%。

在接受调查的人群中,男女比例为 27∶23,其中未满 18 岁的占 5%,18—25 岁的占 69%,26—40 岁的占 12%,41—60 岁的占 7%,60 岁以上的占 7%。从文化程度分布来看,所占比例最大的是高中及以下文化程度的人群,占 60.5%,且大多为老年人群及学生,研究生及以上文化程度的仅占 4.5%。从职业上来看,国家机关及事业单位占 20%,企业占 24%,学生占 6%,教师占 9%,农民占 26%,自由职业占 11%,已退休占 4%。从调查的区域来看,其中城市占 57%,农村占 43%。

此次调查的空间范围几乎覆盖整个慈溪市,人群年龄和文化程度基本代表了慈溪市的不同人群的文化程度,可保证调查结果具有代表性。

二、市民对五水共治的了解

根据调查显示，居民对五水共治的普遍认识较高，具体概念较低，对此我们从以下几个方面进行详细分析。

1. 对五水共治的印象认知较浅

是否听说过五水共治是认知的第一层次。调查显示，在问及“您了解‘五水共治’吗”时，4.33%的市民表示“非常清楚”，51.44%的市民表示“只知道一点点”，两者相加占55.77%。由此可见，还有44.23%的市民从来没听说过“五水共治”，对“五水共治”一点都不了解(图15-1)。

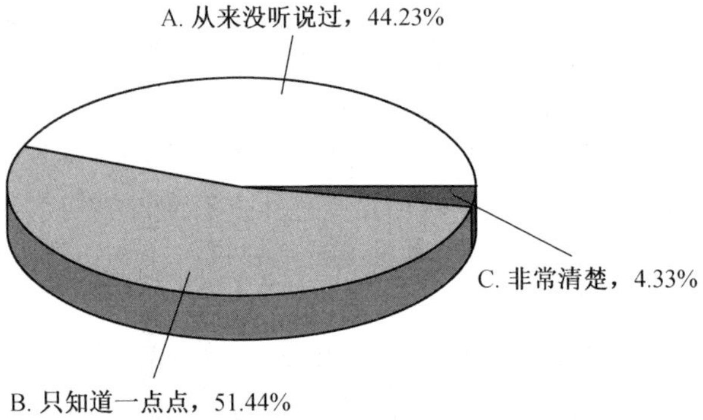

图15-1 您了解“五水共治”吗?

2. 对五水共治的内容认知模糊

是否知道五水共治的具体内容是反映受访者认知的第二层次。调查中，当具体问及“五水”具体指哪些时，只有3.4%的受访者能够完整回答，调查反映出市民对“五水共治”的理解多数只停留在治理污水的层面。受访者认为“五水共治”最重要的“治污水”，达70.67%。虽然从去年开始，“五水共治”就频繁出现在电视、报刊等媒体上，很多人对这个词已经耳熟能详，但要说起这“五水”分别是什么，多数市民还一时说不全。“五水共治”，五位一体，治污水是重中之重。“五水共治，治污先行”，一方面，老百姓对污水感观最直接，体会最深切，也最深恶痛绝;另一方面，治污水，老百姓看得到、摸得着、感受得到，最能带动全局。治好了污水，顺民意得民心，取信于民服务于民。联系第一问，这一结果反映出通过“五水共治”的宣传，群众已有一定认知，但力度还不够，需要媒体及相关部门在宣传上更加注重方式方法，促进“五水共治”工作内容、知识的全面普及(图15-2)。

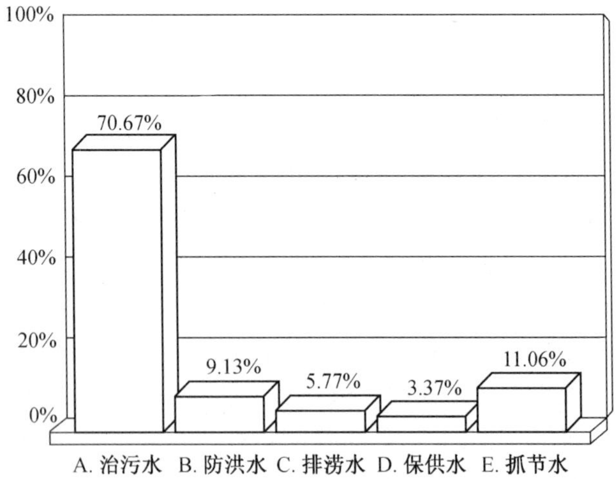

图15-2 五水共治的具体内容

3. 对五水共治的重点认知集中

是否知道“五水共治”的工作重点反映受访者认知的第三层次,也是最高层次。在问及“您认为抓好‘五水共治’工作的重点是什么”时,41.1%的居民认为“五水共治”的重点应该在“减少工业企业污染排放”,成为被选比例最高的选项。其他选项依次为:“政府要加大监管力度”占18.9%,“提高居民环保意识,从自身做起”占14.5%,“加大投资力度,完善污水处理等基础设施”占9.2%,“减少农业面源污染”占9%,“垃圾集中处理,严禁随意丢弃垃圾”占8.4%,“节约用水,保护水资源”占6.4%,“对河道进行疏浚、清淤”占5%。调查结果直接表明,治理工业污水是治水工作中的重中之重。也从侧面反映出“五水共治”是淘汰落后产能,推进工业转型升级的必然选择。而加强监管、农业治污、环境整治也是推进“五水共治”的重要途径。更进一步,当问及“哪些措施对污水治理有效”时,要“加强对污染企业的监管和执法力度”占94.59%的同时,要“加强对乱扔乱倒行为的处罚”63.51%,“加强污水管道建设”58.11%、“定期清理河道垃圾”58.11%等选项也被同时提及(图15-3)。

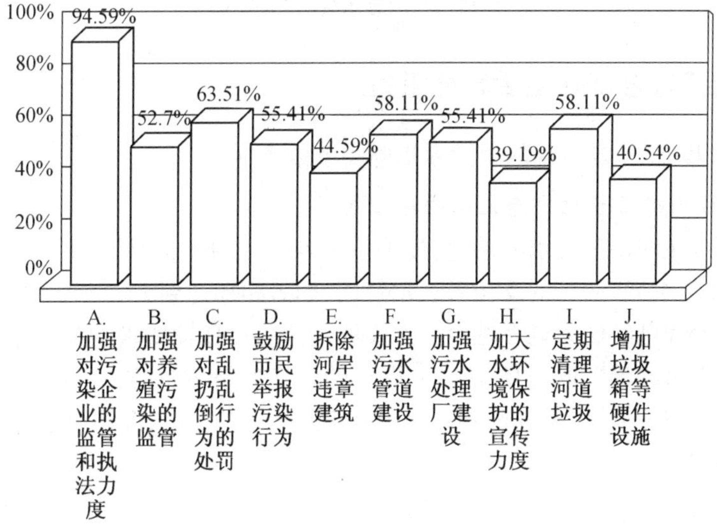

图15-3 哪些措施对污水治理有效?

4. 对五水共治的意义认知不深

调查显示,受访者普遍认为五水共治的意义与生态环境有关,“加强生态文明建设”和“优化绿色环境”各占85.14%、74.32%,余下的是“掀起一股节约、节俭的新风”占54.05%,“促进社会平安稳定与和谐”占59.46%,“保持经济平稳增长”占39.19%。在对“加强生态文明建设”、“掀起一股节约、节俭的新风”、“保持经济平稳增长”、“促进社会平安稳定与和谐”、“优化绿色环境”、“其他”进行排序时,排除“其他”选项,有85.14%的受访者把“加强生态文明建设”排在了首位,把“保持经济平稳增长”排在了末位,这说明了群众对生态环境的关切,突出生态环境对居民生活质量具有直接的关系。但是,也表明群众对“五水共治”单纯理解为生态环境建设,没有看到“五水共治”对经济社会可持续发展的重大意义。什么样的发展方式,决定了什么样的水体水质。治水实际是治理发展观。“五水共治”,就是向“粗放的发展方式和生活方式宣战”。这是一次不仅为了转变经济发展模式,也为了转变我们自身生活方式的战役(图 15-4)。

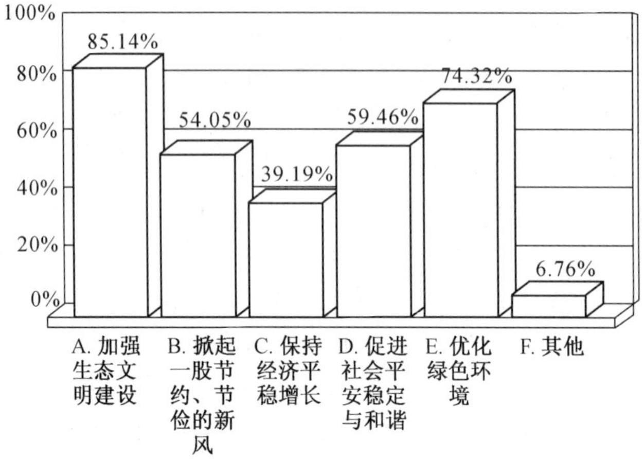

图 15-4 “五水共治”的意义

三、“五水共治”与老百姓生活息息相关

(一)“五水共治”与老百姓的生活幸福感关系紧密

1. 水治理成为老百姓对生态文明的核心要求

本次调查中,在问及"‘五水共治’直接关系到老百姓的幸福感”是否赞同时,有 42.86% 的受访者表示非常赞同,50%的受访者表示赞同,两者相加达到 92.86%。联系上文,我们可以发现,水环境治理已经成为老百姓对生态文明乃至居住环境要求的最直接的反映。治水,是民意所在。“五水共治”,既是响应中央提出的转变经济发展方式,也跟老百姓的想法一致、利益一致。经济发展了,家乡却不再美丽,即使衣食丰足,老百姓也会强烈不满,幸福感会大打折扣(图 15-5)。

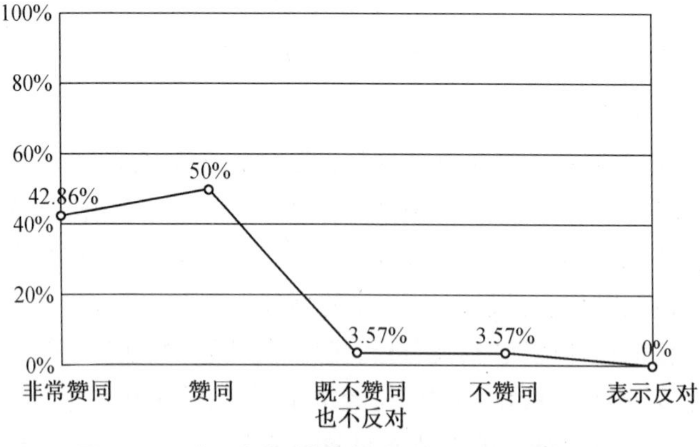

图 15-5 “五水共治”直接关系到老百姓的幸福感

2. “五水共治”的相关成效

在问及“五水共治”的相关成效时,从“生活的城市或小区的环境在‘五水共治’政策出台

过后有什么突出的改变"来看,46.43%的居民认为"周围的环境卫生有所改善",10.71%的居民认为"居民的节水意识有所提高",10.71%的受访者认为"城市绿化建设更加突出"和"居民生活习惯有所变化",也有21.43%的群众认为"周围环境变化不大"(图15-6)。

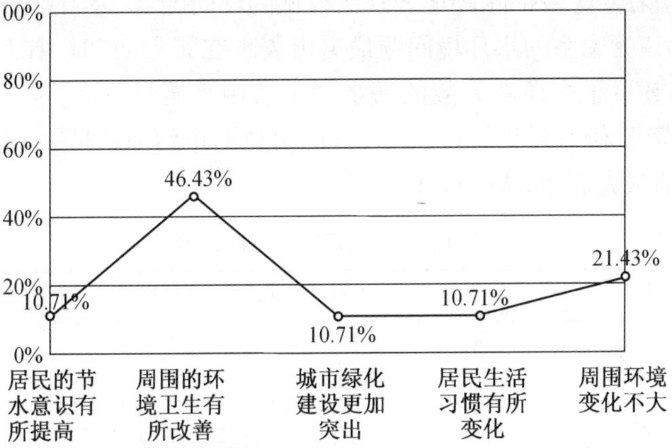

图15-6　五水共治对居民生活的城市或小区环境带来的改变

(二) 对市民个人生活带来的积极影响

从个人角度看,"五水共治"活动开展以来也对慈溪市居民产生了一定影响。当问及"'五水共治'活动开展以来对您及您的家人带来怎样的改变?"35.71%的居民认为"用水利用率提高,多次循环利用",21.43%的居民开始"生活垃圾分类处理",17.86%的居民"生活用水更节约"了,14.29%的居民认为"生活成本有所下降,生活质量提高",也有10.71%的居民认为"治水与个人关系不大,改变微小"(图15-7)。

总体来说,"五水共治"活动开展以来让慈溪市居民的生活得到了改善,生活用水节约了,生活垃圾对水资源的污染也有所减少。

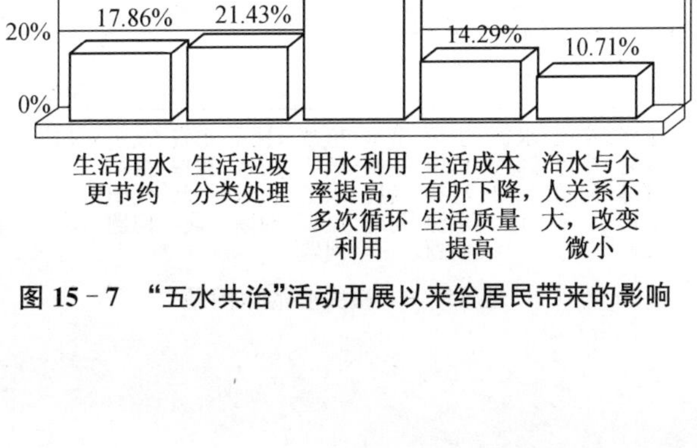

图15-7　"五水共治"活动开展以来给居民带来的影响

四、对水环境的满意度评价较低

(一) 河流污染是水问题的重中之重

调查显示,受访者对家乡的水环境表现出较低的认同度,认为满意的只占 7%,当问及最关心的水问题,“你认为家乡的水环境问题最突出表现在哪方面”时,有 58.66%回答“河流、湖泊等污染严重”,超过了受访者人数的一半,“生活用水质量下降”为 14.42%,“水资源短缺”为 8.17%,“水资源利用率低”为 18.75%,说明慈溪市河流、湖泊污染相当严重,污水治理应该从河流、湖泊最先着手(表 15－1)。

表 15－1　水环境满意度评价

选项	小计	比例
A. 生活用水质量下降	30	14.42%
B. 河流、湖泊等污染严重	122	58.66%
C. 水资源短缺	17	8.17%
D. 水资源利用率低	39	18.75%
本题有效填写人次	208	

根据调查结果,我们对市民最关心的水问题进行了简单排序,从排序上来看,排在前五的依次是“生活垃圾污染水源问题”67.86%、“企业排污问题”53.57%、“水资源短缺问题”50%、“生活用水质量问题”42.86%、“植被破坏水土流失问题”与“节水技术发展问题”均为 39.29%(图 15－8)。

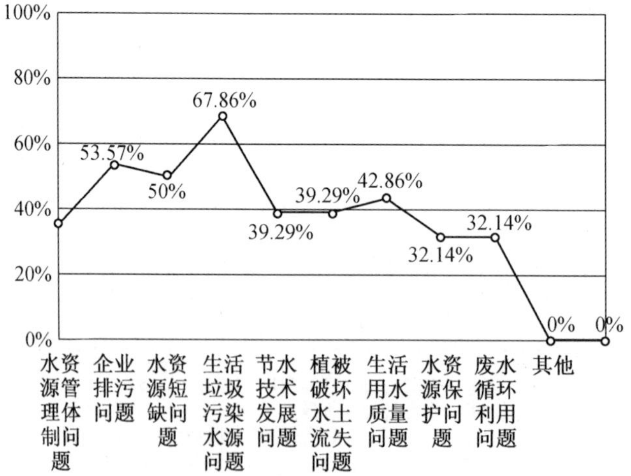

图 15－8　最关心的水问题

(二) 工业污水排放是最难以忍受的现象

在问及"哪几种关于水的问题让您最难以忍受"时，"工业污水排放"高居榜首 63%，可能与工业废水毒性较大、气味难闻、处理难度大三个原因有关。其他难以忍受的水问题分别为饮用水污染占 58%、城市内涝占 35%、河道污染占 60%及其他占 12%(图 15－9)。

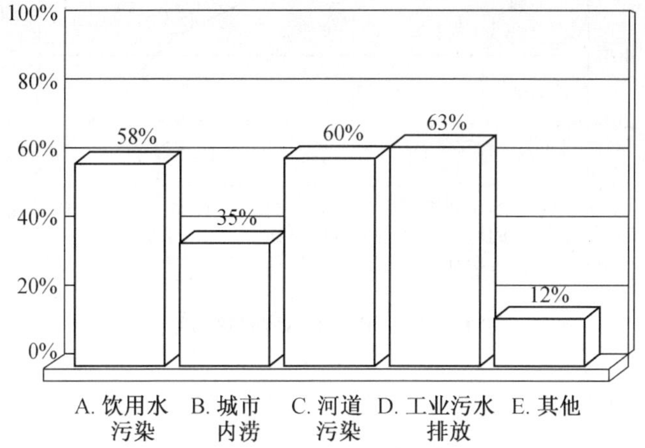

图 15－9　哪几种关于水的问题让您最难以忍受？

第二节　再造青山绿水的行动意愿

一、找准引起水环境污染的根本原因

在引起水环境问题的原因中，"人们的环保意识较弱"达 77.4%、"企业工厂的污水处理不合格"达 69.71%、"政府重视程度不够"达 66.83%、"农业带来的污染(农药、化肥等)"达 45.19%，很多受访者认为不文明的用水现象导致了上述问题的恶化，从根本上来说，是因为我们的意识问题、政府的制度设计问题(图 15－10)。特别在学历上，大学以上学历认为是人们的环保意识问题，而大学以下更注重政府重视程度；从职业上来看，政府机关工作者更多的认为人们的环保意识问题，而企业和民间工作者更多的认为是政府重视程度。从学历和职业不同，可以发现问题原因认识的程度区分，低学历与从业者更多地关注公权力的职责，而高学历与体制内成员更多地关注群众的整体素质。需要党委政府注意这两个维度，找到造成水问题的原因，采取有效措施加以解决。

在问及"你认为水污染的主要原因什么？"时，有 79.73%的受访者选择了"企业污水乱排放"，受访者具有高度的一致性(图 15－11)。

需要指出的是，近年来，慈溪市乡村旅游呈现出井喷现象，发展迅猛，随之而来的是在全市一些大中小型水库水源地保护范围内，聚集了多家畜禽养殖场、农家乐、乡村旅馆、笋厂等，存在大量的生活污水、化肥农药残留、畜禽养殖粪便、工业企业排污等污染源，磷、氨氮、石油、生活污染、工业污染和养殖污染已成为水环境污染的主要因素，水源地保护形势严峻。

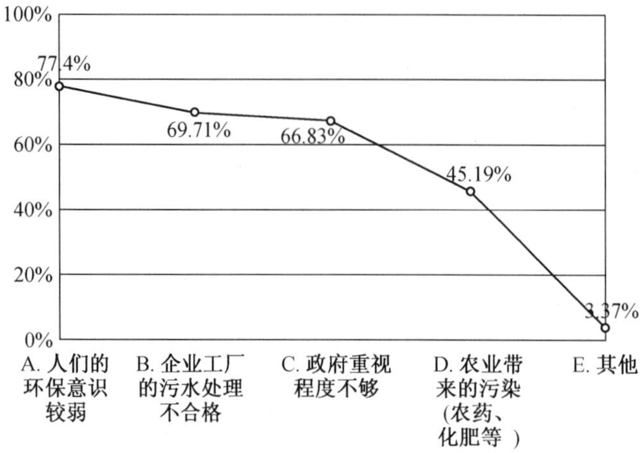

图 15－10　引发水环境问题的原因

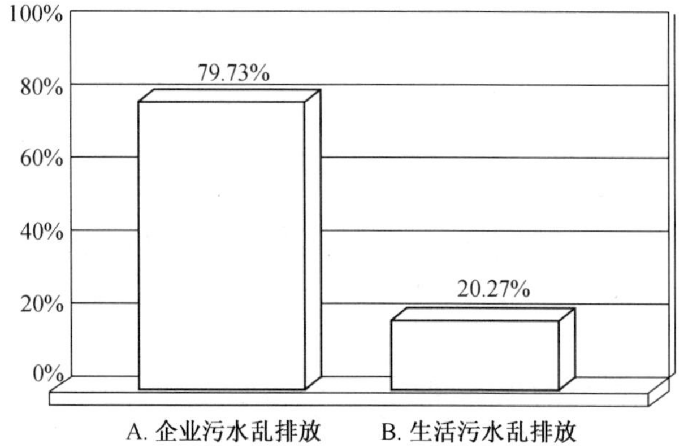

图 15－11　水污染的原因

二、提高民众对“五水共治”的参与意识

(一) 民众对参加“五水共治”活动有积极意愿

调查显示，在问及“您是否愿意志愿参与慈溪市开展‘五水共治’工作”时，有 39.29%的居民表示“非常愿意”，46.43%的居民表示“比较愿意”，两者合计为 85.72%。另外，表示“不在意”的占 10.71%，“不太愿意”和“无所谓”的占 3.57%(图 15－12)。调查结果充分表明，通过广泛发动和舆论宣传，慈溪市开展“五水共治”已具备良好的社会氛围和广泛的群众基础，它不仅已深入人心，更加深得人心。需要注意的是，表示“不在意”的受访者，更多集中于企业之中，在学历上偏向高学历者，说明全市企业和高学历者缺乏调动自身积极性，力争自主创新和做好公共服务的意识。

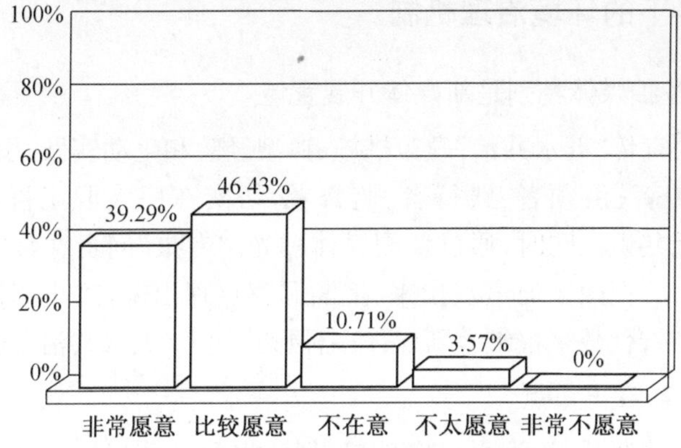

图 15－12　对"五水共治"的参与意愿

（二）参加五水共治的途径和方式多元

"您觉得在'五水共治'中能做什么?"针对这一问题，有 38%的受访者认为可以通过"节约用水"，30%的受访者提议"不往河里扔垃圾"，也有群众认为应该"参与治水公益活动"14%、"举报乱乱排乱放污水"11%，以及参与宣传"五水共治"等活动(图 15－13)。

从学历上看，高学历者倾向于公益活动，而低学历者倾向于不乱扔垃圾以及举报。从职业上来看，企业人员更愿意做自己能做的事情——节约用水，而政府机关人员更倾向于"参与治水公益活动"。

不管是从学历上看还是从职业上看，每个人都能从自身出发，想到一些有助于五水共治的途径和方式，说明很多受访者对五水共治有很高的支持度。

也有受访者认为，应该为"五水共治"捐款，25%的居民非常愿意捐献一份力量，50%的居民乐意做此事，两者相加为 75%，有 14.29%的群众表示一般，随大流。

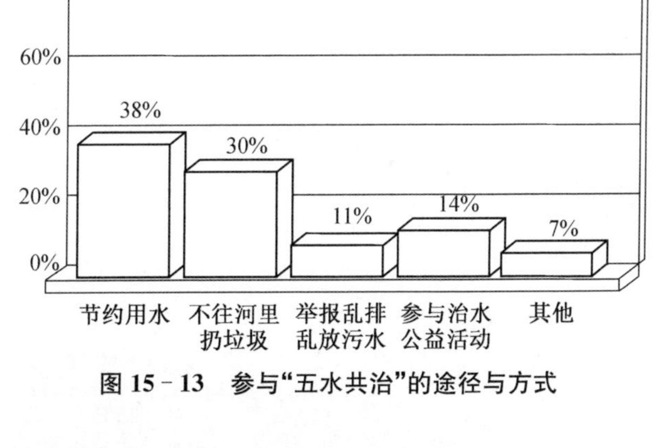

图 15－13　参与"五水共治"的途径与方式

三、完善政府主导下的环境治理机制

(一) 有效利用各种媒体特别是新媒体开展宣传

通过媒体多层次宣传“五水共治”政策措施、典型经验和生动实践,引导广大职工群众争当“五水共治”的宣传者、引领者、践行者、监督者,切实在广大职工群众中凝聚起积极投身“五水共治”的广泛共识。同时,通过新闻媒体曝光、“专报”问责、“督办件”高压跟进的方式,把排污企业揪出来、把问题河道点出来、把漏洞盲点理出来,防止遮遮掩掩。除此之外,借助政务微博、微信平台、数字报纸等新媒体多种形式加大“五水共治”的宣传力度。

(二) 要兼顾统筹,突出重点

打赢“五水共治”攻坚战,治污水是突破口,把治水和区域规划发展统筹起来,与新型城市化、新农村建设、美丽乡村建设等工作紧密结合起来,加强协调、合力推进,确保取得新成效、新突破。① 重拳整治产业源头,即使舍弃一些财政收入,也要坚决整治淘汰落后产能,对农业牧业坚决减污控污,坚决防止低端项目进入。② 对违法行为“零容忍”,从重从严打击各类违法排放行为和违规排污企业,同时,将收缴的一部分排污罚款用于奖励治污成效明显的企业。③ 全面整治河道两边农棚田舍、畜禽养殖场、河道内养殖网箱,全线封堵违法排污口,打通断头河,清淤疏通河道,推进污物排放的集中化、无害化处理。

(三) 要凝聚起推进“五水共治”的强大合力

确保“治水强基攻坚年”工作责任真正落到实处。治水大业功在当代、利在千秋,党员干部务必冲在一线、干在一线,以治水强基“十大专项行动”为引领,自觉践行全心全意为人民服务的宗旨和理念。与此同时,我们还要组织动员社会各界,以主人翁的态度理解、支持并参与“五水共治”,积极营造全社会广泛参与“五水共治”的浓厚氛围。通过开展“爱护母亲河志愿者行动”、“党员先锋行动”等系列活动,成立由退休干部、老党员等组织的保洁监督志愿者小组,不定期对周边的区域河道进行巡检监督。

第十六章

融合发展:低碳消费与经济转型

全球气候变化形势日趋严峻,削减碳排放、应对气候变化成为人类的共识。随着城市化进程的加剧和人民生活水平的提高,城镇居民生活能源消费需求越来越大。城市居民的能源消费行为能否低碳,不仅直接影响到能源消费数量、增长速度和用能结构,也间接影响到工业品的消费价值判断和选择。加强居民消费行为的政策引导和适当干预,降低居民日常消费过程碳排放,已成为当前节能减排行业的热点问题。低碳消费行为是以低能耗、低污染、低排放、低浪费为特征,以降低碳排放、推行绿色消费为手段,以满足消费的经济需求、社会需求、生态需求与文化需求为目的的一种经济活动,倡导低碳消费是一种文明、科学、健康的消费生活方式。

第一节　低碳消费行为对生态环境的影响

本节对低碳消费行为的内涵和特征进行分析,为后面的机制分析和干预路径奠定了理论基础。在分析低碳消费行为前,先对一般意义上的亲环境行为进行总结和探析,分析其一般的理论内涵和外延。并在此基础上,进一步揭示低碳消费行为的内涵界定、本质特征和分类维度。

一、亲环境行为的内涵和外延

(一) 低碳与环保是现有文献讨论焦点

从现有文献看,不同学者在研究中采用了不同的变量名称:能源保护行为、环境意识行为、生态相容行为、生态友好行为、资源保护行为、环境敏感行为、绿色购买行为、绿色消费行为等。这些行为变量在内涵和外延上存在一定的差异。另外,即便不同学者使用同样的变量名称,其内涵也并不完全一致,量表也存在一定的差异。广义上说,公众从事的有利于社会环境保护的所有行为都属于亲环境行为。但对于亲环境行为的内涵与外延,不同学者的观点并不完全一致。

Hines 等人提出将环境负责行为分为五类:一是说服行为,即通过言辞说服他人采取环境行为;二是财务行为,即利用经济手段保护环境的行为;三是生态管理行为,即为维护或改善现有生态系统所采取的实际行动;四是法律行为,即为加强环境立法和环境法律的实施采取的行为；五是政治行为，即通过政治手段促进政府部门采取行动解决环境问题的行为。

Stern 等人将环境意义行为分为以下四类：一是环境激进行为，如积极参加环保组织或示威活动；二是公共领域的非激进行为，包括积极的环境公民行为和支持或接受公共政策；三是私人领域的环境行为，即购买、使用和处理对环境有影响的产品；四是其他环境意义行为，如影响个人所在组织的行为。此外，Bohlen 等人将环保行为分为消费行为、资源回收行为和政治行为三类。

孙岩将居民环境行为归纳为生态管理、消费行为、说服行为和公民行为四个维度。其中，生态管理、消费行为和说服行为这三个维度都接近于 Hines 等的分类，公民行为维度大致接近于 Hines 等的政治行为和法律行为两类。

王凤将公众参与环保行为分为两个层面，即环保习惯行为和公共环保行为。前者主要是个人的一些日常环保习惯行为，属于浅层或初级的环保行为，包括购物时不使用塑料袋，在外就餐时特意不使用一次性餐具，对生活垃圾分类处理，将废电池投入专门的回收桶或回收站，使用再生纸，逢年过节不向亲友寄纸贺卡，随时关紧水龙头，使用节能产品，等等；后者主要是个人作为责任公民而履行的社会公共环保行为，属于深层或高层次的环保行为，包括关注国内外环保事件，参加环保公益活动，做环保志愿者，参与环保宣传，阻止别人的环境破坏行为，为解决日常环境污染问题投诉、上访等。

（二）公众消费行为的亲环境性定义

本节中将亲环境行为可以分为两大类：一类是公众消费过程（购买购置、使用管理、处理废弃）中的个人行为；另一类是公众作为责任公民而履行的公共行为（包括法律行为、政治行为、教育行为、生态管理行为等）。问题在于，现有的很多文献对亲环境行为不加分类，笼统地讨论宽泛意义上的亲环境行为。这容易造成具体行为之间的低相关及态度与行为间的不一致。

例如，尽管有些人愿意节约能源，却对签名、抗议等支持环保的活动并不热衷。一些公众虽然拥有积极的环境态度，但实际上仅仅是积极为环保采取法律行为，其自身消费过程中却没有实行亲环境行为。一些学者也意识到现实中存在诸多看似相互矛盾的现象，之所以出现这一矛盾，是因为用来度量人们关心环境程度的指标界定过于宽泛，把公共环保参与行为和个人环保消费行为混同起来。

本节认为，笼统地讨论宽泛意义上的亲环境行为是存在缺陷的，应以特定、具体的亲环境行为作为研究重点。本研究关注的低碳消费行为范畴主要是指公众消费过程中具体、特定的亲环境行为。后续的低碳消费行为范畴，如不特别指明，均指消费过程中的亲环境行为，不包括法律行为、政治参与行为等公共环保行为。

二、低碳消费行为的内涵和外延

（一）低碳消费行为的内涵界定

低碳消费行为是一种特殊的消费者行为。为了更好地界定低碳消费行为，先界定一般意义上的消费者行为。传统意义上的消费者行为主要指购买前和购买后的有关活动。现代意义上的消费者行为是指个人、群体和组织为满足其需要而如何选择、获取、使用和处置产品、服务、体验和想法，以及由此对消费者和社会产生的影响。这一界定相对于传统意义上的消费者行为来说更为广泛，它有助于我们从更宽广的视角审视消费者决策的间接影响及对交易双方的后果。

由消费者行为的一般定义可以相应推知，公众低碳消费行为的一般定义，就是个人、群体和组织为满足削减碳排放、应对气候变化的需要而如何在消费过程中选择、获取、使用和处置产品或服务。这一界定似乎过于抽象、不好理解，为此本研究将公众低碳消费行为作如下定义：

公众低碳消费行为是指公众在日常消费过程（包括购买购置、使用管理、处理废弃全过程）中自觉降低能源消耗（特别是煤炭石油等化石能源消耗），减少温室气体（二氧化碳）的消费行为模式。

从这一定义可以看出，低碳消费行为的内涵不但包括公众减少直接的能源消耗和二氧化碳排放，还包括公众减少间接的能源消耗和二氧化碳排放。按照消费行为所发生的过程阶段，公众低碳消费行为的外延可以分为购买购置行为、购买购置后行为两个维度。其中，购买购置后行为可以细分为使用管理行为、处理废弃行为两类。

低碳消费行为表现在公众日常生活消费过程中的方方面面，这些行为分别属于购买购置过程、使用管理或处理废弃过程之一。有些行为侧重于降低直接碳排放，有些行为侧重于降低间接碳排放，有些行为兼而有之。需要指出的是，作为一种特殊的消费行为，低碳消费行为不能等同于一般意义的消费行为。这可以从行为复杂程度、行为发生频率、行为实施成本、行为预期收益四个方面看出来。

首先，从行为复杂程度看，低碳消费行为多属于简单决策的消费行为。例如，超市购物时自行携带购物袋、节约用电等行为都是简单决策的行为。这些行为决策无须像一般消费行为那样遵循复杂的信息收集、方案评估、方案选择等过程，通常也不涉及复杂的产品选择、品牌选择、经销商选择、购买时机选择和购买数量选择等决策。从公众卷入程度看，低碳消费行为往往是低度卷入的消费行为。

其次，从行为发生频率看，低碳消费行为多属于日常性、重复性、需长期持续的消费行为。低碳消费行为发生的频率很高，乃至一天中就发生数次甚至数十次（如使用购物袋、节约用电、用水、用纸，回收垃圾等行为发生的频率就十分高）。而一般消费行为发生的频率相对较低，即便日用品的购买频率也是几天乃至几十天发生一次，有点大件品的购买甚至几十年才会发生一次。

再次，从行为实施成本看，低碳消费行为的非经济成本往往比较重要。低碳消费行为既可能导致经济成本，也可能导致非经济成本（如时间精力成本、丧失便利性的成本等），且很多情况下非经济成本往往是主要的，至少占据重要地位。一般消费行为的成本虽然也包括非经济成本，但大多数情况下更主要地体现为经济成本，非经济成本往往微不足道。

最后，从行为预期看，低碳消费行为的预期收益对个人而言往往是不明确的、不显著或不可测度的。例如，购买低碳产品这一行为的预期收益对个人而言是不可内化、不显著的。又如，回收废旧物品这一行为的预期收益对个人来说也是微不足道的，很多人甚至对收益不屑一顾。一般消费行为的预期收益对个人而言则是明确、显著、可测度的。例如，购买彩电的效用对个人而言是明确、显著的。

(二) 低碳消费行为的本质特征

1. 低碳消费行为本质上是低能耗的消费行为模式

煤炭、石油等化石能源的过度消耗不仅加剧了地球上稀缺资源的短缺，而且也产出了过度的碳排放。低碳消费行为则要求自然、简朴、节约、适度的低能耗消费，避免繁杂、豪华、奢靡、浪费、过度的高能耗消费，特别是要尽量减少煤炭、石油等化石能源的消耗。

2. 低碳消费行为本质上是低污染的消费行为模式

低碳消费行为要求减少个人消费对生态环境的污染和破坏，降低消费的生态足迹。不同消费对生态环境的污染程度不一样，即生态足迹不一样。低碳消费行为要求公众在消费行为过程中尽量减少对生态环境系统的负面冲击，适当的多消费生态足迹小的产品，少消费生态足迹大的产品。进一步说，减少消费的生态足迹是低碳消费行为的重要特征。

3. 低碳消费行为本质上是低排放的消费行为模式

低碳消费行为要求降低个人消费导致的二氧化碳排放，减少碳足迹。碳足迹是个人或者团体的"碳耗用量"。这里的"碳"就是石油、煤炭、木材等自然资源中所含有的碳元素，碳消耗越大，碳足迹就越大，对全球变暖的"贡献"也越大。碳足迹是衡量低碳消费行为的一个重要特征，通过碳足迹的产生途径及估算公式，可以量化特点消费行为的低碳程度。低碳消费行为从本质上要求降低消费导致的二氧化碳的排放量，减少消费的碳足迹，从而实现对气候变化的负面影响最小化。

(三) 低碳消费行为的内在优势

由低碳消费行为的内涵和特征所决定，实现低碳消费行为无论对个体还是社会都具有内在的优势。下面从三个方面探讨低碳消费行为的内在优势：实行低碳消费行为与提高人们生活质量的终极目标本质上一致；实行低碳消费行为与消费结构升级的战略目标本质上一致；实行低碳消费行为与刺激消费、扩大内需的现实目标本质上一致。

1. 低碳消费行为与提高生活质量的一致性

社会现代化的一个重要特征是公众生活质量的极大提高。因此，低碳消费行为实现的前提是要能够显著提高人民的生活质量，至少不能降低生活质量。这里的生活质量又称为生存质量或消费水平，它以生活水平或消费水平为基础，是全面评价生活优劣的概念，特别侧重对人的精神文化等高级需求满足程度和环境状况的评价。对于生活质量的度量标准，世界卫生组织的生活质量量表被公认是全面的、具有较高信效度的量表。其生活质量的量表简表包括生理领域、心理领域、社会关系领域和环境领域四大方面。物质生活水平并不是真正的生活质量，一定的物质生活水平只是生活质量的很小一部分。

在我们看来，低碳消费行为与提高生活质量是完全一致的，低碳消费行为能够在生理、环境等领域提高公众的生活质量。

(1) 低碳消费行为能促进个体生理健康，从而提高生活质量

高碳消费行为与低碳消费行为对于个体生理健康状况的影响是截然不同的。低碳消费

行为是一种崇尚自然与简约的消费方式，它有利于人们形成良好的习惯和保持健康的身体，是提高生活质量的基本保证。相反，贪图方便、追求奢华、注重享乐的高碳消费行为表面上看似提高了生活质量，而实质上却并非如此，更多的则是带来生理的疾病。

（2）低碳消费行为有利于改善生活环境，提高生活质量

高质量生活离不开高品质的生存环境，而当前高资源能源消耗、高生态环境污染、高温室气体排放的生活方式已经严重破坏了人类赖以生存的环境，造成全球气候变化，直接后果就是极端天气诸如高温、干旱、洪涝等的频繁出现，以及冰山融化导致的海平面上升等。此外，大气污染、水污染、固体废弃物污染、生物多样化丧失、噪声污染等环境污染问题也日益突出。这些已对人类的生存造成了极大的威胁。实现低碳消费可以减少消费过程中的温室气体排放，降低消费对生态环境的污染和破坏，改善生态环境，使地球更适合人类居住和生活，长远地提高生活质量。

（3）低碳消费行为不会降低消费水平，从而不会损害生活质量

低碳产品是功能替代性产品，高碳产品能实现的功能或提供的服务，低碳产品也能提供，且不会给生活造成负面影响或影响很小。事实上，随着低碳技术的不断发展和突破，很多低碳产品已可以替代原先高能耗、高排放、高污染的高碳产品。如太阳能产品、电子签章、变频空调、新能源汽车等低碳产品完全能够替代传统的化石能源产品、纸质文件签章、高能耗空调、高油耗汽车等相对高碳的产品

2. 低碳消费行为与消费结构升级的一致性

消费结构是指在一定的社会经济条件下，人们在消费过程中所消费的各种不同类型的消费资料的比例关系。消费结构升级是随着经济的发展，消费结构从较低生活质量标准向较高生活质量标准演变的过程。中国现已进入消费结构迅速升级的阶段，如果低碳消费不能适应消费结构升级，那也是值得考虑的。在我们看来，消费结构升级是以资源和环境为基础的一个长期过程，低碳消费与消费结构升级是完全一致的，而且低碳消费行为有利于促进消费结构升级。

（1）低碳消费行为有利于调整消费层次结构，促进消费层次结构升级和合理化

消费层次结构主要指生存性、享受性和发展性消费之间的比例关系。在生存性、享受性和发展性消费三个层次之间，低碳消费行为会抑制享受性消费的比例，稳定生存性消费的比例，增加发展性消费的比例。在生存性、享受性和发展性消费这三个层次内部，低碳消费行为也会促进结构升级和合理化。例如，在享受性消费内部，低碳消费行为会抑制单纯的物质满足和物质刺激的享受性消费比例，增加休闲、健康等精神方面高层次的享受性消费比例。

（2）低碳消费行为有利于调整消费形态结构，促进消费形态结构升级和合理化

消费形态结构主要指实物消费和劳务消费的比例。在低碳消费行为理念下，公众会适当降低物质生活消费的比例，增加精神文化生活消费的比例；降低实物消费的比例，增加劳务消费的比例；适当降低拥有性产品消费的比例，提高租赁性产品消费的比例。

（3）低碳消费行为有利于调整消费主体结构，促进消费主体结构升级和合理化

消费形态结构主要指高、中、低收入阶层在消费总量、消费层次、消费内容和消费形态上的比例。低碳消费要求实现不同群体、阶层、地区人口消费的均衡，实现的是全民生活质量

最大化。当前,公款吃喝、公款买车、公款旅游构成的"三公消费"的数额惊人。与之相对应的是农村、西部地区很多农民的生活艰辛、消费不足。不同消费主体间消费的不均衡极大地影响了社会主义和谐社会的构建。低碳消费行为理念有利于控制政府公共部门的浪费性消费,也有助于抑制暴富阶层、权贵阶层、超高收入阶层的奢侈性消费,实现消费主体结构的合理化和消费均衡。

(4) 低碳消费行为有利于调整消费颜色结构,促进消费颜色结构升级和合理化

从消费颜色结构的角度说,消费有褐色消费(污染性消费)、黑色消费(非法性消费)、黄色消费(淫秽性消费)、灰色消费(请托送礼消费)、绿色消费(清洁性消费)等不同颜色消费之分。显然,低碳消费行为有利于减少褐色消费、黑色消费、黄色消费、灰色消费的比例,增加绿色消费的比例,从而促进消费颜色结构的合理化。

总体上说,低碳消费行为有利于调整消费层次结构、消费形态结构、消费主体结构和消费颜色结构,促进消费结构的升级和合理化。

3. 低碳消费行为与刺激消费、扩大内需的一致性

中国把刺激消费、扩大内需作为促进经济发展的基本方针。如果低碳消费不能适应刺激消费的基本方针,那也是值得考虑的。在我们看来,低碳消费与刺激消费、扩大内需也是一致的。

一方面,低碳消费行为具有替代性特征,它并非不消费,而是减少高碳产品与服务的消费,增加低碳产品与服务的消费。例如,从传统汽车的购买转向混合动力汽车,以及电动汽车的购买,从高能耗家电的购置转向高效节能家电的购置,从一次性塑料袋的使用转向可降解环保袋的使用等。显然,低碳消费虽然在短期内抑制了高碳产品或服务的消费,但从长期来看却能极大地促进低碳产品或服务的消费。我国高效节能空调消费的快速推广就是一个典型的例子。根据财政部的统计数据,自"节能产品惠民工程"实施以来至 2009 年 12 月 31 日,全国共推广一、二级高效节能空调 420 万台,是 2008 年全年销售量的 3 倍,高效节能空调市场占有率从 2008 年推广前的 5%上升到了 50%以上,仅这一项就节电 15 亿度。

另一方面,刺激消费、拉动消费本身并不是笼统、盲目的,而是有所选择、有所侧重的。目前,我国地区之间、城乡之间、行业之间的收入差距非常大,形成了高收入群体和多数中低收入群体并存的格局。根据我们的实地观测和深度访谈,当前高碳、奢侈的消费者往往是少数高收入群体;与之相对,低碳、节约的消费者往往是中低收入者。如果笼统盲目地刺激消费、拉动内需,则很可能刺激、拉动的只是高收入群体的消费,使奢靡、浪费等到鼓励,整个社会的污染却不断加剧。因此,实现低碳消费行为有利于抑制高收入群体的高碳、奢侈、浪费性消费,引导他们转向文明、节约、绿色、低碳的消费。同时,实行低碳消费行为不会抑制中低收入者正常的消费需求,相反,有助于稳定、刺激他们必需、合理、适度的消费需求。最终实现更可持续地刺激消费、拉动内需,促进经济生活发展。

三、低碳消费行为倾向分类

(一) 公众一般亲环境行为倾向分类

为了更好地对低碳消费行为倾向进行分类维度化,先考察公众一般亲环境行为倾向的分类维度。对于一般亲环境行为的分类维度,很多学者进行了研究。一些学者侧重于根据

环境意识水平对公众进行分类，或者按照公众自我认定的“绿色度”来区分公众。Schwepker等人从特定环境意识行为倾向角度将消费者分成了“绿色消费者”和“非绿色消费者”两类。他们是根据消费者在若干环境意识行为指标上的得分对消费者进行简单划分规律。得分低于平均分者，就被归入非绿色组，反之就被归入绿色组。

也有部分学者突破了这一非此即彼的观点，认为公众的环境意识行为表现为一个连续谱状态，也就是说，存在一个程度差异问题。Straughn、Roberts按照公众在消费过程中对环保问题的关注度，把公众聚类为“浅绿色消费者”、“中绿色消费者”和“深绿色消费者”三类。其中，浅绿色消费者只有模糊的环境意识，其绿色消费行为是随机和无意识的，他们属于潜在、不稳定的绿色消费者。中绿色消费者则具有较强的环境意识，但其对绿色消费还缺乏全面认识，他们属于选择性绿色消费者。深绿色消费者对绿色消费有着全面、深刻的认识，他们的环境意识已经深深扎根，并能积极主动地实行绿色消费。

上述对公众分类的研究大部分都是基于发达国家背景来展开的，由于中国与发达国家处于不同的文化背景，有着差异化的经济水平，不能简单地借用发达国家的研究结论来推断中国公众的环境意识行为特征。事实上，理论界已经对环境意识行为进行了一些有价值的国际比较。王民研究认为欧美公众的环境意识是“自然保护型”，日本公众的环境意识是“反公害型”，而中国公众的环境意识则是“自我保护型”。还有一些调查表明，中国公众的环境意识呈现明显的二元结构，即人们对日常生活环境具有较高的关注程度与意识水平，而对于远离日常生活的生态环境则关注与意识水平不足。可见，与发达国家公众的意识水平不同，中国公众的环境意识整体上尚处于较低层面。多数还是以个体（家庭）为核心，对社会的气候变化问题漠不关心。

（二）公众低碳消费行为倾向的分类

通过对典型公众的深度访谈和实地观察，发现不同个体在低碳消费行为的心理动因和外部表现上存在根本性差异，且这种差异对理论发展和政策实践会产生实质性影响。根据个体在低碳消费行为三维度上的主要差异，至少可以将公众聚为如下四类相对独立的子群体：

1. 强自然保护型低碳消费

这部分公众在产品购买购置时能实现低碳消费，在产品的使用管理和处理废弃中也比较注意低碳、节约，能够完全做到转变生活方式和消费习惯以维护社会公共利益。特别重要的是，他们能够做到在牺牲经济利益、克制自身行为的基础上维护社会利益，具有较高层次的社会利益动机。这部分公众是具有全面生态文明理念的理想公众，可以称之为“强自然保护型公众”。

2. 弱自然保护型低碳消费

这部分公众的购买购置和处理废弃中比较注意低碳、节约，但在使用管理时不能完全实现低碳消费。这是因为，改变自身生活习惯和消费方式对他们来说很难做到或太过麻烦，即改变行为习惯的非经济成本太高。这部分人具有低层次的社会利益动机，他们实现低碳消费的底线是特点消费行为必须与个人生活习惯相容，可以称之为“弱自然保护型公众”。

3. 强自我保护型低碳消费

这部分公众注重产品回收再循环，但在产品购买购置、使用管理上不太注重节能减排。

这部分公众实现低碳消费的目的纯粹是为了自身经济利益，他们不愿意改变自身生活习惯和消费方式去实现节约能源资源、减少碳排放，也不愿意降低其购买购置行为对社会碳排放的影响。这部分人具有很强的自我保护动机，可以称之为"强自我保护型公众"。

4. 弱自我保护型低碳消费

这部分公众实现低碳消费的目的也是为了个人经济利益，他们注重产品回收循环，也愿意改变个人生活方式和消费习惯去实现低碳消费，但他们不愿意牺牲个人经济利益。这部分人具有一定的自我保护动机，他们实现低碳消费的底线是特定行为不能损害个人经济收益，可以称之为"弱自我保护型公众"。

上述四类公众群体都属于"低碳消费公众"，除了这四类以外，还有一类公众群体属于"非低碳消费型公众"，他们在购买购置过程、使用管理过程、处理废弃过程都不注意降低自身行为对社会碳排放的影响。根据实地观测和深度访谈，这类公众群体的相对数量在现实中非常大，是值得政策制定者重点关注的一类群体。

从公众低碳消费行为倾向的分类维度，至少得出这样两点启示：

其一，慈溪公众的低碳消费行为倾向并非单一表现为"自然保护型低碳消费"，而有着复杂多维的特征。这一特征对我们更好地认识慈溪公众的低碳消费行为特征有着重要意义。虽然四类公众群体都能在一定程度上实行低碳消费，但其内在动机并不一致。他们既可能体现为"弱自我保护型公众"，也可能表现为"强自我保护型公众"，或可能体现为一定的"弱自然保护型公众"，还可能体现为全面的"强自然保护型公众"。因此，公众低碳消费行为倾向不仅仅是一个程度差异问题，而是有不同的心理动机和行为表现，在低碳消费行为上是多维的、异质的。

其二，促进公众从高碳消费者转变为低碳消费者可能不是一个简单的跃进，而是一个渐进的转变过程，存在特点的可行策略路径。政策制定者可以遵循先易后难、逐步推进的策略路径。第一步，先降低公众实行低碳消费行为的经济成本，提高其经济收益，以引导公众成为强自我保护型低碳消费者，即基于个人经济利益的低碳型消费者。第二步，转变公众的生活方式、消费形态和使用习惯，使公众转变为能改变生活方式和消费习惯以维护社会利益的低碳消费者，即弱自我保护型低碳消费者。或在第二步时，引导公众在购买购置时选择节能低碳产品，使公众升级为弱自然保护型低碳消费者。第三步，将公众提升为全面的低碳型消费者，即强自然保护型低碳消费者，这一转变需要公众承担额外的经济成本，同时，需要其付出一些时间精力成本、习惯改变成本和便利性损失成本，因而实施障碍较大。

第二节　发挥低碳消费的引导作用推动经济转型

一、经济基础为高消费奠定基础

（一）慈溪经济发达，财政收入高

慈溪是浙江省综合实力四强县市之一，个体和私企众多，已形成了千家万户办企业的红

火局面。2013 年全市地区生产总值(GDP)达到 1 027 亿元,人均 GDP 达 14 421 美元,约为全国人均 GDP 的 2.5 倍,早已达到中等发达国家水平。2013 年 10 月最新的全国中小城市百强县市出炉,慈溪排名全国第五。表 16-1 给出了近十年慈溪城镇居民消费统计数据,可以看出,近十年来慈溪城镇居民人均可支配收入平均增长约 10.5%。

表 16-1　慈溪城镇居民消费情况统计

年份	人均可支配收入		人均消费支出		社会消费品零售		限额以上批发零售		居民生活用电量	
	总量(元)	增速(%)	总量(元)	增速(%)	销售额(万元)	增速(%)	销售额(元)	增速(%)	总量(万 kWh)	增速(%)
2003	15 096	8.4	—	—	1 069 647	12.8	885 624	21.2	49 020	22.4
2004	16 752	11.0	10 705	—	1 188 378	11.1	983 756	10.5	41 768	−14.8
2005	19 019	13.5	11 690	9.2	1 354 341	13.8	1 118 904	13.7	52 682	26.1
2006	21 623	13.7	15 080	29	1 570 653	16.0	1 339 659	19.7	62 131	17.9
2007	24 535	13.5	14 076	−6.7	1 823 134	16.1	1 715 068	−7.4	69 534	11.9
2008	26 385	7.5	15 889	12.9	2 150 913	18	1 677 482	−2.19	78 049	12.2
2009	28 311	7.3	17 734	11.6	2 458 048	14.3	2 119 403	26.3	82 565	5.8
2010	30 896	9.1	19 304	8.8	2 897 685	17.9	2 822 939	33.2	95 231	15.3
2011	34 123	10.4	21 573	11.8	3 419 625	18.0	4 283 720	51.75	103 442	8.6
2012	37 711	10.5	25 412	17.8	3 919 838	14.6	4 764 448	11.22	109 741	6.1

注:数据来源于慈溪统计局网站(http://tjj.cixi.gov.cn)

(二) 慈溪百姓富裕,消费能力强

从表 16-1 可以看出,近三年慈溪社会消费品零售额保持了 17%左右的增速,限额以上批发零售额 2010 与 2011 年增速更是高达 33.2%和 51.75%,这些数据均表明慈溪城镇居民具有极强的消费能力。

同时发现,慈溪居民对低碳消费理念淡薄,面子消费、炫耀消费、攀比消费等现象严重。"吃山珍海味,穿绫罗绸缎,住豪宅别墅,开进口轿车,买奢侈物品,玩高尔夫球"被误认为是"高品质的贵族生活"。高碳消费戴着各式面具充斥于慈溪街头,表现形式并非羞羞答答、遮遮掩掩,而是戴上了"尊荣"、"时尚"、"华丽"等帽子光明正大地招摇于市,相比之下勤俭节约反而失去了往日的高尚,变成"穷酸"、"怪异"、"不合群"的代名词。近年来频频曝光"慈溪老板花百万元追捧罗汉松"、"抢购奢华宫廷大宅"、"超级豪华婚车队绵延数公里"、"直升机接送新娘"等负面新闻,引发广泛关注。

(三) 慈溪转型求变,发展思路清

慈溪在没有区位优势、资源优势、政策优势的情况下,打造出了野火烧不尽的"草根经济",创造出了独具特色的"慈溪模式",实现了经济社会的跨越发展。但是,过去慈溪引以为豪的先发优势正在不断弱化、丧失,产业发展集聚不够、产业竞争优势不强、生态环境压力巨大、城市承载力趋近饱和,这些正逐步衍变成制约慈溪经济社会健康发展的劣势,加快转型

升级已刻不容缓。

为此,《慈溪市国民经济和社会发展第十二个五年规划纲要》提出要“积极倡导低能耗、低污染、低排放的经济发展模式,树立生态优先理念”,并且“倡导文明生活方式,积极创导绿色消费、绿色生活”。作为慈溪国民经济和社会发展的行动纲领,引导慈溪城镇居民低碳消费行为变得势在必行。

二、慈溪城镇居民低碳消费行为的影响机制

低碳消费是公众理性决策行为,揭示其影响机制是制定干预路径的前提。众学者对低碳消费影响机制的研究结论并不完全一致,其原因是,不同国家、不同地区、不同时期具有差异化的文化特征和经济状况,导致了研究结论的差异;另一原因是对低碳消费变量的界定、度量存在差异。

图 16－1 建构了低碳消费行为的影响因素及作用机制模型,第一层次是干预政策,低碳宣传教育和情景结构变革是低碳消费行为的作用路径,可实现有效干预;第二层次是影响因素,低碳心理意识是诱致因素,直接影响消费行为;个体消费成本和社会参照规范是情景因素,调节着意识—行为之间的联接关系;第三层次是行为结果,分解为购置行为、使用行为以及回收行为,不同阶段的实际效果不同。

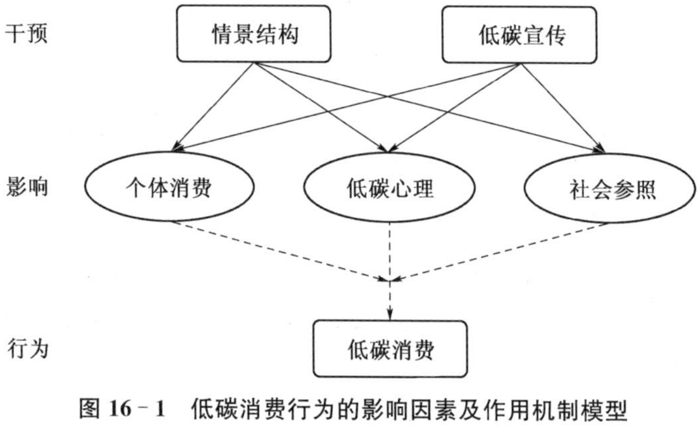

图 16－1　低碳消费行为的影响因素及作用机制模型

(一) 低碳心理意识是低碳消费行为的前置潜在诱导

低碳心理意识是产生低碳消费行为动机或愿望的因素,它通过个体对低碳消费的心理偏好从而促进行为发生,是低碳消费行为的前置因素或诱致因素。

当慈溪城镇居民了解、关注气候变化问题,感受到气候变化对周围环境和切身利益时,低碳消费的态度和意识会相应的变化,社会责任和心理偏好将直接促使其进行低碳消费,尤其是当这个意识来自于亲身体验或实际经历时,行动效果将会显著增加。

当慈溪城镇居民消费意识结构包含了情感、感动、责任成分时,心理下意识想法更容易被激活和唤起,进而引起行为上的共鸣。因此,应更多地采用感动、情感、真挚的诉求方式,激发当地居民的认同感、自豪感、爱国心、责任心等,才能更有效地促进低碳消费行为。

(二) 个体消费成本是低碳消费行为的内部启动因素

个体消费成本是影响低碳消费行为的内部启动因素,它是使城镇居民低碳消费行为动机和愿望得以实现的因素,是低碳消费行为的启动因素。居民进行低碳消费时必然考虑特定行为对自身利益的实际影响,实施成本直接影响到低碳消费行为的倾向。

慈溪现阶段的客观情况是,居民经济水平过低或过高都较难实现低碳消费行为。少数活跃在"慈溪边缘"的弱势群体,温饱都面临较大问题,客观上他们大多属于"低碳消费型",但这种节衣缩食的无奈"低碳消费"并不是全面小康的追求。而经济状况好的个体,客观上是不利于低碳消费的。"暴发户"、"阔老板"已成慈溪高碳消费群体的代名词,"新贫族"、"月光族"等也从侧面表明高消费的盛行,这些群体将是慈溪市未来低碳消费行为的引导目标。

(三) 社会参照规范是低碳消费行为的外部强化因素

社会参照规范时影响个体实施低碳消费行为的外部因素,它对于意识—行为之间的关系起着增强或减弱作用,是低碳消费行为的强化因素。慈溪属于高情境城市,面子文化、群体压力及政府表率等社会参照因素对个体消费行为存在非常显著的影响。

崇俭破奢的关键在于政治风气和官员垂范,慈溪各级公务员能否转变奢侈、攀比、炫耀的消费理念,能否自觉践行文明、节约、低碳的消费理念,这对于慈溪树立低碳消费风气具有示范作用。

此外,慈溪居民爱面子、讲排场、爱攀比、忙从众,自身态度与行为方式容易受参照群体的影响,消费行为也往往受群体风气、氛围等因素的左右。政府表率因素的信息性,群体压力、社会风气因素的规范性,面子文化因素的认同性对慈溪低碳消费行为存在显著的调节作用,形成外部引导作用。

(四) 低碳宣传教育是低碳消费行为的信息干预政策

低碳宣传教育由四个因子构成,即宣传力度、宣传内容、宣传渠道和宣传对象。只有在特定的情景结构条件下,低碳宣传教育才会有更好的效果。进一步说,传播沟通教育和情景结构变革两类干预政策是相互补充、相互配合的。

耳濡目染、潜移默化的低碳宣传教育可以提高慈溪城镇居民对气候变化问题的心理认知、普及低碳消费知识、培养削减自身消费碳排放的责任意识、增强个体对自身行为效果的感知。低碳宣传可以切实影响参照因素,转变慈溪注重物质主义和奢侈、炫耀、攀比的社会风气,改变群体压力和面子文化,实现低碳消费行为有效干预。

(五) 情景结构变革是低碳消费行为的结构干预政策

个体实施成本、社会参照规范这两个情景变量都通过影响低碳心理意识—低碳消费行为之间的连接关系而起作用,属于调节变量。其中,个体实施成本是内部调节变量,社会参照规范时外部调节变量。当情景变量的影响微弱时,低碳消费行为主要受个体低碳心理意识的影响;当情景因素的影响非常显著时,则可能会大大促进或抑制低碳消费行为的发生。

从短期看,情景结构变革通过影响低碳消费实际经济成本实现行为干预。经济激励柔性鼓励、行政立法刚性强制可以对居民低碳消费进行有效干预。从长期看,情景结构变革通过潜移默化影响个体心理意识和社会参照规范,进而间接实现行为干预。完善的低碳基础设施、成熟的低碳技术条件是低碳消费行为的基础条件，为居民转变高碳消费行为向低碳消费提供支持，丰富的低碳产品出现提供了更多的替代性选择空间。

三、慈溪居民低碳消费行为的引导路径

现阶段，慈溪居民低碳消费需要引导和干预，低碳消费宣传教育和情境结构变革是低碳消费行为的政策干预变量，检验低碳消费行为的影响因素及其对个体行为的作用机制是理解行为的影响因素及其作用机制。

（一）多维度提高慈溪居民低碳消费意识

1. 影响居民对气候变化的心理认知

通过提示式教育和警示式教育全球气候持续恶化以及对社会危害急剧上升的严峻形势，提高慈溪居民对气候变化问题的敏感性；提示气候变化问题与每个居民的行为密切相关，尤其是使公众认识到每个人都受到并正在受到气候变化问题的实质性影响；时刻提醒公众气候变化问题的存在。在生活的各个方面、各个领域对公众时时提醒，防止公众忘却问题或逃避问题。

2. 培养居民削减碳排放的责任意识

部分居民对气候问题缺乏足够的认识，认为气候变暖是自然规律或是由他人造成的，自己不用承担责任。实施过程中，应强调人类有责任应对气候变化、削减碳排放，明确低碳减排不仅仅是他人的责任，而是每个人应尽的责任和义务，“低碳减排从现在做起，从我做起，从点滴做起”，促进形成健康的消费心理，改变和规范消费行为。

3. 普及居民对低碳消费的行为指南

充分借助慈溪当地的电视、广播、报纸、杂志、论坛、微信、户外媒体等载体，采取主题教育、知识竞赛、参观访问、社区咨询等形式向居民普及多方面的低碳行为，介绍碳排放量、节能认证标志、可循环回收垃圾、环境友好型产品等具体知识，普及简单、易行的低碳生活方式，让低碳消费的理念逐步被接受，进而深入人心，把低碳消费行为变为日常生活和消费习惯。

4. 提高居民对个体行为效果的感知

相关部门应向城镇居民传播正确的认知和信念：削减碳排放、应对气候变化的社会目标必然会实现，个人消费行为与社会环境目标之间存在必然联系。“节约节能，节节相关；环境环保，环环相扣”，只有居民确信其个人行为与社会环境目标存在相关性，并且效果具有及时性时，公众调整自身消费行为的可能性才会增大，才更可能转向低碳消费行为。

综上所述，提供慈溪居民低碳消费意识可以从环境问题认知、个体责任意识、低碳消费行为指南和行为效果感知等四个方面入手。其中，影响环境问题认知是要告诉公众“问题很严重，必须马上得到解决”；培养个体责任意识是使公众树立这样的意识，即“个人有义务、有责任，要做出行动”；普及低碳消费行为指南是告知居民“具体做什么、怎么做”；提高行为效果感知是为了使居民树立这样的信念，即“我的行为一定会产生积极的环境效果”。这四个方面相辅相成，层层递进，缺一不可。

(二)多角度转变慈溪当地攀比消费理念

1. 促使政府机构和官员成为低碳消费的表率和标杆

为政者应“以正己为先,教禁为次”。要积极引导慈溪当地社会消费风气,必须使慈溪政府机构和官员率先垂范低碳行政,低碳生活,从源头抓起杜绝浪费,以厉行节约抵制奢靡。

加强慈溪政府信息公开,建设透明政府和廉洁政府,加大监督查处力度,提高监督的实效性、震慑力,以法律手段惩治和杜绝浪费行为,铲除滋生奢靡浪费、高碳排放的土壤。

健全慈溪政府结构成本考核制度,全面推进绿色办公,促进资源节约,严格控制公车的车型和数量,大力推广节能设备的使用,实现行政办公无纸化,公款消费低碳化。

2. 改变当地物质至上的社会风气和消费观念

目前,慈溪当地充斥着物质主义的社会风气和消费观念。物质主义观念信奉“唯物质化”,追求奢侈、享受、过度、贪婪的物质占有和物质消费,它本质上反映了慈溪当地居民纯粹以“个人为中心”和人控制自然、统治自然的消费价值观。物质主义消费观念的人在追求物质生活数量的过程中往往忽略低碳消费行为。与物质主义消费观念相对,后物质主义消费观念崇尚减物质化或者“非物质化”,接受物质需求减量化、合理化的生活方式,注重非物质化的消费方式降低资源环境负担,它本质上反映了公众能遵循天人合一、人与自然和谐相处的消费价值观。

慈溪当地媒体加强管制,遏制显摆、奢华、高碳生活方式的过度传播。对政府官员、商界翘楚以及代表人物的消费方式加强舆论监督,形成对高碳消费的高压、反感、谴责的社会风气,把消费限制在生态圈可以承受的范围内。

从根本上变革慈溪社会公众以“个人为中心”和人控制自然、统治自然的物质主义消费价值观,使之逐步转变为天人合一、人与自然和谐、全面、协调、可持续发展的后物质主义消费观。促使慈溪居民从追求生活树立升华为主要追求生活质量,从对物质的追求转移到对非物质的关注,最终在全社会形成以适度、节约、循环、保护为核心的后物质主义消费风气。

3. 形成低碳消费的群体压力和面子文化

调查发现,很多受访者都提到如下慈溪社会风气:谁节约了会被人耻笑、很没面子、遭人异样眼光甚至白眼鄙视等。这种与低碳消费不相容的消极面子文化和群体压力,在很大程度上诱发高碳、浪费、非绿色、非环保的消费行为,成为实行低碳消费的一个主要障碍。对这种消极的面子文化和群体压力氛围,政策制定者应该予以约束和引导。

与之相对,与低碳消费相容的积极面子文化和群体压力有利于促进低碳消费风气的形成。在德国、日本等发达国家,一个人在餐厅用餐或使用产品时随意浪费很可能被周围人“鄙视”甚至“训斥”,是非常难堪、很没面子的。对于这类积极的面子文化和群体压力氛围,政策制定者应该积极营造,引导社会形成与低碳消费相容的文化氛围。

为形成与低碳消费相容的积极群体压力和面子文化氛围,应充分通过传播教育、行政法规、社会营销等措施树立标杆,对低碳家庭进行鼓励和表扬,邀请节能家庭分享低碳节能的经验,以形成无形压力的参考规范和低碳消费氛围,培育低碳消费文化,引导居民自觉、自愿采取低碳生活和消费方式。

（三）多途径降低低碳消费个体实施成本

1. 完善收入分配和调节机制

改善慈溪社会底层人口的收入水平和物质经济状况。通过财政补贴、税收转移支付等措施改善慈溪社会底层人口、城市边缘人群的收入水平和经济状况，以促进低碳消费在全市各阶层的实现。

对慈溪当地的暴富阶层、权贵阶层、超高收入阶层的收入进行适度的约束和调节。当前应该特别对“富二代”、“暴发户”等超高收入家庭的收入状况进行调节，如征收超额累进所得税、遗产税、房产税等。对通过黑色、灰色手段获取不正当收入的个体加大法律惩处力度，从根本上抑制高碳消费行为的滋生。

让慈溪当地青少年进行适当的“忆苦思甜”体验，让他们参加必要的体力劳动，亲身经历了解产品的生产、消费过程，同时，创造条件让青少年更多地追忆过去的穷苦生活，使他们认识到今天富裕生活来之不易，促进他们践行更加节约、低碳的生活和消费。

2. 运用经济杠杆降低成本

低碳消费行为实施的预期收益对个人而言往往是不明确、不显著或不可测度的。与此同时，低碳消费行为的实施成本对个人而言却是明确、显著的。成本和收益间的不平衡制约了很多城镇居民自觉实现低碳消费行为，降低实现低碳消费行为的经济成本就成为当前的迫切要求。

通过减免税收、优先贷款等杠杆激励直接降低低碳产品的经济成本，提倡低碳研发、低碳设计、低碳生产、低碳销售等方式。采用惩罚性税收、碳收费等手段提高高碳产品的经济成本，间接减少低碳消费行为的经济成本。并且积极鼓励低碳企业上市，不断限制高碳企业的上市融资。

3. 改变居民不良消费习惯

慈溪政府应该制定精细、长期的政策干预手段，以促进慈溪城镇居民逐渐改变习惯。通过长期的大众媒体宣传、小团体交流、人际传播、相互鼓励、强化激励等方式可以促进公众逐步改变旧的不良生活习惯，实现新的低碳消费行为，并进行强化使之固定下来成为新的消费习惯。

慈溪应顺应城镇居民消费结构升级趋势，大力发展服务消费，改变不良消费习惯，改善消费环境，培养消费热点。积极引导网络购物、电子消费等新型消费业态理性发展，鼓励和引导产品和服务创新，满足多层次、个性化的消费需求。

4. 提高低碳消费的便利性

慈溪应完善低碳产品销售渠道，减少购买时间、精力成本，使公众可以更便利地购买低碳产品；完善产品的维修网点和服务，减少循环使用的时间与成本，促进公众重复使用或再利用产品；规范旧货市场管理，设置和完善回收网点，形成社区、便利店、超市、回收中心和其他非营利机构共同回收的多层次回收体系，以保障实施低碳消费行为的简单、便利、可行，打造低碳生活，建设绿色慈溪。

（四）多方面加强慈溪低碳消费宣传实效

1. 明确目标对象

针对现阶段慈溪城镇居民消费行为的客观情况，有效地进行市场细分，选择特定的细分群体重点实施，这有助于降低政策实施的成本，提高政策实施的收益。首先应把年轻人和各类在校学生确立为重要的目标群体，着重对年轻人和各类在校学生加强低碳消费行为的沟通教育和引导。宣传教育的主体可以是政府机构、街道社区、学校医院、社会团体、环保组织等。政策制定者应制定相关的行政法规和经济激励措施，促进各主体积极进行低碳消费行为的宣传。

2. 确定宣讲内容

很多现有的口号标语往往过于抽象，如“今天你低碳了吗?”、“低碳生活，从我做起”、“节能低碳，科学发展”、“推动节能减排，共享绿色生活”等。实际上，这些过于抽象的传播内容很难起到激励公众实施低碳消费行为的作用。久而久之，公众对此类传播沟通习以为常，甚至产生厌烦心理。

慈溪相关部门应向居民宣讲具体化、明确化、易操作的低碳消费指南，免费发放给城镇居民。“低碳让生活更时尚，节约让生活更美丽”，从衣、食、住、行等各个方面，号召人人行动起来，呵护生态慈溪，引导公众实行具体的低碳消费行为。

3. 选择渠道方式

根据慈溪居民特点选择有效的沟通渠道，综合运用网络、手机、课堂、朋友、同学、同事等多种传播渠道对青年人加强沟通和教育；邀请专家组建宣讲团，深入机关、企业、社区、学校等进行专题讲座；定期开展低碳环保主题活动月，采取创意大比拼、征文比赛、演讲比赛等喜闻乐见的多种形式，开展主题竞赛活动，使生态、低碳、环保理念具体化、形象化。

4. 增强宣传力度

低碳教育需要长期进行，在不同时间阶段传播宣传力度的侧重点可能有所不同。从低碳消费行为塑造的时间阶段来看，分为认识扩散阶段、信念形成阶段、行为塑造阶段和价值观改革阶段。慈溪应积极主动、密集广泛地进行宣传教育，在各个阶段均开展多层次、全方位、长期地传播，形成巨大声势，进行渗透性传播，给城镇居民较强烈的震撼，并树立一批低碳、节能、节水、节地、节材和资源综合利用的示范单位，视具体情境确定不同的传播沟通目标和宣传力度，进而深刻地影响城镇居民的意识和行为。

(五) 多层次实行慈溪地区情景结构变革

1. 完善政策法规及实施机制，从制度环境上保证慈溪低碳消费行为

慈溪相关部门通过法规引导慈溪经济整体发展转型，制定低碳消费的经济激励政策和低碳基础设施建设维护的相关政策。建立生态补偿机制，探索排污权交易和生态破坏责任赔偿制度。对高碳产品确立碳税，建立低碳产品的价格补贴政策。加强节能减排日常管理，完善考核办法，形成节能减排的长效推进机制。加强政策执行力度，对政策执行进行公正的监督、考核和奖惩。

2. 制定适宜慈溪的经济激励政策，从利益结构上影响低碳消费行为

运用经济杠杆促进低碳减排，对高碳产品征收环境税，间接降低低碳消费行为的经济成本；对低碳产品进行价格补贴，点燃慈溪企业节能热情。对低碳产品的购买、回收进行补贴，对废旧产品实施押金返还制度，降低居民购买低碳产品的成本；对特定高碳产品征收环境税。通过阶梯式计量定价增加高碳消费成本，对定量内的水电气实现低价，超过基本用量的

部分实行超量累进加价。

3. 提高基础设施和产品技术条件，从基础条件上确保低碳消费行为

慈溪相关部门应出台鼓励低碳技术研发和低碳产品生产的财政补贴、税收优惠的政策文件，加大发展杭州湾潮汐能、风力发电、光热建筑一体化等的补贴支持力度；注重从基础条件上如城市空间布局和规划系统、能源供需系统、公共交通出行形态、垃圾回收再循环系统等保障低碳消费。对企业低碳技术的开发和低碳产品的生产提供有效的法律保护，打消担心核心技术被盗用的后顾之忧；健全碳标签和低碳产品认证制度，减少信息不对称现象，避免市场上低碳产品鱼目混杂，让低碳产品真正低碳。

本研究基于质化研究方法对慈溪城镇居民低碳消费行为的影响机制和干预路径进行了探索性研究，分别构建了低碳消费行为的影响机制模型和低碳消费行为的干预路径模型，在此基础上，构建了低碳消费行为的影响机制和干预路径的整合模型。该模型不但揭示出情境结构变革、传播沟通教育、低碳心理意识、个体实施成本、社会参照规范和低碳消费行为各主范畴之间的关系，还探索了各主范畴内部的构成因子和形成机理，发展了城镇居民低碳消费行为的影响机制和干预路径的理论构架，对探索低碳消费行为机理具有重要的理论和现实指导意义。

未来进一步的研究可能有以下几个方面：

(1) 公众低碳消费行为机理的大样本问卷调查和统计检验分析。由于本研究构建的低碳消费行为机理的整合模型是基于深度访谈和质化研究得出的，其信度和效度尚未经过大样本检验。今后还需对模型中的因子进行概念化并开发出测量表，在全国范围内进行大样本问卷调查以检验模型中变量之间的数量关系。而且进一步地，还应该对不同地区、不同城市和城乡之间进行比较研究。

(2) 公众低碳心理意识和低碳消费行为间的不一致及其调适策略研究。公众对气候变化问题的意识不一定体现在实际的购买购置、使用管理和处理废弃行为中，如何增强心理意识和消费行为之间的关联仍将是相当长时间里研究的重点。进一步说，政治制定者的任务除了提高公众的低碳心理意识外，还需要重点关注意识和行为之间的不一致问题，特别是研究如何通过特定干预政策的介入促进公众把潜在的低碳心理意识转变成实际的低碳消费行为。

(3) 干预政策对公众低碳消费行为的影响效应研究。对于政策制定者来说，如何制定有效的干预政策是未来关注的重点。而特定干预政策对于公众实际行为的影响效应如何，它对公众心理和行为如何发生影响，不同干预政策之间如何整合协调以最大限度地发挥政策"合力"，这些都需要立足跨学科背景进行深入的理论论证和实证测算。

第六篇

文化创造活力与创新发展

2013年年底，以中共第十八届三中全会上审议通过的《中共中央关于全面深化改革若干重大问题的决定》为标志，我国拉开了深化改革的序幕，其中文化体制改革占据了重要的篇幅。中央提出推进文化体制机制创新，激发全民族文化创造活力，建设社会主义文化强国，进一步深化文化体制改革。以此为契机，全国上下抓住机遇，加快推动文化事业创新发展。

第十七章

新形势、新要求下文化体制改革面临的机遇和挑战

第一节　准确把握当前文化改革发展的新趋势新变化

把握文化建设新的阶段性特征，是推进新一轮文化改革发展的基点。当前，文化改革发展正在进入一个新的发展阶段，主要表现在以下几个方面：

一、文化观念出现新趋势新变化

一是文化发展观方面，对文化的重要性认识越来越深刻，文化作为“五位一体”格局的共识越来越明确，推动文化大发展大繁荣，建设文化强国的氛围越来越浓厚。二是文化价值观方面，社会主义核心价值体系是兴国之魂，是社会主义先进文化的精髓，决定着中国特色社会主义发展方向。三是在文化消费观方面，求新、求知、求美、求乐，享受便捷式、多元化、个性化的服务等，已成为文化消费普遍需求的同时对文化产品和文化服务质量提出了更高的要求。

二、文化形态出现新趋势新变化

一是文化与经济日益交融，文化与经济一体化发展的趋势显著增强，文化产业越来越成为产业结构调整与转型发展的内在引擎和动力。二是文化与科技日益交融，技术进步日益成为文化发展的内存构成和必要条件，在内容形式、技术手段、传播渠道等方面越来越依赖科技进步。三是文化与旅游日益交融，是旅游业发展的重要驱动力，文化旅游成为新模式。

三、文化改革出现新趋势新变化

一是对创新公共文化服务运行机制提出新要求，探索公共文化服务社会化发展。二是对国有经营性文化单位转企改制提出新要求，必须使转企改制的国有文化企业真正成为市场主体。三是对文化市场体系的构建提出新要求，要建立多层次文化产品和要素市场。四是对文化传播媒介形态创新提出新要求，推动传统媒体和新兴媒体融合发展。五是对文化管理体制机制创新提出新要求，推动政府部门由办文化向管文化转变。

第二节　客观理清慈溪市文化体制改革机制创新的诸多挑战

近年来，随着文化大市、文化强市建设的持续推进，慈溪市的文化建设取得了长足发展，但与同类先进地区和群众期待相比还有较大的距离，主要体现在四个方面。

一、文化普惠产品较多，但群众接受的满意度不高

慈溪市不断加大文化惠民力度，年均向基层送戏（演出）4 500 场次、送电影 1.68 万场次、送书 5 万余册，每年引进 40 场次以上的高水准文艺演出。但通过对文化活动内容满意度评价发现，群众对文化产品服务的满意度不高，主要表现在文化产品的有效供给不足，对内容的新颖性方面满意度评价较低（得分 56.8）上，存在内容服务低端化、方式手段单一化的问题。面对群众需求总量大、多元化的趋势，无论是政府提供的公共文化产品还是市场跟不上群众日益增长的个性化、高质量的文化需求。

专栏一：文化供需的结构性矛盾（n=1 029）

供给——

- 文化产品的有效供给量不足（“东西多，精品少”45.6%；“可消费的东西多，值得消费的对象少”55.4%）36.3%
- 文化供给价格与居民收入不匹配 25.6%
- 文化信息获取渠道不畅 13.9%
- 居民可支配闲暇时间不足 5.6%

需求——文化产品需求总量巨大

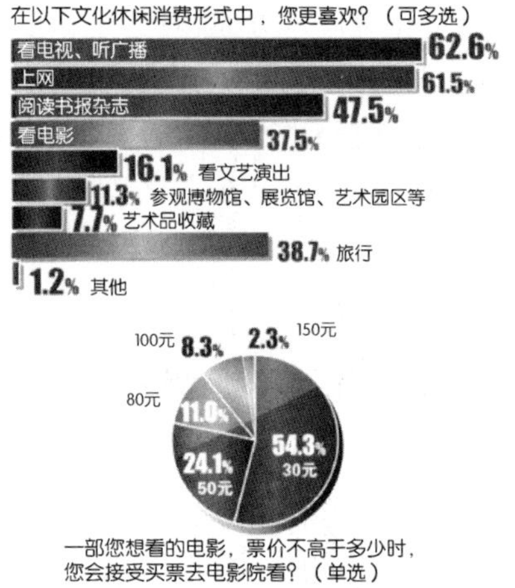

二、文化基础设施较多，但资源管理的使用率不高

慈溪市不断加快覆盖城乡的公共文化基础设施建设。相继建成图书馆、书城、体育场（馆）等一大批大型市级公共文化设施，同时，开展了综合文化站、文化礼堂、公园广场、健身设施的普及建设，实现了较高的建成率。但从总体上看，“重建设、轻管理”的现象还是比较明显，部分设施使用效率不高、闲置，有的甚至挪作他用。尤其是自 2010 年起开工建设的文化商务区公建群项目，投资额达到 21 亿元，但至今仍在建设中，而且对其后期管理运行尚无明确方案，一定程度上造成资源浪费。

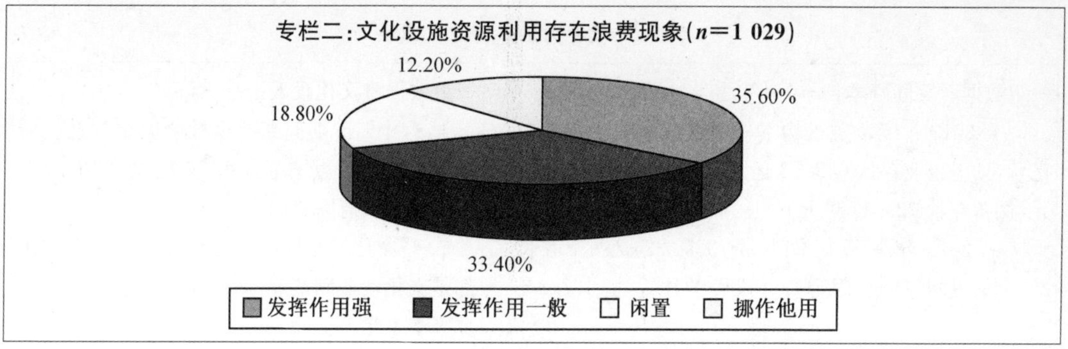

三、文化产业总量较多,但产业结构的层次性不高

2013 年慈溪市文化产业增加值 52 亿元,同比增长 32.05%,占 GDP 比重 5.09%,位居全宁波市第二。但从内部构成看,这些增加值的创造主要依赖于文化传统制造业,占比达到 67%,新兴创意产业的增加值不足 2%,结构的层级比较低。虽然,文化商务区"智巢"创意产业园集聚了一批创意企业,但由于刚刚起步,其规模效益尚未显现。同时,文化产业与科技、旅游等相关产业的融合度也存在比较大的差距,造成文化产业总体竞争力不强。

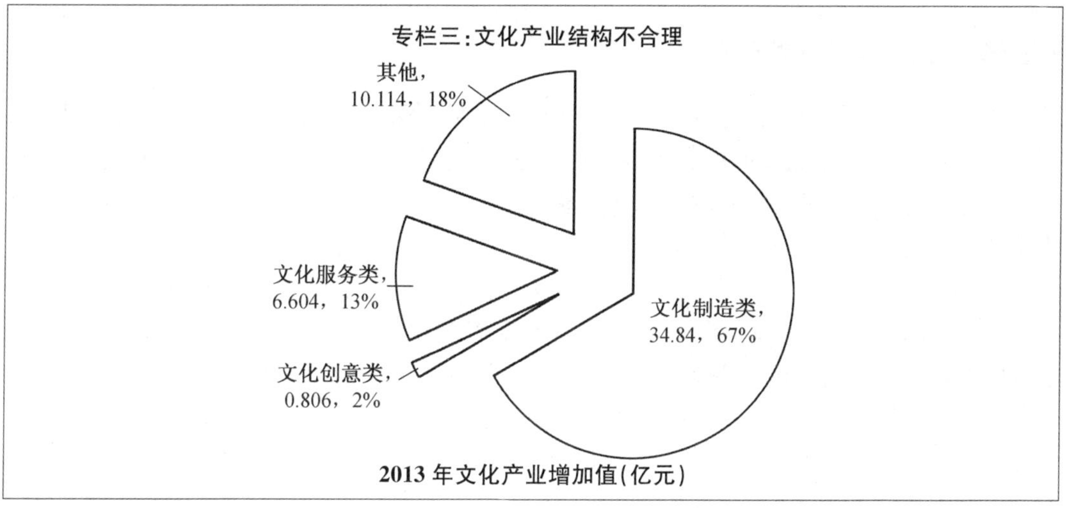

* 资料来源:统计局、文广局提供

四、社会民间资本较多,但投入文化的积极性不高

慈溪的市场体制发育较早,民营经济发达,全市 90%以上的 GDP 是由民营企业创造。相关数据显示,慈溪市的民间资本力量比较雄厚,投资兴业规模较大,但从结构上来看,民间资本参与文化建设方面的投入还是不高,无论在捐助文化事业发展还是投资文化产业发展上,都还处于起步阶段,文化事业主要还是依靠政府投入,民间资本对文化产业的投入尤其是新兴创意产业的投入尚处在"低、小、散"现象。总之,社会多方力量兴办文化的格局还远未形成。

专栏四:社会力量参与文化建设

一组数据看民间资本:	一组数据看文化投入:
• 2013年度金融机构本外币存款余额1 668.63亿元,其中企业存款623.82亿元,个人存款848.45亿元(储蓄存款823.42亿元)——宁波统计年鉴2014 • 2013年完成民间投资365.22亿元,增长22.5%,民间投资占固定资产投资的比重达到67.0%	• 十二五期间慈溪全社会固定资产投资2 500亿元,科教文卫仅占70亿元,其中95%以上是由政府完成的 • 文化产业规上法人单位117家,基本上都是文化产业制造业,新兴文化创意产业投入总资本不足1亿元

第三节　深入分析形成诸多挑战的原因

上述问题的存在是多种因素交织叠加的结果,既有顶层设计的制度缺陷,又有实际运作的机制缺失,既有主观方面的原因,又有客观条件的限制,综合起来,主要表现在以下几个方面:

一、思想观念转变不够到位

尽管近年来我们对文化建设重要性的认识在不断加深,对文化建设的重视也日益提高,但相对于形势发展要求,我们的思想观念转变还是不够到位,不同程度存在一些理念上的偏差。一是文化自信不足。如有的同志认为慈溪就是一座商业城市,本身的文化内涵不足,文化建设搞不出什么花样来。二是对文化建设的紧迫性认识不足。如有的同志认为当前的主要任务是抓经济发展、城市建设,而文化建设可以慢慢来。三是对文化改革的必要性认识不足。如有的同志一说到改革,就回避退缩,守着既有利益不肯放,不愿改、不肯改,这在文化系统内部表现得尤其明显。四是对文化改革的特殊性认识不足。如有的同志把文化体制改革混同于一般领域的改革,没有考虑到文化具有意识形态和商品形态的双重属性。五是文化建设的全局性认识不足。如有的部门认为文化建设是宣传文化系统的事情,对需要其支持和参与的事情关注度不高、支持力有限。

二、管理体制改革不够彻底

文化管理体制虽然经过多年的改革,且取得了一定的成效,但行政手段为主导的文化管理体制依然没有彻底改变。一是党政管理体制不明。传统部门职能设置的惯性传导有时会出现把党委领导文化当作管理文化的误读,导致以党代政,管理层次雷同,多头管理的弊端,缺乏管人管事管资产管导向相统一的管理制度和相应方式。二是政府职能定位不清。文化管理部门还没有完全从微观管理向宏观管理,从办文化向管文化转变,一些带有文化色彩的博览会、交易会、节庆活动政府主导的角色太浓,但在市场竞争的规则制定和市场行为监管等方面力度不足。三是职能部门服务意识不强。政府相关部门对企业投资文化产业设置门槛过高、管理服务不周到，措施办法不多，主动鼓励引导民资兴办文化企业的意识不强。

专栏五：政府文化部门的职能定位（n=1 029，单位：%）

主要职能	意识形态宣传与思想政治教育	社会舆论引导与控制	公共文化产品规划与发展	文化产业规划与发展	公共文化产品生产与服务	文化产业市场执法与监管	其他
是	62.9	69.9	88.8	80.7	71.9	82.3	1.6
不是	37.1	30.1	11.2	19.3	28.1	17.7	98.4

三、投资融资机制不够健全

多年来，慈溪市文化建设投入渠道比较单一，社会力量共同兴办的投融资机制始终得不到破解，导致公共财政资金趋紧的形势下，文化建设投入的力度和后劲不足。一是公共财政投入增长机制不完善。从 2009 年开始设立的 3000 万元的文化发展专项资金，多年没有实现稳步增长，而且受公共预算紧缩的影响，甚至出现负增长；同时，政府在引导社会资金发展文化产业时，注重对发展成果的奖励，忽视对文化企业创业初期的扶持，造成民间资本投入文化产业的热情不能得到有效激发。二是社会投融资机制不完善。社会资金投入文化事业始终在低位徘徊，政府也没出台相应的办法措施来激励；同时由于文化产业市场和资本市场的关系不畅，金融系统长期以来的传统做法，企业信贷必须要有实物抵押，导致文化企业尤其是中小文化企业直接融资较为困难，一定程度上阻滞了文化产业的快速发展。

四、人才队伍建设不够有力

人才问题一直是制约慈溪市文化发展的重要“瓶颈”。一是高端人才培养引进机制不健全。目前，无论是“上林英才”计划还是“115”人才工程等人才政策，其指向都偏重于企业管理和科研人员的引进与培养，缺少针对人文社科类领军人才的政策与制度安排，在人才公寓、职称评定等方面缺乏文化类人才引进培养的长效机制。二是基层管理队伍招录流动机制不完善。基层管理人才队伍力量薄弱，尤其是综合文化站工作人员兼职、在编不在岗、调动频繁、青黄不接等现象严重，人员素质跟不上管理服务要求。市镇两级文化市场执法人员力量不足，执法能力不强。三是业余文化队伍扶持奖励机制不到位。全市业余文化队伍较多，但大多处于无管理部门、无经费支持、无技术指导的三无状况，政府给予关注度不够。

第十八章
以城市文化资本开发奠定创新经济基础

在传统发展观念里，一个城市的发展水平取决于城市中那些有形的资本、劳动力、自然资源等物质资本。而从现代发展理念来说，城市作为一个集经济、社会、文化于一身的有机综合体，他的发展不能再仅仅依赖于其自然禀赋，城市文化资本将在城市发展中发挥更大的作用。如果一个城市的思维僵化、封闭，不仅不能吸引外来的资金流、信息流、人才流，就连本地自身的人才、技术、资金也会出现流失。通过城市文化资本的塑造再创城市核心竞争力，增强城市经济文化的影响力、辐射力、凝聚力已经成为越来越多城市的选择。

第一节　慈溪城市文化资本的内部分析

一、城市文化资本的起源

（一）文化资本的提出

“文化资本”一词最早由法国社会学家布尔迪厄（Bourdieu）提出。他认为：“所谓文化资本，是指借助不同的教育行动传递的文化物品。在一定条件下，这些文化资本可以转化为经济资本，并可以通过教育证书的形式予以制度化……而且文化资本比经济资本更顽固，这一点特别体现在文化资本的积累上。一个人拥有的文化资本越多，他就会更容易更快地积累新的文化资本。”[①]布尔迪厄从马克思经济资本的概念中受到启发，认为文化也是一种资本，拥有这种资本的人能对其他群体行使一定的权力，进而获得其想要的职业、地位、经济利益。布尔迪厄的“文化资本”强调一个人或群体在成长过程中所积累的个人文化资本及其带来的社会意义。之后，Throsby（2000）认为文化资本除了像其他资本一样拥有经济效益外，还能贮藏和提供文化价值。弗雷德里克.詹姆逊（2000）提出，城市本身是一个文化积累的过程，如城市自身的文化遗存，流芳千古的人物和精神价值，以及城市自身创造的一系列文化象征与文化符号等，都具有鲜明的资本属性和资本意义[②]。Rudiger Pething 和 Sao-Wen Cheng（2002）提出，由于文化资本有正外部性且会随着时间而折旧，因此政府应对文化商品进行适当补

① 彭靖里，马敏象，安华轩. 中国城市形象建设的发展现状及其展望[J]. 中国软科学，1999(2).

② 弗雷德里克.詹姆逊. 文化转向[M]. 胡亚敏译. 中国社会科学出版社，2000：139－140.

贴，以促进文化资本的积累。

Richard Barrett 在《文化资本——比较优势的前沿》一文中用定量方法得出文化资本对文化组织市场价值贡献显著的结论。张鸿雁(2002)在布尔迪厄文化资本理论基础上，创造性地将文化资本拥有者从“个体化”延伸到群体有机组成的城市，从而提出了“城市文化资本论”概念。城市文化资本强调城市中存在的精神文化、制度文化、物质文化，以及文化资本作为一种文化因素的意义价值。此外，他还提出城市文化资本具有“顽固性”特点，随着时间推移不仅不会折旧，还会增值。

(二) 城市文化资本对城市经济发展的意义

芒福德认为城市是文化的摇篮，是人类文化的容器。城市在形成发展的过程中孕育出城市文化资本，而城市文化资本则反过来影响着城市的发展和演变。特别在全球化、信息化的背景下，城市文化资本具有独特优势和不可替代的地位，已深深融入城市各方面的发展之中，其影响力也日益扩大，主要表现以下两个方面：

首先，从城市间竞争的角度来看，独特的城市文化资本是城市在竞争中脱颖而出的法宝。在全球化背景下，各城市为了获得发展所需的稀缺资源必须与其他城市展开激烈的竞争，成为国际竞争前沿的“角斗士”。时至今日，城市间的竞争不仅体现在物质层面上，更体现在文化和精神层面，个性化的城市文化资本已经成为一个城市综合实力和城市竞争力的重要组成部分。在很大程度上，现代城市是以城市文化资本来论输赢的，城市一旦丧失独特的城市文化资本，它的吸引力和魅力便会大打折扣，就无法形成城市核心竞争力，会失去空间的张力，失去对外部资源的吸引力，甚至还会造成内部资源的流失，最终在城市竞争中败下阵来。反过来，如果一个城市拥有高端且个性化的城市文化资本，就可以对外营造强大的辐射力和良好的影响力，为其在城市竞争中赢得更多的砝码。

其次，从城市自身发展的角度来看，城市文化资本是一个城市内在凝聚力和发展动力的重要源泉。在物质增长方式趋同、资源与环境压力日益增大的今天，城市文化资本正逐渐成为城市发展过程中取之不尽用之不竭的精神支柱和内在驱动力，是现代城市发展中城市认同感和凝聚力的核心要素，展现了强大的经济社会价值。国内不少城市不仅存在对已有城市文化资本(例如文化遗产)保护乏力的问题，更面临着对新的城市文化资本创造力不足的问题。一旦失去已有的城市文化资本，城市将丧失自己宝贵的文化记忆；培育不出新的城市文化资本，城市将迷失自己的发展方向，丧失发展的动力。保护和发展有特色和品位的城市文化资本，不仅可以升华城市形象、凝聚城市精神，还可以最大限度地调动全体市民的积极性和创造性，引导和团结城市公民为着共同的目标而努力奋斗，激励城市不断开拓进取。

二、慈溪城市文化资本的 SWOT 分析

慈溪地处杭州湾南岸，秦时属句章地，唐开元二十六年(738)始置慈溪县。在这漫漫的历史长河中，我们的先辈们用勤劳和智慧创造了光辉灿烂的慈溪文化。辖区内的城市文化资本可以说是源远流长、深厚丰富、个性独特。

(一) 慈溪城市文化资本的内部优势

1. 慈溪城市文化资本的丰富性

慈溪城市文化资本丰富多彩,笔者通过对相关资料的调查和整理,把慈溪城市的自然历史文化资本予以分类,见表 18-1。

表 18-1　慈溪城市的自然历史文化资本分类

史前文化资本	童家岙遗址为依据的远古河姆渡文化资本
土地文化资本	历代筑造海塘和拓垦形成的慈溪围垦文化资本
移民文化资本	氏族的迁衍和居住生活为主要内容的慈溪移民文化资本
道德文化资本	以汉代董黯、唐代张无择、宋代孙之翰、近代虞洽卿等故事为代表的慈孝文化资本
工艺文化资本	上林湖越窑的青瓷文化资本
宗教文化资本	以相公殿等为代表的潮神崇拜文化资本
对外文化资本	慈溪达蓬山遗迹等航海文化资本
民俗文化资本	犁铧文书、雀咚咚等民俗文化资本
革命文化资本	以慈溪教场山为代表的抗击外来侵略者的海防文化资本

2. 慈溪城市文化资本的独特性

由于慈溪所处的独特地理环境和社会历史条件,使得慈溪拥有三大传统的区域特色文化资本:移民文化资本、青瓷文化资本、围垦文化资本。

移民文化资本。纵然移民文化并不少见,但像慈溪这样移民文化历史之长、移民文化资本之雄厚的县市地域,在全国都是少有的。由于慈溪沿海的独特位置,使得慈溪的地域一直处于持续扩展状态,为持续移民提供着土地资源、生存条件,因此迁入慈溪的移民延绵不绝。这种上千年来大量不断外来人口迁入的特有历史,造就了慈溪人民"兼容并蓄、善于开拓"的独特移民文化。

青瓷文化资本。慈溪是中国瓷器的发源地之一,在晚唐至北宋的近两个世纪里兴盛不衰,成为名副其实的唐宋瓷都。与其他瓷器相比,青瓷在制造工艺、规模以及对外贸易方面都更胜一筹,由此产生的青瓷文化资本底蕴深厚且独具风韵。大规模的青瓷外贸活动不仅传播了瓷文明,更造就了慈溪人的开拓精神;美轮美奂的青瓷制作手艺不仅培养了慈溪人想象力和创造力,更体现了慈溪人精工细作的精神。格调高雅的青瓷不仅博得了人们的喜爱,更激发了众多文人的激赏,他们以诗人的情怀和丰富的想象对秘色瓷的制作之精、釉色之美给予了尽情地赞美,留下了大量的文学财富。

围垦文化资本。慈溪不同于其他城市的发展轨迹,其历史可以说是一部围塘的历史。慈溪围海造田的历史可以追溯到公元 10 世纪以前,此后的几百多年中,人民陆续修建大古塘、新塘、八塘、九塘、十塘,有的地段已修筑至十一塘。在围海造田中,慈溪人民万众一心,众志成城,展现着前赴后继、勤劳勇敢的精神风貌,丰富并诠释着慈溪围垦文化的内涵。整个慈溪地域可以说是国家级的露天海塘博物馆。随着海岸线北移,一条条横贯三北平原的坚固海塘,不仅带来了万顷良田,还大大地拓展了慈溪的发展空间,可以说围垦是慈溪历代经济社会发展的基础和首要条件，而且围垦文化也是慈溪最主流、最有特色的地方文化，悠久的海涂围垦历史，造就了具有“围垦精神”的一代慈溪人。

在改革开放的今天，慈溪特有的三大文化资本已相互交融在一起，善于兼容并蓄，不排他、重吸收；崇尚务实开拓，讲开放、求实务；注重合作共赢，讲互助、守诚信的人文精神、道德观念等，已成为慈溪在新时期无可比拟的城市文化资本。

3. 慈溪城市文化资本的悠久性

在漫漫的历史长河中，我们的先辈用勤劳和智慧创造了光辉灿烂的慈溪文化资本。辖区内的历史文化资本可以说是源远流长、深厚丰富。早在公元前 7 000 年，慈溪鸣鹤翠屏山麓就有人类文明的足迹。公元前 4 500 年左右，河姆渡先民将新石器文化带到了慈溪观海卫附近。春秋战国时期，制盐文化已有所发展。杜、白二湖一带为中国瓷器文化发祥地之一，始于周代，兴旺于东汉至宋千余年间，至今尚有石马弄、栗子山、枫树湾等青瓷窑址 20 余处。公元前 210 年名士徐福率领三千童男童女在慈溪达蓬山起航东渡日本，拉开了对外交流文化的序幕。在晋唐时期，慈溪商贸文化得到了蓬勃的发展，是著名的“海上丝绸之路”的重要起点。慈溪上林湖的青瓷，从明州港出发穿越茫茫大海抵达海外，最远到达西班牙。明朝中叶海防文化盛行，名将戚继光、俞大猷、卢镗、胡守仁、梁凤、张四维、孙荣、王心等都曾亲临、驻扎慈溪主持部署抗倭方略。明末以降，有清一代，抗清志士沈宸荃、沈履祥等；书法大家梅调鼎、叶声闻等人创办的白湖诗社，传为浙东甬上文坛艺苑佳话。近现代的慈溪更是以自身独特的文化资本孕育出了以虞洽卿、沙孟海为代表的一批又一批经商能手和学者才俊，繁荣了慈溪文化资本，促进了慈溪经济社会发展。

(二) 慈溪城市文化资本的内部劣势

那些千百年来沉淀所成的老建筑、老街巷、老俗话、老传说、老风俗，正是构成慈溪文化资本的重要内容，也是彰显慈溪地域风情最有效最直观的图像。这是一份相当厚重的文化遗产，而我们却没有很好的保护和利用这份历史礼物。

1. 对已有城市文化资本保护不力

首先，有的地方存在急功近利等商业化倾向，已有城市文化资本的保护与城市经济建设的矛盾突出。尤其在旧镇(村)改造中，在文物保护范围和建设控制地带内盲目审批建设项目，拆毁有价值的文物建筑和历史街区，致使许多有价值的历史遗址被毁坏，导致慈溪在一定程度上丧失传统风貌和特色。其次，口头艺术、民间技艺等非物质城市文化资本抢救不力。很多珍贵的传统表演、民间工艺后继无人，面临人去歌息、人逝艺绝的威胁，亟待社会的广泛关注和保护。

2. 对现有城市文化资本运作不力

慈溪城市文化资本的运作欠缺包装和营销力度，致使慈溪城市文化资本没有明确的市场和品牌战略，严重缺乏知名度。慈溪城市文化资本运作不到位主要有两方面原因：首先，虽然慈溪人有强烈的商品竞争意识，但对城市文化资本的竞争意识淡薄，致使没有对现有的城市文化资本进行开发、策划、包装、宣传。许多重要的城市文化资本都处于待开发状态，有人曾这样比喻，上林湖像个“睡美人”，虞氏旧宅是个“空中楼阁”，徐福东渡“远离”慈溪。其次，较少运用现代全新的技术手段，例如网络、影视、电话，缺乏专业文化策划机构、新闻媒体以及慈溪广大市民的参与，导致知名度不高，没有得到外界的认可与接纳。以青瓷为例，虽然它拥有辉煌的过去，但现在论及瓷器人们首先想到的是景德镇瓷而不是慈溪。

（三）慈溪城市文化资本的外部机会

1. 政府高度重视

首先，国家高度重视文化的建设与发展。九届全国人大四次会议上将大力发展文化产业列入“十五”规划。党的十六大又进一步突出文化建设的重要地位和作用，对文化建设和文化体制提出了新要求。党的十六届四中全会明确提出要解放和发展文化生产力，并将其作为党执政能力建设的重要任务。此后，国家又出台了《文化产业振兴规划》、《国家“十二五”时期文化改革发展规划纲要》等文件，给予文化发展相应的政策支持。其次，慈溪市委、市政府高度重视本地城市文化发展。自2002年慈溪提出建设文化大市的目标以来，11年间慈溪先后制定出台了一系列政策措施，整合慈溪城市文化资本，壮大文化整体实力。2012年慈溪市委还出台了《中共慈溪市委关于加快建设文化强市打造人文慈溪的决定》，对建设文化强市提出了一系列新理念、新要求。这些都为慈溪发展城市文化资本提供了政策保障。

2. 信息化的机遇

信息技术成为推动城市文化资本发展的新引擎，为城市文化资本发展提供了强大动力，已是不争的事实。第一，普及数字技术、网络技术有利于慈溪城市文化资本的宣传，可提高其知名度和影响力，打造城市形象品牌效应。第二，充分利用现代化信息技术，收集大量的网络信息还会为慈溪本地城市文化资本开发的研究、决策提供依据和参考。第三，信息化还有利于慈溪当地城市文化资本的科学管理，促进城市文化资本“增值”而非“折旧”。

（四）慈溪城市文化资本的外部挑战

1. 全球化侵蚀慈溪城市文化资本

从人类社会的发展历程来看，全球化作为一种不可逆的趋势席卷着世界的各个角落。西方发达城市的文化霸权主义作为全球化的一个副产品，正威胁着慈溪本地城市文化资本的安全。西方学者伯努瓦指出：“一件有利于理解文化全球化性质的新奇事物，即资本主义卖的不再仅仅是商品和货物。它还卖标识、声音、图像、软件和联系。这不仅仅将房间塞满，而且还统治着想象领域，占据着交流空间。”[①]西方发达城市利用其先进技术、雄厚资本、先发优势，多角度、多手段地加大对其他城市的渗透、控制，全面入侵当地城市文化资本，试图实现西方城市文化资本的全球化，严重威胁着慈溪本地城市文化资本的安全。

2. 城市化消亡慈溪传统文化资本

工业化是城市化的根本动力，必然带来城市化。当前慈溪城市化已经取得巨大的成就，“十一五”末，慈溪城市化水平已经达到63%，中心城区建成区常住人口增加到40.8万，实现了土地和人口同步城市化，位于浙江全省前列[②]。在城市化浪潮下，人们的生产生活方式、思想观念、行为规范、群体意识发生巨大变化，城市文化资本的生态环境受到毁灭性破坏，失去其赖以生存的土壤。农业社会传统的手工作坊被工业社会的机器大生产所取代，箍桶、弹棉花

---

① 王列，杨雪冬．全球化与世界[M]．北京：中央编译出版社，1998．

② 王人扬，夏超明．慈溪城市化率5年提高7个百分点[N]．中国建设报，2012-02-13．

等特色传统手工艺渐渐消亡，不复存在；原来的口头传统表演艺术被现代化娱乐方式被取代，小调歌舞戏、犁铧文书、雀咚咚等传统艺术濒临失传；昔日的历史遗址被现代化的高楼大厦所取代，旧宅、弄堂、寺庙、集市所剩无几。

3. 城市间文化资本竞争加剧

现在，全国各地都充分认识到城市文化资本的重要地位和作用，都将发展城市文化资本作为提高城市竞争力的重要组成部分，纷纷提出各自城市文化资本的发展战略，区域竞争日趋激烈，以余姚为例，见表 18－2。

表 18－2　慈溪市、余姚市主要文化发展指标情况表

主要指标		计量单位	慈溪		余姚	
			2007	2011	2007	2011
1. 剧场和影剧院数		个	1	10	3	15
2. 公共图书馆图书藏量		千册件	362	512	327	638
3. 专利申请受理量		项	3 264	9 414	2 357	6 973
4. 专利申请授权量		项	2 396	8 042	1 626	5 886
5. 文化、体育和娱乐业从业人员		万人	0.09	0.11	0.05	0.05
6. 省级历史文化名镇		个	0	0	1	1
7. 文物保护单位数量	国家级	个	3	3	4	4
	省级	个	3	3	4	12
	市级	个	41	41	31	59
8. 非物质文化遗产	国家级	个	0	2	0	2
	省级	个	3	5	2	6
	市级	个	5	19	8	26
9. 艺术表演团体的演出场次		次	110	1 110		
10. 文化经营单位			463			1 125

＊数据来源：《浙江省统计年鉴》、《慈溪统计年鉴》、浙江文化信息网、余姚文化遗产保护网、余姚文化网、慈溪统计局等相关网站

我们可以从上表中得出以下结论：(1) 纵向维度，近年来慈溪在文化发展方面取得了一定成绩，各项指标呈稳定增长态势。比如，专利申请受理量 2011 年达到 9 414 个比 2007 年增长了 1.88 倍。(2) 横向维度，慈溪正遭遇其他城市文化资本竞争的威胁。表 18－2 中显示余姚的很多文化指标均优于慈溪，特别在对历史文化遗产的保护和发扬方面余姚更是走在慈溪的前面。

通过 SWOT 分析表 18－3，我们发现发展慈溪城市文化资本的机会和威胁同在，优势和劣势并存。当然，事物是不断发展变化的，在一定条件下优势与劣势、机会与挑战可以互相转化。慈溪市在制定发展对策时，应充分利用其自身优势，抓住机会，克服劣势，防范风险，提高慈溪城市文化资本的实力。

表 18-3 慈溪城市文化资本 SWOT 分析

外部环境	内部优势(S)	内部劣势(W)
	城市文化资本的多样性 城市文化资本的独特性 城市文化资本的悠久性	已有城市文化资本保护不力 现有城市文化资本运作不力
内部环境	外部机会(O)	外部威胁(T)
	政府政策支持 信息化的机遇	全球化侵蚀慈溪城市文化资本 城市化消亡慈溪传统文化资本 城市间文化资本竞争加剧

第二节 城市文化资本对经济发展绩效的实证研究

一直以来,学者对城市文化资本与城市经济发展的实证研究很少,一个重要原因是城市文化资本定量存在困难。但随着计量经济学的发展,一些经济学家开始尝试把城市文化资本纳入到经济模型中,验证文化资本对经济发展的影响力。Delong(1988)用实证证明文化资本的组成部分——宗教对经济发展的影响①。GaryBecker(2000)将文化包含在社会资本中,通过实证分析社会资本的作用,进而探讨文化经济代理人行为的影响②。邹恒甫(1993)把文化中的资本主义精神作为一种内生变量引入经济增长的理论研究中,论述强烈的资本主义对一国经济快速增长的影响③。张佑林、王成菊(2010)探讨不同区域文化对区域经济发展的影响时,把文化要素纳入模型,从而得出山东经济之所以落后于浙江经济的文化根源④。文化和经济发展两者关系的实证研究大多都验证了不同文化导致经济发展差异化这一基本结论以及两者间的正向关系。本课题将通过对慈溪城市文化资本的定量测算以及其与慈溪经济增长、产业结构优化的计量分析,揭示慈溪城市文化资本与慈溪经济发展的关系。

一、慈溪城市文化资本的定量测算

(一) 指标的选取及其说明

尽管已有的研究表明,城市文化资本具有资本的基本特征,对其展开测算和估量在理论上是可行的。但由于这个概念过于抽象、模糊,所以必须参考现有的相关资料,目前较为完整的有 UNESCO 推出的《2009 年联合国教科文组织文化统计框架》和新西兰政府提出的《Cultural Indicators for New Zealand:2006》。在参考国外指标和兼顾我国统计现状的基

① J Bradford Delong. Productivity Growth, Convergence and Welfare: Comment[J]. American Economic Review, 1988(12).

② Gary S Becker, Kevin M Murphy. Social Economics[M]. The Belknap Press of Harvard University Press, 2000.

③ 邹恒甫.积累欲、节俭与经济增长[J].经济研究,1993(02).

④ 张佑林,王成菊.鲁浙文化差异对区域经济发展影响之比较研究[J].山东经济,2010(4).

础上，本节建立了慈溪城市文化资本指标体系，分为两个层次，共有 2 个一级指标，9 个二级指标，详见表 18－4。

表 18－4　慈溪城市文化资本指标体系

	一级指标	二级指标	说明
慈溪城市文化资本 A	慈溪有形的城市文化资本 B_1	文化藏品 C_1	每万人拥有的文化藏品数量
		公共图书馆数量 C_2	每万人拥有的公共图书馆数量
		拥有藏书数 C_3	人均藏书拥有量
		文化从业 C_4	文化从业人员占总就业人员的比重
		文化产业增加值 C_5	人均文化产业增加值
	慈溪无形的城市文化资本 B_2	艺术表演观众人数 C_6	观众人数占总人口的比重
		国家级非物质文化遗产名录数量 C_7	每万人拥有的国家级非物质文化遗产数量
		专利授权量 C_8	每万人拥有的专利授权数量
		文化事业费 C_9	人均文化事业费

（二）指标权重的估计

由于不同的二级指标对一级指标的贡献程度不同，为此需要谨慎设定权重以保证研究结构的科学性。在这里本节选取层次分析法来处理指标权重并对其予以赋值。层次分析法（Analytic Hierarchy Process）是由美国运筹学家匹茨堡大学教授萨蒂（T. L. Saaty）在 20 世纪 70 年代初为美国国防部研究课题时，提出的一种定性和定量相结合的、系统化、层次化的多目标权重决策分析方法。据此法，所要估算的慈溪城市文化资本为递阶层次中的目标层次（A），一级指标则是下一层次设其为 B，以此类推二级指标是 C_1—C_9。依据判断矩阵，经计算后得出权重详见表 18－5。

表 18－5　各项指标的权重

准则层 B	一级权重 W	分指标层 C	二级权重 w	从属一级权重
B_1	0.20	C_1	0.067 5	0.013 5
		C_2	0.102 3	0.020 5
		C_9	0.204 6	0.040 9
		C_4	0.364 7	0.072 9
		C_5	0.260 9	0.052 2
B_2	0.80	C_6	0.082 2	0.065 8
		C_7	0.070 9	0.056 7
		C_8	0.575 0	0.46
		C_9	0.271 9	0.217 5

下面对各指标权重结果检验，见表 18－6。

表 18-6　各指标的权重检验

指标	λ_{max}	CR	是否具有一致性
B_1,B_2	2	0	是
C_1,C_2,C_3,C_4,C_5	5.16	0.036	是
C_6,C_7,C_8,C_9	4.221 8	0.083	是

上表显示各个判断矩阵都能通过一致性检验，由此推断各项指标的权重具有一定可行性。

(三) 结果估算

B_1、B_2 的权重由 W_1、W_2 表示，其决策变量由 X_1、X_2 表示；C_1—C_9 的从属一级权重由 w_1—w_9 表示，其决策变量由 x_1—x_9 表示，则城市文化资本 G 的函数可以表示为：

$$G=W_1X_1+W_2X_2=w_1x_1+w_2x_2+\cdots+w_9x_9 \qquad \text{公式(1)}$$

根据上面公式，估算历年慈溪城市文化资本的存量水平，见表 18-7。

表 18-7　历年慈溪城市文化资本的存量水平

年份	W_1X_1	W_2X_2	慈溪城市文化资本存量估值
2006	4.45	251.99	256.441 1
2007	4.5	260.69	265.19
2008	4.5	326.44	330.94
2009	4.51	471.63	476.14
2010	4.52	561.39	565.91
2011	4.94	728.54	733.48

* 资料来源：根据《慈溪统计年鉴》和慈溪文化局的相关数据计算整理

从表 18-7 的估算结果看，慈溪城市文化资本存量水平在不同年份分布上存在着较大的不平衡，即差异性。这种差异性表现为三大特征：一、随着时间的推移，慈溪城市文化资本中不论有形、无形还是总量的资本存量都呈现递增的态势；二、从增长趋势上来看，无形城市文化资本存量的增速要远远超过有形城市文化资本，无形城市文化资本存量从 2006 年的 251.99 到 2011 年的 728.54，增长了 1.89 倍，高出无形城市文化资本 1.78；三、从结构上看，慈溪无形城市文化资本的存量比重要大大高于慈溪有形城市文化资本的存量比重。尽管有形城市文化资本的比重在上升，但最高时也只占慈溪总城市文化资本存量的 1.76%。上述的三大特征，表明在以往的城市发展中慈溪城市文化资本存量的进展并不理想，不平衡性比较显著，尤其表现在城市的有形文化资本上。因此，需要从慈溪有形城市文化资本着手，采取各种措施改变这一现状。

二、慈溪城市文化资本与慈溪经济增长的实证分析

(一) 模型的应用

为了分析慈溪城市文化资本与经济增长的关系，以城市文化资本 G 作为解释变量，人均

GDP 作为被解释变量，建立类似柯布—道格拉斯的模型如下：

$$Y=e^{\alpha}G^{\beta} \qquad \text{公式(2)}$$

两边去对数，得到：

$$LNY=\alpha+\beta ING \qquad \text{公式(3)}$$

其中 Y 表示经济增长程度，G 是投入的人力资本水平，β 为参数，代表了城市文化资本存量的产生弹性，且 $0<\beta<1$。

(二) 实证分析

在数据的选取上，本文选取了慈溪市从 2005—2010 年的数据。慈溪经济增长程度由慈溪人均 GDP 表示，城市文化资本的存量数据也已在上文中计算得出。在这里鉴于各指标间的对应，对人力资本进行人均化处理，即将总额指标除以慈溪人口总数。下面使用 Eviews6.0 计量软件对模型进行分析，结果如表 18-8 所示。

表 18-8　回归结果

Variable	C	LNG
coefficient	29 425.95	140.589 5
t-Statistic	4.265 259	5.057 399
R-squared	0.864 761	

表 18-8 的回归结果显示回归方程的 R-squared＝0.864 761，修正的 $R^2=0.830\,951$，表明模型整体上对样本数据拟合较好。其次，在 $\alpha=0.05$ 的显著水平下，各变量的 t 统计值较大，这说明当其他自变量不变的情况下，自变量“人均城市文化资本存量”对应变量“人均 GDP”都有显著影响。

通过表中的数据对慈溪城市文化资本与慈溪经济增长作回归分析，得到了如下的回归结果：

$$LNY=29\,425.95+140.589\,5ING \qquad \text{公式(4)}$$

(三) 结论

本节为了说明城市文化资本对城市经济增长的实际贡献，运用了慈溪各年份的时间序列数据，从动态的角度对其进行实证分析。得出结论如下：

(1) 在城市文化资本与城市经济增长的动态关系上，模型结果表明慈溪城市文化资本与慈溪人均 GDP 存在长期正向因果关系。过去的文献多数从定性的角度对两者的关系进行阐述，而本文则通过实证研究，将城市文化资本作为一个独立的变量加入模型，以定量研究推导两者间的影响。

(2) 从公式(4)中可以发现，城市文化资本的回归系数已经达到 140.589 5。这说明在建立的函数中，城市文化资本对人均 GDP 的贡献度已不容小觑，意味着在城市发展中我们不能仅重视传统的物质资本、人力资本，而将城市发展的最大因素—城市文化资本抛诸脑后。

三、慈溪城市文化资本与慈溪产业结构的实证分析

(一) 模型的应用

为了分析慈溪城市文化资本与产业结构的关系，以城市文化资本 G 作为解释变量，产业结构优化值 R 作为被解释变量，建立类似柯布—道格拉斯的模型如下：

$$R_t = e^{\alpha} G_t^{\beta} \quad \text{公式(5)}$$

两边取对数，得到：

$$LNR_t = \alpha + \beta ING_t \quad \text{公式(6)}$$

α 表示其他影响产业结构因素的弹性，β 表示 G 的产出弹性，其经济学含义为 G 的变化引起产业结构变化的速率。也就是说 G 增加 1%，则产业结构高级化将增加 β%。

(二) 实证分析

在数据的选取上，本节选取了慈溪市从 2005—2010 年的数据。城市文化资本的存量数据在上文中计算得出，而产业结构优化的指标无直接数据可以参照，为此本课题将采用产业结构层次系数来作为产业结构高级化指标。

1. 产业结构高级化指标的测定

由于各个发展阶段以及理论基础的不同，产业结构高级化的指标有很多种。常用的有：以“配第—克拉克定律”为理论基础的非农业产业增加值的比重(适用于工业化初级阶段)；以“霍夫曼(W. C. Hoffmann)经验定理”为理论基础的轻、重工业占总产值的比重(适用于重工业化阶段)；以“钱纳里(Hollis Chenery)世界发展模型”为理论基础的衡量指标(适用于服务化阶段)。鉴于慈溪市的现实情况，本节选用产业结构层次系数来作为产业机构高级化的指标。该指标不仅能反映慈溪某年中产业结构高级化的绝对水平，还能将不同时期间产业结构高级化程度的变动情况表现出来。假设慈溪地区有 n 个产业，先将这些产业按层次由高到低排列，各产业所得的比重记为 $q(j)$，则慈溪产业结构高级化公式为：

$$R = \sum_{i=1}^{n} \sum_{j=1}^{i} q(j) \quad \text{公式(7)}$$

R 越高表示产业结构越是高级化。由于慈溪正处于工业化后期，为此将三次产业的顺序设定为第三产业、第二产业、第一产业。由此计算得出慈溪产业结构层次系数如表 18－9。

表 18－9　历年慈溪产业结构层次系统

年份	三次产业结构	产业结构层次系数
2006	32.8∶62.1∶5.1	227.7%
2007	33.2∶62.0∶4.8	228.4%
2008	33.2∶62.1∶4.7	228.5%
2009	35.6∶59.4∶5.0	230.6%
2010	34.4∶60.5∶5.1	229.3%
2011	34.8∶60.2∶5.0	229.8%

从表中可以发现，近几年慈溪产业结构并未有明显的优化。从 2006 年 227.7%到 2011 年 229.8%虽有增长，但这 6 年间增幅只有 2.1%，平均年优化率仅为 0.35%，远远低于慈溪城市文化资本的平均增速。

2. 慈溪城市文化资本与慈溪产业结构调整的实证分析

下面是通过 Eviews5.0 计量软件是所得到的分析结果，如表 18－10 所示：

表 18－10　相关指标和检验结果

Variable	Coefficient	t-Statistic	Prob.
C	227.042 3	269.253 2	0.000 0
G	0.008 647	2.545 009	0.063 6

表 18－10 的回归结果显示虽然在 $\alpha=0.05$ 的显著水平下，常数项和变量的 t 统计值较大，说明有显著影响。然而模型的拟合效果不佳。回归方程的 R-squared＝0.618 214，修正的 $R^2=0.522\ 767$，表明慈溪产业结构优化中只有 61.8%可由慈溪城市文化资本存量的变化来解释上。

通过表中的数据对慈溪城市文化资本与慈溪产业升级作回归分析，得到了如下的回归结果：

$$LNR=227.042\ 3+0.008\ 647ING \qquad \text{公式(8)}$$

公式(8)显示，当慈溪城市文化资本存量增加 1%时，产业结构高级化只能增加 0.008 647%，表明慈溪城市文化资本对产业结构优化虽有正向作用，但作用十分微弱，尚未对慈溪产业结构调整产生决定性影响。

上述实证分析结果显示，慈溪城市文化资本对经济增长有显著正向作用且其推动力已超过了人力资本的作用，而其对产业升级尚未形成巨大影响力。但我们并不能就此认为城市文化资本仅对经济增长产生作用，而不影响产业结构升级。上述分析只是表明在 2006 年至 2011 年 6 年内，慈溪城市文化资本对经济增长的作用显著，而对产业结构升级的作用不显著而已，从长期来看，城市文化资本也对产业结构升级起着重要作用。

就慈溪而言，之所以出现这种结果，本课题分析主要有两方面的原因：首先，在城市文化资本对产业结构优化的实证分析中，本课题只研究一、二、三产业间的结构升级，并未深入研究产业内部。其实，产业结构优化不仅指各产业间的转型升级，也包括产业内部流程、产品、功能的升级。虽然，慈溪各产业间的转型升级不显著，但产业内部已经发生剧烈的变化，以工业为例正由过去低技术水平、低附加值的传统制造业向高技术水平、高附加值的先进制造业转变，产业内部的结构优化正在如火如荼般展开。其次，产业升级不同于经济增长，它是一项长期且存在滞后性的工程。而由于资料获取较为困难，本研究只选取了 6 年的样本数据，从时间跨度而言过于短暂，由于滞后性等因素的影响，城市文化资本对产业结构优化的效果尚未显现，影响了实证结果的准确性。

这样使得经济增长表现为先于产业结构优化的趋势，城市文化资本对经济增长的作用就突出出来，而其对产业结构升级的促进作用则表现得不明显。

第三节 慈溪加快城市文化资本发展的对策

从城市经济发展的作用机理和绩效研究来看，以市民一系列思想观念、信念看法、逻辑行为以及价值观为核心的城市文化资本已经超越了传统的物质资本，是一种新型的资本形态，且具有强渗透性、高增值性以及强外部性等特征。目前，城市文化资本正受到越来越多专家学者的广泛关注和大力推崇，在西方很多城市，城市文化资本已经开始成为改变城市经济增长速度及质量的战略选择。为此，本课题结合慈溪实际，提出发展慈溪城市文化资本的对策构想，以期为慈溪提升经济、转变发展方式提供些许参考。

一、保护已有城市文化资本

慈溪已有城市文化资本不可复制，破坏了也不可逆转。因此，各级政府部门、企业、市民都要重视和参与已有城市文化资本的保护，不应该片面强调以经济建设为中心，忽视城市文化资本建设。对于非物质性的民俗工艺等城市文化资本，不仅要保护，还要传承，这就需要进行生产性的保护，保留其使用价值。政府要大力营造民俗工艺文化的氛围，扶持、指导、保护民俗工艺赖以传承的载体，并与民俗工艺相关传承人通力协作，积极创造机会、寻求合作，搭建民俗文化宣传、展示和交流的有效平台。对于物质性的文物建筑和历史街区等城市文化资本，首先，应采取措施制止拆毁有价值的文物建筑；其次，对年久失修的文化古迹进行加固维修；再次，严禁在文物保护范围和建设控制地带内进行违章建设；最后，努力改善列入文物保护历史建筑的周边环境和配套设施。

二、运作现有城市文化资本

酒香不怕巷子深的时代已经远去，在“眼球时代”的背景下，慈溪城市文化资本需要借助各种渠道和手段来运作，从而提升慈溪的知名度和影响力。笔者认为主要有两个方面：第一，不断“制造”和传承体现城市特有个性的节日和活动。节日和活动是文化不可代替的载体，它们除了能传承文化，还能起到维系城市与市民之间精神联系的作用。第二，大力发展旅游业，借助旅游业这个平台将慈溪特有的史前文化、海洋文化等慈溪城市文化、慈溪人的价值观、慈溪的生活方式进行很好的推广与宣传。政府通过各种方式对慈溪城市文化资本进行全方位的包装、宣传、运作，这样不仅丰富了慈溪本地市民对自身城市文化知识，使他们提升对自身城市的认同感和归属感；同时也向游客、投资者传达了慈溪特有的城市文化资本，使他们体会到慈溪城市文化资本的魅力和文化底蕴，达到双赢结果。

第十九章
以公共文化服务激发创新群众活力

第一节　完善文化资源落实到基层的长效机制

文化资源，是指人们从事文化生活和生产所必需的前提准备，是对人们能够产生直接和间接经济利益的精神文化内容。本章节所指的文化资源是指文化政策、文化设施、文化活动、文化产品、文化服务、文化人才等。推动文化资源落实到基层，是保障基层群众文化民生的重要内容，是加快建设文化强市的重要环节，也是推动经济社会又好又快发展的重要基础。最近，在省委宣传部的指导下，我们组织课题组专门就推动文化资源落实到基层开展了调研，形成如下综合报告。

一、推动文化资源落实到基层的现实意义

慈溪市第十三次党代会作出“打造品质之城、共建幸福家园”的建设目标，这是发展理念的转换和发展内涵的深化，重要一环在于推动城乡一体化发展，提升市民的幸福指数。文化资源作为“品质之城幸福家园”建设的重要集成资源之一，能否实现在城乡有效配置流动，能否倾斜到基层落实，能否促使基层群众共享文化发展成果，关系到“品质之城幸福家园”建设加速进程，具有重要的现实意义。

1. 有利于助推经济社会发展

改革开放特别是近年来，慈溪经济社会快速发展，2011 年全市生产总值、财政一般预算收入分别达到 876 亿元、129 亿元，全国县域经济基本竞争力连续 5 年排名第 3；“一中心、四片区”的市域城镇体系初步形成，进入城乡全面融合发展阶段，城市化率提高到 64.8%。但同时经济社会转型进入全面攻坚阶段。市第十三次党代会指出，产业转型已到背水一战的重大关口，社会需求结构呈现多样化、高端化趋势，加快培育与中等城市规模相适应的城市能级。文化与经济建设、社会建设、城市建设等密不可分，文化建设对经济建设、社会建设、城市建设等具有积极的推动和塑造作用。文化资源作为一种社会的重要资源，推动在社会各部分之间高效率配置流动，能有效提高整个社会产业联动、功能互补、资源共享的水平，也能发挥文化对经济社会发展的凝聚人心、温润心灵等作用，助推经济社会形成持久的竞争优势。

2. 有利于推动文化强市建设

市第十三次党代会指出，必须更加自觉更加主动地推动文化大发展大繁荣，加快建设文化强市，为全市人民营造一个美好的精神家园。今年，市委作出了《关于加快建设文化强市打造文明慈溪的决定》，提出了“省内一流、全国知名”的文化强市建设目标。文化强市建设的一个基本任务是统筹城乡文化事业发展，夯实基层基础，满足人民群众精神文化需求。但就基层文化发展水平看，文化资源约束偏紧，配置效率偏低，文化产品供给量偏小，文化服务层次偏低，尤其是长期以来的城乡二元社会发展的思维惯性和工作模式，形成了文化资源配置和投放偏好于城市的倾向，在一定程度上滞缓了基层尤其是农村文化的发展。推动文化资源向基层落实，统筹文化资源和要素流动，形成与城乡文化一体化发展相匹配的资源配置格局，有利于加速文化强市建设要素集约化进程水平，提升区域文化发展内涵与外延质量，提高城乡文化建设的动力集成，推动文化强市建设进入新一轮协调型、持续型、共享型、质量型的发展。

3. 有利于促进社会和谐稳定

当前，慈溪发展呈现出明显的阶段性特征，既是发展黄金期，又是矛盾凸显期。市第十三次党代会提出，市场化、城市化和信息化的加速发展，带来思想观念、社会结构、组织形式和利益格局的深刻变化；加强和创新社会管理，已成为区域发展的重大使命和紧迫任务。文化资源作为一种丰富且较为容易获得的资源，以其共享性、非消耗性、可再生性等特点成为促进群众观念更新、丰富文化生活、陶冶心灵性情、增进思想沟通的不可或缺的条件。合理布局文化资源，有效丰富文化资源种类，切实发挥文化资源效应，有助于减轻人们的精神压力，缓解人们的不良情绪，克服社会的焦虑心理，由此可以促进人民内部矛盾的化解，实现社会的和谐发展。同时，文化资源与经济资源等社会资源一样，分配是否公正、公平，关系到社会成员之间享受改革开放和现代化建设成果的公平，关系到社会公众基本文化权益和文化福利保障，最终影响到社会和谐稳定。

4. 有利于改善群众文化民生

2011 年，城镇居民人均可支配收入和农民纯收入达到 34 123 元和 18 260 元，列全省第 4 位，人民生活由基本温饱向总体小康跨越和转变，进入了人均 GDP 超 1 万美元的中等发达阶段。城乡居民在物质生活不断富裕殷实的同时，对健康丰富的文化生活需求呈现旺盛趋势。市第十三次党代会指出，“品质之城、幸福家园”体现了更大量级社会需求与更高水平利益共享的统一。当前，基层群众求知、求乐、求美的愿望更加强烈，希望享有更多的公共博物馆、图书馆、文化馆、纪念馆、美术馆等公共文化设施，渴望得到更好的公共文化服务，要求欣赏到更多更优秀的文化作品。文化资源作为文化建设的基础性资源，进行统筹协调、合理布局、科学分配，提高对基层文化产品与文化服务的供给能量与总量，实现文化资源和文化供需之间的协调与共进，能让广大基层群众享受到更为均等、便捷、廉价与优质的公共文化服务和个性化文化产品，进而保障人民群众的基本文化权益，促进文化民生的持续改善。

二、现阶段文化资源落实到基层现状及问题分析

近年来，慈溪市着力加快城乡文化一体化发展，更加注重公共文化资源的合理布局，推

动文化资源向基层倾斜落实，增加了基层文化服务总量。但把这个富有阶段性的成效放到经济发展水平、文化强市建设、城乡文化均衡发展等大环境中去考量，总体上滞后于形势发展，还不能满足基层群众日益增长的文化需求。

1. 文化资金向基层倾斜，但保障性有待于强化

健全政府投入机制，强化市级公共财政对基层文化设施建设的倾斜力度。2009 年以来，采取转移支付、"以奖代补"等形式，投入财政资金 1 573.19 万元推进基层文化设施建设，实现了全市综合文化站全覆盖，全市 324 个行政村和社区全部建成村落文化宫、社区文化活动中心、公共电子阅览室，建成"东海明珠工程"12 个、文化(体育)广场(公园)348 个、"文化明珠"企业 121 家、基层宣传阅览点 500 余个、健身路径 561 条、球场 320 片。采用政府购买、补贴的形式，投入财政资金 1 381 万元，向基层送戏 3 200 场次、送文艺演出 1 320 场次、送电影 1.68 万场次、送书 5 万余册，每年引进 40 场次以上的高水准文艺演出，受惠群众达 256 万余人次。公共财政作为文化资源的一个重要指标，向基层倾斜的力度与额度，直接反映了文化资源落实到基层的程度。但据调研情况看，财政投入的保障力度还不够大，每年投入用于基层文化建设的财政资金低于经常性财政支出的增长幅度，全市 75%左右的年度文化发展资金主要集中在城区；物价上涨等因素影响到实际经费总额没有增加，财政资金直接补助少，影响基层文化建设运行力，致使部分村落文化宫、社区文化活动中心作为村、社区综合服务站使用等现象较多，影响基层文化活动开展。

2. 文化服务向基层延伸，但针对性有待于强化

全面实行博物馆、图书馆、文化馆(站)、纪念馆、陈之佛艺术馆、99 所学校体育场地等文化场馆社会化服务和免费开放，如市图书馆自 2005 年开放以来，累计接待读者 289 万人次，出借图书 190 万册。实施"三北讲坛"、"百姓课堂"、"慈图展览"等公益服务项目，2009 年以来组织专家学者、文化工作者深入基层开展培训、辅导、讲座和展演、展示等文化服务 830 场次，受惠群众达 21.5 万人次。四年来开展面向基层的形势政策任务宣讲 2 500 余场次，组织科技、卫生、国土、国防等知识进村(社区)580 余场次，受教育群众达 76 万余人次。积极创新乡镇图书馆建设服务模式，市图书馆在基层设立了 70 个流动图书馆服务点，实行书籍统一采购、统一配送，下乡送书达 6 万余册。建立以市电影公司为枢纽、20 支放映队伍为基础的基层电影放映网络，为基层提供电影放映服务。龙山镇试点实施了公共文化资源的集中配送服务。文化服务作为文化资源的一个重要内容，向基层延伸的频度与强度，直接反映了文化资源落实到基层的程度。但据群众反映，文化资源落实到基层的针对性还不够强，现有对基层公共文化服务的内容相对单一，与群众差异化的文化服务需求不相适应，在服务布局、载体设计、文化服务精品项目等方面还存在不少问题，优质文化服务项目少；文化服务"节点热平常冷"的现象明显；对 90 多万外来务工人员的公共文化服务不多。

3. 文化产品向基层输送，但多元性有待于强化

实现全市村、社区图书馆和文化站联动的文化信息资源共享工程 100%全覆盖，全国文化信息资源共享工程延伸到 468 个基层服务点。以自然村"村村通"为目标的广播电视农村入户工程实际人口覆盖率达到 100%，完成数字电视整体平移转换 25 万户，全天候播出 70 余套电视节目。推出"理论在线"、手机报、公共电子大屏幕、电子阅报栏等数字服务业态。

精心创作生产适合群众口味的文艺精品940余部、文艺节目250余只。统筹发展城乡文化市场，强化了对基层网吧、音像书刊、歌舞娱乐厅等文化场所的管理执法，协调文化企业向基层提供文体用品等优质文化产品40余个。发挥民间资本作用在观海卫镇、周巷镇、新浦镇建成了恒丰数码影院、晨亮数字电影城、奥克雷影院，年接待人数达19.5万人次。文化产品作为文化资源最有形、最直接的形式，输送的数量与质量，直接反映了文化资源落实到基层的程度。但据调研看，文化产品的多元性不高，78%左右的基层群众认为文化产品输送偏好于城区，文化产品在向基层尤其是向农村输送上存在一定的流通障碍；69%的基层群众认为文化产品应体现阶梯性，普遍反映有的文化产品定价过高，可供消费选择的文化产品不多；基层年轻人、高知识分子和高收入群体的文化满意度普遍不高，认为当前提供的文化产品项目档次偏低。

4. 文化人才向基层投放，但建设性有待于强化

加强镇(街道)综合文化站人才建设，出台了专门政策，全市基层文化站基本配备了1—2个专职文化干部，并享受中层待遇。依托"干部下基层、服务在一线"主题活动，选派宣传文化系统20余名文化骨干下村(社区)，对基层文化建设实行"一对一、点对点"的服务，帮助解决有关文化建设问题12个。市文联开展了"文艺家走进校园"活动，组织具有较高文艺造诣的文化人才开展文学、书法、美术、摄影、舞蹈等文艺讲座80场次。市文化馆建立文化骨干辅导进村(社区)制度，实行基层"点员预约、培训点配"机制，2009年以来组织文艺骨干下基层175人次，开展专题辅导190场次，基层文艺骨干接受辅导达2 100人次。文化人才作为文化建设的重要推动力，规模大小和作用发挥如何，直接反映了文化资源落实到基层的程度。但据调研情况看，文化人才建设与投入上存在"短板"，全市综合文化站工作人员中正式在编人员占比仅为37%，临聘人员仅为初高中学历；全市公共文化服务人员中大专以上学历、中等以上职称的比重，在全省90个县市区中分列第86位、第76位；基层需求量大的文化专业培训指导人员缺口较大，出现"供不应求"现象。

三、推动文化资源落实到基层长效机制的初探

推动文化资源落实到基层，既是一个重大现实课题，更是一项长期艰巨的战略任务，需要着眼于经济社会更好发展，人民群众文化生活更加幸福，探索研究长效机制，以新的组织架构、新的载体方式，合理配置城乡文化资源，增加基层尤其是农村的文化资源配置总量，推动基层文化发展。

1. 树立三个理念

一是树立文化民生的理念。从理论上看，精神文化需求区别于物质需求，是比物质需求更高层次的需求。当今时代，文化也是民生，文化民生事关人民群众的精神信仰、思想状况、文化权益和生活品质。没有文化的民生是不完整的民生，离开民生的文化是曲高和寡的文化。推动文化资源落实到基层，要树立民生的理念，不断扩大文化资源的覆盖面和普惠度，为不同群体提供多样化、多层次的文化产品和文化服务。二是树立科学规划的理念。规划是先导、是基础。文化资源作为公共资源，只有科学规划才能发挥其最大能级。要立足当今，着眼长远，因地因时制宜制定公共文化资源配置规划，分步实施，扎实推进，努力使文化

资源在城乡配置与区域经济社会发展相适应，消除文化资源配置的城乡差别，不断满足人民群众日益增长的精神文化需求。三是树立创新发展的理念。发展不仅包括经济的发展，同时还包括文化的发展，包括重视文化资源的科学配置。要树立创新发展的理念，加快推进文化资源城乡配置中思想观念创新、体制机制创新、环境创新、技术手段创新、管理创新、运行模式创新，全方位整合公共文化资源，提高文化资源城乡配置，尤其是向基层落实的效能和质量。

2. 实施三大工程

一是实施文化设施提升工程。高标准建成大剧院、博物馆、文化中心等大型公共文化设施，实行降低门槛开放和免费开放。在镇村加大投放篮球场、乒乓球室、演艺广场、健身步道等基层群众参与较强的文体活动设施，提高综合文化站、村落文化宫（社区文化活动中心）、文化明珠企业、宣传阅览点等文化设施的开放率、利用率，推进农村“十五分钟文化活动圈”建设，优化管理制度和配套服务，建立具体活动量化考评指标。二是实施文化活动供给工程。推动文化活动组织重心向基层农村倾斜，不断扩大容量，提升层次水平，紧贴基层实际需求，着力扶持各类群众喜闻乐见的“草根作品”，办好艺术节、全民读书月、农民“种文化”汇演、青瓷文化节等群众性文化活动，组织好“欢乐慈溪”、“百姓舞台”、“上林之韵”、“百姓课堂”等文化惠民活动，依托传统节日、重大节庆等组织基层群众广泛参与舞蹈、歌咏、展览、书画摄影比赛等活动，引进更多的优秀文艺团队来慈演出，把小型多样的文艺表演与大中型文化活动相结合，经常性组织城乡文化“走亲”活动，实现基层文化服务系统化、常态化。三是实施文化服务优化工程。完善政府定价、购买、补贴、优惠等政策，为基层提供更为廉价和优质的文化产品和文化服务。实施文广局、文联、社科院等文化单位服务机制创新，探索建立公共文化服务配送中心，实行“双向互动、供需对接”的文化服务。扩大机关、学校、企业等文化设施免费向基层开放范围，提高文化设施运行效能。利用“城乡结对、共建文明”活动，广泛组织市级文明单位进行城乡对接，把文化服务力量资源注入农村文化建设。推进数字电视整体平移转换，依托慈溪新闻网开发数字业务产品，实现数字文化信息服务进村入户。

3. 发挥三方作用

一是发挥镇级作用。强化镇级平台建设，以“文化强镇”创建为龙头，着力发挥镇级层面承接市级文化资源辐射、向农村（社区）输送文化资源的作用，通过每年组织开展十强村落文化宫和社区文化活动中心、十佳文化明珠企业、百支优秀文体队伍、百名优秀文体骨干等评选和“群众文化群星奖”评选，推动镇级层面将优质文化资源多形式、多载体、刚性地落实到基层。二是发挥市场作用。对大剧院、体育场、体育馆、科技馆、青少年活动馆等市级重大公益性文化设施，优先考虑引入市场机制，积极探索文化设施市场化管理运作路子，通过服务外包、特许经营等方式支持市场主体及社会其他组织参与设施运行，借助社会力量推进文化资源整合，运用市场规则配置文化资源，拓展文化服务的内容与方式，降低基层群众进入大型文化设施的门槛，推动商业文化资源向基层尤其是农村的合理流动。三是发挥民间作用。积极鼓励各种民间力量参与公共文化建设，注重巩固提升农民“种文化”品牌，扶持群众自办文化，鼓励支持各类民间文化团体发展，激励民间艺术机构提供文化公共服务，把政府主导的文化资源通过民间力量向基层群众传输。要赋予基层群众参与文化资源配置的管理和监督权力，经常听取社会公众的意见，适时调整文化活动形式和内容。

4. 健全三大机制

一是健全组织协调机制。各级党委政府要把文化建设摆在全局和战略的高度加以重视，纳入经济社会发展总体规划加以部署，把文化发展成效置于科学发展考评集体加以检验。进一步强化市文化建设领导小组等组织机构的协调职能，建立文化资源数据库，编制公共文化资源地图，定期协调配置文化资金、文化活动、文化产品、文化人才等文化资源，解决文化资源城乡配置中出现的各种问题。二是健全资金投入机制。加大市级公共财政资金对基层文化事业的投入力度，建立稳定的投入增长机制，确保文化建设在财政支出中的比重逐年提升。用好市级文化发展资金，设立镇级文化发展资金，重点安排用于发展基层文化事业建设的财政预算资金，优先安排涉及基层群众切身利益的文化建设项目资金投入。要充分发挥慈溪市场体制较为完备和民营资本较为充裕的优势，积极探索各种投融资渠道，鼓励社会力量投资文化事业，形成多元化的文化投入机制。三是健全人才培养机制。建立宣传文化系统人才库，强化对文化人才的动态培养、适应与管理，推动各级各类文化人才向基层输送。培养一支业务精的镇级文化干部队伍，核定编制、落实待遇，确保人员足额到位。培养好一支村级文化骨干队伍，在人口较多或文化特色突出的村(社区)配备一名文化员，落实相应待遇；发挥基层群文爱好者的带头作用，组建农村文化志愿队伍。实施定期培训和奖励补助政策，强化在职公共文化工作者岗位技能培训和业务进修，广泛开展城乡文化“传、帮、带”服务，提升对基层文化服务的水平。

第二节　保护历史街区延续独特乡土文化

城镇历史街区形成原因多种多样，但在城镇发展中都是影响到整体的城镇景观营造，导致城镇整体链接不完整，板块边缘破碎，城镇宜居性、生态性、整体性、观赏性都大大下降。对于历史街区尤其是对大量未被列入古迹或文化遗产的地区不加区别地拆除，还带来了一系列历史、文化、经济的破坏，导致大量社会问题的出现。历史街区区别于单体文物建筑，历史街区的整体性决定其更具广泛性、多层次的意义。它是城镇历史传统风貌(形态、景观等)的片断；也是地方文化(风土民情、习俗节日等)的缩影；更是历史上市民交往和社会生活事件的载体。简言之，历史街区关联着城镇居民的集体记忆与城镇特色文化的形成。

从改善城镇物质环境出发，提高城镇生活质量，城镇历史街区再利用可缓解城镇的扩张压力，使土地使用模式由粗放型向集约型转变，可以重新分配人流，缓解交通压力，在必要地段上保持一份延续，因此，历史街区景观再造将大大降低城镇无穷膨胀、无序增长，内部土地利用率低和中心区衰落的“老城镇问题”。因此，城镇历史街区生态景观再造保护性设计是城镇自我发展、自我更新的基础，具有极其重大的现实意义。

一、历史街区独特的文化风貌

(一) 慈溪天元街

慈溪市天元镇兰街艺术节，自古由天元市“演街”(俗称拦街)庙会沿变成“兰街”集市而来的，其历史悠久、源远流长，具天元特色。它是天元从明弘治元年(1488)始，先民勤俭质朴、开拓自强发展经济，创造历史，“兰街”从清咸丰五年(1855)以武圣殿为中心庙会，天意顺民以拦定名，俗称“天元市拦街”，以后逐渐扩大。至乾隆年间已为余姚新增八市之一的集市镇。嘉庆年间，天元界塘拦街庙会也已具雏形。至光绪三十年(1904)天元各大族长和商会议定改“拦”为“兰”相传至今。古兰街兴起民间文化展示的舞台，也成物资交流的大广场，以它为载体，引来千家商贩，汇集万众百姓，使界塘横街形成物流世界。十月兰街使天元市名扬宁绍二府，为天元的崛起和经济发展与商业兴旺作重大贡献，享有姚北历史名镇的誉称。兰街，它是天元人用智慧创造的，它是经济与文化有机结合的产物，成为天元人民独有的既定的风俗重要节日。早已列入市非物质文化遗产名录，永作历史纪念和传承，值得天元人自豪，世代流传和发扬。笔者与天元有故乡之缘，再次查据《余姚市志》、《慈溪县志》和《余姚六仓志》及《天元镇史》记载，并多次实地采访考证，现就天元兰街形成、发展传承的历程，对积淀深厚的“兰街文化”进行发掘、研究、弘扬、丰富的工作，为全面建设小康社会作贡献。

1. 拦街庙会之形成

天元兰街，原于庙会，据《余姚市志》记载：庙会是祭祀神佛、先贤的形式之一，有浓厚的宗教和迷信色彩，但同时又是传统集市的一种形式，故有“庙市”之称。庙内神佛生辰祭祀，庙外设摊交易，谓之庙会市集。有的摊位设于街道两岸，俗称“拦街”。此种庙会年年于春秋两季定期举行，祭祀、看戏并购置生产、生活必需品。天元古兰街是古庙会的产物，由最原始的界塘“烂街”到庙会“拦街”(演街)至集市“兰街”其历史源远流长，自从天元地区形成自然村落和集市之日起，随着日月的运转，人口的不断增长，社会意识形态的变化，人们信神拜佛，以酬祈福，风调雨顺，年年丰收，国泰民安。

古天元早形成于明朝中期，弘治元年(1488)筑界塘(又称夜塘)，即今天元老街面及东西界塘路。此时开始，先是姚北大古塘边先民由南北移，后是邻县的流民，再是为避战祸而南迁的大批中原百姓，纷纷落脚于界塘的东西南北四周围，结庐拓荒，定居的移民从事下海捕鱼、种桑养蚕、植棉种粮、海水煮盐四大产业。先民勤俭质朴，胼手胝足，然处海滨之地贫瘠而不悔之，日出而作、日落而息，世代繁衍，形成自然村落。据传清代康熙四年(1665)河南人“天元”，从大古塘太平桥挑担，串村走户做小生意，后到界塘南盐道西落户，搭起一座草棚，经营一些简陋的日用物品和油、盐、酱、酒类、糕点，开办了本地历史上第一爿便民小货铺。由于经营得法，盖起了几间瓦屋，尔后人们竞相仿效，纷纷在界塘上搭棚建舍，经营各种商品，并扶帮“天元甲子老人”办好界塘口的以物换物、以钱换物的集市，“市头中人”也产生了。于康熙八年(1669)界塘东的陈姓始发迹，后至陈凯得中甲榜第二名进士，官放四川知州，家里大兴土木，建起了新宅，人称“官房里头”。建造了连界塘石桥，开平了接六甲边的界塘为大道。大道北边先后建起了民宅，逐渐形成东段单面街形。康熙十六年(1676)，界塘中段许姓做生意发迹。老家圈地开环河建新宅，后俗称“河圈里许家”。开平了东起六甲河边，西至大河江边的界塘成东西向大路。大路两边陆续建造了民宅而形成了界塘中东段街南。至康熙二十三年(1684)天元这个"市头中人"过世后,位置由别人接替。康熙末年(1722),界塘塘口农贸集市,已相当兴旺。此时的市面,已不是天元屋前的大道地里,已设到东至钱姓王姓村后的界塘上,东西有一华里长。后雍正元年(1723)界塘南大河沿胡姓在外做生意发迹,也大兴土木,建造豪华新宅,后称"大河沿胡家",开通了大河沿接界塘直路,挖平界塘大河江西塘面,开起界塘丝蚕行。雍正六年(1728),从大古塘南迁到西界塘戴姓村东旁的卢姓做官发迹,新建府氏,后称"老卢瑞兴"挖通东连大河江的新河,新做南通大古塘接通县城的官道,开平东到塘口的界塘塘面成大路。就这样,至雍正年间,沿界塘南北边自东到西村落房屋毗邻,并出现一些大姓房族,西界塘的张姓、戴姓和卢姓,界塘中段的许姓和王姓,东段的陈姓等。各房在族长的组织发动下,为方便生产和生活,逐年开平界塘变为宽 10—20 米的横大路,路南北两边民宅连接,基本形成街面,即今天元老街的酒厂边直江至芦庵老省道段。自此,就初现了街道的雏形,到今未大变之。此时南北界塘均有大村落簇立,特别是塘北有八甲、九甲、十甲、柴家和头甲等自然村。集市由小而大逐渐移至中段,即现今天元西街,形成了以界塘为中心的集镇。为今后的发展打下了自然环境和人文基础。后为纪念"开市祖师"就把这个新兴集镇取名为"天元市"。从此本地人们就有"天元市,天元市,四面八方来赶市"的俗谚。直到乾隆三年(1738)戴家村卢鳞仕居高官,建造了闻名姚北的官府宅第——卢瑞兴,即 99 间转马楼,开平西界溏,修通至余姚的官道和东通大河江河道。大河沿胡家的经商成富,出资修通大古塘江的河道。界塘边张承先的从商成大富,界塘北卢姓出仕居官,即称"会元桥",均从商致富,出仕发迹的张姓大户和卢姓朱门等后,就更加刺激本地区人文环境、经济基础和交通条件的发展。一批来自湖州及绍兴的人迁移来,在界塘中东段买地造房,开起了专业店铺和作坊。如"天蚕丝茧行"、"麦冬行"、"花行"、"租马行"、"生猪行"及豆腐、金银铜器制作、染店等,促使界塘街道已基本形成,农贸集市已很兴旺,迫切需定个市名。这年春末夏初,由西界塘卢姓族长发起,邀沿界塘大姓首户和乡绅等 20 余人于新建的道教教地——如登坛,商议定界塘市名。商议结果,一致认为一是这里居民和赶集亲人都有"到天元地方赶集去"的传统口头习惯,二是天元为界塘集市的形成和发展作出了很大的努力及贡献。为纪念这个创集人,以天元名字命为市名应该名正言顺。天元市名定下来后,确定由卢姓族长负责去余姚县衙备案,其他参与人互相传话。至乾隆十七年(1752),天元集市贸易之名已列入余姚县新增八市之一,载入县志,天元名震姚北。乾隆五十年(1785)天元市已经形成,并日趋兴旺。

追溯历史,相传明嘉靖元年(1522)戚继光、卢镗平倭,庙会在三北天元已有之。以后民众于清道光十三年(1833)拆凉亭而建的武圣殿(关帝殿),是天元最大的庙宇,前后两进是巍峨的佛殿,纯系砖木结构,高大宽敞,画栋雕梁,飞檐挑角,精工细作。前殿雕塑着关帝神像,后殿雕塑着观音佛像。平日佛像座前烛光融融,善男信女,焚香叩拜,神桌上摆供果品、茶食、菜肴。殿侧厢房堂中,经声时断时续。殿外是个古色古香的戏台,朱金浮雕,艺术精湛。据《余姚六仓志》第十八卷风俗记载:"天元市迎关帝会,迎必逢雨,称之大水菩萨。"咸丰同治年间,建立关帝老会和新会,定三年大行,每年小行。但不论大行小行,均通过天元街,商户富家摆香烛迎会,把原求雨变成迷信与民众娱乐活动摇。庙会时,雇绍剧、京剧班,连日演戏酬神，戏台两边设有茶坊，观众满座，看戏喝茶，津津有味，快乐逍遥。演戏的锣鼓声，时起时落，热闹非凡。戏台周围场地上的观众，你拥我拥，一片哄声，如杭州湾潮水汹涌也。殿内设座摆摊，比比皆是。搞迷信活动的，有测字看相批命纸等；搞赌博的，有花生宝、虾蟹捏捏宝、掷老六、铜宝、牌九等。“拦街”有庙会时，男女香客涌向殿内，焚香点烛，满殿辉煌，有祈求长寿的，有祈求丰收的，有祈求财运的，有祈求赌博赢钱的，形形色色。拦街庙会请名人族长到殿商议，决定行会之事，一旦定下，必须坚决执行。故说拦街是古庙会市的产物，即关帝殿庙会阻挡拦住行人通行街道也，确切地俗称“天元市庙会拦街”了。据《余姚六仓志》风俗录：“是月至十月，村镇演剧，曰花熟，曰演街，与古报赛方社先农之意殆无以异。”又据《余姚市志》商业第八章集市贸易记载：“建国前，境内有定期庙会多处。庙会期间，集镇街道两侧或庙于周围有成集市，俗称‘拦街’。”

这时，天元就建筑朝北庵、最有名的道教祭坛如登坛于市街西侧（俗称仙坛，有坐北朝南砖瓦结构高平房五间，中三间正厅供“三清”塑像，两边间住道长与几名专职道士。人们把坛看作是崇道敬德，纪念祖先的圣地）、建土地堂于东街心、建武圣干于西街（俗称凉亭）、建百花寺于西界塘北，与云城乡分界。还在九甲、十甲建新庵，八甲建朝东庵，西界塘建朝西庵，头甲建祥云庵，方东建增福庵等。并在各庵、寺、庙内雕塑了众多佛像，千姿百态，工艺精巧，惟妙惟肖，令人瞩目。而且各族长规定在庙宇内外，举行庄严的祭祀活动，由此形成“拦街”庙会的雏形，以后逐渐扩大，历代相传了。

2. 兰街集市之发展

天元先民到界塘落脚生根，在东西南北形成大小自然村落，也带来了文人辈出，如戴家路的卢姓，东典的陈姓，两进屋的许姓等。于清嘉庆十年(1805)文人们以崇文、敬文的思想，沿余姚等地掀起了一股种兰花、品兰花、赏兰花、赠兰花之风。先是天元道坛的道长道士，后继天元的文人雅士，再延街上名人及商家，为扩大天元在姚北的知名度，进一步宣扬崇道敬德，活跃天元文人的文风，由道坛张姓道长发起，邀天元名人雅士加盟，于嘉庆二十四年(1819)成立了“天元兰花展览会”，这些爱兰文人先在界塘口道教“仙潭”（俗称天潭）里，内设一个一年两度的“兰花盆景展示会”，展期七天，这年秋的农历十月底举行，展出各类兰花200余盆，观赏者近500多人。爱兰诗社文人掀起兰花之民风，俗称“兰花会”，引来邻县的文人与商人，名声渐增，此会促使天元人有重商和把握交易机会的智能，在会节开了茶坊、饭庄，后是一批商人开设文房四宝及用纸，再是艺人赶来说唱，就始现了天元由“拦街”庙会变“兰街”文化的萌芽。至道光十一年(1831)天元“兰花会”特祖买坛南民地展出，众人参与，名人时到，热闹非凡，名誉姚北。再扩大到爱好兰花的民众，道光廿九年(1849)、三十年(1861)余姚县令据天元“兰盆会”的实际状况，派钱师爷到云柯里所（历山），召集天元大姓族长、文人名士商议，初定改为“天元兰街”之名，意为由兰花会起源的街市盛会，这与庙会拦街是同类的。兰盆会已呈春稀秋旺，展点分东街与西街两点，给中街商品交易活动带来有利地段。后至咸丰五年(1855)县召集天元大姓族长、文人名士在历山商议，定改为“天元兰街”之名，意为由兰花起源的街市盛会和祭祀天元先贤，定每年春秋两次的会日为每年一次，时间农历十月廿七起七天，以民众庆丰收、卖生产的物品，添生活用品，备隔年耕具为目的，就这样，拦街与兰街同称之。但与盂兰盆会无关，不可牵上去也。与兰花有关、有缘。以后兰街每年举行，沿成惯例，首次古兰街仍以兰花展为主，商摊仅有百余个，但首次出现徽戏在关帝殿戏台演出活动，添了文娱助兴色彩，并形成“兰街”庙市。又至光绪二十三年（1897）东许家二进屋一门四秀才之父许寿祺，字兰田先生，四子为少兰、幼兰、天兰、稚兰，喜爱兰花，家有“兰芳园”，捐款助田集资创办云柯书院（开智学堂），以兰为友，组织天元为主的各界知名人士参加“兰社”，当时有东典陈兰坨和西界塘卢瑞兴后裔等，经常聚集兰社花，文风很盛。兰文化与商家文人之所以能与兰花结上不解之缘，通过写兰花、咏兰花、画兰花、篆刻竹兰联、赠兰，修身养性，陶冶情操。兰是人间美好事物的象征。何况天元名人号兰多。由于兰田先生乐善好施，凤负乡誉。会稽道道尹黄庆澜宠赐“硕德耆年”匾额，内务部奖给红缓银盾并发给证书，大总统黎元洪曾题“乡里矜式”匾额旌其门。光绪三十年（1904）其长子许士远，字少兰，继父“教育兴国，造福乡民”之事业，受维新新文化运动思想影响，邀请热心人士创办云柯书院（后改学堂），并与兰社们于三十二年（1906 年）动员天元商街“丝茧行”出治捐助，主持开办起天元有史以来的第一所小学校——开智小学，即开启民智，富邦强国。民国初年被选为余姚县议员，任云潭乡董，仍注重乡内教学，先后于民国二年至九年，创办历山紫极坛、张祠、九甲、启智、咏新小学等，少兰先生可以说是天元地区办学的先驱和教育泰斗。少兰先生与扬积芳等先生一道在云柯书院内，历时二年编访成《余姚六仓志》。当时“兰花庙会街市”已兴旺，父子五兰以自身家资和威望，大兴“拦街”活动，促使拦街演变为“兰街”造福桑梓的事不计其数。但许老兰先生因长年积劳成疾，不幸离世。人们称兰先生离去是兰摧玉折，召开盛大的追悼大会，并把其遗像永久挂在学校礼堂台上。天元大姓族长，文人名士商议，再定改“拦街”为“兰街”之名，既定不变，并经乡报县备案，贴告示民。这名既有深厚含意，又符合地方民意。录《兰社诗选一首》：“兰街一字属谁更，道是开智创办人；兰事兰社庙会春，天元兰街慰苦人”。俗定每年农历十月廿七为“天元兰街节”，一是秋农忙过后有闲赶集，二是纪念奉献一生的“兰社”兰先生，这是天元市人家喻户晓认可的。天元市人民创造了姚北独一无二的“天元市兰街”。以后每逢此时宁绍地区商贾小贩云集，一时人群熙攘，百货纷呈。贯穿节日的如绍剧、京剧、越剧、姚剧、说唱、雀咚咚等喜闻乐见的传统文化活动，使天元名誉姚北。据《慈溪县志》民情记载：古代在春秋两季举行祭神活动，称“春社”、“秋社”，祈求风调雨顺，人畜平安。后演化成庙会。凡在下半年举行的，统称“兰街”。这里，说明天元兰街是由武圣殿拦街庙会集市中形成，在兰街集市中发展，天元兰街已深印姚北民众内心。

至民国十五年（1926）以后，天元兰邦人继承老兰街文化传统，摈弃其庙会中封建糟粕，以刚健自强的革新进取精神，与政治经济结合，发展商品市场的同时，注重道德教化，强调民族凝聚力，以“兰”为名，顺天顺民，振兴天元，深受乡民欢迎参与。“兰街”之起名，姚北只有天元。

兰街至民国二十五年（1936）时，经天元市人的努力和精心策划，特别是由于东许家两进屋“一门四秀才”的乡贤许兰田等家族名人绅士的热心扶持，兰街规模之大，客商云集之多，市场生意之旺，传统饮食之繁，祭祀演戏之闹名扬宁绍地区。

到那时，天元市街道在原有一家“泰和”当铺，二大酱园“桢和、润昌”，三大百货“生生堂、福昌、熊姓店”，四家烟店“汇隆”等，五家南货“聚泰、天胜、老来泰”等，六家丝蚕及花行“天元、林泰来、同茂昌、永生、恒泰、卢记”，另外，还有一家“三和树行”，二家肉店“致裕丰、祥兴”，三家杂货综合店“隆泰慎布店、顺泰隆、同顺泰”，四家药店“老杏济、回春堂、天德、天元堂”，五大作坊厂“裕昌油坊、合昇米厂、同和酒厂、袁建兴糖坊、大康蜡烛坊”，大河桥头西边的“五源米店”，铜店弄的“铜铁店”以及竹木行、鞋业等店铺和厂家，大商号绝大多数集中在潭河桥东，古街道堪为同业之冠的“六大家”，即张、朱、许、陈、韩、胡姓与闽、沪、杭、甬、绍等各地均有业务往来，是天元商界的顶天柱，也是兰街中的主店。

又在马弄、凉亭弄、猪行弄、大河沿、铜店弄空余街房和部分居民住房，在会前被外地商人抢租一空，猪行弄西至武圣殿东，在南北街房中间的空旷地上，建起朝南朝北的两排盖竹簟的篷帐摊基。四面八方的商人会前纷至沓来，特别是宁绍帮的旧衣商店，达二三十家之多。三华里横街南北两边街房和篷帐，摊挨摊，铺挨铺，摊铺林立，鳞次栉比，商人们怀着喜悦的心情，竞销商品，生意十分兴旺。庙会期前，一船船的余姚山货，一船船的奉化缸甏，一船船的宁波木器……络绎不绝地从四面八方向天元运来，市街周围的马弄江、西街沿河、头甲江、黄家河、钱王河、大河江、酒厂河等江河桥边，泊满了大大小小的船只，商摊充积货源，有日用百货、金银首饰、沪杭棉布、苏州刺绣等。还出现三个俄罗斯人和两个印度人，前来设摊卖服装(摊衣)和牙膏(牙药)。潭河桥西，街房北边咸和里头等处的余场地上，有杂技、大力士卖膏药、卖梨膏糖、吹糖人、捏米粉人、打弹子、江湖杂技、草药郎中、针丢拔火罐、太阳伞拔牙齿、禽兽展览等，五花八门，无奇不有，为期一周的“兰街”市会，搞得热闹非凡，欣欣向荣，别具特色，天元市特有。市场上陈列有竹木农具、铁器、铜器、锡器、山货、橱物、缸甏、罐瓶、农土特产、南北货、中西药、还有男女衬衫、老幼服装、绫罗绸缎、裘皮麻葛，应有尽有。市街周围的户户人家，会前邀亲戚请朋友，所以到处人来人往，熙熙攘攘，摩肩接踵，挤得水泄不通。那时不要说挑担难以通行，就是赤身走过也要费点力气，故古称“拦街”确切也。

据史料统计，民国二十五年(1936)在县浒山民教馆长(同乡方东人)鼎力协助下，天元古兰街达鼎盛，前来赶会的客众达余姚、上虞、慈溪三县，设摊的还有外国的俄罗斯人和印度人，十台大戏，每天有 2 000—3 000 人之多，店铺摊位里的营业员，不断响起清晰顺口的喊卖声，你起我落，声声入耳，生意闹猛。尽管花色品种，有的脱销，有的断档，因为顾客多，这样没有买那样，但柜台上还是忙得不亦乐乎，有的顾客即使买不到热门货，览览“兰街”盛况，饱饱眼福，也要到傍晚才渐渐散去还依依不舍。天元兰街名誉姚北，而且还名扬宁波、绍兴两府。这期兰街的文娱活动得到了县民众教育馆长(浒山)卢先生指导相助，艺术活动达到了历史的顶峰。人们有“十台大戏”之说，戏剧有绍兴大班、盔戏(京剧)、徽戏(黄梅戏)、的笃班(越剧)、新昌调腔班，还有滩簧(姚剧)、木偶戏、隔壁戏、帐头案等，另加传统庙会祭祀演戏本地巨剧团。特别是日本肥田粉公司的广告电影，使人们大开眼界，叫它为“影戏”。人们对天元“兰街”确是十分向往，有的酬神膜拜，有的观戏赶热闹。市场上有传统的小吃部，摊铺林立，掌勺者铲击锅声，叮当作响，人们品尝脆嫩的牛肉干、雪白的细粉丝、碧绿的葱花卷、鲜味的牛肉丝汤，还有牛肉面、牛杂汤、锅贴、茶叶蛋、臭豆腐干、吐司面包、豆腐浆、白糖猪油大馒头、馄饨粉丝年糕、油条大饼、生煎小笼、花糕、粽子、千层卷、油氽香干、熬盘麻士、肉丝面、阳春面，随意小酌，应有尽有。所以人们闻之天元兰街到来，无不欣喜若狂，乐意前往，有“做好农活心情畅，一心一意戏兰街”的民谚。笔者的外婆家是天元市东许家兰先生家，曾记得从小跟母亲“屇屇到，两脚跳，摇船摇到大河桥，乐得外婆点头笑”的童谣。这里值得一提，但在民国三十一年，即1942年4月4日(农历二月十九)正是芦城庙礼拜之日，许稚兰先生与父兄一样善公益事业，为人正直，竟无辜被日伪县长劳乃心连开三枪腹部中弹，流血不止而为民保护天元街被“清乡”烧掉惨死于坛河小学操场，抗战胜利后，浙江省政府民政厅长(曾任浙江大学法学院院长等职)阮毅成亲笔题词“许稚兰先生遇难之地”，天元市商会发起在开智学堂召开盛大追悼纪念大会，并勒石刻碑竖立于西河塘地边，告慰英烈，国难当头不畏強暴的爱国爱民精神，直贯长天。天元众民化悲痛为力量，誓言“不忘国耻，继兰事业”把兰街文化节办得更好。故说“兰街”含有乡民为纪念兰先生俗成定名之义，即与天元“兰”字有关，是顺民之意的，兰街之沿革是天元人创造了历史。其他乡只只称“庙会”。天元兰街“非遗”审报是最好见证。

3. 兰街文化之传承

解放后，“兰街”一度改为天元冬季物资交流会，后又改各供销社参加的名为商品“夜交流”。1990年，天元镇顺民意作出了“继承传统办‘兰街’，商品交易与民众艺术节两结合，搞活经济盛天元”的决策，即“天元兰街艺术节”由政府引导主办，各村、企业、单位主动协办，广大民众积极参与的形式，以群众文化搭台，让商品交贸唱主角的方法来举办，活跃农村经济和丰富民众精神食粮，期定农历十月廿七至廿九日，历时三天，它是天元人注重的民间大型艺术盛会。时年首次传承举办以来，隔年一次，次次兴旺，届届热闹，这种每到节期不用贴告示和打广告而能自然成会，规定的三天会日往往需五至六天才能结束，每次的赶会客众有超八万之数，商品交易额定过千万元的盛会，不但在慈溪市内农村中尽无绝有，恐怕在宁波大市内的农村中也是首屈一指的了。

二十余年来，每到“兰街艺术节”的会期前，均把三横一直的“王”字形主要街道都装扮一新，几万顶的五彩三角形小旗迎风飘扬于街空；上万只带电的大红灯笼满街面悬挂；近百只各色大氢气球放上天空；二十余座现搭的彩楼和弯月形塑料彩虹门耸立于各个人群进入口及街道的十字路口；数不清的彩灯、闪烁灯、霓虹灯，精美地安装在居民和商店门面及企业单位的院内和大门之上。真是既传统，又现代；既庄重，又醒目。到会期首日，太阳刚露火红的笑脸，整个天元街区就开始热闹起来。先是本镇民众家家出市，购买菜肴准备待客。后是周围四邻十八乡的赶会客众，纷纷汇聚而来。再是街面商店和商摊的高音喇叭放起促销乐，沿街居民家里组合音响的迎宾曲，混合地奏起了“兰街艺术节”的交响序曲。会日第一天的热闹氛围，有三大高潮。上午八时半，由镇政府主办，各行政村和企业组队的民间文艺大巡游，把首日推向第一高潮。大巡游队伍在镇潭北小学运动场举行开幕仪式后，就浩浩荡荡地至镇北路入镇中大道，到镇南路向西进镇中大操场终结，游程六华里之多。民间文艺大巡游，由民警与保安们的二十余辆二、三轮摩托车开道，会节大徽章打头，行装整齐的铜管乐队紧随，各村、各企业、单位紧跟，好不雄壮气派，传统的五彩特大稠旗、高跷与戏曲扮相、精美的绸制艺龙、抬阁洋船、花轿车子灯与现代的彩车、秧歌、腰鼓、鼓号、管乐等互相衬托，亮相于民众。街两旁成千上万的观赏客众无不欢乐激动，真是一派太平盛世的景象。下午一时左右，首日的第二高潮开始了，由各村、企业和民众自发邀请来赶节会的省、市、县专业的、民营的和自动前来的绍剧、越剧、姚剧、马戏、杂技、歌舞、飞车走壁、驯兽表演等文化艺术团体均开始献艺。高亢激昂的锣鼓声，时紧时悠的乐器合奏声，动听的唱腔声，观众的阵阵鼓掌喝彩声组成了一场宏大的欢乐交响曲，共贺天元“兰街艺术节”的又一次隆重举办。晚上六时整，在各色彩灯、闪烁灯、霓虹灯、红灯笼的光华大放中，迎来了首日的第三高潮。当镇政府的三楼顶上“轰”的一声响，欢庆艺术节的焰火燃放开始了。早上占据制高点的各村企业单位礼炮、礼花、礼弹也紧随其后地放上天空。霎时，天元的夜照呈现朵朵礼花和幅幅彩图。真是半天通明，五彩缤纷，犹如人间的“太虚仙境”。焰火还未燃放结束，夜场演出的“头场锣”又开始敲响了，又是好一派庆改革开放大获丰收的热烈场面。后两天，戏照演、马照跑、舞照唱，可活跃的主角变换成为商品交易活动。本市内的、外县市的、外地区和外省的商人，沿镇南北路、天元老街、镇中天元大道，两边商品摊紧挨设摊。各色各样的内外服装鞋帽、床上用品、日用百货、家用电器、金银首饰、手工艺制品、奉化缸瓮、花瓶、南山竹木制晶、书籍图画、各类炒货食品糖果应有尽有，好像搬来了一个“大上海”，形成物流世界。前来赶会的四邻八乡客众，好像忘了节制用钱的传统古训，发疯似的购物。每个摊位前问价挑物的，还价付钱的，拿货挤出和挤进去观货物的，乱成一团糟。赶会回家的客众，个个手拎大小包，小孩拿着好吃的，满面笑容地脚轻步快，好似大丰收的季节一样往家搬。赶会的不会少于十万之数，商品交易额更不会少于两千万元，使“兰街”复兴旺盛，并超历史的大交流。实话说这种歌舞升平和民欢众喜的盛况，正是“国泰民安”和“国強民富”的真实写照，也正是众庆“改革开放搞经济政策硕果”的具体体现。

天元兰街的形成兴起，继续发展，成了独具特色的乡土文化，为天元乃之姚北的发展写下光彩的一页，也为天元的物资交流会打下了坚实的基础(现又改为兰街)。解放以来，特别是改革开放后，天元人从社会主义计划经济向市场经济转变，并正与国际市场接轨，镇的建设日新月异，在提升兰街传统文化品牌的同时，发展古玩商贾旅游文化、兰街文化是天元镇的一张特有名片，其历史已有 150 多年。为充分发挥兰街浓郁的乡土气息，努力打造其独有的文化魅力，天元镇以兰街为平台，大力培养表演人才，着力培育车子灯、绍剧、民乐演奏等特色民间传统表演艺术，并成功邀请绍剧著名表演艺术家十三龄童、越剧名家赵志刚、国家三级作曲家陈顺泰等一批艺术表演名家前来辅导唱腔、动作、司鼓，“天元兰街”、“车子灯”、“花轿”等文化项目已于 2007 年被列入慈溪市首批非物质文化遗产代表名录。古玩商旅文化是镇又一特色文化，是打造区域经济文化的又一张特有的“文化名片”，以永淦、阿尔特、启发、博古为首的一些古玩龙头企业大力发展特色古玩文化，深入挖掘古玩市场资源，已建成的宁波永淦古玩旅游区被评为中华古家具 2A 级景区，也是慈溪市青少年开展社会实践的重要素质教育基地，而博古家私公司斥巨资购买的“晚晴古宅”经过修缮也已成功开馆迎客，现已被评为市级爱国主义教育基地。其中古家具市场、小商品市场闻名国内外。宽畅街道，新楼林立，人们生活富裕安定，精神文明健康发展。

天元人以兰街为媒，经济为前驱，文化为后盾，“兰街艺术节”已成为天元人民的重要节日。规模空前，一届高过一届，新时代中，展望天元建设未来，天元兰街前景似锦。

(二) 慈溪鸣鹤历史文化名镇

1. 现存古镇受到关注

鸣鹤古镇、横河古镇、天元街受到广泛关注，已经有相应的规划保护措施正在实施。

其中，鸣鹤历史文化名镇需要营造自己的特色地脉文化环境，延续原有文脉，挖掘历史文化积淀遗存，让历史文化名镇形象独具特色，力求从古镇传统、文化、历史、风俗、美学等方面进行保护、创造和利用，赋予新的内涵，注入新的活力，使传统与现代结合，建筑与风貌协调共生，通过原住居民延续传承古镇历史的记忆和片段。横河是宁波强镇之一，有着丰富的历史文化内涵，是闻名遐迩的“杨梅之乡”、“轴承王国”和“名人故居”。境内客星山系汉高士严子陵出生及归葬之地；宋代大诗人陆游描述横河是“少妇鸣机杼，童子陈笔砚”；明清以来，横河孙氏是声名显赫的官宦世家，以忠直孝义著称。历史文化孕育了“解放思想，勇于创新，崇文修德，爱国守法，艰苦奋斗，敢创大业”的“横河精神”。为进一步推进文化事业发展，该镇提出了创建文化名镇的目标，统一规划，分步实施，切实加强该镇的精神文明建设。该镇把丰富农民文化生活作为创文化名镇的重头戏来抓。在环镇北路与浒溪公路交接处建设了颇具规模的文化广场，设有露天舞台、雕塑、喷泉、灯光、绿化、宣传窗等设施，成为全镇重大文化活动的主阵地。全镇还开展“四室一场一园”的村级文化设施建设，目前有一半左右的村正建设村落文化宫，为群众性文化事业的开展打下了基础。同时，镇里大力发展群众业余文化艺术队伍，有群众演员 290 人，每年举办各种演出 10 多场次，受到了群众欢迎。横河的民间剪纸是一大特色，镇里因势利导，举办剪纸展览活动，建立民间剪纸艺术协会及档案，使群众剪纸水平不断提高。这些都是政府在保护及传承历史街区所做的努力和尝试。

2. 鸣鹤历史文化名镇简介

鸣鹤历史文化名镇坐落于浙江慈溪东南部，古镇依山傍水，风景旖旎，素有“鹤皋风景赛姑苏”的美誉，历来以“山奇水秀，古迹众多”著称，是融古、寺、山、湖、水于一体，以历史文化、观光旅游文化为重点的重要风景区。

鸣鹤历史文化名镇是浙江省级历史文化名镇，始建于唐开元年间，作为慈溪市最古老的集镇，虽历经 1 200 多年的风雨，但其古民居、街巷、河桥及整体风貌依然保存较好，总体建筑布局清晰而有序，传统民居布局合理，顺势展开，错落有致；古镇依山就势，因水为镇，山、水、镇相映成趣，这充分体现了古人天人合一、顺应自然的传统居住文化理念，同时，也使鸣鹤历史文化名镇成为一座名副其实的山水古镇，洋溢着独特的浙东历史风情，堪称中国古代村落建设的典范，使它具有发展成为一个融古镇文化与自然生态于一体的历史文化名胜区的重要潜质。

3. 文化展示与开发利用规划

通过鸣鹤历史文化名镇的保护规划可以向人们展示鸣鹤厚重的历史文化内涵，使人们能够从中得到历史文化陶冶和教育，在文化展示与开发利用发展目标定位为：历史文化底蕴浓厚的江南古镇、山水风光旖旎的浙东生态小镇。

依据现状、不同风貌特色和发展目标定位，将鸣鹤历史文化名镇划分为四大主题游览区：白洋湖——金仙寺游览区、世家大院民居游览区、街河历史文化商业街区、武禁堂近代文化游览区。

4. 发展文化旅游事业

为了使鸣鹤历史文化名镇重新焕发生机与广场，必须在保护历史风貌的前提下寻求发展，为鸣鹤的发展注入新的功能要素，加强历史文化景点及文化休闲设施的建议，积极推进观光休闲及文化旅游产品开发。

二、历史街区生态景观保护性设计思路与实施策略

(一) 保护框架

采取整体保护的规划思路,重点为:从城镇整体层次上保护历史街区的传统风貌,缓解历史街区的人口、交通和建设的压力;强化历史地段和文物古迹的保护力度,以历史街区和重要文物古迹的抢救和保护胃载体,保护、恢复、展示慈溪历史街区的传统格局和风貌;注重有形历史遗存保护和无形历史遗存的结合,延续、弘扬历史街区的传统文化。以点带线,以线促面,构筑"点、线、面"相结合的整体保护和展示系统。

1. 节点

标志性历史景观。包括自然景观类,如河汊、水泊、洼塘等;建筑物类如古民居、茶楼、名人故居等;构筑物类如古桥、水埠、古井、门券等。

2. 轴线

历史风貌轴线是人们组织生活的主要通道和路径,亦是人们体验和游览古镇的主要通道。规划"线"即保护两横的线状历史格局:中街——街河的水乡历史风貌格局、上街的传统老街风貌。

3. 区域

古街区历史地段。规划"面"即山、水、镇自然交融、相得益彰的整体格局,以历史建筑群和街河两侧一定范围内的传统民居,以及设计以黑、白、灰为特点的古街区风貌。

4. 主题区

山水怡情——慈溪历史街区的特色在于山、水的自然交融,这种独特的山水格局组成了一副完美的具有浙东特色的人与自然和谐共生的画卷。

小桥流水——慈溪历史街区布局灵活而空间丰富,有着浓郁的江南水乡特色,主要街巷的走向,院落的排布都与街河等水系有着密切的联系,而街河上的小桥、埠头、廊棚等人与自然融为一体的地方则成为历史街区最为重要的公共空间,成为最具江南水乡空间特色的景观区域。

老街迎晖——历史街区景观区以中街、上街为主,展现旧时传统街巷商铺的景象,体验明清购物娱乐生活,是为展现历史街区的特色街巷景观而设定的特色风貌区域。

古宅幽巷——将保存完好的古宅作为文化展览及民俗展示区,集中展现浙东历史及经济、文化和社会生活等的景观区域。

庭院深深——对于历史街区的一般生活区,既要展现传统民居的空间特色与风貌,同时也要满足现代生活要求,是一个传统与现代相结合的区域。

(二) 保护与整治模式

根据历史、科学和艺术价值以及完好程度,将历史街区内的建筑物分为两类:第一类为历史建筑,包括文物保护单位、保护建筑和一般历史建筑;第二类为一般建筑物,包括与历史风貌无冲突的建筑物和与历史风貌有冲突的建筑物。除文物保护单位和保护建筑应依法进行文物修缮外,对其他建筑物采取修缮、改善、整饬、拆除重建、拆除不建等措施加以保护与

整治。

1. 修缮

修缮指对风貌特色较为典型、质量较好、具有较高历史价值的保护建筑，参照文物保护要求进行必要的维护性修缮，包括日常保养、防护加固、现状修整、重点修复等。

2. 改善

改善是指对局部改变但仍保留原有建筑风貌的历史建筑所进行的不改变外观特征，调整与完善内部布局及设施的建设活动。对原建筑结构不动，保持历史外貌，并按原有的特征进行修缮，重点对建筑内部进行装修改善，配置水电和卫生设施，改善居民生活条件。

3. 保留

保留是指对建筑质量好，同时与历史环境较为协调的建筑，维持现状，予以保留。

4. 改造

是指对于历史环境和风貌有比较明显冲突的现代建筑所进行的整饬，如整治立面的门窗形式和墙面、更换建筑构件、屋顶平改坡、降低层数等手法，使其符合历史街区历史环境和建筑风貌要求。

5. 拆除重建

包括拆除无法修缮的危房和对历史环境有较大影响的现代建筑后，根据历史资料按历史风貌重建历史上曾存在的建筑，以及拆除后新建的风貌上与历史环境较为协调的建筑。

6. 拆除不建

具体分为两类：一是破坏原有建筑布局和历史地段空间形态的，与历史建筑风貌冲突较大的一般建筑、建筑质量较差或临时搭建的建筑和建筑局部；二是与规划道路、绿地建设相冲突的建筑，拆除建设绿地，留出公共空间、半公共空间或私有空间。

7. 文化展示与开发利用规划

通过慈溪历史街区的保护规划可以向人们展示慈溪厚重的历史文化内涵，使人们能够从中得到历史文化陶冶和教育，在文化展示与开发利用发展目标定位为：历史文化底蕴浓厚的江南古镇、山水风光旖旎的浙东生态小镇。

(三) 保护性实施对策

历史街区保护与一般文物保护之间的不同之处在于，历史街区仍是人们生活的家园，不能像文物那样冻结保护，必须树立积极保护的理念。

1. 政府介入

历史街区是城市建设中的特殊对象，历史街区的保护是公益性行为，而非开发性行为，涉及多方面公共及个人利益的协调，因此，政府应是历史文化名镇保护的主要责任担当者，同时也应是社会经济效益的重要受益者。历史街区的保护属政府职能范围，政府应主要负责规划的实施工作，保护实施及政策方面应坚持政府为主、社会为辅的方针，坚持保护与更新的公共性。

2. 提倡公众参与

历史街区的保护是全民的责任，历史环境的营造与保护离不开公众参与，应通过多种途径和形式树立和强化全民保护意识，鼓励热爱文化遗产保护的公民居住在历史名镇。历史街区的保护涉及许多居民的切身利益，因此公众参与是十分必要的。要制订历史街区拆迁安置政策，既保护广大人民群众的基本利益不受损害，又有利于历史街区保护实施的整体利益。

3. 改善居住环境、提升生活质量

鼓励小规模、渐进式的保护整治方式。政府在明确保护政策的前提下，制定实施方案，提供法规保障与资金支持，提供专家技术帮战，引导居民推动历史街区保护，同时提升居民的生活质量。居民主导的小规模改造与历史街区的有机更新和新陈代谢结合起来，积极改善居住环境质量，更新改造基础设施，鼓励继续居住、合理使用以及适当的再利用。

4. 发展文化、旅游事业

为使历史街区重新焕发生机与光彩，必须在保护历史风貌的前提下寻求发展，为历史街区的发展注入新的功能要素，加强历史街区及文化休闲设施的建设，积极推进观光休闲及文化旅游产品开发。

5. 积极推进功能置换

保护慈溪市内的部分建筑年久失修，居住条件不佳，建筑老化已难以满足现代生活的需要。政府应结合安居房的建设，有计划、分阶段地实行部分建筑的功能置换，迁走部分居民，降低人口密度，改善环境，提供生活质量，增强历史街区的活力，实现保护与利用的良性循环，要使保护工作走出困境，使历史建筑重放光彩，使历史街区重现风采，促进慈溪市城市建设良性发展。

第二十章
以文化创意产业发展奠定创新产业基础

党的十八大报告指出:“文化是民族的血脉,是人民的精神家园。到 2020 年,文化产业要成为国民经济支柱性产业。要发展新型文化业态,提高文化产业规模化、集约化、专业化水平,推动文化事业全面繁荣、文化产业快速发展。”文化创意产业作为政府的一项新的惠民工程,成为了家喻户晓的热门话题,再次掀起了人们对文化创意产业和创意经济发展的热情。如何做大做强文化创意产业,切实做好这项惠民工程,也因此成为各级政府和文化产业界当前的紧迫课题。

第一节　慈溪文化创意产业发展起源

一、文化创意产业的概念及发展意义

(一) 文化创意产业的概念

所谓文化创意产业,简单来说是指把文化的内容进行一个产业化的生活、交换和消费。但关于文化创意产业的标准概念,国内外理论界尚无统一的定论,各个国家在不同的政治、经济和文化背景下,从不同的角度去解释和理解这一概念,因此,呈现出文化产业、创意产业、内容产业和版权产业等多种称谓。

英国是研究文化创意产业的先驱和领导者,也是最早提出“创意产业”的国家。1998 年英国文化、传媒与体育部最先发布了世界文化创意产业的第一份报告,报告中首次对创意产业下了定义,将创意产业定义为:源自个人创意、技巧及才华,通过知识产权的开发和运用,具有创造财富和就业潜力的行业。这个定义的外延包括“广告、建筑、艺术和文物交易、工艺品、设计、电影、互动休闲软件、音乐、电视和广播、博览馆、表演艺术、出版业和软件”13 个种类。美国是世界上文化创意产业强国,美国称文化创意产业为“版权产业”,版权产业的概念很广,由核心版权产业、交叉版权产业、部分版权产业包括电影、电视、广播、商业和娱乐软件、书籍报刊、音乐以及广告等美国文化创意产业的绝大部分行业。

根据国家统计局颁布的《文化及相关产业分类》,宁波在国家文化产业分类的基础上将文化创意产业分为三个层面:即以现代传媒与出版发行和广播、电视、电影服务、公益性文化艺术服务、科技与教育培训为主的行业为公共文化服务核心部分;以新兴文化业态服务、经

营性文化艺术服务、其他文化服务为主的行业为公共文化服务外围部分；以文化用品设备及相关产品生产、文化用品设备及相关产品销售为主的行业为公共文化相关服务（如表20－1所示）。

表20－1　2011年宁波市文化及创意产业统计分类目录

第一部分　公共文化服务核心部分	2. 互联网信息服务
一、现代传媒与出版发行	3. 计算机技术应用及服务
1. 现代传媒创作	六、经营性文化艺术服务
2. 印刷复制	1. 休闲旅游文化服务
3. 文化制品流通	2. 娱乐文化服务
二、广播、电视、电影服务	3. 公众休闲服务
1. 广播、电视服务	七、其他文化服务
2. 广播、电视传输	1. 文化艺术商务代理服务
3. 电影服务	2. 文化产品出租与拍卖服务
三、公益性文化艺术服务	3. 广告、会展及设计文化服务
1. 文艺创作、表演及演出场所	第三部分　公共文化相关服务
2. 文化保护和文化设施服务	八、文化用品设备及相关产品生产
3. 群众文化服务	1. 文化用品生产
4. 文化研究与文化社团服务	2. 文化设备生产
5. 其他文化艺术服务	3. 相关文化产品生产
四、科技与教育培训	九、文化用品设备及相关产品销售
1. 科技文化服务	1. 文化用品销售
第二部分　公共文化服务外围部分	2. 文化设备销售
五、新兴文化业态服务	3. 相关文化产品销售
1. 现代通讯技术文化服务	

* 资料来源：宁波市统计局

（二）慈溪发展文化创意产业的意义

慈溪是一个以工业为主的城市，其二产占GDP比重至2012年为止仍为58.4%，三产占比仅为36.7%，大部分企业又都是家庭作坊式操作，环保意识不强，以牺牲环境为代价换取经济的繁荣发展，并且没有产品核心技术和市场营销权，“慈溪制造”处在“技术含量低、利润空间小、市场竞争激烈的中间制造装配环节”。另外，慈溪自然资源匮乏，再加上当前世界经济形势不景气，要素成本不断升高，因此，慈溪发展文化创意产业一是产业转型升级的必然需要，是新的经济增长点；二是可以满足现代人们日益提高的文化需求；三是慈溪五大文明建设的重点之一；四是可以提高地区的综合实力。

二、深厚的文化底蕴与文化资源

慈溪市历史文化资源以海洋围垦文化、青瓷文化、古旧家具等传统文化资源积淀深厚，现代文化资源又以包装印刷、家电工业设计、现代农业（蓝莓、杨梅）等为显著特色。

（一）海涂围垦与慈溪海洋文化资源

慈溪从大规模海涂围垦的宋朝开始计算，已经有 1 000 多年的历史了。在这 1 000 多年的过程中，慈溪居民围垦海涂是日常活动中的一个重要组成部分。他们在海涂地上逐步建造海塘来保护农业生产和生命财产安全，也在围垦进来的土地上从事农业种植、晒盐等等活动。建国后持续海涂围垦，规模更大、开发利用方式更是多元化，所以千百年来形成围垦文化（马仁锋，2013）。

随着海塘的修筑逐步向北移东迁，邻近地区和外省人口也逐渐迁入，移民至此开始生产生活。明洪武年间，曾调福建富宁卫军 5 000 余人戍守慈溪并留居，今观海卫一带居民多为其后裔。清朝的税制改革，有利于灶户，再加上石堰场坎塘北面榆柳、利济等海塘修筑，灶地扩大，导致绍兴府其他县的居民涌入盐滩灶地。建国后，外来人口涌入慈溪，尤其是改革开放以来，慈溪作为沿海开放城市，更大规模地涌入了大量的外来人口，2004 年年底统计，全市登记外来人口达 57 万余人。所以说慈溪有着深厚的移民文化。

慈溪商业的发展可以追溯到唐朝，因为此时慈溪的青瓷生产非常旺盛，是海上丝绸之路的主要产品之一。以后的时间里得到了一定的发展，前面就说到了市场的多时段及产品的种类的繁多。在建国后尤其是改革开放后，商贸活动迅速升温，取得了辉煌的成就。所以说，慈溪也具有前仆后继的商贸文化。按方柏令概括慈溪有三大历史文化：围垦文化、移民文化和商贸文化。笔者认为，这三种文化，无论是哪一种都和海涂围垦有着密不可分的关系。首先，围垦文化的物质基础是海涂。没有海涂的不断淤积，就不可能有海塘的兴建，没有海塘的兴建就不可能增加人们生产、生活的用地。其次，移民文化的实现也正是从古至今的老百姓看到慈溪有丰富的海涂、海洋资源，可以开发利用，所以，纷纷来到慈溪开展自己的生产和生活。再次，无论是建国前还是建国后，商贸文化的繁荣一定程度上也依赖于海涂资源，海产品是一个主要商品之一，建国前一部分的海产品是直接从海涂中获得的，建国后海涂养殖也提供不少的海产品。在改革开放后，慈溪商业的一个亮点也是在这块逐步围垦进来的土地上面，它的基点也是海涂。

海涂围垦过程所形成的各种围垦劳作场景、历史海塘与堤坝、围垦工具与围垦技术、移民方言、围垦土地使用模式等都遍布慈溪市，成为慈溪历史文化资源最浓厚的组成部分。总之，围垦文化给慈溪带来了广阔的土地。移民文化给慈溪引进了丰富的劳动力。商贸文化促进了慈溪商品经济的发展。三大文化互相影响、互相促进的。从古至今，慈溪人在围垦海涂的过程中，逐步形成了“艰苦奋斗、吃苦耐劳，兼容并蓄、勇于开拓，精于细作、能商善贾”的品质，成为推动慈溪经济社会的精神动力。

（二）青瓷文化资源

素有“瓷都”之称的浙江慈溪曾是唐宋时期越窑的中心产地，中国青瓷的杰出代表。位于市中南部的上林湖越窑窑址群错落有致地镶嵌有一百多处青瓷窑址，这些窑址不但烙上了历史的印记，呈现了源于东汉，盛于隋唐，延至北宋的越窑青瓷的整个发展轨迹，而且印证了隋唐时期的鼎盛与辉煌。1998年9～12月，浙江省文物考古研究所、北京大学考古文博学院、慈溪市文物管理委员会等联合对慈溪市寺龙口窑址进行了考古发掘。此次考古取得了重大突破，出土了越碗、越盘、越盅、越杯、越罐等一大批历史遗物，特别是越鼓、越埙、越钟、越铃等共33件青瓷乐器的发现，为不同时期的瓯乐研究提供了借鉴和佐证，具有较高的历史和文化价值(魏敏，2011)。

被历史尘封千年之久的慈溪青瓷瓯乐，在1998年得以重现后，引起了当地政府部门的高度重视，随即采取了一些积极有效的保护措施，先后成立了慈溪青瓷瓯乐艺术团、慈溪市越窑青瓷研究所和慈溪市越窑青瓷有限公司等相关的宣传单位及研究机构，确立了唐宋青瓷瓯乐传承与发展主体，并逐步构筑了以青瓷瓯乐为核心的青瓷文化产业链。尤其是专业艺术团队的组建，为弘扬青瓷瓯乐及青瓷文化搭建了平台。2001年11月，以章均立为核心的瓯乐专题科研组成立，申报的“唐代乐器——越窑青瓷瓯的研究和仿造”科研项目获得了市科委的政策倾斜和经费支持，并迅速被列为慈溪市星火计划，在历经5年的不懈努力后，项目研究取得了十分喜人的成果，《越窑青瓷文化史》、《寺龙口窑趾》和《上林湖越窑》等专著的先后出版，在瓯乐的发展史上写下了浓重的一笔，濒临失传的千年瓯乐也从此掀开了它崭新的一页。

慈溪青瓷瓯乐艺术团作为瓯乐宣传的使者，先后应邀赴法国、中国香港、中国台湾开展多种形式的文化交流活动。与此同时，一批优秀的艺术作品破茧而出，自瓯乐恢复以来，青瓷瓯乐艺术团创作集体，承担了主要的曲目挖掘、整理和创作工作，他们一方面注重传统曲目的收集、移植和改编，另一方面积极投入新作品的创作，并取得了阶段性成果。2002年，创作曲“九秋风露越窑开”参加浙江省首届广场民族民间器乐合奏大赛，获表演金奖、创作银奖；2004年创作曲“上林追忆”，参加宁波市第八届音乐舞蹈节，获创作、表演双金奖；2007年，由唐九秋创作的“越瓷风”作品，以其浓郁的地方风格，深厚的历史底蕴，强烈震撼的时代气息和别具一格的表演技巧，喜摘全国第十四届群星奖最高奖“群星大奖”和“群星创作奖”，受到浙江省人民政府的通报表彰和嘉奖。时至今日，青瓷瓯乐已经成为慈溪一个亮丽的地方文化品牌。

(三) 古旧家具文化资源

所谓古旧家具是指传统形式，特别是明清形式的旧家具。在东海之滨、杭州湾南岸的浙江省慈溪市，一批批热爱中国古老文化的农民，把这些散落在全国各地的古旧家具收集起来，经过能工巧匠的整合，出口至70多个国家和地区，销售涉及半个地球。有关资料显示，这个市从事古旧家具加工经营的企业有50多家，收购户近300家，从业人员6 000多名，收购网点遍布全国各地。在慈溪举行的国际明式(即明代样式)家具研讨会上，有多个国家的中国古老家具研究者和爱好者前往考察。此外，欧美6个国家的驻沪领事也慕名到这里观赏。慈溪，已成为中国最大的古旧家具集散地。

天元镇是慈溪市古旧家具最集中的地方。触角伸到全国许多乡村的收购网，将不同时代、不同民族的古老家具收购后，送到镇里的30多家古旧家具加工厂。

在天元镇的“启发”旧工艺品有限公司建设有数千平方米的产品陈列馆。箱橱盆罐，桌椅床凳，将陈列室挤得满满的。这些有着高超制作技艺的良材美器，散发着原始、质朴的实用色彩和鲜明的地方特色。主人介绍说，这些古旧家具品种繁多，文化背景差异较大，如藏族家具带有浓郁的宗教色彩，塞北的家具古朴浑厚，东南沿海一带的家具清雅淡朴、做工精细等。在这些家具中，明代样式的家具尤其引人瞩目。据了解，这些不同时代、不同民族、不同风格的古旧家具，经过能工巧匠们的清洗、修补、打磨、上漆，就恢复了古朴的面貌，然后再用集装箱运往世界各地。

但古旧家具业，在慈溪走得并不一帆风顺。慈溪“启发”旧工艺品有限公司董事长张佰年是从事这一行当的先行者之一。他幼时家境贫寒，“上无片瓦，下无寸土”。迫于生计，仅读过一年书。他从小就立志要摆脱贫困的生活；一成年便弃农经商，从收购银元开始，用 3 元钱买进一块银元，再以 5 元价格售出，每个银元净赚 2 元。初尝经商甜头以后，他开始走村串户，从事古旧家具的买卖。但这样的行为在当时并不能被社会接受。他只能悄悄地进行，生怕被人揪住“资本主义尾巴”。直至 80 年代改革开放的春风拂面而至，他才理直气壮地走进工商所，注册了企业，开始大规模经营古旧家具。仅仅在 1999 年，他出口的古旧家具就有 1 000 多个品种，160 多个集装箱。

浙江永淦古玩家具有限公司董事长赵永淦也有同样的遭遇，他 12 岁起跟着父亲做小生意，买卖食油，被称为“小小卖油郎”，后来开始做起旧家具、古瓷器、玉器及书画生意。在“文革”时期因收藏经营古家具、古瓷器受到冲击和不公平待遇。但他没有气馁，白手起家，艰苦创业，终于建起了本行业的龙头企业。这家企业集收购、加工于一体，在全国布设了 200 多个收购点，召集能工巧匠 200 余人，进行古旧家具的修复加工。他所在的慈溪市天元镇廿四房村，也成了闻名海内外的村庄。在慈溪，我们听到一个有关他的令人十分称奇的经历：这位没有显赫地位的中国农民，曾收到一封寄自国外的信件，信封上没有省、市和乡镇的地名，只简单地写着：“中国廿四房村赵永淦先生收。”看来，当年默默无闻的“卖油郎”，如今已以买卖中国古老家具，名闻遐迩，声震海外了。张佰年等人的经历，正是慈溪古旧家具业的历史缩影。从 70 年代初的小打小闹，到 80 年代得到社会肯定和支持，直至新世纪的大发展，弹指一挥间，30 年过去了，慈溪的古旧家具业已经长成参天大树。在这里，你可以看到全国乡村几乎所有具有代表性的古旧家具、手用工具及木器、玉器、瓷器等摆饰品。1999 年，全市古旧家具出口额已达 4.2 亿元。

这些古老的家具，以其浑厚的东方文化内蕴，吸引了广大外国朋友，惹得他们目不暇接，爱不释手。来自法国的客商卡门女士穿行在造型别致、精雕细刻的英国客户在启发旧工艺品公司样品间看样订货。在慈溪，眼下几乎每天都有像卡门女士一样的外商前来寻“宝”，每年多达上千人次；每天出运至世界各地的集装箱有 10 多个室，就仿佛来到了一个古旧家具的博物馆(张品方、王迪，2001)。慈溪市天元镇是中国最大的古旧家具集散地之一，被称为“中国民间家具博物馆”、“古旧家具民间故宫”、“古旧家具仿制中心”。慈溪检验检疫局加强产业扶持，大力推动企业走品牌化、精细化路线，已形成以阿尔特、启发、永淦、明清等为代表的品牌规模企业。2010 年，在国内外经济增长趋缓的形势下，慈溪古旧家具累计出口创汇4 011.9 万美元，远销 70 多个国家和地区，在逆境中实现了稳定增长和产业的转型升级。

(四) 以家电制造为核心的工业设计文化资源

慈溪家电产业是具有典型意义的产业集群代表，于20世纪70年代中期，从塑料零配件加工起步，历经从零配件加工到整机制造组装、从来料加工到贴牌生产再到自主创牌、从小家电仿制到大家电制造、从单一品种到多品种系列化生产、从先发优势到机制优势再到产业链优势的一个渐进式发展历程，实现了以中小企业集群为特色的快速成长。如今，慈溪家电产业集群依托其灵活、完善的产业配套形成了竞争优势，推动了家电企业的快速成长，并发展成为慈溪的支柱产业，先后获得"中国家电产品出口共建基地"、"中国家电采购基地"、"国家火炬计划宁波慈溪智能新型家电特色产业基地"和"中国家电产业基地"等称号，并作为"中国家用小电器产业集群"上榜中国内地"百佳产业集群"。目前，慈溪拥有整机企业近2 000家、配套企业近万家，2009年总产值达600多亿元。

慈溪家电品牌经历了打上海牌、收购品牌、联合强势品牌以及做自有品牌的过程。但在目前，"贴牌生产"仍然是慈溪家电品牌一个离不开的影子，这也是慈溪家电的一大特色。在表面繁荣的背后存在着一个隐患：没有品牌，或者换一种说法是没有强势品牌，只有大量的定点生产(OEM)。除了"方太"之外，像惠康、奇迪、沁园、华裕、浪木等慈溪新生代企业，虽然已从21世纪初就开始明确提出"打造一流品牌"的口号，并且发展势头看好，但这也是要有一段较长时间才能有可能实现品牌梦想的过程，与现实的紧迫需求尚存反差。

起源于20世纪80年代民营经济的慈溪家电业，到20世纪末的"外贸启蒙运动"，在当地政府的扶持下，慈溪的家电产业快速发展。2002年首届中国慈溪家电博览会在杭州举办时，当时慈溪家电产业的年产值只有250亿元。而2011年的产值突破了700亿元。然而，就全球家电产业发展的视角而言，慈溪家电产业竞争力总体上处于相对弱势地位，尤其伴随"后金融危机时代"的到来，慈溪家电产业原有发展模式所积累的结构性、素质性矛盾日益暴露：主要集中在全球产业链的低端制造环节；以模仿和局部改进为主、核心技术缺乏；品牌含金量、市场知名度和认可度与一线企业存在较大差距；慈溪家电集群结构松散；人才链各端需求凸显，人才库蓄水池越来越浅。

为此，该市出台了一系列政策：对200万元、1 000万元、2 000万元以上的设备(技术)投资，分档给予3%、4%、5%以内的奖励；对科技部门新认定的市级企业工程(技术)中心，给予5万元奖励；被认定为宁波市级、省级、国家级的企业工程(技术)中心，最高分别给予20万元、30万元、100万元奖励；对宁波市级(含)以上品牌(商标)企业，在国内县级以上城市新设月均销售超过10万元的直销专卖店、直销加盟店，每家给予不超过2万元的补助；对在央视、省级卫视投放广告的，分别给予最高给予10%和5%的补助。

2009年，慈溪创新设立了家电服务中心有限公司，通过政府补助、市场化运作，搭建集采购、售后、物流、信息、设计研发等五大功能服务平台。"慈电联服"，是慈溪家电企业抱团合作的一种创新。消费者购买家电产品看中售后服务，但慈溪众多家电企业分建服务网点，投入成本大。于是，政府牵头，成立慈溪市家电服务中心有限公司，创建"慈电联服"品牌，签约了"飞龙"、"浪木"、"惠康"等慈溪家电龙头企业，也吸引了"宝洁"、"摩尔"、"好当家"等家电企业的加盟，总数达到42家。众多自身实力不足的慈溪家电企业，也可以依托"慈电联服"售后服务品牌网获得产品的售后服务支持。

如今,“慈电联服”整合网点达到 2 051 个,网点覆盖率 68.9%,浙江、重庆等重点省(市)的售后服务网点的覆盖率达到 100%。除售后服务平台外,其他四大平台去年也交出了靓丽的“年报”。采购服务平台去年实现采购实绩 22 918.29 万元;物流服务平台签约企业 303 家;信息服务平台积极开展“慈溪家电直销商城”建设,并在淘宝商铺、阿里巴巴等国内知名电子商务网站上设立了商铺,引进了 100 家市内家电生产企业入驻商城;设计研发平台实现销售额 1 024.11 万元。

2008 年全球性的金融危机,让慈溪的家电企业重新审视了自身的发展模式。“飞龙家电”总裁王焕江说,依靠价格优势大量出口的时代已经一去不复返。家电企业唯有在“智能产品、自动化生产设备、国内营销网络、品牌知名度”上有所建树,才能在市场上立于不败之地。基于国内营销网络的薄弱,做市场出身的王焕江格外重视市场网络的开拓。2009 年,王焕江设立了浙江多方达商务有限公司,专门做销售网络。

开放股权,“收编”各个省份的家电批发商;搭建平台,吸引慈溪其他家电企业参与,“多方达”已在全国建立了 10 多个营销中心,为更多的慈溪家电制造业企业进入国内三、四级市场打开了渠道,现代空调、月兔空调、卓力电器(小家电)、心连心电器(水家电)等众多企业已经开始依托“多方达”销售产品。在市场为王的今天,产品获得市场的认可,让产品变聪明、变节能,成为慈溪众多家电企业努力的目标。作为慈溪家电企业的龙头,先锋电器生产研发的“LRLO5-10ER”高端空调扇获得 4 项国家专利,它集智能滑盖、18 小时智能开关、智能显示出风口温度等一系列智能化功能于一身,而“智能电器”已成为先锋集团目前重点开发的新方向。

月立电器研发生产的电子恒速拔毛器,因其技术含量高,不易仿效、抄袭,避免了市场低价恶性竞争,做到高利润高产出,一经投放市场就获得好评,两个月实现销售 518 万元,产品利润 100 万元,产品税后利润 55 万元。同样是龙头家电企业的公牛集团和韩电集团,他们研发的智能开关、智能冰箱赢得了市场青睐。一款空调扇集智能滑盖、智能开关、智能显示出风口温度于一身,一台干衣柜体积小如冰箱,一台洗衣机能对废水进行回收处理……越来越多的慈溪家电企业用智能化“武装”产品,让慈溪家电找到了与国内外家电巨头竞争的“撒手锏”。

作为传统的劳动密集型产业,劳动力成本的高涨倒逼家电企业进行技术突破,提高生产效率。慈溪不少家电企业已实现“桌面化”生产,以信息化手段提升工业水平和效率,加快转型。在月立电器的车间里,不仅有自动化喷漆设备,还有自动化包装流水线和注塑机机械手。据了解,去年“月立”投资 1 000 万元引进三条自动化喷涂流水线,工作人员只需要在生产线的数控器上操作,就能完成生产。而先进的封闭式喷涂流水线,解决了现有工作人员控制喷涂机进行喷涂存在的劳动强度大、生产效率低、用工人数多、涂层质量差等问题。生产工人由 45 人减少到 3 个人。这三条生产线的引进给企业节约人工成本在 20%以上,节约用电 15%左右。而该公司 90 台注塑机机械手则减少了一半的用工成本。先锋电器投入 5 000 万元改造生产流水线。一套投资 1 500 余万元全自动流水线可年生产 300 万套壁炉外观铁板。今后先锋电器还将对油汀生产流水线进行全自动改造,投资达到 3 000 余万元。先锋电器生产主管周经理说,自动化生产提高了企业的供货能力,客商因此追加了 10 万台壁炉的订单。

技术创新提升了慈溪家电产业的竞争优势。2014 年，慈溪家电产业技术改造投入 30 多亿元，家电产业新产品增加值超过 120 亿元。慈溪已拥有高新技术企业 25 家，市级以上企业技术研究中心 29 个。全市 1 万多件已授权专利中，家电行业占 6 成以上，有 10 多家家电企业参与各类国家标准制定。

(五) 以都市农业为核心的现代农业文化资源

改革开放 30 多年来，慈溪农业实现了从“一株棉花一株稻”向“效益农业标杆”的完美转变，走出了一条具有慈溪特色的现代农业发展新路子，成为全省农业特色优势产业综合强县和华东地区最大的出口蔬菜基地。2008 年 11 月，慈溪市委召开常委扩大会议，决定设立慈溪市杭州湾现代农业开发区。次年 4 月，开发区管委会正式成立，同时设立杭州湾现代农业开发有限公司，注册资金 1 000 万元。根据规划，慈溪市杭州湾现代农业开发区位于慈溪市四灶浦—水云浦—半掘浦—郑家浦—徐家浦—淞浦等新围垦涂区，东起慈东开发区，南临九塘，西接杭州湾新区，北依十塘。区域总面积 10.28 万亩，其中新慈湖面积 0.96 万亩。慈溪将用 3 到 8 年时间，把杭州湾现代农业开发区打造成为集现代优质农产品种植基地、优质畜牧养殖基地、农业高新技术研发和培训基地、农业观光基地、种子种苗基地于一体，充分体现低碳经济、循环经济理念的国际一流的农业科技生态园。新优势引来大项目全球“500 强”的跨国企业——泰国正大集团，未来几年，正大集团将陆续投入巨资，建设一个占地约 2.9 万亩，低碳环保的农业科技生态园区。2010 年慈溪全市有 300 多家各类农产品加工企业，其中国家级农业龙头企业 2 家，省级农业龙头企业 6 家，宁波市级龙头企业 38 家，为开发区打下了良好的产业基础。如地处慈溪市东部龙山镇，全镇 28 个行政村，1 个农垦场，纯务农劳动力 11 042 人；农户家庭承包经营面积 3 370.87 hm^2，全镇形成集中千亩无公害韭菜基地 2 个，拥有新型家庭农场 46 个，农民专业合作社 22 个。此外素有“中国杨梅之乡”的慈溪，人工栽培已有 1 300 余年，野生杨梅更有 7 000 余年。2000 年 3 月，慈溪市被国家林业局命名为“中国名特优经济林杨梅之乡”，现已通过杨梅原产地保护认证。目前，全市现有杨梅 6.2 万亩，其中投产 6.0 万亩，年产量为全国县(市、区)级之冠。慈溪杨梅以名闻遐迩的“荠种”和“早大种”杨梅为主，占总面积 95%以上，果大、核小、色佳、肉质细嫩、汁多味浓、香甜可口，其品质优势极为明显，鲜食、加工均可。

可见，慈溪市快速发展的现代都市农业园、家庭农场、特色经济林木奠定了发展创意农业的基础。

表 20－2　慈溪市各级文物保护单位(点)一览表

名称	时代	地点	保护级别	公布时间
上林湖越窑遗址(包括寺龙口青瓷窑址、开刀山窑址)	东汉—宋	桥头镇上林湖村 (匡堰镇乾炳村)	全国重点文物保护单位	1988.1 2007.6
龙山虞氏旧宅建筑群	近现代	龙山镇山下村	全国重点文物保护单位	2001.6
浙东抗日根据地旧址	现代	观海卫镇昌明村	全国重点文物保护单位	2007.6
杨贤江故居	近代	长河镇贤江村	浙江省文物保护单位	1997.8

续表

名称	时代	地点	保护级别	公布时间
锦堂师范旧址	近代	观海卫镇西房村	浙江省文物保护单位	2005.3
慈溪市鸣鹤	唐—近代	观海卫镇鸣鹤	浙江省历史文化保护区	2000.2
小姑岭青瓷窑址	南朝	匡堰镇妙山村	慈溪市文物保护单位	1982.5
石马弄青瓷窑址	唐—宋	观海卫镇白洋村	慈溪市文物保护单位	1982.5
栗子山青瓷窑址	唐—宋	观海卫镇西埠头村	慈溪市文物保护单位	1982.5
开刀山青瓷窑址	宋	匡堰镇乾炳村	慈溪市文物保护单位	1982.5
下梅林庙	清	龙山镇王家村	慈溪市文物保护单位	1982.5
古卧床桥	清	掌起镇黄家村	慈溪市文物保护单位	1982.5
灵龙宫	清	掌起镇任佳溪村	慈溪市文物保护单位	1982.5
三北敌后抗日第一战纪念碑	现代	崇寿镇晏清村	慈溪市文物保护单位	1986.4
石公馆	现代	观海卫镇昌明村	慈溪市文物保护单位	1986.4
童家岙遗址	新石器时代	横河镇童家岙村	慈溪市文物保护单位	1986.8
金鸡岙青瓷窑址	晋	匡堰镇妙山村	慈溪市文物保护单位	1986.8
枫树湾青瓷窑址	唐—宋	观海卫镇里杜湖	慈溪市文物保护单位	1986.8
虞世南故里	唐	观海卫镇解家村	慈溪市文物保护单位	1986.8
瓦片滩青瓷窑址	五代—宋	匡堰镇昌隆村	慈溪市文物保护单位	1986.8
袁韶墓	宋	观海卫镇解家村	慈溪市文物保护单位	1986.8
洞山寺宋代石塔	宋	掌起镇任佳溪村	慈溪市文物保护单位	1986.8
达蓬山摩崖石刻	宋—清	达蓬山林场	慈溪市文物保护单位	1986.8
卫山烽火台	明	观海卫镇卫山	慈溪市文物保护单位	1986.8
龙山所城	明	龙山镇龙山所村	慈溪市文物保护单位	1986.8
桑家大厅	明	匡堰镇樟东村	慈溪市文物保护单位	1986.8
它山古迹	清	观海卫镇它山岭	慈溪市文物保护单位	1986.8
孙家境祠堂	清	横河镇孙家境村	慈溪市文物保护单位	1986.8
七星桥	清	横河镇南街	慈溪市文物保护单位	1986.8
吴锦堂故居	近代	观海卫镇西房村	慈溪市文物保护单位	1986.8
马宗汉故居	近代	宗汉街道宗汉村	慈溪市文物保护单位	1986.8
陈之佛故居	近代	浒山街道晓记南弄	慈溪市文物保护单位	1986.8
慈溪市革命烈士陵园	现代	观海卫镇湖口村	慈溪市文物保护单位	1986.8
吴锦堂墓	现代	观海卫镇湖口村	慈溪市文物保护单位	1986.8
慈溪市革命烈士纪念馆、碑	现代	浒山街道英雄路	慈溪市文物保护单位	1997.5
五磊寺及那罗延尊者塔	三国	观海卫镇五磊山	慈溪市文物保护单位	2003.12
双河堰	唐	桥头镇烟墩村	慈溪市文物保护单位	2003.12
伏龙山摩崖石刻	宋	龙山镇伏龙山	慈溪市文物保护单位	2003.12
三山所北城门	明	浒山街道北城路	慈溪市文物保护单位	2003.12
石塘山烽火台	明	龙山镇邱王村	慈溪市文物保护单位	2003.12
达蓬桥	清	三北镇达蓬村	慈溪市文物保护单位	2003.12

续表

名称	时代	地点	保护级别	公布时间
沙湖庙	清	掌起镇任佳溪村	慈溪市文物保护单位	2003.12
吴耕民旧居	近代	周巷镇二塘村	慈溪市文物保护单位	2003.12
浙东工农红军第一师筹建处	近代	坎墩街道费家弄	慈溪市文物保护单位	2003.12
三北游击司令部成立旧址	现代	观海卫镇金仙寺	慈溪市文物保护单位	2003.12
毛泽东批示纪念碑	现代	观海卫镇五洞闸村	慈溪市文物保护单位	2003.12
河头村	明—近代	范市镇河头村	慈溪市历史文化保护区	2003.12
羊埠墩石室墓	战国	掌起镇洪魏村	慈溪市文物保护点	1986.7
陈山古墓葬群	汉	横河镇陈山	慈溪市文物保护点	1986.7
严子陵墓	东汉	横河镇石堰村	慈溪市文物保护点	1986.7
牧羊山青瓷窑址	唐	匡堰镇昌隆村	慈溪市文物保护点	1986.7
栲栳山石谷亭题刻	北宋	桥头镇上林湖	慈溪市文物保护点	1986.7
宋代沉船遗址	宋	浒山街道下周塘	慈溪市文物保护点	1986.7
童家狮子门头	清	浒山街道天东	慈溪市文物保护点	1986.7
普惠寺	清	观海卫镇	慈溪市文物保护点	1986.7
资西寺	清	观海卫镇塘下村	慈溪市文物保护点	1986.7
天妃宫	清	观海卫镇五里	慈溪市文物保护点	1986.7
潘余祠堂	清	浒山街道潘余	慈溪市文物保护点	1986.7
沈永丰老店	清	观海卫镇师桥	慈溪市文物保护点	1986.7
金锁桥	清	掌起镇洪魏村	慈溪市文物保护点	1986.7
沙滩桥	清	观海卫镇鸣鹤	慈溪市文物保护点	1986.7
运河桥	清	观海卫镇鸣鹤	慈溪市文物保护点	1986.7
陡塘桥	清	观海卫镇鸣鹤	慈溪市文物保护点	1986.7
洞山寺	清	掌起镇任佳溪村	慈溪市文物保护点	1986.7
梅梁山“寿”字题刻		横河镇梅湖	慈溪市文物保护点	1986.7
林汉达故居	近代	龙山镇龙头场	慈溪市文物保护点	1986.7
三北码头	近代	龙山镇山下村	慈溪市文物保护点	1986.7
凤湖中学校址	近代	龙山镇龙山所	慈溪市文物保护点	1986.7
阳觉殿日寇侵华暴行遗址	现代	三北镇大霖山	慈溪市文物保护点	1986.7
董孝子墓	东汉	范市镇黄杨岙村	慈溪市文物保护点	2003.12
莫子纯墓	宋	横河镇乌玉村	慈溪市文物保护点	2003.12
寺山宋井	宋	浒山街道寺山	慈溪市文物保护点	2003.12
刺史桥	清	龙山镇伏龙山	慈溪市文物保护点	2003.12
药王殿	清	范市镇潘岙村	慈溪市文物保护点	2003.12
桐井	清	掌起镇洪魏村	慈溪市文物保护点	2003.12
桑家大楼屋	清	周巷镇路桥村	慈溪市文物保护点	2003.12
沈师桥	清	观海卫镇师桥	慈溪市文物保护点	2003.12
唐荔桥	清	观海卫镇洞桥虞家村	慈溪市文物保护点	2003.12

续表

名称	时代	地点	保护级别	公布时间
大古塘朝北凉亭	清	浒山街道白沙村	慈溪市文物保护点	2003.12
通天楼	清	桥头镇桥头村	慈溪市文物保护点	2003.12
浒山医院旧址	近代	浒山街道解放东街	慈溪市文物保护点	2003.12
永凝桥	民国	观海卫镇洞桥虞家村	慈溪市文物保护点	2003.12
毛契农中将墓	民国	观海卫镇白洋村	慈溪市文物保护点	2003.12
草帽业小学	现代	长河镇章家路	慈溪市文物保护点	2003.12
七星桥抗战纪念碑、亭	现代	横河镇七星桥南	慈溪市文物保护点	2003.12

* 资料来源：慈溪市文物管理委员会办公室

第二节　慈溪文化创意产业发展机遇与挑战

一、文化创意产业发展现状

从文化创意产业的硬件、软件和发展三个环节来看，慈溪市文化创意产业现状表现为：

1. 硬件基础好

全市拥有国办文化部门和机构 43 个，集体办 34 个，个私企业 1 000 余家，同时还有像金轮博物馆、国画艺术馆、慈溪青年艺术团、庵东梅兰越剧团等 30 余家文化非企业单位。现有国家保单位 2 个、省级 2 个、慈溪市级 31 个。而且各类不同文化领域的市场构筑的文化创意市场体系已见端倪，许多文化单位已积极实行市场经营，实行了自负盈亏的市场经营，资源整合、转制、开发，文化创意产业体制的趋好。

2. 软件资源丰厚

一是悠久的历史文化遗存，有围垦文化、移民文化、青瓷文化等三大文化作为文化积淀，有“母慈子孝”的董黯传说、卫山烽火台、上林湖越窑遗址等等；二是涌现了大量名人，如东汉高士严子陵、初唐书法家虞世南、教育理论家杨贤江、园艺学家吴耕民、著名作家余秋雨等；三是景观名胜众多，有五磊讲寺、达蓬山佛迹洞等；四是民间工艺文化积淀浓厚，有富含地方色彩的姚北滩簧，有享誉国内外的长河草帽、三北绣品、天元古玩旧家具、越窑青瓷仿制品等。

3. 文化创意产业初具规模

目前，已初步形成了以广播电视和报业为主体，电子传媒和演艺娱乐相结合的核心层文化创意产业；以城乡居民文化旅游、文体休闲、民俗文化活动等为代表的外围文化创意产业；以文体用品制造产业为主导、传统古旧家具、印刷装潢包装等组成的相关层文化创意产业。截止 2010 年年底，全市广电实现经营收入 1.2 亿元，新闻报刊实现经营收入 4 000 多万元，影视票房收入 2 000 多万元。2010 年全市共接待国内外旅游者 543.65 万人次，实现旅游总收入 38.96 亿元；2010 年全市共举办以“中国慈溪家电博览会”及“大桥国际经贸旅游节”为代表的展会14个，展览面积达10.88万平方米；2010年全市文化演艺娱乐营业收入约为2亿元，古旧家具产业实现产值10亿元左右，包装印刷工业总产值接近30亿元。而且近年刚引入千景动漫公司、三国动漫公司，业务增幅惊人。

二、文化创意产业的优势与劣势

SWOT分析是一种常用的分析组织发展战略的方法，它是将组织内部自身优势(Strength)、劣势(Weakness)和外部环境的机遇(Opportunity)、威胁(Threats)等方面的内容和条件进行综合分析，从而确定正确的组织发展方向和资源分配。本课题尝试用SWOT分析方法对慈溪市文化创意产业的现状及培育进行探究。

(一) 优势

1. 区位优势

慈溪历史悠久，因“母慈子孝”传说而得名，位于东海之滨，东离宁波60公里，北距上海148公里，西至杭州138公里，是长江三角洲南翼环杭州湾地区沪、杭、甬三大都市经济金三角的中心，区位和交通优势十分明显。特别是随着2008年5月杭州湾跨海大桥的通车，给慈溪带来了千载难逢的历史性机遇。从此，慈溪一跃成为连接上海、宁波两大都市的“黄金节点”，融入沪、杭、甬2小时交通圈，极大提升慈溪在长三角城市群中的战略地位。另外，即将开通的余慈高铁站、杭甬高速复线、宁波轻轨都将极大地便利慈溪的交通。

2. 社会经济发展优势

慈溪经济基础雄厚，2012年，慈溪实现地区生产总值(GDP)848.29亿元，公共财政预算收入146.04亿元，自营出口84.22亿美元，农村居民人均纯收入和城镇居民人均可支配收入分别达到20 383元和37 711元。慈溪以约占全国1/7 000的土地面积，创造了占全国1/800的财政收入、1/500的GDP、1/200的出口额。2012年，慈溪在第十一届全国县域经济基本竞争力排名第3位，中国中小城市科学发展百强排名第8位，中国中小城市投资潜力百强排名第3位，福布斯中国大陆最佳商业城市入围县级市排名第8位。

3. 文化资源优势

慈溪历史上名人荟萃，汉高士严光、唐书法家虞世南、南宋哲学家黄震、清代文人高士奇、近代教育家杨贤江、画家陈之佛、爱国华侨吴锦堂等蜚声中外；文化积淀丰厚，拥有三大传统的地域特色文化：青瓷文化、围垦文化、移民文化。在晋唐时期，慈溪上林湖青瓷远销海外，架起了通往世界的“海上丝绸之路”。慈溪又有“唐涂宋地”之称，悠久的海涂围垦历史，塑造了慈溪人开拓进取的性格，慈溪的移民文化源远流长。慈溪更有对外交流合作的传统，早在秦代，名士徐福在慈溪达蓬山起航，东渡日本，拉开了对外交流的序幕。另外，慈溪还是“杨梅之乡”、“现代民间画之乡”。在改革开放的今天，三大文化已交织融汇在一起，善于兼容并蓄，注重务实开拓，崇尚合作共赢，讲求开放、诚信，不排他、重吸收，吸纳百川的人文精神，已成为慈溪新时期无可比拟的人文竞争力。2011年末慈溪有文化艺术团体3个，各类艺术表演团体39个，演职人员844人，剧院(场)6座，座位4 143个，文化馆(国家一级馆)1个，建筑面积3 580平方米，文化站20个，总建筑面积87 050平方米；公共图书馆(国家一级馆)1个，建筑面积14 590平方米，藏书54.23万册，20个镇(街道)图书室藏书31.23万册；

博物馆1个，建筑面积2008平方米；还有歌舞、游艺、网吧等娱乐设施。

目前，慈溪文化及创意产业发展已初具规模，产业总体呈稳步增长态势，规模不断扩大。一是文创产业规模持续扩大。2012年，文创产业增加值达到40.2亿元，比2010、2011年分别增加了10.1、5.6亿元；二是文创产业占GDP的比重不断提高。2010年慈溪文创产业占GDP的比重为3.98%，2012年增加到4.24%，提高了0.26个百分点；三是文创产业增速较快。2012年，慈溪文创产业现价增速为16.3%，分别高出同期GDP、第三产业现价增速8.2和2.7个百分点。

4. 创业环境优势

慈溪作为东部沿海经济发达地区之一，市场经济活跃，工业经济实力雄厚，2万余家工商企业遍布城乡，形成了家电、轴承等各具特色的产业集群。较强的工业基础可以为创意产业解决基础设施不足问题以及老厂房、废旧场地的有效再利用问题，在集聚区中已有一定规模的企业，还可以起到示范带头作用，吸引更多的文化创意企业在园区内发展。

近年来，慈溪依托块状经济发达、制造业产业集聚，积极推动文化用品、休闲娱乐等传统文化行业不断做大做强，已形成了文体用品、包装印刷业等传统制造业为主体，文体休闲娱乐业紧随其后，艺术品和工艺美术经营业为特色亮点，文化创意、数字内容和动漫等新兴行业为潜力增长极的产业格局。一是文体用品制造、包装印刷等传统产业势头强劲。三A集团是全球最大的扑克牌生产基地，奇胜健身器材是中国奥委会标志特许产品，海尔斯跑鞋是国家田径队指定产品。二是文体休闲娱乐业方兴未艾。国内著名电影院纷纷落户慈溪市，2011年，全市新增中影星美国际影城和小马电影院2个电影院，增加至6个，座位共有2 841个，每万人拥有27.3个，年放映44 052场次，观众达245万人次。三是艺术品和工艺美术经营业蓬勃发展。慈溪古玩城成为宁波市内最大规模艺术品交易聚集中心；天元成为全国最大的古旧家具集散基地。四是文化创意、影视动漫游戏等新兴行业开始起步。森鹤乐器股份有限公司成功申报国家文化出口重点企业，千景动漫通过了宁波市重点动漫企业认定，浙江华润慈客隆超市有限公司向省新闻出版局申请从事“图书报刊、电子出版物、音像制品批发零售、省内连锁”经营活动获批，成为慈溪市首家全省出版物经营连锁企业。

表20-3 2012年慈溪市文化和娱乐业增加值构成

	绝对额(万元)		以上年为100的速度	
	本年	上年	本年	上年
文化和娱乐业	36 459	29 051	123.5	107.1
新闻出版业	3 319	2 715	120.3	154.3
广播、电视、电影和音像业	9 720	7 433	128.7	91.2
文化艺术业	4 532	3 727	119.7	116.6
娱乐业	18 888	15 176	122.5	108.2

*资料来源：慈溪市统计局

5. 政策制度优势

近年来，慈溪高度重视文化建设与文化产业发展，早在2001年就提出了“建设文化大市"的目标。为了推进文化大市建设、加快文化产业发展，市委、市政府多次召开文化建设与文化产业发展工作会议，提出把发展文化产业作为推进文化大市建设的重要突破口，制定出台了一系列相关政策。2011 年，慈溪市委出台《关于加快建设文化强市打造人文慈溪的决定》，2012 年初，市政府出台《关于加快文化产业发展的若干政策意见》，鼓励促进创意产业快速发展，计划到"十二五"期末，建成 5 个以上的市级创意产业基地，创意企业超过 300 家，打造一批具有本地风格的创意品牌，培育一批具有较强竞争力和影响力的创意产业龙头企业，提出到 2015 年，文化产业增加值占全市 GDP 比重达到 5%以上，成为国民经济支柱性产业，每年下拨 2 000 万文化产业发展基金，全力推进文化产业进入发展快车道。根据制定发布的《慈溪市创意产业发展指导目录》，明确慈溪创意产业的重点发展领域为科技创意、文化创意、时尚创意等。按照产业聚集原则，加快创意产业基地建设，引导产业集群发展。依托新兴产业集群区、浙大网新慈溪智慧谷、宁波慈星纺织软件园等产业平台建设，重点推进工业研发设计、软件开发、数字服务等创意产业的发展，形成功能区块。依托文化商务区，打造集文化、商务、办公于一体的精品城市区块，形成慈溪重要的文化创意集聚区。依托深厚的历史文化积淀，通过对传统文化的创意衍生，结合达蓬山旅游度假区、鸣鹤古镇、青瓷瓯越、天元古玩等形成一批以文化旅游、文化艺术设计、文艺演出、艺术品交易为特色的创意产业基地。依托大剧院等文化体育设施及会议与展览设施，以休闲、演艺、娱乐、文化会展等产业为重点，培育发展休闲文体创意产业基地。抓住中心城区改造更新的机遇，结合总部经济和楼宇经济发展，依托创意水街等特色街区，培育发展首饰设计、服装设计、家居设计等具有时尚设计特色的创意产业楼宇和特色街区。

（二）劣势

1. 文化创意产业基础薄弱，产业支柱地位尚未确定

慈溪的文化创意产业还处在发生发展阶段，属于弱势产业。2012 年，全市实现文化创意产业增加值 40.2 亿元，占 GDP 比重 4.24%，占比明显偏小，与宁波市 11 个县(市、区)相比(如表 20－4 所示)，比宁海县、鄞州区和海曙区分别低 4.16、1.30、0.68 个百分点。除了文体用品制造业、包装装潢和休闲旅游业有一定规模外，慈溪的艺术业、娱乐业、会展业、书报音像业、广告策划业、网络服务业、电影发行放映等还称不了严格意义上的产业。

表 20－4　2012 年宁波市各县(市、区)文创产业占 GDP 比重　　单位:%

地区	文创产业占 GDP 比重	地区	文创产业占 GDP 比重
宁波市	4.22	鄞州区	5.54
海曙区	4.92	余姚市	4.12
江东区	1.57	慈溪市	4.24
江北区	3.74	奉化市	2.51
北仑区	3.53	象山县	1.31
镇海区	1.05	宁海县	8.40

* 资料来源：宁波市统计局

文化产品的科技含量低，缺乏个性和原创能力，知名品牌少；文化演出规模小、规格不高，对提升城市品位的作用不大；艺术、影视、戏剧等文化产品产量不多、精品名品缺乏，商品转化率低；休闲旅游业以接待商贸旅游为主的现状没有得到明显改观；越窑青瓷承载着慈溪的地域文化，但相关产品的开发与产量的提升一直进展缓慢，缺乏较强的市场竞争能力。

2. 文化资源占有意识和创新开发意识相对薄弱

长期以来，慈溪市政府把文化作为一项由政府提供的公共产品和社会福利，忽视了引入市场机制和私营部门使文化增值，缺乏文化产业化的动力，产业意识薄弱。同时，由于慈溪工业比较发达，更加重视工业的发展，相对轻视了第三产业特别是文化创意产业的建设。另外，慈溪个私企业发达，可以用“千家万户办企业”来形容，平均不到 4 户家庭中就有 1 户是经商办企业的，并且以传统的加工制造业为主，大部分企业主文化程度不高，创新意识薄弱，特别是在文化创意产业方面。

3. 产业结构不平衡，新兴产业明显较弱

慈溪文化产业结构显示，以文体用品制造和包装印刷为代表的传统制造业比重明显占优，文化服务类产业比重偏低，仅仅略高于宁波大市平均水平，位居第六。特别是以文化创意产业为代表的新兴文化业态发展相对滞后，文化创意与高科技结合的企业不多，以互联网信息技术为载体的网络媒体、网络游戏、电子商务等新兴业态还处于起步阶段。多数文化行业存在明显的高端原创不足、终端营销能力不强的产业链缺陷。

表 20－5　2012 年宁波市各县市文化产业增加值结构比重

	服务业及批零行业部分(亿元)	工业部分(亿元)	服务业及批零行业部分所占文化及相关产业的比重(%)
宁波市	120.0	155.5	43.6
海曙区	23.9	0.5	97.8
江东区	6.1	0.1	97.9
江北区	6.2	2.8	68.5
北仑区	4.6	19.1	19.5
镇海区	1.5	4.5	25.0
鄞州区	9.4	48.2	16.3
余姚市	7.4	21.9	25.1
慈溪市	18.7	21.5	46.5
奉化市	3.5	3.4	51.2
象山县	2.5	2.0	55.8
宁海县	4.0	25.6	13.6

* 资料来源：宁波市统计局

4. 创意人才缺乏，创意氛围不足

慈溪没有一所本科院校，文化产业从业人员不仅总量偏少，整体素质也不高，经营管理人才和科技人才比重小，文化产业的创新型人才十分紧缺。大多数文化经营者属于半路出家，临时转行而来，往往缺乏企业规划能力、营销管理能力、市场开拓能力，缺乏投资和风险管理能力。文化中介机构发展缓慢，具有专业水准的文化经纪人、制作人、策划人、代理人十分稀缺。文化行政管理部门中同样缺乏具有丰富专业知识的管理人才，多为一般行政管理人员或自学成才的文化艺术爱好者。高素质人才短缺，将成为慈溪文化创意产业进一步发展的"瓶颈"，构成发展的主要障碍。

此外，由于"人力资本、知识、资金是可以在各国间流动的"，因此，吸引创意人才、引发创意的氛围也至关重要。根据美国佛罗里达的观点，创意人才的聚集地通常是有着宽松的生活环境，浓厚的文化氛围，便利的基础设施，相应的政策支撑和法律支持等，就如同北京798创意园区是由旧厂房改建的，最初也是一群艺术家因为这里的自由氛围以及低的生活成本吸引来的。从这个观点上来看，慈溪的文化氛围还不够浓厚，文化生活相对丰富多彩的市内房租过高。另外，慈溪高校和科研机构稀少的缺陷，也成为影响慈溪创意人才集聚的因素。与北京、上海、广州等大城市相比，慈溪文化创意产业人才资源劣势比较明显。发展文化创意产业的人力成本过高，许多从事创意产业的企业和人才容易流失。

5. 文化创意产业市场培育不够

目前，慈溪仍然没有一个真正的文化创意产业园区，没有充分利用工业基础好的优势去培育和发展创意产业，缺少文化精品和产业品牌，产业集群效应难以实现。慈溪第一个上规模的文化创意产业基地——"慈溪东部文化商务区"还在建设，"浙大智慧谷"也刚奠基，这种模式是政府积极主动规划，建立新的创意产业园区集聚创意企业，并通过政府支持吸引企业入驻的发展模式。这种模式的缺点是，产业链需要重新整合，全区形成集聚效应需要过程。而且，当前慈溪的文化创意产业主要集中在文化旅游、休闲娱乐、广播电视、报纸等，而技术开发、产品研发、工艺设计、现代传媒等创意产业严重缺乏，集约化程度低。艺术表演团体存在数量多而布局分散，结构不够科学、缺少文化精品的问题，不能适应市场经营机制的需要，不能满足广大人民群众日益增长的文化消费需要。旅游产业的发展基本停留在对文化遗存的简单利用层面，有特色的旅游商品开发不够，还处在旅游产业的低级阶段。文化创意产业缺乏规模化集团和特色鲜明的大型文化创意产业项目，集约化程度不高。

三、文化创意产业的机遇与挑战

（一）机遇

1. 频繁的文化交流活动

地处沿海的优势，以及近些年来慈溪经济的繁荣发展，为慈溪加大与外界的交流发展提供重要的机遇。

每年举办家电博览会、旅游节、杨梅节。2012年（第八届）中国慈溪家电博览会成功举行，本次博览会规模突破1 100只标摊，各类参会人数达2.85万人次，场外签约投资和科技项目22个，合同内外资22.8亿元，签约或意向经贸成交额12.8亿元。举办2012年慈溪旅游节（杨梅节），开展了2012慈溪杨梅节开幕式暨"六月杨梅慈溪红"大型主题文艺晚会、鸣鹤古镇开园仪式、休闲健身活动全国邀请赛（全国滑翔伞优秀选手赛，全国山地自行车表演邀请赛，全国钓鱼邀请赛，全国国际象棋特级大师邀请赛）、2012 慈溪现代服务业招商推介会、“美丽乡村，幸福家园”2012 美丽乡村一日游、慈溪杨梅采摘节等六大版块九大活动。拍摄了慈溪城市文化旅游形象宣传片，并在浙江卫视中播出，进一步宣传了慈溪城市形象。在由亚太节事联盟、国际特别节事促进会和亚洲财富论坛联合主办的第八届中国节庆产业年会上，慈溪旅游节荣获“全国十大旅游类节庆”，慈溪杨梅节荣获“全国十大物产类节庆”。

2012 年举办第九届慈溪艺术节。第九届艺术节以“打造品质之城、共建幸福家园”为主题，为期 1 个月，采用城乡联动，部门协作的形势开展活动，举办了艺术节开幕式、精品文艺赛事、展览、舞台艺术精品展演、群众文化活动、闭幕式等六大类 26 项 800 余场形式多样的文化艺术活动，为慈溪大地和人民留下了丰盛的精神硕果。

2012 年举办第二届《人民文学》长篇小说双年奖颁奖活动，期间，还开展著名作家专题文学讲座、《慈溪文丛》首发式暨作品研讨会，作家采风等系列活动，有针对性地推荐一批本市重点著作和优秀作品，扩大对外影响，打造文化品牌。举办“伏龙山”滑翔伞邀请赛、“达蓬山杯”全国自行车邀请赛。组织青瓷瓯越艺术团国内外交流演与商演，开展赴镇（街道）巡演。

2. 巨大的文化消费潜力

随着人民生活水平的提高，人们追求更高品质的精神享受，这为文化产业的发展提供了巨大的市场空间。2012 年，慈溪市城镇居民家庭人均生活消费支出 37 711 元，其中娱乐教育文化服务支出 4 529 元，占生活消费支出的比例达到 12.0%，娱乐教育文化服务支出占生活消费支出比重较高。另外，大量的外来流动人口，给慈溪文化的多样化带来巨大的发展潜力。

3. 转型升级给文化创意产业带来巨大的发展空间

慈溪以传统的低端附加值高能耗工业为主，这种企业已经不适宜在沿海发达地区生存，这些地区需要的是知识密集型、技术密集型的产业，而这就需要靠创意来推动，从而给创意产业带来巨大的发展空间，创意产业也将成为这些地区新的经济增长点。

(二) 威胁

1. 全球化带来的文化冲击

加入 WTO 后，对文化创意产业带来巨大挑战。一是对政府管理职能和管理方式提出适应生产力发展的变革要求；二是对国内文化经营单位产生巨大的竞争压力；三是对我国优秀传统文化和社会价值观产生一定冲击；四是争夺优秀文化创意产业经营管理人才的趋势将加剧。

2. 城市化引起的文化资源受损

近年来，慈溪新型城市化和城乡统筹扎实推进。2012 年，城市化率为 65.3%，比 2011 年提高 0.5 个百分点。卫星城市试点镇和中心镇建设步伐加快，积极开展扩权强镇建设。城市化进程的加快必然会损坏一些文化资源，比如现在很多小孩子从小开始说普通话，慈溪当地语言不会说，久而久之，会造成慈溪方言的流失。方言是一笔非常宝贵的非物质文化遗产，应当引起足够的重视。还有城市化建设会改变一些乡村的特色建筑风格，村民的生活方式也越来越趋向现代化，特色民俗逐渐淡化等。

3. 区域文化产业竞争加剧

随着社会经济的发展，越来越多的省市认识到文化创意产业的重要性，并通过制定战略规划、政策措施来发展文化产业。如周边地区的上海依托其中国近代工业的发源地、拥有东西交融的历史文化底蕴以及大量珍贵的工业历史建筑的优势，在追求现代化城市改造的同时，最大限度地保留了一大批建筑风格独特、具有历史价值的老厂房、老仓库，通过引入新的时尚元素，形成了一大批创意产业集聚区，使昔日废旧的老建筑完成了向创意设计和时尚文化的华丽转身，并逐步形成具有鲜明区域特色的空间布局，聚集了一大批来自国内外的创意设计企业和优秀创意人才。由于受到政府全方位的支持，杭州市各文化创意产业园区建设进展顺利，规划建设的十大文化创意产业园区建设已初具规模并开始发挥效应。一般而言，如果某地区一旦形成文化产业优势，由于"洼地效应"，资源就会向此地聚集。如何赢得先发优势的"洼地效应"，与长三角及周边其他地区形成优势互补、共同促进的格局，是慈溪文化创意产业发展必须解决的问题。

第三节　培育文化创意产业的路径

一、总体思路与发展重点

（一）总体思路

大力发展创意农业和滨海旅游业等创意产业的外围层，重点发展家电、文体用品的工业创意设计等创意产业核心层产业，扶植发展家电文体用品国际展销会、古旧家具（古玩）创意集市等创意产业的新兴相关层。

（二）重点领域发展模式

1. 四大资源重点开发

围垦文化与海洋文化资源，可以通过现代网络技术、多媒体技术进行立体、视频展示，构建海涂围垦文化精品景点，培育海洋文化旅游。

青瓷文化资源，通过民间艺人传承和中小学地方校本教材开发，创建当代义务教育、中等职业教育实践实习基地，普及青瓷文化，并利用慈溪各类博览会进行推广，传承青瓷文化和青瓷艺术，培育浙东青瓷工艺品基地。

古旧家具资源，可通过市场营销拓宽渠道和作旧工艺，适时举办古旧家具与现代家私展销会，通过传承中国传统家具工艺，培育古旧家具修葺与制造技艺研发中心、展览会，形成购物与家私制造体验中心。

以文体用品、家用电器等制造业为主的工业设计资源，可以通过科技创新孵化器综合体予以整合、提升，形成慈溪工业设计创新中心，面向各类创业人才和大学生开放，构建创意创新集市。

2. 两大特色重点培育

(1) 突出海洋围垦特色,加强增值性与带动性利用,统筹创意产业发展与空间管制

激发想象力,寻求事物发展的多重可能性,是滨海文化资源开发利用的首要创意原则,这既有利于避免传统开发方式带来的资源环境破坏与社会经济效益低下,又可能创造出较高的增加值,实现港口地区的可持续发展。在开发利用围垦文化资源过程中,要始终坚持可持续原则,尊重文化资源利用规律,从而为文化资源的保护性开发创造更为良好的社会氛围。围垦文化资源转化过程要坚持"谁开发、谁受益、谁保护"原则,把部分收益反哺文化资源保护,积极构建以开发促保护和以保护促开发的良性互动模式。要跳出创意产业考虑滨海文化资源孕育海洋创意产业的多样性与海陆文明交融性,致力于产业联动、融合和创意产品的多元化,突出海岸、海洋特色,发展创意产业。

滨海围垦文化资源转化为创意产业过程,存在多种可能性,首先,在选择商业模式时,要综合权衡文化资源的可持续性、创意产品生产过程的就业与关联产业带动性,以及经济效应、社会效应与文化效益综合最优组合,从而实现文化资源发展创意产业,既能发展经济,更能带动区域社会整体转型与发展。其次,加强区域海洋文化资源整合,以利于市场的开拓、市场开发成本的降低和区域创意品牌的树立。合作要以海洋文化为纽带,用共同的海洋文化将各自独立的不同历史时期围垦文化串接,形成海洋围垦创意产品体系。此外,还要通过政府间的磋商协调机制从宏观层面上消除行政边界的障碍与壁垒,通过民间组织的制度化谈判博弈机制建立行业监管体系,统筹镇街办间交融和创意产业整合,通过企业间的市场化调节机制,构建创意产业结构体系,从微观层面上提升滨海围垦文化资源配置的区域一体化优势与空间管制实效。

(2) 主打海岸围垦湿地创意生态休闲牌,延伸产业链培育海洋创意产业网络

海洋强省是浙江省落实国家战略,开创"双富"、"两创"重要载体,而海洋围垦文化与海洋湿地是其核心,既能提升海洋经济综合竞争力,又能丰富国民文化精神生活。海岸带是慈溪海洋经济的重要增长空间,因此,慈溪海洋经济应主打海岸带与海洋围垦牌,彰显海洋创意产业的重要作用。然而,创意产业本身就是一个产业群的集合,需要通过扩展产业链的环节,实现产业和企业的集聚。即需要站在全产业链的高度,通过融合、嫁接、衍生、升级等多种方式,推动创意产业发展由"链条"向"网状"发展,实现创意产业的生态组织,促进区域创意经济的平衡流动和能量转换。

二、文化创意产业发展的对策建议

(一) 完善文化创意产业扶持政策

强化组织领导保障。加强政府对文化创意产业的规划引导,制定向文创产业倾斜的政策,打造专门的文创产业平台。进一步加大公共财政对文化建设的投入力度,建立财政投入稳定增长机制,人均财政文化支出高于全省水平,市、镇(街道)两级财政统一设立文化发展资金,并逐步扩大资金规模。加强规范文化发展资金管理使用,明确资金使用方向和重点,提高资金使用效益。贯彻落实国家、省、宁波市现行关于文化创意产业发展的有关政策,对文化内容创意生产、非物质文化遗产项目经营等按国家有关政策给予相关税收优惠。对文

化设施和文化产业重点建设项目在土地供应方面予以优先保障，鼓励文化创意企业在不改变用地主体、不重新开发建设等前提下，充分利用工业厂房、仓储用地、传统商业街区等存量房产和土地资源兴办文化创意企业。

（二）发展文化消费市场

发展文化消费市场，扩大市民对文创产品的需求。依托培育文化产品市场、要素市场、交易市场、金融市场，发展大众文化消费市场，培育影视观赏、休闲健身、信息服务、文化旅游、演艺娱乐等特色消费热点。依托慈溪古镇、古村、古迹、名人故居等文化旅游资源，深入挖掘文化内涵，大力推进旅游产业与文化产业的融合发展，加快推进鸣鹤古镇、虞氏旧宅、达蓬山旅游度假区等景区建设，策划推介越窑青瓷文化游、鸣鹤古镇风情游、徐福东渡文化游等旅游线路。推进各类休闲基地建设，加快建设五磊山倒爬岭登山健身步道、浙东伏龙山滑翔伞基地建设进度，改造提升掌起地中海垂钓休闲基地，努力建成华东地区最大的垂钓基地，举办全国山地自行车邀请赛，并打造成为长三角区域休闲旅游、文化建设的品牌活动。

慈溪人均 GDP 证明了市民强劲的购买力，但由于对文化创意产品不了解，需求量不大，因此，慈溪政府和有关部门可以采取一定措施激发人们对文化创意产品的需求。借鉴杭州、上海的经验，政府可以通过发放专项消费券鼓励消费者对文化创意产品的消费。可以按照政府主导、市场运作的模式，开办专门的文化创意产业博览会，广泛组织开展区域创意设计和文化策划活动，让市民多接触文化创意产品，进而扩大产品需求，推动文化创意产业的发展。政府在制定文化创意产业政策规划时要注意关注市民需求，注重市民对本地区的身份认同感。只有这样，慈溪的文化创意产业的持续发展才能获得不竭动力。

（三）加大对文化创意产业专业人才的培养

创意人才是文化创意产业可持续发展的源泉，但目前，慈溪文化创意人才的引进、培养机制还远远落后于现实发展的需要，这导致文化创意产业在转型升级和品牌打造方面受到很大制约。提高慈溪文化创意人才素质需要政府充分引导、整合和扶持的功能，具体可以采取以下措施：

首先，可以从周边地区高校中选择培养目标明确、人才特色鲜明和产业前景宽广的专业，有重点地建设一批文化创意人才基地，加大对这些基地的专项教育经费投入，引导基地创新文化创意教育模式，提高人才的质量。在人才引进和留用方面设立优秀文化创意人才基金，重点向海外留学及工作人员倾斜，鼓励高校积极招聘有良好教育背景和从业经历的人才从事文化创意人才培养工作。适时设立文艺家工作室，举办青年文艺创作研讨会，有计划派遣文艺人才进修培训。

其次，可借鉴上海、杭州等地促进大众文创教育所采取的措施，如开放各类博物馆、图书馆、举办艺术节、动漫节等活动为文创人才培养提供丰富的文化创新。调整人才教育结构，加强对创意产业人才特别是高端人才、复合型人才、营销人才的培养；积极举办各种大型创意设计展览，打造设计师们相互交流、碰撞的平台，激发创意人才创造原始文化产品的激情和动力。利用文化体制改革等契机，尽快实施发展文化产业的人才工程，加大文化创意产业人才的引进和培养的力度，并通过人才引进等方式，汇聚具有国际视野的高端创意人才和既懂文化规律又懂文化经营的管理人才，特别是具有较高文化素质的旅游文化产业所需要的人才，拓展国内外市场，加强文化创意产品和服务出口等。

再次，知识产权保护是文化创意产业的核心，是对文化创意人才的尊重和保护。慈溪市政府对文化创意人才的扶持还需要创新文化创意产业知识产权服务模式，整合科普资源，宣传新技术、新创意的社会影响力，营造一个有利于创意人才成长的社会环境。在这方面可以借鉴杭州保护知识产权的相关措施。如在各个社区设立知识产权投诉维权中心和领导小组，发展包括出版传媒、软件开发、动漫制作在内的特色版权产业，让知识产权成为产业发展的助推剂。通过组织开展《中华人民共和国专利法》及相关法规的宣传普及、实施知识产权培训工作等多种形式加强宣传和教育，加强舆论的监督和宣传，改变人们知识产权保护意识普遍薄弱的现状。

(四) 打造慈溪特色文化创意产业园区

在工业基础较好，并有创意产业企业集聚的地区，政府可以进行总体规划，并提供优惠政策支持其发展成为创意产业园区。通过建立和发展产业园区，形成的集聚效应可以为企业发展提供良好的外部环境，使之在基础设施建设、信息交换、经营管理等方面节约大量成本。目前，北京、上海、南京、杭州等地都已经或者准备建立一批创意产业发展园区，这些园区很多都是依托现有的企业聚集区建立起来的。这种发展模式可以解决老厂房、废旧场地的有效再利用问题；为创意产业的发展解决基础设施不足的问题。在集聚区中已有一定规模的企业，可以起到示范带头作用，吸引更多的文创企业在园区内发展。

以坐落于老厂房的上海莫干山路 50 号为例，该视觉艺术产业园目前已聚集了 100 余家现代艺术工作室。根据同济大学规划设计研究院对该地块进行的重新规划构思，园区的发展一要再现民族工业精神，二要展示工业时代科学技术与文化的内涵，三要体现科技与现代艺术的结合。据此，在功能定位中，除了继续拓展现代文化艺术之外，还要从苏州河和上海城市总体规划出发，吸取国外经验，融入工业旅游和城市公园的设想。为此，基地的构成由现代文化艺术区、工业旅游区和城市公园三部分构成，并以城市公园为轴，以现代文化艺术区和工业旅游区为两翼，从而重构了原来零乱和残破的空间布局。

这些设计理念，对慈溪创意园区的规划发展或许不无借鉴意义。但需要注意的是，在规划建设园区时，应特别注重园区发展与当地社会传统、文化等资源的结合，与区域内传统产业优势的结合，因为如果离开了这些因素的支撑，园区建设就很有可能成为所谓的“平地造文化”，并可能最终沦为“创意产业”概念下的房产管理；而在园区与园区之间，如果设计者们缺少对自身发展优势的准确把握，缺少对园区发展的明晰定位，各园区间的发展就非常有可能出现“同质化”倾向，导致同类园区数量越来越多，但资源反而愈加分散的结果，最终影响整个地区产业的健康发展。

建议立足全市，统筹考虑文化资源地理集中特色与特征，构建圈层式文化创意产业功能区，其中核心区重点培育两大文化创意产业园和一个工业设计创意集群、边缘圈层重点培育青瓷工艺集聚区和古玩家具创意集市，具体如表 20－6。

表 20－6　慈溪市文化资源转化为创意产业的空间功能圈层与园区/集群培育

市域文化创意产业功能圈层	战略定位	支撑园区/集群
市区—文化创意产业核心功能圈	重点发展工业设计、广告设计业和互联网信息服务业等文化创意产业。鼓励大型企业自主研发，发展总部经济，重点引入制造业的总部企业和具有知名度的大中型设计公司	慈溪文化商务区(东至三灶江东岸、南至北三环、西至新城大道、北至中横线。文化商务区的功能定位上是文化建筑、文化休闲、文化信息服务、文化创意展示等文化创意产业集聚区。依托公共文化建筑群和综合商业写字楼，重点发展文化休闲、文化艺术、文化创意展示、数码娱乐、数码传媒等文化创意行业，鼓励发展科技中介服务、技术推广服务、社会经济咨询等创意行业)； 慈溪浙大网新智慧谷(东濒新庵江，南接科技城会展中心，西临青少年宫北路、北至科技路。汇集“研发、培训、孵化、交易、展示”五大功能。重点发展文化创意展示、创意设计、现代传媒、互联网信息服务等文化创意行业)
东部与西部——文化创意产业外围功能圈	东部外围功能圈，利用滨海围垦文化与海洋湿地文化及龙山新城建设契机，发展海洋文化旅游与养生休闲产业； 西部外围功能圈层，利用古玩家具集市和文体用品制造业基础，打造文体用品创意设计展示平台，建设文体用品制造业基地、古旧家具创意市集	天元古旧家具(古玩)产业群[主要位于天元塘头村和潭东村一带。功能定位是古旧家具制造、古玩收藏以及古玩文化旅游体验。天元古旧家具(古玩)产业在国内具有一定的知名度，已出现一批龙头企业，如阿尔特、永淦、启发、明清等。通过政府引导、市场投资和参与的方式，发展天元中华古旧家具城古旧家具创作、展示、传播、信息交流和批发贸易的功能。打造传统与现代相结合，集古旧家具制作、收藏和创意设计衍生品的展示、体验、消费于一体的古旧家具创意体验功能区。打造古玩收藏链与全国性的收藏品牌]； 宗汉—浒山文体用品制造产业群[主要包括宗汉街道和浒山街道。功能定位是文体用品的研发、设计和制造。慈溪文体用品产业群是宁波市文化产业重要的组成区块，发展市场广阔，目前，已形成三A扑克、瑞宝(中源)渔具、奇胜健身器材、海尔斯跑鞋等国内外知名文体用品和设备生产企业。通过引导和扶持，鼓励大型企业的创意研发，引导企业的集中园区布局，打造文体用品创意设计展示平台，建设文体用品制造业基地]； 上林湖青瓷文化衍生品产业群(主要集中于上林湖周边区域，包括匡堰南部山区。功能定位于高端工艺美术品，打造慈溪市文化名片。通过政府和市场合作形式，发展青瓷文化研究、青瓷文化展示、青瓷瓯乐表演艺术、青瓷仿古烧制、青瓷旅游纪念品等青瓷文化衍生产品。建设青瓷文化产业基地和青瓷博物馆，开展国际青瓷文化节等活动)

第 七 篇

人才建设与创新发展

人力资源是保障一个城市可持续发展的最重要资源，对人力资源的争夺将是体现城市核心竞争力的最重要部分。众所周知，产业是基础，产业结构决定人力资源结构。在知识创新、科技创新、产业创新不断加速的时代背景下，人力资源的重要性也越来越凸显。人力资源已成为区域经济中最重要的战略资源，与区域产业形成日益紧密互为因果的正向关系。

实践和理论证明，当人力资源的结构和规模与区域产业相匹配时，不仅能提高人力资源的附加值，同时还能在物质资本、自然资本相对固定的条件下，对各种资源进行有效的整合和利用，间接提高物质、资本的产出率，并最终形成产业——人力资源——产业的正向循环。纵观全球，新加坡、芝加哥、纽约的产业领先，得益于与之相匹配的人力资源；同时，这些地区的产业发展也带动了人力资源的开发和利用。反过来，当人力资源与区域产业发展不协调时，会产生负向循环，两者的不匹配会导致人才资源的恶化和人力资源的流失，同时，人力资源的这种变化又会阻碍区域产业的发展和现代化进程。

慈溪作为改革开放的先发地区，要想产业继续保持健康、持续的发展，就必须依赖于人力资源与产业的协调发展。因此，如何根据慈溪经济和产业结构调整的需求，引进和留住人力资源，即寻找人力资源与区域产业发展的最佳模式，对慈溪经济发展具有十分重要的现实意义。

第二十一章

人才改变慈溪

未来几年，谁主沉浮？能否发现并抓住机遇至关重要。必须思考我们身处于一个什么样的时代，主导我们命运的决定性力量是什么。离开这点来谈未来的发展思路，很多讨论或认识会表面化。但由于身处其间的人们，对环境变化的麻木，往往又很难对机遇有一个清醒的认识。

第一节　人才引领时代慈溪面临新机遇

一、未来时代变化的本质

（一）时代内涵发生改变

当下中国，正面临前所未有的全面危机。慈溪也不例外，其经济社会发展遇到了前所未有的困难，这是一场危机，也是一次考验，更可能是前所未有的生机和转机。发展规律表明，重大机遇往往是城市发展的重要"分化期"。如果我们把握了时代发展趋势和特点，抢得先机加快转型，慈溪就可能在新一轮发展中脱颖而出，重建新的格局，成为时代的引领者。

从发展进程看，改革开放以来，慈溪先后经历了"由农转工"、"由内转外"两次重大机遇。我们抓住机遇趁势崛起，成就了现在的地位，奠定了未来的发展基础。但我们不禁要问，新一轮的机遇在哪里？从世界发展看，产能过剩已是必然，用无限的无形资源取代有限的有形资源已成潮流。无形资源对于经济增长的贡献率日益提高，呈现出乘数乃至幂数效应。没有无形资源，或者无形资源的效应发挥不充分，哪怕自然资源禀赋再好，发展的水平也高不到哪里去。国际层面已经开始进入新技术井喷、新产业萌芽期。从国内看，城市之间开始了以人才、科技为资源的新一轮抢夺战，创新资源加快向适宜创新的区域流动与聚集，创新要素布局正在全国范围内重构，部分城市已步入创新引进、模仿创新向创新自立、原始创新的加速过渡期，开始摆脱"成本相搏"的时代。从慈溪层面看，由于自身发展特质和资源禀赋的制约，对人才科技资源的需求日益增强，这种迫切和压力超过以往任何时候，以技术深度为立足点求发展开始成为企业的主动选择。

这是未来变化的本质。可以确定，技术时代的特征已经出现，新一轮的机遇正在到来。这次机遇与以往不同，决定因素和主题特征是创新。如果我们不抓住机遇，加快"由物转人"，做大做强创新资源，培植人才科技优势，就会错过可能超越的最佳时机。

一个城市的发展超越，核心关键是发展路径的超越。路径实现超越，才能从根本上克服惯性困局、摆脱外部约束、增强持久内生动力。现代经济引领发展的关键要素是科技和人才，依托的主要动力是创新。这是时代特征，更是长远大势。过去，我们通过“放权搞活”，成就了慈溪今日之活力，今后一个时期，我们要通过新的变革，创造科技创新创业的新活力。只有依靠人才和科技，才能打破路径依赖，探索走出一条超越发展的“最优路径”。必须大力解放和发展人才生产力，走人才引领超越发展之路；必须大力解放和发展科技生产力，走科技创新创业推动超越发展之路。唯有人才，才能引领慈溪超越发展；唯有科技，才能支撑慈溪超越发展；唯有创新，才能驱动慈溪超越发展。

前几年，我们花了相当大的精力抓新型城市化，从某种意义上讲，城市化是为人才工作服务的，是为人才创业服务的。人才跟着环境走，没有一个好的环境，对人才就难有吸引力。毋庸讳言，从慈溪创新创业机制的适应性程度看，我们的思想理念、体制机制、工作能力，还不能充分适应创新驱动的客观需要。要清醒地认识到，人才是“长着脚”的，慈溪留不住、用不好，人才就会外流，使慈溪沦为人才的“原油输出”地；科技成果是“可转让的”，慈溪本地不能有效转化，就会到外地转化，使慈溪成为外地创新型经济发展的“抽水机”；城市是“四面洞开”的，如果慈溪没有足够的集聚和辐射能力，城市就会成为“管道”和“走廊”。

能否抓住新的机遇，关键在于能否以“变革”乘势而上，将各种有利条件和因素兑现为地区发展的动力。我们已经出台了“上林英才计划”及系列配套政策，但要使人才、科技真正成为引领发展的主动力和主引擎，还远远不够。我们必须加快创造国际国内一流的文化环境、生活环境、体制环境和政策环境，通过制度创新、政策创新、环境创新等特殊办法，全面解放人才、解放科技生产力，探索走出一条具有慈溪特色的创新驱动之路。

（二）人才成为最重要的创新型资源

要真正解放思想，从立足于打赢一场创新资源争夺战的高度来认识人才工作。牢固树立“人才是资本，也是成本”的理念，提高人才引进的“代价容忍度”。对人才的种种思想障碍既是短视的表现，也是缺乏理性思维的表现，更是对慈溪发展不负责任。

要调整资源配置结构，优先向人才引进、人才创业倾斜。舍得拿出优质空间布局用于创新创业载体建设，舍得控制一般性项目为创新创业载体预留长远拓展空间，舍得投入人力、物力、财力提升创新创业载体配套条件和周边环境，实现城市空间调整要求与创新创业载体布局需求的有机平衡，形成城市化、城市现代化建设和创新型经济空间格局高度协调、相得益彰的良性发展局面，使创新创业空间成为城市空间的重要特色。

要根据人才需求，创造新的生活环境，培育白领精英文化。尤其要以宽容之心对待人才，努力形成“创新受鼓励、创业受扶持、创优受尊敬”和“允许失误、宽容失败”的良好环境，真心诚意地支持人才干事业，干成事业。

要谋划建设“创新创业人才特区（社区）”。解放人才需要一个试验探索政策的过程，因此要加快“人才特区”建设。慈溪的人才环境，实际上与传统的经济发展观念以及落后的管理方式有着密切关系。急功近利、理性思维的市场短期行为带来了对物质和资本的过分依赖和追求，带来了见物不见人的管理思维定势，使得人才的创造价值难以体现，人才的创新活力受到压抑，人才资源的优势也难以有效发挥。“人才特区”可以理解为人才工作的特殊区域，也就是在特定区域内，人才工作具有相对特殊性、前瞻性和优先性，从而增强本区域对外招贤纳才的吸引力、对内留住人才的凝聚力、人才创新创业的活力和竞争力，形成人才竞争比较优势。

二、人力资源结构与产业结构协调发展的机理研究

人力资源流动和配置的一般规律与产业发展规律存在着十分密切的关系，当二者相一致时，将能够促进产业结构的优化与升级，提高经济效益，从而加快经济增长；当二者相悖时，将会导致产业结构以致经济结构的更加不合理，从而使人力资本对经济增长的推动作用不能得到充分发挥，甚至产生负面影响。

(一) 良好的产业结构是人力资源成长的先决条件

良好的产业结构是人力资源开发和发展的先决条件，没有良好的产业结构，人力资源的数量难以得到扩大，人力资源也失去了提高质量的基础。首先，产业结构决定着各层次人力资源供需关系的变化，在工业发展初期，产业结构比较单一且规模也不大，主要是低端劳动密集型工业，技术要求不高，当时对普通人力资源需求大而高端人力资源需求较小。随着知识经济的到来，慈溪目前的产业数量较多且结构复杂，此时对普通人力资源需求不断下降，而对高素质人力资源的需求不断上升。其次，产业结构制约着人力资源的变动。产业结构的发展和变动影响着人力资源的专业结构、地区结构、部门结构。

(二) 人力资源结构升级是产业结构优化的推动力

1. 推进传统产业改造升级

提升和改造传统产业的关键在于加大高新技术在传统产业中的比重，逐渐缩小传统产业与高、精、尖产业之间的差距。譬如在老工业的转型升级过程中，势必要求产业工人提高其劳动技能、更新知识结构，提高个体人力资源的质量，否则即便拥有改造升级传统产业的资金和技术，也会因缺乏高素质人力资源来驾驭这些要素而导致传统产业改造和升级的滞后。当前，慈溪传统产业的停滞不前，关键在于传统产业人力资源的知识结构、专业技能、文化素质已经落后，致使传统产业人力资源匮乏、人力资源断层的现象非常严重。因此，唯有更新、扩大原有传统产业中人力资源的专业技能、文化素质，同时引进国际化人力资源，方能适应传统产业改造升级的要求，实现产业结构优化。

2. 引领新兴产业迅猛发展

雄厚且高质量的人力资源是地区新兴产业兴起的主要动力。纵观产业发展历史，历来只有新技术的发展和运用，才能推动新兴产业的产生和壮大，而高质量的人力资源能催生高端及前沿技术，从而促进新兴产业的成长。而且历史的实践也证明，新兴产业的诞生和壮大，往往出现在那些人力资源素质较高的国家和区域，并且依赖于这些国家和地区人力资源素质的不断发展。正是大量科技创新人才、高技能人力资源推动了这些国家和地区的科学技术迅猛发展，才使新兴产业不断涌现、壮大，从而加速推进产业和产业结构高级化发展，才使这些国家和地区在激烈的全球竞争中立于不败之地。知识经济时代，以知识和信息为基础的知识密集型产业的产生和发展已经成为衡量一个国家或地区经济质量的标准，这对产业结构优化和升级提出了更高的要求，只有对人力资源加大投资力度，提高人力资源的数量和质量，才能在新一轮产业竞争中占得先机。

3. 加速主导产业茁壮成长

主导产业的特征表现为代表新技术的发展方向、对前向后向产业具有较大的带动作用，主导产业的快速发展能够带动相关产业的快速成长。因此，在选择主导产业时必须考虑本地区的优劣势，过去一个产业的发展离不开资金、技术、人才、资源以及能源的支持，哪一个环节出了问题，产业就不可能顺利发展。现在进入了知识经济时代，主导产业的选择将更多与地区人力资源的结构、规模和层次相联系。高新技术产业是国际竞争的主要力量，中国高新技术化的政策重点应由区域倾斜转向产业和技术倾斜。实际上，产业倾斜就是地区倾斜，因为不同的地区应根据自身条件选择不同的主导产业。如随着老龄化问题的日益严重，我国东部地区人力资源匮乏，继续选择低端劳动密集型产业是无法发挥其比较优势的。

因此，针对地区产业特征，有的放矢地进行教育投资，提高地区人力资源的质量和数量，以及引进高级人力资源优化人力资源结构是加速主导产业成长的有效办法。

三、慈溪创新创业人才的发展阶段特征

慈溪作为起步较早的外向型制造业基地，抓住改革开放的好政策和地理交通的好区位，打下了扎实的经济基础。但长期以来依赖初级人力资源密集式投入，换取的粗放式增长模式已经不能持续，需要在城市未来转型发展的道路上，充分发挥人才尤其是科技型人才在产业升级、发展方式转变、城市竞争力提升中的重要作用，探索出适合慈溪这样的高端人才资源贫瘠区域的人才新战略和发展新路径。

高端人才引进和落地生根最重要的是配套环境能否适合他们成长，为了剖析慈溪创新创业人才发展土壤的现状和问题，受市委组织部委托，市社科院成立研究团队，走访调研了慈溪高层次引进人才、高新技术企业、产业集聚区域和相关政府机构，掌握了一些人才配套环境的相关情况，经过研究分析，希望能够对创新创业环境的完善提供决策参考。

政策制定应该以满足人才诉求为根本出发点，认清当前慈溪高层次紧缺人才，尤其是创新创业人才的发展特征及阶段性需求规律是我们找准政策扶持重点和方向的基础依据。调研过程中我们发现，慈溪市创新创业人才总体处于磨合和不平衡的发展阶段。

慈溪鼓励新兴产业领军人才带项目、带技术来慈创办企业，或与本市企业、机构合作从事科技创新活动，实施科技成果产业化。这些领军型科技人才或是创新型人才团队，落地慈溪的时间都还不长，总体还处于磨合期：技术成果需要与产业化的要求相磨合；技术专家向创业者转型中需要与内部管理相磨合；创新产品实现经济效益需要与市场相磨合。

同时，这些新兴产业因为分行业领域特征不同、产品的研发产业化的周期不同、项目团队的成熟度不同，导致企业处于不同的发展阶段，因此存在着发展上的不平衡。

（一）初创期与成长期的不平衡

如威讯电子、瓦力新能源等慈溪大部分科技创新型企业都还没有走出三年的初创期，创新成果尚未实现产业化，对外来资金和低成本的依赖比较强，经济效益还未显现。而有一小部分，如世捷新能源、江宸自动化等前期拥有一定发展基础的企业已进入成长期，他们经济效益相对较好，对外部资金扶持的依赖性相对较低。另外，还有一类是本地传统制造领域处于转型期的企业，如汇丽机电、塞纳电热电器、三通机械等，他们是本地土生土长的企业，发

展历史往往较长，资本积累达到一定规模，但面临产品线调整和技术管理升级的迫切需求。初创期的企业最需要的是投融资支持和房租补贴。成长期的企业融资能力增强了，更需要的是发展空间、人才政策等创新资源的进一步聚焦。转型期的企业最需要战略调整、直接融资支持和技术产品创新。

（二）新兴产业和成熟产业的不平衡

信息技术、新材料、电子商务企业，大多还处于创业的艰难时期，员工的平均年薪大多在5万以内，特别是新材料的研发和产业化周期长，但一旦成功对相关产业领域将形成重大带动，需要政府在投融资和资质认定上给予支持。而家电电子、机械装备、汽车零部件等领域，技术成熟，市场稳定，产业化规模效益已经显现，有些骨干员工年薪已达几十万元，内生发展的机制已经形成。

（三）社会关注度和政策扶持的不平衡

对于初创期的企业给予的政策扶持相对较少，同时，由于慈溪的创投资金缺乏有序运作机制，新兴企业的价值发现尚无通畅途径，因此，这些企业更要加大政策扶持力度。很多初创期企业反映，由于注册资金、人才队伍数量、产值等门槛指标的限制，企业在获得资助、入驻园区等方面都面临障碍，甚至出现孵化夭折遗憾撤离的情况。而一些已经成功的企业都是政府政策和银行贷款重点聚焦的企业，他们一般对国资股权投入和贷款支持不敏感。

从发展规律来看，高技术企业在创业期投入的核心资源是具有知识和经验的“人＋资金”，其中具有知识和经验的人的重要性要远高于资金。各地政府大多对于新兴产业的创新创业企业给予专门的扶持，慈溪站在中国改革开放的前沿，具有良好的产业基础和全民创业的民营经济活跃风貌，在掌握新兴产业发展阶段特征的基础上，慈溪有条件、有必要为这些尚处于起步期的科技创新创业人才提供发展机遇和事业平台。

第二节　引领慈溪发展的重点人才类别

毫无疑问，人才已经成为推动发展的重要因素，筑巢引凤是时下各地政府的头等大事。为了引才留才，各地都制定了不错的发展战略和具体政策，然而，要把先进的人才理念、人才战略和人才政策落到实处，前提和基础是进行科学合理的人才分类。国家现行的人才分类方式在宏观层面上并没有太多障碍，但是在地方具体的人才工作中却存在一定的局限性，所以本节分析了各地对人才分类方法的探索经验，并整理了慈溪人才分类的现状，在此基础上对慈溪市的人才分类和界定方法提出一个粗浅的构想。

一、国家现行人才分类的指导意义和局限性

按照我们国家的人才工作特点，中央从宏观调控的角度已经出台了统领性的人才规划，各地方也都出台地区规划，这些规划都体现了中央对人才分类的指导标准。

（一）现行的国家人才分类

现行的国家人才分类是一种专业队伍分类法。主要考虑到改革开放以来，社会不断涌

现新的社会阶层和社会群体，为激发各行各业的积极性和创造性，将人才按专业岗位进行区别，最初分为党政人才、企业经营管理人才、专业技术人才、高技能人才、农村实用人才五支人才队伍。2010 年发布的《国家中长期人才发展规划纲要(2010—2020 年)》，将现阶段的人才队伍划分为六支。增加了社会工作人才队伍这支伴随经济社会发展到相应的阶段而形成的新类别，形成了党政人才、企业经营管理人才、专业技术人才、高技能人才、农村实用人才以及社会工作人才的人才新格局(表 21 - 1)。

1. 六支人才队伍的概念界定

根据《中共中央国务院关于进一步加强人才工作的决定》和《国家中长期人才发展规划纲要(2010—2020)》等中央相关文件政策规定，各支人才队伍的概念界定表述如下：

表 21 - 1　六支人才队伍的概念

党政人才	在乡镇(街道)及乡镇以上党政、群团、人大、政协、法院、检察院、人民团体等工作的公务员
企业经营管理人才	在经营管理岗位上工作的人员。一般指在车间、科室以上工作的管理人员
专业技术人才	在专业技术工作岗位上工作或具有专业技术职务(资格)在管理岗位上工作的人员
高技能人才	在生产、运输和服务等领域岗位一线，熟练掌握专门知识和技术，具备精湛的操作技能，并在工作实践中能够解决关键技术和工艺的操作性难题的人员
农村实用人才	活跃在农村，具有一定知识或技能，能够起到示范带动作用，为当地农业和农村经济发展作出贡献并得到群众认可的乡村劳动者
社会工作人才	社会协同、公众参与的社会管理，配合政府工作人员推进社会建设、改善民生、减少社会矛盾、健全基层社会管理、社会组织建设的人才

2. 六支人才队伍的具体范围

查阅了湖北、上海、浙江宁波、广东惠州、四川绵阳等省市的统计范围，发现各城市结合地区的实际情况，统计口径略有不同，但并无本质上的区别。具体归纳如下：

表 21 - 2　六支人才队伍的具体范围

	具体范围
党政人才	全市各级党委、人大、政府、政协、两院机关、群团组织，以及参照公务员法管理的事业单位中的公务员
企业经营管理人才	大中型企业的领导层人员、各部门正副职负责人、私营企业主要负责人、具有经营管理专业类中专学历或经营管理初级职称以上并从事经营管理岗位工作的人员
专业技术人才	经政府部门评审并出具职称证书的专业技术人员、通过国家行政部门依照国家法律(条例)组织的各类考试(考核)获得执业资格并有政府部门出具证书的专业技术人员
高技能人才	获得国家职业资格证书的高级技工、技师和高级技师，或其他未获得国家职业资格证书，被行业或企业公认达到高级或技师水平的生产一线技能劳动者
农村实用人才	生产能手(包括种植能手、养殖能手、捕捞能手和加工能手等)、经营能人(包括企业经营人才、农村经纪人、农民专业合作组织带头人等)、能工巧匠(包括技能带动型人才、文体艺术类人才等)、其他实用人才(管理服务类人才等)
社会工作人才	取得社会工作职业资格，或具有一定的社会工作专业知识或技能，在社会福利、社会救助、收养服务、社区建设、优抚安置、慈善事业、减灾救灾、家庭生活服务、教育辅导、司法矫正、就业服务、医疗卫生、维护、职工权益、青少年事务、妇女权益维护、残疾人权益、计划生育等领域从事社会管理和服务工作的人员

(二) 指导意义和局限性

1. 宏观层面上的指导意义

国家现行的人才分类体现了党的新型科学人才观。它倡导“凡是能够在国家经济建设、政治建设、文化建设、社会建设中运用自己的知识、技能进行创造性劳动,作出积极贡献的都是国家和社会需要的人才”,有利于我们最大范围的发现人才和培养人才,也有利于转变过去的“官本位”倾向,使优秀人才不再争相涌入党政机关,真正做到各归其位、各专所长。

2. 具体操作上的局限性

但是在调查中也发现,现行的国家人才分类在与地方的具体人才工作结合过程中,找不到明确的落脚点,结合慈溪实际为例:

(1) 分类本身存在的缺陷

通过对六支人才队伍的概念和范围的分析研究,我们发现六支队伍之间相互交叉的情况比较严重,如取得技术证书的农村人才既可以被认定为专业技术人才,也可以被认定为农村实用人才;又如职业是从事社会管理工作的公务员既可以被认定为党政人才,也可以被认定为社会工作人才。

(2) 政策操作上存在的缺陷

国家现行的人才分类是从“人人都能成才,人人都是人才”的角度培养和服务人才的,这是一个普惠的过程。但是,地方政策的扶持必须体现效益性原则,才能最大限度地发挥政府的财政职能。现阶段,慈溪正处在发展的新的十字路口,我们必须坚持“杰出人才引领产业和城市发展”的理念,那么,人才政策的制定既要统筹人才队伍的总体情况,更要牢牢把握精英人才群体,突出需要重点发展的领域。

(3) 国际接轨上存在的缺陷

慈溪作为全国外向型经济开放度最高的城市之一,当前为促进慈溪产业的转型升级,我们需要有更多的海外人才带着技术和项目来慈发展。这就需要有与国际接轨的人才分类和评价机制做对接。目前,国际上比较通行的是职业分类法和等级分类法,根据职业分类,把人才分为工程师、建筑师、科学家、教授、医师、会计师等。根据等级分类,如美国将职业分成五个等级。所以我国按照“队伍”分类,和目前国际上通行的人才分类方法不能接轨。

鉴于上述原因,我们有必要对人才分类进行大胆的改革创新,为慈溪的人才发展打下科学稳固的基础。

二、部分城市对人才分类方式的探索和经验

事实上,近几年不少城市已经在人才分类方式的探索道路上迈出了新的步伐,下面我们列举五个代表城市的人才分类方式,并总结他们的经验和不足,以供慈溪学习和跨越。

(一) 深圳:全人才梯队型分类

深圳市是全国第一个发布明确具体的全人才梯队认定标准的城市。根据新出台的《深圳市人才认定标准(2011 年)》相关规定,深圳市将人才分为三大层次:高层次专业人才、高级人才和中初级人才。其中,高层次专业人才又分为杰出人才和领军人才两个层次。杰出

人才为最高层次，领军人才分为国家级领军人才、地方级领军人才和后备人才三个层次。深圳市对人才界定的标准主要依据以下六个方面的条件：一是获得国家有关部门授予的专业方面荣誉称号；二是获得政府部门颁发的专业奖项；三是在国家、省、市重点科研课题（项目）中担任重要职务；四是获得行业组织颁发的专业奖项或认可的荣誉称号；五是具有一定的职称或学历的人员；六是取得其他优异业绩者。

值得借鉴的经验：(1) 统筹整支人才队伍，形成层次分明的人才梯队建设；(2) 覆盖的行业范围广，对科技、教学、文化艺术、人文社科等众多领域进行人才认定；(3) 兼顾各行业人才需求，吸收部分行业组织评选认可的人才标准；(4) 重视后备级人才的认定，增加高层次人才的储备力量；(5) 对同一奖项的获奖情况进行区分对待，增强人才认定的科学性（如国家科技进步奖一等奖前 5 名认定为国家级领军人才；国家科技进步奖二等奖前 5 名认定为地方级领军人才等）。

(二) 广州："三纵四横"型分类

广州市在 2010 年出台了《广州市高层次人才认定和评定标准》，对高层次人才设置了三个层次，分别是"广州市杰出专家"、"广州市优秀专家"和"广州市青年后备人才"，对每个层次又划分了四大类别"自然科学和工程技术领域"、"哲学、人文社会科学和文化艺术领域"、"海外高层次人才专项"和"综合及其他领域"（"青年后备人才"中减少了"海外高层次人才专项"这一栏）。

值得借鉴的经验：(1) 用纵向和横向两个维度进行设置，纵向维度分为三个梯队层次，每个梯队又从四个不同的领域进行认定，脉络十分清晰；(2) 突出了选拔评定重点领域和重点评定对象：重点领域是广州市重点发展的现代服务业、先进制造业、高技术产业和全市重点学科和重点实验室研究领域；重点评定对象是在第一线从事专业技术或生产研发工作的人员。

(三) 佛山顺德：能力整合型分类

顺德区将高层次人才按能力水平进行整合并界定，分为国家级人才、海外高层次人才、杰出人才和优秀大学生。其中，国家级人才分为国家级顶尖专家和国家级顶尖人才两类，国家级顶尖专家包括国家最高科学奖获得者、中国科学院院士、中国工程院院士等；国家级顶尖人才包括长江学者成就奖获得者、国家科技进步一等奖前 5 名等。杰出人才对象又分为三类。其中，一类杰出人才包括享受国务院特殊津贴人员等，二类杰出人才包括省科学技术突出贡献奖获得者、获"全国技术能手"荣誉称号的高技能人才等，三类杰出人才包括具有副高以上职称的专业技术人员、具有技师以上职业技能资格的高技能人才等。

值得借鉴的经验：(1) 将能力作为选拔人才的重要标准；(2) 将同等能力进行整合，最大限度地用人所长，发展规模经济。

(四) 江阴：海内外双轨型分类

江阴市 2009 年颁布了《关于进一步落实江阴高层次人才引进计划的意见》，将江阴市高层次人才主要分为海外高层次人才和国内高层次人才两类，其中，海外人才又分为海外留学归国科技领军型创业人才和海外留学归国科技领军型创新人才。

值得借鉴的经验：(1) 统筹了海内海外两种人才资源，与国家“千人计划”和“万人计划”的对象相契合；(2) 围绕江阴建设创新型城市和高科技产业城的总体战略目标，重点引进科技创业创新人才。

(五) 珠海：专业水平差异型分类

2012年，珠海市发布了关于高层次人才认定(评审)标准。珠海的高层次人才评定只针对高新技术、高端制造、高端服务业及战略性新兴产业四大领域，按业绩和专业水平的差异分为一级、二级、三级三个层次。一级高层次人才一般是指专业水平达到国内领先水平或国际先进水平的人员。二级高层次人才一般是指专业水平达到全省领先水平或国内先进水平的人员。三级高层次人才一般是指专业水平处于市内领先水平或省内较先进水平的人员。

值得借鉴的经验：(1) 对高新领域急需的人才予以足够重视；(2) 以业绩贡献和专业水平来衡量人才价值的大小。

在调研中，我们也发现由于目前各地区的人才分类工作还在探索阶段，既有值得慈溪借鉴的好经验，但也不免存在一些不足：比如很多城市普遍存在“重高端人才，轻中低端人才”的现象，又如对人才的认定标准存在一些偏差，没有找到企业与人才的最佳契合点。所以，慈溪在制定人才分类标准时既要学习各地的先进经验，又要争取实现新的突破。

三、慈溪人才分类的现状及存在问题分析

目前，慈溪还没有出台明确的人才分类标准，对“人才金字塔”上端的高端人才也没有出台明确的认定办法，所以，我们需要通过整理相关政策文件才能理出慈溪的人才分类现状。

(一) 慈溪市人才分类的现状整理

我们发现，从去年开始慈溪人才工作的方向有所转变，从过去对六支人才队伍的分散性管理和服务转变为围绕产业发展和城市化建设，突出创业创新，实行重点化的规模管理和服务。所以，现就《慈溪市“十二五”人才发展规划》和去年开始制定的人才系列政策等政府相关文件进行汇总整理。

《慈溪市“十二五”人才发展规划》提出了四大人才工程：人才先锋工程、人才效用工程、专项人才工程和人才储备工程(表21-3)。人才先锋工程主要围绕加快推进经济转型升级，着眼于慈溪改造传统产业、培育新兴产业，提升自主创新能力等战略任务提出的高层次创业创新人才开发项目。人才效用工程主要针对两类目标，一类是发展高新技术产业、现代服务业和重点建设工程、重点科研项目急需的紧缺型配套人才；一类是加快新型城市化建设急需的经济社会重点领域紧缺专业人才。专项人才工程主要针对党政、科技、教育、卫生、文化及三次产业等各领域专项人才。人才储备工程主要扶持以高校毕业生为重点的企业储备人才、大学生村官和经济社会各领域有培养潜质的青年人才。四大人才工程的覆盖对象可以概括为高层次创业创新人才、应用型紧缺专门人才、各领域专业人才和大学生储备人才。

表 21－3　慈溪市人才分类示意图

四大人才工程	覆盖的人才对象
人才先锋工程	高层次创业创新人才
人才效用工程	应用型紧缺专门人才
专项人才工程	各领域专业人才
人才储备工程	大学生储备人才

此外,针对经济转型升级急需的高层次人才我们制定了一系列具体政策:

《慈溪市"上林英才"计划实施细则》主要针对新兴产业领军人才,指掌握重大科技项目核心技术,具有自主研发能力和产业化经历,能够引领和带动某一领域新兴产业或高新技术产业发展,带项目、带技术来慈创办企业,或与本市企业、机构合作从事科技创新活动,实施科技成果产业化的海内外人才(团队核心成员)。

《慈溪市企业重点科技创新团队建设管理办法》("530"计划)主要针对以高端人才为核心、团队协作为基础、有明确目标任务,依托相关平台和项目,产学研结合进行持续创新创造的科技人才群体。

《慈溪市新一轮 115 人才培养工程实施意见》主要针对在应用技术、工程技术、社会科学、自然科学等学科和教育、卫生、农业、文化、新型城市化建设、现代服务业、企业经营管理、企业创新团队建设等经济社会重点领域的创新型人才。

《慈溪市院士工作站建设管理暂行办法》主要是以慈溪市产业为导向,以创新需求为导向,引进两院院士及其团队。

《高技能人才培养引进三年行动》计划则以培养各类适用性高技能人才为重点。

《新一轮企业人才储备计划》主要围绕企业人才优先开发的战略要求,聚集、储备企业发展紧缺急需人才,分为四个层次:具有博士研究生学历或正高职称的、具有硕士研究生学历或副高职称的、国家"211"工程重点高校第一批录取的本科毕业生、符合有关规定的毕业 2 年内的全日制普通高校紧缺专业本科毕业生。

《中青年企业家和"家业长青"培训计划》着力于培养一支高素质、善经营、懂管理、有创新的中青年民营企业家人才队伍,值得一提的是我们把"创二代"也包括在这支队伍中。

对相关人才政策的覆盖对象进行适当聚类,可以将慈溪高层次人才概括为五类,如表 21－4 所示:

表 21－4　慈溪市高层次人才分类示意图

具体政策	覆盖的高层次人才对象
《慈溪市"上林英才"计划实施细则》	科技创新创业人才
《慈溪市企业重点科技创新团队建设管理办法》	
《慈溪市院士工作站建设管理暂行办法》	
《慈溪市新一轮 115 人才培养工程实施意见》	各领域创新型人才
《高技能人才培养引进三年行动》	高技能人才
《新一轮企业人才储备计划》	高层次企业储备人才
《中青年企业家和"家业长青"培训计划》	中青年创业人才

(二) 慈溪现行人才分类的问题

通过整理相关人才政策和文件,我们可以看出,慈溪当前还没有形成一个清晰的人才分类体系,具体有以下不足:

1. 划分维度比较混乱

人才先锋工程指向的高层次创业创新人才与人才储备工程指向的大学生储备人才是一种按梯度进行划分的人才类型。人才效用工程指向的应用型紧缺专门人才是一种按认识世界和改造世界的不同目的进行划分的人才类型。专项人才工程指向的各领域专业人才则是一种按产业和行业进行划分的人才类型。

2. 存在覆盖、交叉现象

根据《慈溪市“十二五”人才发展规划》四大重点工程对人才的界定,我们发现专项人才工程指向的各领域专业人才实际覆盖了其他三大工程所指向的全部人才。人才效用工程指向的应用型紧缺专门人才和人才先锋工程指向的高层次创业创新人才、人才储备工程指向的大学生储备人才分别存在交叉现象(图 21 - 1)。

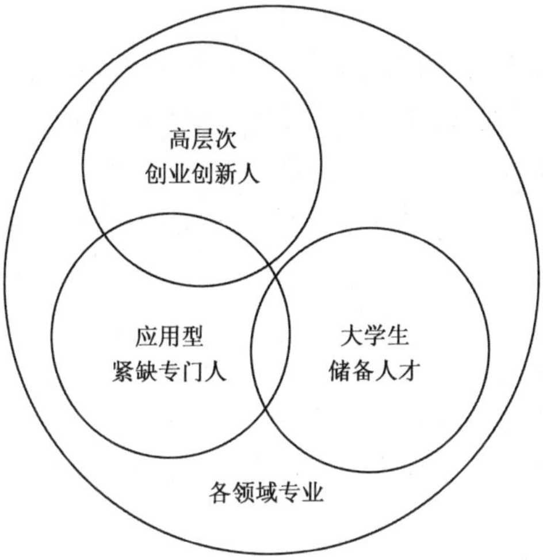

图 21 - 1 人才分类交叉、覆盖示意图

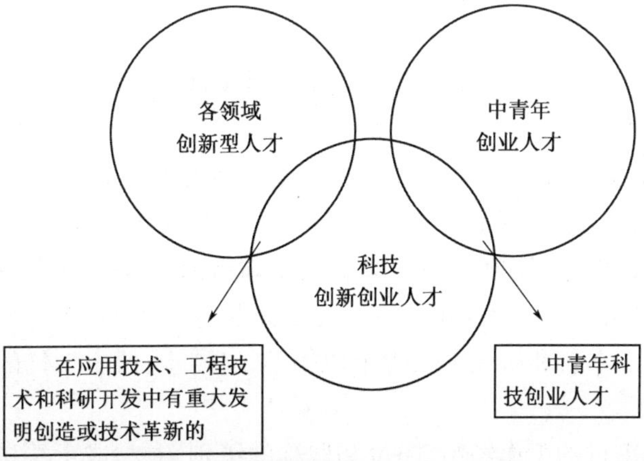

图 21 - 2 慈溪高层次人才交叉示意图

高层次人才的分类也存在同样的问题。如科技创新创业人才和各领域创新型人才、中青年创业人才之间的界限就模糊不清(图 21-2)。

四、基于纵横维度设置的慈溪人才分类构想

在结合慈溪的实际并吸收其他城市的探索经验的基础上,我们首先为慈溪市的人才分类设置了三大原则:

(一) 分类原则

1. 统筹兼顾,突出重点

一方面,所谓独木难撑大厦,对一个城市和产业的发展来说,我们既需要高端人才做引领,又需要中低端人才作支撑,既需要自然科学领域的人才,也需要社会科学领域和其他领域的人才。另一方面,不同城市因发展阶段、产业类型和社会基础的差别,对需要的人才类别和层次也会有所不同。所以,慈溪的人才分类要与慈溪经济社会的发展相协调,既要形成一个多层次、多类别的人才结构体系,又要突出重点发展领域所需的重点人才。

2. 政府主导,企业认可

在当前形势下,专业技术人才的职称评定与人力社保局相关,医疗卫生人才的等级考评与基层卫生行政主管部门相关,教师资格认证等工作与教委相关,等等。所以制定人才分类标准,首先应确立政府的主导地位。但是,我们也要认识到企业是社会用人的主体,人才队伍分类包括人才的标准制定的可行与否,应该由企业做最终评定,使人才的分类与企业用人需求相匹配。

3. 政策延续,逐步完善

当前,慈溪已经出台了一系列关于人才引进、培养、管理、服务的政策,所以,对现阶段人才进行具体分类,不能与现行的政策背道而驰,导致政策朝令夕改,必须在让现行政策得以延续的前提下,对人才分类及认定标准加以补充、完善和恰当的调整。

(二) 维度设置

我们建议慈溪的人才分类按照纵横双维度进行设置,这样设置的好处是:横向维度设置人才的领域范畴,既可以覆盖社会各行各业和各个阶层的人才,又能对照社会经济发展阶段突出重点领域所需紧缺人才。纵向维度设置人才的梯队层次,既可以对同等能力的人才进行分类管理,又可以形成科学合理且相互联系的人才梯队。

1. 纵向维度设置

建议可以设置高层次人才、中端配套人才和基础性人才三个层次,对高层次人才进一步细分为领军人才、拔尖人才和后备人才。依据《国家中长期人才发展纲要》在人才定义中提到的人才衡量标准,并参考其他城市人才认定的系列指标,建议慈溪的人才界定标准从专业水平、能力水平、业绩贡献和社会影响力四个方面提取(表 21-5)。

专业水平:在大学本科和研究生教育中取得学士、硕士、博士学位的情况及所读学校和学科背景等。

能力水平:所从事过的工作经历、岗位和职称的级别、参与或主持科研项目和课题的情

况等。

业绩贡献：科研成果和学术成果的水平、学术项目或技术项目的影响性等。

社会影响力：在所从事研究领域的社会影响度（如担任国家、省部级专家情况；行业组织任职情况、获奖情况和荣誉称号情况；主持或参加过的有影响的国际国内学术会议的情况等）。

不同层次的人才在这四方面所对应的要求应有高低区别。

表 21－5　人才纵向界定指标示意表

		专业水平	能力水平	业绩贡献	社会影响力
高层次人才	领军人才	一般要求博士及以上	1. 能够有效地组织和承担国家重大科研课题的研究 2. 有在国内外著名高校、知名企业或重要机构中担任高层职位的工作经历	1. 研究成果达到国际、国内领先水平 2. 拥有的项目达到国内领先、国际先进水平且市场潜力巨大	有一定的国际知名度，或在国内有较大影响
高层次人才	拔尖人才	一般要求硕士及以上	1. 能够承担国家专项课题的研究或省级重大课题的研究 2. 有在国内外著名高校、知名企业或重要机构担任中层职位的工作经历 3. 拥有被社会、行业或企业认可的某项专业技术或特殊技能	1. 研究成果达到国内较高水平或省内领先水平 2. 拥有的项目达到省级领先或国内先进水平且市场潜力较大	在国内或省内有一定影响
高层次人才	后备人才	一般要求全日制本科学历以上	1. 本市知名企业或重要机构的负责人 2. 具有副高及以上的专业技术资格，或从国家“211 工程”重点院校的国家重点学科毕业，且是慈溪急需引进的紧缺专业人才	1. 在工作领域范围内取得一定的研究成果 2. 拥有比较成熟的项目或计划	在市里有一定影响力
中端配套人才		一般要求全日制本科学历以上	1. 在本市知名企业或重要机构内担任中层职位的管理人员 2. 具有中级及以上的专业技术资格	—	—
基础性人才		全日制大专及以上学历	—	—	—

2. 横向维度设置

建议可以设置自然科学和高新技术领域；新型城市建设和管理领域；社科、文艺和其他综合领域三个方向。自然科学和高新技术领域重点包括装备制造、电子信息、新材料、新能源、生物医药、研发设计等行业。新型城市建设和管理领域重点包括规划设计、建筑设计、现代物流、生态环境、文化创意、医药卫生、金融保险、服务外包、教育培训等行业。社科、文艺和其他综合领域重点包括哲学及理论研究、文学及艺术创作、体育、表演等行业。这样设置既可以覆盖尽可能广泛的行业领域，又突出了现阶段慈溪市经济转型升级和建设“品质之城，幸福家园”的中心要求（表 21 - 6）。

表 21 - 6　人才横向界定指标示意表

	自然科学和高新技术领域	新型城市建设和管理领域	社科、文艺和其他综合领域
主要行业	装备制造、电子信息、新材料、新能源、生物医药、研发设计等行业	规划设计、建筑设计、现代物流、生态环境、文化创意、医药卫生、金融保险、服务外包、教育培训等行业	哲学及理论研究、文学及艺术创作、体育、表演等行业

综上所述，慈溪的人才分类形成“五纵三横”的全人才分类体系。这一分类体系不仅贯彻了国家对人才工作的宏观指导思想，还能与国际通行的职业和等级人才分类法有效对接，更能突出现阶段慈溪发展所需的重点人才类型，给予扶持政策的倾斜。

第二十二章 涵养人才队伍的环境要素分析

第一节 慈溪人才成长土壤的情况分析

一、引才环境逐步完善

(一) 区域交通条件优越:有利于承接上海人才与科技的外溢

慈溪位于“三带合一”的交通要地,在以上海为核心的“一核九带”空间格局的沪宁和沪杭甬沿线发展带、沿湾发展带和沿海发展带“三带合一”的中心区,尤其是随着杭州湾跨海大桥的建成通车,慈溪成为杭州湾南翼重要交通节点。同时,慈溪地处环杭州湾地区上海、杭州、宁波三大都市的中心,是长三角经济金三角的地理中心,战略地位优势显著。

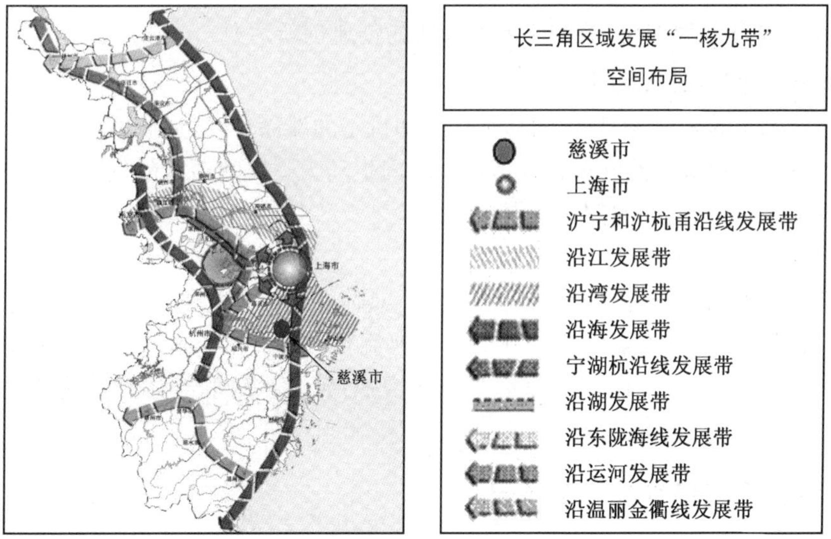

图 22-1 慈溪位于长三角交通中心区域

(二) 产业经济实力雄厚:为人才和项目成长提供经济保障

1. 领跑百强的经济竞争力。慈溪市的基本经济竞争力连续多年位列全国百强县第三名,浙江省第一名。

2. 活力四射的民营经济。据统计，慈溪市平均每五户家庭就有一家经商办企业，培育了6万多家民营工商企业，其中规模以上民营企业有1 121家。非国有企业产值占规模以上工业总产值的比重高达96.5%。蓬勃发展的民营企业自有资金充足，对人才和科技的投资需求旺盛。2012年，在总体经济形势低迷的背景下，慈溪市的人才总需求仍然达到29万人次。

3. 规模发展的产业集群。目前，已有诸多行业在慈溪形成产业集群，其中以家电、轻纺、轴承、模具和汽配等为主导。"中国家电产业基地"已是国字号区域品牌。产业集群是人才集群的基础，四大主导产业配套企业多、产业链长，为高层次人才来慈创业提供广阔空间和发展舞台。

(三) 政府服务环境高效：为人才创造相对宽松、活跃的展业环境

1. "放水养鱼"的培育模式

改革开放以来，历届慈溪政府坚持把主要精力和财力放在经济调节、市场监管、社会管理和公共服务上，不直接干预企业的微观经营活动，以"六个不限"和"六个坚持"，积极为百姓创业、企业发展创造宽松良好的环境。

2. "筑巢引凤"的引才举措

去年，慈溪市全面推进重大引才活动，集中发布了《关于在推进经济转型升级中充分发挥人才支撑和引领作用的若干意见》以及相配套的"上林英才"计划实施细则等7只配套政策，强化对高层次创新人才和科技型企业的扶持力度。开放型的人才政策环境对高层次人才产生了巨大吸引力，纷纷来市里考察投资创业环境。

(四) 地域文化优势突出：有利于激发人才的创业创新活力

1. "四千精神"的创业氛围

所谓一方水土养一方人，特定的移民传统和特定的滩涂环境，形成慈溪人"肯吃苦、肯开拓"的人文特质，从而成为慈溪民营经济发展的内生动力。民间活跃的创业思想与政府良策形成有效互动，营造出良好的创业氛围。

2. 融入血脉的创新基因

慈溪的发展血液中一直流淌着创新的基因，具体表现在理念创新、制度创新和科技创新多个方面。比如，慈溪对大学生村官制度和土地流转方式的探索等都得到了中央的重视和肯定。近年来，慈溪的科技创新能力也在稳步增强，曾六次蝉联全国科技进步先进县(市)称号。

二、人才集聚环境仍存在显著不足

(一) 人才支撑体系有待改善

"以才引才、以才聚才"是吸引高层次人才的一条高效快捷的路径。但是，慈溪缺少具有引领作用的人才灯塔，协助型人才的支撑力量也不够强大。

1. 领军型人才匮乏

杰出人才在产业带动和人才团队引领方面发挥着不可或缺的作用。调研中，我们看到

许多类似的例子。北京阿格蕾雅科技发展有限公司在几位中科院院士的推荐下，将旗下的控股子公司广东阿格蕾雅光电材料有限公司设立在佛山顺德，从无到有带动了顺德当地光电材料产业的发展。国家“千人计划”特聘专家姚力军博士凭借自己广泛的国际市场人脉和资源，为余姚引进了众多海外博士和创新团队。慈溪的高层次人才数量与周边城市相比不具优势，以国家“千人计划”专家为例，江阴有 8 个，常熟有 7 个，余姚有 2 个，而慈溪仅有 1 人。如何引进杰出人才，加强对相关领域高层次人才的号召力和凝聚力，是我们亟待解决的问题。

2. 协助型人才紧缺

科技项目产业化不仅需要科技人才的创新思路和技术，更需要经营管理人才和技术操作人才从旁协助开发。据市场调查，这两类人才在慈溪十分紧缺。目前，慈溪企业的中层以上高管人才缺口数以万计。另一方面，慈溪外来劳动力资源虽然有一百多万，但真正能适应科技企业和科技项目用工需求的高技能人才数量比较少。

表 22-1　各县市拥有高技能人才情况一览表　　单位:万人

	宜兴	江阴	慈溪
高技能人才数量	3.6	2.6	1.8
占技能劳动者比例	26%	31%	10%

*资料来源:慈溪人才办、江阴人才网、宜兴市十二五人才发展规划

备注:统计数据截至 2010 年底。

(二) 人才载体建设有待加强

高等院校、大企业和科技园区是高层次人才开展创新活动最集中的载体，但是慈溪市的这三大人才平台建设都存在不足，引进和留住具备创新、创业素质的高层次科技人才难度比较大。

1. 科研院校平台缺失

一直以来，慈溪因种种原因与创办大学失之交臂。为了借脑引智，2009 年成立了慈溪市产学研联合研究院，现累计入驻院校 9 家，专家 10 名。这对慈溪来说是一大进步，但与先进县市相比，劣势依然较为明显。如江阴的产学研战略联盟是由全国 30 多所著名高校科研院所组建而成的，可联系的专家教授达到 3 200 多人。广东顺德与 90 多所院校建立了长期产学研合作关系，2009 年还与中科院签订协议，成立了广州技术转移中心顺德基地，使当地企业可以直接与中科院下面的 100 多个科研院所和优秀的科研团队进行交流和对接。

2. 企业平台普遍能及不高

(1) 企业能级普遍偏低。以宁波百强企业排名为例:2005 年，慈溪有 29 家企业上榜，为全宁波市最多。但是随着入围门槛的逐年提高，慈溪市上榜企业的数量和名次不断下滑。2007 年的入围门槛提高到 7 亿多元，当年慈溪共 10 家企业入围。到了 2011 年，门槛提高到 15.36 亿元后，全市仅剩 6 家企业榜上有名，且排名大都比较靠后。

(2) 科技型企业数量不多。调查显示，慈溪一千多家的规模以上企业，有科技活动的企业只有近 300 家，大多数企业没有建立自己的研发机构。部分民营企业想创新，但由于创新

成本比较高，风险比较大，大部分创新活动仅停留在浅层次的环节上，开展深入性革命性的创新企业不多。还有部分企业因担心知识产权保护不力，高投入不能获得相应回报，故而不敢轻易尝试。

3. 园区载体尚需完善

慈溪目前已建和在建的科技产业园区中，除了慈溪国家农业科技园区是经批准的国家级园区外，其余工业科技园区的级别均偏低。事实上，自杭州湾新区划归宁波直管后，慈溪市内便没有了高起点、高规格的经济开发区。反观宁波下属的其他县级市，如余姚、镇海、宁海、象山等，都有省级经济开发区。

(三) 人才政策体系有待完备

我们人才政策需要更加细化，比如分行业针对特殊人才的细分政策。同时政策的操作性方面也需要继续提升。

1. 人才分类和认定需要细分梳理

进行科学合理的人才分类和认定是落实人才战略和人才政策的基础性工作。当前，慈溪还没有出台明确的人才和高层次人才的分类与认定标准。我们对慈溪人才发展规划和相关政策文件进行整理，发现慈溪人才分类和认定的事实现状存在划分维度混乱、类别覆盖交叉等问题。

2. 政策制定和落实尚需细化完善

与周边城市相比，我们的人才扶持政策制定时间滞后、内容趋同，同时还存在政策落实力度和效果欠佳的情况。另外，从机制上来看，由于一些相关部门、镇(街道)和企业并没有有效地纳入到人才工作的体系中，所以慈溪的人才引进、培育和服务政策在实施过程中出现了断层。

(四) 人才配套环境有待优化

当前，慈溪的人才配套环境在某些方面表现还差强人意，直接影响慈溪对高层次人才的吸引力。

1. 社会氛围需继续提升开放度

(1) 社会开放程度不够。慈溪在历史上一度形成了海纳百川、兼容并蓄的移民文化，但在经过长期的计划体制之后，这一传统或多或少受到冲击。具体表现在：一是排外情绪仍然存在。一些市民甚至是社区管理者，对外地人才的认识不足，经常出现一些不和谐的杂音。二是方言造成交流障碍。在社区、菜场、本地员工居多的企事业单位内部等场所场合，方言的使用率远远高于普通话。上述表现都对外来高层次人才的归属感产生消极影响。

(2) 人才观念存在误区。慈溪现行的人才观依然偏于传统，制约了高层次人才的发展。今后，我们应走出“重视人才使用，忽视人才培养”、“重视人才贡献、忽视人才需求”、“重视物质奖励，忽视精神激励”、“重视人才文凭，忽视人才素质”、“重视外部人才引进、忽视内部人才开发”等误区，树立起科学的人才生命观、人才激励观、人才价值观和人才开发观。

2. 城市环境亟待优化提升

(1) 生活成本偏高。与其他同等经济发展水平的城市相比，慈溪的生活成本明显偏高，这事实上已经形成了对很多人才群体的刚性约束，尤其是高房价对青年人才构成了无形的门槛。根据慈溪市房地产管理中心统计数据显示，2011 年，慈溪市住宅商品房成交均价为每平方米 14 406 元，这一价格与经济发展水平高于慈溪的江阴和顺德的房价相比，是它们的两倍之多。

(2) 公共服务亟待提高。与大城市相比，慈溪的公共服务事业都还在发展阶段，一时难以满足高层次人才的高品质需要。具体表现在：一是高端文体活动欠缺。这一方面是由于高层次的文体设施建设在慈溪刚刚起步，另一方面是因为高雅文化尚未完全走进本地居民的生活中，市场需求不大，无法常态化地引进。二是信息资源查阅不便捷。慈溪尚未建立学术信息资源共享平台，很多在慈的高层次人才只能跑到上海、杭州查资料，或借助在国外或大城市的朋友帮忙查找，信息资源匮乏已经成为科技研发人才在慈溪开展工作的一大烦恼。三是商贸配套服务存在短板。慈溪没有全国、全省知名的大市场，没有标志性的现代综合商贸区，大中型的商业网点也存在总量不足，分布不均的问题。

三、引才的具体问题与发展机遇

(一) 人才对环境的核心需求

在工业化发展的道路上，慈溪的制造业已经走过了数十年发展历程，我们的基础设施建设、政策法规、金融服务、财税管理、贸易物流等诸多方面，都随制造业的发展形成一个完备的支持体系。但这一体系与迅速成长着的科技型产业与现代服务业对环境需求尚有较大的差距。海内外高层次人才的创业，首先面对的是在理念、制度、市场、环境上与国内外先进区域的差异，特别是前三年的初创期面对愿景和现实的磨合，研发和市场的对接，更迫切需要创业指导、政策支持和服务配套。我们的传统做法往往注重招商激励，而不太重视企业落户后的环境优化。调研中我们发现，优化创新创业环境是高层次人才的核心诉求，企业具体关注焦点，主要集中在以下几个方面：

1. 人才定义

企业觉得目前市里的人才分类标准以及配套支持政策，应该更多的与企业实际需要相匹配。企业建议以动态的眼光来看待人才，人才判定时加入对慈溪的经济社会生活贡献度等效益指标。

2. 安居问题

慈溪的房价相对于员工收入偏高，安居对于企业留住人才至关重要。企业建议：优先考虑解决员工特别是中层骨干的安居问题；人才公寓申请周期太长，且要三年以后才能够拿到房子，对于吸引有几年工作经验的人才，等待时间太长；希望提供成规模、配套完善、租金优惠的公租房。

3. 员工招聘

由于城市的知名度较低、企业规模不大等多种因素，企业去外地或外省市招聘员工时，单凭自身力量很难招到满意的人才。

4. 人才培养

慈溪目前仅有几所职业高中提供一些初级技能人才，尚未形成专业人才培训体系，缺乏高端的教育培训机构、科研院所和高校，使得慈溪本地没有形成“产学研”合作的内生机制，缺乏提供持续性的中高端人才输送的造血功能。

5. 家庭因素

调研中很多领军科技人才包括一些外地引入的企业家，都提到家属问题。这些高端人才大部分已经有家有室，妻儿在慈溪的工作、教育、医疗、购物休闲甚至访亲交友等方面的良好安置，是人才成功引入并扎根下来的重要因素。

6. 科研环境

由于缺乏科研机构、国家实验室等平台载体，很多研发设备没有办法在更广范围内实现共享，企业产品开发成本过高。研究人员之间的沟通交流较少，信息互通机制尚未形成。

7. 金融支持

很多领军型人才带来的是中小型创新创业企业，在研发初创期需要大量研发资金投入，而创投基金普遍不敢涉足风险较大的前期投入。进入项目中试和成果转化期的项目，需要银行给予流动资金的贷款，而银行对于轻资产企业无抵押的贷款也不敢轻易放贷。这些资金约束现状使得目前大部分创业者在面临资金紧缺时，仍然主要依靠自寻出路，自筹资金。

8. 配套政策

调研中领军人才反馈，慈溪的人才政策力度已经与周边区域基本持平，但在项目的跟进力度与政策的落实效率等方面还存在差距。

9. 商务配套

慈溪有很多大型的餐饮、棋牌、娱乐场所，但缺乏高端、雅致和有品牌文化的商务休闲和洽谈交流场所。

10. 城市开放性

调研中仍有很多高端人才反馈，外地人要完全融入本地文化还是比较困难，其中慈溪方言就是一道坎。从一些政府部门领导到街头巷尾的居民生活，普通话使用率仍然不高，这在一定程度上让外地人才感到受排斥和不被接受。

（二）抓住海外人才归国热潮的时代机遇

如今，越来越多的高层次人才投身到中国第四次创业浪潮中。仅以海归为例，2009 年，回国创业的海归人数突破 10 万人，比上年增加 50%以上；2011 年新增 18.62 万人，比上年增加 37.7%。高层次创业人才主要集中在高新技术领域，是推动产业转型升级的强大力量。但是我们也看到，虽然高层次人才创业具备技术和知识优势，但仍然需要依托市场获取其他创业资源，如政府、资金、人才等，其中资金是他们的最大掣肘。根据《中国海归创业发展报告 2012》的调查，目前国内海归创办的企业中近 1/3 最终没有成功，一个重要原因就是资金难以为继。所以，为了最大限度地获得外界帮助，许多高层次人才开始选择到二三线城市进行创业，原因就是大城市的竞争压力大，创业成本高，政府能给予的支持有限。而相对应的是二三线城市都有许多优惠政策，比如提供免费的办公场地，在创业启动资金上给予资助等。

这是一次千载难逢的引才机遇，而慈溪优势尤其突出。正如上文所述，慈溪不仅有浓郁的创业文化氛围，有雄厚的经济基础以及充裕的民间资本，而且与其他二三线城市相比，慈溪除了有扶持政策外，更有它们无法比拟的区位优势，这些都是吸引高层次人才来慈创业的亮点。

但是，在肯定优势的同时，亦不能轻视存在的各种问题。否则，高层次人才即便引进来了，但也难留得住。因此，今后我们既要充分发挥优势，又力争弥补不足，使慈溪的引才工作在新阶段实现新跨越。

第二节　五种力量支撑人才发展的最优环境

中小企业和创新人才是创新主导，据统计，二战以来67%的开拓性创新成果，95%的重大发明多源于小企业和独立的发明家。Love&Ashcroft(1999)研究表明，小企业比大型企业更加具有创新密集型特征，更具创新效率。小企业每个美元的R&D经费产生的创新是大企业的两倍；每个R&D科研人员产生的创新是大企业的两倍。而且创新的商品化效率也高，它们可以在较短时间内使创新进入市场，平均大约2.2年，而大公司却要3.1年。在国家或区域的科技创新环境培育案例中，一般都以支持中小企业科技创新为重点，以市场、政策、教育、投融资以及文化为主攻方向。

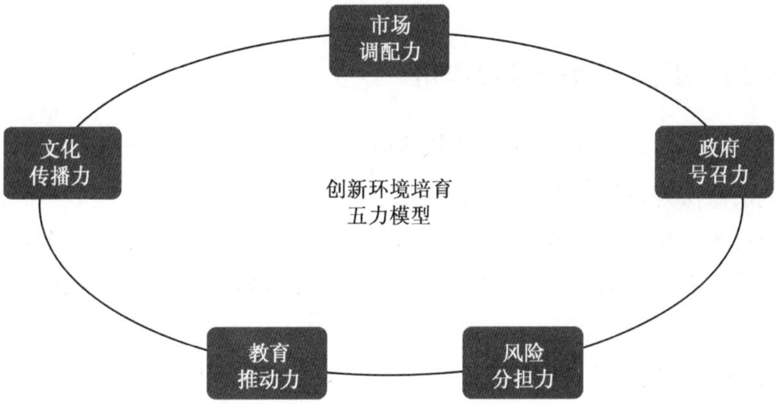

图22-2　创新环境的培育五力模型

一、市场调配力：发挥市场的资源配置能力

充分发挥市场调配作用，创造环境，激发要素向科技创新领域配置。

(一) 建立健全一系列以市场为基础的法律法规

美国有鼓励科技创新良好的游戏规则，包括国家法律、法规以及证券、税收、会计、公司治理结构、破产、移民、研发和其他许多规范构成。美国出台了《小企业经济政策法》、《管理灵活法》、《平等执法法》、《小企业出口扩张法》、《小企业创新法》、《小企业振兴法》等一系列法律，为明确小企业法律地位，解决资金短缺、银行贷款、风险投资的问题奠定了法律基础。特别是，20世纪80年代出台了《贝赫—多尔法案》(Bayh-Dole Act)，将政府出资研发所产出的专利权或其他研究成果下放给研究机构所有，加快了学术界与产业界合作交流，推动了基础研究成果的转化。

(二) 完善的资本市场、技术市场、服务市场

美国政府通过创造宽松稳定的政策环境、降低风险投资企业所得税、减少直接干预等方式,积极推动资本市场发展,形成了世界上规模最大、发展最为完善、服务最完备的资本市场,为人才创新创业提供丰富的天使资金、风险投资、企业上市等服务。武汉东湖高新区聚集了企业规划设计、政策辅导、项目牵引、专家帮扶、投资跟进、平台支撑等各个方面的公共服务,形成了完善的服务市场。

(三) 保护知识产权,组建要素交易市场

上海文化产权交易所与工信部中国中小企业品牌建设(上海)示范基地等在名仕街时尚创意园联合组建上海品牌交易中心。该中心为品牌企业提供品牌价值评估,品牌知识产权保护,品牌买卖、转让、合作等方面的专业服务。台湾完善知识产权交易市场服务机制。这些专业化的要素市场在帮助企业降低交易成本,促进要素流通中,起到了关键性的作用。

(四) 建立机制促进市场信息的交流

以色列一方面积极资助产业界、学术界之间进行的知识中介、会议、讨论会,支持参加国外的前竞争性知识产生和综合数据库,支持共享信息,另一方面推动军民知识转移和技术进步。

二、政府号召力:重视政府的引导作用

(一) 设置政府机构保障创新人才成长环境

通过健全法律法规,建立中小企业管理部门,强化部门职能、专施其职,保障人才创新创业良好的宏观环境。比如为促进人才创新创业成功,美国专门建立了小企业管理局(SBA),以色列专门设立首席科学家办公室(OCS),负责创新创业政策的制定和执行,推动与技术创业相关的计划。

(二) 制定发展规划指明发展道路

设置路径清晰的创新发展国家战略和推进计划,统一思想,引起全社会广泛关注。比如新加坡在1989年就公布了《新的起点》(The Next Lap),提出要聚焦研发,大力发展高技术,后续又发布了《智慧国2015信息科技计划》、《新加坡中小企业21世纪10年发展规划》(2000)、"新加坡创新级"计划(2002)、"企业科研创新计划"(2006)等国家战略。

(三) 制定优惠政策促进科技创新

(1) 通过结构性减税,鼓励高技术企业发展。新加坡政府调低了公司税、个人所得税、海外收入所得税、专利使用费等多项税率,减免了高新技术产品制造企业、先进技术和研发能力的新兴工业企业以及高科技风险投资机构税收,实施了税收扣除、加速折旧及设立科研开发准备金制度。(2) 政府加大项目资助、奖励力度。中国台湾行政当局设立创新事业奖,对创立未满3年从事自主研发的创新产品、技术、流程或服务的新创企业,给予政府奖励。此外,还设立创新研究奖,符合中小企业认定标准、研发费用占营业额比例不低于2%者,奖

励范围为资助研发的创新型产品、技术、流程、服务(包括技术服务、知识服务、商业服务)等项,并已商业化或量产运用。

(四)实施政府优先采购创新创业项目

通过政府项目的定向发包,支持创新创业的中小企业发展。如美国联邦政府规定,每年政府采购必须有一定的份额分配给小企业。武汉东湖高新区通过首购、订购、首台(套)重大技术装备试验和示范项目、推广应用等政府采购方式,支持具有自主知识产权的产品快速市场化、实现产业化。

(五)提供公共服务,重视创新孵化

提供孵化空间、实验检测设备及技术、资金、人才、商务与管理的咨询与支持,降低创业及研发初期的成本与风险,提高事业成功的机会。比如,中国台湾的"育成中心体系"、中国台湾"经济部"中小企业处重点推动创业圆梦计划,提供创业咨询服务、创业创新养成学苑、创业家圆梦坊等服务。

三、风险分担力:完善投融资服务体系

(一)完善政府主导风险投资模式

1993年,以色列政府拨款1亿美元设立YOZMA基金,其中8 000万美元主要用于与国际知名的金融机构(大部分是创业投资公司)合作并发起成立10个子基金,2 000万美元由国有独资的YOZMA基金管理公司直接投资高新技术企业。YOZMA模式的特点:(1)建立政府资本撬动社会资本的机制。以色列规定,每个YOZMA子基金都必须由以色列风险资本家、国外风投机构和以色列金融机构等三方共同构成,以色列政府资金占40%(最高不超过800万美元)、私人资本占60%,这样1亿美元政府投资可带动1.5亿美元的社会资本投入到创新企业。(2)建立风险共担机制。政府参与承担项目失败风险,不索回最初投资;如项目成功,政府不享有上涨收益,只需按"资本金+本息",其余全部盈余为私人投资人所有。(3)政府投资退出机制。YOZMA模式给予私人投资者在5年以后项目成功时优先以优惠价格买断资金中政府股份的权利。

(二)积极发展创业融资服务

对创业创新提供专项资金支持,比如新加坡积极发展种子资金、风险投资、证券市场(主板和创业板)等多种资本市场,提出固定利率贷款、抵押保险计划、贸易信贷保险计划、中小企业扶助贷款计划、"企业基金"计划等,为创业提供通畅的融资渠道。中关村提出,支持天使投资者、股权投资机构和股权投资集聚发展,发挥创业投资基金的作用,主办完善覆盖技术创新全过程的金融服务体系;开展非上市公司股份报价转让试点,实行担保贷款、信用贷款、知识产权质押贷款扶持政策。同时,中关村还积极探索股权激励试点。在高等学校、科研院所、院所转制企业以及国有高新技术企业开展股权和分红权激励改革,调动科技人员创新和成果转化。

(三)完善税收政策

通过税收优惠政策,激励创业投资基金与基金管理公司、创业投资人等发展。为了鼓励

创投发展，新加坡出台了《风险投资产业激励计划》，提出一系列奖励：(1) 投资科技项目，其出售投资股份所产生的损失，可由投资者其他税收项目中抵扣；(2) 对能大幅度提高新加坡工业技术水平、且新国内无相同技术者，可享受免税优惠；(3) 创投基金管理公司管理费用、红利收入可免税；(4) 鼓励企业在专业人才方面进行投资包括生活津贴、课程费用资助等；(5) 风投出售股票的资本所得、国外投资股利、国外可转债利息收入可免税等。

四、教育推动力：输送科技创新的人力资源

(一) 建设世界一流大学，吸引全球精英

通过引进国际最先进的教育资源培育人才。1997 年，新加坡提出到 2008 年引进 10 所世界一流大学的发展目标。新加坡推出“卓越研究与科技企业学园”(Campus for Research Excellence and Technological Enterprise，CREATE)，希望吸引和集聚世界一流研究型大学和研究机构，通过跨国跨学科研究中心，加强全球科学家和工程师之间的交流和合作，提升研究能力，加强发明性、创造性和企业性经济。CREATE 计划的研究中心将开展有关跨学科研究项目，其目标是吸引 1000 名左右来自各国的教学、科研人员在此工作，同时，吸引一大批具有卓越智慧的科技人才，积极与来自新加坡高校、科研机构的同行共同交流合作，以此，提升新加坡创新创造能力。

(二) 以研究院形式开展中央式研发创新

中国台湾的中央式创新模式运用比较成功。20 世纪 70 年代，中国台湾成立财团法人工业技术研究院，作为带领中国台湾产业技术升级的主导机构，中国台湾工业技术研究院持续在前瞻性科技产品与技术上扮演人才培育角色，通过订立《工业技术研究院聘用海外国人来源服务补助办法》，引进科技人才，并在海外与 MIT、UC Berkeley 及 CMU 等成立联合研发实验室，每年派员进行长期科技研发之交流合作；在硅谷成立北美育成中心，协助有心创业的科技人员，为海外人才赴台创业提供基础。在中国天津，由科技部、商务部、卫生部、国家食品药品监督管理局与天津市人民政府共建天津国际生物医药联合研究院。该院有 4 个核心技术平台，并依托天津市优势产学研机构建设 7 个支撑技术平台。联合研究院通过良好的研发条件，按照“政府搭台、市场机制；国有资产、企业运行；不设围墙、开放联合；国际合作、多边认证”的“滨海模式”，成为优秀人才集聚和培养的重要平台。

五、文化传播力：以开放的文化引领思路

(一) 塑造独特的适宜创业文化

全社会形成“鼓励创业、不惧风险、宽容失败”的创业文化，为人才创新创业打造宽松的平台。比如，以色列近年来正经历着尊重创业的社会文化和意识形态显著的变革。以色列的社会风尚强调个人主义、物质主义和独立性。把创业作为个人生命和市场发展重要的推动力量，这种观念正在得到不断地加强。创业者正在成为以色列最新的文化英雄和楷模，最受年轻的一代尊敬和效仿。

(二) 充分吸引和利用技术与投资移民

开放性的人才文化成为推动成功的关键。以以色列为例，作为一个移民国家，通过吸纳前苏联移民，在较短时间内提升人力资本，对发展高技术产业以及技术创业的发展具有重要影响。与此同时，以色列通过为移民提供基本生活开支，开展语言训练，帮助新到达的科学家与本地企业有效匹配，建设创业中心帮助有经营理念的移民创业，甚至提供创业必要的资金等举措。以色列在帮助移民融入新的社会的同时，培育了一种创业的文化，建构了一个创业者的国度，给人才的创新创业提供了良好的舞台。

(三) 搭建海外高层次人才沟通交流网络

为了引进更多海外高层次人才，新加坡专门设立了“联系新加坡”网站，建构海外人才网络。其主要任务是为新加坡本地企业和机构提供世界一流人才、海外商业与市场情报，以及全球范围内的最佳范例。同时，为网络成员构筑联络沟通的平台，促进新加坡本土专业人士与旅居海外原新加坡专业人士之间的联络，增强旅居海外原新加坡专业人士与新加坡本土企业、组织、商业机构等的合作伙伴关系，推动他们在不同层面，以各种形式参与新加坡的经济活动与企业经营。

第二十三章 推动转型升级的核心人才

第一节 高层次海归人才是助推创新发展的核心

慈溪作为长三角地区大上海经济圈南翼的工商城市，区位优势明显，产业基础雄厚，民营经济发达，城市综合实力位居全国同类城市前列。慈溪市委、市政府历来高度重视人才工作，全面落实人才强市战略，持续加大人才开发投入，着力完善人才政策和服务体系，不断创新人才工作机制，人才发展取得了一定成效，但目前，人才发展的总体水平还不能完全适应区域经济社会发展要求，与国内同类城市相比还存在一定差距，人才结构和效能有待进一步提升，人才创业创新环境有待进一步完善。

为进一步了解海归人员的实际工作和生活状况，研究服务于留学归国人员在慈溪发展的新途径、新方法；同时，探索如何加大政策支持力度、营造良好的环境吸引更多的海外留学人员来慈溪安居乐业的对策，课题调研组于 2013 年 3 月至 8 月对全市范围的海归人员开展了一次问卷调查。问卷涉及海归人才的基本情况、进入慈溪的途径、来慈溪原因、在慈溪发展现状及遇到的困难与问题等内容，下发的问卷调查共计 100 份，回收有效问卷 85 份，本文的分析是以这 85 份问卷为基础，同时，结合笔者对个别留学回国人员的访谈所获的资料展开。

一、海归高层次人才助推慈溪创新转型

(一) 海归人才基本情况

1. 慈溪高层次海归人才结构基本现状

(1) 从年龄看，以中青年为主

本次回收的 135 份调查问卷中，年龄结构上 40 岁以下的年轻海归人才占 67.1%，41—50 岁者占 22.4%，50 岁以上者占 10.5%；性别结构上以男性为主，占 71.8%。可见留学归国人员多数年纪比较轻，出国学习几年，有的甚至七八年，积累了一定的海外工作经验，建立自己的行业和人脉网络，储备了一定的资金，然后再开始创业，这些人才正是创新创业的黄金时期。

(2) 从学历、专业来看，层次高，专业多元化

这些海归人才中，硕士 69 人，占 81.2%以上，学历结构上以硕士为绝大多数；学科专业结构上以电子信息、机电一体化为主，相对缺少新材料、新能源、咨询、金融、管理和服务类高层次

海归人才,与慈溪海洋经济、临港产业等战略性新兴产业和主导产业的对接度不是很高。

(3) 从来源特征看,外省籍贯为主,欧美发达国家是主要留学国

此次调研中,海外留学人员籍贯以外省为主,慈溪籍贯海外留学人员仅占本次调研样本的36%。海外留学经历时间偏长,其中3年以上占比42.5%,2—3年占比27.5%,2年以下占比30%。留学国别主要为欧美发达国家,其中美国占比25%,英国占比24%,瑞典占比11%,日本占比10%,澳大利亚占比8%,德国占比6%,加拿大占比6%,其他占比10%。

2. 慈溪高层次海归人才的回归途径

本次调查的85名海归人才进入慈溪的途径中,经浙洽会、高洽会、网洽会等方式引进人才占比41.2%,跟随项目进入占比23.2%,通过朋友介绍和自己找来的占比35.6%。由此可见,慈溪在积极主动引进高层次海归人才方面显得相对不足。跟随项目进入的比例较高,虽然有利于直接带动慈溪经济,但是这部分高层次海归人才因项目进展情况和项目期限而产生频繁流动的变数很大,影响其在慈溪的人才效能的充分发挥和效能效应的进一步扩大。

(二) 高层次海归人才来慈溪的原因剖析

1. 对个人发展的考虑是海归人才来慈溪的主要原因

高层次海归人才具有较好的个人条件,较完备的知识结构、能力结构和素质结构,他们的兴奋点主要是竭尽所学,充分实现个人效能。本次回收的85份调查问卷中,有34人(占40%)表示来慈溪的原因是出于个人发展前景考虑,在这34人中,有22人的年龄在40岁以下,可见,把个人发展前景作为来慈溪原因的主要是年富力强,专业性较强,具有广阔发展前途的海归人才,对他们来说能提供较大发展空间的职业是他们所看重的。

2. 家庭因素是留学人员回慈溪的重要原因之一

中国人的家庭观念比较浓厚,因此,对于子女教育的考虑及家庭纽带的作用,必然成为他们是否决定回家乡的一个很重要的因素,对其中一些人来说,甚至成为决定性因素。在回收的85份调查问卷中慈溪籍的留学人员有30人,占35%,选择家庭因素的有24人,这也就不难解释家庭因素之所以成为影响留学人员来慈溪的重要因素。他们回慈溪最主要考虑的是子女教育和成长问题,其次是配偶的态度及孝敬父母的原因。

3. 慈溪民营经济发达对人才需求旺盛

慈溪民营经济较发达,市场机制灵活,民营企业对海归人才携带的科技项目和人才需求旺盛。调研结果显示,有将近15%的留学人员表示来慈溪发展很大程度上是为慈溪民营经济的蓬勃发展所吸引慕名而来,他们拥有的科技成果可迅速与慈溪民营企业嫁接,转化为生产力。

4. 政策因素

目前,慈溪市政府先后出台了一系列鼓励留学人员来慈溪工作及创业的政策,特别是以"上林英才"计划为主的系列创业扶持政策对海归人才有一定吸引力。调查中有17%的海归人员表示由于慈溪的政策因素,所以选择来到慈溪。

(三) 慈溪高层次海归人才就业与创业情况

1. 主要的就业方向

(1) 从就业单位性质看

本次调研中有35%的海归人才在高校、科研机构工作，说明海归人才在科研教育事业中发挥了重要作用。除了大学和科研机构，海归人才还在其他服务业、制造业、电子信息技术等行业比较集中。在这些就业人员中，有68%的海归人才在本土民营企业工作，可以说民营企业已成为接纳海归人才的主阵地。企业引进海外留学人才工作稳定性较强，其中1年内、1—2年、3—5年、5年以上的工作时间比例结构为10∶50∶29∶11。从就业岗位看，主要集中在研发方面(48.4%)，随后依次为销售和市场(12.9%)、财务管理(8.6%)、生产和运营(4.3%)。

(2) 从作用发挥情况来看

他们所在的单位比较注重根据其专业和阅历的不同为其提供具有竞争力和专业对口的岗位使其能发挥所学专长。大部分人认为自己能学以致用，在工作中能施展才华。调查发现近56%的海归人才所在单位能主动征询并采纳本单位海归人员的意见，或者是基本采纳有关意见和建议，这体现了用人单位对高层次海归人员的尊重。对工作环境总体满意度较高，表示非常满意和基本满意的占80%。由此可见，目前，慈溪用人单位在总体上为海归人员提供了比较理想的工作环境，使他们能在单位里安心工作。

(3) 从个人工作状态来看

在调查中，我们发现大部分海归人员愿意回国发展，他们感到在国外中国人很难融入主流社会，生活压力大、不习惯，甚至缺乏安全感。然而，海归人员对国内生活发展水平均表示乐观。其中，回国后感觉作用发挥好的有17人，占20%；较好的38人，占44.7%；一般20人，占23.5%；不好或较差10人，占11.8%。认为自己目前工资收入适合的34人，占40%；偏低的46人，占54.1%；太低的5人，占5.9%。回国发展最关心的问题排前三位的分别是：有未来发展空间、良好的工作环境和较好的工作待遇。

2. 慈溪高层次海归人才创新创业现状

创新创业是慈溪高层次海归人才效能实现的主要途径，调研中有高达65.9%海归人才为自主创业。样本企业中，58.9%的高层次海归人才创业企业2012年度的销售额在500万元以下，33.9%的企业2012年度的销售额在500万—2 000万元之间，7.2%的企业2012年度的销售额在2 000万元以上。由此可见，高层次海归人才创业企业基本上以中小企业为主。

慈溪高层次海归人才创业行为主要是以团队创业形式自主创办企业公司，创业行业主要集中在家电电子、机械制造行业，进入服务领域的相对较少；创业资金主要来源于个人自筹，来源于风险投资机构的仅占极少部分；没有申请创业资助的比例高达73.2%，与自主创业比例高达65.9%不相称。对慈溪人才政策了解程度的调研显示，不了解的42人，占49.4%；有点了解的30人，占35.3%；非常了解的13人，仅为15.3%。另有47.2%的创业海归认为所在地行政审批手续方便简单；56.4%创业海归认为创业所在地基础设施条件完善。有关劳动力市场的评价显示：47.3%的创业海归认为所在地较难找到需要的熟练工人；62.5%的创业海归认为所在地较难找到需要的技术人员。

由此可见，慈溪服务业发展的前景和空间对高层次海归人才创业来说具有很多的机会，创业团队经历与新的创业团队对高层次海归人才创业非常重要。同时，慈溪创业融投资体系还不够完善，创业资助政策宣传力度不够，缺乏相应的针对性资助力度，尚需要加强信息沟通和政策落实。高技术人才和熟练工人的缺失也成为制约海归创业的重要原因，需要政府有配套措施来培育本地的高端劳动力市场，吸引各类人才来本地就业。

3. 慈溪高层次海归人才创新创业成就与趋势分析

创新创业成就是慈溪高层次海归人才效能的主要体现。目前，海归人才已在慈溪创办了455家企业，2012年技工贸总收入103.3亿元，实现利税11亿元；高层次海归人才创业成功的基本集中在高新技术密集型行业，尤其以新一代电子信息技术、新材料行业最为集中。大部分海归企业尽管发展时间较短，市场占有率不高，但发展速度快、市场潜力大，在未来海外市场发展大有作为，具有快速成长的潜力和做大做强的可能。样本企业中的典型案例有：

慈溪本土的国家“千人计划”学者罗培栋在2009年7月注资6 000万元成立宁波东旭成新材料科技有限公司。这是一家光学薄膜制造领域的高科技企业，公司员工硕士学历以上已达40%。经过多年海内外研发团队的努力，结合精密涂布、树脂改性及配方等核心技术，已完全掌握扩散膜和反射膜等高端光学薄膜的制成工艺，公司开发生产的光学薄膜广泛用于液晶背光源组、超薄平板发光模组、照明组件及其他光电产业。目前液晶光学薄膜项目已开始批量生产，并以本土化配套、品质优越、价格低于国外等多种优势，吸引了众多业内企业慕名前来，寻求配套合作。日本索尼，韩国三星、LG等世界500强企业和TCL、创维、海信、康佳、长虹等国内著名品牌企业也纷纷抛来了“橄榄枝”。东旭成公司现在每年的光学薄膜产量是5 000万平方米，年销售额可达2亿元人民币。

以张宏立、吴清国等5位留学博士领衔的宁波世捷新能源科技有限公司成立于2009年，经过近四年创业初期的攻坚克难，累计投入2.9亿元，已建成4条高性能锂电子生产线(另有4条可望在年底建成)，自主研发了70Ah的方形锂离子电池，实现了50—80 Ah锂离子电池的大批量生产以及10 Ah、20 Ah等几款高性能锂离子电池的小批量生产，所有产品均采用能量高、寿命长、安全性高的三元材料。截至目前，世捷公司已提交申请7项国家发明专利和6项实用新型专利，还成功申请到国家2013年新能源领域863计划项目“长寿命锰酸锂系储能电池关键技术及示范”，2014年预计可完成销售1.5亿元。

随着高层次海归人才创业地点的选择逐渐从大城市转向具有良好市场环境和创业环境的中小型城市，慈溪高层次海归人才创业人数将不断增多，由此将推进慈溪经济发展方式转变和经济结构转型升级。同时，随着经济、管理、人文社科等学科类高层次海归人才来到慈溪，其创业的行业选择将呈现多样化趋势，进入现代服务业创业的高层次海归人才将会增多，高层次海归人才团队创业模式也将逐渐成为一种优化的选择。有着同样文化和海外经历、互相认可、专业能力方面有互补性的海归创业团队的组建，将大大提高海归创业的成功率。

(四) 慈溪高层次海归人才服务需求分析

吸引海外留学人才是世界主流发达国家和新兴发展中国家壮大本国人才队伍的根本所在。但是，由于海外留学人才回国创新创业需跨越不同的文化、制度和意识形态，他们的服务需求会呈现出更多的特殊性。通过调研发现，慈溪高层次海归人才专业化服务需求一般会体现为：

1. 就业需求

普通海外留学人才的就业需求包括人才测评、职业规划、优秀人才推荐、档案保管、学历学位认证、就业落户等这些服务。目前,在就业形势普遍严峻的情况下,再加上现在留学生增加,海归人才的就业形势也不容乐观。因为长期不在国内生活学习,不了解情况、不便于沟通交流、不易于往返等,在竞争时往往会处于相对弱势。所以,高层次海归人才在熟悉国内和市内情况、组织小型远程招聘会、提供远程沟通交流面试等方面会有极大的需求。

2. 创业需求

高层次海外留学人才基本都有创业需求,对于他们创业需求的服务,不仅仅停留在提供资金,或者是帮助销售产品或提供人才等服务。要针对创业者进行分析研究,提出针对性的解决方案,提供综合性管理和咨询服务,包括科研启动资金申请、科技项目合作等服务等,以及设立专门的留学人员创业园区,创业者可以通过创业园区申请创业优惠政策和资金,也有很多创业投资公司和相关性机构提供创业指导服务。

3. 生活需求

海归人才的生活需求涵盖住房、家属子女就业就学、日常生活等方面,包括吃穿住行的方方面面。健康安全和舒适便捷是海归人才的需求。更需要为海外留学人员提供出入境、在华长期居留便利,以及回国以后在薪酬、户籍、医疗、社保等方面的照顾。当然,还有一些新闻、信息方面的服务需求。

4. 生态环境需求

相对于其他需求来说,对于环境的要求是海归人员考虑的一个主要因素。目前国内的总体环境水平,诸如 PM2.5 等空气质量指标与国外发达国家相比,具有较大差距。近年来,“北京咳”就使许多海外留学人员选择了回避和逃离。慈溪的空气质量和生态环境在国内还处于中等偏上水平,但也还有不尽如人意的地方,也会成为一部分海外留学人员归国创新创业的决定因素之一。

5. 政策需求

虽然慈溪有关海外留学人才的相关政策比较充分,也基本能满足海外留学人才就业和创业各个阶段的需求。但关于创业投资方面的政策还有所欠缺。建立投资良好的政策环境,制定投融资相关法律法规,使风险投资在遵循法律规范的基础上有效运行,以满足海外留学人才投资创业的需求。

二、影响高层次海归人才创新创业的制约因素

从总体上来说,慈溪的区域环境优势较为明显,民营经济活跃,市场机制较为完善,产业集聚程度日益提高,政府行政效率较高,人才创业服务体系也日趋完善,尤其是在制定并实施以“上林英才”计划为主的系列创业扶持政策,成立慈溪市留学人员创业服务中心,搭建“海创之家”服务平台,就海外人才在慈溪创新创业经费资助、住房与易地安家补贴、配偶工作与子女入学等若干问题做出了具体规定,进一步完善了高层次海归人才在慈溪的生活环境、创新创业环境和政策环境,促进了慈溪高层次海归人才的个人发展与事业成就,人才效能得到了较好发挥。但是与同类余姚、江阴、常熟等城市相比,慈溪在高层次海归人才的

引才、留才、用才尤其是高层次海归人才的创新创业成就与贡献方面，仍存在着较大的差距，高层次海归人才效能提升尚有较大的空间，其主要问题聚焦在以下几个方面：

（一）政策环境与管理方面问题

1. 政策的完善度不够

如余姚在 2010 年出台“1＋10”人才政策基础上，2013 年又专门出台《关于建设人才特区打造人才高地的意见》，进一步增强了余姚人才政策的竞争优势。常熟创新创业的各类高层次人才的奖励优惠政策已包括创业资助、购房补贴、薪酬补贴、社保待遇、户籍准入、子女入学、人才安居工程等多个方面，形成了一个完整的保障体系。而慈溪至今还没出台明确的人才和高层次人才的分类与认定标准，尚未形成系统性的高层次人才政策，现有的高层次人才政策和发展规划基本集中在高层次人才引进方面，且存在划分维度混乱、类别覆盖交叉、与周边各城市存在政策趋同、优势弱化的现象，在柔性引进、创业资助、融资风投、住房、分配制度、社会保障、知识产权保护、社会公共服务等海外人才创新创业普遍关注的几个方面尚需有所突破。

2. 政策的区分度和针对性不强

政策对不同学历（硕士、博士、博士后）、不同学科（自然学科、工程学科、经济与人文社会学科）、不同职业取向（创业型、就业型）的高层次海归人才效能发挥与提升的作用力存在一定差异性，然而，慈溪高层次人才政策在促进高层次海归人才效能实现与提升过程中的区分度和取向性不够明确，扶持政策缺乏对象的针对性和重点的倾斜性，导致政策的应有效能没有得到充分体现。

3. 政策的人性化不足

政策的制定大多是从宏观角度出发，更多考虑的是人才战略和人才发展大环境等方面，较少从个体发展和人性化角度出发，从而导致政策对个体发展的引导性作用没有体现出来，如许多项目扶持资金只能用于购买设备，不能用于发放人员经费和个性化培训与发展经费。

4. 政策的公开渠道不畅

从笔者调研情况来看，没有申请创业资助的高层次海归人才的比例高达 73.2％，这与高达 65.9％的自主创业比例极不相称，造成这一状况的原因在于政策宣传不到位、信息不对称、缺乏相应的解读，导致海归群体不能及时有效获得并掌握政策信息，无法享受相关优惠政策和奖励政策的支持，进而制约了高层次海归人才的发展机会与空间。

5. 政策落实不到位，执行弹性大

由于海归人才创业、安居的管理与配套服务涉及多个政府部门，各部门对政策的理解和解释不同，资源是掌握在各个职能部门手里，缺乏资源整合，出现了政策制定与执行管理“两张皮”现象，导致政策执行偏离预期目标、落实不到位、“关系”大于“政策”现象时有发生，影响了政策的可信度和公平性。

（二）创业支持与发展环境方面问题

1. 创业支持方面

慈溪在引进高层次海归人才的奖励补助、高层次海归人才创业团队的项目资助、创业启动资金资助等方面采取了一些举措，但资助的力度不大。如在创业启动资金最高资助额上，余姚对海外高层次人才创办的企业给予最高500万元的创业扶持资金和最高500万元的创业种子资金支持；常熟不仅对高层次人才提供200万元创业资金，还提供三年免租的200平方米工作场所以及100平方米住房公寓，科研启动经费200万至500万元。而慈溪对创业个人的最高资助额度仅为200万元；在创业支持的持续性与配套性方面，慈溪的创业支持偏重于引进时的创业启动资金资助，缺乏中期项目拓展和后续扶持跟进等配套性支持，致使高层次海归人才刚回国创业初始时期尚有相应的启动资金创业，但到了创业中期需要进一步科技创新、市场开拓和企业规模扩展时，资金问题便成为其最难以解决的瓶颈问题，严重制约与影响了创业发展。

2. 发展环境方面

一是慈溪的高校、科研院所、重点实验室等层次水平偏低、数量偏少、科研设备相对落后、综合实力不强，导致创新创业的基础条件薄弱，科研环境和科研能力欠缺。

二是慈溪区域内人力资本的可获取性较低，人才团队资源的支撑力薄弱，团队创新创业和市场开拓相对乏力。

三是慈溪的产业环境与海归人才集聚的适应性偏差，高层次海归人才的引进不是以市场(产业)为导向，而是以政绩为导向，重数量轻结构，导致高层次海归人才的学科专业结构、创新创业产业取向与慈溪战略性新兴产业和主导产业的吻合度不高，产业集聚效应与人才集聚效应相偏离。

四是慈溪的创新创业载体与平台的建设水平不高，创新创业载体与平台发展的主体基础是高新企业的科技含量与规模总量，尽管慈溪的高新企业规模发展较快，但起点较低，高新技术产业经济产出能力偏弱，科技创新和产品研发投入强度不高；慈溪的留学人才创业园产业导向不明，配套设施建设不完善，创业服务配套不全，投资主体和运行机制单一，在服务与管理上更多的只是扮演了提供土地、房产、物业管理的“房东”角色，对海归人才的创新创业与发展的支撑力不强。

(三) 服务平台方面问题

1. 信息平台建设滞后

高层次海归人才资源与信息共享平台建设滞后，信息不对称问题较为突出。许多高层次海归人才来慈溪之前对慈溪的优惠政策和支持政策缺乏全面的了解和系统的评估，没有很好地围绕慈溪产业政策和项目规划选择创业项目，无法享受预期的优惠政策；政府与海归人才、本土企业与海归人才、海归人才相互之间缺乏交流和沟通，慈溪已有的人才网和留学人才创业指南与名册建设相对滞后，至今仍没有成立专门的海外留学人才引进管理机构，致使人才、科技、资金、信息等资源无法及时有效对接，从而影响创业的机遇把握与创业的成功率。

2. 缺乏必要的创业培训与指导服务

部分高层次海归人才由于缺乏具有国际视野又熟悉市场运作规则的智囊团队提供创业指导和智力支撑，不能全面理解、灵活适用扶持政策，同时，又找不到顺畅的渠道向政府部门反映诉求、寻求支持，使他们既不能充分享受扶持政策，又增加了创业失败的风险。

3. 缺乏创业融投资服务体系

慈溪高层次海归人才创业投资资金大多是以自筹为主，扶持资金基本来源于政府财政且以行政主导为主，民间资金介入很少，在吸引风险投资方面相对欠缺。风险投资是国外比较成熟的扶持创业的运作模式，国内的风险投资处于发展阶段，对风险的评估水平和承受能力较为有限，因而面对海外人才的一些高风险的创业项目，往往不愿参与，有的海外人才尽管拥有发明专利或科研成果，但可能由于投资回收期较长或者风险过大，而失去风险投资的支持，从而致使一些很有希望的高新技术企业濒临夭折或难以迅速发展。再者，政府风险投资的缺位，使得政府推动民间资本流向海外人才创新创业项目的引导功能基本丧失，海外人才融资渠道难以畅通。另外，风险投资的合法退出机制不健全，也制约了风险投资自身的发展。

4. 社会公共服务有待完善

外事、科技、教育、工商、海关、税务、商务等中介服务和社会公共服务配套不甚完善，导致海归人才在创业过程中工作条件落实缓慢、各种手续繁杂而影响情绪；同时，不少海归人才由于没有国内身份证明和档案关系，难以参加职称评审、办理社会保险手续等，在结婚、生育和子女入托、入学、银行汇款等方面也面临种种不便，生活后顾之忧无法得到妥善解决。

5. 缺乏心理调适平台

高层次海归人才在国外接受教育与发展，对国内的发展环境、社会生态、人际氛围不够了解，当其带着国外的理念、工作方式回国创业时，对工作、生活环境具有较高期望值，但是由于与国内的文化背景、管理理念、工作模式和办事方式等方面的不适应，一时不能很好地融入所在团队和人际圈，事业发展阻力较大，由此产生精神上孤寂、心理上失落、工作上不满意等“水土不服”现象。

(四) 评价机制方面问题

1. 评价政策体系单一

目前对海外人才自身的评价标准比较单一，主要是依据其在外取得的学位、科研成果和创业实绩等。按照目前的标准，海外高层次人才必须在海外取得博士学位，标准过于刚性。海外创业实绩的评价对成功者比较垂青，只重体现政绩的人才引进评价，而对拥有丰富创业经验，但对在海外并没有取得成功者予以排除，并不符合“鼓励创新、宽容失败”的总体原则。对科研成果的评价标准不统一，不同的评价标准可能会产生截然不同的结果。在使用海外人才上，把海外人才划成单一的群体，成为一种概念化，忽视成员的多样性，对待上搞一刀切，等等。

2. 对创业创新项目评估缺乏科学机制

在扶持海外人才创新创业的项目评估上，对海外人才的作用认识不足，评估激励机制和激活人才资源的发展机制缺失，一些海外人才难以自选课题进行科研，扶持海外人才创业的方式和手段比较单一，对潜力型高层次海归人才关注与支持不够。

3. 政策扶持的方式还有待完善

在政策制定上，往往以学历或科研成果作为待遇标准，较少考虑科研成果产业化的实际情况。不少项目扶持资金的发放往往按照科研成果评选的标准去考量，较少考虑科研转化和市场需要。评价主体上，缺乏社会化评价组织和机构，缺乏市场化程度高、公信力强的知名评估机构参与项目评估，政府工作人员远离市场和企业一线，不便进行主观评定。

第二节　企业家高地建设是创新发展的基础

一、企业家高地建设的保障机制需求

从国内外文献研究看，企业家高地建设的基础和前提是规范的制度、科学的激励、充分的实践。没有这样的环境，就会限制和束缚企业管理者的活动，也会妨碍企业家人格、胆识和气魄的形成。

(一) 发挥制度的力量

当前慈溪经济处在经济转型时期，经济领域的许多政策法规还不是很健全，将一名企业领导者培养为企业家并不容易，应当建立一套完善的保护机制，自始至终加以引导。

创造成长的基本制度环境。进一步建立和完善符合现代企业制度要求的、规范的公司法人治理结构，让企业成为真正的市场主体，创造适宜企业家成长的基础制度环境。

推进运行机制创新。遵循市场规律，充分尊重企业的发展特点，进一步建立和完善权责明确、管控高效、奖惩分明、充满活力的运行机制，通过制度来约束和保护企业领导者。

创造规范的制度框架。构建完善的培养机制，让企业领导者在竞争的环境中探索、发现并展示自己的企业家才能；构建良好的监督约束机制，防止一些消极因素的产生，引导企业领导者良性成长。

(二) 明确的激励导向

探索既符合市场规律、又符合慈溪当地特点的激励机制，促使企业领导者不断提高经营管理能力，朝着成长为企业家的方向努力迈进。

(1) 认可企业领导者的个人价值

企业领导者通过自身努力，执着追求企业管理的成功，促进企业争创一流业绩，勇当发展先锋，必将实现企业领导者的自身价值，这种价值得到社会认可使其强烈的成就感。

(2) 创造良好的成长环境

企业经营者作为一种职业，其成长需要得到社会的理解和支持，需要一定的基础和环境条件。除建立鼓励创新的激励机制外，良好的市场环境、稳定的政治环境、合理的人才流动体制、良好的法制环境都是企业家高地建设所需的。

(三) 拓展实践的空间

企业家不是天下掉下来的，也不是地上长出来的，而是在实践中修炼出来的

(1) 鼓励企业领导者把通过学习、思考所获得的认识成果，转化为发展思路、科学决策、规章制度等，并扎扎实实地抓好落实，同时，对实践经验进行及时总结，把行之有效的工作方法积累起来、坚持下去，做到边实践边总结边提高。

(2) 要积极创造条件，引导优良资产、优质资源向先进企业集聚，支持做大做强的企业；要把在实践中练就过硬本领、业绩突出、成长较快、创新能力强的企业家进行典型的系列报道，为企业家队伍建设搭建梯队、积攒后备力量。

二、慈溪企业家高地建设的环境优势

(一) 政府规划目标有利于企业家高地建设体制机制的形成

慈溪市根据“十二五”发展新要求，综合考虑未来发展趋势和发展条件，将努力在创业创新环境方面实现重要突破作为其五大主要目标之一。这一目标旨在创新激发民营企业活力的体制机制，创新促进资源要素合理配置的体制机制，创新提高行政效率的体制机制，进一步争创体制机制新优势，全面优化创新创业软环境。创新创业环境是企业发展亟须的，也是企业家发展所亟须的，这一目标的确定无疑将极大促使企业家高地建设体制机制的形成。

企业的成功来自其对外部环境的恰当回应，这就决定了企业要有充分学习的习惯和方法，才能充分应对环境的变化。过去，慈溪企业借助技术模仿、生活智慧的转移运用，也在市场竞争中获得了学习机会。随着企业的发展和个人境遇的改善，已有的学习方法无法胜任，此时就需要政府建立恰当的学习平台，帮助慈溪企业掌握有效的学习方法，改善思维方式，建立“学习型组织”。

慈溪市党委政府将对慈溪企业领导人及其接班人培育已列入重要工作内容。慈溪成立全国首个“创二代”联谊会，并计划通过与清华大学合作设立“创二代”培训基地，建立党政领导干部与“创二代”结对制度等，以期培育一支具有战略思维能力和现代企业经营管理水平，具有坚定政治立场、开拓创新精神和社会责任意识的“创二代”队伍，力争在不远的将来出现更多受人尊敬的新生代企业家。在新生代非公企业培育工作中集社会合力，开创企业家接班人培育的慈溪样板。

(二) 慈商精神有利于企业家高地建设的开展

慈溪有庞大的民营企业和民营企业领导者。改革开放之初，慈溪率先挣脱姓“资”姓“社”的思想束缚，率先推进市场取向改革，大办家庭工业，先行实施乡镇企业大改制。在一无区位优势、二无资源优势、三无政策优势的不利情况下，慈溪依靠党委政府的因势利导、“放水养鱼”，依靠广大群众的自觉市场行为和“四千精神”，打造出了野火烧不尽的“草根经济”，创造出了独具特色的“慈溪模式”，形成了千家万户办企业的特色优势。企业领导者有紧跟时代，不断强化自我学习、创新、发展的迫切需要，企业家们能在企业家高地建设中发挥其主观能动性，使建设事半功倍。

(三) 慈溪新生代企业领导者的领导能力逐渐显现

在慈溪民企的先发优势、比较优势逐渐丧失的时期。同时，也正处于民营企业两代人接班的关键时期。若没有闯劲足、思维新、能力强的新生代企业家，慈溪经济转型将面临极大困难。据慈溪市工商联民企代际传承的调查结果看，慈溪新生代企业领导者具有丰富的知识储备和开阔的国际视野，是企业家队伍中最有活力和创新潜力的群体，是经济转型的重要人才力量。他们充满了创业激情，逐渐挑起企业与地区经济跨越发展的大梁。

三、慈溪企业家高地建设的环境劣势

(一) 企业家高地建设尚处于探索阶段

民营经济优势明显,综合实力不断增强,但经济结构性矛盾、资源环境约束趋紧、企业创新能力薄弱等制约转型发展的问题仍然十分突出。而企业家队伍是经济转型升级时期重要的力量,但企业家队伍建设路径仍在探索阶段,尚未形成高效、实用的企业家队伍建设模式。

(二) 慈商文化中有不利于企业家高地建设的部分

1. 慈溪的"移民文化"基因决定了每个人都不甘人后,都想出人头地,但事实证明,这种思想对培养创业精神很有利,对企业的真正的发展壮大无利。过多的分化导致了企业壮大极其困难;过多的同质化竞争导致彼此受限,进一步发展很难突破。只有建立了相通的企业家精神,"小舢板"才能成为"航空母舰";只有走向联合、整合,在全新的形势下获得进一步的发展。

2. 慈溪的企业间缺乏明显的纵向、横向分工配合,导致极大的同质化竞争。在真正的企业家精神指引下,各企业只有放下"鸡头文化"的不利影响,真正从市场竞争和自身优势的角度出发,明确自身的产业定位,从而让整体经济结构更为合理:品牌、研发、装配、零组件、模具、材料的横向、纵向分工,才会让各家企业的发展更为顺畅。

3. 慈溪企业当下许多的经营问题,实则都是专业化管理程度不足所致,背后的终极原因是真正的企业家精神的缺乏,只强调自身的利益,不容别人染指最终的利益分派,也就没有办法获得真正的专业化管理。一旦认识到真正的企业家精神,慈溪的企业家就可以做出吸引专业化管理人员的重要举措,企业的管理水平提升、竞争力强化也指日可待。

(三) 新生代企业领导者是否能顺利接班尚是一个未知数

在许多第一代慈溪民企老板的眼中,中国职业经理人队伍并不成熟,多数慈溪民企至今仍不愿意进行股份制改造,开放股权。但慈溪新生代领导人缺少实际的工作经验,无论是对企业还是社会的认识都有所欠缺,知与行尚未有机融合,还需要经历多个层面的历练和考验。而且由于他们与父辈在教育背景、创业环境、个性特点、成长经历等方面存在差异,在日常生活、工作中的分歧也逐渐增多,很多想法和做法得不到父辈的认同。

四、慈溪企业家高地建设的环境机遇

(一) 政府进一步完善其服务职能

多年来,慈溪市政府较充分尊重市场在资源配置中的重要作用,依靠"放水养鱼"的政策,鼓励创业,有力地推动了慈溪企业的发展,更造就了慈溪经济的发展和社会的进步。在新的经济、社会条件下,政府除对优势的产业加大扶持力度,培养优势产业、优势品牌及市场领导企业外,应进一步加强开发新产业的引导。政府进一步完善其在人才引进、学习型组织建设上的服务。

(二) 社会经济发展转型升级的需求将推动企业家高地建设

慈溪正处于工业化后期、城市化中后期。在国内外宏观经济发生重大变化的背景下,正在着力调整产业结构、推动自主创新，充分激活比较优势、核心优势和潜在优势，加快经济转型升级。传统民营企业低成本、低价格的优势正在丧失，高能耗、高污染的增长方式已难以为继，低端、滞后的产业结构更是成为发展的致命伤。慈溪民营经济中传统劳动密集型企业比重较大，产业升级缓慢，随着先发优势、比较优势的逐渐弱化，发展动力出现衰竭迹象，这便迫切需要一大批闯劲足、思维新、能力强的新生代企业家来推动观念、思路、技术和制度创新。

五、慈溪企业家高地建设的环境挑战

(一) 制度与体制环境的约束

虽然慈溪市政府较充分尊重市场在资源配置中的重要作用，但企业家成长整体面临的最大障碍还是制度与体制环境，它使得企业家在做出各种决策的时候缚手缚脚。在管理经济的模式上，还是或多或少的存在计划经济“遗产”，最常见行政管理方式是政府的政策，比政策更多变的是领导指示，比领导指示更多变的是领导意见，而处于特定区域经营的企业家又不得不遵循领导意见。

(二) 社会经济环境更加复杂

全球经济形势在动荡中日趋低迷，中国经济也不能完全避开经济寒流的袭击，国家调低了对未来经济发展速度的期望。在宏观经济政策方面，国家通过出口退税政策的调整，不再鼓励低技术附加值的产品出口，这将多年来惯于外向经营的慈溪企业推向战略抉择的十字路口。在整体经济进入腾飞阶段，国家适时启动了社会的和谐发展机制，在环境保护和员工健康、安全方面对企业提出了全新的课题。此外更严峻的形势是，国家在通胀压力下，已经多次动用货币政策干预经济，这对慈溪企业的资本经营结构将产生长远而重大的影响。企业赖以生存的环境出现了重大变化，对企业的生存发展提出严峻的挑战。

在“逆水行舟，不进则退”的市场竞争环境中，竞争激烈的现代社会对企业家的能力和素质提出了更高的要求，要求他们必须有清晰的战略思维，能够科学决策，学会各种资源经营利用，带领企业进行持续的创新，形成强大的竞争能力。同时，在社会发展不断规范的大背景下，企业发展的机会主义时代已终结，当前市场竞争格局初步形成，民企若交接不畅，不但会制约企业自身成长，而且影响到整个区域经济的发展。

运用 SWOT 分析法对慈溪市开展企业家高地建设的优势、劣势、机会和挑战进行充分的分析、论证，使课题组成员更加明确在慈溪开展企业家高地建设的方向，为提出有针对性的建设意见奠定了基础。

第三节　“创二代”企业家是创新发展的主体

所谓“创二代”是指其父辈均通过创业获得一定的财富以及社会地位，但是其自己选择了脱离父辈的原始产业，重头做起的创业人生。创二代，一般出生于 20 世纪八十年代，民营企业“创二代”代表着民营企业的未来。慈溪是宁波乃至全省、全国民营企业最活跃、最发达的地区之一。当前，慈溪的大多数第一代民营企业逐步开始进入权力交接期，代际传承的高峰期已经来临。引导“创二代”群体以正确的方式保持企业史与家族史的延续，激发这一群体再创业创新的勇气和热情，帮助其提高综合素质和经营管理能力，对于带动民营经济绽放“第二次春天”，保持慈溪以及宁波经济社会平稳健康发展具有重要意义。

一、“创二代”成长环境分析

(一) “创二代”成长现状

为了全面把握慈溪“创二代”民营企业家的成长现状，通过实地调研、会议座谈、个人访谈、问卷调查等方式，对浒山、周巷、庵东、观城、龙山等地“创二代”民营企业家进行了深入调研。其中问卷调查发放 100 份，收回 78 份，有效问卷 76 份。

从企业规模来看，在有效问卷调查的企业中，企业规模(按人数计算)，50 人一下的企业占 18.8%，50—100 人的企业占 31.2%，101—500 人的企业占 43.8%，500 人以上企业占 6.2%。

从企业性质来看，个人独资占 25.0%，合伙企业占 6.2%，有限公司占 68.8%。

从分布产业来看，第二产业占 87.5%，第三产业占 12.5%。

从行业所处阶段来看，6.2%企业认为处于引入期，37.5%企业认为处于成长期，50.1%企业认为处于成熟期，6.2%企业认为处于衰退期。

(二) “创二代”个人及家庭基本情况

从企业家的性别来分析，男性占 75.0%，女性占 25.0%，说明企业家女性比重比较少。

从企业家的年龄来分析，25 岁以下占 37.5%，25—35 岁占 50.0%，36—45 岁占12.5%。说明宁波二代企业家 35 岁以下占近 90%，刚出学校门的近 40%。

从文化程度上分析，初次学历高中及以下占 43.8%，大专占 37.5%，本科占 6.2%，硕士占 12.5%。现在学历高中及以下占 12.5%，大专占 56.2%，本科占 12.5%，硕士占 18.8%。可以看出，目前“创二代”民营企业家整体上学历偏低。

从企业家的职务来分析，董事长兼总经理占 37.5%，总经理占 37.5%，副总及以下占 25%。说明慈溪民营企业已有 75%的实现顺利接班，还有 25%的企业还没有顺利接班。

从创业的次数来看，从没有创业经历的占 50.0%，有一次经历的占 18.8%，有两次以上创业经历的占 31.2%。说明了 50%以上的“创二代”企业家没有创业经历，缺乏创业的历练与能力。

从企业家管理技能方法来讲，认为“非常满意”的只有 6.3%，“比较满意”的占 37.5%，“一般”占 56.2%，可见“创二代”民营企业家管理经验与技能普遍不足。

从父母学历来分析，父亲学历初中及以下占 75.0%，高中及中专占 12.5%，大专占12.5%；母亲学历初中及以下占 81.2%，高中及中专占 12.5%，大专占 6.3%。可以看出，“创二代”民营企业家父母学历层次比较低，创业基本靠的是闯劲和机遇。

从父母参与企业经营的状况来看，选择“很多”的占 18.8%，“较多”的占 6.2%，“一般”的占 31.2%，“没有”的占 43.8%。“创二代”基本能够在企业经营中做主，“创一代”对其大多比较放心，能够做到基本放手。

从幼时家境状况分析，选择“清贫”的占25.0%，“普通”的占50.0%，“中上”的占25.0%。数据说明“创二代”民营企业家年幼时家境状况总体一般。

（三）“创二代”企业经营管理情况调研分析

对“面对风险，通常能勇于判断并承担”问题的回答，“不确定”占6.3%，“有点符合”占62.5%，“非常符合”占31.2%。这说明有近70%的“创二代”的风险判断和应对能力还不够，或者还不自信。

对于“政府对新生企业的管理是非常规范的”的回答，“有点不符合”占6.2%，“不确定”占37.5%，“有点符合”占37.5%，“非常符合”占18.8%。说明大多企业家对当前政府创造的创业环境不是很满意，认为创业颇为艰难。

对于“创造性思维通常是人们通往成功的途径”的回答，“有点不符合”占6.3%，“不确定”占12.5%，“有点符合”占50.0%，“非常符合”占31.2%。这说明大多数“创二代”对于创新的认识还比较深刻，也由此具有较强的创新动力和意识。

对于“常常能得到企业成长所需的信息”的回答，“有点不符合”占6.3%，“不确定”占37.5%，“有点符合”占50.0%，“非常符合”占6.2%。说明大多数企业家对市场、政策、环境等信息掌握不够灵敏，缺乏信息获取的渠道。

对于“常能泰然自若地面对各种不确定的情况”的回答，“不确定”占37.5%，“有点符合”占50.0%，“非常符合”占12.5%。这说明“创二代”对于复杂问题、难题的处理能力还有欠缺，还需不断学习成长。

对于“现已拥有企业家活动所需要的技能和知识”的回答，“非常不符合”占6.2%，“有点不符合”占18.8%，“不确定”占25.0%，“有点符合”占50.0%。这说明“创二代”对企业家活动应具备的技能和知识是严重缺乏的，知识与技能不足严重影响二代的成长。

对于“市场机会经常能把握和利用”的回答，“有点不符合”占18.8%，“不确定”占12.5%，“有点符合”占62.5%，“非常符合”占6.2%。这说明大多数的“创二代”对企业面临稍纵即逝的发展机会时，识别和把握机会的意识能力都还很欠缺，这也反映了“创二代”经营水平还很不够。

对于“亲友中有很多人是企业家”的回答，“有点不符合”占31.2%，“不确定”占18.8%，“有点符合”占31.2%，“非常符合”占18.8%。说明许多“创二代”都有亲友从事企业经营管理，这对于他们迅速增加经验、提升水平是很有好处的。

对于“认为企业家活动成功是一种人生的高成就”的回答，“不确定”占25.0%，“有点符合”占43.8%，“非常符合”占31.2%。说明大多数企业家都有较强的事业心、责任感，都有一种创业创新的理念。

对于“目标一旦确定，我很少在挫折面前低头”的回答，“不确定”占18.7%，“有点符合”占37.5%，“非常符合”占43.8%。这说明大多数“创二代”都有敢于破难、勇于挑战的信心，这在当前严峻的企业发展环境下是十分重要和有益的。

对于“企业家在我周围的人们眼里颇为受人羡慕和尊重”的回答，“有点不符合”占18.8%，“不确定”占37.5%，“有点符合”占31.2%，“非常符合”占12.5%。这说明当前社会环境、社会氛围、社会舆论对企业家成长不是很有利，社会对企业家还缺乏足够的尊重和理解。

二、“创二代”民营企业家发展存在的问题

通过调查和分析，当前慈溪“创二代”民营企业家发展还存在一些问题。

（一）个人基本素质有待提高

根据上述分析，慈溪“创二代”民营企业家文化程度普遍不够高，对市场机会判断不够敏捷，承担风险能力不足等，总体素质仍存在差距，综合能力还有待提升，尤其是掌握现代科学管理知识、善于捕捉市场机遇、能够凝聚各方人才的能力还不够高等，缺乏长期战略和长远眼光，经营管理理念陈旧，开拓创新能力不足，最终会造成自身发展动力缺乏。企业家的素质能力问题仍是制约民营企业发展的一个突出问题。

（二）企业现代管理制度缺乏

从企业性质来看，个人独资占25.0%，合伙企业占6.2%，有限公司占68.8%。大多数企业还属于家族企业，企业两权合一，家族成员占据重要岗位，决策方式独裁化，缺乏科学决策的方式和程序。企业的治理结构不完善，管理方式的家族化，限制了企业家能力和水平的提高，也最终影响了企业的发展壮大。尤其在民营企业创业阶段，对企业中的重大决策问题实行个人独裁决策，的确是一种高效率，但在民营企业发展后，各种新问题就会层出不穷。目前我国的现状是，很多民营企业发展到一定时期后，还维持在家长式管理的模式中，凡事一个人说了算，缺乏来自内、外有效的监控、反馈和制约，使得决策的正确性和准确性大打折扣。而且在企业发展到一定阶段以后，家长式管理模式容易导致严重倾向的独裁和集权化，渐渐导致整个企业管理水准下降，活力减弱，效率降低，组织僵化，上下沟通受阻，市场应变缓慢，员工凝聚力和归属感下降。因此，民营企业的管理模式有待创新，亟待完善法人治理结构。

（三）要素资源保障能力不足

当前，民营企业经营管理和创业创新最需要人才和资金两类资源。

从人才看，一般而言，大多数民营企业在人才储备上是落后于国有企业的，面临着严重的人才瓶颈，即人才总量不足、人才素质不高和人才结构不优。一些民营企业在外部招聘人才时，往往只是以高工资吸引人才，而对于保险、福利却只字不提，使得一些人才对民营企业感到无安全感，影响了企业的人力资源及产品的开发创新能力，还有一些民营企业用人的随意性也很严重，以致浪费了大量的人才，使得民营企业多年来形成不了人才优势。如何解决人才之困，是当前摆在民营企业家面前的一个十分紧迫的战略问题。

从资金看，很多民营企业在现有制度框架内无法筹集到发展所需要的资金，借贷无门。张维迎认为，中国的体制问题很多，政府管得太多，游戏规则不透明，如果企业家按照规则办事，循规蹈矩，合法经营，什么事情也干不成，更不用谈发展了；但是不按照规则办事又会带来更大的风险，甚至有杀头坐牢的风险，所以有话说：不违规等死，违规找死。由此可以看到，我们的企业家们在制度与体制范围内总是左冲右突，为了获得企业的发展，为了使企业

正常经营，要付出极大的制度与体制代价。

（四）创新的意识和能力有待强化

数据显示，绝大多数受访者均认同技术创新的重要性，他们认为技术创新对绩效和长期战略的影响程度非常高。多数企业家同时意识到了技术创新的高风险与高难度。但受访者中只有36.6%的人认为技术创新在公司具有较高地位，多数人(61.8%)认为当前企业技术创新并不被重视。绝大多数企业家认为产品创新有助于增加产品品种或功能，以及提高产品性能与质量，但只有约一半企业家认为产品创新在开拓市场方面有突出贡献。94.7%的企业家认为原创性创新能提升企业形象与能力，企业家对原创性创新的认可度非常高。同时，约60%的企业家认为原创性创新做得好，能够同政府部门保持一种良好关系。虽然创新有成有败，其存在诸多风险和难点，但调查显示，约66%的受访者称仍会在很大程度上坚持技术创新。不过，不同受教育程度的企业家在坚持技术创新的行为选择上表现出显著的差异。从数据上看，学历越高，越倾向于坚持创新。其中研究生(包括硕士与博士)坚持技术创新的比例最高，占比超过85%，不具备大学学历的企业家则仅有43.68%的人选择坚持创新。

（五）发展环境有待优化

从“创二代”的培养看，目前的问题主要表现为多头管理，又没有人管的尴尬局面。管理企业的部门有经信委、人事局、统计局等，政出多门，他们都可以制定企业家培养计划，结果都没有制定一个长远的处于战略层面的企业家培养规划，使对企业家的培养出现一种短期行为现象。培养内容、培养对象、培养的方式缺乏整体规划。

此外，当前企业发展法律法规不完善，缺乏私人财产的有效保护。在成熟的市场经济下，经济之所以有序运行，除了得助于道德力量外，主要靠的是一个有效的产权保护制度与完备的市场运作的法制环境，企业家作为稀缺的资源，其产权(人力资本产权)以及人身利益更要受到法律的保护；企业家合法经营的权利必须得到法律的保护。

目前在保障企业家经济地位方面的法律还有所欠缺，对企业家重视不够，企业家的报酬与一般员工差别不大，没有形成企业家的收入与企业效益挂钩的制度，使企业家的经济利益受到损害。各种税收政策还处于改革过程中，完善的税收政策能够约束企业家依法纳税和依法经营。

（六）社会氛围有待提升

社会对企业家的认可度不够，56%的人并不羡慕企业家。整个社会对企业家的认可度直接影响对企业家的追求。目前缺乏良好的舆论导向，缺少对企业家的社会激励，缺乏政府在制度上的保障，缺少弘扬开拓创业的文化氛围。有些企业家在实现了自身价值后，更希望实现社会价值，为社会多做贡献，获取一定的社会地位和赢得社会各界人士的尊重，社会媒体正面宣传报道企业家的社会贡献，对他们具有更大的激励作用，但总体来看，负激励相对多，正面的正激励较少。

同时，社会对民营企业家宽容意识较差，导致企业家不愿意把企业做大，做大有招致仇富的风险，由此也有了目前很多企业家向海外进行投资移民的举措。另一个方面是社会不理解企业家的创新,因而不能宽容地对待企业家的失误,禁锢了企业家开拓创新的精神,只有有了这种对企业家失败的宽容才能辉煌。

三、慈溪“创二代”民营企业家成长的影响因素

影响“创二代”企业家成长的因素很多,总体可以分为个人因素、企业因素以及外部因素。

(一) 个人因素

1. 成长动机

(1) 成功需求。成就导向是企业家行为产生的关键。个体对于企业家角色的寻求,源自于在挑战的成功中得到很大满足感。这种成长动机是企业家不断成长与发展的内在驱动力。(2) 风险承担倾向。企业家是适度高风险的行为者,企业家是通过领先其他人的行动中获得成功机会的。较高的风险承担特征是企业家的一个特质。研究表明一个地区的风险承担倾向与较多企业家的存在有着明显的正相关。(3) 心理坚强度。心理坚强度直接关系到企业家的成功。中国人比美国人更具有心理坚强度。这种坚强度的持续性是中国人的一个普遍特征。

2. 创新追求

企业家的本质就是创新。创新就是创造一种新的生产要素组合形式,或者是一种新的生产形式。(1) 一种新的生产方式的引进;(2) 一个全新市场的开辟;(3) 对于一种新的原材料来源或者供应着的控制;(4) 创建一种新的组织。中国的家长制环境,大多数人更习惯按照既定的指示办事,中国文化价值观念压制了创造力和创新性。

(二) 企业因素

1. 产权关系

在现代新经济企业中,投资主体多元化,产权关系不顺,企业难于步入快速发展的轨道。慈溪目前大多数企业缺乏现代公司制度,在很多民营企业中,经营者往往就是所有者,由于缺乏归个人财产的有效保护力度,他们总是担心资产被人瓜分,加之中国人特有的家族意识,他们总是把创业得到的钱看得死死的,不容他人分得一点,这种状况导致许多民企不是真正的现代企业,仍停留在业主的经济范畴,民营企业创业时期,大家一起创业,只考虑事业而未过多考虑财产及个人利益问题,有的也是口头的协议与承诺,但当企业发展起来,资产不断扩大后,这些资产的归属问题就出现严重的分歧,由于产权问题导致企业凝聚力下降,工作效率下降,最终导致企业倒闭。

2. 企业生命周期

企业的生命周期处于不同阶段所面临的挑战不同,企业家指挥处于不同阶段的企业运营时,就需要不同的管理技能,也对应地形成了企业家的生命周期。有学者认为企业家的生命周期有五种类型:创建者、加速者、维持者、改变者和结束者。不同类型的企业家具有不同的管理风格。

3. 企业文化

企业文化是指企业信奉并付诸实践的价值理念，是领导力的体现。企业家能力的高低，在某种程度上决定了企业家对企业文化、企业价值观的认识水平的高低。企业家能力具体是指企业家使企业生存和发展下去所应具备的各项能力。企业家不仅是企业中配置资源、整合能力的总策划师和执行者，而且企业家是企业文化的主体创造者。

企业文化之间的竞争，也是企业家之间能力的竞争，企业家能力更多地表现在企业家如何将自己的企业哲学、企业理念、企业伦理和人格融合到企业文化中去，并灌输给全体员工，通过实践逐步被员工认同。在卓越的企业背后，是卓越的企业家创造的卓越的企业文化。

(三) 外部环境

1. 制度环境

制度文化因素是一个企业家成长的宏观背景，这种因素对于企业家的成长与发展有着激励与制约的双重作用。制度是一个国家经济活动的根源，制度提供了人们进行交易的框架平台，人们在这一框架之中建立了各种合作或者竞争的关系，最终构成了一个社会固有的经济秩序。这种制度不仅激发了经济行为的产生与否，也同时决定了社会财富收入的潜在分配。

2. 发展机遇

从根本上说，每一个企业家的成长过程，都离不开这种成长机会的出现，以及对于这种所出现的成长机会的辨识与把握上。企业家成长是基于一种对于成长机会的辨识和洞察。对于每一个企业家而言，机会便是把相关资源组合起来以创造性地满足这种市场需求并同时实现价值的一种可能性。

3. 政府服务

政府是企业家成长的助进器，它通过建立良好的外部环境来促进企业家的成长。目前，政府仍是企业的领导，仍管理着企业，对其进行直接或间接管理。继而出现有些民营企业与政府中某些官员勾结，损害社会及国家利益，牺牲某些股东的利益来达到一己之利，这些所谓的企业家并非真正以企业发展和创造财富最大化为己任，他们只是疯狂地掠夺他人财产归个人占有。

第四节　产业人才是创新发展的动力

随着经济的快速发展和市场形势的进一步严峻，企业的竞争重点转移至对人才的竞争。据统计，近年来企业人才流动速度加快，人才缺失日益严重，虽然我国每年有几百万的大学生毕业走向社会，但企业却很难找到适用的人才。人才的缺失和使用障碍给企业的经营和发展造成了极大的困扰，而地方经济的发展离不开其辖区内企业的稳定与发展。培养和引进企业所需的人才成了政府、企业亟须解决的难题。

一、慈溪企业的特点

（一）慈溪企业支撑了慈溪经济的快速发展

2013年，慈溪初步实现地区生产总值1 027亿元，增长9%；完成地方财政收入92.05亿元，增长13.1%；城镇居民人均可支配收入达到41 100元，农村居民人均纯收入达到22 420元，分别增长9%以上和10%；居民消费价格指数102.2%。对慈溪的经济可概括形容为：慈溪占全国1/8 000的土地，创造了1/600的财政收入，1/500的生产总值，1/400的净出口总额。

连续4年来慈溪经济基本保持9%以上的增幅，2013年慈溪着力做好功能开发大文章，现代物流业、新兴产业等产业迅速崛起，家电、轴承、化纤等传统产业转型升级，实现：农林牧渔总产值71亿元，按可比价计算，同比增长1.6%；新增宁波市级以上农业龙头企业5家；杭州湾现代农业开发区规模化种植产业成形5.6万亩；海通集团果蔬高品质干燥项目获国家科技进步二等奖，实现慈溪市农业领域国家科技大奖零突破；工业方面，全市工业总产值3 000亿元左右，同比增长5.5%。其中：规模以上工业产值1 700亿元，同比增长6.5%；世捷新能源等5个项目列入宁波首批战略性新兴产业项目；工业强市建设位于全省前列；服务业方面，实现服务业增加值388亿元左右，占地区生产总值比重提高1个百分点。

（二）慈溪企业以中小企业居多

慈溪企业多以中小企业为主，占比约在99%以上，可以用“千家万户办企业”来形容，平均不到4户中就有1户是经商办企业的。中国经济发展至今，已充分表明中小企业是推动国民经济发展，构造市场经济主体，促进社会稳定的基础力量。特别是当前，在确保国民经济适度增长、缓解就业压力、实现科教兴国、优化经济结构等方面，均发挥着越来越重要的作用。

这些中小企业具有以下特点：

（1）已成为拉动慈溪经济的新增长点。

（2）缓解就业压力，保持社会稳定。中小企业创业及管理成本相对较低，市场的应变能力较强，较灵活。

（3）中小企业是市场经济体制的微观基础，是深化改革的主要推动力量。

（4）具有集聚效应，主要产业有家电、轻纺、打火机、轴承。

（三）慈溪民营企业以家族管理为主

从民营企业的普遍性看，大多数处于成长期的民营企业，是家族式治理结构，主要由家族内的亲信占据着财务、经营、销售、供应等部门要害职位。家族企业所需的创业资金和发展资金，基本上都是自给型的，来源于业主原来劳动经营所得和家庭或家族筹集。曾有人对265家家族企业调查统计，企业资金主要来自原来劳动所得占62.3%；其次是银行贷款占48.3%；第三是向亲朋好友借款占21.5%。日常经营所需资金主要来自自我积累(71.7%)，其次是银行贷款(49%)。54%被调查企业的管理人员与业主有亲属关系，44.5%的企业经营决策、32.4%工资决策由业主本人决定，有6.4%的经营决策和7.9%的工资决策由家人决定。

(四) 慈溪中小企业劳动密集程度高

中小企业生存并发展于劳动密集型企业，就业容量和就业投资弹性均明显高于大企业。

通过对慈溪企业特点的分析，可以得到，慈溪企业是慈溪经济的重要主体，其发展的好坏直接影响着慈溪整体的发展。针对慈溪企业中以劳动密集的中小企业为主的情况，同时考虑慈溪企业中民营企业居多，且多以家族式管理为主的现状，焦点汇集到对企业所需的各级各类人才的培养。对人才的培养是一项系统工程，不可能一蹴而就，需要提前做好准备，这就需要对人才进行储备式培养，在此之前，需要了解企业需要的人才要求。

二、慈溪市企业需求人才的特殊性

(一) 综合性人才需求量大

慈溪市共有工业企业 2.8 万多家，个体工商户 7 万余家。“近十万家企业需要有几十万的中层以上高管人才，综合性人才十分难求，希望在有志有为的年轻知识型人才一代”。人才市场管理办公室主任余建孟说。为了能招到适合的人才，企业对不少岗位没有设定专业门槛，对人才只有三个到位要求，即心理到位、技能到位和品行到位，对人才的学历和工作经验的要求有所放宽，旨在挖掘一专多能的综合性人才。

(二) 两端人才十分紧俏

据市场调查，慈溪市人才呈现两端紧中间松现象，即高层次人才和一线技术人才十分紧缺。中间学历和期望较高的高校毕业生数量较多，需求相对不旺。不少慈溪企业面临着转型升级的问题，更需要领军型人物，而目前这方面的人才无论是引进还是自行培养均还存在着一定的难度。一线技术人才特别是技工，主要的承担者是外来务工人员，随着内地和沿海工资收入的拉近，内地来的技工流失严重，而中间学历和高校毕业的学生心态又暂时不能放平，期望较高，致使企业这一端的人才缺口较大。

(三) 对人才的需求有产业性

慈溪主要产业有家电、轻纺、打火机、轴承业，为了能求得企业的可持续发展，企业需要技术开发、技术创新、市场拓展、生产管理和质量检验等人才；随着外向型企业的增多，企业对电子商务和外贸人才的需求也呈现递增趋势；为了能培养员工的凝聚力，不少企业已经意识到政工类人才对企业的意义。

(四) 企业的人才具有不均衡性

慈溪企业的人才在结构和年龄等方面有失衡趋势。空降而来的人才落脚较难，内部的人才成长偏慢，导致人才结构的层次总体偏低，企业的创新步伐偏缓；年轻人特别是 90 后，对工作的挑拣性大、稳定性差，使企业稳定的人才年龄结构偏大，创新意识和创造力偏弱；年轻人的心态同时还影响了一些行业的招工难，如一些酒店、饭店等需要女工为主的行业，因为 80、90 后的新生代女工对工作环境、发展潜力要求更高，导致“女工荒”更加严重，特别是随着酒店对女工要求的提高，女工“荒”得更厉害。

三、慈溪企业人才现状调查及分析

据统计，浙江省 99%以上的企业是各类中小企业。这些企业是浙江经济的重要组成部分，其生存和发展需要多方资源的协同，人才作为其中的一项资本，对企业有着举足轻重的影响。对企业的人才现状进行调查研究，可以让企业掌握企业发展的脚步与人才需求的匹配性；让企业了解人才的流动性对其的影响因素；同时也可以使企业盘点一下比较侧重人才知识、结构、素养的哪些方面；等等。对这些信息的把握，有助于企业更好地吸纳和培养人才。

本次调查旨在解决以下问题：(1) 企业规模的变化幅度与人才需求的变化的关联性；(2) 企业对人才内涵的需求；(3) 企业人才的流动性及影响因素；(4) 企业人才培养的瓶颈。

(一) 企业规模变化幅度与人才需求变化的关联性

本次调查采用问卷调查的方式，随机选取了招聘会(慈溪市)上的一些企业，发放问卷 100 余份，收回 83 份，对问卷进行合理性审查，有 7 份问卷无效，有效问卷是 76 份。

1. 调查的对象

本课题要做的是关于储备人才的研究，调查的人才范围是初、中级人才，随机选择了一场面向大学生的招聘专场，向所有参展的招聘单位进行问卷调查。

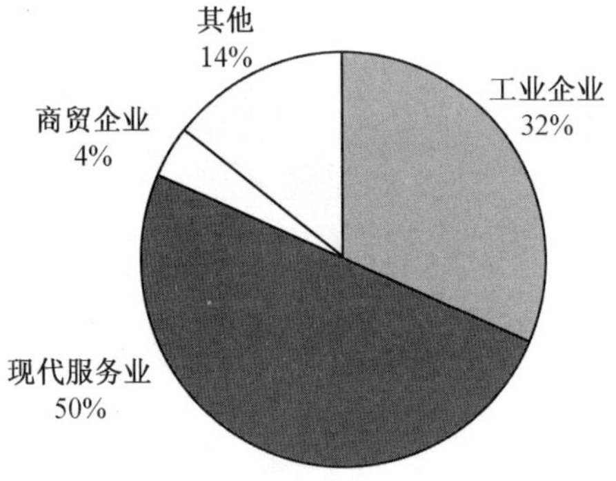

图 23-1　调研企业的构成

调研企业中，以现代服务业居多，占总数的 50%，这与我们行业格局的变化有关，近几年现代服务业发展加快，中小微服务企业增长更是明显。这里体现了一个学校教育的导向，即要多关注现代服务业的人才需求。

2. 被调研企业的性质

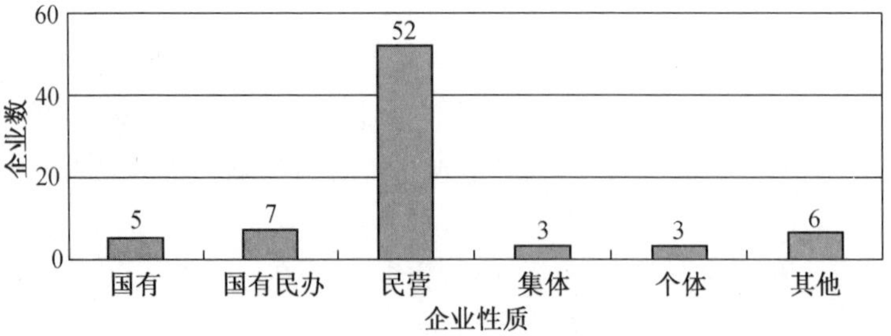

图 23-2　被调研企业的性质

由图 23－2 可见，被调研企业中，民营企业最多，有 52 家，占总数的 68.4％。这与慈溪快速发展民营经济有着很大的关系，也说明民营经济在市场中占据着越来越重要的地位。这些企业将是未来人才的主要服务地。从中也可得出，未来人才的培养需要着眼于民营企业的人才需求。

3. 被调研企业的规模

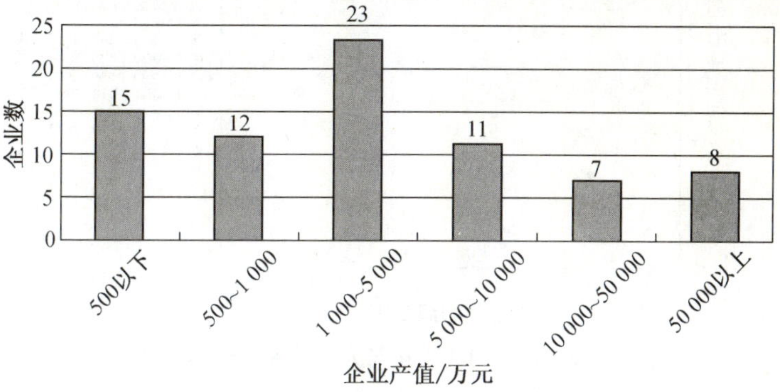

图 23－3　被调研企业产值

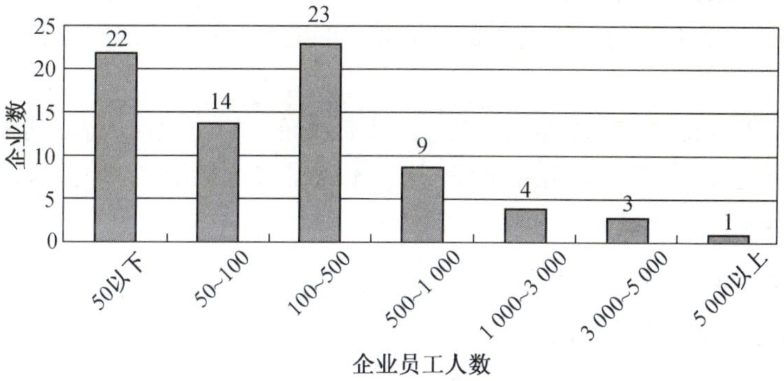

图 23－4　被调研企业的职工人数

从图 23－3 和图 23－4 可以看出，产值 10 000 万元以下的企业占企业总数的 80％以上，员工人数在 500 人以下的企业占调研企业总数的 77.6％，意味着这些被随机抽样调研的企业以中小微企业为主。

4. 被调研企业规模变化与人才需求变化之间的关系

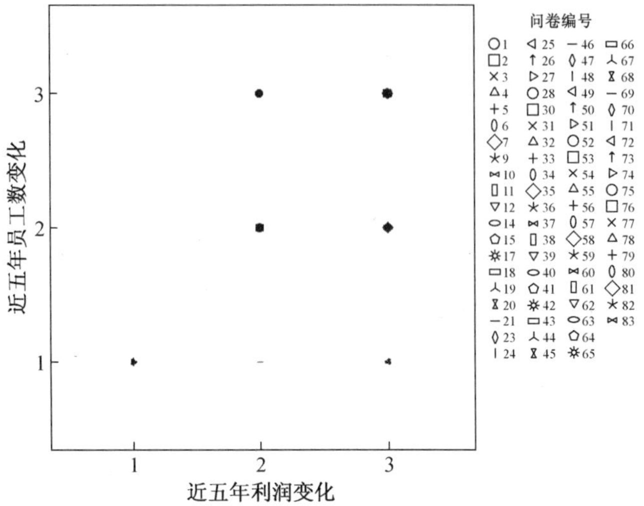

图 23-5　企业利润变化与人才需求变化的关联图

图 23-5 是企业近 5 年的利润变化情况与近 5 年人才需求变化情况之间的关系，经过统计软件 SPSS 的分析可以看出，两者的变化幅度基本一致，即当企业经营逐步好转时，对人才的需求也同步增加。调研企业中有 51 家企业（占总数的 67.1%）的利润在近 5 年有 10%以上的增长，因为利润与人才需求的关联性，可以预算对人才的需求在近 5 年也增加了不少于 10%。

从以上五个图可得，目前中小微民营企业是浙江经济的主要构成者，其中尤以现代服务业居多，且这些企业的经营形势相对较好，对人才的需求也在稳步递增，为这些企业输送合适的人才是高等院校今后培养的方向。

(二) 企业对人才内涵的需求

1. 企业现有人才的学历结构

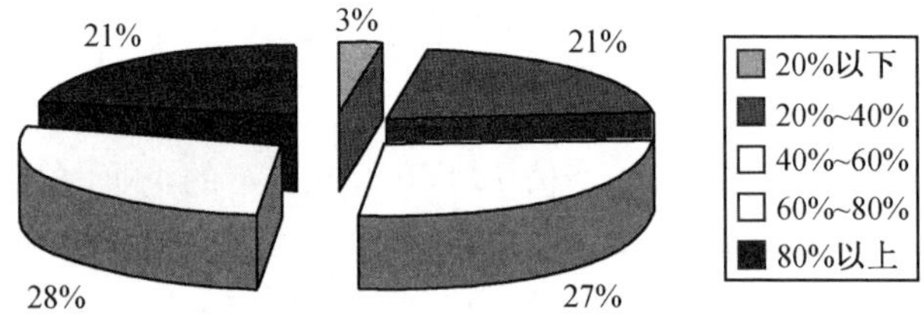

图 23-6　企业专科以上人员比

从图 23-6 可见，企业的专科人员比还是比较高，76.3%的企业专科人员比在 40%以上，有近一半的企业专科人员比在 60%以上，说明企业员工的素质在逐步提升。

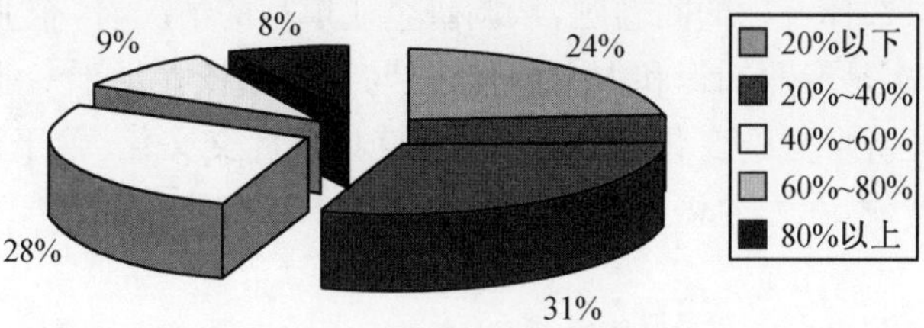

图 23-7　企业本科以上人员比

从图 23-7 可见，本科生以上的员工比较专科生要低很多，在 55%以上的企业本科学历以上员工比在 40%以下，本科以上学历人员比占 60%以上的企业只有 17%左右。

从图 23-6 和图 23-7 的分析可得，目前企业对大专以上学历人员的需求在递增，专科生在企业中的比重越来越大，这与高等教育的普及有着很大的关系，但目前企业对本科及以上学历的人员数相对不是很高，在一定程度上不利于企业的发展。

2. 企业用人最看重因素

图 23-8 直观地表明了企业用人最看重的因素是人品，其次是技能，这与企业的用人规则相吻合，即“有德有才要重用，有德无才要培养，有才无德要慎用，无德无才坚决不用”，故高校在培养过程中要多对学生的德育加强教育，并积极寻找行之有效的办法。

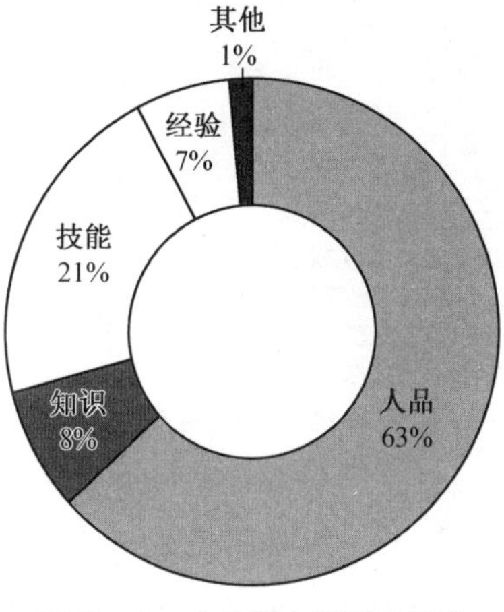

图 23-8　企业用人最看重因素

3. 企业希望人才具备的知识、素质和能力

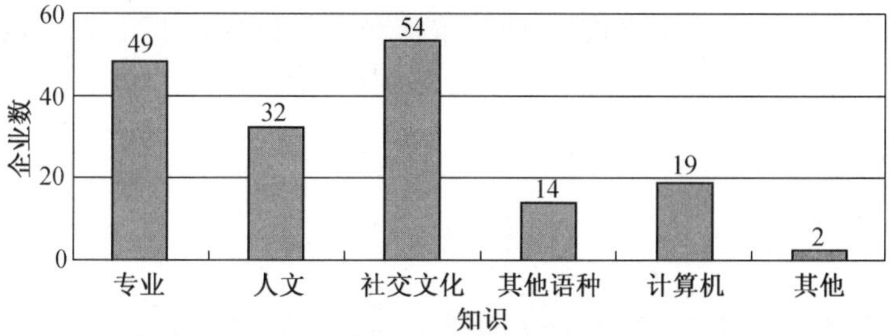

图 23-9　企业希望人才具备的知识

这是一个最多可选择三项的问卷题，从调研企业填写的情况看，企业希望最多的人才最好具备社交文化，其次是专业知识和人文修养，这与我们高校立足于专业人才的培养有一定的出入，可见，随着经济形势的变化，企业需求的是具备社交文化、善于沟通的人才，高校需要紧跟市场前进的步伐，在人才培养方面跟上企业需求的脚步(图 23 - 9)。

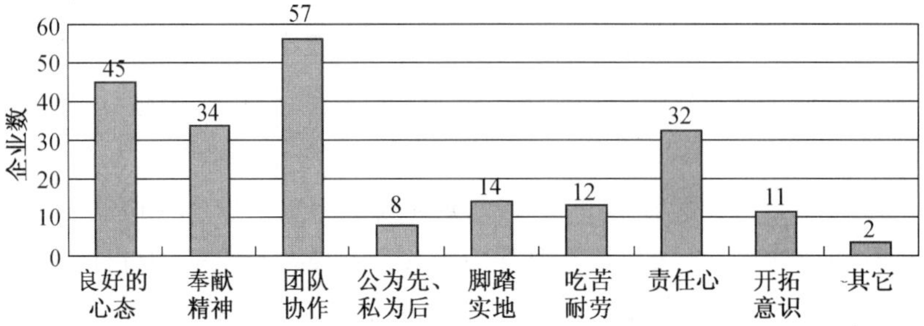

图 23 - 10　企业希望人才具备的素质

图 23 - 10 表明企业最希望的是人才有良好的团队协作精神，其次是良好的心态，第三是奉献精神。

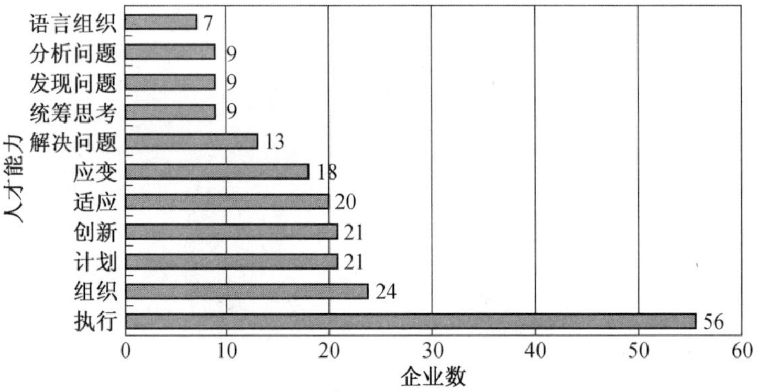

图 23 - 11　企业希望人才具备的能力

从图 23 - 11 可见，企业对中、低级人才的能力最看重的是执行力，其次是组织能力，第三是计划能力和创新能力。

从图 23 - 6 至图 23 - 11 可得，企业对人才内涵的追求在逐步提高，对招聘的大专以上的学生，企业最看重的是其人品，在知识方面注重社交文化和专业知识，在素质方面偏重团队协作意识和精神，在能力方面则希望人才有较强的执行力。

(三) 企业人才的流动情况及影响因素

1. 目前企业岗位人才的需求情况

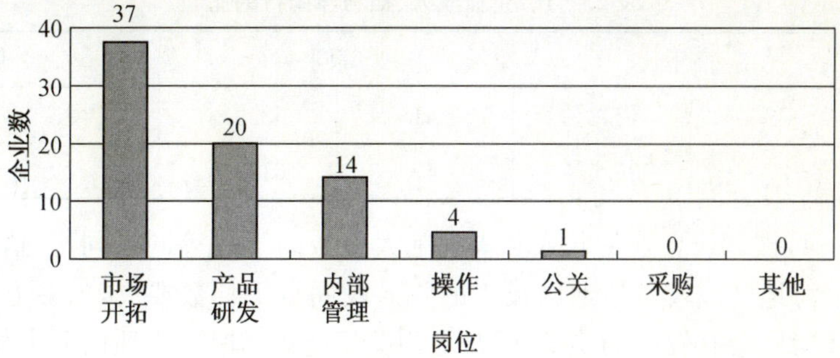

图 23-12　企业最缺人才情况

由图 23-12 可见，目前企业紧缺最多的是市场开拓人才或营销人才，其次是产品研发人才，这与企业的发展有着密切关系，企业前进的两个轮子一个是市场，一个是技术或创新。

2. 企业人才流动情况

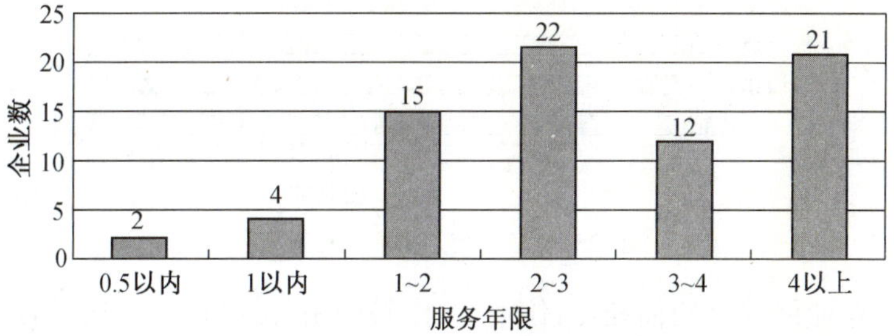

图 23-13　大专以上人才在企业服务年限

大专以上的人才在企业中的服务年限在逐年提高，有近 28%的企业其人才的服务年限在 4 年以上，流动比例最大的人才在企业服务年限一般在 1—4 年之间，有这样流动比例的企业约占 65%，这对企业的发展是比较不利的，这些人才刚好进入到企业的文化与环境中，正是能为企业创造效益的时候却离开了公司(图 23-13)。

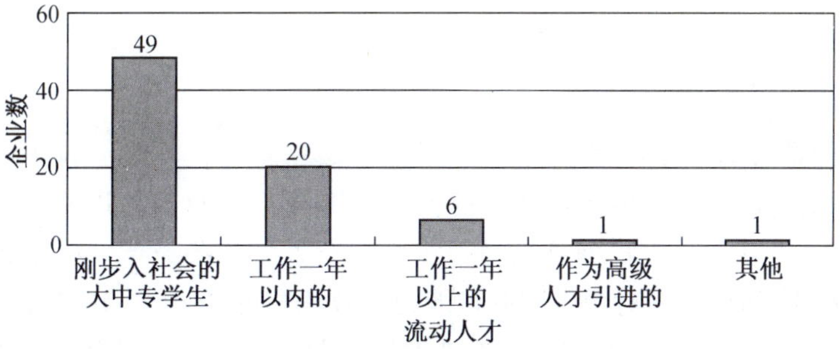

图 23-14　企业流动最多的人才

在 77 家调查企业中，有 49(64.5%)家企业反映企业流动最多的人才是刚步入社会不久的大中专学生，其次是工作在一年以内的大中专学生(图 23-14)。这说明现在的大学生工作稳定性和对企业的忠诚度方面尚需进一步培养，在心态方面还需要调整。

3. 企业的收入与福利情况

表 23-1 企业收入、福利与同行的比

项目	高于		等同		低于	
收入	32	42.2%	41	53.9%	3	3.9%
福利	27	35.5%	47	61.9%	2	2.6%

分析表 23-1，被调研企业的收入和福利绝大多数高于或等同于同行，这样的一个情况也正好说明了沿海地区或较发达地区员工的收入较同行平均数要高，另一方面也显示了企业对员工的总体素质会有较高的要求，这与上面关于能力、知识、素质的要求相吻合。

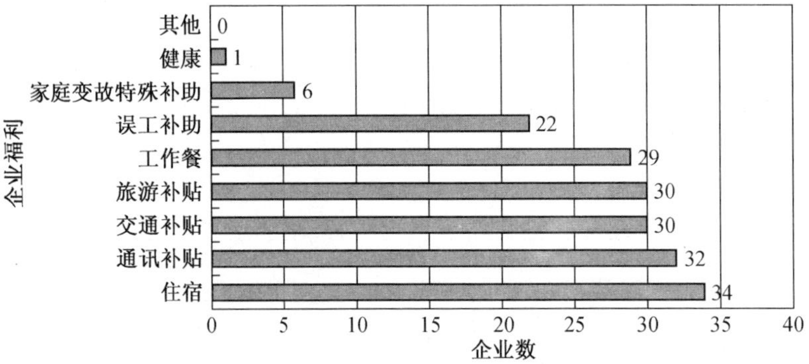

图 23-15 企业能提供的福利

调研中多数企业能提供的福利是：住宿、工作餐补贴、交通补贴和通讯补贴，但也有不少企业对员工有旅游方面的福利。企业的福利是吸引员工稳定工作的重要因素之一。从上图可见，企业的这些福利在同行中竞争力一般，对于留人没有起到多大的作用。

通过对图 23-14、图 23-15 和表 23-1 的分析，可以看出在这些民营中小企业中，人才的流动性还是比较大的，特别是市场开拓/营销人才和产品研发人才，虽然这些企业大专以上人才的收入和福利较同行高一些，但具体的福利措施的竞争性一般。企业需要在收入分配的激励性方面和福利留人方面多下一些功夫，而学校也需要在人才培养过程中更多地关注对学生心态调适的培养。

(四) 企业人才培养的瓶颈

1. 企业认为最好的人才培养方式

对于人才的培养，有 50%的企业认可校企合作共同培养，这样可以使学生零距离与企业对接；有 27%的企业认为可以提前到学校按需求进行人才储备；有 23%的企业则认为学校在进行专业培养的同时，加强对学生的职业能力的教育即可(图 23-16)。由此可见，企业希望提前介入进来的占 77%，这说明学校、企业共同培养学生是一条很合适的道路。

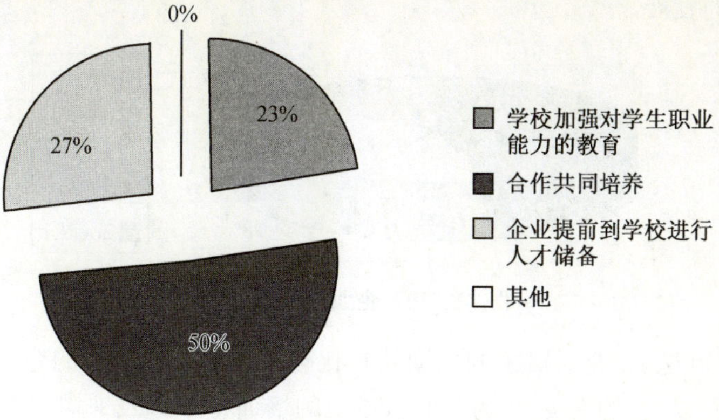

图 23-16 企业认为最好的人才培养方式

2. 企业给员工提供的培训

随着企业对员工的提升意识增加，企业会向不同层次的员工提供不同的培训，有企业内部的自行培训、请专家过来培训，或者将员工送出去培训。

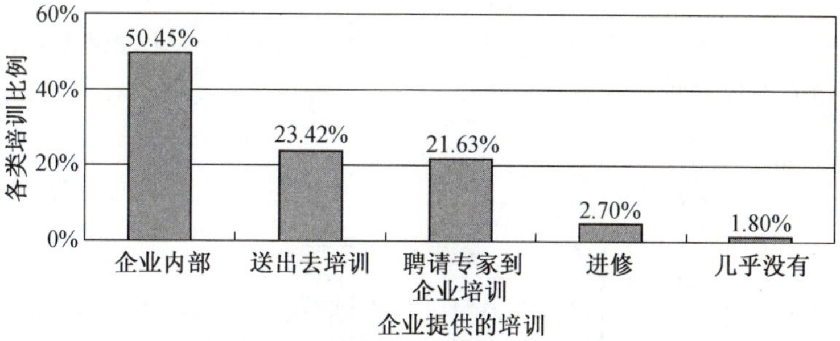

图 23-17 企业提供给员工的培训

企业提供给员工的培训方式在问卷中是不限项选项，从图 23-17 企业提供给员工的培训调查中可以看出，一半以上的企业对员工实施的是企业内部的培训，有 23%左右的企业选择将员工送出去进修，有约 22%的企业邀请行业内的专家到企业给员工培训。

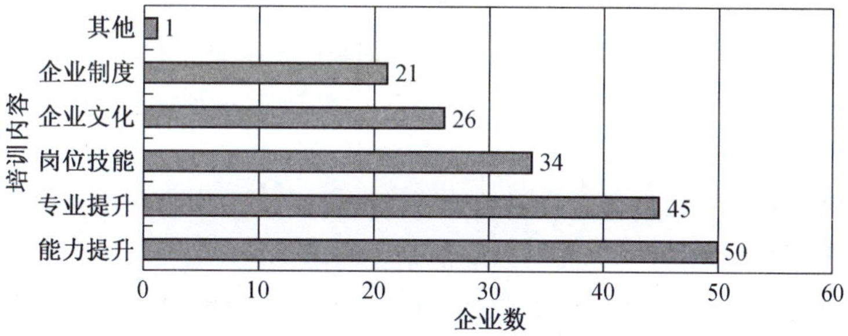

图 23-18 企业培训员工的主要内容

企业给予员工的培训内容是个不限项选项，有 50 家企业提供培训的内容是提升员工的能力，有 45 家企业是为了提升员工的专业知识，有 34 家企业则是培训员工的岗位技能(图 23-18)。可见，企业对员工的培训主要还是围绕着提升员工岗位技能和专业知识，以更好地适应企业的发展。

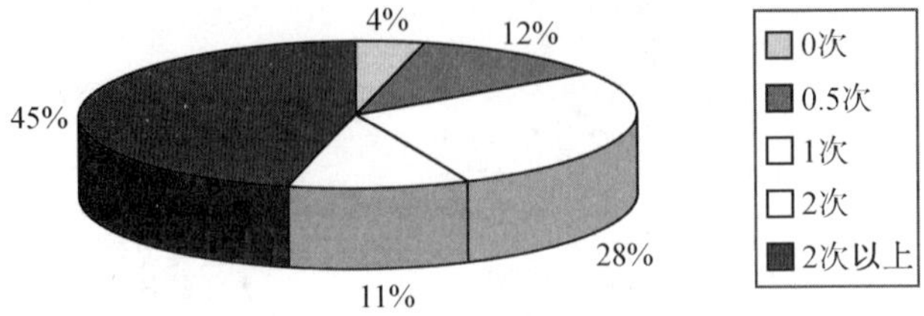

图 23－19　企业培训覆盖率

由图 23－19 可见，企业对员工的培训还是比较重视的，有 56％的企业对员工的培训每年每人平均 2 次及以上，约有 44％的企业对员工的培训每年每人平均一次及以下。

企业在人才培训中遇到的问题：

企业在自行组织的培训中，遇到多种问题，包括企业内部缺懂培训的教师，使培训效果一般；培训项目需求多但人次少，单位培训成本偏高而放弃；企业的培训需求点不明晰，培训难以达到预期效果；企业的培训经费紧张导致有些培训滞后；外界培训项目与企业的需求点对接性弱，投入与产出不均衡；等等。分析调查的问卷，从图 23－20 可见，企业培训遇到的最多的问题是外界培训项目与企业的需求点对接性弱，其次是企业缺懂培训的人才、培训需求点不够明晰和培训项目需求多但人次少。

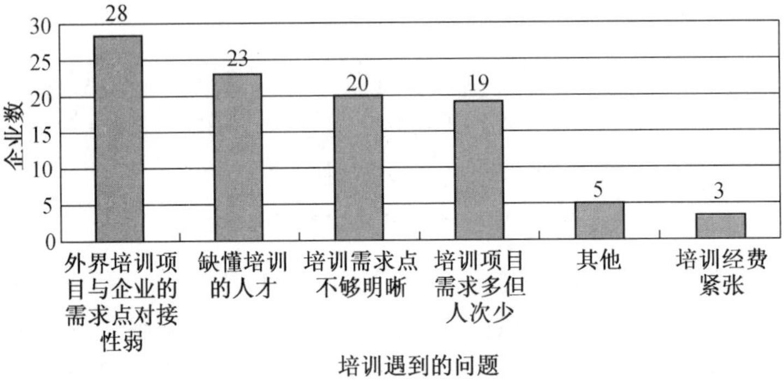

图 23－20　企业培训遇到的问题

从图 23－16 到图 23－20 可见，企业对人才的培训重视度已有所提升，特别是对员工能力、知识和岗位技能的提升方面更是重视，采取了内部培训与外部培训相结合的方式，但企业在培训过程中存在着培训的需求与师资之间的矛盾。基于这一矛盾，企业还是希望能采取校企合作共同培养学生和企业提前到学校进行储备人才培养的方式。这样一方面可以使人才能与企业更好地对接，另一方面可以降低企业的培训成本。

调研结论：通过对企业人才需求的调查分析，可以看出目前对人才需求较大的企业是民营企业，特别是现代服务业。随着经济的发展，这些企业的人才需求也在同步增加。除了量上的需求增加外，企业对人才的内涵需求也在逐步提升，企业看重人才的人品、社交文化和专业知识，希望人才具有较好的团队协作意识和较强的执行力。目前在这些民营中小企业中，人才的高流动性是一大问题，其中市场开拓人才和研发人才的流失最严重，流动最频繁的是刚入职不久的大中专学生。这给企业增加了很大的困扰，虽然慈溪的企业提供给员工的收入和福利较同行略胜一筹，但其薪酬的激励性和福利的可竞争性一般。此外，企业对人才的培训力度在加强，体现在约50%以上的企业每年每人次的培训达到2次及以上，只是企业在培训过程中遇到了一些问题，希望能通过与学校的有效对接加以解决。

从以上分析可以推出，慈溪的企业特别是中小微民营企业将是提供人才舞台的主力军，但他们在留人与用人方面还存在着一些问题，他们希望能通过校企合作的方式或企业提前到学校进行人才储备的方式培养企业所需的中低级人才。以项目为载体，探索"双元制"的企业后备人才培养模式应运而生。

四、企业技能型人才队伍聚集情况

目前，根据慈溪市有关统计资料显示，在1/3明亏或潜亏企业中，很大部分的原因在于内部管理和工人操作技术不过关。每年因操作技术问题造成生产事故导致的经济损失达千亿元之多。事实证明，技能人才所占比重大的国家和地区，其经济发展的步伐就愈快愈扎实，具体到生产企业，要出一流的产品，仅有一流的设计是不够的，还需要有一流的技师。就学历和技能相比，技能对企业的作用更重要。所以，在转型升级、应对危机的今天，加快技能型人才队伍建设显得尤为紧迫。

所谓"人才"就是有才识学问、德才兼备、具备某种特长的人。据《人才学》的解释，"人才"就是那些具有一定的专门知识或技能，并能运用其专门知识或技能，在认识自然、改造自然、认识社会、改造社会的实践活动中，对人类社会的物质文明和精神文明建设做出或能够做出较大贡献的人。而技能人才是指在生产、运输和服务等领域一线岗位的从业者中，掌握一定知识和技术、具备熟练操作技能，并以操作技能为主要能力特征的人员，是人才队伍的重要组成部分，主要包括技术技能劳动者中取得技工、技师和高级技师职业资格及相应职级的人员。

（一）技能型人才队伍储量不足

随着经济建设对高素质劳动者的需求日趋强劲，技能人才队伍建设得到了社会各界的广泛关注，技能人才培训规模不断扩大，技能人才培养政策环境有了一定的改善。本次调研通过走访职能部门、部分企业和相关学校，对慈溪市的技能人才队伍建设有了一个基本的了解。目前，慈溪市的技能人才队伍建设已经发展到实现转机、振兴、突破和扩展的新阶段，并走向了以服务经济建设为宗旨，以就业为导向，以技能人才培养为主要任务的新的发展道路。近年来，通过人才强市战略的实施，推动了技能人才队伍的发展。现已拥有技能型人才105 729人。其中，初级技工71 422人，约占67.6%；中级技工28 354人，约占26.8%；高级以上技工5 953人，包括技师262人、高级技师20多人，约占5.6%。但与快速发展的区域经济相比，尤其是按照转型升级的要求来看，还存在着不容忽视的问题。

1. 技能型人才总量不足，增长速度较慢

慈溪市技能人才队伍总量小，增长速度较慢。据统计，截至2013年年底，获得初级以上技能等级证书的技能人才34 307人，仅占技能劳动者总量的32.4%。依据劳动力市场职业供求状况的调查，总的求人倍率（需求人数/求职人数）远小于1，呈现供大于求的状况，但对

技工,特别是高级技工、技师、高级技师的求人倍率远大于1,供不应求。另外,按照慈溪市人才规划要求,2013年技能人才建设目标来看,年均增长仅为9.5%,增长速度也比较慢。

2. 技能型人才结构不合理,分布不平衡

一是高技能人才短缺。我国高技能人才目前已达到2 200万人,占技能劳动者总量的22.6%,而慈溪市高级技能人才5 953人,仅占全部技能劳动者的5.6%左右。

二是分布不平衡。从产业分布上看,慈溪市的技能人才在各产业中的分布情况不符合全市目前的战略要求,不利于集群发展。

三是新技能人才短缺。慈溪市技工持证人数大都集中于汽车驾驶员、汽车修理工、维修电工、计算机操作员、中式烹调师、钳工、车工、服装设计定制工等60～70个传统型职业工种内,与产业升级和经济发展中所需掌握的新技术、新工艺、新设备、新材料的技术要求的工种较少,城市"新时尚"职业的技能人才更少。

3. 一些企业和个人对技能人才队伍建设的积极性不高

由于技能型人才培养时间长、投入成本大,基层的中小企业对培养技能人才积极性不高。根据国家有关规定,企业每年应拿出利润的1.5—2%作为职工的培训费,但慈溪市企业的培训投资仅占利润额的1%,个别企业甚至没有开展过职工培训。在劳动力消费结构中,存在着"重视文凭,轻视技能、重视科技人才、轻视技术工人"的不良倾向。而另一方面,由于激励机制不十分健全,技术水平高低对个人发展和薪酬的影响不明显,也影响了劳动者学习技能的主动性和积极性。

4. 技能型人才队伍建设投入不足

职业教育承担着技能型人才尤其是高技能人才的培养任务,近年来,市委、市政府加大了对职业教育的投入,但仍低于普通教育,一些职业学校师资队伍和教学设备设施未能满足实际教学需要、专业建设较为滞后,投入成本低的文科专业较多,而理工科专业设置却跟不上慈溪市产业发展的现实需要。

(二) 技能型人才队伍的影响因素

课题组通过对建设现状的把握,对存在问题多次讨论,也进行了深层次的思考,一致认为目前存在问题的根源主要有以下几个方面:

1. 社会对技能型人才的价值评价发生错位

这些年来,社会对人才的价值评价有"重学历,轻能力"、"重知识,轻技能"的倾向,这使许多技能型人才得不到他们应得的社会地位和相应的价值回报。从劳动和社会保障部《职业》杂志与中青在线联合发起的"2005中国技能人才职业声誉调查",有52.7%的人认为技能人才的社会地位不高,不受尊重。高达67.7%的人表示,不愿意把自己的孩子送到技校学习,技校的生源质量难以得到保证。这种价值评价错位导致了技能人才的社会地位得不到承认,所获得的价值回报偏低,进而造成了该类人才的流失和后续乏人。

2. 传统劳动人事管理体制的消极影响

在计划经济时期建立起来的传统的劳动人事管理制度,是一套"轻职业、重级别"的人事管理制度,其核心是把工人和干部(包括科技人员)从管理制度上严格地割裂开,分别管理。在这一管理体制的框架内,通常是把干部视为人才,工人只是普通劳动者。而在这同一管理体制框架内，又把绝大多数的技能人才(如高级技术工人、技师等)都归入到工人系列，如企业中技师称工人技师，有别于技术干部队伍中的技术员和工程师。因此，他们就难以被视为人才。尽管这一管理体制目前正处于改革过程当中，但其影响仍很大很深。可以说，这是技能人才价值评价发生错位的体制根源。

3. 劳动力与人才市场不完善，市场机制不够健全

劳动力与人才市场建设落后于商品市场的建设，与建立社会主义市场经济体系的要求相比还有较大差距，特别是在市场的流动性、价格的灵活性、反应的敏感性、调节的有效性等方面都还不足。传统人事管理体制造成的劳动力市场与人才市场的人为分割，更加剧了上述问题的负面效应。

第二十四章
从全新角度打造创业创新乐土

第一节　建设具有竞争力的慈溪“人才文化”

文化是民族的血脉，是人民的精神家园。当今世界，文化的地位和作用更加凸显，越来越成为民族凝聚力和创造力的重要源泉，越来越成为综合国力竞争的重要因素，越来越成为经济社会发展的重要支撑。人才文化是指人才群体的价值观、道德，也包括人才发展所处的社会风气等方面的环境。拥有丰富、健康、舒适、和谐的文化环境是人才的热切希望，营造良好的人才文化对于引进和挽留人才具有至关重要的意义。

慈溪“人才强市”战略已经确立，科学人才观逐步形成，人才总量也达到了户籍人口总量的15%。但是与先进地区相比，与转变经济发展方式的目标要求相比，慈溪市的人才发展还存在很多深层次的问题。例如，高层次创新型人才匮乏，人才创新创业能力不足，人才的结构性矛盾突出，人才配套环境体系不健全、人力资本投入不足，适应经济社会发展的人才管理制度没有完全建立等。要解决这些问题，政府部门除了继续解放思想，在人才工作的体制机制上有突破性的改革措施之外，不可忽视的一个关键问题，就是高度重视人才成长和其所处的文化社会环境培育，争取在人才文化建设方面，首先实现赶超。慈溪市颁发的“十二五”人才发展规划，已经从战略高度为全市未来几年的人才工作指明了方向，但就人才文化建设方面仍未有成体系性的探讨，本章节尝试性地对慈溪人才文化的建设意义、科学内涵以及建设思路提出一些思考和建议。

一、人才强市需要强势人才文化

对于新兴产业和高层次人才的竞争，各地已经呈现白热化，慈溪的高端人才工作还处于起步阶段，要在这场围绕人才的争夺战中取得胜利，要求我们的政府服务部门必须转变传统观念，对新产业和新人才有更加深入的认识，造就具有竞争力的慈溪“人才文化”。

提出高度重视人才文化建设，推动人才强市战略的实施，主要基于以下三方面考虑：

(一) 与国家“文化强国”战略相一致

党的十七届六中全会提出了深化文化体制改革、推动社会主义文化大发展大繁荣、建设社会主义文化强国的重大命题。党的十八大报告中再次明确了文化软实力显著增强，社会主义文化强国建设基础更加坚实的建设目标。这从国家战略的高度肯定了文化的重要地位和作用，而人才文化就是非物资、非组织性的因素，属于文化和精神范畴，是文化强国的重要组成部分。人才文化的建设，对于培养和造就一支宏大的人才队伍，对于人才强市战略和人才自身发展，都至关重要。

（二）与“打造品质之城、共建幸福家园”的科学内涵相一致

2012年年初，慈溪第十三次党代会提出“打造品质之城、共建幸福家园”，从产业品质、城市品质、生态品质、社会品质、文化品质等五个方面打造品质慈溪。这个建设目标不仅关注了经济产业的发展，而且也更加重视最大限度满足市民的生活殷实感、社会安全感、文化认同感、城市自豪感和身心愉悦感等精神层面的需求。人才是全体市民中的一部分，建设具有竞争力的慈溪人才文化，就是为人才的个人发展、生活质量、心理状态创造良好环境，更能够鼓舞士气、激发动力，动员社会各方人才，投身到建设美好家园的大事业上来。同时，人才文化的建设，也是从人才资源的视角，从先进生产力的方向，丰富和深化了慈溪市“打造品质之城、共建幸福家园”的科学内涵。

（三）与慈溪市多样化人才融合发展的需求相匹配

慈溪在科技创新人才、专业技术人才、青年创业人才、社会管理人才等各个领域拥有不同类别的人才。同时，由于慈溪本地人口有限，大量外地或是海外归国人才流向慈溪，造就了不同行业种类、不同籍贯构成的多样性人才群体，并且随着城市开放性不断扩大，人才的多样性还将不断深化。这些群体有着自己的思想理论、意识观念、价值需求，带来了全国各地甚至世界各国的文化不断相互渗透、相互碰撞。要让这些人才能够与城市产生认同感和归属感，持续稳定的投身慈溪经济社会建设事业，我们需要一方面创造大量的社会物质条件；另一方面，也要营造文化精神产品，即价值观、道德和社会风气，从多元精神价值中求主导、多样精神价值中求共识、多变精神价值中求主动、多选精神价值中求优势，引导塑造先进的人才价值观和社会风气，为人才寻找精神家园，这就是我们要高度重视人才文化建设的当代意义。

二、建设具有竞争力的“人才文化”

要培育具有竞争力、体现慈溪本土特色的人才文化，需要转变几种观念，倡导“公平文化”、“包容文化”、“业绩文化”，营造出良好的人才文化氛围。

（一）树立慈溪人才“公平文化”

转变“给政策就行、一抓就灵”的人才态度观，培育城市人才工作的核心价值，树立慈溪的人才“公平文化”。当前各地政府抓人才工作，拿出来比较的常常是开出的各类政策优惠和奖励措施，这些看得见摸得着的硬条件对于人才初次接触该地区的确是有帮助，但看不见的教育、文化、社会保障、创新平台、公平的制度环境等软件条件却往往被忽略。调研中企业给我们的反馈是，经过政府间的学习交流和企业间的信息沟通，已经将同一发展水平线上城市开出的各类优惠条件基本拉平，能够最终吸引企业留下来的反倒是城市总体的氛围和环境。

未来的人才竞争，需要我们走出“优惠政策”的误区，人才成长与发挥作用的种种问题和矛盾，不是靠出台几项优惠政策就能奏效，而要靠创造“权利公平、机会公平、规则公平”的制

度平台，这样的制度设计比优惠政策更具有根本性、长期性、重要性。我们可以通过树立慈溪"开放、包容、创新、务实"的城市人才工作核心价值，使得慈溪人才成长土壤能够与发达国家更多强调"权利公平和规则公平"理念相接轨。在这样的环境下，人才才能够心情舒畅，社会资源也容易公平配置，人才的积极性、主动性和创造性才能够充分发挥，真正实现"人尽其才、才尽其用"。

(二) 树立慈溪人才"包容文化"

转变"高新产业就等于高收益加高产值"的人才期望值，提高对风险和失败的容忍度，树立慈溪的人才"包容文化"。我们在引进人才和企业时，入门条件主要包括对人才资质、资金量、硬件投入、产值预期等条件的考核，这样的考核方式仍然是建立在传统产业特征的基础上。它与战略性新兴产业，尤其是与信息技术相关的科技型企业的特征不相符合，而且研发的最初阶段，就要求把最后的事情讲清楚，这是违反科学规律的，是不鼓励创新的环境。用这样的标准去衡量企业，就出现目前存在的"大企业引不进，小企业看不上"的情况，错失了很多处于成长初期，但前景非常好的项目。

从发展规律来看，新兴产业主要从事的工作是创新，创新很难事先计划，在成长初期风险非常大，成功概率也不高，调研中有的企业甚至直接提出"高新就是失败"的观点。同时，由于主要提供研发和设计等服务，很多企业产值并不高。再者一旦这些新技术、新环节研发成功，众多创投资金和招商机构将蜂拥而至，如果缺乏与当地共患难的感情，这些企业很容易被其他区域吸引走。了解到这些规律，要求我们必须转变仅盯住"大项目、大品牌、大专家"的传统思路，认识到人才发展具有自身的成长规律，政策资金的投入也不是立即就能够看到成效。比如美国一个艾滋病治疗项目，投入 3.5 亿美元，只要求回答三个科学问题，在这三个问题中，允许有两个失败，即便全部失败了，只要提交整个研究的过程，找出失败的原因就可以了。我们的政府管理者要正确对待失败，要用科学的方法制定期望值和目标；以成长和发展的眼光来看项目、选企业、辨人才；用更大的容忍度允许犯错、认可失败，留足改进的余地。具体有三点建议：

1. 要敢用有争议的人才

创新人才有用但很难用，他们往往标新立异，脱离常规。对于那些个性较强、生活方式、处事方式与常人不同，在人才项目"审计"过程中，容易听到不同声音的有争议人才，要敢于冒"破规矩"的风险，为那些拔尖人才在成长中打开一扇小窗，让他们能够脱颖而出。

2. 为创新人才营造外在和内在的"两个自由"文化环境

创新人才的劳动是创造性劳动，创新人才只有在行动和心灵都得到自由的时候，创造才会达到极致。我们要营造创新人才两个自由的环境，一个是外在的自由，行动的自由；一个是内在的自由，心灵的自由。我们要充分认识到创新的源泉既包括成功也包括失败，或者说失败就是走在了成功的路上，我们需要对他们创新过程中的失败给予宽容和理解，更要构建让失败者重新振作的平台，不会因为一次失败就一棒子打死，创造一种最大限度激发创新人才的激情与活力的文化环境。

3. 从制度层面激活人才的内驱动力

中央提出生产要素可以参与分配，我们必须大胆改革，让人才掌握的核心资源"知识和技能”能够被社会充分认可，得到价值体现。这需要给予人才合理的物质待遇、成长空间和情感等方面的激励，让人才可以快速成长，社会地位显著提升，家庭幸福得到充分保障。

(三) 倡导慈溪人才“业绩文化”

转变“一刀切”的传统人才分类观，树立分行业、分领域的“大人才”观，倡导慈溪人才的“业绩文化”。“业绩文化”是从西方引进的一种文化理念，倡导的是一种竞争的哲学。因为在竞争的环境下，业绩才能够把人才与其他竞争者区别开。在美国、澳大利亚、日本等国，在用人文化环境上，无一例外的是重能力、重业绩、重贡献。美国联邦政府为了实行绩效管理，1993 年就专门发布了全国绩效评估报告。日本为了打破年功序列制，在全国推行业绩主义的政策。澳大利亚为了确保个人与组织的结合，增进个人对组织效能的贡献，也大力推行绩效管理。我们的人才工作也要提倡“业绩文化”，强调能力本位。具体建议有以下三点：

1. 改变学历等硬性指标与人才画等号的观念

目前，慈溪市人才主要通过职称、学历、专利、论文著作、科技进步奖励情况等方面的指标考核，获得扶持资金、住房、个人所得税、配偶子女安置等方面的政策扶持。这样的人才考核标准，没有体现分行业、分领域的特色，容易让一些需要得到支持的人才因为条件不够，优惠政策没办法享受。比如，我们调研一家工业设计企业，他们反映在工业设计领域没有所谓的工程师等职业资格认证，是否能够针对这类行业设计一些特色性指标，比如获得国内外著名工业设计大奖或者行业奖励。再如有个企业提出，他们花重金聘请了一位拥有数十年行业经验的企业高管，但因为他只有中专学历，也未获得其他相关职称认定，不满足市里的人才公寓购买标准，很遗憾这位企业紧缺人才一年之后辞职离开。

2. 建立科学人才分类体系，树立“大人才”观念

我们倡导的“大人才”观是在更大范围和更广领域上的人才包容。首先是更大范围，要求我们在经济全球化的同时，也要树立全球化的人才观，要将慈溪人才的视角放大到宁波、浙江甚至全球，可以先从慈溪籍的海内外优秀人才着手，再往其他地区的人才延伸。有了更大的视野，我们能够用更加从容的态度对待人才的流动，就能够很大程度上平衡慈溪本地人才的流失。其次是更广领域，产业需要配套，人才也需要配套，我们需要既能吸纳上林英才、创新团队、“115”这样的领军型人才，也要对那些“千金”难求高级技工、紧缺行业的应届大学生、专业领域的操作型人才产生吸引，形成人才梯队，营造能工巧匠与知识精英同等光荣、同等重要的社会氛围，真正做到“不拘一格降人才”。

3. 建立以能力为核心的人才评价标准

建议深入研究国际权威的分行业专业人才的执业能力基本标准，结合慈溪本地产业情况，制定一套各类职务的人才评价标准，让每一类人才明确自己的能力要求和努力方向，并以此为统一标准，给予相应层次人才政策扶持。

如果说过去 30 年，慈溪成功地进行了以物质生产为代表的“城市躯体和硬件改造”的话，那么未来 30 年，慈溪更应该进一步注重文化精神的营造，以增强我们的“软实力”。因为我们的持续发展不仅是一种物质产出的富裕，也同样应该是一种文化精神的富有。人才文化建设，就是要用人才认同的共同信仰来凝聚人心，用健康奋发、积极进取的社会文化土壤来孕育人才，让人才和城市共同成长、共同繁荣。

第二节　以项目为载体培育企业后备人才

一、以项目为载体的企业后备人才培养方式构建

(一)"双元制"平台、项目载体的企业后备人才培养框架

"橘生淮南则为橘,生于淮北则为枳。"对于企业而言,何谓人才,适合企业需求的、能为企业带来效益的就是人才。不少企业通过猎头、挖同行墙脚等途径得来的高级人才往往不是企业所需的人才,何也?企业有自己的文化、自己的生存法则和发展方式,空降的人才未必能适合企业现有的环境,故有不少企业家叹息一将难求。企业获取人才的方式,不能操之过急,企业的发展需要沉淀与积累,人才的培养亦如此。

1. 企业培养的后备对象

基于企业的生存和发展需求以及企业不同发展阶段对人才的知识、能力、结构的需求不同,企业的后备培养对象一般包括以下两类:

(1) 隐性后备者——在职人员。现有的在职人员是企业在不同的阶段按需求聘用或培养的,对企业作出或多或少的贡献,不少已成为企业的骨干。这些人员中有些因工作或惰性疏于自己的学习提升,无形中落后于企业前进的步伐,并在不自觉中成为企业前行的绊脚石。这些人对企业有着很高的忠诚度和很强的归属感,企业只需要在思想上让其有清醒的认识,在提升方面为其铺设一条学习的途径。

(2) 显性后备者——新进人员。新进的人员在知识、能力、素养方面按企业现有的需求进行招募,只是他们在与企业的合拍方面需要通过项目进行考核与筛选。

2. 企业后备人才的培养框架

用图 24-1 的框架,通过学校与企业联合培养的方式,企业可以获得各级各类各种素质的人才。之所以利用不同项目培养、筛选企业所需的人才,是基于每个项目都是一项综合性的任务。通过项目,可以清楚地了解项目承担者的运作思路、运作过程中的资源调配、问题处理等内容,挖掘承担者的知识结构、能力水平以及职业素养、个人的道德情操等方面。企业可以按需求侧重选择不同层次、不同类别的人才。

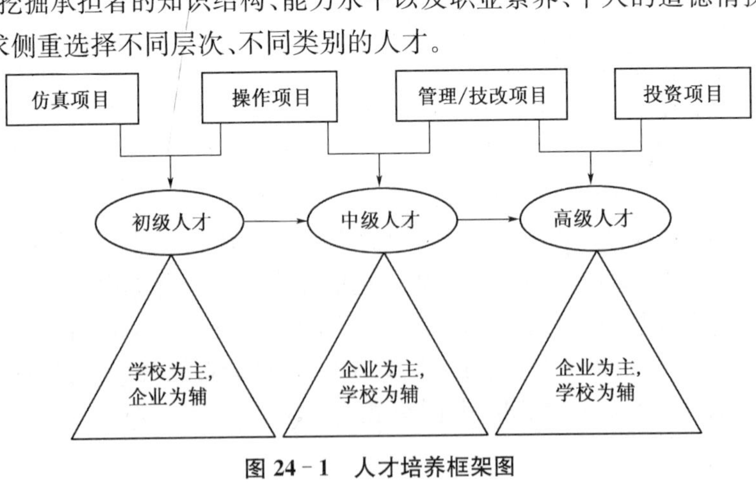

图 24-1　人才培养框架图

（二）以项目为载体的企业后备人才培养

无论企业用到哪些人才，都需要人才具备一定的知识、能力与素养，只是不同的人才因为身居的岗位与层次的差异，企业对三者的要求会有不同的侧重，在培养方法和培养项目的选取上要结合企业的要求进行。

1. 人才金字塔底——密集厚实的初级人才培养

人才的不稳定是企业遇到的困扰之一。人才流动频繁的多为初级人才，据调查，现在70％以上的大中专学生在毕业一年内平均跳槽两次以上，期间他们对企业的贡献度远小于企业为其所作的付出。其中的原因是多方面的，归根到底是因为这些人尚未找到真正的归属感，成为企业的匆匆过客也成必然。

大中专院校可通过与企业的联合共同培养有归属感的学生。各院校的培养宗旨是向社会输送有用的人才，那么在培养计划上可进行一些大胆的改革，除了在制订培养计划时请企业的高层人员参与外，培养的后期可根据类别企业需求增添一些特色项目；企业选人的脚步可提前迈出一步，即从目前的从现有市场上寻找到提前去学校进行双向选择，并介入培养。具体的做法是学校请企业入校的招聘专场从毕业生群面扩展到在校生面，由学生和企业提前进行一个双向沟通，进行预选、预聘。学校根据企业与学生的双向选择情况进行归类分析，并与需求量大的企业进行洽商，在人才培养的中期或后期对学生进行针对性的项目培训——仿真项目模拟演练。项目的具体内容根据企业的用人需求、学校的培养计划要求结合进行。如企业对外贸单证人员的需求较大，学校可与企业联合，利用企业实际操作中的单证空表，模拟企业较常发生的业务，由学校组织意向从事外贸单证工作的学生进行演练，使其熟悉单证的填写和单证申报过程的流程，并熟练处理其中易出现的问题。在实施过程中，学校做好理论知识的传授、实施过程的组织和过程的监控与记录工作，具体的业务指导可由企业的熟练单证员兼任。学校将学生操作过程中的记录表经整理后交由企业，企业根据学生的操作表现与项目执行过程中的管理表现，在其学业生涯的业余时间或者后期安排进企业实习，进行实操项目的训练，从中再选拔企业所需的单证操作或管理人才。单证操作人才可以这样培养、选拔，其他各岗位的人才亦如是。

经过这样有针对性、衔接性的项目演练，企业可以选拔所需的各类基础人才，学生也能根据自己的所需以零距离的方式进入到企业的岗位。这对于企业人才的稳定是非常有利的，因为学生与企业的双向选择从企业往前延伸到了学校，经过慎重选择与再培养的过程，学生的从业意向性会更加明确。

2. 人才金字塔中间层——老成持重的中级人才培养

企业的中层是企业的骨架，起着承上启下的作用，承载着企业正常运转的重任。这些人身处企业的夹心层，除了要有厚实的专业基础知识外，还需要有较强的协调沟通与领导能力，并具有良好的素养，要能以德服人，唯有如此，下面的员工才能以饱满的热情、稳定的心态开展各项工作。这个层次的人才，空降成功的概率往往较小。

对这个层次人才的培养，可以在基层人才进行操作项目时予以留意，特别要留意那些有缜密的管理思维、活跃的创新意识并有扎实知识功底的人。企业可将这些人筛选进入到再培养的环节，作为中级人才的储备层。对这些人员，根据企业的发展需求，企业可以通过多种方式予以再培养，比如请高校的专家进行专题培训，也可以将这些人选送到不同的高校或培训机构进行深造，使他们的压力负荷和知识、能力、素养方面有更进一步的提升。

为了能遴选到真正的中级人才，企业可以将部分目标人群放入到企业的管理项目或技改项目、开发项目中，根据项目的运转情况，记录项目中每个人的表现。为了能做到公平、公正，筛选到真正的中级人才，企业可以请高校的考核专家共同参与遴选指标的设定和过程的监控以及最后的评价。

经过多轮这样的反复，一些人员必能从中脱颖而出，企业可以根据需求将其放到相应的岗位或职位。如此选拔的人才，在工作胜任及服众方面已是水到渠成；对企业而言，投入少、成效大；经培训尚未被聘用的人才亦能看到自己未来的希望，他们会加倍努力以谋求企业早日的重用。他们如同企业养在池中的鱼，随时能为企业效劳。

3. 人才金字塔顶层——出类拔萃的高级人才培养

企业的高级人才是企业的领军人物，需要有很强的统筹规划能力、创新意识、敏锐的洞察力和极大的胆魄。他们的决策力、果敢性和忠诚度影响着企业的生存与发展。

适合企业的高级人才是企业所渴求的，只是在现实生活中这类人才可遇而不可求。与其苦苦等待合适高级人才的降临，企业不如有忧患意识，提前储备与培养。在现有的中级人才中择优进入到高级人才的培养环节。

在多个管理项目或技改项目或开发项目中脱颖而出的人员中，挖掘一些进一步培养的苗子。将这些苗子送入到更高一级的培养机构、高校，甚至是国外一些对口的培训机构，现在这样的培训机会很多，不少机构和院校推出了面向职业经理人的培训，从体能、思维、敏捷性、统筹性、团队协作性、极限挑战性等方面对其进行系统培训，虽然培训的时间不长，但据参加培训的人员反映，效果显著。此外，企业还可以将这些准高级人才送入到规模比自己公司大的企业，让其在实战中进一步锤炼。

在这些准高级人才接受了系列的培训与磨砺后，可以让其参与到企业的具体投资项目中。这些项目关系着企业的生存与发展，需要项目团队中的每一位贡献自己的聪明才智。在这些项目的策划与实施过程中，除了要使项目得以成功落地外，还要关注项目中准高级人才的表现。其中出类拔萃的人员将成为企业高级人才的储备，他们将是企业新投资项目的管理者或者是企业扩展过程的递补人员，也将是企业新老替代人员。这些准高级人才可谓是企业鲜活的血液，影响着企业的生命与活力。

对于企业各级各类人才的培养与储备，企业需要有统筹的规划，每一阶段的人才筛选工作要有与其配套的项目予以甄别，其日常的工作表现可以作为辅助参考。阶梯性的人才培养与储备可以满足企业当前的运转，也可以为企业进一步的发展作好铺垫，同时在企业内部可以形成一种竞争机制，使每位员工意识到企业用人是量才录用。这样更利于激发每位员工的内在积极性，同时也更易使员工形成归属感。

二、项目制企业后备人才培养措施

(一) 企业自主培养

企业自主培养的人才相对而言有较好的稳定性和较强的适应性，而且易被内部成员吸纳和肯定。

1. 鼓励“毛遂自荐”

从企业内部选取贤德之人才，不但可以节省人才的适应成本、降低人才的风险成本，而且可以缩短人才的磨合期。为此，企业需要营造不拘一格选人才的氛围，让内部的员工能以企业为重，竭尽全力展示自己的学识与才能。为了让自己能有新的机会，他们会根据自己现有的知识和能力缺陷，通过种种途径提升自己，企业则配合在最大限度内给员工提供帮助，如开设培训班、报销员工知识提升的费用、提供进修的机会等等。这样层层攀岩而出的人不仅具有扎实的知识功底、化解困难的能力，而且还拥有较强的韧劲和顽强的毅力，更重要的是这样的人才是完全接受了企业经营理念和企业文化的，正是企业所需的各类人才，特别是高级人才。

2. 老板带徒弟

企业经营者一般具有雄才大略。具有远见卓识的领导者已将目光从利益点转移至对人才的培养上。为了能得到企业所需的各类人才，企业家可以德为先，物色可培养的苗子，以带徒弟的方式亲自培养高级人才，如给这些徒弟以总经理特别助理之位，让他们全方位了解企业的经营情况，由浅入深参与企业的各方面管理，同时，培养他们参与决策的能力、独当一面的能力、人际沟通的能力等。当然，这些徒弟承担着更多的期望和更大的压力，他们需要付出更多，正所谓是“天将降大任于斯人也，必先苦其心志，劳其筋骨，饿其体肤，空乏其身，行拂乱其所为，所以动心忍性，增益其所不能”。当企业需要再拓展或上马新项目时，他们就将是最合适的人选。同理，上一级职位的人可以用这种方式培养其所需的人才。

（二）多方联合培养

由政府搭建平台，联合企业、行业协会、研究机构、高校等共同培养企业所需的各类人才。

1. 实行联合培养制

以政府牵头，行业协会搭桥，以企业、研究机构或高校联合作为培养方，接受企业的人才培养委托，以实操性项目带动人才的培养，不仅让这些储备期的人才熟悉项目操作的流程，而且对于其中出现的问题能结合项目及项目所在企业的情况思考应对性的方法或措施，并随时弥补自己知识和能力的不足。因为有培养团队在，这些储备人才可以缩短企业的适应期，增加突发事件的应变能力，得到快速的锻炼与成长。

2. 联合出资培养人才

政府、企业、个人联合出资，送人才到提升对口的发达国家进修，一方面可以学习发达国家企业工作的先进技术和管理理念，另一方面能让人才有针对性地取长补短。当这些人才习满归来，既是企业所需的各级各类人才，又是当地政府的培训教师，由他们将所学、所得、所思传授给更多的人。

3. 成立人才调剂派遣中心

由政府牵头，成立储备人才调剂中心，特别是高级人才和特色人才，建立人才的完整信息资料，形成人才的储备库。当企业有需求时，根据企业的个性化需求，进行匹配性查找，为企业选择合适的人才。为了给企业和人才以一个缓冲的时间，人才调剂中心可以以人才派遣的形式为企业提供服务，这样一则可以减轻人才来自企业内部的压力，让其轻装上阵工作，二则可以减少企业因引进的人才是否合适而产生的烦恼。人才调剂派遣中心的经营模式可以是公益化，也可以是市场化。

4. 成立人才俱乐部

人才俱乐部的主要成员是各类人才和企业家，定期以沙龙的方式，让人才与企业家根据不同的沙龙主题进行面对面的沟通与了解，为企业选择合适的人才和人才选择报效的企业提供机会，降低才企合作的盲目性。

以项目为载体培养企业所需的储备人才，并非一件轻松容易的事，中间会有难逾越或难克服的障碍，需要有充足的多方准备。

第三节　加快紧缺型、实用型人才队伍培养

我们认为，技能人才队伍建设的关键在于优化技能人才队伍建设的政策环境，加强劳动者的技能训练，要不唯学历、不唯职称、不唯资历、不唯身份，不拘一格选人才，努力建立起规模较大、技能优良、专业齐全、梯次合理的技能人才队伍，并形成面向市场、运行有序、管理高效、覆盖城乡的职业培训和技能人才评价的法律框架、政策体系，要着重做好以下几个方面：

一、不断完善形成技能人才健康成长机制

(一) 完善评价选拔机制

坚持以提高职业能力为导向，以《国家职业标准》为依据，全面推行国家职业资格证书制度。通过政府认定的考核鉴定机构，对劳动者的技能水平或职业资格进行客观公正、科学规范的评价和鉴定，对合格者授予相应的国家职业资格证书。

对按照国家职业分类和标准设置专业的职业学校，其毕业生职业技能鉴定可与学校教学考核结合起来，避免重复考核。可以突破比例、学历、资历和身份界限，允许在生产实践中的业务骨干(确有技能专长、长期在关键技术岗位工作、能够发挥技术带头人作用)、在工人中具有较高威信的善于解决生产中关键性技术操作难题并取得显著经济效益的技术工人、在承担重要生产项目中起关键作用的技能人才破格参加技师或高级技师考评，促进高技能人才脱颖而出。要通过开展职业技能竞赛、岗位练兵、技术比武和观摩研讨等活动，为技能人才脱颖而出创造条件。在各类技能竞赛中获得优秀名次的选手，可按有关规定直接晋升职业资格等级或优先参加技师、高级技师考评。

(二) 健全分配激励机制

按照“使用与培训考核相结合，待遇与业绩贡献相联系”的原则，要引导企业建立职工凭技能得到使用晋升、靠业绩贡献确定收入分配的激励机制，在企业职工培训、考核、使用和工资分配中体现国家职业资格证书的作用。被聘为技师、高级技师的人员，分别与工程师、高级工程师在差旅费及其他福利方面享受同等待遇。取得高级技工职业资格证书的高级技工

学校毕业生到企事业单位和国家机关工作的，用人单位可根据本人的综合素质和具体表现比照大学专科层次人员同等对待和使用。企业可对贡献突出的高技能人才实行股权期权激励。在关键岗位、关键工序设立首席职位，实行特岗特薪。对荣获国家、省、市三级各类荣誉称号的，可由政府或用人单位给予一次性奖励。

（三）形成平等合理的引进机制

破除技能人才引进的身份、地域限制和企业所有制限制，对引进的具有高级技师资格的技能人才，在落户、住房补贴、子女入学、生活补贴等方面与高级专业技术人才同等对待，及时办理社会保险转移等手续。对确实需要又难于完全引进的高技能人才，可采取柔性流动的方式，聘请其兼职服务，或进行短期合作。

建立与项目相结合的引进机制，在项目招商引资中一并引进关键技术岗位的高技能人才。企业可根据需要，设立高技能人才特聘岗位，面向国内外公开招聘，并可参照经营者或高级专业技术人员的收入水平，设立特聘岗位津贴或实行年薪制。

各级人事劳动保障部门要建立技能人才信息库，完善信息平台，掌握当地高级技工以上的人才资源状况，定期发布供求信息。可每年发布工资指导价位，公布不同职业和技能等级人员工资收入水平。政府部门主办的职业介绍机构要设立高技能人才专项服务窗口，实行职业介绍、劳动合同签证、办理社会保险手续、代存档案等“一条龙”服务。有关部门应积极协助解决好引进高技能人才的工作生活等相关问题。

（四）实行劳动预备和就业准入机制

新生劳动力在就业前应参加必要的职业培训和职业教育，取得相应的职业资格或掌握一定的职业技能后，再通过市场实现就业。从事属于国家规定实行就业准入控制职业（工种）的，必须取得相应学历证书或职业培训合格证书并获得相应国家职业资格证书；从事一般职业（工种）的，必须取得相应职业学校学历证书或职业培训合格证书。职业介绍机构把落实就业准入制度作为一项基本工作要求，及时向社会公告就业准入的职业目录，在发布技术工种人员招聘广告时，注明职业资格要求。各级人事劳动保障部门要进一步加大劳动监察力度，把好新生劳动力就业入口关，对违反就业准入制度的行为及时予以纠正和查处，促进劳动预备制度和职业技能培训事业健康发展。

（五）建立科学的投入机制

坚持以政府支持为主导，多渠道筹措技能人才培养经费。政府要将公办技能人才培养学校的基本建设项目纳入计划，扶持技能人才基地建设和农村富余劳动力转移培训。积极探索国有民办、民办公助、股份合作等形式的办学培训方式，鼓励企事业单位、社会团体和个人投资办学、捐资助学，支持各类职业教育培训机构利用外资合作办学，实现技能人才培养投入多元化。

二、进一步加大技能人才的培养力度

（一）大力发展职业教育，提高总量，提升质量

政府应当把职业教育列入本地区教育发展规划，采取多种措施支持其发展。将政府主

办的各类职业学校、技工学校的经费纳入财政预算，并对国家、省部级重点职业学校实行倾斜政策。职业学校也要深化教育教学改革，努力使专业设置与市场需求紧密结合，教学内容与国家职业标准相衔接，改革教学模式，实行开放的、弹性的学习制度。更新教学内容，倡导校企合作，突出技能训练，切实加强学生动手能力和实际操作技能的训练，充分发挥职业学校在培养技能人才中的重要作用。改革招生办法，扩大招生范围，放宽身份、条件等限制，为社会上一切有参加职业资格培训意愿的人员提供学习机会，扩大后备技能人才培养规模。职业学校和职业培训机构要全面实行毕(结)业证书和职业资格证书"双证"制度。

(二) 严格实施培训，坚持企业主体，打造高技能人才队伍

一是高标准实施高技能培训。2013 年年初及早将 1 100 名培训任务(约占全年任务的 65%)直接下达给慈溪职高、行知职高、杭州湾职高、社区教育学院、锦堂职高、周巷职高等 6 家软硬件设施都较为优异的培训机构，并明确培训要求和责任，使高技能人才培训成效落到实处，确保不走形式。同时，将 400 名高技能人才和 200 名高级技师的培训任务纳入了招投标范围，充分调动了民办培训机构的办学积极性。二是大力度支持企业技能人才建设。将技能大师工作室作为企业技能人才建设的有效依托，对全市重点骨干企业进行了广泛的调查摸底，对具备技能大师工作室资质的企业进行多次上门指导服务，帮助和推荐申报各级技能大师工作室，使技能大师工作室成为企业开展技术攻关创新和高技能人才培养的桥头堡。目前，慈溪市已有省级技能大师工作室一家，宁波市级两家，慈溪市级两家。同时，积极贯彻上级关于发挥企业主体地位精神，在 2012 年 5 家的基础上，2013 年又新增了 35 家企业自主评价体系实验基地，鼓励和推动企业自主开展高技能人才的培养和评定。

(三) 发挥政府职能，促进农村富余劳动力向非农产业和城镇转移

根据市场需求和农民意愿，按照不同行业、不同工种对从业人员的职业技能要求安排培训内容，采取定点、定向等培训方式，提高农村富余劳动力转移就业能力，增强其转岗就业的竞争力。截至 2013 年年底全市农村劳动力转移就业培训 1 653 人，完成率为 88.87%。

(四) 加强高技能人才培养，尽快提高全市高技能人才的比例

把各职业学校学校作为全市高技能人才培养示范基地，不断扩大培养规模，鼓励实行校企合作，加快高技能人才培训步伐。组织实施"高技能人才培养计划"，充分发挥企业等用人单位主体作用，完善以师带徒办法，支持个人自学，培养一批符合生产实际需要的高技能人才。各企事业单位要确保职工教育培训经费的 30%用于高技能人才的培训。逐步形成以职业教育为基础、以高级技工教育为依托、社会各方面共同参与的高技能人才培养教育体系。

到 2017 年，要新培养高技能人才 1 200 人，其中高级工 1 000 人，技师、高级技师 200 人，力争使高技能人才在全市技能人才总量中的比例达到 10%，重点企业高技能人才比重应达到一线职工的 8%以上，高新技术企业中高技能人才应占一线职工的 10%以上。

(五) 抓紧培养紧缺技能人才，努力满足制造业和现代服务业一线的迫切需要

根据区域经济发展和劳动力市场需要，确定当地培养培训紧缺技能人才的优先专业领域，引导各类职业学校调整专业方向和教学内容，抓好紧缺技能人才培养培训示范基地建设，加快紧缺技能人才的培养。力争到 2017 年全市培养各类紧缺技能人才 1 000 人。

三、加快技能人才的市场化开发速度

随着我国社会主义市场经济体制的逐步完善，技能教育培训市场化取向是开发技能人才的必然选择。大众化、社会化和多样化的职业教育培训，迅速推广，将逐步形成政府主导、依靠企业、充分发挥行业作用、社会力量积极参与的多元办学格局。按照"需求定向，企业主导，行业参与，政策支持"的原则，结合经济结构调整需要和劳动力市场需求，就业培训与市场需要对接，市场配置作用将得到进一步发挥。

充分发挥技能人才市场在技能人才资源开发和配置中的基础性作用，依托现有的各种人才市场、人力市场和劳动力市场，逐步建立一个遍及乡镇以上的各种技能人才服务站或信息服务点的技能人才网络，各种信息服务渠道进一步畅通，技能人才市场逐步建立，并在一些有一定影响、辐射面大的技能人才集中区或产业区形成区域性技能人才专门市场，为技能人才发展创造良好的市场环境。

鼓励和支持有条件的企业、事业单位、社会团体和个人举办职业学校或职业培训机构，或采取联合办学等方式开展多种形式的技能人才培养工作。在专业设置、教学管理、收益分配等方面赋予办学单位更多自主权。鼓励企业办技工学校，经审核批准应减免该企业缴纳的城市教育费附加。

第四节　高层次海归人才效能提升策略

针对高层次海归人才的工作、生活、心理等方面的特定需求与效能取向，课题组认为，要提升慈溪高层次海归人才效能，应从建设高层次海归人才特区、完善人才创业后续扶持政策、提供人才心理调适服务、创新人才考评机制、完善人才创新创业平台等方面，从根本上提高高层次海归人才创新创业的积极性和在慈溪稳定性。

（一）建设高层次海归人才特区

借鉴国内外先发地区人才改革的做法，探索高层次海归人才特区建设是加快区域人才发展、提升海归人才效能的有效抓手和重要实现途径。人才特区建设应在科学人才观的指导下，以新的人才理念、人才思想、人才文化为思想武器，创新人才体制机制制度，创造与国际先进城市条件类似、观念相通、文化相融的国际人才社区。人才特区之"特"，说到底就是允许有更加宽松的改革权，允许人才管理模式和政策具有优先性和特殊性，允许突破现有体制政策限制，打造有利于人才发挥作用、实现效能、与国际接轨的工作特区和生活特区，为高层次海归人才提供真正宽松、自由的环境。

创优科研环境、打造工作特区是人才特区集聚海归人才、推动人才发展的有效方法。科研是海归人才的生命线。因此，一方面，要增加科研和教育投入，加快具有国际水平实验室的建设，以优惠的税收政策，鼓励产学研战略联盟，加大对高水平创新团队资助的比重，形成竞争性资助与稳定资助结合的机制。另一方面，要以世界一流院所为参照系，建立符合国际惯例的科研管理制度。在特区内扩大科研机构用人自主权和科研经费使用自主权，建立以

学术为主导的资源配置和学术发展模式，健全科研项目自主申报、专家评估、社会监督制度。改进科技评奖和奖励方式，完善以水平和贡献为导向的科研评价方法，克服考核评价过于频繁、过度量化的倾向。

打造海归人才的生活特区，为人才提供针对性的服务，消除人才的后顾之忧是人才特区建设的趋势要求。城市的文化氛围和生活质量是吸引和留住高层次海归人才的重要因素。高层次海归人才选择工作地点，不仅关心薪酬水平，通常也会关注一系列生活和文化特征，安定的社会生活、高质量的医疗保健和子女教育、多元文化设施等都是吸引和集聚人才的重要选项。因此，要把营造宜居宜业、充满活力的环境作为提升高层次海归人才效能的重要方面，使他们在慈溪能心无旁骛、心情舒畅地干事业。如打破现存的网络限制，使用推特、Facebook；探索建立适用高层次人才的高端医疗保险、建立海外医疗保险结算平台；在全市范围内推广使用能够受理国际银行卡业务的系统；兴办国际学校，解决子女入学难问题；尝试高端人才住房配售配租计划；对于留学生申办企业给予注册手续上的便利，并享受有关优惠政策等措施切实解决好他们的实际生活问题，提供专业、规范、齐全的全过程服务。

（二）完善高层次海归人才创业后续扶持政策

1. 完善高层次海归人才创业政策环境

提高政策的落实程度及配套政策的跟进力度。我们要以发展的眼光，将提升海归人才效能作为一种重要的人才战略和发展战略。要整合各部门的政策资源，形成合力，建议构建一个多部门的协调工作机制，建立联席会议制度。定期了解、分析高层次海归人才的思想、工作以及生活状况，并根据实际情况，细化和完善现有人才政策，制定实施细则，使政策明确化、具体化，同时保持前后政策的连贯性和相对稳定性。对于特殊人才，实施特殊待遇战略，出台具有一定区分度的高层次海归人才政策，提高扶持政策对象的针对性和重点倾斜性。此外，要加强政策宣传力度，畅通优惠政策和奖励政策信息的获取渠道。通过搭建平台、集中学习、组团宣讲、座谈研讨、举办论坛等方式，宣传普及、贯彻落实政府各项人才政策，采集、分析有效的创业信息、岗位信息，并进行跟踪、配置及深度服务，促成高层次海归人才与政府、产业界之间的政策资源、信息资源、技术资源、项目资源的全面对接，以着力解决信息不对称问题。

2. 鼓励商业性投资机构参与创业项目的风险投资

构建“私募投资＋专业顾问＋市场加速”的新模式。借鉴国外成功经验，大力引进、创办各类创业投资机构，特别是私募投资机构，为创业项目提供更有针对性的专业化后续服务。建立相应的风险补偿机制，减少创业投资机构的投资风险。积极培育和辅导海外高层次人才创业项目的上市融资，增强吸引风险投资的砝码。政府不仅要引导国有创业投资机构自觉参与创业投资，还要支持信用担保机构优先给这类创业项目提供担保服务，增加银行授信和贷款额度。探索建立健全知识产权、股权质押贷款机制。

（三）提供高层次海归人才心理调适服务

引才的关键是引心，要创造条件，引才引心，充分发挥高层次海归人才的聪明才智。要想人才之所想，急人才之所急，以超常规的热情和努力，把海归人才的各项特殊政策措施落到实处，充分尊重他们的爱国心、事业心和自尊心，坚持特事特办，提供热情、周到和个性化的优质服务，千方百计解决引进人才的实际困难和后顾之忧，通过情感投入和人文关怀来感召人才、凝聚人才。

同时，要做好高层次海归人才的心理调适，不断开发人才效能。帮助海归人才做好心理调适是政府相关部门和用人单位责无旁贷的工作。要及时了解海归人才的心理动向，尤其是对于初到慈溪的人，更要关怀备至，尽量使他们的生活有保障，无后顾之忧，产生心理归属感。通过创建海归人才心理健康状况的调查跟踪系统，及时掌握海归人才的心理健康状况和行为方式；通过搭建多层次的社交平台，帮助其克服文化冲突、人际关系冲突和本土化挑战，提高心理资本的协同效应。对于个别海归人才由于不善于处理复杂的人际关系，导致对工作满意度不高的情况，用人单位需努力营造一个相对公正、团结、和谐的工作环境，使海归人员能真正融入集体，与同事密切合作，施展才华，帮助他们从工作实践中完成自我调节，积极向上的成长。

（四）创新高层次海归人才考评机制

对人才的考核与评价是人力资源管理的重要激励手段。根据市场经济的特点，探索符合学术规律和国际惯例的海归人才激励机制，从海归人才自身不同层次的需求出发，实施分类管理，研究制定适合不同类型、不同来源海归人才的能力素质标准，探讨多样化的激励机制、科学合理的评价机制。积极与有关国家、地区开展专业资格互认，完善符合国情、与国际接轨、经常化的项目考核评估办法，使高层次海归人才适得其所、人尽其才、才尽其用，充分实现他们的人才效能，增强其工作、生活满意度。

随着人才内涵的不断扩展，高层次人才的评价体系也应当不断变化、调整，尤其是需要针对不同类型的人才，建立分类评价体系。这就要求我们在引进人才时要有一套科学论证体系，能够充分证明他们确实是本地急需的名副其实的高层次人才。引进海外高层人才是由市场导向的系统工程，既然是市场导向，当然要计算成本、预期产出，因此，考核一个海外人才是否属于高层次人才是有一部分指标可以量化的。针对海外创业人才的评估，不仅要评估其技术市场成交合同金额、国内专利申请授权量，即对于人才本身的资质要进行认证，也要对整个团队的能力进行评估，尤其应该聘请相关方面的专家，对该团队的创业计划进行可行性分析。能够良好运作、带来效益的创业团队，要积极引进，然而目前大多数海外创业型人才团队，其实只拥有先进的科技研发能力，并不是企业管理方面的人才。对于这样的创业团队，政府部门应当具体情况具体分析，如果政府针对这个团队的薄弱环节提供扶持之后企业可以获得成功，也应当积极引进并对其进行孵化。如果一个企业没有良好的孵化前景，就应该拒绝其落户，而不是投入大量的财政资金将其引进凑数。针对高层次创新人才的评估，应该包括教育成果，在海外大学培养人才的情况，所在院校的评价情况；在国际上的活跃情况；是否有世界知名的科学家推荐；国际论文数、国内论文数等科研成果的指标。这些数据可以帮助我们预测人才的潜力，评估人才的能力，甚至可以帮助我们预测人才在聘期内的产出。

（五）完善高层次海归人才创新创业平台

以广阔的事业舞台吸引优秀人才，确保人才来慈溪有平台、能增值，这是最大的激励。

我们要关注海归人才创新创业的所有环节，切实解决人才创新创业中所面临的现实问题和困难，结合慈溪自身特色优势，进一步完善人才创新创业平台。建成一批多元化投入、高标准要求、市场化运作的大学科技园、科技产业园和创业孵化器，搭建能充分发挥高层次海归人才作用的功能性平台。通过加强项目对接，推动"人才＋项目＋资本"、"企业家＋科学家＋投资家"的发展模式，加快科技成果的转化。完善投融资服务体系，建立高层次海归人才创业风险投资基金、投资引导基金和财政融资担保机制，在创新创业中培养人才和凝聚人才。

整合各类高层次人才基础信息资源，建立统一贯通的全市性高层次人才基础信息库和分类信息库，并专项建立海外高层次人才信息库。加大资金投入，建立完善"慈溪海外留学人员服务网"，将其打造成融合海外高层次人才供求信息发布、服务项目办理、大型活动招聘的综合平台。同时，政府要搭建创业海归和本土民营企业之间的交流平台、中介平台和联谊平台，定期举办项目推介会、联谊活动等，共同探讨本土民营企业和创业海归相对接的模式，让海归与民营企业家直接对话，促进合作。

第五节　"创二代"民营企业家提升策略

根据对慈溪"创二代"民营企业家发展现状的调研、对企业家成长因素的分析，建议从培养、引导、教育、服务等方面多措并举、综合施策，有效提升慈溪"创二代"民营企业家的综合素质是水平。

(一) 加强对"创二代"的培训培养

要将民营企业家队伍建设作为人才工作的重要内容，建立健全民营企业家的发展规划体系，加大发展规划的实施力度，完善民营企业家队伍建设机制。针对不少"创二代"创业创新和经营管理水平不足的问题，一方面要多办有实际效用的培训班，切实提升"创二代"创业创新的理论水平和实际能力；另一方面，要强化高素质职业经理人的培养，制定并完善对职业经理人的考核标准，完善社会信用体系和监督体系，特别要注重帮助民营企业在本企业内部培养职业经理人。比如，可以成立"慈溪市新一代企业家成长培育中心"，师资由市内外高校、相关部门领导专家兼职；启动"精英民营企业家培育工程"规划和"民营企业家能力素质提升工程"，组织"创二代"企业家到国内知名企业挂职锻炼，打造有固定的民营企业家成长训练基地，有计划地每年把一批"创二代"企业家送到大企业挂职锻炼；组织"创二代"企业家到国外企业锻炼，政府提供一定经费补贴并创造机会，使企业家增强国际化的理念，同时能学到先进的管理经验，甚至可以寻觅到国外的商机。

(二) 强化对"创二代"民营企业家的引导宣传

要加强对宁波儒商文化传统的提炼和弘扬，通过多种形式的培训和宣传，进一步树立"创二代"实业兴市、发展实体经济的理念，弘扬创业精神，强化创新意识，进一步形成有利于"创二代"创业创新的良好舆论氛围。要强化媒体的正面宣传，形成尊重企业家的良好社会氛围。根据马斯洛的需要层次理论，企业家已经不再是满足于物质上的需要，而是更加需要得到社会的尊重。因此，在全社会形成尊重企业家的良好氛围有利于企业家的成长，政府要明确企业家的社会地位，并从法律上来保障企业家的经济地位。加大表彰力度，发挥激励作用，比如开展“十大民营企业家”表彰活动和“全国百名民营企业家”进行表彰活动，打造社会影响力大、示范效应强的企业家表彰品牌等，充分展示企业家的良好形象，在全社会大力营造尊重创业、崇尚实业的深厚氛围。

（三）进一步营造良好的创业创新环境

通过深化改革和开拓创新，创造更加宽松优越的政策环境，创造更加公正有序的法制环境，全面清理和修订各种歧视和不利于民营经济发展的规范性文件，依法取消对民营经济的各种不平等待遇，严厉查处侵犯民营企业合法权益的行为，提升“创二代”接班创业的信心和勇气。比如，要依法维护民营企业家的合法权益，在有些领域需要对民营企业的准入限制“松绑”，对于垄断行业需要在相关的规范下松绑，允许民营资本进入这一领域，从而打破垄断；要强化创新能力的配套，加大创新投入，不断优化创新创业环境，不断推进科技研发载体建设，加快壮大一批国家级、省级和市级创新型企业，加大集聚国内外创新资源并加大科技创新成果产业化扶持力度，建立企业为主体的区域创新体系；要构建工业经济发展公共服务体系，坚持政府引导与社会主导相结合，加快培育构建技术、检测、研发、设计、咨询等公共服务平台，建立中小企业综合服务门户机构，完善民营经济发展公共服务网络；拓展融资渠道，创新政府融资平台资金筹集方式，加大企业上市扶持力度，大力发展产业投资基金、创业投资基金、证券投资基金，充分利用短融、债券、信托、股权等多种融资工具，扩大直接融资规模等。

（四）加强“创二代”直接的交流合作

实践证明，“创二代”之间的交流与合作，能够有效提升双方创业创新的意愿和能力。上海市杨浦区工商联青年工作委员会下挂靠成立了一个“接力中国”的青年组织，宗旨为“汇聚社会经营，接力中国经济”，取得了较好的效果，值得学习借鉴。目前，慈溪已经成立了“创二代”联谊会，要在此基础上，通过整合、扩大、提升，打造更大的“创二代”合作交流平台。比如，可以有效发挥学会、协会、科协、工商联、高校的功能与作用，由慈溪市政协或工商联牵头，成立一个非固定的、定期协商的公益性的组织——企业家交流平台，方便“创二代”企业家沟通思想、交流知识、分享经验、发现商机，共同提升企业家的能力；利用企业家协会、职业经理人学会的功能，建立“创二代”企业家俱乐部，不仅可以帮助企业家在繁忙的工作之余进行交流，相互学习，探讨企业管理的心得与体会，而且还可以通过俱乐部的各种活动来消除企业间的矛盾，使集群内的企业避免不正当的恶性竞争，达到协调发展的目的。

（五）重视解决民营企业生存发展瓶颈问题

要将引导企业家健康成长和促进民营企业健康发展紧密结合起来，要确保民营经济的快速发展，必须切实解决民营企业经营中存在的困难，帮助民营企业走出困境。着力缓解资源要素瓶颈，减轻民营企业社会责任之重。课题组在调查中发现，参与调查的受访企业经营者对当前民营企业经营发展中遇到的困难的看法按均值排序如下：人工成本上升、缺乏人才、能源和原材料成本上升、资金紧张、整个行业产量过剩、国内需求不足、缺乏创新能力、税收政策不够优惠、金融信贷难、出口需求不足、遭受侵权等不正当竞争、政策扶持力度不够、资源环境约束较大、行业发展前景不明、企业冗员安排困难、地方政府干预较多、行政审批程序复杂、缺乏投资机会等等(图 24－2)。

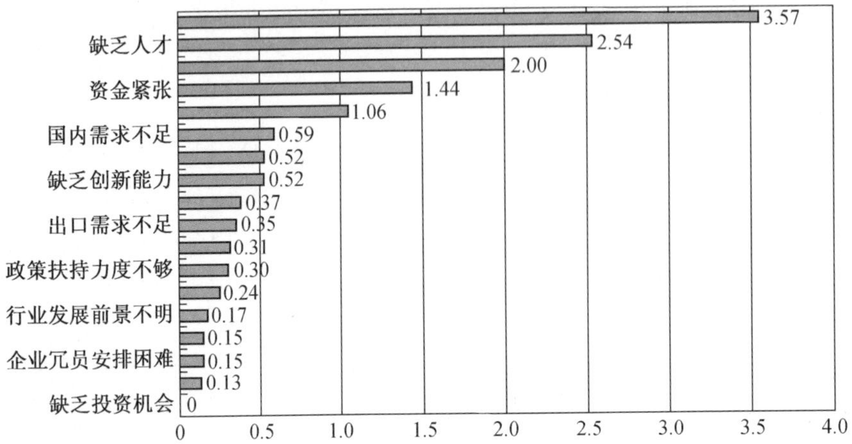

图 24－2　当前民营企业经营发展中遇到的困难

参与调查的企业经营者对需要政府提供帮助的看法：国家相关政策法律法规扶持(68.5%)；举行培训(24.1%)；举办活动交流(22.2%)；不需要(7.4%)；心理咨询(7.4%)；其他帮助(5.6%)(图 24－3)。

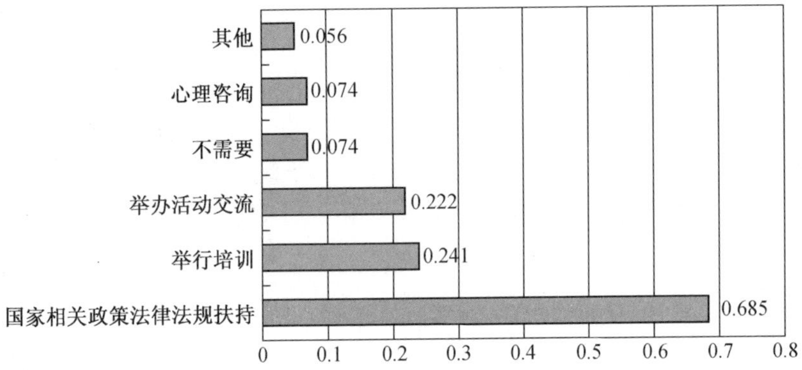

图 24－3　对需要政府提供帮助的看法

在调研中，民营企业反映亟须政府为增加融资渠道、为企业搭建信息技术等交流平台、减少审批手续和部门干预、提高管理部门办事效率、完善市场法规、规范市场行为、杜绝(减少)乱收费、乱罚款、乱摊派、完善社会保障体系、完善公共服务设施等方面推出有效规章制度等。融资困难是中国民营经济，尤其是中小企业普遍面临的问题。谁都知道中国“不差钱”，可是根据世界银行的报告，在超过 840 万家民营企业中，能够从银行拿到贷款的不超过 0.5%，一些中小民营企业的主要融资渠道仅限于自有资金和亲友之间的融资。大多数企业在资本融通上表现为规模偏小且无稳定的资金市场配合。因此，承受市场风险和经济发展周期波动的能力较差，易于“倒闭”，稳定性不强。

从银行角度看，由于观念和体制上的原因，中国银行体系主要服务于国有企业，大部分民营企业缺乏获得银行贷款所需的正规渠道，整个金融组织缺乏面向民营企业的民营商业化银行，加上信用中介服务体系滞后，国有大银行无论在自身机制上还是在技术操作上，都无法适应民营企业的发展的需要。建立和完善民营企业的融资担保体系其关键是既要改善民营企业自身的现状，加强民营企业与金融机构的信息沟通，降低银行的风险，提高银行对民营企业融资的积极性；同时，政府也要为民营经济的发展创造良好的经营环境，制定有利于民营经济发展的优惠政策。

第六节　打造“人才特区”智慧高地

2013年，市委落实“招商引智突破年、品质之城建设推进年、服务效能提升年”的“三个年”活动主载体。如果从工商管理学角度来看“三个年”之间的逻辑关系，我们可以将“招商引智”视为品质城市和效能城市的对外整体营销，是以优美的自然环境、优良的基础配套、优越的扶持政策、优秀的品质文化为亮点，面向全球的高端产业和人才推广慈溪城市品牌。而承担项目培育和人才发展功能的园区，则成为了企业和人才落户展业的第一站。各类产业集群载体和平台的建设情况，决定了我们城市营销的成效性、延续性和生命力。

慈溪的园区建设与周边同级城市相比优势并不突出，我们尚缺乏国家级园区，在承载高端人才及项目落地方面存在明显不足。我们建议以配套优良的人才发展载体为突破口，探索“人才特区”的创新模式，用制度优势统筹优质资源，突破载体瓶颈、筑造智慧高地。

希望以高标准建设“人才特区”，让它从起步期就植入创新基因，在人才政策宣传、高端人才引进、重点人才项目孵化、重点人才服务等方面起到重要促进作用。“人才特区”的建设不仅要成为慈溪人才汇聚、智慧碰撞、价值创造的摇篮，还希望未来能成为全国县域经济“人才特区”的一面旗帜，成为省级甚至国家级的特色人才发展区。

一、以清晰定位引导“特区”

（一）园区布局现状

在全市高度对“人才特区”进行跨园区统筹，明确每个园区的人才工作定位，这个定位需要和园区现有的产业特征、区位特征与环境条件等因素相匹配。可以借鉴浦东和顺德的经验。浦东新区打造国际人才创新试验区，以张江、陆家嘴、临港等海外高层次人才创新创业基地为重点，根据每个园区现有产业特色给予清晰定位。张江高科技园区建设成为科技创新人才聚集区；陆家嘴金融贸易区定位以金融机构集聚带动金融人才集聚；临港建设“千人计划”等高层次人才深度创业和二次创业基地。顺德将南方智谷全力打造成为人才集聚新载体，根据产业培育和项目延伸的阶段来定为不同的产业园区，并配置相应的人才。A区为产学研创新平台，为全市创新提供技术支撑。B区为产业化和研发平台，承担新兴产业集聚、文化商务洽谈以及生活休闲居住的城市综合体功能。C区为生物医药等重点产业的生产基地；还配置创业孵化园，提供研发成果中试和产业孵化的功能。合理的功能定位，相互支撑又相互差异的区域板块，为顺德科技创新人才集聚提供了优越的载体环境。

目前，慈溪主要有慈东滨海区、新兴产业集群区、鸣鹤风景区、商品市场园区、综合物流园区和杭州湾现代农业开发区等六大产业平台，配套还有一些特色园区，如浙大网新智慧谷、E点电子商务产业园、留学生创业园等，初步形成了现代农业、制造业、新兴产业、生产性服务业等产业集聚发展态势。

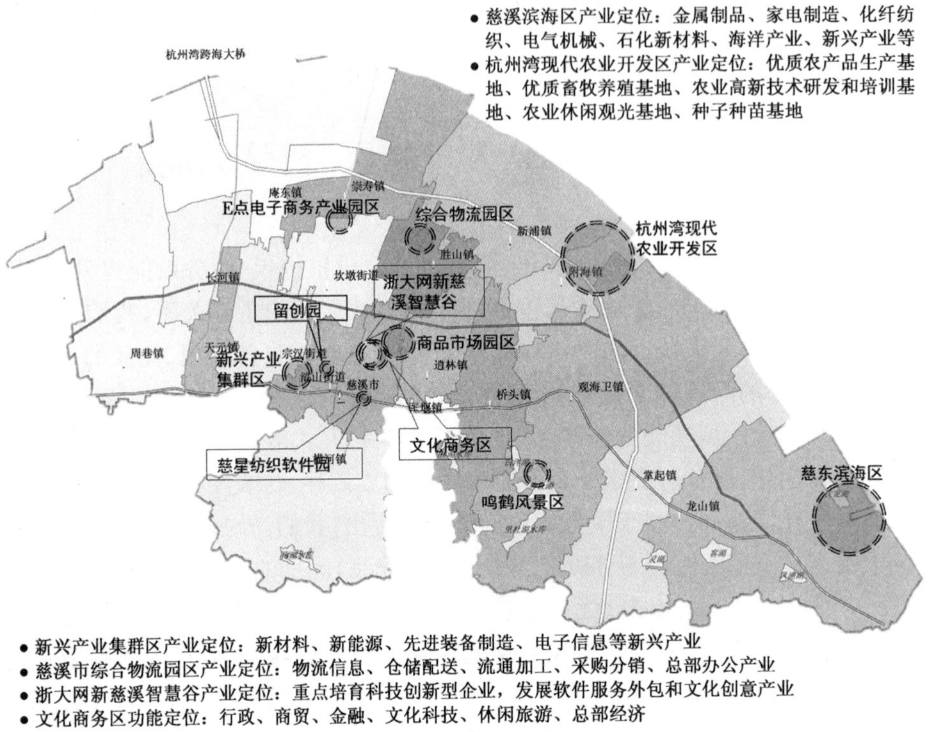

图 24-4　目前慈溪的主要园区及园区产业定位

(二)“双核多点”的布局思路

以现有园区的产业特色和发展条件为基础，以服务于新兴产业培育和传统产业升级为目标，以吸引高端科技创新人才为重点，将慈溪“人才特区”载体建设思路定位为“双核多点”的跨物理空间布局模式。

“双核”是人才特区的“能级提升、创新引领”区。以慈溪滨海区和新兴产业集群区为主体的双核，分居慈溪重要的滨海卫星城和主城区，具有重要的战略区位优势，是慈溪人力资本较集中、科技含量较高、发展基础较好的区域。基于两个园区在传统产业、现代制造业以及新兴产业集聚方面的现有优势，将其定位为创新创业密集区、高科技人才汇集区和高科技企业富集区，主要集聚科技创新人才、新兴产业创业人才、“二次创业”人才，以及高技能人才等人才种类。在当前和未来一段时间内，承担慈溪人才工作的主要载体、创新项目产业化等示范引领功能。

“多点”是人才特区的“突出特色、培育发展”区。留创园、浙大网新智慧谷、E点园和文化商务区等园区组成是“人才特区”的“特色化、多样化”的承载区域。这些园区在软件产业、电子商务、文化创意等产业领域具有自己的特色定位，但目前大多处于建设和初步发展阶段。因此，将其定位为创新平台建设区、创新功能完善区、创新人才孵化区，主要集聚留学归国人才、文化产业人才、现代服务业人才以及咨询金融等专业人才。这些区域主要满足中小企业孵化、新兴业务领域孵化、公共技术服务资源整合、人才项目成果展示等功能，为慈溪人才事业培育新的增长极(图 24－5)。

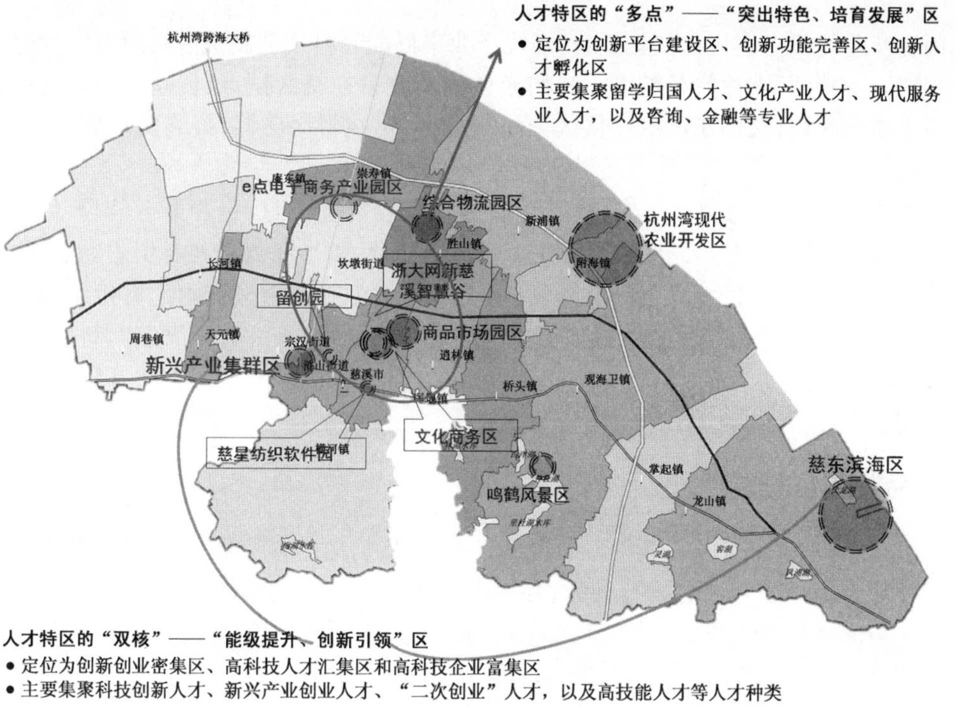

图 24－5　“人才特区”的“双核多点”布局图

二、以国际标准建设“特区”

以国际企业和人才的标准完善“人才特区”的基础条件，为人才提供更好的科技创新条件和优美生活环境。建议：

(1) 瞄准“人才特区”的科技创新核心指标的提升而努力：高新技术企业数、科技企业孵化器数量、科研院所及研发机构数量、专业服务机构数量、检测等公共服务平台数量、大专以上从业人员占比、留学回国人才数量、博士数量、国家各类科技计划经费、国家火炬计划项目、创新基金项目和重点新产品项目等。

(2) 新建园区和原有园区优化升级，需要符合绿色低碳、智能互联、环保生态的建设理念。

(3) 完善匹配新兴产业尤其是信息技术产业需求的不间断稳定的电力供给、高质量宽带互联网、大容量有灾难备份能力的数据中心等基础设施建设。

(4) 为人才创造舒适的生活条件。位于文化商务区或中心城区的一些专业园区如智慧谷、留创园等，要逐步建设完善，能够满足大规模知识人群 7×24 小时工作、生活的“舒适的办公场所＋宜居生活社区”。

(5) 在“人才特区”开展高端人才补充医疗保险试点，鼓励用人单位为高端人才建立补充医疗保险。

(6) 重视培育人才交流、交友的环境，配套娱乐休闲、体育锻炼的设施和场所。

三、以要素集聚支撑“特区”

围绕产业集群搭建科技创新平台、围绕产业集群配套科技创新资源，是构建区域创新体系、给予“人才特区”支撑的关键点。我们通过创新政策在特区试点、创新项目在特区落地、创新技术在特区孵化、创新资本在特区云集、创新文化在特区碰撞，最终实现创新人才在特区的生根发芽。

具体建议：(1) 支持资金集聚，政府帮助整合社会资金资源，集合银行信贷、创业投资、天使投资、境内外上市等不同的投融资渠道和风投企业，引导和促进各类资本在慈溪搭建服务平台，为科技企业提供差异化的金融服务，实现科技创新与金融资本的有机结合，支持特区企业规模化、产业化发展。(2) 政府人才发展专项资金向“人才特区”倾斜，科技局和财政局专项安排“人才特区”重大科技专项技术及成果转化扶持资金，支持人才开展科技攻关和技术创新。

四、以品牌项目打响“特区”

力争国家级、省市级的一些创新项目试点或落户，是构建高品质“人才特区”的重要突破口。以常熟为例，2009 年，常熟成为教育部“蓝火计划”的试点地区。凭借“蓝火计划”试点，常熟成立与南京邮电大学、南京工程学院等 15 所大学共建的常熟大学科技园，该园区在 2010 年顺利升级为国家级大学科技园，共建高校也增加到了 19 个。这个平台全面推动了常熟特色优势产业的转型升级和新兴产业的培育发展，为高校创新科技成果及创新人才与常熟的紧密对接，提供了优越条件。

我们是县域城市，借助一些高水平的项目可以快速提升城市对人才的吸引力，也能够在更大的平台上整合资源。建议：

(1) 争取诸如教育部“蓝火计划”、教育部“国家职业教育体制改革试点”，科技部“创新型试点企业”等国家部委或省级的产学研对接、教育改革、大学生实习实训、科技创新等项目的试点，并给予争取到的试点项目和企业给予配套资金奖励支持，推动慈溪“人才特区”做高平台和做大影响。

(2) 拓宽引智思路，引进中科院、高校研究院、国家技术转移示范机构、跨国公司及大型企业的研究院等科研机构，来慈溪建立窗口单位，为慈溪企业和人才与高端人才的对接和交流提供通道。

(3) 与国内外重点论坛会展品牌项目合作，适时引进和承办一到两个与慈溪特色相匹配的品牌论坛活动，打造高层次交流盛宴，提升城市知名度和美誉度。

五、以开放理念做大“特区”

慈溪开展高端人才的引进和培育工作，可用资源不多，开展难度较大。在全球都在对高科技人才开展竞争的今天，我们的"人才特区"建设可以探讨区域合作、借力发展。全国已有深圳与香港和厦门与台湾的跨区"人才特区"合作的建设经验。2011年深圳在中长期人才发展规划中提出，在前海深港现代服务业合作区探索建立"人才特区"，以发挥深港人才合作为核心。厦门与台湾的两岸人才交流合作的先试先行，已经成为两岸人才交流最活跃、出入最频繁、交流最热络、情感最亲近的前沿平台。慈溪也可以借鉴这样的发展思路，主动探讨与上海、宁波和杭州湾新区的人才合作路径，搭建人才优势互补、合作共赢的合作机制。

(一) 接受上海高端人才辐射

利用优越的地缘优势、同宗同族的血缘优势，加快开展人才合作。(1) 与上海园区合作，建设慈溪科技创新园中园，作为对接上海这个国际人才集聚区的前哨，集聚一批研发、营销、创意、设计等高端人才。同时，推动上海专业园区与慈溪合作，输出品牌、管理经验，到慈溪合作建立园区。(2) 与上海高校合作，通过项目资助、奖学助研等方式，开展订单培养，抢占优秀大学毕业生资源。与上海高校的招生就业办公室确立长期合作机制，定期开展慈溪城市及企业品牌推介活动。(3) 与上海外服、CDP等专业人力资源服务公司，行业协会等中介组织和机构建立合作机制，互通人才资源信息、学习先进的人才管理模式。(4) 在上海开展慈溪人才政策推介活动，以论坛、联谊等不同方式，搭建与著名企业家和高端人才的交流平台。(5) 承接上海产业转移，吸引大型企业落户，带动管理、营销、研发和技术人才在慈溪的创新创业。

(二) 推进与宁波的人才培养与配套

建议：(1) 与宁波高校开展产学研深入合作，开展合作办学、合作研发。(2) 加强对宁波项目研发的配套服务环节的吸引和转移力度，比如，科研项目的孵化和产业化等环节吸引到慈溪，伴随着中间环节的落户，柔性引进高端人才。(3) 在双方地缘交接区域，如慈东滨海区设立"人才自由港"，在该区域内对两地的人才交流集散、综合服务集聚、人才管理改革等领域进行体制机制创新。

(三) 加强与杭州湾新区的产业人才合作

借助杭州湾新区高平台优势，开展优势产业人才合作，在装备制造业、新兴产业领域加强人才深度对接。(1) 支持两地专家和科研人员合作研究，通过设立重点实验室、企业工程技术中心等方式，开展技术项目开发，着力解决对慈溪经济发展带动性强、影响力大的关键共性技术难题。政府专门设立科研立项、给予资金扶持。(2) 加大两地在职业教育和高职教育领域的人才培养合作。

六、以创新机制支持"特区"

"人才特区"是政策空间的概念，我们的特区建设可以突破物理空间的限制，将重点园区在人才工作层面整合成一体。我们现在有众多的镇、街道，在招商引资过程中难免出现区内不良竞争，人才的引进也存在同样问题。我们建设"人才特区"就是要打破条块分割，最大限度地发挥全市合力，优化资源配置。要达到这个目标，必须进行管理体制创新，在跨区的政策空间内，理顺不同镇(街道)政府、园区管委会及各职能部门间的关系，明确各自的职责范围，建议进行以下体制创新尝试。

（一）上层管理架构的创新，成立“人才特区”建设指导委员会

“人才特区”的建设首先是要做好顶层设计，建议成立慈溪“人才特区”建设指导委员会（简称建指委），实行“双重领导、以区为主”的领导体制，在全市层面进行整体统筹。由市人才办主要领导任建指委主任，各园区管委会主任兼任建指委副主任，市各职能部门领导任建指委成员。建指委对各分园的人才工作战略、准入标准、奖励补贴、人才培养、项目筛选与落地布点等重要业务实行统一领导。建委会实行定期会议制度，建立信息互通、统筹协调、联动推进的工作机制和跨层级跨部门联合审批机制，实现“人才特区”内跨园区人才工作的“统一受理、分区实施、资源调剂”。

（二）中层区镇互动的创新，与城镇建设相融合

高端人才的集聚园区，对生活环境、基础设施、娱乐休闲等配套条件提出了更高的要求，这些标准往往具有超前性和示范性。比如浙大网新智慧谷，该园区就是以绿色低碳、智慧智能作为园区设计理念，用于吸引研发设计、信息技术等高新技术企业入驻。园区的探索和实践，可以引导镇（街道）在信息化服务、智能化生活的新型城镇建设领域的探索。同时，园区也可以借助镇（街道）的商业配套，实现员工就近生活，使办公园区转变为工作、生活一体化的社区，甚至升级为城市综合体。比如苏州工业园区于1994年2月经国务院批准设立，行政区划面积288平方公里，户籍人口37.2万，常住人口69.9万。经过18年的建成，成为是全国最具竞争力的高科技工业园区之一，同时，建成国际化、现代化、信息化的生态型、创新型、幸福型新城区。可见，由高端人才聚集可以带来园区能级提升和城镇品质升级，人才工作可以与城镇环境的美化、城镇功能的完善、城市化水平的提高等工作相互推动、共同提升。

（三）基层企业主体的创新，调动企业、社会组织积极参与

企业是人才工作的主体，站在引进和培育人才的一线前沿。我们的企业大多是规模较小、品牌知名度不高的民营企业，大多没有设置人力资源部门，对人才缺乏系统管理和服务，要引来人才、留住人才，需要鼓励企业建立现代人力资源管理制度，通过一些创新的方式扩大人才激励，形成惜才、爱才、善用才的企业人才文化。

建议采取以下措施：(1) 设立人才开发的专项资金，江苏一些非公经济企业如沙钢集团、亨通集团、中大集团、恒力集团等，十分重视人才引进工作，每年用于人才开发的专项资金投入额接近其利润的6%。(2) 鼓励企业通过股权、期权等方式，奖励员工通过业绩贡献参加企业利润分享。(3) 建立规范、公平的用人选拔制度，无论引进还是自身培养的人才，无论本地人还是外地人，根据人才贡献大小和能力，选拔配置相应的岗位。(4) 借助社会组织的力量，包括行业协会、商会等中介服务，为企业提供引进人才的信息咨询、档案挂靠、关系代理、职称评定等各类人事公共服务及人力资源外包服务，让企业减少事务性干扰，集中精力从事研发和管理。

后　记

我们以慈溪市社科院(社科联)成立以来的结项课题为基础,立足中小城市实际,结合当前改革和创新主题,组织撰写了本书。参与本书起草和修改工作的还有孙思琪、卢梦洁等。

本书的撰写得到了有关部门的领导和专家的支持。宁波大学胡求光教授,上海金融学院王静讲师,中共慈溪市委政研室裴玉成副主任、邵世军副主任,中共慈溪市委党校黄惠珍老师、陈倩倩老师、高瑾老师对本书的撰写提供了无私的帮助,对各位同志的辛勤付出,在此一并表示衷心的感谢!

由于编者水平有限,书中差错在所难免,恳请各位读者批评指正。

作者

2015 年 3 月